作者简介

郭军，男，1954年1月出生，河南省义马市人，汉族，中共党员，经济学教授，研究生导师，河南省省管优秀专家，毕业于中南财经政法大学。现任河南财经政法大学研究生处处长，河南财经政法大学学术委员会委员兼经济学部主任，河南财经政法大学学位评定委员会委员兼办公室主任，河南省普通高等学校人文社科重点研究基地——河南经济研究中心主任，河南省高校重点学科开放实验室——应用经济学开放研究中心学科带头人。主要从事宏观经济学、劳动经济学、产业经济学、社会主义经济理论的教学与研究。兼任河南省经济学学会副会长、河南省经济伦理研究会副会长、河南省民营经济研究会副会长、河南省人力资源研究会副会长、河南省《资本论》研究会副会长、中国工业经济学会副理事长，河南省人民政府"十一五"、"十二五"规划专家委员会委员，河南省"中原经济区"研究起草小组成员，以及一些省市政府部门、工商企业经济顾问。先后在《经济管理》、《中国工业经济》、《毛泽东邓小平理论研究》、《中州学刊》、《人民日报》、《光明日报》、《中国经济导报》、《中国改革报》等刊物上发表论文100余篇，在经济管理出版社、红旗出版社等出版著作10余部，主持或主笔国家、省部级项目10余项，获得省部级优秀社科研究成果一等奖7项、二等奖5项等。

中国社会主义
经济运行的理论探识

郭 军 著

Theoretical Exploration of China's
Socialist Economic Operations

经济管理出版社
ECONOMY & MANAGEMENT PUBLISHING HOUSE

图书在版编目（CIP）数据

社会主义经济理论的应用研究（中国社会主义经济运行的理论探识）/郭军著. —北京：经济管理出版社，2012.12
ISBN 978-7-5096-2298-8

Ⅰ. ①社… Ⅱ. ①郭… Ⅲ. ①中国经济—社会主义经济—经济理论 Ⅳ. ①F120.2

中国版本图书馆 CIP 数据核字（2012）第 317502 号

组稿编辑：申桂萍
责任编辑：张　达
责任印制：杨国强
责任校对：李玉敏

出版发行：经济管理出版社
　　　　　（北京市海淀区北蜂窝 8 号中雅大厦 A 座 11 层　100038）
网　　址：www.E-mp.com.cn
电　　话：(010) 51915602
印　　刷：三河市延风印装厂
经　　销：新华书店
开　　本：720mm×1000mm/16
印　　张：11
字　　数：209 千字
版　　次：2013 年 1 月第 1 版　2013 年 1 月第 1 次印刷
书　　号：ISBN 978-7-5096-2298-8
全书 3 册　总定价：98.00 元

·版权所有　翻印必究·

凡购本社图书，如有印装错误，由本社读者服务部负责调换。
联系地址：北京阜外月坛北小街 2 号
电话：(010) 68022974　　邮编：100836

序

中国经济改革开放和经济高速增长的伟大实践，为中国经济学人提供了广阔的研究舞台和丰富的实证材料。时代的需求造就出一支宏大的经济学理论队伍。在当代中国从事经济学研究的群体中，既有云集北京和接近决策中枢的著名学者，也有分布在全国各地高等学校和研究机构的专家教授。他们虽然没有显赫的名气，但他们孜孜以求、刻苦钻研的学术成果，同样为中国经济学理论的丰富和发展做出了贡献。

本书作者郭军教授是这个群体中的一份子。他站在改革的涛头，和着时代的节拍，密切关注着经济体制改革的方向和运行的实际问题，不断发现，不断思考，不断发表着自己对所有制结构和实现形式问题、对经济运行体制和机制的建立问题、对市场体系的建设问题、对市场主体的塑造问题、对宏观经济调控手段的运用问题、对微观企业活力的激励问题、对区域经济发展定位的抉择问题、对新型劳动关系的改革重构问题等观点和看法。

郭军教授长期担任大学的科研处长、研究生处处长，做好岗位规划和组织工作就够他忙的，但仍然坚持拉近实际问题，开展"应用经济研究"，发表真正属于自己的见解，不为虚名，不为小利，只为中国经济运行的顺畅、中国劳动关系的和谐、中原地区经济的崛起和振兴。

郭军教授的这些研究虽然都是针对现实经济问题，雪泥鸿爪，却渗透了自己的理论见解和探索精神。大而言之，是想对中国特色社会主义经济理论的建立贡献自己的思想智慧；小而言之，是想为河南的经济建设和发展献计献策。前者是顶天的事情，后者是立地的事情。中间还探讨着社会主义的劳动关系，即"人"的事情。理论顶天，实践立地，人在其中矣！以人为本的出发点决定了郭军教授关于应用经济中的"天、地、人"的思维经纬。现在的这99篇文章，我不敢说，是作者也想"究天人之际，通古今之变，成一家之言"，但至少是脚踏实地的理论思考。这里没有那些为做文章而做文章的无病呻吟，更没有那些为评职称而写文章的矫揉造作。字里行间都是深沉的理论思索。

中国人做学问一是讲"学以致用"，二是讲"文以载道"。就经济学的研究视域而言，在中国的体制变革中，怎样的资源配置才是最有效率的？怎样的体制环境才能体现出应有的公平？读了郭军教授这些文章，至少我们可以清楚地知道，一方面，经济学是致用之学，理论的谏言可以有效地改善一定条件下的经济效率；另一方面，我们也可以深切地感受到，真正有社会责任感的经济理论工作者，总是在发表文章时要宣扬社会应有的价值观。

我也不敢说，郭军教授的这99篇理论文章都是字字珠玑，都是真知灼见，但是从实际问题出发的这些"应用经济"的研究，毕竟不是悬在空中的理论抽象。其中，无论是社会主义经济运行的理论探索，还是社会主义劳动关系的理论探索，以及针对河南的区域经济发展的理论探索，都闪烁着一个经济学者的智慧。

我与郭军教授相识于十年前在郑州召开的"河南经济论坛"产业发展研讨会，郭军教授作为与会学者和会议组织者，给我们留下了很深的印象。那次会议持续了几天，最后一场研讨由郭军教授做点评和总结，这个环节被参会的学者专家及媒体认为"会议达到了高潮"。首都经贸大学的郑海航教授欣喜地赞誉郭军教授："我们要讲的思想郭教授给鲜明地提炼出来了，而且表达得很精准，不得了，很难得的。""郭教授的总结很专业、很到位、很精辟、很有水平、很有鼓动性。"此后，我们差不多每年都在一些学术会议上碰面、交流。他很低调，不张扬，一般是在小组会议上发言，但从他的发言，包括看他的交流论文，亦如他本人所称道的，多为"应用经济研究"。其实，在京城，经济学界的很多名家都熟悉郭军教授，对他的印象也都很好、很深。也许都在于看好他还能够在做好科研行政工作的同时，认真地、持续地进行理论研究。中国的社会主义市场经济体制还在建设和完善的过程中，理论的探索亦未有穷期。我相信，现在结集出版的这部著作，肯定不是郭军教授理论研究的句号，我也希望其能够继续深入探索，继续发表更有见地的研究成果，为河南，为中国，也为中国特色社会主义经济理论体系的建设。

右政

2012 年 12 月

目 录

完善生产关系须坚持以"以人为本"为核心 …………………………… 001
坚持以公有制为主体、多种所有制经济共同发展的基本经济制度 …… 005
公有制实现形式多样化与多种所有制经济共同发展 …………………… 016
发展多种形式的集体经济、合作经济 …………………………………… 018
全面推进经济建设和经济体制改革 ……………………………………… 023
坚定不移地坚持宏观调控 ………………………………………………… 029
"先富共富论"与非均衡发展的理论和实践 …………………………… 035
探讨中国特色社会主义经济学理论体系 ………………………………… 044
改革与建立市场经济新体制的几点再思考 ……………………………… 048
慎言"建立一种全国统一的所有权制度" ……………………………… 054
政企分开，必须从"放权让利"走向"放权让产" …………………… 057
关于改革开放以来发展战略方面的主要观点综述 ……………………… 059
制定发展规划应立足国情域情 …………………………………………… 070
转变经济发展方式的本质新论 …………………………………………… 075
解放思想，积极培育经济生长点 ………………………………………… 080
发展循环经济：理念与立法并举 ………………………………………… 082
应注重经济结构和信贷结构关系研究 …………………………………… 085
推进产业结构调整要发挥两个积极性 …………………………………… 089
构建产业链条 提升核心竞争力 ………………………………………… 094
"内外兼修"打造民营企业融资新环境 ………………………………… 105
"小产权"房为何不能正面登场 ………………………………………… 109
中国区域经济发展的后开放区建设研究 ………………………………… 112
谈我国高新技术产业开发区的发展 ……………………………………… 120

坚持非均衡区域发展战略的选择取向 …………………………………… 124
基于产业集群视角的县域小城镇经济研究 …………………………… 133
用新理念发展县域经济 ………………………………………………… 144
县域经济发展阻滞点梳理 ……………………………………………… 146
现代企业的社会责任 …………………………………………………… 151
现代企业制度不等于股份制 …………………………………………… 153
企业改革中实现产权清晰的几个问题 ………………………………… 155
构建托管公司是条路 …………………………………………………… 157
构建"托管公司"的设想 ……………………………………………… 159
销售经济学中的三个变异 ……………………………………………… 163
中国20多年改革成果不容抹杀 对郎咸平的"洗脑"要再"洗脑" ……… 167

完善生产关系须坚持以"以人为本"为核心

科学发展观内涵非常丰富,其中一种理解是,合乎规律地对一个国家或地区内集体的、个体的经济社会活动及其行为所提出的一种理念与价值指向、激励与约束规范。显然,科学发展观一方面反映和体现了社会生产关系,另一方面也为完善社会生产关系指明了方向。这是我们今天学习、实践科学发展观的一个重要着眼点和落足点。

一、生产关系的改革使中国保持了高速发展态势

生产关系,按照传统政治经济学教科书的定义包括三个方面,即生产资料所有制关系、人们在社会中的地位——劳动就业关系、人们结合劳动中产品的分配关系。在这三个方面内容中,生产资料所有制关系是第一位的、是决定性的,或者说,有什么样的生产资料所有制关系,从而也就决定了有什么样的人们的社会地位、就业方式、分配关系。在这一经典理论指导下,长期以来,甚至可以说一直到现在,我们对生产关系的调整、完善都是循着这个定律来运作的。基于生产关系最主要、最重要的生产资料所有制关系的理论影响,新中国将近60年的发展,无论是前29年,还是这30年,在一届一届的中共中央全会报告里,一次一次地强调要完善社会主义生产关系,而这里的"完善",从理论到实践,基本上都是围绕生产资料所有制关系展开、运动的。所不同的是,1978年以前,生产资料所有制关系调整与完善的重心和预期是"一大二公",是对个体户、私有业主、资本家工厂、小集体、大集体、地方国营等多种所有制形式统统施行改造,或"公私合营";或"小集体转成大集体"、"大集体转成国营";"地方国营"转成"中央国营"——建设清一色的、纯而又纯的国营经济体,"壮大"社会主义的全民所有制。到1976年,我国国民经济几乎处于崩溃的边缘,剔除十年"文化大革命"因素,客观上的一个现实,便是原有的生产关系在总体上是不适应生产力的性质发展的,即那一阶段我国表现出来的经济总量及规模效益较小、部门或地区之间发展不平衡、低水平及多层次的生产力状况,与单一公有制生产关系

的矛盾同步显现，并且也严重制约了中国生产力的发展。

1978年下半年，决定中国命运的中共十一届三中全会胜利召开，这次会议不仅拉开了中国改革、开放、发展的新帷幕，并且开始探讨如何顺应中国现时生产力性质状况，调整、完善社会生产关系。生产关系必须适应生产力性质是经济社会发展的一条普遍规律，生产关系的理论及其实践完善研究，无可置疑地回到了生产资料所有权制度与形式上，并且沿着这一思路开始了中国社会主义进程中的又一次大改革、大调整。特别是当我们理清了商品经济不可逾越、市场与计划都是调节经济的手段，并且拿定主意建立社会主义市场经济体制目标时，更是面临市场经济法则与单一公有制所有权关系的冲突和挑战，更要求变革原有生产资料所有制关系现状使之适应市场运行的内在规定性，适应市场化生产力发展的性质特点。很显然，多层次的生产力结构就应该发展多层面、多形式的所有制关系。以中共十六大的召开为标志，又明确提出了所有制结构要从单一公有制关系回复到多元的、混合的产权关系及其结构。正是这一重大的生产关系的调整、改革，使中国保持了高速发展的良好态势，吸引了全世界的眼球。

二、发展生产力首先要发展劳动力

中国生产关系的变革与完善，促进了中国生产力的极大发展。然而，许多方面所表现出来的不尽如人意的事情，如规模与效益、速度与质量、结构与比例、经济与环境、社会与生态，以及意识观念、价值取向等，使人们不得不再次思考、研讨、关注新的、更高级的生产力发展对社会生产关系的要求。所以，中共强化了"以人为本"的发展理念，并且以"以人为本"为核心，提出了新的、更加务实的科学发展观。应当说，科学发展观不仅明确了今后我国社会主义制度及社会主义生产关系变革、完善的基本方向，而且反映了中国共产党人对马克思主义认识的深化与发展，反映了中国共产党人用发展着的马克思主义研究、解决现阶段发展中的问题的胆略和气魄。这对于改革、开放、发展的当代中国来说，无疑向全世界传递出一个信息，中国生产力的发展将会在新的发展观的指导下，努力地、坚定地闯出一条适合中国特色社会主义经济社会发展的新路子。

生产关系作为社会主义政治经济学的研究对象，如前所述，就其内容表现为三个方面，而从本质上说，实际上只有两点，一是物的权益关系，二是人的劳动关系（当然也包括人及劳动力的所有权关系）。改革开放30年，其实我们只是在物的所有制关系上做了文章，即通过改革调整了原有的不适应中国生产力发展的生产关系，使生产关系回归到了社会主义初级阶段及其生产力性质要求，这是30年来中国改革取得的最伟大的成就之一。但这并不意味着生产关系已经完善，改革就此结束、无事可做了；相反，生产关系的完善不仅没有结束，而且将会面临更复杂、更棘手、更困难的问题，即生产关系中有关人的劳动关系的变革、调整与完善的问题。

完善生产关系、改革、开放，意在解放生产力，发展生产力。然而，在人们的意识观念里，似乎生产力只属于物质范畴，所以一味追求物质生产条件、手段的改善和提升，但是，当我们拥有和操作了先进的设备、工具之后，就实现了效应与效益了吗？确有不尽如人意之处。因为，尽管物质是基础，物质因素是重要的，而如果没有人作用其间，物只能是静止的东西，而人的因素更重要。所以，小平同志讲"步子能不能再快点，关键在人"。那么，这也要求我们还应该转变一下观念，即生产力并不完全属于物质范畴，还有人的决定性因素在里边。事实上，经济学也好，哲学也好，一直都把"人是生产力中首要的、最具有活力和能动性的因素"视为一种理论常识。我们翻看一下马克思的论著，包括《资本论》巨著在内，在马克思的眼里和理论研究中，生产力、劳动力、劳动生产力等始终被看作是同一个概念。马克思最初提出资本主义要灭亡的理论，就是源于在当时资本主义生产过程中，人没有社会地位，劳动力一无所有，劳动受到了桎梏，资本主义的这种生产关系便决定了资本主义的生产力必然会受到阻滞，资本主义社会制度因此必然也会随之退出历史舞台，取而代之的将是社会主义制度。而马克思憧憬的社会主义则是一个"自由人联合体"，与资本主义不同，在社会主义制度保障下，人们有权自由地、全面地发展自己的智力和体力。从这个意义上看，生产力的"力"，首先应该指的是劳动力。解放生产力、发展生产力，首先就是要解放劳动力、发展劳动力，也就是要把劳动力从旧的、受束缚的制度和体制下解放出来，创造和带入一个新的制度和体制环境，并且让每一个劳动力都能够在新的制度和体制环境里最充分地发挥出自己的积极性、主动性和创造性，这才是生产力运行活力的源泉，而且也是整个经济社会充满生机、昂扬向上的源泉。

纵观西方资本主义发展的历史，其之所以没有走向历史尽头，垂而不死，腐而未朽，恰恰反映出了马克思主义理论的科学与伟大。正是马克思主义的理论学说影响和改变了资本主义的上层思维，改变了资本主义对"经济"的观念误区，改变了资本主义生产关系的重心定位，改变了资本主义发展的传统的物本主义老路，使得资本主义从不尊重人、把人不当人走向以人为本的"人本主义"的新路子。

三、调整生产关系要坚持以人为本这一核心价值观

在中共建党 80 周年之时，中央首次提出了要"促进人的全面发展"的理论

观念，但真正提出并通过党和国家最高组织程序写进高层文献的是中共十六大，而进一步阐释则是在中共十七大上。中共十七大强调并坚持把"以人为本"定位为科学发展观的核心，这不只是意味着中国共产党人既要坚持改革、开放、发展，更要使马克思主义、社会主义回到本然，成为指导中国特色社会主义伟大事业的基本理论和行为规范；同时也切实地为进一步调整、完善社会主义生产关系指明了基本方向与路径依据。如果说，我们机械地把改革开放30年划分为两个阶段，即前20年是社会主义生产关系、主要是生产资料所有权关系的调整与完善，那么，从中共十六大开始的这些年，则是在继续完善社会主义生产资料所有权关系的同时，开始认识、酝酿社会主义生产关系、主要是劳动关系的调整、完善，包括具体提出"以人为本"、"五个统筹"、"小康社会"、"新农村"、"和谐社会"目标建设等。可以设想，按照今天中共中央要求认真学习、实践科学发展观的部署，未来十年，我们必将在科学发展观的指导下，按照"以人为本"这一核心价值观，去调理诸如劳动者与国家的关系、劳动者与企业的关系、劳动者与劳动者的关系、劳动者的社会保障关系、劳动者的产品分配关系，以及人与自然、生态、经济、社会的关系等。毫无疑问，这些在人们社会劳动中结成的彼此之间的关系的协调与完善，一方面直接影响着经济社会的活力，影响着中国现实生产力的发展；另一方面也直接影响着"小康"目标、"新农村"目标，特别是"和谐社会"目标的实现。可以说，和谐的社会主义劳动关系是整个和谐社会的基础和前提，学习、实践科学发展观，坚持以人为本，最重要的、也是首要的，就是应该认真研究社会主义生产关系、特别是社会主义劳动关系的调整、完善问题，这是我们今天学习、实践科学发展观的一个重要视点。

(原载于《中国改革报》，2008年12月24日)

坚持以公有制为主体、多种所有制经济共同发展的基本经济制度

——学习党的十五大报告有感

党的十五大报告指出:"公有制为主体、多种所有制经济共同发展,是我国社会主义初级阶段的一项基本经济制度。"从而揭示了社会主义生产关系的调整与完善的内在要求和本质特征,成为我们坚持社会主义、发展市场经济的根本准则。

一、正确理解公有制为主体、多种所有制经济共同发展的社会主义基本经济制度

马克思主义认为,生产资料公有制是社会主义生产关系的基础和标志,它决定着社会主义生产关系的各个方面和社会主义再生产的各个环节。因此,坚持以公有制为主体的本质意义,就在于坚持社会主义基本经济制度。依据这种理解,坚持公有制为主体的内核就是,坚持公有制的社会主义生产关系在我国经济制度中的基础地位,保证社会经济生活(包括生产、分配、交换和消费等)主要是在公有制基础上的运营,使工人阶级和社会成员中的绝大多数人在公有制及其按劳分配的经济环境中成为真正的国家主人,不发生阶级分化。显然,这里最重要的是必须保证公有制经济在数量、质量上占据主体与优势。

所谓的"在量上的主体与优势",主要是在社会总资产中要保持国家所有和集团所有的资产占优势。公有资产占优势,当然是指公有资产的价值形态和实物形态均占优势。所谓的"在质上占主体与优势",主要包括三个方面:一是国有经济在关系国家经济命脉的重要部门和关键领域占支配地位。只有国有经济在这些重要部门和关键领域占支配地位,才能保证国家的社会主义性质和发展方向,保证这些部门和领域按照现代化建设和广大人民的需要协调发展。新中国的发展实践也无不证明,只有公有制及国有经济才有能力保证这些部门和领域健康迅速发展。二是国有经济控制国家经济命脉,对整个经济发展起主导作用,即对国有经济发展和社会稳定具有控制力、影响力和导向力。三是公有制经济特别是国有

企业要适应社会主义市场经济发展的要求，不断发展和壮大自己。国有企业是社会主义发展生产力的组合体，是公有制经济的物质基础。因此，国有企业能不能发展壮大，直接决定了公有制经济在社会生产的重要部门和关键领域的支配地位，从而对整个国民经济发挥主导作用，特别是在多种经济并存、商品交换、市场竞争条件下，更有其社会意义、经济意义、政治意义。

当前有一种观点认为，在社会主义市场经济条件下，公有制经济的主体地位主要体现在公有资产在价值形态上占优势，而不是在实物形态上占优势，只应掌握公有资产的价值形态。依据这种观点，似乎把国家财产卖掉，国有财产也没有减少，只是从实物形态转为价值形态。这种观点是有失偏颇的。不可否认，在社会主义市场经济条件下，必须重视公有资产的价值形态和价值增殖，但更要重视公有资产的实物形态。使用价值是社会财富的物质内容，价值形态只是社会财富的抽象形式，它必须以使用价值为基础；社会主义公有制是指生产资料的社会主义公有制，并非是离开生产资料实体的另外意义上的非生产资料公有制；将公有生产资料出售给私人、外商等，生产资料所有权就自然转移，公有制就变为私有制，这是政治经济学的基本常识。在社会主义市场经济条件下，为了实现社会主义生产目的，为了巩固社会主义制度，为了国家的政治、经济的独立和在激烈的国际竞争中占据有利地位，为了保证国有经济始终控制着国民经济命脉，保证国有经济在重要行业及重点企业占绝对支配地位，简言之，为了保证公有制经济主体地位和国有经济的主导地位，必须重视公有资产实物形态，保证公有资产实物形态占绝对优势。

当然，公有制经济的主体地位，公有资产在质上和量上及其价值形态和实物形态上均占绝对优势，是就全国而言的，有的地方、有的产业可以有所差别。比如，有的地方经济十分落后，生产力水平很低，或处于特殊条件，可以适当多发展一些集体经济和非国有经济，"只要坚持公有制为主体，国家控制国民经济命脉，国有经济的控制力和竞争力得到增强，在这个前提下，国有经济比重减少一些，不会影响我国的社会主义性质"。

党的十一届三中全会以来，由于我们实行了改革开放，特别是实行了允许和鼓励发展多种经济成分，并对非公有制经济给予各种优惠与倾斜的政策，从而使非公有制经济呈绝对增长趋势，这就使得一些人认为公有制经济应让位于私有经济，"可能经济发展的规律要逼着我们通过先把国有财产分到个人腰包这个弯路"，因为"实践"证明了"国家不如集体，集体不如个体，个体不如私有"。当提出要坚持公有制主体地位的时候，一些人则提出"公有制主体地位，不一定非要在量上占优势"，"只需要保留20%的国有经济"就行了，或者"只保留占企业总数1%的大型国有企业"。在一些地方，有的则借股份制改造，将国有资产无偿地瓜分为"集体股"、"职工股"。应当指出,这些说法、这些做法都是有悖于社会主义方向的,有违于社会主义生产关系性质要求的,有害于公有制主体地位的巩固、完善的。尤其是公有制经济不仅要在质上占据主体与优势,如果在量上不能形成主体与优势,量变必然引起质变,到那时还谈什么坚持社会主义呢?

同时,近几年来我国私有经济快速发展、国有企业相对困难的现象,也根本不能证明私有经济比公有经济优越。原因很清楚:一是私有经济生产条件和发展环境不同。如优惠供给土地、厂房、贷款、减免税费,由政府直接出面协调一些具体关系,而国有经济则控制严、约束多。二是私有经济所承担的责任、社会成本少。如私有企业许多无保险、无住房、无福利,却用相对较高的名义工资吸引了在许多国有企业中的解除了诸如子女上学、家庭住房、医疗保障等后顾之忧的生产经营和技术骨干来壮大自己。三是相当一些私营经济实质上是利用了国有经济的某些漏洞和空隙,甚至是划公为私、国有资产流失的衍生物,即以国有经济为"母体"发展起来的。结果却落个国有经济不如私有经济,从而要让位于私有经济。也有人总讲,市场经济就必须要按照市场法则办事。市场法则是什么?即让市场配置资源。而实施了所谓的"市场法则",则损毁和动摇了一种社会地位、一个阶级得以发展的物质基础,那恐怕在这个世界上,不会被任何一个国家、任何一个群体所接受。如果是"市场法则"削弱了公有制的主体地位、变更了社会主义生产关系和社会主义方向,那将是社会主义改革与开放的悲哀。

二、必须坚持公有制为主体、多种所有制经济共同发展的社会主义基本经济制度

1. 只有坚持以公有制为主体,才能巩固社会主义经济制度

东西方意识形态、发展模式不同,但有一点是相同的,即都认为生产资料所有制问题是社会经济制度的基本问题。生产资料掌握在谁的手里,从而决定什么样的生产关系和社会性质。社会主义同资本主义的根本区别正是表现在生产资料的所有制性质上。如果占主体地位的是私有制,那就是资本主义社会;如果占主体地位的是公有制,那就是社会主义社会。社会主义国家在其发展实践中,都是以公有制的确立为标志,宣布它们建立了社会主义制度。后来一些国家又是以其放弃公有制而表明它们放弃了社会主义。帝国主义也把反对公有制当作反对社会主义的同义语。在当今中国,两种改革开放观的对立,焦点就在于坚持还是否定公有制的主体地位。邓小平同志说得很明确,要坚持"公有制经济始终占主体地位"。江泽民同志也意味深长地指出:"我国经济发展中,我们要继续坚持以公有制为主体,发展多种经济成分的方针……坚持这个方针是为了更好地发挥社会主

义的优越性，促进我们经济的更快发展，绝不是要削弱、取消公有制的主体地位。""动摇了生产资料公有制，就是动摇了社会主义经济基础，必将损害全体人民的根本利益，也就谈不上社会主义了。"

2. 只有坚持以公有制为主体，才能真正解放和发展生产力

社会主义之所以把公有制作为自己经济制度的基础，共产党人奋斗的最终目标之所以是消灭私有制、建立以公有制为基础的社会主义制度和共产主义制度，其深层原因，就在于马克思主义、社会主义者，认为公有制比私有制更有利于解放和发展生产力。首先，社会主义公有制比资本主义私有制更加适应社会化大生产的客观要求。资本主义私有制虽然曾发挥过解放和发展生产力的作用，但随着资本主义社会生产的高度社会化，客观上要求生产资料和劳动产品归社会共同占有，以保证社会化生产的协调发展，而资本主义私有制却越来越阻碍社会化生产的要求，变为生产力发展的桎梏。马克思科学社会主义理论的创立，正是建立在社会主义公有制是现代生产发展的本质要求，是生产社会化与资本主义私有制矛盾运动的必然结果这一基础之上。有人可能会说，既然公有制是现代生产力发展的本质要求，为什么还要允许非公有制经济存在和发展呢？这同样是由我国现阶段生产力发展状况决定的。我国现阶段生产力的基本特征是社会化大生产，这是我们确定公有制经济为主体的客观依据，也是公有制经济发挥其主导作用的物质基础，但除了社会化大生产外，还存在着大量的小生产、半自然经济等多层次、不平衡的生产力状况。根据生产关系一定要适应生产力状况规律，必须在坚持以公有制为主体的前提下，允许多种非公有制经济发展，这有利于促进社会主义经济的繁荣和昌盛。随着社会主义经济的不断发展、生产力水平的不断提高，非公有制经济发展趋势必然是公有制，而不是像有人所说的经济发展的趋势是"私有化"。在我国现阶段，很多城乡个体经济、私营经济为什么会联合起来实行股份合作制？一些比较发达的农村为什么要在家庭联产承包责任制的基础上实行不同形式的适度规模经营？河南省的南街、竹林等典型村镇为什么先实行"分田分产、分散经营"，后又重建"集体所有、统一经营"？究其原因，就在于生产社会化程度的提高。正如邓小平同志所说的，随着生产力发展、机械化水平提高、商品经济大力发展起来，低水平的集体化就会发展到高水平的集体化，集体经济不巩固也会巩固起来。又有鉴于此，在十五大报告里，江泽民同志特别强调了"劳动者的劳动联合和劳动者的资本联合为主的集体经济，尤其要提倡和鼓励"。其次，社会主义公有制比资本主义更有利于调动劳动者生产经营的积极性。劳动者是社会一切财富的创造者，是最基本的生产力。一种经济制度有没有优越性，能不能促进生产力的发展，最根本的在于它能否有效地调动劳动者的积极性，而要做到这一点，关键取决于劳动者在生产过程中的地位。在生产资料归剥削阶级所

有的一切私有制社会里，劳动者丧失了生产资料，无法同生产资料直接结合。因此，"他不得不为占有劳动的物质条件的他人做奴隶。他只有得到他人的允许才能劳动，因而只有得到他人的允许才能生存"。在这种制度下，劳动者处于被奴役、被剥削的地位，他们的才能和积极性的发挥受到很大的抑制。社会主义公有制的建立，从根本上改变了这种状态。劳动人民不仅成为生产资料和生产过程的主人，而且成为国家和社会的主人，成为社会生活的主宰者。因此，劳动者不仅在社会物质财富和精神财富的创造上发挥着前所未有的巨大作用，而且有可能在马克思主义指导下，通过实践逐步正确认识社会经济规律，自觉指导自己的各项活动，有计划地改造自然，实现共同的理想。当然，由于我国现阶段公有制的管理体制还不够完善，加上社会生产力还没得到高度发展以及劳动还是个人谋生的手段等原因，劳动者当家做主的权利和积极性还没有得到充分实现和发挥，这些是同公有制本性和要求不相适应的。随着改革的深化，这些问题必将会逐步得到解决。

我国经济建设和改革开放的实践证明，只有坚持公有制的主体地位，才能真正解放和发展生产力。我国经济发展速度总体上高于资本主义国家，1990年国内生产总值和综合国力排序就进入世界十强之列。也就是说，社会主义的新中国在半殖民地、半封建的基础上起步，用几十年的时间缩短了同资本主义发展的差距。

实际上，改革开放以来，我国经济主要是依靠作为国民经济主体的公有制发展起来的。从农村来看，主要依靠家庭联产承包和乡镇企业，这是经济发展的主要部分，而这个主要部分，应该说是集体所有制占主体。从城市和工业交通来看，改革开放十几年当中，主要是依靠国有经济。这主要表现在以下几个方面：一是这十几年经济建设的资金主要来自国有企业。我国的财政税收60%~70%来自国有企业。改革以来国有企业上缴的利税累计3万亿元以上，这大大地支持了改革和发展。二是为国民经济发展提供了基础条件。目前，国有经济在邮电、民航、铁路等关键行业占100%；在电力、煤炭、石油开采、冶金、化工等支柱产业或基础产业中占77%~91%；在电子、机械、轻工、纺织、食品等主要行业中，国有经济掌握着主要生产基础，发挥着行业的"火车头"作用。国有经济的存在和发展为其他所有制经济发展提供了基础。三是降低社会发展的总成本。国有经济中很大一部分属于产业链条的上游，这些产品一旦涨价，全社会所有的产品都要涨价。为了维护改革和建设、人民生活的大局，国有企业在相当一些行业实行价格控制，实行政策性亏损，从而转化分流向非国有经济的一部分利润，应该说，改革十几年来，公有制经济实际上是做出某种牺牲，承受改革的巨大成本，来推动社会经济发展的。四是国有经济安置67%的城镇就业人员，为维护社会稳定发挥了重要的作用。所有这些都表明公有制的主体地位、功能作用是不能否定的。

关于公有制经济的效率和效益问题，同样应当进行科学的分析。一是从国家国有资本管理局1996年评出的国有企业500强看，这500家企业大约占国有企业总数的0.2%，但它们上缴的利税是78.4%，应该说大型国有企业总体上效益是好的。二是国有经济迅速发展壮大。新中国成立以来，国有资产增长200倍以上。其中，特别是十一届三中全会以来，国有资产迅速增长。"六五"期间平均递增7%，"七五"期间平均递增14%，"八五"期间平均递增18%。三是要看到今天许多国有企业存在的矛盾和困难，并不是因为它的所有制性质，而是由各种内外环境造成的。比如体制问题、历史原因、企业社会负担和财税负担较重等。把上述情况都抽象掉后，从结果去比较，并把这个结果和所有制性质联系起来，认为这个结果是因为所有制性质造成的，是非常不科学的。

3. 只有坚持以公有制为主体，才能真正消灭剥削，消除两极分化，最终达到共同富裕这一社会主义的根本目的

马克思主义的基本原理告诉我们，私有制是产生剥削和两极分化的根源。在以资本主义私有制为基础的市场经济条件下，生产资料主要归资本家阶级占有和支配，广大劳动者没有生产资料，只有靠出卖劳动力为生。这种社会生产资料占有极其不合理、不平衡，决定了人们参与市场竞争及其社会分配的机会也必然是不合理、不平等的。资本家阶级凭借生产资料所有权可以一次又一次地无偿占有劳动者创造的剩余价值，劳动者只能得到相当于劳动力价值的工资收入，这必然会形成社会收入分配差距悬殊。社会收入分配差距的悬殊又必然会进一步加剧财产占有的不平衡，进一步加剧社会生产资料向少数资本家手里集中，从而又会造成新一轮分配中收入差距的进一步悬殊。依此类推，必然形成富的愈来愈富、穷的愈来愈穷的两极分化。随着社会主义公有制的建立及其按劳分配的实现，在社会主义公有制范围内，资产阶级失去通过获取剩余价值来实行资本积累的社会条件，而广大劳动者摆脱了受剥削的地位和贫穷的命运。劳动人民用共同占有的生产资料进行联合劳动，创造的社会物质财富归劳动人民共同占有和支配，并按照劳动人民的共同利益来使用和分配。因此，随着社会生产的发展和社会物质财富的不断增多，其结果必然是劳动人民的共同富裕。可以说，如果没有社会主义公有制对资本主义私有制的否定，也就不可能有"共同富裕"这一社会主义的根本目的。否定了社会主义公有制，也就否定了共同富裕。我国历史发展事实也可以证明，旧中国几千年，"致富"对广大劳动者来说只是无望的梦想。在社会主义公有制条件下，这个梦想正逐步变为现实。特别是改革开放以来，在党的共同致富政策指引下，绝大多数人的收入水平和生活水平有了显著提高，少数贫穷落后

地区也正逐步脱贫致富。如果我们放弃公有制主体地位，让私有制占据主体，工人阶级及其广大劳动者就会由社会的主人重新沦为无产阶级和雇佣劳动者，按劳分配为主也必然被按资分配为主所代替，从而必然会导致剥削和两极分化。正如邓小平同志所说的，"一旦中国抛弃社会主义，就要回到半殖民地半封建社会，不要说实现'小康'，就连温饱也没有保证"。"只有社会主义制度才能从根本上解决摆脱贫困问题。"不可否认，在社会主义市场经济条件下，为了更好地发展生产力，我们还允许多种非公有制经济和非按劳分配方式存在，这不可避免地会在一定范围和一定程度上出现社会分配不公和收入差距悬殊的现象。但这同资本主义条件下那种少数人变为剥削者、大多数人陷于贫困的两极分化是有本质区别的。对此，我们只要保持清醒的头脑，始终坚持以公有制的按劳分配为主体，通过运用经济、法律、行政等手段进行有效的宏观调控，就能够使收入差距限制在合理的限度内，并使之有利于发展生产和普遍改善人民生活。所以邓小平同志说，"只要我国经济中公有制占主体地位，就可以避免两极分化"。

4. 只有坚持以公有制为主体，才能建设社会主义市场经济

主张私有化的人认为市场经济是与私有制结合在一起的，与公有制是不相容的。这种理论是站不住脚的。首先，市场经济是一种经济手段，是一种资源配置方式，属于经济运行范畴，它既能与资本主义私有制相结合，也能与社会主义公有制相结合。其次，社会主义市场经济体制的根本内涵就是和社会主义基本制度结合在一起的，它必然要求以公有制为主体，否则就不是社会主义市场经济。再次，现代市场经济不是无政府状态，而是同国家的宏观调控结合在一起的。由于社会主义市场经济是以公有制为基础的，因而国家在处理整体利益与局部利益、近期利益与长期利益的关系上，在处理计划与市场、微观放活与宏观协调的关系上，都比资本主义市场经济更合理、更有效，宏观调控能力更强，从而使市场经济更加健康地运行。如果放弃公有制经济的主体地位，将使国家宏观调控能力受到削弱，导致社会经济生活的混乱，影响社会稳定，严重阻碍生产的发展。最后，不可否认，市场经济确实要求企业应该有独立的经济利益，成为自主经营、自负盈亏、自我发展、自我约束的经济主体。我们现在国有企业的改革，建立现代企业制度，理顺公司法人治理结构，其实质就是要求一个个企业都成为自主经营、自负盈亏、自我发展、自我约束的经济主体。现在存在一些问题，只是改革过程中的操作问题，它受很多因素的制约，不可能一蹴而就，但不是说不可能做到这一点。

5. 只有坚持以公有制为主体，才能加强社会主义精神文明建设

按照辩证唯物主义和历史唯物主义的观点，社会存在决定社会意识，思想意识是经济关系的反映。自私自利、损人利己的资产阶级思想是由私有制决定的。

公而忘私的集体主义思想道德是社会主义精神文明的核心,这是由社会主义公有制决定的。正如邓小平同志所说的:"社会主义的经济是以公有制为基础的,生产是为了最大限度地满足人们的物质、文化需要,而不是为了剥削;由于社会主义制度的这些特点,我国人民能有共同的政治经济社会理想、共同的道德标准。"刘庄、南街、竹林等典型经验证明,集体经济壮大了,人民生活得到改善,人们看到社会主义确实是实现共同富裕的光明大道,就会心向集体,自觉地把集体经济看作"靠山",增强集体观念。相反,如果不坚持公有制经济主体地位,必然会削弱集体主义思想。目前,一些人信仰、信念动摇,党内出现腐败现象,世风不正,道德水平下降等,其原因固然是多方面,但也和我们有些地方公有制经济不够壮大、集体经济力量薄弱、社会主义经济优越性没有显示出来有直接关系。事实证明,要建设社会主义精神文明,必须坚持公有制经济的主体地位,公有制的主体地位是广大劳动者发挥主人翁积极性的精神支柱。丧失公有制的主体地位,社会主义意识形态将会消解,社会主义精神文明支柱将会倒塌。

6. 只有坚持公有制为主体,才能坚持共产党的领导与巩固人民民主专政

历史唯物主义认为,政治属于上层建筑,受经济基础决定并为经济基础服务。社会主义政治是建立在以公有制为主体的社会主义经济基础之上并为这个基础服务的。我们今天讲政治,最主要的是坚持共产党领导和巩固人民民主专政。我们只有坚持共产党领导和人民民主专政,才能巩固发展以公有制为主体的经济制度;也只有坚持以公有制为主体的经济制度,才能坚持与加强党的领导,巩固人民民主专政。如果放弃甚至改变以公有制为主体的社会主义经济制度,让私有制经济占主体,共产党将失去执政的经济基础,国家政权将失去原有的存在意义和价值,其性质也会随之变化,就谈不上坚持党的领导和人民民主专政。

历史的经验也告诉我们,当某种生产关系有了一定的发展,代表这种生产关系的阶级和阶层,就会要求搞权力再分配,实行某种政治制度,以维护他们的利益。我们一定要坚持公有制经济的主体地位,而绝不能用劳动人民的血汗去重新扶植和"喂养"一个新的资产阶级。我们一定要牢记邓小平同志的告诫:"我们不会容许产生新的资产阶级。""如果产生什么新的资产阶级,那我们就真是走了邪路了。"

三、深化改革,开创公有制实现形式多样化和多种所有制经济共同发展的新局面

党的十一届三中全会以来,我们党认真总结以往在所有制问题上的经验教训,制定以公有制为主体、多种所有制经济共同发展的方针,逐步消除所有制结

构不合理对生产力的羁绊，出现了公有制实现形式多样化和多种所有制经济共同发展的局面。

党的十五大报告指出，"公有制经济不仅包括国有经济和集体经济，还包括混合所有制经济中的国有成分和集体成分"。这里，首先，要正确全面认识公有制经济的含义；其次，要努力寻找能够极大促进生产力发展的公有制实现形式；最后，要科学处理公有制经济与非公有制经济的关系。

公有制经济既是社会主义基本制度的标志与特征，也是社会主义基本制度的物质基础。因此，社会主义市场经济必须坚持公有制的主体地位。如前所述，所谓"公有制的主体地位"，主要体现在：公有资产在社会总资产中占优势，国有经济控制国民经济命脉，对经济发展起主导作用。但正如十五大报告所阐述的，"这是就全国而言，有的地方、有的产业可以有所差别。公有资产占优势，要有量的优势，更要注意质的提高。国有经济起主导作用，主要体现在控制力上……对关系国民经济命脉的重要行业和关键领域，国有经济必须占支配地位。在其他领域，可以通过资产重组和结构调整，以加强重点，提高国有资产的整体质量"。同时，十五大报告还强调作为公有制经济的重要组成部分的集体所有制经济，由于能够较好地体现社会主义的共同致富的原则，并且有利于广泛吸收社会分散资金，缓解就业压力，增加公共积累和国家税收，所以要支持、鼓励、帮助其大力发展。

这里，必须认识到，公有制的经济制度与公有制经济的实现形式是有区别的、是不一样的，前者讲社会意识、制度性质，后者则讲公有制条件下经济活动的组织形式、方式、方法。长期以来，传统社会主义观念只重视公有制的经济制度，不仅不重视其实现形式，且与制度混淆，把生产关系与生产力问题交织起来，使得一味停留在所谓的"制度的完善上"。而不讲这种制度实现和得以巩固的形式，自己将自己束缚了起来。也由于如此，党的十五大提出了"公有制实现形式可以而且应当多样化。一切反映社会化生产规律的经营方式都可以大胆利用。要努力寻找能够极大促进生产力发展的公有制实现形式。"并就股份制的立论与应用做了鲜明的阐释，即"股份制是现代企业的一种资本组织形式……不能笼统地说股份制是公有还是私有，关键看控股权掌握在谁的手中"。这不仅为公有制经济寻找到一种组织形式，而且为国有企业改革、建立现代企业制度提供了一种组织体制选择，必将对振兴国有经济产生重大影响。

还有一个重要的问题，也必须搞清楚，即公有制经济与非公有制经济的关系。首先，要认识到坚持公有制的主体地位同多种所有制经济共同发展，不仅不矛盾，而且正是题中应有之意。以公有制为主体而不是公有制作为唯一的经济成分，体现了我国的生产关系适合生产力发展的实事求是的态度，而不是要否定非公有制经济的存在，更不是要退回到传统的公有制一统天下、一大二公、越公越纯的局面。其次，要认识到坚持公有制经济为主体，同充分发挥非公有制经济的作用是相辅相成、相得益彰的。改革开放的实践证明，允许和鼓励非公有制经济的发展，不仅有利于发展生产、扩大就业、活跃市场、方便生活，增加国家财政收入，而且有利于引入竞争机制，推动国有企业深化改革，从而更有利于发展生产力，加强公有制经济。因此，不能把非公有制经济的存在和发展当作私有化的表现。同时，改革的实践也证明，非公有制经济的发展，离不开公有制经济的支持。失去公有制企业生产经营的需要，失去以公有制经济为后盾的广大人民群众生活需要这个大市场的依托，非公有制经济的发展将成为无源之水、无本之木。常听许多个体经营者、私营企业主说，他们能有今天，全靠党的好政策。此话不错，如果没有公有制特别是国有经济的支持，发展非公有制经济的各项改革措施、优惠政策就不能坚持下去。非公有制经济发展所依赖的减免税收的财政支持、信贷支持、价格支持、交通通信和城市基础设施建设支持，以及国有企业人才、技术、社会负担支持等，都是主要以国有经济为支撑点的。离开公有制经济的主体地位，非公有制经济就不可能有今天的发展。最后，公有制经济与非公有制经济之间会有利益上的矛盾和对立。对此，我们既不能为了发展和壮大公有制经济的主体地位，去排挤和削弱非公有制经济的发展，更不能为了非公有制经济的发展，去削弱乃至取消公有制主体地位。我们的政策应当是在积极促进国有经济和集体经济发展的同时，继续鼓励个体、私营、外资等非公有制经济的发展，并正确引导、加强监督、依法管理，以发挥其对社会主义经济的积极作用，抑制其消极作用。

毋庸置疑，以公有制为主体，是社会主义的本质特征和根本原则。正如邓小平同志多次强调指出的那样："社会主义有两个非常重要的方面，一是以公有制为主体，二是不搞两极分化。""一个是公有制占主体，一个是共同富裕，这是我们所必须坚持的社会主义根本原则。"我们实施多种经济成份共同发展，"但是始终以社会主义公有制为主体"。江泽民总书记也告诫我们，必须"始终保持公有制经济在国民经济中的主体地位，充分发挥国有经济的主导作用。如果失去公有制经济的主体地位和国有经济的主导作用，也就不可能建设有中国特色的社会主义。""以公有制为主体，多种经济成份共同发展，是我们必须长期坚持的方针"。邓小平同志和江泽民同志的论述是运用马克思主义基本原理，总结我国社会主义实践和国际社会主义运动的经验教训，对公有制的主体地位同社会主义的发展及其对内在的、本质的联系的深层揭示与阐述，也是我们今天在进行改革开放、建立市场经济体制、建设有中国特色的社会主义进程中，所必须认真学习和研究，并形成遵循、贯彻执行的基本思想和基本方针。"在建立社会主义市场经济体制的过程中,国有经济和整个公有制经济只能搞好,只能加强而决不能削弱;只能使它们形成新的优势,而决不能使它们失去优势。我们要下定这个决心,不能有丝毫动摇。"让中国共产党及其领导下的中国人民,永远走在社会主义的大道上。

(郭军、苏明吾、崔朝栋,原载于《河南省公有制实现形式理论研讨会》交流论文集,1998年)

公有制实现形式多样化与多种所有制经济共同发展

公有制经济既是社会主义基本制度的标志与特征，也是社会主义基本制度的物质基础，因此，社会主义市场经济必须坚持公有制的主体地位。所谓"公有制的主体地位"，主要体现在：公有资产在社会总资产中占优势，国有经济控制国民经济命脉，对经济发展起主导作用。正如十五大报告所阐述的："这是就全国而言，有的地方、有的产业可以有所差别。公有资产占优势，要有量的优势，更要注意质的提高。国有经济起主导作用，主要体现在控制力上……对关系国民经济命脉的重要行业的关键领域，国有经济必须占支配地位。在其他领域，可以通过资产重组和结构调整，以加强重点，提高国有资产的整体质量。"同时十五大报告还强调，作为公有制经济的重要组成部分的集体所有制经济，由于能够较好地体现社会主义的共同致富的原则，并且有利于广泛吸收社会分散资金，缓解就业压力，增加公共积累和国家税收，要支持、鼓励、帮助其大力发展。

这里，必须认识到，公有制的经济制度与公有制的经济实现形式是有区别的，是不一样的。前者讲社会意识、制度性质，后者则讲公有制条件下经济活动的组织形式、方式、方法。长期以来，传统社会主义观念只重视公有制的经济制度，不讲这种制度实现和得以巩固的形式，自己把自己束缚了起来。党的十一届三中全会以来，我们党认真总结以往在所有制问题上的经验教训，制定以公有制为主体、多种所有制经济共同发展的方针，逐步消除所有制结构不合理对生产力的羁绊，出现了公有制实现形式多样化和多种所有制经济共同发展的局面。党的十五大报告明确提出了"公有制实现形式可以而且应当多样化，一切反映社会化生产规律的经营方式都可以大胆利用，要努力寻找能够极大促进生产力发展的公有制实现形式"的指导思想，并就股份制的立论与应用方面做了鲜明的阐释，即"股份制是现代企业的一种资本组织形式……不能笼统地说股份制是公有还是私有，关键看控股权掌握在谁手中"。这不仅为公有制经济寻找到一种组织形式，而且为国有企业改革、建立现代企业制度提供了一种组织体制选择，必将对振兴国有经济产生重大影响。

但是，公有制经济与非公有制经济的关系必须搞清楚。首先，要认识到坚持公有制的主体地位同多种所有制经济共同发展并不矛盾。以公有制为主体而不是公有制作为唯一的经济成分，体现了我国的生产关系适合生产力发展的实事求是的态度，而不是要否定非公有制经济的存在，更不是要退回到传统的公有制一统天下、一大二公、越公越纯的局面。其次，要认识到坚持以公有制经济为主体，同充分发挥非公有制经济的作用是相辅相成、相得益彰的。改革开放的实践证明，允许和鼓励非公有制经济的发展，不仅有利于发展生产力、扩大就业、活跃市场、增加国家财政收入，而且有利于引入竞争机制，推动国有企业深化改革，从而更有利于发展生产力，加强公有制经济。因此，不能把非公有制经济的存在和发展当作私有化的表现。同时，非公有制经济的发展，离不开公有制经济的支持。失去公有制企业生产经营的需要，失去以公有制经济为后盾的广大人民群众生活需要这个大市场的依托，非公有制经济的发展将成为无源之水、无本之木。非公有制经济发展所依赖的财政支持、信贷支持、价格支持、交通通信和城市基础设施建设支持，以及国有企业人才、技术、社会负担支持等，都是主要以国有经济为支撑点的。离开公有制经济的主体地位，非公有制经济就不可能有今天的发展。最后，公有制经济与非公有制经济之间利益上的矛盾和对立。对此，我们既不能为了发展和壮大公有制经济的主体地位而去排挤和削弱非公有制经济的发展，更不能为了非公有制经济的发展而去削弱乃至取消公有制主体地位。我们的政策应当是在积极促进国有经济和集体经济发展的同时，继续鼓励个体、私营、外资等非公有制经济的发展，并正确引导、加强监督、依法管理，以发挥其对社会主义经济的积极作用，抑制其消极作用。

党的十五大高举邓小平理论的伟大旗帜，运用马克思主义基本原理，总结我国社会主义实践和国际社会主义运动的经验教训，制定的以公有制为主体、多种所有制经济共同发展的方针，实际上是对我国社会主义初级阶段的一种政治定位、社会定位、经济定位。我们必须立足于定位，按照这一定位及其内在要求规范自己的行为，扎扎实实，认真工作，开创公有制实现形式多样化、多种所有制经济共同发展的新局面。

（原载于《教育时报》，1997年12月24日）

发展多种形式的集体经济、合作经济

党的十七大报告关于完善基本经济制度的论述中有两句话非常值得研读和品味，一句是"以现代产权制度为基础，发展混合所有制经济"；另一句是"推进集体企业改革，发展多种形式的集体经济、合作经济"。这鲜明地提出了"坚持和完善公有制为主体、多种所有制经济共同发展的基本经济制度"在新时期的内容中心和动力目标。也就是说，以十七大为转折，在继续"深化国有企业公司制股份制改革，健全现代企业制度，优化国有经济布局和结构，增强国有经济活力、控制力、影响力"的同时，将加大公有制的另一种形式，即集体经济的改革力度，全面地巩固和发展公有制经济。

一、集体经济是公有制经济的重要组成内容

我国是以公有制为主体的社会主义市场经济体制。公有制经济包括两种形式和内容组织：一是国有经济，二是集体经济，其中国有经济是主体与主导。因此，无论是共和国的计划经济时期，还是改革开放，改革与发展总是围绕着国有经济的巩固与完善而进行，包括产权结构调整、具体运营和实现形式等。以国有企业改制，置换纯的国有经济成分、置换纯的国有职工身份为标志，单一国有经济变革为多元产权主体的混合所有制经济，大大丰富了公有制经济的实现形式，从而为公有制经济的壮大、发展注入活力。实践证明，国有经济的改革及其路径选择是正确的。因此，十七大报告再一次重申了"坚持和完善公有制为主体、多种所有制经济共同发展的基本经济制度，毫不动摇地巩固和发展公有制经济的决心和信心"。

改革开放和国有及民营经济的发展，迅速地改变了我国生产力发展的被动现状，但生产力在总体上的低水平、多层次性并未被根本扭转，我国仍处于并将长期处于社会主义初级阶段的基本国情没有变，人民日益增长的物质文化需要同落后的社会生产之间的矛盾这一社会主要矛盾没有变，所以，十七大强调，"实现未来经济发展的目标，关键要在加快转变经济发展方式，完善社会主义市场经济体制方面取得重大进展"。为此，"要深化对社会主义市场经济规律的认识，从制

度上更好发挥市场在资源配置中的基础性作用,形成有利于科学发展的宏观调控体系"。这说明我们的眼界还不能只盯在从"转变经济增长方式"过渡为"转变经济发展方式"上,还要从制度、机制及其相应组织形式上创造更大的、又好又快的发展条件。基于此,十七大报告在论述完善基本经济制度时,特别强调了"以现代产权制度为基础,发展混合所有制经济"和"推进集体企业改革,发展多种形式的集体经济、合作经济"的指导思想。按照这一指导思想要求,今后,深化产权改革,就应该立足公有制经济的全部内容结构调整,即一方面继续深化国有企业改革,增强国有经济活力、控制力、影响力;另一方面要更加注重集体经济的改革与发展,激活集体经济这一块。

二、以明晰产权为重点,发展多种形式的集体经济

产权是所有制的核心和主要内容,包括物权、债权、股权和知识产权等各类财产权。这些年来,无论是党的最高文献,还是国家重大决定与政策,都特别强调建立健全归属清晰、权责明确、保护严格、流转顺畅的现代产权制度。在2003年10月14日党的十六届三中全会通过的《中共中央关于完善社会主义市场经济体制若干问题的决定》里,不仅把建立现代产权制度作为完善现阶段基本经济制度的内在要求,提出要依法保护各类产权,健全产权交易规则和监管制度,推动产权有序流转,保障所有市场主体的平等法律地位和发展权利。而且,还特别具体地强化了要推动公有制多种有效实现形式。"要适应经济市场化不断发展的趋势,进一步增强公有制经济的活力,大力发展国有资本、集体资本和非公有资本等参股的混合所有制经济,实现投资主体多元化,使股份制成为公有制的主要实现形式。"这自然也包括"以明晰产权为重点,深化集体企业改革,发展多种形式的集体经济"。关于集体经济,十七大比十六大的表述更鲜明、更直接。十六大的表述是"集体经济是公有制经济的重要组成部分,对实现共同富裕具有重大作用","深化集体企业改革,继续支持和帮助多种形式的集体经济的发展"。十七大则是,"推进集体企业改革,发展多种形式的集体经济、合作经济"。如果说十六大的"深化"表明的是一种酝酿、准备,那么,十七大的"推进"表明的是实践、运营主要求,绝非一般"支持和帮助",而是要"推进"与"发展"。从务虚进入到了务实。而集体经济的复苏关键恰恰在于产权明晰以及产权主体的合法权益能否受到保护。

长期以来,集体经济几乎被一股脑的"国有"和"非国有"经济形式所湮没或淡化掉。无论在城镇还是乡村,集体经济的产权几乎一直是虚置的,名义上归集体所有,而事实上集体经济的所有者根本就没有自己财产的处置权,集体经济

的成员也并非享有这一权益。围绕产权争议，城市人采取堵门请愿；乡村人采取断路上访。但最终都没能阻止住政府和一些"有来头"者对集体财产的侵占，致使城里的集体企业渐趋败落，村里的集体经济渐趋空无，公有制经济的集体财产形式被蹂躏、被冲击，使本来应该与国有经济一样生机盎然的集体经济失去了活力。集体经济贡献率低于国有和民营经济是值得反思的，因为我们的集体经济原本的基础、条件及资源优势并非应该如此。

三、深化改革，让城镇集体企业成为国民经济和社会发展的生力军

城镇集体企业在计划经济时代大约占我国企业总规模的40%，党的十一届三中全会以后的几年里，基本上维持了这一比重，但随着企业改制、随着一些集体企业民营化，目前这一比重已不足10%。长期以来，我们注重了公有制与市场经济的对接。但由于这种对接的重心是几乎完全不同假设和制度前提下国有经济与市场经济的交融，所以极尽艰难，也付出了巨大的代价，国有资产流失与私有侵蚀相当严重，因为外资、外商大多数并非愿意与"国企"嫁接，相反，它们却很青睐于民营私企。现在反思起来，假如当初首先以集体经济这一公有制形式"试刀"，这种经济体的产权相对清晰，也许会降低改革的成本与风险，缩短公有制与市场经济的磨合期，还有可能为国有企业进入市场、产权改革探索出一条路子来。其实，我国的改革原本就是从集体经济真正起步的。20世纪70年代末，随着党的"一个中心、两个基本点"的大政方略的确定，我们即在国有企业进行试点改革，但很快发现，国企改革太复杂，涉及的问题太多，特别是当时的思想观念还被束缚在一个僵化模式里。改革移位到农村这个相对容易突破的集体经济组织上，即对原有集体经济的实现形式进行了改革，实施家庭联产承包责任制，引导农民提高农产品商品率。实现农业经济与市场链接，一下子释放了原来集体经济所少见的生产力。农村集体经济改革与发展的成功，使包括从中央高层决策者到社会各界平民百姓都看到了希望，坚定了改革的决心和信心。1985年即进入城镇，开始了全面体制改革，而城镇改革，也就是从集体经济（农村）又重新转回到国有企业，也许认为国企改革是"重中之重"，而忽略了城镇集体企业这一公有制的另一种形式的改革，使城镇集体企业至今仍处于"仿效"国企改革，却又"仿"不了、不见"效"的尴尬境地。尤其是一些地方认为国企都"没有"了，"集体经济"还谈什么呢？便随着一些国企一道将其一卖了之。当人们眼瞅着、呐喊着国有资产流失的时候，并没有过多地意识和考虑到集体资产也在流失；当人们在"护驾"着公有制产权地位和控制力、影响力的时候，有没有意识和注意到集体经济这一公有制形式也包括在"主体地位和控制力、影响力"中。

发展多种形式的、混合的所有制经济，大力发展非公有制经济，为什么就不能大力发展集体经济呢？所以，应该全面领会和把握党的十七大关于"完善社会主义初级阶段基本经济制度"的精神，认真思考和贯彻"推进集体企业改革，发展多种形式的集体经济、合作经济"的指导思想，把发展集体经济作为壮大公有制经济的重要内容方面。制定城镇集体企业改革与发展的具体方案，发挥城镇集体企业，增强国民经济和社会活力的主力军作用，使集体经济与国有经济、民营经济并驾齐驱，都成为支撑中国特色社会主义的领军性经济大系统。

四、转变观念，在集体经济发展中破解"三农"难题

如上所述，多年来，人们一提起公有制经济，只想到国有经济，从而淡漠了集体经济这一重要形式和内容。同时，即使提到集体经济，也只盯着城镇，淡漠了乡村集体经济这一部分。在作者看来，现阶段集体经济发展的重头已转移到了乡村，即如何促使乡村集体经济活跃起来，而且这将直接关系到解决"三农"之战略性问题。

我国是一个农业大国，农民、农村、农业问题及其解决，已成为制约城镇化、工业化、信息化、现代化、国际化的"瓶颈"，成为国人的一块"心病"。围绕"三农"发展，我们不仅倾力，搞农业基础设施建设，发展高效农业，推进农业产业化，还引导农民进城，建设小康村，一直到实施社会主义新农村建设……措施不少，目标也很明确，但收效并不十分理想。究其原因其实只有一个，即解决"三农"问题的主体错位——政府成了助推和解决"三农"发展的主体。这种政府推导型的、外在的状况，使"三农"自身严重缺乏动力和活力，并形成新的农村集体经济对政府的依赖的非正常关系。这是现阶段"三农"难题的基本症结。也就是说，"三农"问题解决之根本，还是要靠"三农"自身，即要研究和首先解决如何促进和出现"三农"经济社会领域自身的内生变量问题。反观几十年来我国的"三农"发展史，显然当前最重要的就是按照经济规律和市场的要求，从制度和组织形式上打开"三农"崛起与跳跃之门，特别是要重新认识集体经济作为公有制经济重要形式内容的地位和作用，给农民以集体经济产权主体地位，明晰和维护农业集体经济产权利益关系，使农民在集体经济组织运营中超脱自己、发展自己、创新自己，即以明晰产权为重点，调动农村集体经济组织这种公有制实现形式及其自主进取性，给出农民集体经济这一公有制经济活动的制度安排。

从实践上看，必须坚持按市场经济规律办事，更大程度地发挥市场在资源配置中的基础性作用，政府不应该再继续剥夺农民集体经济或对农民集体财产侵蚀，充分尊重农民集体经济主体地位，积极转向鼓励、支持、引导农村集体经济

组织的自我发展，如从家庭联产承包经营制逐步过渡到按劳动分工协作规律组织起新的农业经济体，包括各类种植业企业、各类经济作物企业以及各类加工、运输、建筑、商贸企业等；统筹规划并具体运作集体财产，包括非农耕地的开发、利用、经营；成立农业专业化组织，组建各类企业直接服务于小城镇和新农村建设；以农业集体经济组织名义开展农民教育和培训，提高农民现代文化素养等。

党的十七大提出要寻求发展集体经济的多种形式，从而开启了解决"三农"问题的新航向，而且在"新农村"建设论述中强调了要"坚持农村基本经营制度，稳定完善土地承包关系，按照依法自愿有偿原则，健全土地承包经营权流转市场，有条件的地方可以发展多种形式的适度规模经营，探索集体经济有效实现形式，发展农业专业合作组织，支持农业产业化经营和'龙头'企业发展。培育有文化、懂技术、会经营的新型农民，发挥亿万农民建设新农村的主体作用"。中央说得如此明明白白，我们还等什么呢？

（原载于《中国改革报》，2007年12月20日）

全面推进经济建设和经济体制改革

全面建设小康社会，最根本的是坚持以经济建设为中心，深化经济体制改革，不断解放和发展生产力。根据世界经济科技发展新趋势和我国经济发展新阶段的要求，党的十六大明确提出了21世纪头20年经济建设和改革的主要任务是，完善社会主义市场经济体制，推动经济结构战略性调整，基本实现工业化，大力推进信息化，加快建设现代化，保持国民经济持续、快速、健康发展，不断提高人民生活水平。学习贯彻十六大精神，就是要围绕上述任务，全面推进经济建设和经济体制改革。

一、坚持和完善我国社会主义初级阶段的基本经济制度，毫不动摇地巩固和发展公有制经济，毫不动摇地鼓励、支持和引导非公有制经济发展

社会主义初级阶段是对我国社会主义经济发展的一个历史定位，立足初级阶段、发展社会主义初级阶段的经济，首要的是坚持和完善社会主义初级阶段的基本经济制度。社会主义初级阶段基本经济制度问题，实质上就是所有制问题。十六大提出"坚持和完善公有制为主体、多种所有制经济共同发展"，这既体现出社会主义初级阶段生产关系的内在特质，又反映出社会主义初级阶段生产力发展的客观要求。

必须毫不动摇地巩固和发展公有制经济。就是要坚持公有制的主体地位、发挥国有经济的主导作用，以及支持和促进集体经济的发展。坚持公有制主体地位，一方面要注重国有经济发展、提高公有资本的经济增值力和市场竞争力；另一方面要注重公有制实现形式的多样化，寻求国有经济的经济扩张力和市场应变力。发挥国有经济的主导作用，就是要使国有经济在国家社会经济运行中能够形成对其发展方向、整体行为及重要稀缺资源等的积极控制力。支持和促进集体经济的发展，也是巩固和发展公有制经济的重要内容。在我国，集体经济一方面成为社会主义公有制经济的重要部分，另一方面成为吸纳城乡劳动力就业的重要渠道，因而对全面建设小康社会、实现共同富裕具有重要作用。

必须毫不动摇地鼓励、支持和引导非公有制经济发展。实践是检验真理的唯一标准。目前，非公有制经济创造的增加值已经占 GDP 的 1/3，吸纳劳动力就业占城镇从业人员的 29.3%，投资占社会总投资的 38.5%，并且极大地促进了新兴产业和高新技术产业的发展，有力地提高和增强了我国国民经济发展的整体水平和竞争力。所以，江泽民同志肯定地说，发展非公有制经济绝不是权宜之计，要必须毫不动摇地鼓励、支持和引导非公有制经济发展。

二、继续调整国有经济的布局和结构，深化国有资产管理体制改革，促使国有经济结构在调整重组中趋向合理。走新型工业化道路，大力实施科教兴国战略和可持续发展战略

继续调整国有经济的布局和结构，改革国有资产管理体制，是深化经济体制改革的重大任务。随着改革的逐步深入，国有经济规模开始收缩，国有资本开始向基础性领域和大公司、大集团集聚，国有大中型企业开始通过公司化改造或是通过上市和引入非国有投资主体，初步建立起现代公司法人治理结构的制度框架，国有经济一统产业、行业、企业的行政垄断开始被打破，但是，这与社会主义市场经济体制要求、特别是与国际市场对接还相差甚远。目前，发达市场经济国家的国有经济的市场规模，经济总量一般均在 5% 左右，发展中国家也只占 5% 左右，而我国则占据 40% 多（国家"十五"计划提出于 2005 年末达到 30%）。国有经济总量占据绝对优势，但国有经济的贡献率却呈下降趋势，1978 年为 56%，1997 年为 42%。有关专家分析，目前我国 19 万多家非金融类国有企业的净资产，也就是国家的所有者权益，只有 6 万亿元，平均每家企业为 3000 万元，其中还有大量非生产性和无效的资产，细算下来，实际上每家企业拥有的有效净资产是非常少的。所以，党的十六大进一步强调了要"继续调整国有经济的布局和结构"，促使国有经济在调整、重组中趋向结构合理化。今后，就是要按照十六大的要求，根据十五届四中全会确定的"有进有退"、"有所为有所不为"、"抓大放中小"的方针和原则，通过国有资产的合理流动与重组，不断提升国有经济市场竞争力，并且真正地控制关系国民经济命脉的行业和关键领域。

改革国有资产管理体制，积极推进国有大中型企业股份制、公司制改革。国有资产管理体制改革，既是由国有企业改革的实践提出，又是与国有企业改革的深化紧密联系的。深化国有企业改革，一是要积极探索国有企业发展的多种有效形式；二是要积极推进国有企业的体制、技术和管理创新，探索国有企业发展的

多种有效形式，重要的是转变观念、解放思想、积极实行投资主体多元化，建立健全公司法人治理结构。

走新型工业化道路，大力实施科教兴国战略和可持续发展战略。党的十六大把新型工业化道路概括为"科技含量高，经济效益好，资源消耗低，环境污染少，人力资源优势得到充分发挥"，为我国的新型工业化道路指明了前进方向和有效途径：一是要求工业化应是"加速度"的，不可以跟在别人后边爬，必须要切入新起点，加速工业化进程；二是发挥后发优势，直接实施信息化与工业化并举互动，以信息化带动工业化，以工业化促进信息化；三是要结合实际，推进产业结构优化升级，积极发展对经济增长有突破性重大带动作用的高新技术产业，正确处理发展高新技术产业和传统产业、资金技术密集型产业和劳动密集型产业、虚拟经济和实体经济的关系；四是要避免和汲取西方国家浪费资源、破坏环境的"粗放型"、"野蛮性"工业化过程的教训，注重实施科教兴国战略和可持续发展战略，切实走出一条新型工业化道路。

三、健全现代市场体系，更大程度地发挥市场在资源配置中的基础性作用。大力发展资本、产权、土地、劳动力和技术等市场，深化流通体制改革，整顿和规范市场经济秩序

扩大市场机制作用，释放更大经济活力。如果说，13年来，我们已经在相当范围内实施了市场经济调节，那么，党的十六大则要求，在总结市场经济发展经验的基础上，"在更大程度上发挥市场对资源配置的基础性作用"，从而趋向"建立一个统一、开放、竞争、有序的现代市场体系"。一是要打破条块分割、地区封锁、行业垄断等，建立起全国范围内的统一法律、统一规则的大市场体系；二是要按照"两种资源，两个市场"的客观现实性，实施市场开放，联通国际，"引进来"、"走出去"，寻求在更大范围内资源配置的大市场体系；三是要发挥市场竞争机制，有效有序引导商品流通和要素流动，形成资源的优化配置和最大利用。

加大发展资本、产权、土地、劳动力和技术等要素市场的力度。要素市场的健全和完善，一方面要构筑一定的经济要素得以合理、充分、流动的条件，另一方面要创造各类市场主体平等使用经济要素的环境，让公有经济与非公有经济在使用各类经济要素方面具有平等的、同样的权力。

深化流通体制改革，整顿和规范市场经济秩序。目前我国流通体制的问题概括起来就是不合理、不规范、不开放、不平等。不合理，是指流通规模、流通方式、流通与现代生产、消费要求上的不合理；不规范，主要是指交易行为不规

范，假冒伪劣、坑蒙欺诈等，严重扭曲和制约了现代市场体系的建设；不开放，是指搞地区封锁，本地商品强卖，外地商品拒进；不平等，即搞部门、行业垄断，束缚市场对资源配置作用的发挥，限制竞争等。十六大报告专门就这些现象提出了深化改革与整顿秩序的问题，而关键还是要坚持市场的问题用市场法则来解决，以及坚持大力营造良好的社会信用环境。

四、加强农业的基础地位，继续调整农业和农村经济结构，推进产业化经营，加大对农业的投入和支持，进一步加快城镇化进程，吸引农民向非农产业和城镇转移

党的十六大报告提出，"统筹城乡经济社会发展，建设现代农业，发展农村经济，增加农民收入，是全面建设小康社会的重大任务"，"农村富余劳动力向非农产业和城镇转移，是工业化和现代化的必然趋势，要逐步提高城镇化水平，坚持大、中、小城市和小城镇协调发展，走中国特色的城镇化道路"。向全党提出了要在 21 世纪，全面繁荣农村经济、加快城镇化进程的基本任务和要求。

加强农业基础地位，提高农业的市场竞争力。加强农业基础性地位，一是要增加对农业和农村基础建设的投入；二是要推进农业和农村经济结构的战略性调整；三是要深化农业和农村的各项改革。农业的发展，特别是在农业现代化过程的中、前期，在农业经济比重较大的状况下，加强政府对农业的投资，发挥财政对改善农业和农村经济生活条件的基础性作用是极其重要的。推进农业和农村经济结构的战略性调整，具体地说，就是要继续发展优质专用粮食作物和高效经济作物，大力发展畜牧业、水产业和农副产品加工业，鼓励农民因地制宜发展特色农业、生态农业和创汇农业。加大培育和壮大"龙头"企业的力度，发展乡镇企业和各种非农产业，推进农业的产业化经营。深化农业和农村各项改革，就是要坚持党在农村的基本政策，依法稳定农村土地承包关系，完善土地征用制度，纠正各种侵害农民土地承包权的违法行为。

积极推进农业产业化经营，提高农民进入市场的组织化程度。产业化经营的实质是农业经济按照经济规律和市场法则，实施产业化发展和企业化经营。实践证明，产业化经营不仅超越了我国原有的小农生产，而且对于迅速走向规模经济、趋向农业现代化具有战略性意义。

加大对农业的投入和支持，逐步增加农民的收入。解决农民收入增长问题，根本的还是从宏观上加强农业基础地位，加大农业支持力度，加快农业结构调整以及加紧农业政策优化，减少农民负担等。从微观上，坚持提高农民素质，转变农村观念，引导农业按市场定位、按产业组织、按企业经营，推动农业产业化发

展,走"离土不离乡"、"离土又离乡"、"离乡不离土"的多视角、多形式、多途径增收之路。

进一步加快城镇化进程。从目前看,城镇的发展,一是要有产业集聚和产业支撑;二是要有良好的政策环境。也就是说,要科学规划,在拉大城镇框架的同时,重视增强产业集聚,形成产业支撑,特别是要培育城镇支柱产业,建设工业园区、实现工业化和城镇化的有机结合和良性互动。正确处理好新区开发与旧城改造的关系,搞好产业配套,加快城市服务业发展步伐,强化城市综合服务功能,实现二、三产业协调发展。

五、深化分配制度改革,健全社会保障体系,千方百计扩大就业,不断改善人民生活,充分调动广大人民群众的积极性,增强经济社会活力

"深化分配制度改革,健全社会保障体系,千方百计扩大就业,不断改善人民生活",是当前和今后相当长时期内经济建设和经济体制改革的重要任务。

确立劳动、资本、技术和管理等生产要素按贡献参与分配的原则。十六大提出的"确立劳动、资本、技术和管理等生产要素按贡献参与分配的原则",突破了传统劳动价值理论的局限,确认了劳动以外的相关生产要素同样创造财富,同样可以作为分配的依据,同样可以凭此获得收益。这不仅非常有利于聚集经济社会的各种生产要素投入经济建设,而且非常有利于调动广大人民群众创造现代生活的积极性,增强社会经济活力。以党的最高组织程序及其方式明确初级阶段的分配原则和制度,有利于建立和完善社会主义市场经济体制。

建立健全社会保障体系,必须从各地实际情况出发,根据"独立于企事业单位之外,资金来源多元化、保障制度规范化、管理服务社会化"的目标,坚持广泛覆盖、适当标准、基本保障和补充保障相结合,建立健全中国特色的社会保障体系。要坚持社会统筹和个人账户相结合,完善城镇职工基本养老保险制度和基本医疗保险制度,健全事业保险制度和城市居民最低生活保障制度,多渠道筹集和积累社会保障基金等。

千方百计扩大就业。当前,一是要加强对就业工作的宏观调控和政策引导。坚持劳动者自主择业、市场调节就业、政府促进就业的方针,加强对就业的宏观调控。二是广开就业门路,特别是把发展服务业作为扩大就业的方向,支持商贸、旅游、餐饮等服务业的发展。同时,鼓励发展就业容量大的个体私营经济和中小企业,积极发展具有比较优势和竞争力的劳动密集型产业。三是继续对就业困难群众实行就业援助。

经济是基础,我们唯有聚精会神搞建设,一心一意谋发展,才能进一步增加城乡居民收入,优化消费结构,改善生活环境,满足人们多样化的物质文化要求,不断向全面小康社会迈进。

(原载于《河南日报》,2003年1月21日第6版)

坚定不移地坚持宏观调控

宏观调控是政府针对经济发展中的某些偏颇所采取的相应手段和措施，是履行国家职能，是"看得见的手"对经济的一种"适度干预"。正如徐光春同志在2004年年底召开的省委工作会议上说的，宏观调控是市场经济的题中应有之义，是经济工作的本质要求，是经济社会发展的客观需要。我们必须增强搞好宏观调控的坚定性、自觉性，提高宏观调控的针对性和实效性，在发展中顺应调控，在调控中谋求发展，奋力实现中原崛起。

一、增强搞好宏观调控的坚定性、自觉性

任何一个国家，尽管其社会制度不同，但对经济的宏观调控都是客观存在的，是必然的。正是宏观调控防止了局部性问题演变为全局性问题，规避了经济的大起大落，保持了平稳、较快增长。宏观调控在本质上反映的是执政党及其党领导经济工作的能力和水平。从2003年开始针对部分行业投资过热开展的这次宏观调控及其成功经验再一次证明，我们只有坚持对经济发展中的突出问题进行宏观调控，保证市场健康运行，才能更好地发挥市场在资源配置中的基础性作用，使国民经济充满活力、富有效率。显然，这里关键的是要增强搞好宏观调控的坚定性和自觉性。

增强坚定性，就是要立足国情、省情，坚定信心，在积极推进和完善社会主义市场经济体制建设中，继续加强和改善宏观调控。当前，我们必须清醒地看到，经济运行中的突出矛盾和问题还没有根本解决，制约经济平衡较快发展的体制障碍还没有根本消除，经济社会发展中有很多薄弱环节需要继续加强，经济运行中出现的新问题需要及时解决。加强和改善宏观调控，不是要放松发展、放慢速度，而是为了更快更好地发展。尤其是在思想观念上增强搞好宏观调控的主观能动性，把"你要我抓"变为"我要抓"，把消极地抓变为积极地抓，提高宏观调控的针对性和实效性，提高驾驭社会主义市场经济的能力。

宏观调控是保持国民经济有序、高效运行的一个永恒课题。西方市场经济国

家不仅不存在完全市场化的调节，而且从来都没有放弃过国家对"市场失灵"的矫正作用。美国在第二次世界大战后即接受了凯恩斯主义，并建立健全了"国家干预经济"的新的经济运行机制与秩序，以防止经济波动，延长经济的景气周期；德国则鲜明地从保证社会平等出发，强调发挥政府综合运用行政等手段职能，提升市场经济的运营绩效……正是根据这一客观背景，邓小平同志提出了"社会主义有市场，资本主义有计划"的著名论断。资本主义实施宏观调控，也是资本主义实践及其经验的要求。如果说资本主义生产资料的私人占有及其对利润的贪婪追求，总是导致其国家经济波动不定，那么，实施宏观调控所表现出的国家适度干预经济则成为其一种维护经济大局、化解各类矛盾的必然性、常规性措施，只是资本主义计划的重心是中长期，立意于发展战略以形成对宏观经济运行的影响和调控。事实上，无论资本主义经济实力多么雄厚，也绝对经不起经济波动的折腾，同样需要政府站出来延缓和稳定经济的景气周期，这方面的例子不胜枚举。

我国在建立社会主义市场经济体制的进程中，曾先后出现过通货膨胀、通货紧缩、部分行业过热、某些地区长期徘徊等全局性、局部性、结构性问题，但都因为国家实施了宏观调控，这些问题得以基本解决。这说明，在社会主义市场经济条件下，经济运行的周期性波动也是客观存在的，是不以人的意志为转移的。有市场，就有波动；有波动，就有调控。正是这样，有人把调控与市场的关系称之为"熨斗"与"平整服饰"的关系。也就是说，为解决市场机制调节的"失误"和"失灵"，保障国民经济的高效有序，必须借助包括国家财政、货币手段在内的"熨斗"的巨大作用，适时适度来"熨平"经济的波动。这次宏观调控及其积极收效，又一次反映出国家宏观调控的能力和水平日趋提高，不仅为实现国民经济和社会发展、全面建设小康社会提供了有力的保证，还必将大大加快我国社会主义市场经济体制建设的步伐。

继续加强和改善宏观调控，还必须进一步增强搞好宏观调控的自觉性。首先，要正确认识宏观调控是市场经济的题中应有之义，是经济工作的本质要求和经济社会发展的客观需要。其次，要全面正确地贯彻中央宏观调控政策，在发展中顺应调控，在调控中谋求发展，防止经济忽热忽冷、大起大落，促进平稳较快发展。最后，面对现实，结合省情，探索和寻求综合运用经济的、法律的、行政的调控手段及方式、方法，积极主动，乘势而上，千方百计加快发展。发展是我们党执政兴国的第一要务，以经济建设为中心，任何时候、任何情况下都不能动摇。我们所要的发展是有质量、有效益、全面协调可持续的发展，是真正能够给人民群众带来当前实惠和长远利益的发展。显然，只有增强搞好宏观调控的坚定性和自觉性，才能真正贯彻落实科学发展观，把各方面加快发展的积极性保护好、发挥好、引导好,才能真正抓住和利用好战略机遇期,适时适度,统筹兼顾,标本兼治,保证宏观经济目标的顺利实现。

二、提高宏观调控的针对性、实效性

宏观调控以其重要性和必要性贯穿于改革开放和现代化建设的全过程,以防止经济发展的失控、失重、失力、失败。2003年以来,党中央、国务院见微知著,针对经济生活中出现的新情况、新问题,及时果断地采取了一系列加强和完善宏观调控的政策措施,有效地抑制了经济运行中的不健康、不稳定因素,保持了经济社会发展的良好势头。

我国的每一次宏观调控都是针对当时经济发展中的一些非正常情况而采取的果断措施。这一次宏观调控与以往的被动调整所不同的是行事快、动手早、收效大。即主要是针对固定资产投资增长过快、新开工项目过多、建设规模过大,为了防止经济出现"大起"以及可能导致的"大落"而实施的一种主动的调控。实践证明,完善社会主义市场经济体制,更大、更多、更好地发挥市场对资源配置的基础性作用,尚需注重加强和改善国家宏观调控的职能,市场能做的政府不要做,市场失灵的政府一定要做。

宏观调控的针对性、实效性特点决定了宏观调控对于不同地区、不同行业、不同经济体的差别性与刚柔结合性。如这次宏观调控针对部分行业过热、部分地区过热而实行"有保有压,区别对待",这说明宏观调控是"点"刹车,不是"急"刹车;是局部性调控,不是全面收缩;是结构性"控贷",不是"基本不贷";是强化市场机制,转变生产方式,不是恢复计划"集权";是主动地融入调控、顺势调控,不是被动地抵触调控、消极调控。一句话,宏观调控不是"一刀切"。对于符合国家发展战略方向、符合国家产业政策的市场化投资,国家不仅不会控制,还会积极创造条件予以支持。因此,在宏观调控中,我们应该全面理解和认真贯彻"果断有力、适时适度、区别对待、注重实效"的原则,在遏制一些行业盲目投资和低水平重复建设的同时,乘宏观调控之机,顺势而为。

河南是一个发展中大省,唯有发展,才是人民群众根本利益所在,才是解决所有问题的关键。我们必须自觉地服从国家宏观调控大局,一方面坚决把思想统一到中央的决策部署上来,加强和改善宏观调控;另一方面要紧紧围绕省委、省政府近年来的一系列决策部署,不改变、不停顿、不松劲,促使河南经济在国家宏观调控中更有序、更有效地发展。特别是要按照"五个统筹"的要求,推动社会全面进步和人的全面发展,促进社会主义物质文明、政治文明、精神文明协调发展，实现经济发展和人口资源环境相协调。

宏观调控的差别性往往表现在对发展中地区和落后行业经济行为的区别对待上。就河南经济的整体而言，拉长河南工业"短腿"，寻求和构筑河南的主导性、战略性产业，以工兴农，农工贸一体化发展，是由河南的经济基础、区域特点决定的，可以说聚焦在这一大经济形势下的经济行为都是符合宏观调控要求的。因为河南的产业发展也好，市场化投资也好，相比周边省份，相比发展"迅猛"省份而言，增长还是低微的。河南经济的发展必须保持一定的规模和保持一定的速率。政府规划项目、承接产业转移项目、国家政策允许的地区内主导性、支柱性产业的投资项目，只要不是"过头"、"过热"、"低水平重复"，都应该继续进行，河南经济社会各界都应该为河南经济做出自己应有的贡献。河南经济的症结是资金问题。在这次宏观调控中更要联系河南实际，加快解决资金"瓶颈"。国家进行宏观调控，压缩信贷规模，主要是针对部分行业投资过热、经济发展不平衡采取的必要措施，并不意味着正常的资金需求也要"收紧"，绝不能对中央的政策片面理解，更不能矫枉过正，何况国家对中部地区的发展，在许多方面是给予倾斜的。

三、在发展中顺应调控，在调控中谋求发展

这次宏观调控，既提升了我们驾驭社会主义市场经济的能力，又进一步增强了"宏观调控与市场机制都是社会主义市场经济的有机组成部分"的观念，并且它贯穿于市场经济的全过程。为此，我们应该树立起科学的认识，学会在发展中顺应调控，在调控中谋求发展。

在发展中顺应调控，就是要求我们自觉地把本行业、本地区经济的发展纳入宏观全局，实现与国家战略目标的衔接。对各级政府而言，应超脱"守夜人"的角色局限，研究和把握市场经济运行的一般规律要求，积极主动地针对经济波动而积极抉择，保证整体经济的平稳增长。对各类企业而言，应超脱"经济人"的角色局限，研究和把握国家经济走向以及相应产业政策规导，把自己的微观利益预期及其行为与国家的宏观目标要求结合起来，积极主动地根据宏观调控的特点、重点，顺势发展，保证企业经济的持续增长。

在调控中谋求发展，揭示了一个规律，即发展—调控—发展的规律。发展是硬道理，调控是为了更好地发展。所以，必须学会在调控中谋求发展。这里的关键是我们必须全面分析和把握经济走势，既要看到国家宏观调控的机遇，增强信心，加快发展，绝不能错失机遇，更要保持清醒的头脑，充分估计面临的困难和问题，做好应对各种困难和风险的准备，时刻掌握经济工作的主动权。政府宏观

调控，究其内容目标主要定位在四个方面，即速度、就业、价格、国际收支。在我国，速度是第一位的。所谓"行业过快"、"经济过热"，实质上都是就速度来说的。历经三次调控也好，五次调控也好，都是谋求经济速度回归到合理的、理性的状态上来。合理的、理性的速度，就是实现经济发展的速度、结构、比例、效益的统一，抑或说是实现速度与质量的统一。合理与理性的速度，既是一定就业水平、价格水平、国际收支水平的质的体现和标志，也是国家宏观调控的内容重心和基本预期。从这一认识出发，联系我国经济运行状况，现时宏观调控应特别强调：一是在加强总量调控的同时，更加注重结构调整；二是在遏制部分行业低水平扩张的同时，更加注重加强经济社会发展的薄弱环节；三是在抑制投资过快增长的同时，更加注重扩大消费需求；四是在加快经济发展的同时，更加注重改善人民生活，特别是保障困难群众的生活；五是在努力缓解经济运行中突出矛盾和问题的同时，更加注重通过改革解决深层次的体制和机制问题。

在发展中顺应调控，在调控中谋求发展，对于河南省来说，就是要继续贯彻中央的宏观调控政策，切实把经济工作的着力点放到加快改革开放、调整经济结构、转变增长方式上，进一步加强薄弱环节，扩大投资消费需求，改善人民生活，促进经济社会全面协调可持续发展。尤其是要针对河南传统产业比重大、城镇化水平低、结构性矛盾突出的问题，紧紧抓住结构调整这条主线，优化经济要素的配置状态和比例关系，提高宏观经济效益和整体经济素质。因此，必须坚持以科学发展观为指导，正确处理好加强宏观调控与发挥市场机制作用的关系，速度、结构、比例、效益的关系，加快经济建设与推进经济社会全面协调可持续发展的关系及改革、发展、稳定的关系等。

2005年，我国和河南省都处于新一轮经济增长周期的上升阶段，国家实行稳健的财政政策和货币政策，合理调控总量，着力调整结构，非常有利于我们继续加强农业、能源、交通等薄弱环节建设，特别是国家将逐步从政策、资金、重大项目布局等方面积极支持中部崛起。东部地区产业受资源制约影响将加快向中西部转移，也非常有利于河南省更好地发挥区位优势和综合资源优势，加快产业结构转型升级。更为重要的是，经过多年的发展和积累，河南省综合经济实力明显增强，产业结构和消费结构升级趋势更加明显，经济自主增长机制逐步形成，各方面加快发展的积极性很高，这些都为河南省更快更好的发展打下了基础。当然，与此同时，河南省经济发展也遇到了一些困难和挑战。国家继续严把土地、信贷闸门，煤电油运等支撑经济增长的资源条件不会宽松；粮食增产、农民增收的基础还不稳固；连续两年经济高增长后，继续保持较高的发展势头有一定的难度。这一切都要求我们不能有丝毫的自满，不敢有半点的懈怠，坚决把思想统一到中央和省委、省政府的决策部署上来,把国家加强宏观调控作为河南省经济加快发展的重大机遇,适时调整工作思路和重点,创造性地开展工作,坚持在发展中顺应调控,在调控中谋求发展,努力使河南省经济充满活力、富有效率、健康运行。

(原载于《河南日报》,2005年2月25日第6版)

"先富共富论"与非均衡发展的理论和实践

统计数据显示，2001~2008年，农村居民家庭人均纯收入从2366.4元增长到4760.6元，扣除物价因素，年均增长6.4%，但最高收入组群与最低收入组群的年均收入差距以每年11.96%的速度扩大（不考虑物价因素）；城镇居民家庭人均可支配收入从6859.6元增长到15780.8元，扣除物价因素，年均增长9.9%，但最高收入组群与最低收入组群的年均收入差距更以每年25.88%的速度扩大（不考虑物价因素）。也许正是这一现况，便有人质疑并提出"我们过去信奉的'让一部分人先富起来，从而实现共同致富'的发展战略已经完成了它的历史使命"，这一"先富共富论"或称"共同富裕论"发展战略真的完成了它的历史使命了吗？恐怕还不能就这么下结论。

一、社会主义的本然回归：非均衡发展及其差别收入规律

改革开放三十多年以来，我们党一直在探讨中国特色社会主义经济理论及其对社会主义市场经济实践的指导，而这一理论及其应用的主线，则是强调社会主义生产关系必须适应社会生产力的发展，使社会主义回归到社会主义创始人所预期的本然。以党的十一届三中全会为转折，邓小平把马克思主义、毛泽东思想同中国经济社会现实相结合，提出了一系列的理论思想，包括社会主义初级阶段理论、社会主义市场经济理论、社会主义发展本质理论等，从而梳理出当代中国社会主义经济社会的基本的、历史的定位，规范了当代中国社会主义经济社会运行的制度、体制、机制、模式，明确了当代中国社会主义经济社会发展的宗旨、目标、动力、信念，创立了邓小平理论。之所以称为"邓小平理论"，还在于邓小平揭示了社会主义发展的内容重心，即立足中国国情，使一部分人先富起来，然后先富带后富，大家共同富裕，进入小康社会，人们将其称为"先富共富论"。这既是对社会主义实践的要求，又表明了社会主义的本质特征，正是这样，邓小平理论即中国特色社会主义理论的内核与灵魂，就是大力发展社会主义经济，让人们都逐步共同富裕起来。

"先富共富论",反映的是一个非均衡发展及其差别收入理论。不同人群、不同岗位、不同地区、不同时间的不同劳动,其劳动力支出和劳动力收入肯定是不同的,这种差别劳动不仅决定了个人劳动及其收入的差别,而且影响着部门和地区的收入差别,影响着不同劳动时期、不同劳动手段、不同劳动水平的人们的收入差别。

表1反映出不同年份同行业城镇单位就业人员平均工资有逐年增长的趋势,而且年均增长率均保持在110%左右(不考虑物价因素)。但同年份不同行业的城镇单位就业人员平均工资有较大差距,以2003年为例,农、林、牧、渔业从业人员人均工资仅6884元,信息传输、计算机服务和软件业从业人员人均工资却高达30897元,金融业、房地产和科学研究从业人员人均工资也分别高达20780元、17085元和20442元。农、林、牧、渔业与信息传输、计算机服务、软件业从业人员人均工资相差24013元,和金融业从业人员人均工资相差13896元,而且这种不同行业人均工资差距有逐年扩大的趋势,至2009年,农、林、牧、渔业与信息传输、计算机服务、软件业从业人员人均工资差距已高达43798元,与金融业从业人员人均工资差距已高达46042元。可见,智力劳动、资本有机构成高的劳动、一定时期不可避免地拥有某些资源性垄断的劳动,相比简单劳动、熟练劳动、非资源性垄断劳动,其收入就会高一些,即先富一些,或者可能先富起来,这种差别劳动形成的差别收入,应该是马克思社会主义按劳分配理论的体现。同时,劳动力在产业、部门、行业间变动的铁的规律,也会必然地、持续地影响着劳动者的收入及其差别。中国统计年鉴公布的数据显示,2003~2009年城镇单位就业人员中,农、林、牧、渔业从业人员的收入以年均4.21%的速度下降,批发和零售业从业人员的收入以年均3.01%的速度下降,而计算机服务和软件业、金融业、房地产业、租赁和商务服务业、科学研究人员的收入则分别以年均6.86%、4.12%、8.05%、8.00%和3.51%的速度增加。这说明,随着社会生产力的发展,经济转型特别是产业结构的不断高级化的趋势,必然影响着就业结构和分配结构,并表现出收入分配的一定阶段性和差别性规律。即劳动力在产业和就业岗位上的变换,反映了产业水平、就业水平、分配水平之间的密切关联的阶段性及其差别性。不同时期、不同岗位,总是存在不同的收入,不同收入之间的差别总是客观的、必然的。人类劳动分配收入的历史,就是不断从低收入过渡到高收入,从有差别收入逐渐过渡到差别的消失的历史。但历史的辩证法告诉我们,"先富共富论"不仅在理论而且在实践上都是客观存在的,同时,也正是这种差别性内生成一种机制,刺激劳动者教育消费,改善和提升劳动素质,通过劳动水平岗位升级,改善和提高自己的劳动收入水平,迈入先富和同富群体;也是这种差别性

所形成的内生机制，促进着社会主义劳动从低级劳动向高级劳动、从前期劳动向后期劳动、从贫困劳动向富足劳动、从一部分人先富向大家共同富裕的经济社会的转化。

表 1 各行业城镇单位就业人员平均工资

单位：元

年份	农、林、牧、渔业	采矿业	电力、燃气及水的生产和供应业	信息传输、计算机服务和软件业	金融业	房地产业	科学研究、技术服务和地质勘查业
2003	6884	13627	18574	30897	20780	17085	20442
2004	7497	16774	21543	33449	24299	18467	23351
2005	8207	20449	24750	38799	29229	20253	27155
2006	9269	24125	28424	43435	35495	22238	31644
2007	10847	28185	33470	47700	44011	26085	38432
2008	12560	34233	38515	54906	53897	30118	45512
2009	14356	38038	41869	58154	60398	32242	50143

资料来源：《中国统计年鉴》（2004~2010 年）。

二、封建主义平均分配思想的矫正：先让一部分人富裕起来

长期以来，在收入分配问题上，封建主义的平均分配方式盛行，严重扭曲了社会主义经济社会利益机制，极大地挫伤了劳动者的积极性、主动性、创造性，使本应生机盎然的社会主义失去了活力。改革开放前的30年，由于"左"的错误思想干扰，不顾社会生产力水平性质，盲目追求"一大二公"的单一所有制结构、单一劳动分配方式，"平均主义"、"大锅饭"的封建主义思想泛滥，造成国家及老百姓陷入长期贫困状态。1976年，粉碎"四人帮"，"文化大革命"结束，人们开始从虚无荒诞中走出来。面对国民经济和社会近乎崩溃的边缘，以党的十一届三中全会为转折，我们大胆地开展了"拨乱反正"、"真理标准大讨论"，以期寻求国家经济社会的重新崛起。特别是随着"一个中心、两个基本点"的确立，我们终于渐渐回归到"什么是社会主义"、"为什么要建立社会主义"、"怎样建设社会主义"的理性状态。而从一定意义上说，这一探讨事实上也是从社会主义分配问题切入的。1978年9月20日，邓小平在视察天津时，有感而发，提出了"先让一部分人富裕起来"的理念。时隔3个月，1978年12月13日，在十一届三中全会前召开的中共中央工作会议闭幕会上，邓小平发表了《解放思想，实事求是，团结一致向前看》的历史名篇，果敢地、创造性地正式向全党提出了

"要允许一部分地区、一部分企业、一部分工人农民,由于辛勤努力成绩大而收入先多一些,生活先好起来……使全国各族人民都能比较快地富裕起来"的重要思想,从而不仅开创了邓小平理论,也成为研讨中国特色社会主义经济理论的"奠基石"。让"一部分人、一部分地区先富起来,最终实现共同富裕"的目标及其战略,无论在过去的30年里,还是在未来的30年里,正一步步地实施并实现着,而这种实现的内容和方式,至少体现在两个方面。一是贫困人口不断减少。改革开放初期的1978年,农村绝对贫困人口2.5亿人,贫困发生率为30.7%(当时农村79014万人),到1985年,农村绝对贫困人口从1978年的2.5亿人减少到1.25亿人,平均每年减少1786万人,贫困发生率由1978年的30.7%下降到14.8%。1994年,为了进一步解决我国农村贫困问题,缩小贫富差距,实现共同富裕的目标,国务院制定了《国家八七扶贫攻坚计划》,即从1994年到2000年,集中人力、物力、财力,动员社会各界力量,力争用7年左右的时间,基本解决我国农村8000万贫困人口的温饱问题。2000年底,农村绝对贫困人口减少到3209万人,贫困发生率降至3.5%,扶贫攻坚目标基本实现。到2005年末,农村绝对贫困人口的数量为2365万人,比2000年减少844万人,贫困发生率降至2.5%。到2007年底,农村绝对贫困人口减少到1479万人,贫困发生率低至1.6%。改革开放30多年,我们一步步地实现了2.35亿人口从贫困走向温饱。二是人民收入水平、消费水平显著提高。回望新中国成立初期,城镇居民人均现金收入不足100元,"一五"时期的1957年,城镇居民人均现金收入254元,比1952年增长62.8%,实际增长48.5%(扣除物价因素),年均增长8.2%。但长达十年的"文化大革命"又把中国经济推向崩溃的边缘,"文化大革命"结束时,城镇居民人均可支配收入343元,比1957年增长35.4%,实际增长18.5%(扣除物价因素),年均增长仅0.8%;农村居民人均纯收入134元,比1957年增长83.6%,年均增长2.4%,而扣除价格因素后的实际增长更低。改革开放前的30年,城镇居民家庭恩格尔系数达57%以上,可以说,城镇居民虽已脱贫,但仍徘徊在温饱线上;而农村居民家庭恩格尔系数更高达67%以上。改革开放后的30年里,城市进行了大刀阔斧的改革,特别是自1984年我国经济改革的重心从农村转移到城市,不仅国家出台了一系列收入分配体制改革的措施,而且各级政府也切实落实各项增收措施,城镇居民收入有了较快的增长,人均可支配收入从1978年的343.4元增加到2008年的15780.8元,同时城镇居民收入来源日趋多样化,收入结构明显优化;人均生活消费支出从1978年的311.16元增长到2008年的11242.85元,同时消费内容和质量全面提高;恩格尔系数从1978年的57.5%下降到2008年的37.9%,城镇居民生活向全面小康社会迈出扎实的一步。与此同时,农村实行了家庭联产承包责任制,并出台了逐步减免农业税、实行粮食直补等一系列前所未有的惠农举措,农村居民家庭人均纯收入从 1978 年的 133.6 元增加到 2008 年的 4760.6 元,人均生活消费支出从 1978 年的 116.06 元增加到 2008 年的 3660.68 元;恩格尔系数从 1978 年的 67.7%下降到 2008 年的 43.7%。改革开放的伟大成就史诗般地证明了邓小平"先富共富论"理论思想的科学性、不朽性。但随着人们收入的不断增加,并没有因此而消除封建主义的收入分配思想。比如,不是正确理解差别劳动及其差别收入,而是绝对追求"一样"、"平等"、"公正",甚至一些人以非法手段牟取不正当收益;再如,不是正确理解收入差别的阶段性规律,而是绝对追求"高收入"、"高消费",甚至出现超阶段的、超收入水平的超前消费;还如,不是正确理解别人的高收入,而是仇视甚至"仇富";此外,不是正确理解劳动与收入的关系,而是轻视劳动、鄙视劳动、不劳而获等现象环生。这都告诉我们,坚持贯彻"先富共富论",还必须注意反对和规避封建主义旧的思想残余,转变观念,充分认识到,即使在改革开放的 30 多年里,我们的社会依然还会有封建主义残余思想的存在,我们的经济发展还不足以使大家都能够实现共同富裕,我们的分配不公、收入差距、贫富之间还有待逐步地解决和缩小。所以,我们还应该毫不动摇地、长期地坚持"先富共富论",走一条让一部分人、一部分地区先富起来、先富带动后富、最终达到共同富裕的路子。

三、社会主义初级阶段的非公平性:劳动差别决定收入差别

我国尚处于社会主义的初级阶段。初级阶段的社会主义经济社会发展,无论是经济社会发展的方式,还是经济社会分配的方式,只能是粗放的、低水平的,甚至是非公平性的。初级阶段分配收入的非公平性,也是由初级阶段的人们劳动的差别性所决定的。所谓"人们劳动的差别性",一是指劳动资料的占有导致劳动分工、劳动职业、劳动岗位的差别性;二是指劳动者素质的高低导致劳动支出、劳动效率、劳动贡献的差别性。正是这种人们劳动的差别性,使得我们一提到收入分配,包括理论的、政策的,就强调效率与公平,强调效率优先、兼顾公平,强调初次分配讲效率、再次分配讲公平。如果说,收入分配的基础是劳动,那么,这种劳动的计量和评价必然是效率,不讲效率的分配,也是不公平的。劳动效率因人而不同,效率高的自然应得到高额报酬,尽管劳动效率受劳动环境条件影响,但恰恰是这种影响刺激人们改善劳动环境条件、提升劳动环境条件,达成劳动效率的攀高,获取高效率带来的高收益。

社会主义初级阶段的社会生产力的特征是低水平、多层次,这表明我国经济社会的发展在部门之间、地区之间必然是非均衡的,从而使得人们的收入也必然是非均衡的。提倡一部分人先富起来,正是反映了社会主义初级阶段的生产力和

生产关系的现状，只有承认差别，鼓励先富，才能带动落后地区、落后部门的发展，也才能缩小由这种经济社会发展差别带来的人们收入分配的差别。合理的贫富差距才能保持劳动的效率，才能保持社会生产、经营的积极性、主动性、创造性，从这一视角说，劳动效率差距及其影响，正是缩小收入差距的动力。经济是基础，效率是前提，经济效率高的地区、部门的人们先富起来是正常的，先富应该是实现共富的一般路径，没有先富，就没有共富。共同富裕不是同步富裕，不是平均富裕，不是同时富裕，只有通过一部分人或地区、部门的先富，才有可能实现共富。当然，我们承认，由于经济社会制度、政策贯彻过程中的偏差，总是会出现一些群体和个人收入的非正常性和非公正性，出现一些侵占他人劳动、甚至凭借权力分配、贪污腐化攫取灰色收入等现象，但这是制度的落实和完善问题，是政策调整和监督规避问题，与先富共富的规律运行完全是两回事。

应该指出，尽管我们处在社会主义初级阶段，但"先富"也只是手段，"共富"才是目标。"先富论"在任何时候都不会不重视因为分配问题而导致贫困和两极分化现象的发生。邓小平的"先富共富论"，鼓励一部分人、一部分地区先富起来，但绝不鼓励两极分化。邓小平曾反复告诫说："如果我们的政策导致两极分化，我们就失败了，如果产生了什么新的资产阶级，那我们就真的走上邪路了。"收入差距在一段时期内的扩大，不应是最终结果和最终目标。围绕于此，邓小平还提出了最终解决贫富差距的原则和政策，其中最基本的原则就是坚持社会主义公有经济地位，寻求带动共同富裕。

四、与和谐社会发展的悖论：贫富差距及其拉大化趋势

不可否认，贫富差距及其拉大化的趋势，已成为中国经济社会一个不可忽视的问题（见表2）。我们不能回避贫富差距问题，更不能有意掩饰贫富差距问题的严重性。而问题的关键，则是必须正确看待现阶段我国出现的贫富差距问题，特别是要看到目前我国收入差距及其扩大化的客观、现实因素。

表2 2003~2008年农村、城镇收入差距

单位：元

时间 \ 分组	农村		城镇	
	低收入户	高收入户	低收入户	高收入户
2003	865.90	6346.86	2762.43	14076.07
2005	1067.22	7747.35	3377.68	18687.74
2006	1182.46	8474.79	3871.37	20699.63

续表

时间	分组	农村		城镇	
		低收入户	高收入户	低收入户	高收入户
2007		1346.89	9790.68	4604.09	24106.62
2008		1499.81	11290.20	5203.83	28518.85

资料来源：《中国统计年鉴》（2004~2009年）。

我国现阶段贫富差距的存在和扩大是我国经济发展必然要经历的一个阶段。经济理论认为：一国经济发展的初始阶段，一般是基尼系数较高，贫富差距相对拉大；随着经济发展至一定水平，即在从发展中国家进入发达国家后，人们的收入水平在整体上全面提高，贫富差距才逐渐缩小。我国虽然已经是世界第二经济大国，却依然是发展中国家，还没有进入和达到发达国家水平，贫富差距及其拉大也就必然是不可避免的。

现阶段我国经济运行中的从事农业劳动的人口依然占据较高比例，农业是基础，但这个基础又很薄弱，这种弱质性产业的劳动一直没有摆脱自然经济的羁绊，加之农业水利设施、生物工程设施及公司化、市场化程度的局限性，使得农业产业劳动收入长期处于相对较低水平，从而必然拉开农业与工业、农业与服务业之间的差距。因此，我们可以看到国家一直引导经济结构的调整，走工业化、城镇化、农业现代化"三化"协调发展的路子，改善农业经济环境条件，转移农业劳动力，以便在提升农业产业高级化进程中和在推进工业化、城镇化发展中，改变农业产业劳动者的身份，改变农业产业劳动者的收入。实际上，我国现阶段，已经把进一步转变经济发展方式、扩大非农产业对农业劳动力的吸纳力，作为缩小贫富差距的一条主要的经济的、政治的政策措施，而且颇有成效。据调查，2008年全国农村居民人均纯收入达到4761元，比1949年增长107.7倍，平均每年增长8.3%；比1978年翻了5番，增长34.6倍，平均每年增长12.7%，扣除价格因素后年均实际增长7.1%。在收入普遍增长的基础上，高收入农户越来越多，到2008年，农村居民全年人均纯收入在5000元以上的农户占39.3%，其中人均纯收入超过10000元的农户占9.3%。

在我国，许多人总是喜欢引用国际上比较流行的基尼系数来说明我国贫富差距程度已经很大了。我们权且不论这个基尼系数是否应该被套用到我国，即使是依据包括国家的、民间的计算的数据，也都没有达到和超过所谓"两极分化的警戒线"。诚然，我国虽然还没有达到这一警戒水平线，但是，必须警惕收入差距的进一步扩大化，防止两极分化。

有必要说明，我们是社会主义国家，社会主义制度保证"先富"不应该是以一部分人的利益损失为代价，而是一种共同富裕目标下的差别发展。差别发展，决定了贫富差距在今天的现实性和不可超越性。不过，这种差距是相对差距，而不是绝对差距，在本质上它与人民共同富裕的目标是共通的。其实在邓小平同志的先富思想中，不仅已经预见到这个阶段要出现贫富差距的问题，并且也提出了解决这一问题的思路和方向。

五、社会主义的公平正义：应当并能够避免两极分化

正确认识"先富共富论"，才能在现阶段发展中坚持"先富共富论"。这就需要我们以历史的、发展的眼光来重新审视它。1978年，邓小平同志提出"先富共富论"，主要是针对长期实行的平均主义"大锅饭"所导致的共同贫穷，无法体现社会主义的本质和优越性；1985年，邓小平把"先富共富论"上升到社会主义的一项基本原则而确定下来，主要背景是针对那个时期出现的收入差距不断拉大的现况；1992年，邓小平在南方视察时直接将"先富共富论"概括为"共同富裕论"，并与社会主义的本质、目的融合在一起，即"社会主义的本质，是解放生产力，发展生产力，消灭剥削，消除两极分化，最终达到共同富裕"。一方面开拓了马克思主义理论思想的新境界，另一方面也反映了邓小平同志关于共同富裕的认识是随着社会发展阶段而不断深化的，所以我们说"共富"具有历史特征。"最终达到"一词，强调的是实现共同富裕的长期性，长期性也就说明共同富裕是一个历史范畴，在于进一步强调我国将长期处于社会主义初级阶段，这一特殊国情也就要求我们对共同富裕的理解更要实事求是。

亦如许多学者认识的那样，邓小平的"先富共富论"并不是固定不变的，而是随着社会生产力的发展不断充实和完善的，是一个以多个阶段性目标的实现，从一部分人先富起来到大家共同富裕，从人们的低层次富裕到高层次富裕的过程。邓小平社会主义本质论中所讲的"最终达到共同富裕"，并不单是一个时间上的界定问题，而是指共同富裕本身是一个由低层次到高层次的动态发展过程。我们不能不顾条件、范围和层次，机械地到处搬用某种共同富裕的标准。追求共同富裕不是要搞"一刀切"，而是要形成一个包含着多样性差别、充满创造活力的经济社会结构。确定共同富裕的不同层次、类别及其关系是一个重大的理论问题，也是一个具体的实践问题。它既关注创造社会财富的效率问题，也关注分配社会财富的公平问题，同时还要为全社会提供一个共享的意义体系和价值追求。

国家"十二五"规划中明确了居民收入分配改革的方案，以及居民收入预期指标的设计，提出了"城乡居民收入的增长要与经济发展同步、劳动报酬的增长要与劳动生产率的提高同步"这一重要原则，这正是邓小平"先富共富论"思想的又一实践贯彻，这也说明，邓小平"先富共富论"不但没有过时，反而一直是

我国改革开放、建设中国特色社会主义的指南，而且我们正在朝着这个目标做着不懈的努力。

"如果富的愈来愈富，穷的愈来愈穷，两极分化就会产生，而社会主义应该而且能够避免两极分化。""可以设想，在20世纪末达到小康水平的时候，就要突出地提出和解决这个问题。"1992年邓小平在南方视察时的重要讲话，将成为我国社会主义初级阶段正确处理收入分配问题及其正确处理贫富差距、防止两极分化的基本的理论指导和实践依据，而且，实践也将证明我们一定能够科学地处理好可能出现的贫富差距和两极分化问题。

参考文献：

[1] 邓小平. 邓小平文选第二卷 [M]. 北京：人民出版社，1989.
[2] 邓小平. 邓小平文选第三卷 [M]. 北京：人民出版社，1993.
[3] 黄玉章. 邓小平思想研究第三卷 [M]. 北京：国防大学出版社，1993：85-99.

（原载于《毛泽东、邓小平理论研究》，2011年第4期）

探讨中国特色社会主义经济学理论体系

《人民日报》于2003年8月22日发表杨承训同志的《深化中国特色社会主义经济学研究》，此后在社会上引起强烈反响。为进一步深化研究，河南财经学院不久前召开了"构建中国特色社会主义经济学研讨会"。刘国光、张卓元、卫兴华、刘诗白、洪远朋、王瑞璞、杨承训等专家学者出席了会议。与会者围绕构建中国特色社会主义经济学的必要性、可能性、指导思想、基本方法以及框架体系等进行了认真、热烈的研讨，在一些基本问题上取得初步共识。

一、构建中国特色社会主义经济学的必要性

中国社会主义经济建设，需要中国特色社会主义经济学做指导。苏联《政治经济学教科书》和按照其版本模式撰写的一些政治经济学教材以及西方经济学，显然都不能满足今天中国社会主义经济建设的客观需要。构建具有中国特色的社会主义经济理论的体系框架，已经成为一项紧迫的历史性课题。构建中国特色社会主义经济学，这是一件好事，可以把新中国成立50多年来，特别是改革开放20多年来艰苦探索形成的日趋清晰的思路与成果概括出来、提升起来。这是一件大事，关系未来20年全面建设小康社会所应遵循的理论，是关于中国社会主义经济建设与发展的总体性、长远性、根本性的理论创造，具有重要战略意义。这是一件难事，既要坚持和发展马克思主义，又要立足于中国特色社会主义的伟大实践，既要加强党的领导和坚持社会主义方向，又要借鉴资本主义经济建设成功的经验，既要体现社会主义的生产目的，又要注重市场经济规律的作用，既要有自己的体系特色，又要有世界视野和国际意义，既要给我们这一代人看，又要影响后代人。

中国社会主义经济思想，必须用中国特色社会主义经济观、发展观来统一。中国特色社会主义经济学是马克思主义在中国的新发展，是当代中国马克思主义的重要组成部分。它既不是本本主义的产物，更不是西方经济学的舶来品，而是中国共产党人在运用马克思主义的立场、观点、方法分析中国社会主义建设的实

践中与时俱进的产物。社会主义经济学不是纯粹的逻辑科学,必须讲立场、观点、方法,即坚持马克思主义的立场、观点、方法。

中国社会主义的建设者,必须用中国特色社会主义经济学来教导和培育。西方经济学中有很多可贵的东西值得借鉴、汲取,但不能依靠它来解决中国的问题。目前急需一本比较权威、科学、系统的马克思主义的社会主义经济学教材来对高校学生进行教导和培育,使他们明确理论方向,掌握分析和解决问题的方法。

二、构建中国特色社会主义经济学的可能性

(1) 具有基本的历史实践基础。40多年前,毛泽东同志在评价苏联《政治经济学教科书》时曾经说过:"看来,这本书没有系统,还没有形成体系。这也是有客观原因的,因为社会主义本身还没有成熟,还在发展中。"这就是说,社会实践不够,就不可能写出比较成熟的社会主义经济学。今天,我们已经积累了正反两方面比较丰富的实践经验。①苏联从崛起、兴盛到衰落、解体的历史,把许多深层次矛盾都暴露出来了,比较充分地验证了以往社会主义经济理论的正误,为我们深刻认识社会主义经济关系和经济规律提供了活生生的史实基础。②中国50多年的社会主义经济建设实践,特别是改革开放以来的实践,是构建中国特色社会主义经济学最重要的实践平台。尽管这一伟大实践还在发展中,还会出现许多新问题,但最基本的东西已经廓清了。③其他国家的社会主义实践,也从不同侧面提供了可供借鉴的经验教训。④第二次世界大战后发展中国家的经济发展实践,为我们提供了开展比较研究的案例。⑤俄罗斯和东欧国家的转型,使我们对怎样发展社会主义市场经济等问题有了更深刻的认识。

(2) 具有丰富的理论研究基础。①经典作家的奠基。有马克思、恩格斯和列宁等马克思主义经典作家的论著作为立场、观点、方法的指南,有以毛泽东同志为主要代表的第一代中国共产党人对中国历史特点和革命、建设道路的深刻论述,有邓小平理论和"三个代表"重要思想的理论创新成果,有十一届三中全会到十六届三中全会党的重要文献,这些构成了深入研究的基础和依据。历史地看,中国特色社会主义经济学的形成是几代人从实践到认识不断深化的过程。②我国理论界做了大量的多角度的研究,发表了大量的论著,也开展了多方面的争鸣和切磋,积累了丰富的研究成果。

三、指导思想和方法论

（1）指导思想。中国特色社会主义经济学是在马克思列宁主义、毛泽东思想、邓小平理论和"三个代表"重要思想指导下，对中国社会主义经济建设实践和发展趋势进行系统研究的经济科学。它立足于对中国改革开放的实践经验进行科学总结，并上升为理论，揭示现代中国经济发展和运行的规律，确立基本经济范畴，形成指导中国社会主义现代化建设的较为完整的经济学说。它具有实践性、规律性、开放性、前瞻性，体现解放思想、实事求是、与时俱进的品格，既突出中国特色，又带有时代特征，而重点是在"特"字上做文章。我们要用马克思主义观点深刻分析中国的特殊国情、特殊发展阶段、特殊经济结构、特殊经济关系，总结经济建设的特殊经验，找出特殊的发展规律和发展道路及政策。借用老话说：要以"马学"为魂，"中学"为体（毛泽东思想、邓小平理论和"三个代表"重要思想），"西学"为用（借鉴西方经济学的一些方法）。

（2）研究方法。在研究方法上，应当摒弃从定义出发、用书本"剪裁"现实的先验式、教条式套路，避免和克服两种教条主义（土教条和洋教条），突出历史分析、实证分析、比较研究和定性与定量相结合的方法。首先是突出历史分析。经济学研究问题应该从历史的分析开始，从对历史发展过程的分析中来发现和证明规律。叙述的形式也应突出史论结合，不能单纯地进行理论演绎，更不能做概念游戏。其次是注重实证研究。马克思说过，要"把政治经济学变成一种实证科学"。列宁对此做了这样的注解："政治经济学的基础是事实，而不是教条。"中国特色社会主义经济学应当在实证研究的基础上立论。要改变那种先找理论概念再分析事实、用书本"剪裁"现实的做法，在分析事实的基础上抽象出概念。在这方面应当学习西方经济学的长处，善于进行案例分析，尤其要把定性分析与定量分析结合起来。同时，还要进行多视角的比较研究，通过纵向、横向的比较，认识事物的长短利弊，揭示出规律性的东西。

四、内容体系和基本框架

（1）总体构想。基于中国特色社会主义经济学的指导思想和基本内涵，它的逻辑结构既不同于《资本论》，也不同于各种版本的西方经济学，更不能模仿苏联《政治经济学教科书》，而应以分析中国的实际经济问题为基础，以在社会主义制度框架内实现社会再生产、经济社会和生态经济良性循环为主线，以先进生产力、社会主义制度、市场经济的有机统一为基本公式，以史论结合为基本叙述形式，由生产力的发展到生产关系及上层建筑的调整，再到参与世界分工和国际市场，由总体的历史分析到经济运行、经济关系中各个分支的具体论述，再回到整体优化的综合，分层展开，廓清基本原理和发展道路。

（2）研究领域。中国特色社会主义经济学要拓宽研究的领域。①研究社会主义生产关系，就是研究以人为本的社会主义市场经济的制度特征。②研究生产力的发展变化规律。这是以往社会主义经济学研究的薄弱之处。③研究经济运行。应吸收西方经济学对经济运行的分析，研究厂商行为、个体行为等。④研究政府的宏观经济调控和管理，加强政府职能的研究。⑤研究人与环境的关系。⑥研究思想意识对经济的作用，即研究先进文化对经济的促进作用。

基本框架。中国特色社会主义经济学的理论框架可分为三个层次：一是研究生产力和生产关系之间的矛盾；二是研究生产力和生产关系自身的矛盾，生产关系必须不断调整，生产力自身也有结构问题；三是研究经济运行的规律。在具体框架下可将中国特色社会主义经济学分为如下几个部分：基本范畴论、发展道路论、体制改革论、改变二元结构论、对外开放论、宏观经济论及整体运行论等。

（原载于《人民日报》，2003年12月12日第9版）

改革与建立市场经济新体制的几点再思考

我国的改革,是要建立社会主义市场经济新体制,即运用市场配置资源的法则来替代指令性计划安排——实现计划体制向市场体制的转变。从党的报告文献确立至今,经过几年的实践发展,这一转变似乎并不尽如人意,甚至在学界、政界等产生出几多困惑。

一、关于新体制建立的基础

体制属于管理范畴。因此,它所要解决的一是体制运行的动力问题,二是体制运行的轨道、秩序、行为、规范等问题。毫无疑问,管理是一种制度规范,而制度规范又是通过体制及其运营来贯彻的。由于管理及其制度规范的主体与客体都是人,是劳动者及其劳动过程,因此,体制运行的动力问题也好,体制运行的秩序、行为等问题也好,在实质上是劳动者及其劳动的动力、劳动者及其劳动过程的行为问题。同时,由于制度和体制是一定生产关系性质的体现,因此,劳动者及其劳动的动力、行为,必然受制于生产关系,特别是受到其中劳动关系的影响。劳动关系是生产关系中一个相对独立的部分,即劳动力所有权关系、劳动力与生产资料结合关系、劳动产品的分配关系的统一。从劳动关系与生产关系的关系看,在所有制关系一定条件下,劳动关系最直接、最现实地代表着生产关系。所以,我们可以从一定角度得出结论,生产关系的完善,一是明晰和调整产权关系,二是理顺和完善劳动关系。所以,要改革,要寻求开发新的动力、挖掘新的活力源泉。今天,从学者到官员、从一般劳动者到企业家们都在寻求新资源、新的经济增长点,其最具实质性的则是首先理顺劳动关系,开发活性(人力)资源,调动劳动者的积极性,从而刺激人的主观能动性,带来新的经济发展和增长的契机,从而寻求新的轨道、新的行为、新的秩序。

此外,所谓"体制的运行轨道",作者以为不能单指经济结构、生产力布局或经济发展的道路、模式、方向等。而必须着眼和入手于基础的、根本的——经济社会活动主体——劳动者的劳动轨道、劳动行为及其规范问题。这就是说，任何社会经济的改革、任何体制运行的轨道建设和秩序规范，首先的、重要的都是一个劳动者的劳动及其行为规范问题。而劳动行为规范有序与否、劳动效率高低，又是取决于经济社会发展中的人们之间的关系——劳动关系和谐与否。

　　劳动是人类活动的最本质的内容，劳动关系就构成了人类活动的最基本的关系。因此，我国的改革与建立市场经济新体制，要紧紧抓住劳动关系这一主线，把协调和完善劳动关系作为当前深化改革，特别是增强企业活力、推进体制转轨的基础和重心，走出改革的困惑。

二、关于市场经济运营的主体

　　市场是市场主体之间的关系的总和，市场经济是市场主体之间及其运动的关系的总和。我国要建立市场经济，首先要明确市场经济运营的主体，只有主体定位，才能明确改革的主线，从而设计整个改革与市场经济建设的系统工程。目前，改革与市场经济建设之所以出现困惑，作者认为一个重要原因还在于在改革发展中，市场经济运营的主体意识与内涵的模糊不清。

　　关于市场经济的主体，有人说一是企业，二是劳动者。但这里有三个问题却一直并不明晰：首先，劳动者、企业、市场之间究竟是一种什么关系？其次，主体不应该有两个，那么，市场的基本主体究竟是谁？最后，市场经济运营的基本主体及其行为调节的切入点究竟在哪儿？

　　市场学理论告诉我们，市场属于微观范畴，是实现劳动者与资源有效组合、达成企业生产与流通的有序运营的过程。这就是说，劳动者、企业、市场三方是一体的。其中，劳动者是最基本的、主导的，是主体。而企业、市场只是实现劳动者及其劳动变换的一种组织、方式，是劳动者劳动的主动性、创造性得以发挥的一种客体、程序。逻辑清楚了，看市场，主要看企业与劳动者的劳动产品；看企业，主要看劳动者的劳动投入与市场经营；看劳动者，主要看企业组织与市场环境。显然，市场运营的主体落脚于劳动者。而如果说劳动者是市场运营的基本主体，那么，这里就应该再深入一步，认知两点基本理论：①市场经济是一个相应关系构成的有机综合体，包括：劳动者与企业之间所构成的相互依存关系；劳动者与企业之间所表现的劳动交换关系；劳动者与企业之间所产生的劳动利益分配关系；等等。这是市场经济及其运营的最本质性内容。②市场经济建设的着眼点与入手处，应是市场→企业→劳动者，即以劳动者及其劳动行为为主体、主导，建立整个改革与市场主体行为调节机制、功能、收效。

多年来，我们的市场经济运营及其建设，一直没有真正地注意和触及这个问题。提到市场主体，就是企业，然而当我们把企业推进"市场"之后，却为何没有产生市场效应、改革效应呢？现在看来，关键问题是，只把企业推向市场（且不说一个"推"字的科学与否），却并没有把企业的主体——劳动者及时推向市场，劳动者及其劳动行为基本上没有摆脱政府直接的行政管制。具体地说，一是按照改革性质的要求，寻求和建立新的劳动关系形式构成（劳动关系双方当事人的确立及其运作机制等），新的市场平等劳动关系环境、条件，新的劳动关系运营体制、机制，达成我国社会主义生产关系的完善，巩固我国社会主义制度。二是按照市场经济运营主体行为调节和市场法则的内在要求，实现我国经济社会的三个主体层次的位移——国家（政府）主体位移于企业主体；企业主体位移于劳动者主体，以便明确和形成国家、企业、劳动者三方的经济和社会地位、身份、职责及其相应的关系效应。三是按照国家（政府）宏观调控职能要求，把转变政府职能的视觉点、切入点放在制定规划、政策、条律上，而规划、政策、条律制定的依据（西方称之为"基石"）又放在劳动关系的协调、完善上，即由过去的对"事"转向现在的对"人"，由直接服务于企业转向直接服务于劳动力，真正地实施以民为本，建设有中国特色的社会主义市场经济新体制。

还有一个问题，就是一提到市场体系建设、要素流动，往往更多地聚焦在"物"的流动，而对"人"的流动，可以说直至今天，都没有予以充分的注意。西方市场经济的活力，恰在于劳动力的流动，在于实施市场下的自由、竞争劳动，劳动力可以随着岗位职能的变换，按照大工业的本性要求，以及个人劳动偏好、兴趣转移，自由、自主、平等选择劳动岗位。由于是自由地、自主地、平等地劳动，也由于是竞争劳动，所以，才有劳动的经济效益，才有资源的配置与利用效应，才有企业活力和整个社会的生机。在我们这个自古以来就有的"树移死，人移活"的千年哲训的文明古国里，到今天却不能创造出一种劳动力自由劳动、自主劳动、平等劳动、竞争劳动的环境与条件，而是一味追求物质流动；重流通、轻生产、重资本、轻劳动，其结果必然是由于没有人的能动性投入，出现"泡沫经济"、虚假繁荣、整体效益下滑，这是值得我们高度注意和认真研究的。

如上所述，我们明晰市场的主体，在于使改革和市场经济建设围绕主体行为而行事，同时由于劳动者及其劳动行为又是受制于劳动关系的，因此，我们既要明晰市场主体是劳动者及其劳动行为，又要认识并切实地把对劳动者主体行为调节的切入点放在劳动关系上。当下有"产权说"与"管理说"之争，其实，作者认为，这两者并不矛盾。在现实中，我们既需要明晰产权，也需要加强管理，而无论是产权变革还是管理变革，两者变革的坐标在今天都应是围绕劳动关系的变革、完善而展开。即一方面，明晰产权应放在明晰劳动力及其劳动产品的所有权、支配权、收益权、处置权等方面；另一方面，变革管理应着重放在变革原有所有者与经营者、劳动者的关系上以及劳动者与企业、政府的关系上——劳动关系上，这些关系不明，管理决策就无所适从，管理系统就无法运作，管理方法就无法选择。所以，"产权说"似应超脱"变卖"、"兼并"观念，而转向劳动产权变革研究，"管理说"则似应超脱单纯"企业问题论"，而转向转变政府职能、全面调整社会劳动关系的研究。

三、关于社会主义市场经济的内涵与外延

我国要建立的是社会主义市场经济。流行观点解释说，这是一种在国家宏观调控下的市场经济。这恐不能说明问题的实质。笔者认为，社会主义市场经济的内涵与外延，应是这样一种意识和观念：社会主义的发展，引入了市场机制、市场手段、市场方式，但它并没有改变社会主义的性质。这就是按照市场经济原理发展社会经济事业，造就人的自由地、全面地发展自己的智力和体力的物质基础和社会环境，促进马克思所憧憬的社会主义的自由人的劳动联合体的实现。

（1）社会主义市场经济必须坚持社会主义方向。这是社会主义市场经济的基本性质和根本原则。社会主义是什么？邓小平同志概括得很精辟，社会主义就是要解放生产力、发展生产力，消灭剥削、消除两极分化，共同富裕。这一社会主义的科学论说，第一次非常鲜明地揭示了社会主义、社会主义社会的主体、主题——社会主义劳动力及其劳动的问题。解放生产力、发展生产力，按照马克思的本意，实质上是一个解放劳动力、发展劳动力的问题。社会主义具有极强的生命力，也恰在于它使劳动者占有了生产资料，并且能够创造出劳动力自由的、全面的发展环境条件，能够创造出远远高于资本主义劳动生产率的人文基础。这说明，新旧社会的交替以及新社会制度的巩固、发展，最根本的是能不能把劳动力从旧的社会形态、管理体制下转换出来——解放劳动力、发展劳动力，使生产力中最能动、最具有决定性的因素释放出来。而对于这一点，多少年来我们的认识并不是非常清楚，这也许是邓小平同志着意提出社会主义本质说的真正意义所在。小平同志从倡议建立特区，到亲自去特区和一些发展较快的地区考察，既是考察那里的高新技术产品，又是考察那里的劳动者是如何自由地、全面地发展自己的体力和智力，

如何组织起一个个的"自由人劳动联合体"。如果说科学技术是第一生产力，那么第一生产力中的第一要素，则是创造科学技术的劳动力。衡量生产力的标志绝不能只看物质手段，而更要看的是创造物质手段的劳动力——劳动力的素质、层次；劳动力体力与智力发展水平，以及智力劳动在整个劳动过程中的地位、比重（现在讲的科技含量，实际上就是讲智力劳动含量）等。所以，我们在今天要建立市场经济，必须坚持社会主义方向，也就是要求社会主义市场经济的运作，必须有利于解放劳动力、发展劳动力，必须有利于劳动力的自由、全面发展，把市场经济的发展建立在社会主义劳动力的积极性、主动性和创造性的基点上。

（2）社会主义市场经济必须坚持贯彻市场法则的运作机制。市场经济就是按照市场法则调节经济的运行。我国市场经济的建立，必须在维护社会主义发展方向的前提下，让市场发挥出配置资源的基础性作用。市场法则的一个最基本点就是劳动力的自由、自愿让渡和与劳动单位行政之间自主建立平等劳动关系。可以说平等劳动关系既是社会主义生产关系的本质，也是市场经济运营的一种根本要求。所以，当我们要趋向市场经济时，首先的、重要的就是要寻求探索，并建立起符合市场经济法则的平等劳动关系及其实现机制。而改革以来，我们对此却并没有给予足够的重视。当企业改革出现种种困惑的时候，我们讲的较多的仍然是技术问题、产品问题、"包袱"问题、资金问题……建立现代企业制度，也一味停留在企业组合形式上，却没有注意到现代企业制度的根本的特征是理顺所有者、经营者、劳动者之间的劳动关系，从而形成一个激励与约束相统一的企业生产力运作机制。因此，尽管搞了所谓的股份制、公司制，却并没有收到预期效应。

所谓"平等劳动关系"，一是劳动关系双方当事人有着自由的、独立的自然人或法人地位、身份；二是劳动关系的建立是自愿的、自主的；三是劳动关系的运作，包括签约、执行、调整、解除等的全过程调处都是双方平等、共同进行的。在平等劳动关系下，劳动力有着劳动职业选择权、劳动变换流动权、劳动岗位竞争权、劳动收益分配权、劳动纠纷诉讼权等。值得指出的是，在我国，劳动关系的形式构成、调节机制正在发生着变化，但是一个非常重要的方面却始终没有很好地解决，即企业中所有者、经营者、劳动者之间的劳动关系问题。这主要表现在作为所有者的国家委派的经营者与劳动者之间的关系矛盾上，一些经营者不被劳动者认可，从而形成关系冲突。这里的问题是，经营者由国家委任，劳动者便处于雇用地位及其关系之中，而劳动者"民选"厂长（经理），又不一定能体现出所有者的意志愿望；经营者如何产生，是当前劳动关系调处中一个亟待解决的问题，实际上在许多企业出现的亏赔、滑坡，多系这一问题所致。而按照市场法则，企业厂长（经理）应来自于市场，我国则是行政委任，这是需要认真研究和探讨的。

(原载于《市场经济导报》，1997年6月)

慎言"建立一种全国统一的所有权制度"

最近在媒体上拜读《"小产权房"凸显土地管理制度软肋》一文，读后颇受启发，其内容观点很有见地。但对于该文作者建议全国人大常委会考虑"在城乡规划法引导下，统一由政府行使土地所有权"的观点，则提出相佐认识，并与之商榷。

一、"统一所有权"与现时国政大体相悖

该文作者的建议是，"我国应该尽快改变国有土地、集体土地并存的所有制结构，建立一种全国统一的所有权制度"。也就是说，改革土地所有权制度，把集体土地转化为国有土地，变集体、国有为单一国有，且不说此举措的可行性有多大，仅看与现行及改革开放正在建构的中国特色社会主义国政大体也是相悖的。首先，"建立一种全国统一的所有权制度"与我国初级阶段生产力的非均衡、多层次性相悖。生产力具有决定性，生产关系必须适应生产力性质。抑或说，初级阶段生产力的多层次性，决定了包括土地所有权结构及其层次不可能是单一的、一统的。其次，"建立一种全国统一的所有权制度"与我国市场经济体制下的多元产权结构相悖。我国是公有制为主体，多种所有制经济并存，这一方面反映了生产力的性质，另一方面体现了中国特色社会主义道路的内在要求。毫无疑问，土地所有制结构，应当保留政府代表着的公有权属体与农民集体土地权属体。欲合二为一，将大集体变成国有，这已不只是"强征"问题了，而是涉及改革大政问题了。再次，"建立一种全国统一的所有权制度"与我国宪法以及土地管理法、农村土地承包法相悖。我国宪法不仅明确规定了现时社会主义基本经济制度及其所有权制度，而且在土地管理法、农村土地承包法中也鲜明地规定了相关土地管理，特别是集体土地和农民承包土地权属问题等方针路线，并且党的历次代表大会都重申表达了这些基本路线一百年不动摇的精神。最后，"建立一种全国统一的所有权制度"与我国改革开放的目标大势相悖。我国的改革开放，尤其面临着住房的市场供求矛盾，政府实际上也在探索和寻求着新的形式和渠道，

研讨着不同所有权主体对土地的占有及所能够提供的不同规模、不同价位的房产品，而当土地统统由所谓"政府行使所有权"的时候，我们又何以谈改革呢？又何以多层面解决居民住房问题呢？

二、建立"统一的房地产市场"与建立"统一所有权制度"两个范畴不可混淆

我国是社会主义市场经济，必须建立统一的市场体系，也包括房地产市场，通过市场体系建设来规范房地产市场，使房地产业按照价值规律和市场法则运行，但这绝不是要统一所有权制度、统一由政府行使土地所有权。

其实，我国土地管理随着住房制度从福利性向市场性的转变，已经并非只是国有土地和集体土地两种形式了，而是还有第三种，即公民个人拥有的土地所有权，如城乡居民货币购房拥有的土地所有权、农民宅基地拥有的土地所有权。也就是说，通过改革，我国土地制度在内容上已包含了国家所有、集体所有、个人所有三个层面、三种形式，已形成了一个多元结构体。显然，现在再谋划建立一种全国统一的所有权制度，是有违国家当前整体改革、开放、稳定发展的原则的，也是与即将实施的物权法大相径庭的。物权法出台的一个重大背景绝不只是一个部门法的完善健全问题，更是在于遏制一些地方无视土地所有者权益，强征强拆，化个人土地所有权为乌有、掠集体土地所有权为己有，转手开发商，大搞政府土地资源垄断下的"统一"房地产市场，推拉房地产经济走向畸形，使大多数工薪阶层、弱势群体"望楼兴叹"，甚至引起和产生社会"仇富"、"咒富"及敌视政府的当代中国贫富阶层大冲突，严重干扰了贯彻科学发展观、构建和谐社会的中共精神。基于此，物权法才得以及时出台，而正当物权法实施之时，又要搞全国统一所有权的地产制度，并且呼吁全国人大常委会给政府以土地绝对统一权，其结果是只能使已有的房地产矛盾可能进一步转化成危机，亦如乔先生所说，"政府、集体土地所有者与购买人之间将会爆发严重的冲突，新一轮的社会矛盾将会被激化，整个社会将因此而付出沉重的代价"。

三、土地制度的改革不能回到"计划经济"

回顾近10年房地产市场运行实践，特别值得反思的是，最初政府启动房地产市场在于看好其产业关联性，以期形成对整个国民经济和社会发展的刺激，现在的问题却是政府的GDP上去了，而广大居民的压力也增大了，且越来越大，住房、上学、看病难的问题比较突出，究其缘由和症结，正是政府直接垄断地

产，包括大量低买高卖集体所有制土地，将大量农耕地转移于商品房开发。这是个基本现实，通过现实我们不仅看出高房价背后的问题所在，而且，还看出政府自始至终都在行使着土地所有权。

"小产权房"的出现，既暴露出我国土地制度的缺陷，也反映了集体土地所有权人开始试图争得自己应有的权益，以期直接进入房地产市场博弈。"小产权房"是对目前单一政府（与房地产商）房地产市场的一种补充，我们应该冷静观察、科学分析，而不应该建立"全国统一的所有权制度"，搞"大一统"，其思路是不可取的，其建议也必然是不可行的。

（原载于《中国经济导报》，2007年9月22日第1576期第B7版）

政企分开，必须从"放权让利"走向"放权让产"

回顾十几年的改革历程，作者认为真正地解决好政企分开，必须要从"放权让利"走向"放权让产"。

中国的改革可以说就是从解决政企不分、以政代企入手的。围绕政企分开问题，先是扩大企业自主权，随后是放权、让利、转机、建制。然而一步步走过后，一直到今天，却并没有出现理想的结果，症结何在？在于政企不分，在于没有从根本上理顺政府与企业的关系，特别是每一次改革都在实际上把政府与企业以一种行政关系及其方式联结得更紧密——政府在对企业扩权、放权上的放放收收、收收放放，企业对政府的经营承包；政府对企业的利润切块；企业由政府推向市场，政府为企业设计和审批如何转换机制、如何建立现代企业制度……在中国，似乎企业天生就是政府的，一切要依靠政府来调控、管理。如此这般，企业怎么会有积极性、主动性和创造性呢？企业怎么会有热情和动力呢？可见，仅仅放权让利是不行的，放权让利仍然政企不分，以政代企不利于搞活企业、不利于解放生产力。出路在哪里？出路在"放权让产"。放权，就是让企业真正地拥有资产所有权、经营权、收益权、分配权等；让产，就是把那些营利性、竞争性企业通过一定方式由政府让渡给社会，交由社会按市场法则实现自我调节。

以什么方式，让渡给谁呢？作者以为：一是对营利性、竞争性企业（无论大、中、小型）引导一些实业界业主或有经济实力、有经营能力的社会各界人士单独地、合伙地购买（目前，社会游资34亿元，不怕没有人买，问题在于如何引导）。二是把营利性、竞争性企业有选择地虚拟出卖给一些暂时无支付能力的法人或自然人，与其订立合同，依法分期、分批收回投资。三是让营利性、竞争性企业中的那些竞争力强的企业走向独立，让其在规定期限内返还国家资本金，然后与政府脱钩，自主经营。

在目前条件下，实施放权让产，不仅是一种解决政企分开问题的必然选择，而且在理论和实践上，也都有着客观的依据和现实意义。首先，有益于形成产权约束、资本约束、交换约束，从而有可能真正解决政企分开的问题；其次，符合市场经济原理，特别有助于培育中国政府和企业的市场化行为；再次，部分国有资产让渡给社会以后，由于其价值收回，总规模不变，因而对社会主义公有制并无损伤和影响；最后，这样做既可以使政企分开问题落到实处，又可以减少改革"阵痛"和改革成本，及时取得改革收效等。

坦言讲，为什么现在还要这么认真地研究政企分开问题呢？因为这个问题始终没有处理好，而政府与企业的关系不理顺，将在实质上制约着中国的改革与发展，制约着社会主义市场经济建设。目前，要具体地提出和实施怎样政企分开。如果说，党的十四大以前我们可以为没有处理好政企分开问题做出种种解释，而中共十四大已经明确提出建立社会主义市场经济体制，所以必须按照市场经济要求来确立和处理政府与企业的关系，必须按照价值法则来确立和处理政府与企业的关系，必须从一味维护政府行政管制的"放权让利"，走向让政府超脱、让企业自由的"放权让产"。不争议，不犹豫，该是断然抉择的时刻了，否则，国有资产的流失和日益严重的腐败将会把社会主义的公有制瓦解掉。

（原载于《河南体改》，1995 年第 1 期）

关于改革开放以来发展战略方面的主要观点综述

本文是根据河南省委宣传部林炎志部长的指示，由省委宣传部理论处委托作者编写的《关于改革开放以来体制改革与发展战略方面的主要观点综述》的一部分。原是作为资料供领导同志学习中共十五大文件时参阅。由于时间紧和查阅资料的局限，难免有不妥当之处。这里发表的部分基于以下考虑：

①它可以反映改革开放以来我国经济学者对发展战略所做的探索；②它表现出我国经济学界对发展战略研究的基本观点；③它体现出发展战略研究的基本框架；④它提出了发展战略研究中一些尚需解决的课题。

当然，它也具有学习中共十五大文件参阅的作用，以及政府和学者们研究发展战略的参考作用。

希望读者提出意见，以便进一步丰富和完善这方面的论述与研究。

一、发展战略的理论准备

中国社会科学院经济研究所、《经济研究》主编张卓元在《改革开放以来我国经济理论研究的回顾与展望》（《经济研究》1997年第6期）中做出如下概括：

从改革开放到现在近二十年来，我国经济理论在马克思列宁主义、毛泽东思想、邓小平经济理论指引下，从中国国情出发，充分吸收现代经济学的成果，在经济理论研究方面，取得了重大进展，并且在这一过程中培养和造就了一大批经济学家。这主要表现在以下几个方面。

第一，确定了社会主义商品经济理论和市场经济理论，在计划与市场关系这个世界性和世纪性难题方面实现了重大突破。

第二，通过冷静地分析中国国情，提出社会主义初级阶段理论，使人们对如何建设社会主义从长期幻想中漫游回到现实中来。

第三，研究方法有重大改进，表现在更加紧密地联系实际，重视数量分析，加强实证研究，注意吸收当代经济研究成果。

具体来说，就1978年以来对基本经济理论，尤其在发展战略研究方面的贡献，张卓元谈到以下方面：

——一些经济学家（如马洪、于光远、刘国光、孙尚清、刘明夫）在改革初期，在1984年党的十二届三中全会以前，就明确提出社会主义条件下不仅要保留和发展商品货币关系，而且社会主义经济就是商品经济或市场经济，价值规律起调节作用，竞争是社会主义经济的内在机制，企业应是自主经营、自负盈亏的商品生产者和经营者（蒋一苇还提出著名的"企业本位"论）等。

——有的经济学家，较早从理论上肯定农村包产到户的做法。这些理论观点，对于解除传统经济理论的束缚，为中国改革开放提供理论支持方面，起着先导作用。

——中国社会科学院经济学科片课题组，多次接受中央任务，就改革与发展的重大现实问题提出自己的系统见解。1987年，公开提出中国改革和发展要"稳中求进"的思路，着力抓改革、促稳定与发展，改革方面要企业改革和价格改革双线推进，坚决反对用通货膨胀刺激经济的高速增长，成为中国经济学界"稳健改革派"的大本营。

——既一贯坚持市场取向改革，又反对"一步到位"，主张积极稳妥的渐进式改革，致力于使经济体制转轨进入良性循环。既要充分吸收当代经济学的有用成果和外国成功经验，又反对照搬外国模式，而是要从中国国情出发，走自己的路。对转轨中的许多重大问题，如企业改革、市场体系建设、价格改革、宏观经济管理改革、社会保障制度建设、收入分配、对外开放、政府经济职能转换等问题，做了许多有益的探索，并力图做出理论概括。20世纪90年代初，中国社会科学院专家正式建议海南省率先实行社会主义市场经济体制。

在谈到中国经济理论关于发展战略研究的前景，张卓元提出有三个问题需要研究和重视：

头一个问题，当推公有制与市场经济相结合的问题。中国现代化建设，包含两大方面的转变，一个是从传统的计划经济体制转变为社会主义市场经济体制，另一个是从二元经济结构低收入国家转变为现代化的中、高收入国家。在这两个转变中将会碰到一系列过去经济学家从未碰到过的重大问题，需要我们进行创造性的研究，用新的原理、概念来补充、丰富和发展现有的经济学说。

我国从二元经济结构向现代经济结构的转变，要求在科技进步基础上大大提高劳动生产率，解放大量农业劳动力，并转移到工业和第三产业那里。可见核心的问题是农村剩余劳动力的转移和消除。

在改革开放和现代化建设中，如何处理好改革、发展和稳定的关系，使经济在稳定中持续、快速、协调发展,也是我们中国从未碰到过、从未研究过的重大问题。要处理好改革、发展与稳定的关系,根据过去的经验,最根本的是处理好经济速度与物价上涨的关系。

中国社会科学院经济研究所副所长于祖尧在 1997 年第 6 期《经济学动态》的《关于推进农村工业现代化、社会化的若干问题》一文中,总结我国改革与发展探索的历程,肯定"摸着石头过河"这一方针。他说:

"摸着石头过河"是一个积极的而非消极的方针,是一个科学的而非倡导盲目蛮干的方针,是一个对人民负责而非搞政治赌博的方针。所谓"石头",就是指我国的国情,我国发展和改革的规律性;所谓"摸",就是在发展和改革实践中不断地探索求知,总结过去,预测未来。坚持"摸着石头过河",就是坚持实事求是,按经济规律办事,这样才能减少盲目性,减少决策失误,即使发生失误,也能迅速改正,从而避免更大的损失。所以,今后仍然要继续"摸"下去。

二、发展战略的模式问题

1. 从中国国情出发实施经济发展战略

刘国光在 1983 年第 6 期的《中国社会科学》上撰文《中国经济发展战略的若干重要问题》,其中谈到:

制定经济发展战略,其客体即战略实施的对象,就是一个国家的具体情况。这是制定战略的客观依据。国情包括多种多样的内容,除了资源、地理等自然因素外,还有经济、政治、文化、传统等社会因素。一般地罗列现象是不难的,但要真正揭示各种因素之间的相互关系,必须经过广泛、深入的调查,才能逐步地摸清、摸准。

2. 几种可供选择的模式

1984 年第 2 期的《新华文摘》刊《北京"发展战略讨论会"观点综述》,概括出以下类型:

——三位三生型。具有中国特色的坚持四项基本原则的经济、社会、科技三位一体协调发展的人民生活、社会生产和环境生态综合平衡的发展战略。

——社会效益型。经济、科学技术高度发达,良好的社会质量和环境质量,物质生活和精神生活都能全面发展的知识化社会。

——人力资源开发型。以全面充分开发利用我国丰富的人力资源为杠杆,以自然资源、资金、工农业生产等经济实力的"硬条件"为基础,着重进行技术、知识、信息等"软条件"的调整、提高和发展,从而根本改变落后状况,走一条人力资源开发型道路。

——经济效益型。以提高效率、效益为核心，建设具有中国特色的社会主义，建立一个在党的领导下，社会制度和经济机制有机结合的经济、社会、科技协调发展的最优化发展模式。

1985年第8期的《新华文摘》刊《"中国社会主义经济理论的回顾与展望"学术讨论会综述》，关于经济发展战略模式，综述道：

发展战略究竟应该是经济、社会二位一体的发展战略，还是经济、社会、科技三位一体的发展战略，是有待于解决的问题。一些同志指出，在当代，科学技术因素在制定发展战略中具有十分重要的作用。科学技术的状况不仅直接影响、改变生产力的各个因素，还影响、推动着生产关系、上层建筑以及社会生活的变革。科学技术愈发展，发展战略受其制约的程度就愈大。因此，发展战略要把科学技术发展放在重要地位，要充分吸收当代科学技术的成果，充分利用这些成果来促进经济、社会的发展。

3. 提出模式不能绝对化的观点

于祖尧在《关于推进农村工业现代化、社会化的若干问题》一文中提出模式要不断调整和改革的观点。他指出：

须知，任何模式都是特定的社会、经济、文化、政治、历史等诸多因素综合作用的产物。普遍适用的放之四海而皆准的经济模式是不存在的。经济运行和发展虽有一般规律可循，但一般规律只能通过具体的经济模式起作用。所以，任何具有示范意义的模式都不能绝对化、凝固化，都必须适应条件和环境的变化而不断地调整和改革。

三、发展战略的目标问题

刘国光在《中国经济发展的战略目标和途径》(《中国社会科学》1983年第6期)中指出：

中国经济发展战略目标的分阶段性，表现在它不只是规定到20世纪末生产翻两番，而且要经过一个又一个相衔接的进程，使目标阶段化，一步一步地促其实现。"战略目标实现过程的阶段性是不能任意超越的。如果我们把后十年才能做的事情拿到前十年来做，或者把第七个五年计划时期才能做的事情拿到第六个五年计划时期来做，那就可能欲速而不达。"

他还指出：

我们应当根据"全国一盘棋"的要求，从各地区、各部门、各企业的具体情况出发，来确定它们各自的具体发展目标，有的需要也可能增长更多、更快，走在现代化的前列；而有的则不一定需要和可能翻两番。

陈兆兴在《国际问题研究》1984年第1期《发展经济学几个理论问题初探》中提出变通目标的概念。他说：

发展中国家的经济发展，应该追求什么目标，是一个带有关键性的问题。发展经济学在确定发展目标方面，经历过一个探索过程。20世纪50、60年代时期，发展中国家普遍效法西方国家工业化初期办法，追求高速度增长，以为只要经济能高速增长，失业和贫富悬殊问题自然地可以解决，整个经济将会出现蓬勃发展。这种效法西方国家过去发展目标被称为传统发展目标，又被称为赶超目标。70年代以来，大多数国家看到经济虽然增长较快，但这并没有解决失业和贫富悬殊等问题，于是总结经验，提出以满足人民基本需要为奋斗目标，出现新的发展目标，将其称为变通目标。

四、发展战略的速度问题

熊映梧在《"翻两番"的经济学思考》（《人民日报》1985年7月8日）一文中提出：

传统的政治经济学讲，社会主义国民经济的高速发展是一条经济规律。这是一个很值得研究的问题。我认为，并不是经济增长速度越高越好，而要从一个国家的实际情况出发，保持一个适度的经济增长率，才能使国民经济按比例地、持续稳定地发展。经济增长率过高、过低都不符合客观经济规律的要求。因此，在经济发展战略决策上，要十分重视选择适度的经济增长率。

如何确定适度的经济增长率，我在《宏观经济拉动重要的一环——选择适度的经济增长率》一文中专门做了探讨。在这里，我想再强调一点：既然7%~8%的年增长率可以保证实现翻两番的目标，何必再去追求不可靠的、可能带来的不良后果的过高的增长率呢？

吴敬琏、李剑阁、丁宁宁在《把国民经济的增长速度控制在适应的范围内》（《人民日报》1985年5月17日）一文中指出：

与其勉强地追求一时一地的高速度，直到国力无法承受时再被迫进行大的调整，忍受重大损失，还不如防患于未然，主动放慢增长速度，争取一个适度的、可以长期维持下去的高速度。

"跃进——调整"的大起大落，造成的损失太大。

为了在今后一个较长时间保持国民经济的稳定、持续、协调的增长，我们都应当认真对待目前经济生活中出现的"过热"现象。

卫兴华在《我国经济发展和经济形势问题》（《经济经纬》1995年第1期）

中谈到：

如果注意的话，有个提法有变化。国民经济发展方针，过去中央有个提法："持续、稳定、协调"六个字，现在的提法有所变化："持续、快速、健康"地发展。

快速不是越快越好，还要健康发展。包括原来的"六字"方针中的稳定、协调。要经济结构合理化，注重经济效益。没有效益的发展，没有意义，靠多投入、多产出没有意义。应该是少投入、多产出。

平均速度要在9%~10%，不能含水分，不能是高速度、低效益，20年左右可以经济起飞。

李京文在《我国当前经济形势和未来经济发展趋势》（《经济经纬》1997年第5期）中指出：

20世纪末，新的发展阶段将是一个速度适当加快，而侧重在转变经济增长方式，由粗放型逐渐转向集约型、提高国际竞争力的一个阶段。

五、发展战略的布局问题

1. 地区布局结构

刘国光在《中国经济发展的战略目标和途径》（《中国社会科学》1983年第6期）中提出：

地区布局结构，这是经济结构在空间的表现，在我们这样的大国家，十分重要。从全国着眼，可以分为沿海、内地，或沿海、腹地、边疆，或东部、西部。

今后经济发展，一方面要继续调整布局，开发西部地区；另一方面要充分利用较发达的东部沿海地区的基础，并加强相互之间的经济协作，加速沿海向内地的技术转移，把东部与西部的建设结合起来，相互促进。

2. 行业布局结构

项启源、程礼泽在《经济发展战略与经济规律体系》（《学术月刊》1985年第5期）中提出把电子工业作为优先发展的战略布局的观点。

我们主张应该把电子工业明确列为从现在到20世纪末的战略重点，即大体上放在同农业、能源、交通、科学、教育相当的地位。其根据是："一个国家的科学技术和经济总水平发展到一定程度，就不可避免地导致产业结构的重大变化，这是生产力发展的一条规律。""发展以电子工业为核心的新兴产业，用新技术改造传统产业。"

3. 发展与体制的目标结构布局

北京大学经济学院的刘伟在《管理世界》1997年第1期的撰文中提出这一问题。他在《发展目标和制度目标的结构解释》中谈到：

到2010年之后，随着我国社会主义市场经济体制的建立，在所有制结构上大体会是这种状态：国有制比重在34%左右，明显高于当代西方国家但已不再占主体地位；包括国有、集体、股份等形式的公有经济比重在71%以上，公有制的主体地位巩固；各种非公有经济比重为30%左右，比目前的13%显著提高，但却仍是附属补充经济。这是一个公有制为主体、政企普遍分离，国有制直接控制国家的经济命脉，多种经济成分共同发展的格局。

刘伟对这种变化发展的格局做出预测：

改革开放以来（1978~1995年），国有制所占资产比重平均每年下降1个百分点以上，如果说改革开放十几年来总的趋势是进步的，是推动经济发展的，那么不能否认这种历史进步性相当深刻的根源在于财产制度发生了上述历史变化，由此必须承认这种财产制度变化的历史进步性，而且假定今后20年左右，直到社会主义市场经济机制确定，仍能保持这种进步的趋势。

4. 先富带后富与人的能力发展

詹武、刘文璞、张厚义在《社会主义共同富裕的几个问题》（《人民日报》1983年8月5日）中谈到：

共同富裕，是我们的目标；允许部分农民先富起来，是达到这个目标的一项战略性措施。不论从理论上看，或是从实践上看，在社会主义公有制和按劳分配的条件下，是不存在"两极分化"的基础的。我们应该确信，在社会主义条件下体现按劳分配原则的合理差别，同私有制社会的"两极分化"是有本质不同的。

韩庆祥在《北京大学学报》（1996年第5期）撰文《能力本位论与21世纪中国的发展》，其中提出：

当代中国社会发展越来越需要确立关于人的主体性、人的个性、人的自由、人的独立人格、人的权利和人的价值方面的价值观，而这些都是以人的能力为基础的，离开人的能力，它们是难以确立和实现的。上述情况反映了人类文化及现代文化价值观发展的态势和主要趋势，也说明人的能力价值高于其他价值。

可以说，从对权力的依赖（权本位）到人对物的依赖（钱本位）再到人对能力的依赖（能力本位）的历史发展，具有内在的必然性，同时也反映发展的历史趋势，以及当代精神。

六、发展战略的社会化问题

国务院发展研究中心主任、著名经济学家、《管理世界》杂志总顾问孙尚清同志因工作过度劳累突发疾病，经紧急抢救无效，于1996年4月29日在北京逝世，终年65岁。他的遗作《发展观的演进与经济社会的协调发展》(《管理世界》1996年第3期)，提出"经济与社会协调发展的提出是发展观不断完善的结果"的观点。他指出：

进入20世纪70年，在对既往的发展战略进行反思的基础上，发展观向着被称为"发展目标的社会化"的方面迈出了重要的一步。在50~60年代，"发展"几乎只不过是经济增长的同义语，追求国民生产总值和人均国民收入的迅速增长是发展政策的首要的甚至是唯一的目标。"如果发展不能使最贫困阶层得到利益就意味着发展的失败。这种观点逐渐占据了主导地位。70年代支配了发达国家的发展援助政策的'基本需求战略'，便是它在政策实践中的反映。"

孙尚清指出：

虽然中国在发展上面临许多困难和问题，但中国政府已经把经济和社会协调发展，把可持续发展作为基本国策。

中国发展中的问题，"只有通过发展才能解决，也一定能够通过发展得到解决"。

清华大学经济管理学院的徐庆在《论中国经济的四元结构》(《经济研究》1996年第11期)中也谈到各部类经济与社会的全面发展的问题。徐庆认为：

依据经济结构同质化发展目标和生产方式的差异，我们认为中国经济表现为明显的四元结构，这四元经济是农村传统部门经济、乡镇企业部门经济、城市传统部门经济、现代部门经济。从原则上看，现代部门经济包括现代工业、现代农业和现代服务业。

提出四元结构划分标准，是遵循经济发展同质化目标的规律，以生产方式的层次不同相区别，反映了当前城乡之间和"两个根本转变"过程中的经济结构的客观差异和现实。

传统的二元或三元模型模糊了经济发展同质化方向，必然会导致片面工业化、扼制第三产业发展和农业现代化等一系列错误。

七、发展、就业、稳定的关系问题

厉以宁在 1997 年第 9 期《经济学动态》中的《转型发展理论》一文中谈到这一问题。他认为：

在经济发展中，一般情况下唯有把就业放在突出位置，也就是把发展放在突出位置，才能使综合国力增强，使人民的生活水平不断提高，使社会得以稳定，使经济得以协调发展。除非是在物价急剧上涨而引起社会动荡不安的特殊条件下，否则就要一直强调发展，强调就业，强调在发展中求稳定，而不能单纯地为稳定而稳定。

厉以宁提出他对此问题所持的基本观点是：

产权改革作为一种改革思路，就业优先作为一种发展战略。

八、可持续发展战略问题

刘恩华在《中南财经大学》1997 年第 3 期撰文《对可持续发展的理论思考》，他认为：

可持续发展经济要求体制、技术和生态的创新。而"制度创新是经济可持续发展的基本保证"。"从可持续发展来说，能够保证经济可持续的经济制度，不仅仅是指物质生产领域的经济体制及其运行机制的变革，而且包括精神生产、人类自身生产和生态生产等领域的经济体制及运行机制的变革，使之都纳入社会主义市场经济的总体制之中。只有这样，才能真正实现物质再生产、精神再生产、人类自身再生产和生态再生产的相互适应与协调发展，才能促进物质资本、人力资本共同增殖，从而确保经济可持续发展。"

关于"可持续发展"的定义，著名经济学家孙尚清曾做出较为完整的解释。他在《管理世界》1996 年第 3 期撰文指出：

"可持续发展"概念的提倡和普及是 20 世纪 80 年代后期以来发展观的最重要的进步。这一提法虽然在 1972 年的世界环境大会上就已出现，但是真正成为国际社会的共识，则是 1987 年的世界环境与发展委员会在题为"我们的共同未来"的报告中对其做出定义和阐发之后。"可持续发展"被定义为"既满足当代人需要，又不对后代人满足其需要的能力构成危害的发展。"为了实现可持续发展，人类必须致力于：①消除贫困和适度经济增长；②控制人口和开发人力资源；③合理开发和利用自然资源，尽量延长资源的可供给时间，不断开辟新的能源和其他资源；④保护环境和维护生态平衡；⑤满足就业和生活的基本需求，建立公平的分配原则；⑥推动技术进步和对于危险的有效控制。从上述表述可以看出，可持续发展战略体现了人口、资源、环境、经济、社会必须协调发展的思想，是人类对于人与自然的关系及自身社会经济行为的认识的飞跃。

孙尚清主张：

把经济和社会的协调发展、把可持续发展作为基本国策。

孙尚清指出中国实施这一基本国策的紧迫性：

按照联合国开发计划公署公布的《1995年人类发展报告》中对各国人文发展指数（1992年数值）的测算，中国在世界174个国家和地区中排在第111位，中国在较低的经济发展水平，以煤炭为主的能源结构、资源分布的不均衡性、绝对数量很大的贫困人口等因素，都加大了我们保护资源和生态环境、实现可持续发展的难度。

何祚珠（中国科学院理论物理研究所院士）在《哲学研究》1996年第9期撰文《中国的"东西南北中"和"可持续发展"战略问题》。何祚珠院士提出：

中国的资源，其中包括矿产、水能资源和水资源呈逆向分布的事实，使中国的人和物的分布呈巨大反差，中国虽"地大物博"，但那是在中国的西部、北部，中国也有"人口众多"，但那是在中国的东部、南部。在中国的土地上，这一"人和自然"的矛盾，或"东西南北中"的问题，是中国人谋求生存和发展时所面临的基本矛盾。人和自然的矛盾，是决定社会历史发展的基本矛盾。中国人和中国的自然环境、资源等的具体矛盾，只能由中国人自己来解决。不研究、不了解中国，解决中国土地上的"东西南北中"的相互关系问题，也就不能有效地建设有中国特色的社会主义。

九、中国未来发展预测

中国社会科学院经济学科领导小组组长、数量经济研究所所长、俄罗斯科学院院士、人文研究科学院院士李京文在1997年第5期《经济经纬》中预言我国未来经济发展大趋势，他谈到：

21世纪头10年，中国经济将会以较快的、较好的速度发展；以后的15年将是中国经济走上良性循环的阶段。

2050年的发展阶段，中国经济将由过去解决生产发展与不断增长的人民需求数量上的矛盾为主，逐渐转向如何提高购买力，解决人民的生活、文化需求质量上更高要求为主。

21世纪中国的发展，工业化、信息化同时起步，同时并进。

李京文指出：

我们到现在还没有完成工业化过程，我们的主要任务还要搞工业化。但是不能像西方国家那样，先搞完工业化再搞信息化。我们要工业化、信息化同时起步，同时并进。

（郭军、史玉德，原载于《经济经纬》，1998年第1期）

制定发展规划应立足国情域情
——写在"十一五"规划执行中期评估之际

国民经济和社会发展规划既要对未来活动做出指导性的部署安排,更要体现和反映政府对未来活动的意志与愿望,这就要求规划的编制、评估,不仅要注重具体相关内容举措,而且一定要注重规划的指导思想及其贯彻落实问题。值此"十一五"规划中期评估之际,尤其应联系"十一五"指导思想和近两年多规划运行实际中全面改革开放与政府宏观调控关系问题,以便理清现阶段坚持全面改革开放、加速市场化进程所遇到的急、难、险、重诸多问题,发挥政府宏观调控职能的积极作用,保持我国国民经济和社会的稳健发展。

一、改革开放与政府宏观调控问题

一个地区、国家,也包括"共同体"之类的市场联盟,其实都不存在完全的、自由的市场运行,都有政府或社会组织的适度干预。英国、美国、日本、德国等老牌资本主义国家,其政府不仅严格掌控一个时期的经济发展速度、就业、价格、国家收支等目标,而且总是在出现经济危机的时候借助经济杠杆实施果断调节;而在我国香港地区,这个被称为世界运营最好、影响最大的自由贸易区,其机制也非绝对市场化,而是实施"市场机制+政府适度干预"。所以说,制定规划时一定要在指导思想上既立足市场机制,发挥市场调节的基础性作用,也要辨证看待市场运行之优劣,扬长避短,发挥政府宏观调控职能作用,任意削弱政府宏观调控职能作用的做法和政策是对国家、对地方、对民众、对未来极端不负责任的,而"十一五"也好,"十五"也好,未来"十二五"也好,实践都会证明这一点的。

有人说,中国经济的改革与发展是"政府推动型"的,也许这恰恰是中国在社会主义初级阶段培育和走向市场经济新体制前期的一个必要过程,也只有经历了这个阶段,才能从"政府推动型"转向"市场调节型"。"十一五"规划执行以来,我国国民经济和社会发展总体运行情况良好,但也出现了

"节能减排"没有实现目标的问题。当我们进一步分析其基本原因时，很快会发现关键是经济总量中的产业发展不平衡、不科学，即存在结构性问题。而结构性问题的改善、优化，特别是处在我们这样的市场经济的起步阶段，单凭市场经济自身，而完全期望市场经济自发调节是不可能的。对经济运行惯性以及长期积压导致的结构性问题的调节，事实上一直是市场机制的一个弱项，西方是这样，我国也不例外。西方国家在其经济运行过程中，除了依靠市场机制的基础性作用外，无一不是直接或间接地发挥着政府的宏观调控职能和影响力，也正是政府对经济的一些调节，保持了资本主义市场经济的活力。因此，我们对"十一五"规划执行情况评估，或是研究"十二五"规划编制，都应该在指导思想上强化政府宏观调节职能作用，并且把这一指导思想与具体规划项目、内容措施紧密联系起来，把这一指导思想与改革开放、市场化发展紧密结合起来，实现政府作用、改革开放、市场运行及科学规划的良性互动。

二、产业演进规律与产业化发展问题

多少年来，从国家到地方自始至终强调产业结构调整要沿着一、二、三次顺序递进，若农业份额少、工业份额多、服务业份额多就符合产业演进规律，这对不对？对。问题是产业经济规律还有一个重要方面，即任何一个产业的产生、兴起，首先是以相应的经济资源条件及其流动性为转移的。我们毫不怀疑未来发达经济时期的产业呈现出的"一少二三多"或"一二少三多"结构，但将这种"未来发达时"的规律和模式套到"目前初级时"，恐怕是犯了机械的、主观的、唯心的错误。正确的认识应该包括：①解放思想，大力寻找和生成新的产业增长极，特别是要注重产业发展演变的资源条件基础和这些资源条件基础的转移、流动、变化。②实事求是。客观利用并发挥现有资源优势和条件，顺势而为地建构合理的产业结构。这两点归为一点，就是不要盲目追求"三产演进未来时"，不要被动地受制于一、二、三产业之间的三个数字比。产业演进这个概念本身就表明产业发展是一个过程，是分阶段的，而从一个旧的阶段进入一个新的阶段，又总是以一定的资源条件和经济要素的流动重组为前提的。所以说，我们在现阶段绝不可以机械地、盲目地扭曲和实践产业演进规律，否则，将会做出被动的违背规律的事情。例如，某一个地方原本就没有工业资源条件，那么，我们为什么还要一味强调"工业振兴"呢？产业经济学理论告诉我们，工业完全只是个手段，而"兴不兴"的内容实质最终主要是看服务业，包括生产性服务业、生活性服务业的发展。

再如，从某一个地方的自然资源、物质资源、人文资源条件看，那里就是一个农区，除了种植经济优势外，别的都不行。我们就千万不要在那里发展工业，而是引导其建设粮食核心区，包括粮食制成品基地等，即大力发展第一产业。当然，我们讲的第一产业是要以现代科技和现代农业为支撑的第一产业。

这里有必要提到河南，因为河南从21世纪初开始，粮食生产持续增高，2006年、2007年两年更是过千亿斤，2008年夏粮已达612亿斤。不仅如此，这几年，河南几乎每年向省外输出商品原粮或粮食制成品300亿斤，与此同时，河南的工业在这几年也呈蒸蒸日上势头，无论是从规模结构，还是创造的利润均处于全国领先水平。河南的这种农工并举、互动发展，已经引起其他省市区、特别是国家高层的关注。河南发展工业不丢弃农业，发展农业不忘工业的带动，就是对产业结构规律、产业演进模式的一个创新和诠释，对于河南经济成功发展的实践经验，我们还需要苛求三产之间的所谓"合理"结构吗？毋庸置疑，我们研究、观察经济现象，一定要注重数据比较包括三产结构演进的数据，但同时还要区分经济实践结果数据与经济目标要求数据，即指标的关系，不可以把作为现象分析的数据当成经济目标的数据而在国家、省市之间，或各级政府内部进行考核、攀比，甚至成为地方政府制定产业政策的主要依据、编制规划的主要依据，这是我们在指导思想上必须加以改进和克服的。

三、省市域情与城镇化发展问题

我国地域广阔，分东、中、西部，各省市区的经济地理、资源条件、人文环境各具特色。从各省、市、区的历史和现实发展看，有的表现出的是商贸经济型，有的表现出的是工业经济型，有的表现出的是农业经济型，有的表现出的是文化经济型，等等；从人力资源规模看，有的是人口大省，有的是人口小省，有的是人才技术大省，有的是人才技术小省，等等；从城镇化发展看，有的属于一开始就兴起并定位于政治文化中心城镇，有的属于一开始就兴起并定位于商业贸易中心城镇，有的属于一开始就兴起并定位于工业生产中心城镇，等等。可见，一个地方，包括各个省（自治区、直辖市）、市、县、镇在内的既有区域空间，由于原有的基础、起点、定位、发展不同，不仅工业化程度不同，而且城镇化发展程度亦不同。这一客观现实差距的存在，就要求我们无论是制定政策，还是编制规划，一方面要积极引导和推进城镇化发展；另一方面要实事求是，量力而行，特别是要从各地实际出发，规避极端的、"大跃进"式的城镇化，使我国的城镇化发展真正与工业化、农业现代化、与整个国民经济和社会发展和谐起来。而这一观念理应纳入"十一五"规划评估、"十二五"规划编制的指导思想之中。

城镇化，是一种趋势，是一个随着经济、社会、文化的发展而发展起来的，没有厚实的经济社会资源、物质基础，没有积极的人文素质环境基础，是谈不上城镇化的。这些年，大中城市扩容，中小城镇扩城，一批农民进城了，然而由于农民与市民、农村与城市之间素质的非融合性，特别是多数农民缺乏城镇生存与发展能力，致使产生了许多城市"新人类"、"新城中村"等新的社会经济问题，不仅影响了农民自身的发展，更制约了现代城市迈向和谐文明的进程，甚至带来城镇严重的不稳定因素。对此，我们是绝不能视而不见、充耳不闻的。

以作者所在的河南省为例，河南是一个农业大省，一是说，历史上河南就是一个以农业为主体的区域；二是说，河南的农业人口绝对重比大，如果按户籍身份计算，目前河南的农业人口比重依然保留在75%以上。这一省情决定了河南的城镇化发展既不能盲目地跟全国、世界水平相比，也不能一味地求取城镇化发展速度。拿农业人口居多、农业经济比重居大的省区和农业人口较少、原有工业基础较好的省区相比城镇化发展的意义不大且并不具有可比性。这是我们在评价"十一五"规划与研究"十二五"规划时应该注意的又一个带有全面性的问题。

从实际出发，城镇化发展至少应坚持三个原则：①根据产业集聚和地理位置优势，加强城镇化的规划，使城镇化一定要支撑在产业经济和交通便利、技术先进的条件基础上。②加大对农民的全面教育和培训投资，包括技能培训和现代人文素质培训。在我国，城镇化的本质就是把富余农业劳动力及其能够赡养的人口一并纳入城或镇里来，即农转非，而农转非的成功标志是农民融城、融镇的素质程度高。这些年，我们进行了进城农民某一岗位技能方面的培训，却忽略了进城农民现代城市文明素养的教育和培训。③转变观念，让农民既要进城，也要入镇，后者是重头。城镇化不是大城市化，也不是让农民都进入大城市。实际上更多的则是在镇上做好城镇化的文章，并且要做足、做实，甚至要从政策上鼓励一些相对经济发展好、有潜力的村（包括行政村和自然村）、实施"村落都市化"，过上与城镇人一样的现代生活，而这一实践举措本身也应当是城镇化的客观内容。

改革开放已经走过了30年，我们正面临着新一轮思想大解放，而解放思想的灵魂是实事求是。所以，无论是对"十一五"回顾，还是对"十二五"展望，我们对国民经济和社会发展规划的编制或评估，一定要客观实在，一定要结合国情、省情，坚持科学发展观，坚持宏观指导与调动地方积极性、主动性、创造性相结合，也只有这样，才能使规划落到实处，真正引导和促进国民经济又好又快地发展。

（原载于《中国改革报》，2008年10月28日第6版）

转变经济发展方式的本质新论

摘要：促进国民经济又好又快发展，关键一条是在加快转变经济发展方式上取得积极进展。从追求转变经济增长方式到追求转变经济发展方式，体现了按照经济运行规律办事的主动性和科学性。作为一种规律，转变经济发展方式有着自己基本的内容和本质要求。现阶段，研究和把握转变经济发展方式，就其内容要求至少应注重三方面：一是经济发展必须从单纯追求GDP转向追求速度、结构、质量、效益的统一；二是经济发展必须从机械的物本主义转向生动的人本主义；三是经济发展必须从封闭、半封闭经济转向开放经济。

关键词：经济发展方式；人本主义；开放经济

加快转变经济发展方式是关系国民经济全局的紧迫而重大的战略问题。实现未来经济发展目标、促进国民经济又好又快发展，关键一条是在加快转变经济发展方式上取得积极进展。作为一种规律，转变经济发展方式有着基本的内容和本质要求，而对于转变经济发展方式内容本质要求的认知，应该放在整个转变经济发展方式研究的首位。

一、经济发展必须从单纯追求GDP转向追求速度、结构、质量、效益的统一

经济发展不等于经济增长。我国的GDP增长是迅猛的，然而，在持续的GDP增长的同时，也带来了诸多问题，尤其是几乎与这种增长相伴始终的由于部分行业过热引发的宏观经济非均衡发展，高消耗、高污染、破坏生态现象问题，使我们不得不审视和思考，一直以来那种只强调增长而忽视全面发展的问题。

速度是发展的基础。我们要追寻一种合理的速度，即又好又快、促进经济全面发展的速度。所谓"合理的、又好又快的"速度，也就是实现速度、结构、质量、效益相统一的速度。从这个意义上讲，转变经济发展方式第一位的内容及其本质要求，就是实现一定的速度与一定的结构、一定的质量、一定的效益的衔接

统一。经济结构既反映着生产关系的构成，也反映着生产力的构成。现时我国经济结构及其调整有几个鲜明的特征：一是以社会主义初级阶段为历史定位；二是以市场法则及其多元产权结构为体制机制；三是以中国特色的新型工业化道路及其发展为内容实体；四是以实现经济、民生、富裕、和谐为目标动力。经济结构的主体是产业结构。几年来，我们积极寻求产业升级与跨越的途径，但是，按照科学发展观和构建和谐社会的要求，无论是三次产业、还是各次产业内部的结构仍与社会发展显得极不适应，特别是三次产业规律递进中的跨越和现代服务业的发展不相适应。传统理论认为，产业发展及其结构组成总是按一、二、三次产业逻辑演进的，但随着人们对产业经济、区域经济规律认识的深化，发现产业结构变化并非完全都是按照一、二、三次产业结构前行，如一些地区可以直接从一产跨入三产，利用当地资源条件，大力发展文化、旅游、休闲、观光、会展产业等；而有的地区则实施二、三产业发展并举，直接推进了工业和服务业的同步发展，这有效地规避了产业结构雷同、畸形、无序发展等问题。

讲求发展的质量和效益。十七大报告指出，整个国民经济和社会的运行必须坚持统筹兼顾，实现全面协调可持续发展。统筹兼顾，既要注重其内容层面，如统筹国内与国际两个大局；统筹城乡之间、区域之间、经济社会之间、人与自然之间，以及国内自主发展与对外开放之间的关系；统筹中央与地方、个人与集体、局部与整体、当前与长远之间的利益关系等；也要注重其内容本质，即运用统筹兼顾这个基本方法来协调处理好国民经济和社会运行中的一些重大比例关系，谋求国民经济和社会的均衡发展。长期以来，我们有一个认识误区，认为实行市场化运作，市场就是资源配置的基础性手段，却因此淡化了国家宏观调控的职能。事实上，发挥国家宏观调控职能，规避市场风险与危机是经济社会的客观要求。这几年来，我们的宏观调控多是事后的，这是导致目前CPI上扬，通货动荡的症结。要扭转这一被动局面，关键是要变事后的被动调控为事前的主动调控，而事前的主动调控之切入点就是加大对国家和地区社会总产品的供求预测，积极引导国民经济的健康发展，从而真正提高国民经济运行的质量。讲效益，是又好又快发展质的内容。从转变经济增长方式到转变经济发展方式，就是要从过去的只注重增长、不注重发展，只看产值、不看效益，只报价值、不报负价值，只说收入、不言成本和代价的恶性循环中走出来，用发展的实绩评价经济，用实在的经济推动发展。

二、经济发展必须从机械的物本主义转向生动的人本主义

十七大报告中强调，科学发展观的核心是坚持以人为本，从而揭示出中国特色社会主义经济的一条重要规律：党和国家的一切工作和奋斗目标都应该为了造福人民，即始终把实现好、维护好、发展好最广大人民群众的根本利益作为一切工作的出发点和落脚点。这个规律在意识观念上，就要求党和国家及其各级领导必须尊重人民的主体地位，发挥人民的首创精神，保障人民的各项利益，带领人民走共同富裕道路，促进人的全面发展，做到发展为了人民、发展依靠人民、发展成果由人民共享。而这个规律在内容实体上，则要求调整经济发展的理论思维和实践模式，把经济的增长同满足人民的需要、保护人民的利益、促进人的全面发展结合起来。就是要跳出就经济论经济的观念，真正注重生产力中人的决定性因素和价值，追求人与经济社会的协调和可持续发展。如果说，过去强调转变经济增长方式，强调的是经济的单一目标和单纯物质资料增长；那么，现在强调转变经济发展方式，强调的是经济社会的全面性和人与经济、社会的协调、可持续性，即整个经济运行的轴心从"物本位"转移到"人本位"，从传统的物本主义运营过程转移到人本主义运营过程。随之相应转变的是整个经济运动真正地趋向于不断地满足人们日益增长的物质文化生活需要，趋向于马克思当年憧憬的"促进人的自由、全面发展"的社会。

人类社会的发展，首先是人类自身的解放和发展。在资本主义前期，资本拜物教、货币拜物教使得劳动力受到桎梏，成为资本的附属物，受资本家奴役和剥削。马克思看到了这一现象，预言资本主义行将灭亡，取而代之的将是社会主义。然而，直到今天，资本主义并没有走到历史尽头，这是为什么？这是因为资本主义改善了资本与劳动关系，走出了一条以人为主体的人本主义路子，也就是说，资本主义之所以从自由资本主义进入垄断资本主义，又进入当代资本主义，在于其较好地明确了资本运营中人的地位和作用，理顺了人与经济、生产与生活的关系。

三、经济发展必须从封闭、半封闭经济转向开放经济

中国的改革是巨大的经济和社会变革。回顾30年来的改革历程，我们已经冲破了原有的封闭、半封闭经济的羁绊，越来越走向开放。但是，客观地看，在许多方面依然延滞在封闭和半封闭经济状态里。这正是中央提出要从注重转变经济增长方式走向注重转变经济发展方式，要从封闭、半封闭经济转向开放经济的

缘由所在。

早在20世纪80年代中期，我们就提出了开放带动战略，也正是开放带动战略的实施，极大地促进了中国经济的高速增长。从改革开放、发展外向型经济，到十七大强调"提高开放型经济水平"，这既是我们党探索当今经济社会发展规律的过程，也是研讨、梳理经济社会运行具体路径的方式，实现国民经济和社会又好又快发展的过程。如果说，最初的改革开放、发展外向型经济是以政府推动为主导和主体，以谋求经济的短时期快速增长为预期；那么，现在要求彻底从封闭、半封闭经济转向开放经济，"拓展对外开放广度和深度，提高开放型经济水平"，则恰恰表露出实施开放带来的现实收获，以及坚持继续开放、"形成经济全球化条件下参与国际经济合作和竞争新优势"，寻求长期增长、持续发展之必要。

开放经济，一方面是指按照市场的本质要求，实现商品及资本、劳动力、技术等经济要素的充分的、自由的流动；另一方面更是指这种流动开始并将最终排斥政府的非必要干预，即整个经济系统运行，完全由市场发挥基础性调节作用。抑或说，提高开放型经济水平，也就是要顺应经济全球化发展潮流，加大市场化改革和制度供给力度，真正按照市场法则建立一个开放型的崭新的经济体。从这一视角出发，提出转变经济发展方式，就是要求以开放型经济为切入点，以改革开放为动力，使中国经济在历经30年改革开放之后，进入一个更高的层次。

实现经济运行方式的转变，提高开放型经济水平，最重要的是落实到微观领域，即研讨企业经济发展的方式。企业是国民经济的"细胞"，中国的改革从一定意义上说也就是企业的改革。我国企业的改革发展到现在至少有四个基本标志：①从单纯生产型转向市场经营型，现在又转向资本运营型；②从工厂制转向公司制或股份制；③从单一所有制转向多元产权所有制；④从企业结构的行业纵向合作转向跨行业、跨地区的横向合作。从这四个内容标志不难看出，事实上我国的企业无论是运行机制，还是管理体制，以及发展的方式都存在着需要进一步解放思想、转变观念，在更大的范围和领域扩大开放和加快发展的问题。关于企业开放及其开放型经济运行，十七大非常明确地提出要"创新利用外资方式"及"创新对外投资和合作方式"，坚持"内外联动，互利共赢，安全高效"，"实现对内对外开放相互促进"。现阶段，更重要的还是继续坚持以现代产权制度为基础，发展混合所有制经济，特别是对外坚持多元产权发展方向，寻求与世界知名企业合作，利用外埠资本、资源创造更多的经济效益；坚持和完善公有制为主体、多种所有制经济共同发展的基本经济制度，毫不动摇地巩固和发展公有制经济，毫不动摇地鼓励、支持、引导非公有制经济发展；坚持平等保护物权，形成各种所有制经济平等竞争、相互促进的新格局，加快形成统一开放、竞争有序的现代市场体系，发展各类生产要素市场，完善反映市场供求关系、资源稀缺程度、环境损害成本的生产要素和资源价格形成机制，规范发展行业协会和市场中介组织，健全社会信用体系；坚持技术和体制创新，开拓和引领信息通信、生物技术、航天航空、节能环保等高新技术产业领域的发展；坚决克服唯利是图的小农意识和小生产者的狭隘观念，强化企业的社会责任，促进人与经济社会的协调和可持续发展等。

显然，在今天，我们提出并贯彻科学发展观，坚持以人为本，建设和构筑小康社会、和谐社会，强调要把转变经济发展方式置于"在探索和把握我国经济发展规律的基础上提出的重要方针，也是从当前我国经济发展的实际出发提出的重大战略"的高度，更要求我们进行认真思考。要调整和转变那些不合理的经济发展观念和方式，在结构优化升级过程中使产业的发展从原来的资源型产业、生产型产业，转变为民生型产业、生活型产业、服务型产业、生态型产业，把生产与消费联结得更紧密，使生产直接地、现实地服务于小康社会、和谐社会的建设与发展，让人们在当代中国经济的大发展中享受创造、享受生活。

参考文献：

[1] 温家宝.2007年夏季达沃斯论坛致辞［N］.光明日报，2007-09-07.
[2] 十七大报告辅导读本［M］.北京：人民出版社，2007.
[3] 卫兴华，张宇.社会主义经济理论［M］.北京：高等教育出版社，2007.

(原载于《中州学刊》，2008年3月)

解放思想，积极培育经济生长点

前两天，一位同志就某市建立三级社区服务中心，并把此看成是实施再就业的方向一事，征询笔者的看法。笔者回答了两点：

第一，不可以绝对地说社区服务中心是实施再就业的方向。社区服务中心一是履行市场再就业介绍职能，发挥一种中介作用；二是直接组织再就业者从事社区服务职能。但无论是中介还是实现再就业，实际上社区服务中心的作用都是有限的。因为社区服务的前提是有人接受服务，这里的"有人"，即有钱的人。所以在下岗人员集中的社区内，这个服务必然既是有限的，也是发挥不出多大组织功能的。而再就业的根本还是要扩大生产，特别是注重发展一些劳动密集型的行业和企业，增加就业的吸纳度。

第二，在市场经济条件下，实施再就业绝不可以沿用政府统包统配。事实上，现在出现的大量下岗人员，本身就是原有政府统包统配的结果，那么继续搞劳动行政部门的三级社区服务中心网络，用非经济手段、行政性调配劳动力，即使是一时"安置"，也只能是"显性"又转化成了"隐性"，总有一天还会爆发出来的。现在，引导成立一些社区服务中心，培育市场对劳动力资源配置的中介组织是必要的，但更重要的是以解决下岗人员为切入点，重塑我国劳动关系及其运作机制。否则，统起来，包起来，可能又会回到那种缺乏劳动动力机制、毫无经济活力与效益的旧体制中去。现在的任务是要想方设法对下岗者妥善安置，但更重要的是引导劳动力进入市场，按市场法则寻求自我定位、自我调整、自我发展，政府千万不可再统再包了。

面对下岗与再就业，首先，要有一个转变观念的问题。即不可以用计划经济、传统体制的观念、意识、思维方式来看待和运作。其次，要有一个解放思想的问题。即坚决按照党的十五大精神，一方面让企业和劳动力双双进入市场，造就和锻炼他们的市场驾驭力、竞争力；另一方面从政策上、环境上，大力发展非公有制经济，增加对下岗职工的吸纳度。最后，政府除了加强和完善社会保障体系之外，当前应集中精力于创造环境、条件，积极培育经济生长点，努力寻求再就业的多种途径、多种形式。所谓"培育经济生长点"，就是要按产业结构及其经济运行的客观规律，动员挖掘经济、社会、人文资源潜力，以推进社会生产与生活的不断创新、不断发展。再就业途径的前提是不断再生出新的经济生长点，以实现所谓的"再"。所以说，再就业途径往往以一定经济发展为前提，以一定经济组织形式为载体，以一定经济手段为保障。现实地说，就是要因势利导地扶植、培育一批劳动力吸纳能力强、有助于再就业的企业，特别是在再就业压力较大的情况下，引导发展那些（无论是国有还是私有）善于将下岗职工组织起来、让下岗职工用自己的钱养活自己的企业，以缓解和消化社会就业压力，减轻社会矛盾。河南人口多，经济脆弱，在解决再就业过程中更要注意这个问题。

（原载于《中原市场大观》，1998年第7期）

发展循环经济：理念与立法并举

《中共中央关于制定国民经济和社会发展第十一个五年规划的建议》强调："要把节约资源作为基本国策，发展循环经济，保护生态环境，加快建设资源节约型、环境友好型社会，促进经济发展与人口、资源、环境相协调……坚持节约发展、清洁发展、安全发展、实现可持续发展。"这标志着我国经济社会的发展从此将进入一个新的模式和秩序之中，走向一个按照自然生态及其物质循环共生规律来运作经济的新的定位和大势之中。而就当前而言，如何正确认识和科学、务实地发展循环经济，则成为需要急迫研讨和解决的问题。

一、科学把握循环经济的理论内涵

根据循环经济理论家的论述，循环经济旨在追求经济活动过程资源消耗或产品生产的"减量化"及在其基础上的经济效益、生态效益、环保效益。而就其目前实践运作看，则出现了两个误区：一是把产业细分与开发形成的产业链拉长混淆为循环经济；二是把节约型社会构建与循环经济模式要求割裂开来，使节约型社会停留在一个浅层表面上，似乎仅仅是一个简单的发扬传统节俭风尚的问题。

经济活动就其内容主体看，是以产业为支持背景的，产业又是依其内在逻辑机能及其结构关联始终处于运动变化中，并随着人们认识的深化，特别是借助现代高科技手段对产业大系统的研发，使产业不断前伸延长，这种细化与延长也就是所谓"产业链"的问题。产业链表现的是资源与产品细分、深化、拉长、延伸的客观定式，如煤开采—煤层气—发电，而将此说成为循环经济显然就不妥当了。因为循环经济首先是一个在资源投入最小或零投入条件下实现产出的最大化。如在上述产业链运行过程中发电产生了粉煤灰，我们又对粉煤灰进行再利用，从而生产出水泥，那么，这便可以将其称为实现了循环经济，因为粉煤灰是发电产生的垃圾，对垃圾这种废弃物再利用生产了水泥，从而实现了无投入下的资源再利用、再循环和多收益。

"节约型社会"提出来以后，有人说还是要回到以前，倡导节俭，注重节约，这种理解只能说是比较肤浅的，而深层的理解应是要按照循环经济减量化—再利用—再循环的要求,探寻如何转变粗放型的高消耗、高污染经济方式,走向循环经济这样一个战略性的问题。也就是为了资源减量化、经济最大化,加强从观念到运营形式、增长方式方面进入新经济时代,即加大科技研究与开发,提高自主创新能力,形成循环经济模式下的高新技术、高新方式、高新秩序、高新效应。所以说,提出与循环经济相适应的构建节约型社会的重心在于转变经济增长方式。

二、务实推进循环经济的现时要求

循环经济是一种经济活动过程,并要求有着实实在在的内容。然而现实中出现的两种情况应当引起注意:一是中央一旦强调循环经济,包括宏观的区域和微观的企业便立刻借助媒体宣称自己已进入循环经济;二是由于缺乏对循环经济应有的科学态度,一些地方和企业尚没有真实地实施循环经济,而只是停留在口头上。毋庸置疑,体制的因素往往导致现时一些地方和企业的官员一味追求非科学的"政绩",尤其是由于职能升迁的需求,每每中央提出了什么,各地便哄然对号找窍,"喜称"已经如何如何了。如循环经济,中央刚刚提出要求大力发展循环经济,一些地方或企业便纷纷宣布,×××进入循环经济,×××实施了循环经济……有的地方官员还没有弄清楚循环经济的意思,还没有拿出推进循环经济的方案与规划,就在媒体上吹嘘起来,这不仅不利于务实推进循环经济,更会干扰和阻滞循环经济的发展。如某些地方和企业虽已被标榜为循环经济的典型,而其实际的总量消耗、单位消耗、产品生产成本等,持续居高不下,这是值得引起注意的。绝不能让科学的、先进的、实用性的循环经济概念被滥用。

三、注重实施循环经济的实践立法

循环经济是生产力发展到一定阶段的一种新的经济活动形式,是人类在融合自然环境以探寻新的经济方式、生活方式实践中思维与理念的提升,抑或说是人们生存与发展更贴近本源的一种回归。从循环经济理念的提出,到世界各国人们越来越感到非循环经济下的资源浪费、生态恶化,环境污染造成对人类的生存的威胁;同时人们也越来越看到循环经济下的新的经济活动和人类更趋文明的希望。正是这样,无论是在发达国家,还是发展中国家,不仅把循环经济作为一种新理念,指导经济社会全过程,还纷纷立法,用法律来保证循环经济理念的贯彻及其应用。

围绕循环经济，我们认为应坚持贯彻循环经济理念与实施循环经济立法并举。首先，我国属于典型的资源消耗型经济，现有工业基本上是依赖生产要素的高投入和资源的高消耗。有关资料显示，采掘、原材料工业占60%~80%之巨，这种高投入、高消耗、高污染的粗放生产方式必须被果断地加以转变，特别是要坚定地引入循环经济理念，发展循环经济，以求真正从经济的比较优势趋向后发优势。其次，走新型工业化道路，不仅要有经济政策，还需要法律机制，经济政策与经济立法从来都是相辅互动的。这里重要的是要把走新型工业化道路与实施循环经济有机结合起来，用法律手段把工业化纳入循环经济的良性运行之中。最后，循环经济涉及微观企业生产，又涉及行业、部门、政府、地方、企业，包括政府在内对眼前利益的追求，往往使循环经济政策悬空而难以落实到位，这也是当前我们推行循环经济遇到的困惑之一。现在的问题是一方面要研讨循环经济立法问题，另一方面还要研讨循环经济立法者的问题。

我们认为，按照我国立法机构及程序，也考虑到循环经济的全部过程、各经济层次、各个参与者的性质和定位，应以国家和省级人大实施立法权为宜，这样解决了既由各部门立法又由各部门执法所产生的法律空心化及其紊乱现象，同时也加大了循环经济立法的权威性和一体遵行性。事实上，人大的立法及其通过人大代表监督，才能保证国家机关职能部门司法的有效性，而这一点是任何一级政府及司法职能部门单方面都做不到的。

此外，人大法制委员会不应仅仅局限于讨论、审议、立法，随着社会主义市场经济体制的建立完善和进一步实施开放带动主战略，有关人员也应走出去，到实践中调研、了解经济社会的新形势、新动态、新趋势，有针对性地、及时地动议修正、完善或提出新的立法预案。毋庸置疑，如果循环经济的理念及实践缺少法律的支持，是很难落实运作的。

（原载于《中国改革报》，2005年12月19日第6版）

应注重经济结构和信贷结构关系研究

经济结构与信贷结构同属于宏观经济层面的问题。严格地说，信贷结构是经济结构体系中的一个方面，但因为信贷结构在经济结构中的地位及其对经济结构的直接的、重要的影响，而往往两者并列论及。特别是在经济尚处于初级阶段，尚处于资本积累和发展转型期，可以说信贷及其结构对宏观经济、中观经济、微观经济的带动作用是战略性的。我国、我省项目信贷率、房地产信贷率、企业负债率、企业国债及证券率持续居高不下的现实足以证明这一点。从这个意义上讲，经济结构与信贷结构关系及其调整，实质上是一个产业资本与金融资本的互动关系问题。

一、经济结构与信贷结构关系及其调整的基本坐标

分析经济结构与信贷结构关系应着眼两个思路：一是这一关系的一般认知思维，或者说这一关系及其调整（包括经济结构与信贷结构总体关系、经济结构与信贷结构各自内部关系的调整）的基本坐标在哪儿；二是这一关系及其调整的制度背景、条件约束是怎样的。

经济结构，即国民经济中的相应比例关系及其架构，反映着经济运行过程客观存在的时间差别、空间差别、部门差别、产品差别、要素差别等状况。按照宏观经济学的理论，经济结构要包括两个大的内容体系：一是生产关系方面，如所有制结构；二是生产力方面，如产业结构、技术结构、资本结构、产品结构、企业结构、劳动力结构、就业结构等。其中，产业结构是经济结构的主体，是整个经济架构的支柱。

信贷结构，即金融资本的运动及其在时间、空间上的分布状态，反映着一个时期货币资本的投向、规模及流速等。信贷投向、信贷规模、信贷流转速度既受制于信贷业自身的运行规则约束，又是由信贷服务对象，即经济过程、经济单位、经济效益诸因素影响和决定的。如果说金融是现代经济的核心，那么，经济则是现代金融发展的依托根基。不言而喻，金融与经济、经济结构与信贷结构不仅紧密地连接在一起，而且是一种互助互动的关系。

在我国社会主义市场经济条件下，金融资本及信贷结构的布局、调整、优化，应是一个市场机制及其作用发挥的过程，即在一个时期内，信贷投放到哪里、投放多少、什么时间投放，是由市场决定的。然而，几乎持续了将近30年的中国大规模改革，金融业——这个处于现代服务业首位的行业却并没有实质性推进，依然呈"计划信贷多、市场信贷少，政策信贷多、自主信贷少"的"两多两少"状态，不能不被包括国家高层人士在内的世人称为"中国改革的最后一个堡垒"。也许这有些言重了，但金融业"该贷的不能贷，不该贷的要求贷"的现状却是实实在在摆在那儿。与2003年下半年开始国家宏观调控凑巧的是，河南各家银行的放贷趋低，惜贷、压贷现象产生，信贷部门遭遇了来自高层的强烈抨击，并被视为对宏观调控的错误理解，要求积极放贷。从金融服务经济、各地银行要自觉为地方经济建设服务的行业宗旨出发，高层的恼火无疑是对的。但恐怕也有两点需要反思：其一，银行为什么不愿放贷；其二，我们考虑过没有银行业有其自身运行的规定性？这里牵出一个经济与金融，或者说是经济结构与信贷结构的关系的调处点的问题，即有一个两者之间运行及其互动的基本坐标的问题。经济主体及其政府依据什么要并得到贷款，金融部门依据什么给并发放贷款。依据也好，坐标也好，实际上只有一个，就是市场。有市场竞争力，有市场前景，金融业便会不请自来，找上门放贷；相反，则不仅不放还会收缩，甚至甲地区到乙地区放贷。这些年常说市场是"嫌贫爱富"的，其实市场的"嫌贫爱富"首先也最充分地表现在资本市场上，表现在信贷投放、信贷结构上。

二、信贷资本运动应以产业资本运动为转移，并在助推产业资本发展中壮大自己

经济结构与信贷结构的关系即产业资本与信贷资本的关系，两者的重心是，信贷资本运动依产业资本运动而转移，并在助推产业资本发展中壮大自己，这也是前述两者互动关系的质的内核。

信贷资本随着产业资本运动而产生，并形成相对独立的经济职能。进入现代资本运作，信贷资本不仅构成资本生产、资本积累、资本扩张的内容主体，而且，信贷资本的信贷重心与投向日趋规律性，从而影响和带动相应地区经济的发展。我国资本运营是从中共十五大召开之时即进入到一个实施性阶段的，此间信贷资本对新时期经济的增长立了第一功。如最初的东部开放，国家实施特殊地带、特殊政策、特殊项目运作，绝大多数投资就是来自于信贷，没有信贷资本的注入，东部开放是形不成规模与气候的；六年前的西部开发和近两年的东北振

兴，假如没有信贷资本的参与，简直是不可思议的。如果说，我们今天看到西部开发、东北振兴取得了积极的成就，那么，信贷资本则发挥了关键作用。有人说，东北振兴是靠引进"500强"、靠招商引资兴起的，但"500强"也好、"招商引资"也好，其背后直接或间接地利用信贷资本却是不可磨灭的。任何一家企业的外延与银行、与信贷资本都是割裂不开的，而不论是政策性信贷还是市场化信贷。当然，毫无疑问，信贷资本也正是在助推产业资本的发展中、在整个区域经济的发展中获利和壮大。

信贷资本在自身的发展中也有着自己的规律，并且日趋成熟。如改革开放以前，信贷资本主要是适应计划经济体制下的"先生产、后生活"、"以钢为纲"方针，把信贷的重心和投向置于生产资料的生产需求，倾斜到钢铁业等重工业领域。改革开放以来，尤其是从十六大开始，中央提出用新的科学发展观统领全局，强调以人为本，构筑和谐社会。随之，信贷资本将重心投向最能满足生产与生活特别是直接关乎人们消费需求的第三产业，即转向支持服务业的发展。这不仅极大地促进了地方产业结构的调整，还极大地改善和缓解了地方经济运行过程中的许多矛盾，人们日益感受到金融这个现代经济的核心功能和意义。

一般来说，信贷资本应顺应产业资本运动的客观需求，但信贷资本并不是完全被动，或一味放贷。这是当前在处理信贷与经济关系时必须注意的一个问题。比如，现在市、县都提"工业兴"、"工业立市"，这就违背客观规律、违背经济分工和地域条件特性，信贷资本就应把持自己，绝不可盲目投资。再如，有的地方提出"退二进三"，真的到了"退二进三"了吗？我们的工业发展到新型化、高级化了吗？包括一些地方有了一点工业基础，不去追求提升、转型，却放松工业，改为和别人一道喊着"退二进三"。殊不知"三"是以"二"为基础、为前提的，别人还在大喊要拉长"工业短腿"呢。类似这样情况，信贷部门就应保持清醒，理性对待，坚持按产业资本运动规律投资。显然，信贷还有一个引导、带动经济结构趋向合理化发展的作用。还有的城市本无制造业的基础，却硬要定位为发展先进制造业，信贷部门绝不应人云亦云地跟进，要把有限的信贷资金投放到最有产出效能的产业和企业，甚至跨地区信贷也不能支持不按科学办事的项目。

三、揭示资本市场规律，实施政府适度干预信贷和信贷的市场决定相结合模式与路径

我国社会主义市场经济的信贷包括两个部分：一是政策性信贷；二是市场性信贷。前者反映出现阶段国家对信贷运作的某种适度性干预，主要是对于某些重

点项目、重点领域、重点地区、重点方面的重点支持；后者则是按照信贷规则，由信贷部门与企业间直接洽谈订立构成的信贷行为。可见，信贷所表现的是政府、企业、市场、银行之间的关系，这种关系的内核则是信贷资本对产业资本的支持力和产业资本对信贷资本的支持力。我们应该研究和揭示这一规律，寻求并实施政府适度干预信贷和发挥市场配置信贷的基础性作用相结合的两者互动发展的模式和路径。以吾拙见，当前要探讨和解决的问题包括以下几方面：

（1）建立科学反映、评价经济与信贷关系的指标体系，研究和追求信贷利润最大化，不断提升信贷对经济的贡献率。

（2）建立科学的市场调节信贷系统，给银行最大的市场运营权。积极支持银行调整和优化信贷结构，鼓励银行把信贷资金投放到成长产业、新兴产业、潜质产业、战略产业上来。

（3）建立政府适度干预信贷调节体系，继续坚持信贷运营的中央政府与各大银行之间的联动作为机制，促进信贷投向与国家发展战略、宏观经济布局的衔接。

（4）建立和完善信贷行业规则，注重信贷业发展及其与经济部门、工商业界的制度安排，保证信贷运营的规范化、科学化、高效化。积极规避企业制度缺失、信用缺失、道德缺失造成的信贷风险。

（5）建立和尝试信贷招投标机制、竞争机制、信息发布机制，允许外国银行进入，刺激信贷业全面提升员工素质、业务素质，讲求信贷经营与管理的效率。

（原载于《聚焦河南发展——河南热点问题探析》，2006年5月第1版）

推进产业结构调整要发挥两个积极性

政府和市场在产业结构调整中的导向性作用和基础性作用，要求我们发挥政府和市场两个积极性。即一方面政府要适时、有效、科学地制定国家和区域产业发展的规划和政策；另一方面更要发挥市场配置资源的积极、灵敏、高效作用，做到政府和市场的有效融合。目前，我国产业结构的调整已经处于一个疲劳期，如何进一步促进产业结构的调整优化？政府似乎应该开始转向重视产业内部结构的调整优化，以内部结构调整优化为突破口和切入点，进一步发挥市场需求导向作用，淘汰产能过剩、技术落后的产业，形成产业结构调整的内生优化机制，加快我国产业结构调整的二次升级步伐，并在产业结构调整优化升级中，真正促进经济发展方式的根本转变。

刚刚闭幕的中央经济工作会议，再次强调要继续坚持调结构、促增长，转变经济发展方式的策略。"调结构"当然是指调整经济结构，而调整产业结构是少不了的。从这些年产业结构调整的情况看，"九五"末期三次产业产值比例为15.1%、45.9%、39%；"十五"末期三次产业产值比例为12.2%、47.7%、40.1%；2006年为11.3%、48.7%、40%；2007年为11.1%、48.5%、40.4%；2008年为11.3%、48.6%、40.1%。可以看出，一、二、三次产业结构基本上趋于一个"稳固"的状态。那么，2010年乃至整个"十二五"的产业结构调整，到底应该如何突破？如何寻求由产业结构调整及其优化，带动整个经济结构调整及其优化，从而真正促进经济发展方式的转变？我们认为，结构调整是一个永恒的主题，在今后以及"十二五"期间，重要的是发挥政府和市场两个积极性，推进产业之间及其各产业内部两个层面结构的调整。

一、产业内部结构的不合理性制约了产业结构优化的主动性

在十多年来的产业结构调整过程中，我们寄希望于产业结构能够全面升级、趋向高度化，甚至容忍经济发展方式的粗放，倾力投资以期达到产业结构优化的目标，但结果总是难以如愿，并且是调整了旧的结构问题，又增添了新的结构问题。其原因是什么呢？如果我们认真回顾和分析一下这些年的情况，便不难发

现，其症结在于单纯地追求一、二、三次产业间的结构优化，一味强调一、二、三次产业结构间量的比例变化，而忽视了产业内部结构的调整，导致结构调整效果大打折扣。

我们的分析结论：①第一产业内部结构调整缓慢。自"九五"以来，农、林、牧、渔产值比重变化不大，农业所占比重由1996年的0.606%降至2008年的0.501%，林业由0.035%升至0.038%，牧业由0.269%升至0.368%，渔业由0.090%升至0.093%。②第二产业内部结构问题突出。一是第二产业内部"中间大两头小"，即重化工业比重大，而处于产业发展两端的轻工业和高科技产业所占比重小。我国轻重工业比例达到了0.29：0.71。二是依靠投资拉动经济增长的方式没有转变，我国在"十一五"期间，第二产业累计固定资产投资占社会总投资的44.4%。三是第二产业内部以重工业为主的结构与我国资源、人口、环境构成了尖锐矛盾，产业投资过程中一些消耗大、附加值低的产业比重大，这显然与我国资源相对稀缺的现实相悖，而且以投资为主的资本密集型产业发展模式，对于我国吸纳劳动力就业也极为不利。四是第二产业产品供给结构与需求结构相矛盾。③第三产业内部发展不平衡。2007年，第三产业内部产业增加值排名前三位的是批发和零售业，交通运输、仓储和邮政业以及金融业，它们占第三产业增加值的比重分别为0.182、0.143、0.128；说明我国第三产业的构成主要还是以传统服务业为主。我国生产性服务业中以交通运输、仓储和邮政业比例最高，这与我国近年来加强交通基础设施建设有着密切的联系。但是，从生产性服务业内部来看，科技研发和信息传输的比重很低，这既反映了我国自主创新能力的低下，也反映出目前我国产业内部结构主干、主线坐标的模糊性。此外，我国金融业占第三产业增加值的12.8%，与发达国家金融业为主导的第三产业内部结构体系相差较大。金融业的发展不能满足我国经济建设大规模的资金需求，特别是中小企业的资金需求。

产业内部结构的不合理状态，显然已成为制约产业间结构调整的"瓶颈"，并且降低了产业结构调整的主动性。首先，第一产业的低投入与第二产业的高投入的矛盾，既制约了第一产业的全面升级，又助长了第二产业的畸形发展；第二产业内部以重化工业为主的发展，客观上需要大量的资金投入，这就影响到对第一产业资金的投入，从固定资产的投资分配比例上看就很容易得到印证；同时，随着重化工业的发展对土地需求的日益增加，对环境的破坏日益严重，对农业经济安全造成了极为不利的影响。其次，第二产业结构升级与生产性服务业发展落后的矛盾，即由于产业内部结构不合理，导致了产业间发展相互制约所形成的"二元矛盾"。这种由于产业内部结构不合理，却又一味地调整产业间结构，就势必造成结构调整出现事倍功半的效果，而且还会进一步固化产业内部的结构性矛盾，使其成为产业结构优化的滞障，也容易使原有产业结构调整的预期目标发生偏离。

二、产业之间投资的差异性影响了产业结构调整的创新性

多年来，我国依靠投资带动经济增长和产业结构调整的模式基本没有变化。"九五"期末，2000年的社会固定资产投资总额为24242.82亿元，其中第一、二、三产业固定资产投资比重分别为0.037%、0.327%、0.636%；"十五"期末，2005年的社会固定资产投资总额为88773.60亿元，其中第一、二、三产业固定资产投资比重分别为0.026%、0.438%、0.536%；"十一五"期间，2008年的社会固定资产投资总额为132828.39亿元，其中第一、二、三产业固定资产投资比重分别为0.030%、0.445%、0.525%。从数据中我们可以看出，一是固定资产投资总量呈绝对增长；二是投资方向主要集中在第二产业和第三产业；三是第一产业和第二、三产业固定资产投资比例严重失衡。这种投资拉动型及其投资在产业之间的差异性，不仅大大影响了产业结构调整的预期实现，也大大影响了产业结构调整的功能性和创新性。

我国利用投资实现产业结构由"一二三"向"三二一"转变的直接结果是，造成农业无论是横向还是纵向比较，均严重落后于二、三产业发展。这次中央经济工作会议提出：2010年经济工作要加大经济结构调整力度；积极稳妥推进城镇化；夯实"三农"发展基础；促进区域协调发展；深化经济体制改革等。表明我国除了优化产业结构外，还有城乡结构、区域结构、分配结构和技术结构的优化，说明我国经济结构的优化开始转向重视"大结构"的全面优化。但是，"大结构"的优化很大程度上取决于产业结构的优化，其中农业与二、三产业的关系又直接影响着我国城乡结构、区域结构、收入分配结构的调整。而在现实中，自改革开放以来我国农业的产值比重和投资比重都处于下降的趋势。2008年，我国农业所占生产总值的比重为11.3%，而同期我国农业固定资产投资仅为2250.4亿元，占固定资产投资总额的1.51%，这一状况不仅加剧了我国农业基础地位与农业发展弱质性的矛盾，也不利于我国城乡结构、区域结构、分配结构、技术结构、就业结构的调整优化。

此外，高科技产业投入少，也是影响我国经济结构调整预期目标实现的又一因素。或者说，我国产业结构的不合理，不仅表现在结构比例的失衡上，更重要的还在于一般产业与高科技产业密集程度的低档次性。2008年，我国高科技产业完成固定资产投资4419亿元，同比增长26.8%，占全社会固定资产的2.6%，占第二产业固定资产投资的5.7%。高科技制造业实现总产值58322.03亿

元,同比增长14.1%;增加值累计增长13.98%,略高于工业增加值12.89%的增速。我国高科技产业固定资产投资远远落后于其他产业,说明我国大量的投资还是投在了传统产业上。高科技产业是产业结构优化的方向,是促进经济增长的重要力量。目前,我国被称为"世界制造工厂",但不是产品研发和营销强国,而现代制造业的优势恰恰体现在新产品开发和市场营销两个阶段,即产业链条的首尾、前端的研发设计,末端的品牌营销和售后服务。而我国所谓的"世界制造工厂"只是处于附加值较低的中端,既缺乏竞争力,又难有发展的持续力。因此,重视高科技产业发展,走自主创新的道路,是优化我国产业结构的根本路径。

三、坚持发挥产业结构调整中政府与市场两个积极性

随着我国市场经济体制的不断完善,产业结构调整的主体正在经历着由政府向市场的过渡。但是现阶段,我们还应该承认和高度重视产业结构调整中政府的作用。这是因为在体制过渡期,我国市场体系不完善,经济发展不平衡,微观竞争基础薄弱,这便需要适当的国家力量来引导,即国家通过制定产业规划、产业政策、财政政策、货币政策、价格政策等来实现对产业结构的引导调整。在市场经济条件下,政府可以通过实施产业规划、产业政策规避市场失灵的效用,结合财政政策、货币政策和价格政策发挥对产业结构调整的直接和间接作用。当然,政府在产业结构调整中并不是全能的,它只是借助规划和政策来引导产业结构的调整,主要还是应走市场化调整发展的路子。

市场经济是市场在资源配置中起基础性作用的经济,而产业结构调整实质上也是资源的重新配置,因此,产业结构调整离不开市场的作用。市场对产业结构的调整同样也是通过价格机制、供求机制、竞争机制、资本机制来实现的。其中,价格是最基础的调节机制,而我国在实现了消费品的价格完全放开以后,资源性产品价格尚不能充分反映市场供应状况、资源稀缺程度和生态环境成本。因此,我们还须克服转换过程中的制度障碍,引入竞争机制,推进价格机制改革,深化资源垄断行业市场化发展,进一步完善、促进我国社会主义市场经济体制和经济发展方式的转变。

产业结构的升级需要相应的要素市场支持,其中资本市场、技术市场、土地和劳动力市场等直接关系到产业结构的调整升级。在这次全球金融危机爆发后,中国经济增速受挫,给我们提供了一个重新审视、总结中国经济增长的经验与教训的机会,其中尤应注意促进要素市场的发展。

政府和市场在产业结构调整中的导向性作用和基础性作用,要求我们发挥政

府和市场两方面的积极性。即一方面政府要适时、有效、科学地制定国家和区域产业发展的规划和政策；另一方面更要发挥市场配置资源的积极、灵敏、高效作用，做到政府和市场的有效融合。目前，我国产业结构的调整已经处于一个疲劳期，如何进一步促进产业结构的调整优化，政府似乎应该开始转向重视产业内部结构的调整优化，以内部结构调整优化为突破口和切入点，进一步发挥市场需求导向作用，淘汰产能过剩、技术落后的产业，形成产业结构调整的内生优化机制，加快我国产业结构调整的二次升级步伐，并在产业结构调整优化升级中，真正促进经济发展方式的根本转变。

（原载于《中国改革报》，2010年1月4日第7版）

构建产业链条　提升核心竞争力

调整产品结构、延长产品加工链条、提升产品档次、推动产业结构调整是加快河南省经济发展的必然选择,是经济结构调整的基本思路,以产业关联关系或技术经济的联系为切入点,优化河南省主导产业的产业链条,对于提高和增强河南省的核心竞争力、实现"十五"目标具有重要现实意义。

一、产业链条:优化产业结构的现实选择

"结构"的概念,不但包括要素的比例和排序,还包括要素之间空间布局、关联度和互相作用的方式。所以,研究产业结构,不能仅限于比例关系,还要从产业关联的角度研究构建产业链的问题。这是优化产业结构的重要内容和重大措施。

产业链,是以多层次利用科技为手段,以适宜的资源空间配置为条件,将相关产业联接成一个从原料到半成品再到最终产品的系列化链条,也就是把加工顺序相联、空间距离相近的各种产业联接成以优势产品为"龙头"的产业序列,俗称"龙形经济"。这里不仅讲"分"(产业的比例关系),更要突出"联",即以联为主,分联结合,符合社会化生产"分联结合"规律的要求。早在19世纪后期出现的托拉斯,实际上已构成了一定规模的产业链。我国改革以来出现的农业产业化经营,也在一定程度上呈现了以农工商一体化为特色的产业链的雏形。

产业链有什么优越性?首先,节约资源,降低成本。早在20世纪初期,列宁在规划俄国技术经济时就指出过:应当使全国"工业布局合理,着眼点是接近原料产地,尽量减少从原料加工转到半成品加工一直到制出成品等阶段时的劳动消耗。从大工业的角度,特别是从托拉斯的角度,把生产合理地合并和集中于少数最大的企业"。这种原料加工—半成品制造—最终产品制成过程的联系、联合和集中,大大降低运输、加工、管理成本,也同时减少流通环节,又降低了交易成本。其次,深化加工层次,增大附加价值,优化产品经济结构,有利于提高地区经济实力和综合效益。再次,由于以优势产品为"龙头",既形成规模经济,

又使企业间的分工更精细，协作关系更密切，从而有利于保证和提高产品质量，提高产品和企业的知名度，这本身就体现由粗放经营向集约经营转变。最后，从可持续发展的要求看产业链，有利于优势集中，更多地投资于研究和开发，增强抵御风险和治理环境的能力。

当然，也应注意由于产业链的关联性极强，容易在经济周期中出现多米诺骨牌效应，即一旦某个链条受阻或停产，就会影响整个链条正常运转，甚至导致大批职工失业和形成恶性债务链。

为规避这些缺陷和各种风险，就要注意三条原则：一是分联结合，形成类似爬虫之类的分节应变机制；二是充分利用科学技术，增强信息反馈和适应能力；三是考虑构建产业链的必要条件，遵循产业演进规律，不可一哄而起。

构建产业链条需要什么样的条件？首先，相关原料产地相邻，必要资源相对充裕。当然，现代科技可以缩短时间、拉近空间，但由于商流、信息流和物流不一致，必须发挥近距离的优势；其次，有能够带动整个链条的拳头产品和支撑联合的"龙头"企业；再次，有较高的管理协调能力，机制灵活；最后，有优势科技产品和科技力量，能建立起技术创新中心和拥有治理污染的技术，特别是要有成熟的关键技术，才能实现以科学技术为载体的产业链条形式。

构建产业链条有利于提升河南的核心竞争力。河南的经济总量居全国第五位，但整体质量不高，仍然没有摆脱粗放经营的状态。进入21世纪，如何在较短的时期内缩短与经济发达省（市、区）的差距，唯有根据河南特点进行经济结构的战略性调整。而优化经济结构、突出河南特色的一个最佳切入点就是构建产业链。

所谓"特色经济"，就是具有市场上他人不可替代、竞争力强、经济效益高的优势经济，特别是优势产品。就一个地区来说，如果有一个或几个具有特色的优势产品打出去，它就可以把整个经济带动起来，形成无可替代的强大增长源，并具有可持续发展的后劲。我们全面、客观地看待河南经济，就会发现主要是核心竞争力尚待增强，资源丰而不凸，产业全而散乱，规模大而欠强。产品、产业几乎样样俱全，但握紧拳头形成的特色优势、"龙头"名牌产品不多。企业的集约化程度不高，科技含量较低。由于"小而全"、"大而全"的状态，导致产业链条短，主导产业不突出，提供的产品以初级产品为主，产品附加值低，综合效益低下。要想促使河南经济持续、快速、健康发展，必须对具有较强市场潜力和竞争优势的产业和产品，开发其前向关联产业、后向关联产业或侧向关联产业，拉长加粗产业链条。这样，方可把全而散的零星优势变为集而强的拳头优势，打出名牌产品，拉起产业阵线，组建"航空母舰"，形成强大合力。

从实际情况看，河南经济发展不仅需要构建产业链条，而且已经具备构建产业链条的基础和条件。如具有许多独特的比较优势，特别是丰富的资源，能为构建产业链条创造无限的商机。同时，还具有构建产业链条的后发优势。2000年，河南城镇居民人均可支配收入仅4766元，农村居民人均纯收入还不足2000元。随着政治经济体制改革的逐步深入和"东引西进"方略的实施，人均收入将会不断增加，市场容量将会大大扩张。再者，在河南众多的企业中，关联度大、依存度强的企业占一定的比重，已形成了一批像中国长城铝业公司、漯河双汇集团、周口味精厂等能够带动产业不断升级、发展的"龙头"企业，积累了构建产业链条的丰富经验。非公有制经济和混合所有制经济的快速发展，多元化科技投入体系的建立，技术成果商品化机制的运行，重点企业技术创新中心的设立，都为促进产业链的形成和发展提供了重要的动力和基本支持。

根据河南省目前经济发展的状况和新时期发展的要求，构建河南省产业链条在指导思想上应当体现以下原则：①以全面提高产业整体素质和经济增长的质量与效益，优化相关资源的配置，突出特色经济，为构建产业链的总体目标；②以主导产业为"龙头"，以产品结构调整为重点，以产品结构调整带动产业结构和企业组织结构调整，促进产业升级；③针对河南省资源开发型产业比重大、加工链条短、附加价值低及专业化程度低等状况，应突出产业间、企业间、产品间的关联效应，依据产业（产品）间内在的技术经济联系，通过分联结合，实现以优势产业、优势企业和拳头产品带动相关产业、产品的发展，拉长产业链条，提高产品科技含量和附加值；④应从河南省的资源状况、经济发展条件出发，选择那些在全国范围内有相对优势和竞争实力的产业和产品作为形成产业链的"母体"，尽量避免重复建设、结构雷同。

二、强化支柱：构建若干产业链条的具体思路

依据以上原则，河南省在"十五"期间乃至2010年应重点围绕支柱产业构建产业链条，并在政策上加大扶持的力度，使其加快发展。具体构建的产业链条可考虑：

（1）以农副产品深加工为主的食品工业及其关联产业构建的产业链。河南是个农业大省，提高农副产品附加值、增加农民收入是河南省面临的一项艰巨的任务和挑战。随着我国的经济发展和人民生活水平的提高，居民的饮食结构和质量已发生较大的变化，直接消费农业初级产品的比重下降，而对深加工食品的需求比重上升。目前，国外发达国家食品工业产值与农业产值之比为2∶1至3∶1，我国为0.38∶1，河南省仅为0.34∶1。同时，现代市场经济逐步形成，使得千家

万户小生产与千变万化的大市场的矛盾日益突出。加强农副产品深加工，加快食品工业的发展，是增加农业附加值、推动农业结构高度化和基地化的重要途径。围绕农副产品加工工业，实现农工商多层次、多渠道的生产、销售过程的有机结合，既解决了农副产品出路，又为食品加工业提供了廉价、方便、通畅的原材料供应，同时，又使农业生产与商品市场距离更近、更有效地对接起来。河南省应重点抓好以小麦、玉米综合利用为突破口的粮食多途径、多方式加工转化和畜禽产品、果品深加工项目，发挥农副产品资源优势，拉长加工链条。

比如，具有60年历史的河南天冠集团以科技创新促进结构调整、产业升级，实施"以酒精为基础，以酒精深加工为主导，以综合利用和综合开发为双翼"的发展战略。在其基础产品酒精上规模、上档次的同时，拉长产业链，用酒精做原料生产醋酸，用酒精和醋酸做原料生产醋酸酯等衍生产品。生产酒精伴生的二氧化碳废气被回收，合成高纯度液体二氧化碳，年产量达2万吨，在全国规模最大。利用废酒精糟液年产沼气1200万立方米，干鲜饲料4万吨，高效生物肥1万吨。变废为宝、综合利用不需要生产原料的投入，却有巨大的经济效益和社会效益。特别是与郑大联合，开发汽油醇，已在全国推广，不但开发了新的生物能源，而且为粮食加工找到一条重要出路。

（2）铝工业及其关联产业形成的产业链。河南省具有铝矾土资源丰富和煤电资源充足的比较优势。经过多年的努力，特别是"九五"期间的建设，河南省已经建成了铝工业发展的强大产业基础，成为国内第一铝工业大省，氧化铝、电解铝综合能耗和制造成本等主要经济技术指标达到国内领先且接近国际先进水平。但铝加工产品仍以中低档建筑铝型材为主，产品结构和工艺技术比较落后。因此，应调整和优化铝工业产品结构，加大技术开发、改造的力度，控制初级加工、低附加值铝型材发展，对铝材料进行深加工。重点发展优质高档铝板带、铸件、PS板、铝硅钛多元合金和高档建筑铝型材，延长产品链和产业链。应加强中国长城铝业公司与河南省地方铝工业企业的合作，实现铝电解企业与氧化企业和铝加工企业的长期稳定的联合重组。以电解铝系列化加工为纽带，抓好氧化铝、电解铝、铝型材及铝电一体化项目，发挥煤、电、铝资源优势，推动铝工业及关联产业的发展和综合效益的提高，比较好地解决铝工业用电电价偏高和煤、电生产能力过剩的问题。例如，神火集团就是一个构建铝煤电产业链的成功典型。

（3）围绕石油深加工、石油天然气开发利用和煤炭气化形成产业链。一个国家和地区在加速工业化过程中无不将石化工业作为发展重点。通过对石油进行加工、分解、裂变可以产生一系列产品；围绕煤炭开采、生产、加工建立关联产业形成综合性的重化工业基地能产生巨大的规模效益。如德国的鲁尔经济区是德国举足轻重的综合性重化工业基地,它主要是采取以煤炭采掘、加工和综合利用为主线,供产销协同,相关产业集中布局以形成强大产业链的方式。河南省石化工业和煤炭工业具有资源优势和相当基础,已形成一定规模的工业基地和较强影响的企业,洛阳石化生产基地、中原乙烯工程和平煤集团等在全国占据重要的地位。因此,应发挥河南省煤炭、石油、天然气优势,推动石油化工、煤化工产业链的形成发展。围绕洛阳石化基地建设形成以油品、塑料和制品、化纤及化纺为主体的产业链;在中原油田和中原乙烯工程基础上,实现对石油的综合加工和利用;结合天然碱和金红矿的开发及石蜡项目的建设,逐步形成南阳石化产业链;以平煤集团和焦作煤炭基地为中心形成以煤炭加工为序列的产业链,实现煤变气、煤变油和煤深加工。

(4) 以建筑、建材业为"龙头"形成产业链。随着我国城乡人民生活水平的提高,继家电之后,居民住宅将成为新的消费热点。同时,西部大开发和公路、铁路、通信等基础设施的建设,使建筑业、建材产品市场需求旺盛。建筑建材产业具有较强的产业关联度,能带动钢铁、水泥、玻璃、装饰材料等很多产业的发展。据测算,建筑业能带动上下 60 个相关行业的发展,居民住宅投入与直接关联产出的比率为 1∶4 以上。河南省蕴藏着丰富的建筑材料及非金属矿资源,如石灰石、石膏、云母、大理石、花岗岩等,部分资源产量在全国占有重要地位。河南省玻璃、水泥产量居全国前列,洛玻集团自行研制开发的"洛阳浮法"技术成为继英国皮尔金顿技术、美国 PPG 浮法技术之后世界公认的第三大浮法技术。今后,应加大企业组织结构和产品结构的调整力度,围绕优势企业和产品,形成若干产业链条,实现建筑资源—建材制品—房地产开发—相关配套设施建设—第三产业繁荣的局面。同时应大力发展新兴墙体材料等高附加价值建筑装饰材料。河南省具有大量的粉煤灰、煤矸石等工业废渣和河沙资源,有发展新兴墙体材料的有利条件。

(5) 植树—木材—造纸—纸制品产业链。植树造林有利于改善生态环境,营造绿色产业,其中有些老化的树木通过更新可以获取一定的木材。特别是在黄河两岸大堤侧面,适合三倍体毛白杨生长,它属于速生木材,五年的生长期即可采用。这不仅绿化了黄河两岸的大地,调节气候,抵御风沙,有利于固堤,而且通过定期轮栽可以生产大批纸用木材,提供纸浆原料。经过加工,可以生产出大批的高级纸张,为市场提供紧缺商品。同时,也可以通过技术措施浆化木质秸秆(如棉花秆等),作为配料,扩大纸浆和纸张的生产。而造纸的后续工作,就必须加紧环保治理,形成净水循环流程。这条产业链又可成为河南省具有生态效益和经济效益兼得的经济增长点。

(6) 以电力设备、农业机械等机械工业为中心形成产业链。随着我国城乡电网改造和铁路运输线路改造,对输变电设备、电缆、电力监控和保护设备、电表等的需求呈现持续增长势头,有人估计新增需求达几千亿元。这就为许继电气集团、平高电气股份公司、郑州电缆厂和河南思达集团公司等相关企业提供了较好的机遇。中国是农业大国,农业机械化程度极低,对农机具有持续的巨大需求。河南省又是农业大省,农业生产的集约化水平更低。河南省在农机生产方面有一定的优势,例如,大、中、小型拖拉机产量居全国前列,形成了洛拖、郑州金牛、新乡柴油机等一批优势企业。因此,以农机制造业为中心形成产业链将带动农业、钢铁和有色金属制造业、零配件制造业、维修服务业等相关产业的发展。

(7) 旅游业及其相关产业形成的产业链。旅游业的发展状况首先与旅客的可支配收入和可支配时间密切相关。随着人民物质生活水平的不断提高,特别是1999年我国推出延长休假制度后,国民旅游需求呈现爆发式增长。2000年"十一"期间,国内旅游达5892万人次,比1999年"十一"期间旅游人次增长47%,国内旅游收入230亿元,比1999年"十一"期间旅游收入增长63%。旅游业的持续稳定增长在未来相当长的时间内是可以预期的。通过发展旅游业,可以带动交通运输业、食品工业、饮食业、商业零售业、宾馆服务业等二、三产业的发展。目前,河南省已初步形成洛阳、郑州和开封三点一线旅游带,但全省总体的旅游收入与河南省的地位还不相称,旅游业对相关产业的拉动作用还不强。河南省具有古老的历史和传统,全国交通中枢的地位以及潜在丰富的旅游资源,为以旅游业为中心形成产业链提供了有利的条件。目前,最需要的是加大旅游资源开发、配套设施建设以及深入的市场营销。

另外,河南省轻纺工业中棉花—纺织—服装和畜牧—皮革—革制品等产业链,不仅拥有传统的产业优势,即便是融入国际化大经济中也有着广阔的发展前景。

三、科技创新:产业链形成与升级的关键

一个国家或一个地区,产业链的长短以及产业间的关联度,与其科技创新水平密切相关。河南省与其他发达省份的差距在产业链上也是显而易见的。总体来看,由于河南省的科技创新水平不高,其形成的产业链较短,产业间的关联度较弱。因此,从构建有河南特色的产业链的角度来发展河南经济,必须把科技创新作为关键来抓。

河南的科技创新应该在产业链的形成和发展上下工夫,要有目的地组织科技攻关,加长或延伸已有的产业链条,形成新的产业链条,提高产业之间的横向关

联度。比如说，农业大省有一个秸秆利用问题，就目前看，由于技术不过关，导致河水严重污染。农民图省事，就地焚烧，不仅造成空气污染，而且还导致高速公路、机场跑道烟雾弥漫。如果在这方面能研发出有经济价值的科技成果，在秸秆造纸技术上有重大突破，河南的造纸业将会有突飞猛进的发展，用于造纸的木材砍伐会大量减少，空气污染将大大减轻，河流污染得到遏制，农民的收入增加，工业产值提高，河南的秸秆劣势将会变成"秸秆经济"优势。又如，煤炭行业，目前主要是向兄弟省市送煤送电。煤是初级产品，附加值极低，目前亏损严重；电比煤进了一步，但站在本省的角度而言，送给别人的是干干净净的"电"，留给我们的是占压良田的煤渣和污染空气的黑烟。作为有针对性的科技创新，不仅是粉煤灰的进一步开发利用，而且还要寻求以煤炭为原料的其他新产品的开发。如果这个产业链拉长了，就会形成河南省的一大特色。因此，在发展有河南特色经济的大战略下，科技创新主攻方向应该明确为将调动科研人员的积极性、主动性与河南产业链形成与发展的需要结合起来；政府的科研管理机构与政府的产业经济管理部门应紧密配合，组织、支持、引导科研人员进行科研攻关，为具有河南特色的产业链网络的形成做出贡献。

党的十五届五中全会提出：以信息化带动工业化，发挥后发优势，实现跨越式发展。在构建若干产业链条中，也必须贯彻这一方针，充分利用信息技术武装传统产业，沟通和增强产业之间的关联度，这就要着力使电子信息产业及相关产业形成产业链。从世界范围内科技经济的发展来看，电子信息产业是未来最具活力和高成长的产业之一。电子信息产业科技含量高、市场需求巨大、附加价值高，是推动产业结构升级、全面提高经济效益的极为重要的主导产业。电子信息产业的关联度、感应度、带动度都很高，信息产业和信息技术创新与扩散、发展与融合，能带动一系列关联产业的产生与变化，并催生出一些新的"边缘产业"。对整个国民经济发展的带动和推动作用巨大，是现代经济的增长源。同时，利用电子信息技术和产品改造、武装传统产业，对推动传统产业的技术进步、提高其劳动生产率、优化产品结构、提高经营管理水平等都具有重要的现实意义。我国信息技术应用的典型调查表明，信息技术在改造传统产业方面投入产出一般都有 $1:4$ 以上的"倍增"，有些领域甚至达到 $1:20$ 以上。河南省在电子元器件和通信设备方面具有一定的相对优势，产生了巨龙公司、安阳玻壳有限公司等大型企业，但产业整体规模还比较小，对其他产业的带动作用不强。因此，必须超前规划，跳跃式发展。

当然，科技创新离开了科技体制创新也将无法释放巨大活力。如果说科技创新是第一生产力的发展标志，那么，科技管理体制创新就是与科技创新联系最直接的生产关系的变革。因此，要以科技创新带动河南产业链的形成与延伸，还必须高度重视并加快科技体制创新步伐。

第一，与科技创新相配套的人才管理体制改革。河南与沿海发达省份相比，有许多劣势，如果在人才管理体制上不能创新，如果对做出同样贡献的科技创新相关人才不能给予比沿海发达省份相同或更高的回报，想留住这些人才是极其困难的。如在高科技企业实行期股制、年薪制，实行多种生产要素参与分配的制度，对优秀科技人才和管理人才奖励期权等。在吸引和留住人才方面，要有学历，又不唯学历，尊重真才实学，要逐步从给待遇转变为给"机会"、给"赛场"。先进的人才管理体制，将会留住现有的人才，引进外边的人才，并培养出未来的人才。

第二，要把企业作为科技创新的主体。对科技创新的管理要由以政府为主转变为以企业为主。企业主要解决两个层次的问题：一是企业自身要创办、充实技术创新中心，通过加大研究开发费用投入，争取多出成果、快出成果，并在企业内部直接转化为经济效益；二是独立的科研院所和高校通过科研成果的商品化，用经济合同的办法与企业紧密联系起来，使科研成果尽快在企业"开花结果"。

第三，构建科技创新的财政金融支持体系，这是科技创新管理体制不可缺少的重要组成部分。1999年，美国高科技风险投资比1998年增长了151.6%，达到了483亿美元；发达国家的研究与开发（R&D）经费通常占GDP的2.5%~3%；企业的研究开发投入一般占其销售额的5%以上，一些大企业甚至高达10%~20%。对于科技创新，我国的投入不足，河南省更显乏力。要加大科技创新投入，必须在创建财政金融支持体系上下工夫，至少要注意以下几点：①用减免税收的办法支持科研机构和企业对科技创新的投入，凡是自有资金用于科技创新的，可相应减免其增值税或所得税。②省政府应拿出一定比例的资金用于科技创新投资，可以参照发达国家的做法，政府参与建立风险投资基金。目前，河南省已有两家民营和半民营的风险投资基金，这是一个良好的开端，但对支撑科技创新的投资需求是远远不够的。③根据我国实际情况，四大国有银行、股份制银行、地方商业银行，应建立相应的风险投资基金，支持科技创新发展。

四、配套改革：构建产业链条的良好环境

（1）加大资产重组力度，围绕产业链的构建与发展，整合产业组织格局，促进产业升级。产业链的梳理与明晰，是产业及其结构调整和优化的前提，而产业链的构建与发展，恰恰形成产业经济组织过程的核心内容。所谓"资产重组"、"经济重组"，本质上就是指以产业链构建为坐标的产业组织的更新、再造、发展。就区域经济而言，产业链可以是凭借原有资源优势形成相应的支柱产业，也

可以是发挥品牌效应形成的"龙头"产业，或者是依托先进技术优势形成的高新技术产业等。但产业链的构建从产业组织的角度看，重要的是提高产业集中度，深化专业分工，以及最终实现结构高度化的预期目标。

产业组织理论认为，产品的单位成本应随着生产能力的提高而呈递减规律，从而趋向规模经济。也就是说，任何经济活动，都应该追求一定的经济规模，注重提高产业的集中度。产业集中度决定着产业链及其产业的组织效应。河南省的产业集中度这些年来虽不断提高，特别是像安彩、安钢等大企业在河南省国民经济中起到了较大的作用，但与先进地区比较仍显过低，直到最近几年才开始真正注重产业的集中效应，寻求立足综合资源优势以拉长产业链、培植支柱产业。

河南省的产业集中度低，既有观念意识问题，也有专业化水平限制的问题。应该承认，河南省企业，特别是上下游产品企业之间、主导产品与配套产品企业之间、大行业企业之间及集团内各企业之间已经形成了一定的协作关系，但总体来说，这种协作关系是比较松散的，企业的专业化水平是比较低的。导致这一症结的重要因素是"大而全"和"小而全"思想在作怪，结果走到了"千军万马齐上阵"、组织结构效益低的被动境地。专业化水平低，必然导致协作、分工水平低，企业间生产、技术联系少，限制了规模经济水平的提高，模糊了应有的产业化发展链，降低了劳动生产率和技术经济效益。

根据我国改革及市场化进程，资产重组还需要在意识观念和具体运作上切实注意解决两个问题：一是脱离只就本省、本市调整重组的狭隘眼界，积极研究探讨并切入构建跨市、跨省、跨国、跨行业的产业链；二是坚持按市场法则，合理解决构建产业链、实施经济重组中的各经济主体之间的利益关系问题。实践表明，按照现代企业制度，特别是股份制组织形式运作，在产业链条构建中，便于利益共享、风险共担，便于协调产业链各环节、各主体之间的经济利益关系。大量事实表明，股份制应作为实现产业组织结构重组的现实选择，"母子"公司体系有利于利益共享、风险共担、分联结合、优势互补。

（2）坚持有所为有所不为，建立科学的市场进入与退出机制，促进产业结构调整、产业链构建、产业市场化三者的有效对接。构建产业链条，在于实现产业的合理定位，廓清产业经济的脉络关系。因此，也可以说这是经济结构战略性调整的一项艰巨任务。我们必须坚持以市场为导向，以企业为主体，以技术进步为支撑，突出重点，有进有退，努力提高河南省经济的整体素质和核心竞争力。

产业发展的市场化运作及其带动应按市场需要布局经济结构，组织企业生产。如市场营销策划、合同（契约）交易、"订单"农业等，表现的就是种种市场行为。市场行为推动地区经济的发展，既要注重经济的基础环境，更要注重经济的市场变化环境；既要发挥地区优势，扬长避短，争取更佳，更要能够依据市场条件寻求创造优势，顺应市场化发展。河南省的轻纺产业链依农业资源来构建，铝业则依煤、电、铝资源来构建，而按照目前信息产业的市场化态势，则要求我们还要考虑如何做信息产业的文章，以及如何构建信息产业链等问题。

适应产业的市场化发展要求，必须加快建立科学的市场进入与退出机制等政策性问题。要按照专业化分工协作和规模经济原则，加快河南省产业组织结构调整，一方面要将那些资源配置效益低的企业果断淘汰出局；另一方面要通过兼并、联合、重组等形式，积极壮大支柱产业链上的骨干企业，发展河南各大产业链上的"龙头"。市场进入与退出，必须有具体制度做保证，如市场统一性规则、条例，行业、企业生产经营许可证制度及劣势企业退出资产处置办法等。

(3) 发挥市场调节与政府调节功能，积极推进河南省产业链的构建。市场对产业发展的调节主要表现为市场上企业间的竞争，从而形成优胜劣汰的机制。这种竞争机制既调节着企业的市场进入与退出，也调节着产业链的构建与发展。但从河南省现实情况看，单靠市场竞争构建产业链有很多困难，政府的主导作用不可或缺，特别是处理企业间、地区间、行业间的种种复杂关系，需要发挥政府的协调、引导作用。河南省应加强政府宏观上对构建产业链的指导与协调，包括主导产业、支柱产业的选择及新兴产业、高新技术产业的培育等，并且要促进企业内部的改革、加快机制的转换。

(4) 制定合理的产业政策，着力营造经济软环境，全面推进河南产业链构建工程。构建产业链条，还必须加强产业链构建的政策措施以及相应的经济软环境建设。包括以下五点：①大力实施股份制和推动股权多元化。吸纳一切社会资本，为构建、壮大河南产业链，拓宽投融资渠道。②优化经济环境，建立开放型经济，大力支持发展非公有制经济，规范政府行为，建立、完善市场体系和维护良好市场秩序，以较优环境吸引外资、外商、外企到河南参与产业链构建工程。③有计划、有步骤地发展河南证券市场。在目前体制条件下，尤应注重不断扩大债券发行规模范围，通过资本资源的有效配置，实现优势企业的迅速壮大，提高产业集中化程度。④综合运用经济、法律和必要的行政手段，以构建产业链为主导，在农业、能源、冶金、化工、轻纺、机械等行业中，有重点地支持和改造一批全省性骨干企业，促进产业链建设和产业升级。⑤把构建产业链同发展中小企业结合起来，建设有河南特色的国民经济结构体系。构建产业链，当然离不开中小企业，特别是中小型科技企业的带动。

总之，只要河南有了几大基本产业链的支撑，就能够从经济穷省中摆脱出来，也必将会以新的经济条件，更加有利于实施"东引西进"，有利于应对即将加入 WTO 的新的环境和形势，在经济全球化发展中赢得一席之地。

(课题组长：杨承训；成员：李鸿昌、郭军、陈鸿彬、王建军、李兵、里平；
原载于《河南日报》，2001 年 5 月 15 日第 7 版)

"内外兼修"打造民营企业融资新环境

最近,河南省民营经济研究会、河南财经学院经济研究中心共同主办了"河南省民营企业融资体系再造研讨会",会议从民营企业自身现状发展、我国银行业现有制度规章、国家相关方针政策等多角度、多层面分析了民营企业融资难的基本症结,提出了"'内外兼修'打造民营企业融资新环境"的基本建议。

一、企业融资体系再造,应从企业自身与银行现行制度规范的对接入手

金融危机导致全球经济增长缓慢,国际需求减弱,国内消费、出口增速回落,进一步加剧了民营企业融资难的问题。但是,造成我国民营企业融资难最为突出的原因应该是民营企业自身的问题,如企业经营管理不规范、特别是财务制度既不能与资本市场相对接,也没有与金融企业运营的标准化体制要求相对接,加之一些企业经营业务多变和绩效不稳定,这种先天的不足形成了民营企业与金融机构之间的非融合性,如何实现从非融合到融合,从而趋向有序融资,是我们首先应该认真研讨的。

1. 企业与银行之间交流机制不匹配

河南省人民政府金融办副主任郭浩从源头出发寻找民营企业融资难的原因,他认为民营企业在和银行打交道的过程中遇到的第一个问题就是标准问题。银行是一个标准化的组织机构,它根据职能分工与民营企业交流的语言是财务语言。而恰恰民营企业的财务却存在很多不标准的问题。这就需要银行、政府、行业协会的共同努力,加大对民营企业在财务管理亦即标准化的财务语言方面的辅导和扶助。因为没有这些"语言",银行就无法对企业进行识别。可见,"语言"障碍制约了双方的进一步交流和合作。对此,民营企业要学会用银行的"语言"来规范自己。建业地产股份有限公司董事局主席胡葆森以"建业"建设与发展的实践设身处地地谈到企业应该达到什么样的标准、具备怎样的条件,银行才会放贷的感受。他指出,企业贷款不只是"我要你给"的问题,各行各业都有一个互动标

准，实际上也是一个技术问题，现在的问题是企、银之间在技术规范方面不对接，企业没有银行需要的一套标准的财务文件，要把一整套财务文件做完，从了解银行贷款条件和要求，到把整个贷款文件完成，这是一个技术活。文件里面最关键是企业的资产负债表和盈亏平衡表，是对企业的综合评估、综合贯彻，如果不达标，则不放贷。

2. 企业自身管理理念落后

河南省九鼎德盛投资顾问有限公司董事长张保盈就融资体系再造提出"自身再造"的理念。自身再造实质就是自我改造、自我完善。一个企业应加强企业的状况研究，包括生产规模、资产负债表、营销手段等方面。企业的资金短缺因素往往首先是企业科学管理欠缺的表现。所以自我再造要求企业提高管理水平，做到了解自我、自觉地融入资本市场。红高粱 CEO 乔赢结合自己两次创业的经验，认为企业家自身原因是当今企业融资成功与否的关键。很多企业管理者往往只善于产品经营，而忽视了资本经营，要想取得成功，企业家就必须不断地学习新知识，转变新观念，要善于利用金融机构优势弥补企业自身的缺陷。

河南财经学院李鸿昌教授认为，企业先天不足是导致融资难的根本原因，除了企业财务状况混乱、管理落后外，中小企业规模小、经营不稳定、破产概率高、信用等级低等原因，也是民营企业自身发展不足的表现。可见，民营企业自身制度不完善是融资难的首要原因。因此，大力提升企业经营管理水平，用现代企业制度规范企业，才是民营企业走出融资困境的根本出路。

二、更新银行对企业定义、公司理念、现行组织架构的理解，积极主动服务于民营企业

民营企业是我国社会主义市场经济的重要组成部分。截至 2008 年，我国民营企业已达 3000 多万户（含私企 531 万户、个体户 2700 万户），注册资金超过 10 万亿元，投资总额超过 20 万亿元。民营企业创造了我国 GDP 的 65%、出口的 75%、就业的 75%和税收的 50%以上，为中国国民经济发展做出了巨大贡献。如何促进民营企业的大力发展，也是摆在基金机构面前的一个重大的研究课题，而这个课题的中心应该是银行业怎样立足我国国情，拉近民营企业现状，变革完善制度，顺势而为，实现银行业与民营企业的"双赢"发展。

1. 金融体系要摆脱"亲大远小"的认识误区，实现民营企业国民待遇

河南省社会科学院副院长喻新安研究员从全局角度，客观分析了民营企业在国民经济中的地位。他指出，上半年，河南省民间企业投资增长 41.4%，高于全

省 33.3%的幅度，对城镇投资的贡献率为 84.6%，足以表明民营企业的发展地位与贡献。在金融危机，尤其是当前经济最为严峻的时期，民营经济的发展无疑给经济增长注入了"强心剂"。

喻新安说，银行作为营利性质的企业组织，不能按姓"国"、姓"民"的标准来区分业务对象。不管是国有企业还是民营企业，都是以盈利为首要目标的企业，唯一的衡量标准就是经济效益的高低、发展潜力的大小。各项数据证明，民营经济已成为我国市场经济的重要组成部分，对民营经济的歧视，既不利于银行自身业务的开展，也不利于国民经济持续、健康、快速发展。随着市场经济的深化，银行系统必须转变对民营企业的偏见。未来经济的发展，民营企业的作用只会越来越大，银行部门只有牢牢抓住民营经济，才能使银行部门得到长足发展。

2. 金融体系要积极构建服务平台，引导民营企业健康发展

与会专家强调，除了民营企业自身应加强学习和管理外，银行作为金融服务部门也应积极主动引导民营企业注重财务管理、风险防范、融资条件等方面的改善，使民营企业具备和银行之间交流的"语言"。银行应与民营企业互利互动，充分发挥各自的优势，实现民营企业融资新途径与银行业务拓展的"双赢"局面。

乔赢指出，有种观点认为企业家是金融家打造的，而我们国家缺的刚好是金融家。可以说，金融家和企业家相分离的现状，是民营经济发展缓慢的一个重要原因。他强调，红高粱正是由于利用了金融机构的专业优势及其金融服务才使自己获得迅速发展，从一定意义上说，红高粱就是由很多金融机构投资打造出来的。

有专家指出，红高粱在目前融资难的现状下，反而出现了融资的"春天"，这种现象值得企业界深思，更是对金融部门提出了新的要求。金融部门增强服务意识，提升服务质量和扩大服务范围，帮助民营企业建立透明与合规的财务制度，积极培育民营企业信用体系，提高企业信用级别，加强与民营企业的信息沟通及信息收集整理和跟踪服务，当好理财助手，应成为当前金融界服务于民营企业的一个"抓手"。

三、改革，转变经营模式，营造民营企业融资新环境

为应对金融危机，国家出台了大量的经济复苏计划，其中一条就是要增加对企业信贷的投入。然而结果却相反，一方面信贷资金充足，另一方面民营企业缺少资金。是什么原因导致了这样一个矛盾的局面？河南大学经济学院院长耿明斋

教授从制度的角度分析认为，一方面我国 2009 年新增贷款 7 万多亿元；另一方面中小企业融资难，其原因是资金流动渠道出了问题。另外，现行银行制度不适合现行民营企业的阶段发展。郭浩坦言道，目前我国金融体系的设计恐怕不是为中小企业设计的。民营企业在初创时期与其相适应的是风险投资，发展到一定程度之后，那些私募基金、上市融资等才可以进来。也就是说，银行业应考虑中小企业融资制度与其发展阶段特征的适应性。河南省委政研室王永苏巡视员认为，民营企业融资难，在于国有银行体制机制改革不到位。过去国有银行的情况是"一放就乱，一收就死"。现在的银行实行终身追究制，银行对民营企业放贷的积极性受到约束。李鸿昌说，我国中小银行发展缓慢，它与中小民营企业不共生。我们的改革是自上而下的，中小银行发展缓慢，甚至大银行也在收小中小企业信贷业务，这反映出我国在中小企业融资方面还缺乏强有力的政策支持。李鸿昌强调，现在的问题是现有国有商业银行结构不合理，国家政策环境需要完善。耿明斋认为，根本是要消除垄断，中国金融体系的再造应该从微观经济主体开始，大力引导和发展民间资本，并作为银行业改革的起点。王永苏认为，政府要转变观念，敢于承担责任，进行有效监督。深化改革，特别是要加快国有银行改革。李鸿昌认为，在现有融资体系不健全的情况下需要政府强有力的支持，如贴息贷款，建立专门的行业发展基金。国有商业银行设立专门服务于民营企业的分支机构。最后从长远看，还是要积极发展适合民营企业信贷的中小银行。

（郭军、马源，原载于《中国改革报》，2009 年 9 月 7 日第 7 版）

"小产权"房为何不能正面登场

近两年随着我国房地产市场及其房地产价格的持续走热与高扬，一些地方出现了在"城中村"或"城乡结合部"集体土地上开发的"小产权"房，对此，从政府到业界似乎发出同一个声音：反对，并一再宣称其"不受法律保护"。作者则认为，"小产权"房的出现反映了市场法则的作用，"小产权"房体现了我国初级阶段生产力性质及特点。

"小产权"房的出现，从某种程度上反映出它有市场。市场经济的本质只有两个字——自由，即自由生产、自由交换、自由发展，而这种"自由"的正常运行过程又是以有需求和满足需求为特征的。由于需求形成的市场波动刺激了生产者，生产者看到了这个消费市场及其前景便会迅速研讨、策划、组织生产，供应消费需求，这就是市场法则。为什么会出现"小产权"房？这是有其产生的深刻背景和条件的。进入21世纪以来，特别是近五年，我国的房地产市场持续发展，异常火暴，房地产价格更是一路攀高，以至于人们惊呼"买不起房"。这两年，一些人虽然也指出了绝大多数人"无力买房"，却又同时吹出了"人人都应该有房住，买得起"的"共产"风，更是鼓动了消费欲的劲增。在这一住房"共产"风及其一些人消费心理压抑状态下，社会开始寻求并出现低价房。其间，政府也推出了经济适用房，却在量上远远满足不了需求。"城中村"、"城乡结合部"的决策者们正是看到了这一市场景象，并找到了一个极好的切入点，即借"城中村"改造、"城乡结合部"拆迁改制之际，推出了"小产权"房。这既反映了当代"城中村"人、"城乡结合部"人的市场意识的增强，以及进入市场寻求自我生存、自我发展的精神风貌，也反映了市场供求关系和价格与价值关系的内在规定性，以及我国市场机制运行对经济社会越来越大的影响和带动性。

消费，包括住房消费取决于生产。我国进入了社会主义，但尚处于初级阶段。初级阶段的生产力水平是低下的，这一经济特征直接影响着人们的消费购买力。"小产权"房也许是与此相适应的、带有中国特色的一种人们对房屋的拥有形式。经济是基础，社会主义应该努力使人人有房住，但绝不可能达到人人都能够自己买房住，而且人人都去购新房、购大房、购豪房。不要说初级阶段，即使是将来跨越了初级阶段，进入更高一级的社会，也会因为劳动职业岗位的差别，带来工资收入的差别关系，而不可能人人都购一样的房、住一样的房。这一客观差别性，必然使一些收入高者住"高价"房，一些收入低者住"低价"房。按照"初级阶段"水平与方式办事，住房必须量力而行，购不起高价房就购低价房。"小产权"房所以能兴起，一个主要原因也正是其房价相对较低，大多数人能承受得起，抑或说，"小产权"房的出现为那些无力购买高价房者提供了一条新的路径选择。

　　机械地说，多层次的生产力水平决定着多种形式的产权结构关系，从而也决定了多种生产形式及其消费的多样性。目前，我国的房地产市场主要有政府直接开发、房地产商开发两种形式，而其中又以政府出让土地、房地产商购置土地开发为主导。这一市场特性自然导致一方面政府左右着房地产商，另一方面房地产商左右着房地产市场，而恰是在这一"左右"过程中，政府与房地产商之间产生了"非市场、非正常"联系，也是这种"非市场、非正常"联系，使得一方面政府高呼加强宏观调控，抑制房价；另一方面房地产商却心里有数，蒙着脸，低着头，狂扬价，还时不时冠以"市场行为"、"市场大势"。而分析起来，个中缘由至少可以包括，政府导向下的房地产商独家垄断房地产市场是问题之基本症结。假如现在放开，让有闲置土地的企业和单位自主开发商品性住宅，将"城中村"改造为由"城中村"土地所有者直接开发的商品性住宅，加之政府批拨专门土地给专业建设单位开发"经济性适用房"、"廉租房"，试问，打破单一政府与房地产商垄断房地产市场的格局，房地产市场还会价格一直走高吗？这种貌似市场行为，而实为行政作为的房地产市场，涨价就是必然的。真正想抑制价格的关键在于打破垄断，让房地产市场回归市场法则运营，发展多种形式、多种渠道的房地产市场结构，特别是转变观念，让"小产权"这种低价房正面登场，从而科学建构有中国特色的房地产市场，这无疑有着重大的、现实的、历史的意义。

　　"小产权"房的"入市"，将成为平抑高房价的重要措施。任何垄断都是就市场而言的，其内在的、支撑预期性的则是价格。平抑高房价，一方面要打破市场垄断，另一方面就是改变价格困局，以"低"平"高"。我国住房制度改革以来，尤其是商品房的开发，不仅活跃了整个国民经济，而且使一部分人首先拥有了自己的房舍产权。但是，单一的政府允认、发放"房产证"，即所谓"大产权"的指向，是否就是适应目前的经济社会性质，是否就不许可再有一个"小产权"的存在？这确实是值得研讨的，特别是这种产权的单一指向性引发的房价虚高、持续上扬，更是值得思考的。有房产商披露，现在房价中成本只占20%，而余下部分中有四成以这样那样、明的暗的、姓公姓私地归了"政府"，我们不想就此评论什么，可是这却传递了一些信息，即在政府与房地产开发商的"合作"中，似乎存在有某些人为地加大房地产成本、人为地抬高房地产价格的嫌疑。显然，政府征用农村集体的土地，再出售给房地产开发商，开发商再生产出房产品销售给购房者，这一过程中政府与开发商、开发商与购房人之间的两次交易、两个联结，必然增加了交易费用。假如由土地的所用者，抑或说由"城中村"人、"城乡结合部"人直接开发便减少了中间的两个环节，毋庸置疑，房产品价格肯定会低得多。问题还在于，房地产开发商可以开发，为什么土地所有者就不可以呢？

"小产权"房有利于减轻政府面对的社会住房需求压力。工业化、城镇化、农业现代化的发展，人们的消费观念及其对康年盛世新生活的追求，使得住宅供求失衡的矛盾越来越大，并且已经超出某一城市或地区，成为国家不得不面对的一大压力，成为构建和谐社会的一个基本的物质障碍。而要解决这一问题，仅仅发展"大产权"的路子是不够的，所以我们是否应该现实地正视"小产权"的出现呢？"棒喝"是没有用的，明智之举是因势利导，使其成为现行房市的补充，经过一定程序和一定阶段的规制，让"小产权"走向"大产权"。围绕"小产权"房，重要的是趋利避害，一要加强审核、监管，纳入城市发展的总体规划中；二要加强规制、组织，规避风险，切实维护"小产权"房人的基本权益。"小产权"房的出现，是一种客观必然，是我国房地产业改革与发展中的新生事物。改革与发展中的问题还须用改革与发展的眼光，在改革与发展中解决，改革与发展必须遵循其自身的规律。初级阶段，市场经济也好，生产力也好，总是从无序到有序，从野蛮到文明，要认真地从经济社会环境、生产关系及其上层建筑方面评析"新生事物"出现的原因，从而达成制度与体制的自我完善。当然，其中涉及的问题肯定是复杂的，而只要我们认真对待，并且积极地从有利于解决国民住房、有利于减缓政府压力、有利于经济社会大局稳定出发，就一定能科学地处理好"小产权"房的问题。

(原载于《中国社会科学文摘》，2007年1月21日第6期)

中国区域经济发展的后开放区建设研究

摘要：由于区域发展的阶段背景和基础不同，中央不可能再沿用以前的办法来促进中部崛起。中部人必须跳出原有思维怪圈，胸怀全局，努力追求中国区域经济发展的后开放区，让中部在开放中自我崛起。设立中部经济开放区，实施中部区域经济一体化运营，不仅是促进中部崛起的一项制度创新，也是基于新时期、新形势、新要求，大胆研讨、加速我国区域经济发展的战略尝试。

关键词：区域经济；中部崛起；后开放区

无论立足于现阶段还是着眼于未来，中部地区（包括山西、安徽、江西、河南、湖北和湖南六省，国土面积和人口分别占全国的 10.7 %和 28.1 %）的发展都是促进区域协调发展的关键。中部地区是我国最大的商品粮基地和重要的能源、原材料基地，其发展关系到国计民生、社会稳定以及我国全面建设小康社会的成败。因此，设立中部经济开放区，实施中部区域经济一体化运营，不仅是促进中部崛起的一项制度创新，也是基于新时期、新形势、新要求，大胆研讨、加速我国区域经济发展的战略尝试。

一、设立中部经济开放区的概想

区域经济的发展与对外开放、开放带动是密不可分的。我国的区域经济及其对外开放大致经历了三个阶段。前两个阶段，沿海地区利用区位优势，抢抓机遇，扩大开放，取得了非凡的经济社会大发展；加入 WTO 则标志着我国对外开放进入新的阶段。中部地区能否在新的时期加快开放步伐、实现突破，对于中国地区经济的协调发展具有重要意义。

由于区域发展的阶段背景和基础不同，中央不可能再沿用以前的办法来促进中部崛起。尽管中部、特别是中部的政府部门寄希望于中央给予资助、给予项目、给予政策，呼声很高，但中央却似无正面具体回应，而是通过多种途径和形式传递着一个重要信息，这就是我国将"在更大范围、更广领域和更高层次上"

进一步加大开放力度，引导地区经济从单纯发展外向型经济转向直接融入国内、国外两个市场，趋向大开放经济。我们的概想就是按照大开放要求，把实现中部崛起导入这一战略境界。要以中央大开放精神为据，构筑中部经济开放区，实施中部区域经济一体化运营。中部经济开放区，就是国家把中部作为一个整体区域，给予更大的自主权、选择权和纠错权，实现中部一体化和对外全方位的开放。特别是要突破传统观念（把国际市场、国内市场和省区市场相互割离），消除六省区对外开放的地区性歧视，享受平等的开放政策，消除阻碍区域一体化发展的行业性和制度性壁垒，充分实现要素自由流动，以优化区域内分工与合作，在争取国际分工与合作的比较优势中，培育自身的竞争力优势。从中部所处我国地理区位来说，中部开放应坚持对外与对内开放并举。"对外开放"是指以"引进来"与"走出去"相结合的方式积极参与国际分工与合作。即通过加大招商引资力度、扩大对外贸易，加强国际经济技术交流与合作，或鼓励有条件的企业到境外多途径、多形式地参与国际经济竞争与合作，以拓展中部经济发展空间，努力提高其对外开放程度。"对内开放"是指超脱出中部六省省际局限，实施中部经济一体化运营。中外经济史无一例外地证明了单个区域或单个国家的单个发展都是受约束的，而区与区、国与国之间的经济联系与互动才是崛起和发展的根本。因此，省际之间应当互动，应讲"牵手"、"竞合"、"共赢"，应从最高决策层面上全面思考、运筹，设立中部经济开放区，实施中部经济一体化运营。即以一个大区的组织体统一对外与对内，按照区域经济发展规律要求，立足整个中部做出区域规划，包括重组中部地区经济分工与合作，从生产、流通、分配、消费全过程着眼于经济"洗牌"，从而合理定位和重组中部地区经济。现在的当务之急：①树立中部经济开放区的战略意识。②研讨中部经济开放区的运作问题。③筹组中部经济开放区的协调机构。④争取中央首肯中部经济开放区，并给予前期基础设施建设需求的最低资助。设立中部经济开放区，通过省际之间的经济联动，将非常有助于推动中部经济要素在国际、国内两大市场实现优化配置，促使中部经济融入国际经济大循环，带动产业结构优化升级，解决经济发展的主要阻力问题，特别是有助于加快中部与国际通行惯例接轨，深化经济体制改革，完善市场经济调节机制和现代企业制度，促进行政管理体制改革，构建服务型政府与和谐社会。

反观我国一些日益活跃的镇、市、省，究其前身，事实上多数系"穷"字号的，是扩大开放为其注入了活力。如今中央进一步要求加大开放力度，事实上也是给予区域经济发展、特别是给予"中部崛起"一个大政策。我们应当抓住这一对中部崛起来说具有战略意义的机缘。扩大开放，设立开放区。中部人首先应克服封建的"诸侯"思想，跳出原有思维怪圈，胸怀全局，努力去追求中国区域经济发展的后开放区,让中部彻底开放,在开放中自我崛起。

二、设立中部经济开放区的实施方略

中部欲外引,成立经济开放区,必先内联,实行区域内经济一体化,共同应对国际激烈竞争的挑战。自 2004 年中央提出促进中部崛起的战略后,中部六省迅速行动,但由于六省都是市场经济运行过程中具有独立利益的行为主体,都具有谋求本省经济快速增长和效益最大化的动机和意愿,反映在区域发展问题上,就是区域内各省的发展往往难以达成区域的整体协调共进,其结果是一盘散沙,呈放射状发展态势。在这种情况下,即使中央给予优厚政策,也不可能起到良好的效果。因此,中部经济开放区的实施,当务之急是构建区域经济一体化发展的区域协调合作机制,从大区域经济一体化运营下的分工与合作切入,重组中部经济,重新定位各省经济,实现高层次上的整合、再造,提升中部对外的整体竞争力。

1. 组建中部经济开放区的联动协作机构

(1)确立中部经济开放区及其中部区域经济一体化发展的意识观念,树立"牵手"、"竞合"、"共赢"与"协同"发展的新思路,建立一个超省际协调管理机构,作为强有力的组织保证。我们可以借鉴世界发达国家的经验与做法,如美国的区域开发委员会及区域规划协会,德国的区域联合体;也可暂时像我国长三角、珠三角那样建立区际联席会议制度。其主要领导人可由各省省长轮流担任,为加快中部经济开放区建设与发展,也可以聘请国务院负责同志在一定时期内担任主要领导,以增强大区运作的权威性,同时,又把中部的活动拉近到国家经济总盘之中来。还可设立理事会作为该组织的最高权力机关,理事会成员由各地方政府的省委书记、省长和中央政府相关部门的官员兼任,共同协商决定有关区域发展的重大战略问题,其做出的决策对区域内各政府具有普遍的约束力。组织内部的功能性机构设置,除了负责日常联络和组织工作的秘书处外,还应依据专业、精简、高效的原则设立各种专业委员会和工作小组。它们有一定的管理、协调、研究分析和组织职能。如可根据实际情况设立区域规划与产业协调委员会、重大基础设施开发管理委员会、生态环境保护与治理委员会等专业或综合职能管理机构等。当然,政府间的协调机构是建立在相关地区自愿合作的基础之上,赋予其财政和经济手段的权力,是一种对各地具有明确的约束性机制。

(2)组建跨地区的民间组织,以民间的力量自下而上地推进区域政府合作,进而实现区域经济一体化。以民间力量推动经济合作,具有成本低、束缚少、见效快的优势,可以超脱地区利益等方面的影响。各级政府应积极推进体制改革,打破阻碍民间组织发展的制度障碍,为民间组织发展创造良好的制度环境。民间组织的主要职责是研究区域发展战略和推进地区协作。具体形式可有:①组建以各地经济专家为主体的咨询参谋机构,成为区内政府决策的智囊团。②组建跨地区的行业联盟,共同制定区域行业发展规划、区域共同市场规则,推进区域市场秩序建立,探索区域各类市场资源的连接和整合等。③组建跨地区股份制区域性集团公司。跨国公司是打破国家之间关税和非关税壁垒的最有效方式,也是打破区域封闭格局最好的方式。因而,要倡导组建各地相互参股的跨地区的超级巨型企业集团。当然,这种超级企业集团不是行政的捏合,而要遵循市场规律。可以探索通过跨地区强强联合组成具有规模和竞争力的"龙头"企业,再通过"龙头"企业联合、控股区域内的上下游配套企业,形成由紧密层和松散层组成的巨型企业集团。

2. 构建中部经济开放区一体化发展的协调机制

中部经济开放区能否在短时间内跨越"离散发展"的初始阶段,实现区域一体化协调发展,关键在于如何突破六省现行行政区域"碎片化"发展的体制障碍,构建有利于区域一体化发展的协调机制。

独立性和统筹性是马克思主义唯物辩证法的一对逻辑范畴。任何事物的发展失去独立性就不会有积极性,失去统筹性则会影响先进性,这就要求事物既要独立又要协调地发展。中部崛起的发展过程也存在着同样的规律性。为此,在构建中部经济开放区一体化发展的协调机制上,应充分考虑三个因素:一是要尊重各省的独立性,充分调动其参与区域一体化发展的积极性;二是要尊重市场经济规律,在一体化进程中充分发挥其在一体化市场配置资源的主导作用;三是要以人为本,高度尊重人的主观能动性,创新体制,成立区域协调办公室,推进中央层面的协调机制,充分发挥其在一体化发展中的综合协调作用。三个因素互为依存,共生、共荣、共赢。

协调机制的构建是中部崛起应首要解决的重大问题,会牵涉多方面的利益调整,既要解放思想,又要审慎从事,既要尊重各方权益,又要实现区域利益最大化,实现区域经济协调发展。要建立这样的协作机制,就需要从中央到地方各级政府共同努力,采取行之有效的政策措施:一要弱化行政区概念,强化经济区概念;二要加快区域协调发展的法规体系建立,努力依靠法律手段对影响区域发展的分散决策予以规范;三要注重采取经济性的协调手段,加大国家政策导向的力度;四要健全和完善地方干部政绩考核体系;五要制定区域一体化的发展规划,构筑一体化的共同市场。

3. 营造区域经济发展无差异的制度环境

国际经验表明，区域经济一体化进程的快慢与是否有完善的制度保障紧密相关。以目前运作最为规范的欧盟为例，作为制度一体化的欧盟，每个阶段都制定相关法律，成员国依此实施一致对内、对外的政策，经历了由低到高的一体化形式。如今，欧盟各国又将实行统一的宪法提上了议事日程。今后，欧盟将迈向完全的经济一体化，对各种经济政策通过超国家机构进行协调和统一。对于我国来说，完善中部经济开放区共同市场也要加强行政协调磋商，克服政出多门、各自为政的倾向。在招商引资、土地批租、外贸出口、人才流动、技术开发、信息共享等方面，联手制定统一政策，着力营造一种区域经济发展无差异的制度环境。特别要彻底清除市场壁垒，建立统一的信用评价标准，实行统一市场准入、统一商标保护等措施，取消产品准入的附加条件，对取得安全认证标志的产品应允许自由流通，消除以行政区界为依据的一切歧视行为和做法，为各类市场主体创造公平竞争的环境。要完善区域服务网络，统一市场监管规则。

中部具有巨大的市场潜力和发展潜质，通过优化制度环境，形成开放有度、竞争有序、统一高效的中部区域大市场体系，让各类（国有、集体、私有）企业、内资、外资投资者都感受到中部投资环境宽松、政策稳定、政府效率高、服务意识强，这样他们就会把中部作为投资的空间。

4. 探索建立区域利益分享和补偿机制

区域经济合作的出发点是通过合作来共享整体利益，打破传统的"小而全"、"大而全"的工业体系，重新调整各地的产业结构政策，形成合理的产业布局和产业分工体系。目前我国仍是按照行政区化来衡量经济指标（GDP、税收），并以此进行政绩考核。在区域经济分工中，处于不同产业链条上的地区享有的利益就有差别，直接关系到各地区的税收多寡，也和各个政府的经济支配能力紧密相连，如果没有合理的利益分配机制（区域内所有的地区都共享合作的收益，合作优势一方要给予劣势一方必要的补偿），合作关系就会破坏，彼此利益都会受损，也就不能彻底根除地方保护主义生存的"土壤"，就不易建立无障碍的区域共同市场。因此，各地政府需要精诚合作，共同探索制定区域利益分享和补偿机制，使各地方政府在平等、互利、协作的前提下，通过规范的制度建设来实现地方与地方之间的利益转移，从而实现各种利益在地区间的合理分配。如按投资比例分成产值，按行政区化征取税收或者实行税收分成等就很具有可操作性。在这方面，长三角的杭州市和海宁市进行了成功的尝试。杭州购买海宁的土地，海宁享有这块土地上所有企业的征税权，而杭州拥有这块土地的拍卖所得和包括建设规划在内的行政管理权。此外，多赢的利益分配机制在跨地区的产权交易、企业并购等方面也有作用。当然，在这一机制中，中央政府的协调作用是不可或缺的，尤其是涉及财政转移支付方面，更离不开中央政府的宏观调控。

5. 整合基础设施，实现一体化建设

基础设施一体化是区域一体化的基本架构，交通、通信是推进区域一体化的重要基础，也应是区域整体规划的核心。目前，由于受条块分割体制的影响，中部地区跨区域基础设施很难实现"无缝隙"衔接，甚至地区之间竞相追求"大而全"、"小而全"，不仅空置和浪费了现有的资源与设施，而且也极大地影响了地区间生产要素的自由流动，提高了区域内的交易成本。因此，有必要联合进行基础设施协调建设，促成一体化发展良性互动，形成区域基础设施网络一体化。一是做好区域内公路、航道、港口等交通基础设施项目规划、建设的协调与衔接，推进区域大交通体系规划，着手研究城际快速轨道交通线的规划。中部经济开放区现在有武汉"1+8"城市圈、长株潭城市圈、昌九城市圈、中原城市群和安徽"一城四市"经济区五大都市圈，相当符合快速客运轨道交通的运行特点，因而未来的快速轨道交通必然逐步走出城市范围，成为城际沟通的新手段，成为加速中部开放进程的有力措施，适合中部区域更高层次的经济发展。二是制定中部经济开放区高速公路站点统一收费标准，加快"一门式"收费系统的建设。中部六省的公路相连，但公路收费却按行政区划设站、重复收费问题严重，两个不同行政区设的收费站间距最短的仅几百米。这种低效、不合理的现象应改变。可利用现代信息技术使用统一的 IC 卡，记录两省一市各自里程，实现统一规范的"一门式"收费方法，以提高公路收费系统的工作效率与管理水平。三是加快交通网络化建设，突出交通接轨，打造三小时交通圈。四是出台电子政务信息资源和信用体系资源的共享方案，制订中部经济开放区电子地图建设方案。

6. 打造区域经济特色，提升产业竞争力

区域整体竞争力归根到底在于产业竞争力，而产业竞争力的关键在于产业区域特色优势的形成。中部要发展就必须注重发展自己的产业，只有产业发展了，才能为大规模的投资创造条件。由于以前中部各省缺乏统一的产业发展协调机制，各地在制定或规划各自的支柱产业时，大都是从各自的行政区利益或眼前利益出发，产业趋同现象严重，缺乏合作分工，这十分不利于区域产业的协调发展和区域经济一体化，降低了区域产业整体凝聚力和开拓力。因此，区域经济一体化必须形成统一的区域产业政策，加强各地方政府间的协调，统一论证，努力为企业跨地区扩张和竞争创造更为宽松的条件与环境，在竞争中进行产业整合，在竞争中形成合理的产业分工和区域优势，通过竞争实现整合，逐渐形成以分工协作为基础的区域性产业网络，进而形成整体优势。根据中部产业发展和自身特色，中部可在农产品加工业、汽车、机械制造等产业上选择优势行业，制定企业联合和资源整合规划,以市场为导向、以产品为链条、以资本为纽带、以改革为动力、以政策为驱动力,努力培育一批特大型、跨区域的产业集群,在中部开放区中率先隆起,形成区域独特的产业竞争力。在企业联合和资源整合规划中要尊重"一个规律",做好"三个结合"。即充分尊重市场经济规律,按照价值规律、供求规律、竞争规律的要求办事。三个结合:①大小结合。落实科学发展观,把产业集群发展规划放到全国大局中相权衡,放到"承东启西"的中部经济开放区中去思考,既看地方,又看全国;既看眼前,又看未来;既看优势,又找差距,确保规划的科学性和可持续性。②整专结合。落实"五个统筹"的要求,促进区域经济社会协调发展。专项的产业集群规划要率先起步,但要与中部开放区的整体规划有机地结合起来,不可顾此失彼。③条块结合。产业集群规划是条条,六省开放区的规划是块块,首先要把思想统一到中部崛起的大局上来,切实搞好条块规划的衔接。既要考虑"一体化"发展的低成本,又要综合考虑地方既得利益,因势利导,尽量避免"漏斗式"的异地搬迁集聚,在中部开放区的整体发展中打造各省的发展"亮点",实现协调发展。

7. 加大政府政策推动,助跑中部崛起

(1) 充分运用东北振兴与西部大开发政策。中部地区作为工、农业大省,肩负"双基地",即老工业基地和老农业基地问题,与东北和西部具有许多共同点,可以将西部大开发、振兴东北老工业基地的一些政策运用到中部经济开放区。

首先,加大对中部老工业基地的扶持,提升中部对外开放的产业竞争力。中部六省都是老工业基地,从产业结构上看,主要是基础原材料产业和重型装备制造业,从所有制上看,以国有企业为主。这些企业曾经和东北老工业基地一样,为建立和完善我国现代工业体系、维护国民经济的独立和社会进步做出巨大贡献。而现在同样面临设备陈旧、技术老化和冗员过多等历史"包袱",这严重制约着中部工业快速发展。因此,国家在加快东北老工业基地调整改造的财政、信贷、税收、外贸出口等方面的优惠政策同样适合中部地区,特别是增值税转型政策应尽快在中部试点。其次,加大对中部基础设施、生态环境和教育的投入,提高中部扩大开放的吸引度。由于国家长期实行以工补农、以乡补城的政策,以及控制原材料和基础产业价格,实现轻加工业盈利,致使以农业和基础产业为主的中部受到多重剥削,中央应向支持西部大开发一样,增加对中部的投入。一是加强中部农村基础设施建设,加快农村公路建设,完善农田水利设施。二是支持中部地区基础教育发展,加大对劳动力技能培训的投入,以发挥中部劳动力资源优势。三是建立生态环境补偿机制。中部地区不仅投入大量人力、物力、财力治理黄河、修筑长江大堤,还承担南水北调等工程,在国家整体受益的同时,中部却要独自承担资源成本。国家应考虑建立生态补偿机制，对生态建设者给予资金、项目、政策等方面的支持和补偿。

（2）针对中部自身特点，给予导向性的产业和区域政策。中部是国家的粮仓，在政策和投入上要加大力度，否则，就很难解决中部的"三农"问题，更难保证国家的粮食自给问题，全国的二元经济转型也难以实现。首先，加大对粮食主产区农业的投资力度，加快取消粮食主产区的农业税，适当增加粮食风险基金补助，保证粮食产量稳定。其次，促进中部农业产业化，提升农业经济效益。制定鼓励以农副产品为原材料的工业、加工业发展的优惠税收政策，对新办从事农副产品加工、畜牧业产品加工和深加工的企业，从投产之日起，给予1~2年免征企业所得税，3~4年减半征收企业所得税的优惠，以农业产业化带动农村发展和农民致富；同时，允许中部地区选择条件好的产区开辟为隔离区，举办试验农场，规定这类项目从获利年度起五年内豁免一切税收。最后，鼓励建立农村专业合作组织，赋予其法人地位，可享受出口优惠，对于其为农业生产提供的产前、产中和产后服务给予免税，诱导中部发挥自己的比较优势，推进农产品出口，争取有所作为，使中部成为我国主要农业出口基地。

（3）进行金融创新试点，扩大招商引资渠道。在中部非农产业中，以中小型企业居多，源于政策限制门槛过高，其基本没有上市的可能，即使将来有创业板也是如此。因交易成本过高、风险大，银行更愿意给大项目、大企业以支持，而几乎不愿意贷款给中小企业，即便愿意，地市银行给企业贷款的审批权额度也较小，并且手续相当烦琐。所以，对中部地区的发展来讲，发展能为中小企业提供金融服务的中小金融机构是一项很重要、很急需的金融改革措施。因此，可在中部进行农村信用社试点改革，同时发展小额信贷，设立地区中小银行，并允许正常的民间借贷。对于中部金融改革，只要某种金融制度的安排存在一定合理性并能满足当地的需要，就应该让它合法存在。另外，还要推进中部六省区域性资本市场的建立，加强中部地区证券经营机构网络的建设，选择在中部大城市（如武汉、郑州、长沙等）建立地方性的资本市场，争取在郑州或武汉建立二板创业市场或证券交易市场，以开辟中部经济开放区吸引外资的渠道。

（原载于《中州学刊》，2005年6月）

谈我国高新技术产业开发区的发展

我国的高新技术产业开发区,由于实行"特事特办"、"快事快办"的方针,因此,无论是经济体制的转变,还是经济方式的转变,事实上早已进入运作之中。但从实践看,围绕着两个根本转变,仍需要转变认识观念,提高转变的实践效应。

一、高新技术产业开发区的性质与定位

高新技术产业开发区,是专门从事高新技术及其产业化开发的。它是实践"科学技术是第一生产力"、走向"科技兴国"的特殊区域。当今世界,科技发展日新月异,已是经济中高新技术含量的问题了。我国由于原有的经济基础、技术层次等比较低,在总体上还应是进行全面科技开发。但必须把握发达国家发展动态,尽量地把科技开发建立在高起点、高水准上,特别是注意把发展高新技术及其产业化放在战略重心的位置。

改革开放以来,我国建立了不同层级、不同规模的高新技术产业开发区,这对于推进高新技术及其产业化发展,起到了积极的作用。但是,也必须看到许多高新技术产业开发区,其技术不高、新产业化发展也无法形成系统。圈划了大片土地,却出现有区无开的"空壳"现象,收效并不乐观。所以,从宏观角度看,必须加强对高新技术产业开发区的管理,给高新技术产业开发区本身定位。对入驻高新技术产业开发区者要有一个度和线,"夕阳型"的宁可不要,不可凑数;进入开发区的都应具有前沿性、尖端性,都应是符合长远的产业化发展趋势的产品和企业。一定要把高新技术产业开发区真正办成高新技术产业的开发地、转化地、拓展地。

高新技术产业开发区的定位:①高新技术及其产品开发;②促成和实现高新技术产业化发展;③围绕高新技术产业化发展,营造人们自由全面发展、趋向自由劳动的环境与条件。

二、高新技术产业开发区的区政管理

高新技术产业开发区的区政管理如何,直接影响着整个高新技术产业开发区的发展速度、效益和总体发展。为此,必须加强区政管理。一是要制定高新技术产业开发区的发展战略。在充分认识区域的基本区情、区力及外部环境条件的基础上,制定出开发区的发展战略,从经济发展水平、高新技术发展水平、人民生活及社会发展水平等方面,做到宏观控制,稳定发展。二是重视研究高新技术企业的成长规律和高新技术产业化特点,制定政策,理顺关系,营造环境。高新技术产业开发区的全部意义和生命力,就在于使高新技术产品开发与高新技术企业发展相结合,使产业结构高级化,成为国家或地区经济增长的重要力量。因此,区域管理最主要的是重视研究高新技术企业的成长规律和高新技术产业化发展特点,按客观规律办事。三是正确认识开发区及管委会职能。理顺开发区经济体制,提高开发区区政管理水平。开发区管委会的职责,是按照开发区的性质,对高新技术产业活动进行协调和环境营造。目前的管委会似乎成了项目接洽会、跑腿会,甚至有的主要领导成了产业经纪人或企业经营管理人。这种状况应改变,应把精力放在研究高新技术的产业化运作方式上,给高新技术产业开发提供一种外在的无形的力量。特别是不要把高新技术产业开发区看成是单纯研制、生产高新技术产品,而要把高新技术产业开发区看成是一个培育高新技术开发、高新技术企业的"沃土"和社会生态系统,像"硅谷"那样,以适宜的制度环境、政策环境等开发环境,不断推出一个个高新技术产品和一个个高新技术企业。四是,高新技术产业开发区的区政管理,应在贯彻中央大政方针的前提下,继续努力营造自己的小环境。围绕高新技术产业活动,加强区政设施建设、信息网络建设、商业服务网点建设,以及教育、文化、体育、卫生等配套系统建设。五是,高新技术产业开发区区政公务人员应不断提高区政管理素质,为进入开发区内的各类人、各类事、各类活动服好务,全面塑造开发区的社会公众形象,以各种渠道和方式扩大开发区知名度。

三、高新技术产业开发区的区域再造、经济重组、二次创业问题

进入20世纪90年代,"企业再造"风靡西方。美国和日本,欧洲、亚洲许多国家的企业都在推行企业再造计划。所谓"企业再造",本质上只有一个含义,即适应面临的问题通过再造、重组以使经营业绩、企业收益得到显著的改善。"企业再造"的理论同样可以应用到区域经济发展,尤其是高新技术产业开发区

的发展上。我国高新技术产业开发区建设以来，曾一度发展较快，但是随着高新技术转化为生产力愈来愈难，高新技术产品和高新技术企业实际上呈相对减少趋势，这就为高新技术产业开发区的建设带来困难；加之现代经济的信息化、全球化影响，高新技术产业开发区在当前也同样面临着困惑，从而面临着再造、重组的问题。这在客观上要求高新技术产业开发区重新研究自己的发展规划和管理模式，重新协调与外部环境的关系，正确科学地对现实环境条件做出反应，重新探讨运作体制和调节机制。从目前来看，高新技术产业开发区的区域再造和经济重组，一般应从下面几个方面着眼和入手。

（1）面对现实，借助高智力学者、专家进行企业再造，二次创业。如果说，高新技术产业开发区的第一次创业，是靠开发区管委会"一班人"发展起来的，那么，第二次创业则需要借助高智力学者、专家发展。因为现在外部条件与内部环境都大大不同，特别是许多宏观经济政策、运行动态及对区政管理的影响，都是原有的一班人所驾驭不了的，这就需要借助经济学家、社会学家、法学家、管理学家及学者型的官员和专家的力量进行咨询研究，从而制定出对应的发展战略、计划、政策和具体运作方案，以把再造的起点建立在高水准、高效益上。

（2）以吸引高新技术人才为区政管理的主导，推动高新技术产业开发区的发展。高新技术产业开发主要靠高新技术人才。如果说，以前高新技术产业开发在于形成规模，即以引入和发展高新技术和产品为主，那么，现在的高新技术产业开发有了一定规模，而且在开发难度愈来愈大的情况下，其主导和主体就应该位移，即以引入和聚集高新技术人才为主。这是区域再造、经济要素重组中的根本点。高新技术产业开发区的发展，从现象上看，是科技、产品、资本、市场等，但本质上是高新技术人才及其拥有、开发人才资源的问题。因此，新形势下高新技术产业开发区的管理必须由对事转向对人，由对物转向对人，由引入别人的开发成果转向引入人才进而自行研制开发。这里最主要的是围绕新一轮经济竞争和长远发展利益，营造良好的人事劳动环境、科研开发环境，特别是吸引那些正在从事某种研制开发的各层次、各类型科技人员，甚至不惜为其建造实验室、配备科研助手等，让其到开发区落户、发展。没有高新科技开发人才，就不会有高新技术开发产业。

（3）运用现代信息技术和科学组织原理，对区域管理系统及其职能进行重组整合。即联系客观环境形势和高新技术开发、高新技术企业成长规律，按照信息化、高效化、现代化要求，重新审视、变革开发区原有管理组织系统、组织结构、组织功能，设计出具有快速反应能力、简洁多样、富有成效的新型组织系统和组织机能，以提高开发区整体管理素质与管理效率。

区域再造是由企业再造演化而来的。我们可以从企业再造的理论中借鉴些许。如强调敢于打破常规，抛弃已有的模式；以工作流程的整合为切入点，分析工作环境，超越人为障碍，更有效地直达目标，从而提高效率；更加适应环境变化、发展趋势等。这是一个新的命题，涉及的内容很多，尚待进一步研究探讨。

（原载于《奋进》，1997年10月）

坚持非均衡区域发展战略的选择取向

摘要：改革开放以来，探索和实践非均衡发展战略，使我国经济驶入了"快车道"。非均衡发展战略在我国取得的成功，引发了越来越多的人对非均衡发展战略的思考和研讨。也许非均衡发展战略也有其负面影响，但我们还是认为，非均衡发展作为运作理念和机制，不仅体现了区域空间差别存在的客观性，而且表征了对这种区域空间差别调节的主动性，也正是非均衡发展的作用，促成了区域经济社会从非均衡逐步走向均衡，从不和谐逐步走向和谐。因此，应坚持把非均衡发展及其战略选择作为现阶段我国宏观经济政策的价值取向。

关键词：非均衡发展；经济战略；动态均衡；和谐发展

赫希曼的非均衡发展理论把非均衡看作是区域经济发展的最现实的存在方式。他认为，经济发展不会同时出现，只能在有条件的某些地域出现，区域经济增长将会形成空间集聚。邓小平以怎样建设社会主义为出发点，提出了具有中国特色的非均衡发展理论。我们认为，非均衡发展理论的基本思路是以非均衡发展为手段，最终促成和实现均衡发展目标。目前，我国出现的种种问题并不是由于实行非均衡发展战略导致的，而是由于我国经济社会现状和国情的特殊性使非均衡发展战略的实现条件畸形化，因此，我们提倡区域间根据自身条件非均衡发展。

一、对非均衡发展的认识误区

我国实施非均衡发展战略使我国经济发生了翻天覆地的变化。但是，在经济运行过程中也出现了许多不协调的经济社会现象，诸如两极分化、地区间发展不平衡等一些问题。甚至，有些人认为非均衡发展战略有悖于社会主义发展的本质。非均衡发展战略是一种发展手段，社会主义利用非均衡发展的战略，实际上是由社会主义初级阶段基本国情决定的。之所以出现人们对非均衡发展的否定性认识，主要是由于对于非均衡发展战略没有全面的认识，导致出现了一些认识上的误区。

1. 对发展战略认识的片面性、局部性、短期性

无论是国外的非均衡发展理论还是我国所特有的非均衡发展理论，其所追求的是经济社会的可持续发展和均衡发展。邓小平应用唯物辩证法发展观，把非均衡发展理论与中国经济发展实际相结合，依据中国社会主义初级阶段的基本国情，提出了"先富带动后富"、"点面结合"、"台阶式"发展等非均衡发展战略思想，这些战略思想不仅是我国现代化建设的重要举措，也是社会主义和谐社会建设的必然选择。通过"先富带动后富"，让一部分人先富起来，然后带动贫困地区，实现共同富裕。通过重点带动全面，优化产业结构，实现协调发展。通过"台阶式"跃进，落实"三步走"战略，实现发展目标，进而实现和谐社会发展目标。

对我国现阶段发展战略的认识要从经济、社会、政治的高度全面理解认识，不能只片面地看到战略发展的一个方面，它们之间是相互联系、相互共生的。增加人民收入是关键。因为只有人民收入增加了，才会形成有效购买力和储蓄，进而促进投资，提高生产效率，有效促进资本深化，进入发展的良性循环。可见，人民增收既是经济发展的起点，又是经济发展的落脚点。非均衡发展规律又制约着我们无法同时实现共同富裕，只有让一部分人先富起来，然后带动较为贫困的人口。那么，让哪部分人先富起来，这就涉及我们的区域发展战略。我国采取的是点面结合、阶梯式的自东向西发展的发展模式。这不是主观决定的，这是由地区间经济结构、区位优势、人口素质等多种因素决定的。这必然使东部地区发展程度比西部高，但我们也高兴地看到中西部实现了较快发展的目标，逐步形成了我国重工业和制造业的基地。如何解决东西部的发展差异，这就是我们所倡导的"三步走"战略所要解决的问题。经过数年的发展和改革，逐步实现"三步走"战略目标的同时，东西部发展不平衡也会得到有效改善。当然这不是短期能实现的，需要我们长期的努力。可以看出，发展战略是一个整体性体系，不能片面、局部、短期地看，必须站在历史和社会整体的角度来分析。

2. 非均衡发展不等于两极分化

邓小平认为，经济政策要允许一部分地区、一部分企业、一部分工人农民，在辛勤劳动的基础上可以收入先多一些，生活先好起来。这是符合我国社会主义初级阶段的基本国情的。我国是一个发展中的大国，幅员辽阔，人口众多，各地区经济、文化发展很不平衡，地区之间、城乡之间、行业之间，客观条件千差万别，整个经济的发展不可能齐头并进，因而实现共同富裕在速度、程度以及方式上都会有显著的差异，人民不可能在同一时间、以同等速度共同富起来，而只能由重点带动全面、部分带动整体、先富带动后富，最终达到共同富

裕。允许一部分地区、一部分人先富起来，是社会主义市场经济体制建立的客观要求。

在社会主义市场经济条件下，价值规律和我国的分配制度的作用必然引起地域间发展的不均衡。此外，微观经济体之间的市场环境的差异、经营管理方法和劳动者素质，在市场经济环境中必然导致优胜劣汰和发展差异化。这种差别不能依靠主观认识去人为地"熨平"，而只能以这种差别为动力，促进它们各自发挥优势，造成你追我赶的竞争局面，在相互竞争中共求生存、共同发展，逐步走向共同富裕。

我们所倡导的是在合法、公平的环境下的收入差异，但是由于我国政治体制和社会主义市场经济不完善，导致违法收入、灰色收入、垄断收入的日益增长。这必然会产生两极分化，挫伤人们你追我赶的积极性，甚至出现仇富心态。这种现象只能产生外部不经济。

3. 和谐发展不等于区域间差异缩小，经济协调发展不等于经济一体化

和谐发展包括政治、经济、文化和社会等多方面协调发展。我们所讲的主要是经济和谐，因为经济是上层建筑的基础，经济的发展主要体现在生产力上。因此，生产力的和谐、生产关系的和谐及生产关系与生产力内在的适应性的和谐成为经济和谐的主要指标。现阶段，我国区域间经济发展不平衡，生产力和生产关系发展水平不一致，所以不能采取"一刀切"的办法，而是应该因地制宜、实事求是地发展。地区间差异是在任何区域经济增长阶段都存在的客观事实，是区域发展的规律所在，是工业化及城市化战略实施过程中所不可避免的客观后果。试图从缩小区域间差异入手推动和谐发展，必然是得不偿失的，会造成经济的浪费。为此，不能简单地把和谐发展与缩小地区差异等同起来。实现和谐发展的关键在于生产力的进步。

经济一体化所考虑的是整体经济效率而不是区域公平，而经济协调强调的是经济公平，即市场机会的公平。现实中经济一体化与经济协调往往是矛盾的。当今各国乃至全世界都倡导一体化，而政府往往成为一体化的推动者，政府干预就会导致市场机会不公平，结果导致经济发展的低效率。难以改善欠发达地区的现状，且与经济协调的市场机会公平目标背道而驰。因此，经济协调与经济一体化不能等同。混淆发展目标之间的关系，必然导致政策上的偏差，最终出现有悖于发展初衷的不良后果，归根到底是对于协调的内涵本质的错误理解，并由此实施制度安排的结果。

对全国而言，大办工业，各级政府提出"工业兴市"甚至"工业兴"的战略口号，导致全国经济发展出现极大的相似性，片面地认为要发展就要发展工业，要实现一体化就要实现工业全民化。这是对发展理念的错误理解，这样做的结果

必然是导致错误的制度安排,其最终的结果只能是劳民伤财,阻碍经济的发展,进一步恶化经济发展的环境。

4. 区域间发展不是简单的经济"嫁接"

根据扩散效应原理,发达地区的资金和劳动力向落后地区流动,促进落后地区的发展。先进地区发展取得的成功,一方面给落后地区带来了发展的新思路;但另一方面容易使落后地区忽视自身的发展条件,进而不能实事求是地走适合自身发展的道路,往往出现发展的陷阱。增长极理论中的极化效应与扩散效应,被统称为溢出效应。当扩散效应大于极化效应,则溢出效应为正。从空间关联来讲,增长极的经济增长就能够带动具有关联性的区域经济的增长乃至发展;反之,增长极的经济增长对于周边地区经济发展不利。区域协作实际上就是对区域内产业间的关联性的利用,而区域协作过程就是产业间分工协作的过程,分工越细,产业间关联性越强,区域协调后果越明显。对于我国而言主要表现在:

第一,中西部对自身认识不足,体现不出自身的特点。中西部各省市区确有共性的一面,但更有差异。共性源于与东西部的比较,而差异性则需要中西部各省的内部比较。共性主要体现在资源丰富、劳动力成本低、土地资源丰富。但是中西部资源开发成本较高、劳动力素质低下制约着经济的发展,国土面积广阔但山地丘陵面积大、可耕地面积少。说到中西部的劣势,一言以蔽之,资金、技术缺乏,人才匮乏。而事实上却是武汉、西安、成都、重庆、兰州、昆明等地区集中了大批质量较高的人才,有着较强研发能力的研发机构。共性的一面不是发展的突破口,真正发展的突破口是差异化战略,然而中西部地区盲目与东部比较,没有挖掘自身优势,而是造成了发展的千篇一律。

第二,中西部盲目学习东部产业内容。目前,我国正在经历着东西部产业结构的转移,如果机械地照搬东部产业结构、按部就班,中西部只能缓慢发展或停滞不前。因为在中东部有优势的产业在西部不一定有优势,主要是由于区位和要素禀赋的差异。中西部必须采取创新式产业发展政策,遵循因地制宜发展的原则。选择中西部的优势资源及原有的优势产业,有选择性地引进资金、人才、市场、制度,积极构建起中西部的现代产业,以这些产业的发展带动相关产业的发展,迎头赶上东部发展的步伐。

二、坚持和完善非均衡发展战略仍是我国现阶段的战略选择

纵观新中国成立以来各个时期的经济发展战略,不外乎有两种,即平衡发展战略和不平衡发展战略。平衡发展战略在我国主要包括:过渡时期的总路线和总

任务、超英赶美的赶超经济发展战略，20世纪末实现四个现代化的战略构想。不可否认均衡发展战略在新中国成立初期发挥了巨大的作用，对我国社会主义的建立和巩固做出了积极贡献。但是，由于这一战略脱离了我国处于社会主义初级阶段的客观实际，不符合生产力发展规律和经济发展规律的要求，是不科学和不可取的。非均衡发展战略在我国取得巨大的成就的同时也带来了很多负面影响，但是结合我国现阶段实际，非均衡发展仍是我们现阶段的理性选择。关键是我们要在优化非均衡发展的环境、疏通城乡经济要素的通道，转变政府职能上下工夫。

1. 坚持非均衡发展是现阶段的理性选择

（1）非均衡发展是经济非均衡发展规律的体现。石建勋、刘灿香（2000）认为经济非均衡发展规律是指在经济发展过程中，由于自然环境资源条件、人口的数量和质量、社会制度等诸方面存在差异或差距的原因，不同国家、不同地区的经济发展速度、实际的效果和效用普遍存在着差异或差距，这种非均衡发展的现象广泛存在于国家之间、区域之间和人与人之间，甚至因发生"马太效应"而进一步放大。实质上，非均衡理论认为非均衡是社会经济运行的正常状态，而社会经济所追求的均衡，是一种相对的动态均衡，不是一种静态的绝对均衡。换句话说，经济发展的均衡是相对的，而经济发展的非均衡是绝对的，主要原因是由于自然环境资源条件、人口的数量和质量、社会制度等诸方面存在差异或差距。对于西方经济学追求的均衡更是一种理想化的状态，更多是在非均衡的过程中朝着均衡的状态发展，在达到均衡时又会马上出现非均衡的因素。

可见，经济不均衡是社会的常态问题，我国在建设社会主义道路过程中，也必须认清经济发展的客观规律。不能自由地搞平均化，因为我国还处于社会主义初级阶段。在这里我们还要区分一个问题，就是经济与社会的均衡性问题。经济不均衡是必然的，但社会的均衡性问题是可以实现的。这是由我国社会主义的性质决定的，从另一个角度来说，经济不均衡发展是手段，社会和谐发展是目标。

（2）区域间自然与社会资源差异性是非均衡发展的客观原因。我国东部地区利用优越的交通区位优势，能够实现从世界范围内配置资源，由于资源禀赋导致西部地区的工业发展以国有重工业为主，东部地区在利用西部资源的同时，依靠自身强大的经济基础，发展了全面的工业体系。另外，新中国成立以前中国国民经济布局与外国资本的投资分布密切相关，外国对华贸易和资本输出主要在东部地区。这就为东部优先发展创造了条件。在对外开放和吸引外资方面，东部地区有极大的优势，加之东部地区经济先天优势，交通、通信便利，生产成本较低，因此，东部地区的开放成就更高，能更多地引进国外的资金和技术。

从人口素质上看，我国的西部地区人口素质相对东部较低，绝大多数文盲和半文盲人口都集中于贫困地区，而经济实力较强的东部区域恰恰是高素质人才的聚居地。从地理区域看，国家选择经济基础比较好的沿海地区作为现代化建设的"基石"，推行沿海经济优先发展的非均衡区域经济战略，对东部沿海地区实行经济、金融、外贸、人才、政策等多方面的倾斜，优势区位着重发展，通过中部技术、信息、传导机制，把影响扩散、辐射到西部，从而带动全国经济的共同增长。

中国是个农业型社会，农业人口占据绝大多数。因此，中国的非均衡政策，把改革的突破口首先选择在农村，从农村"转战"城市，减少贫穷，解决广大农民的温饱问题，然后用城市的工业现代化来建设新农村，走和谐之路，引领全国人民向小康进发。

（3）非均衡发展是唯物辩证法的体现。事物发展的总的趋势是由非均衡到相对均衡，再由相对均衡达到新的非均衡，在这种均衡与非均衡的循环往复中曲折发展，从而使事物发展过程呈现出阶段性与连续性、曲折性与前进性的统一、波浪式前进与螺旋式上升的趋势。非均衡发展是事物发展的一般规律。从这个意义上说，一个国家或地区的经济发展，也是由其内在的矛盾运动所决定的，其均衡发展是相对的，而非均衡发展是绝对的。因此，在制定一个国家的经济发展战略时，应当掌握和运用均衡的相对性和非均衡的绝对性的客观规律。邓小平正是运用这一规律，分析我国经济结构和发展的特点，提出了经济非均衡发展的构想。

2. 完善非均衡发展战略是当务之急

（1）信息化建设是促进要素流动的前提。进入 21 世纪以来，世界格局发生了重大变化，知识经济、经济全球化发展迅猛，信息作为一种最重要的科技资源越来越受到重视，信息产业化在国民经济体系中占据越来越大的比例。对现代信息技术和信息资源掌握的多寡直接决定了发展的机遇和资源的多寡。我国信息不对称导致区域间知晓权和资源配置权差异，造成了增收的困难和发展日趋边缘化。因此，大力建设区域间信息通道、完善信息网络成为要素流动的必要前提。信息化可以促进以城带乡战略，增强城市辐射力。高速便捷的信息网络能突破地域限制，使城市的各种技术、人才和资金等资源快速有效地从城市转向其他地区，推动城乡生产要素流动一体化和行政环境服务一体化的改进。

（2）优化非均衡发展的环境。非均衡发展在某种程度上需要一个均衡化的发展环境，这种均衡化的发展环境主要是指制度上的均衡。这种制度上的均衡能使经济要素自由流动，就我国而言，需要进一步打破城乡一元经济结构，改革城乡户籍制度，让人民享受国民待遇。在 21 世纪的经济发展过程中，要把城乡一元经济结构的转化作为促进经济发展和实现现代化的重要任务，这就需要加快对传统农业的根本改造，在推进农业工业化的进程中协调工业化与城市化的关系，促进工业化与城市化的互动发展；提高小城镇的积聚效应，把小城镇作为协调城乡关系的联结点。

市场经济是依法规范的竞争经济，市场主体的组织和行为、市场交易行为和秩序、与市场密切相关的劳动、社会保障等规范，都是以市场活动为核心的法律规范。中国在建立市场经济的过程中，不断建立和完善市场经济的法律体系，不仅为市场经济的培育和发展提供了重要的法律条件，而且为公私财产权的保护和公平市场竞争秩序的建立提供了较为有效和全面的制度保障。完善社会主义市场经济法律体系建设，规范市场经济行为，创造一个公平、合理、透明的市场竞争机制。同时，规避政府的寻租行为，严惩利用非法手段获得利益的市场主体和管理主体，积极营造一个你追我赶的竞争氛围。

（3）用均衡发展的要求转变政府服务职能。政府作为发展的调节者，起着宏观调控的作用。政府在调节经济发展的过程中要把实现均衡服务作为自己的本职要求。所谓"均衡服务"就是要求政府在制定各种政策时不能搞区域歧视，应在全国实行同一标准。目前，我国城乡间社会保障制度、户籍制度不一样，区域发展壁垒重重，收入分配不公平等一系列问题都体现着我国政府职能的扭曲。政府应逐渐从全能型政府转变为单一型政府，有所为有所不为，集中精力提高政府服务和调控职能，逐渐从干预经济运行的体制中脱离出来。

三、利用好非均衡发展战略实现和谐发展

厉以宁先生在 20 世纪 80 年代初期就提出了社会主义经济总量失衡和结构失衡的问题，并认识到失衡或者说非均衡是社会主义经济运行的现实状态，而社会主义经济所追求的均衡，是一种相对的动态均衡，不是一种静态的绝对平衡。在此基础上，他探讨了社会经济的动态相对平衡和社会发展战略的动态相对平衡。他主张从政府、企业、市场三者关系来分析，加速企业运行机制的改造，发挥政府在商品市场配额和维护市场经济秩序中的主导作用，使中国经济逐步从非均衡状态转向均衡状态。

我国非均衡发展战略的最终目标是实现均衡发展。邓小平指出，在改革中，

我们始终坚持两条根本原则，一是以社会主义公有制经济为主体，二是共同富裕。鼓励一部分地区、一部分人先富起来，也正是为了带动越来越多的人富裕起来，达到共同富裕的目的。社会主义制度要求我们必须以共同富裕为最终目标，非均衡发展只是实现共同富裕的手段。邓小平"两个大局"的思想也充分说明我国既重视东部沿海地区的发展，又重视中西部经济的发展。没有第一个大局的实施，第二个大局就无从谈起。第二个大局的落实，要以第一个大局的切实执行为前提。无论是优先发展沿海，还是着重开发内地，都不能顾此失彼，要把重点论与两点论有机结合起来。回归均衡发展是构建和谐社会的必然选择。和谐社会是科学发展的表现，科学发展要求我们以人为本，统筹兼顾，这实际上就是以非均衡改革消除社会不和谐因素的思路。党和政府提出"要以扩大就业、完善社会保障体系、理顺分配关系、发展社会事业为着力点，妥善处理不同利益群体关系，认真解决人民群众最关心、最直接、最现实的利益问题"。这些措施正是以非均衡改革解决和缩小社会差距的体现，必将在经济、社会、政治等领域产生良好的效果。

我国经济发展取得的巨大成功，其中非均衡发展战略的实施起着至关重要的作用。它已经成为世界经济发展的普遍模式，我们要不断研究和发展非均衡发展理论。我国采用非均衡发展战略，归根到底是结合了我国的具体国情，按照发展规律办事的必然结果。这也充分说明，坚持实事求是的重要性，要求我们在今后发展的道路上，要牢牢把握我国的国情，走出一条具有中国特色的发展道路。此外，非均衡发展的目标是要实现社会的和谐发展，任何时候不能一味地追求发展速度而忽视质量。这就要求我国政府必须转变服务职能，建立和谐发展的社会运行机制，及时发现问题、分析问题、解决问题，把阻碍社会和谐发展的不利因素消灭在萌芽状态。改革开放30多年，我们积累了丰富的经验，不能骄傲自满，更不能停滞不前，我们要时刻保持谦虚谨慎的态度，真正做到实现好、维护好广大人民群众的根本利益，努力创造和谐社会。

参考文献：

[1] 厉以宁. 非均衡的中国经济 [M]. 广州：广东经济出版社，1998.

[2] 叶静怡. 发展经济学 [M]. 北京：北京大学出版社，2007.

[3] 邓磊. 邓小平非均衡发展思想与和谐社会建设 [J]. 江汉论坛，2007（1）.

[4] 旷为荣. 邓小平非均衡与均衡区域发展思想研究 [J]. 苏州教育学院学报，2006（4）.

[5] 石建勋，刘灿香. 经济非均衡发展规律与构建和谐社会的战略选择 [J]. 苏州大学学报，2008.

[6] 王承就. 论邓小平区域经济非均衡协调发展思想[J]. 广西大学学报, 2007 (2).
[7] 唐松. 基于非均衡发展理论的区域协调内涵解释[J]. 经济经纬, 2008 (1).

(郭军、马源, 原载于《中州学刊》, 2009 年 5 月)

基于产业集群视角的县域小城镇经济研究
——以河南省为例

摘要：小城镇经济是县域经济发展的中坚力量，县域经济发展水平的高低在很大程度上取决于小城镇经济的发展状况。而小城镇经济的发展又取决于小城镇产业发展的水平和规模，取决于产业集聚和集群的程度。因此，应立足于产业集群视角下的县域小城镇经济发展研究，将县域经济、小城镇经济与产业集群的发展组成一个有机的整体进行综合考虑，达成三者良性互动，着力促进产业集群及其小城镇建设，构筑社会主义新县域、新农村。

关键词：产业集群；小城镇经济；县域经济；互动关系

"郡县治，天下安"，解决"三农"问题的长远之计还应着眼于县域这一层面。那么县域经济的支撑到底在哪儿？从理论上讲，无外乎两个：一是县域小城镇及其发展；二是县域经济和小城镇经济发展的产业基础。两个支撑在本质上却是一个逻辑的经济性连接——县域—小城镇—产业，按照这一思维，县域经济的大发展在于积极引导县域小城镇和小城镇的产业集聚与产业集群发展。基于这一理论构想，我们近期深入到河南省的部分市县进行了专题调研，结果发现，凡是有工业支撑，特别是具备了一定产业集群的小城镇正在成为县域经济发展的中坚梁柱，彰显出产业集群、小城镇、县域经济之间的线性关系。

一、产业集群与小城镇经济的关系

1. 产业集群及其在小城镇的经济地理空间布局定式

在国内外经济发展过程中，各地区利用自身资源比较优势发展经济，出现了一些产业关联企业在区域集聚的群落，形成了各具特色的专业小村、专业小镇、专业小城、专业小区等"集群现象"。如美国硅谷、意大利中东部工业化地区、法国布雷勒河谷的香水瓶产业、墨西哥利昂的鞋业、浙江桥镇中国轻纺城、浙江诸暨市大唐镇的制袜业、浙江绍兴市上虞崧厦镇的伞具业、广东中山市古镇的灯饰、福建晋江陈埭镇的鞋业、河南禹州神垕镇的钧瓷、河南南阳石佛寺镇的玉雕、河南许昌鄢陵的花木、河南禹州市顺店镇的铸造业等。集群经济现象，不仅有利于提升集群内企业的竞争力，而且也不断地改善着城镇的结构与功能。实践证明，走产业集群化发展道路已成为各地建设小城镇、发展小城镇，从而扩张县域经济、解决城乡问题与"三农"问题的理性选择。

20世纪80年代以来，克鲁格曼（Krugman P.）、维纳布斯（Venables A.）、蒲格（Puga D.）、阿瑟（Arthur W.B.）等一些西方主流经济学家提出"新经济地理学"，主张以收益递增、不完全竞争理论为基础，运用经济学的方法研究经济活动的空间集聚和区域增长集聚问题。新经济地理学认为，外部规模经济和运输成本的相互作用是解释区域产业集聚和区域"中心—边缘"形成的关键。其收益递增是指经济活动由于在空间上的相互接近性而带来的成本节约，或者是产业规模扩大而带来的无形资产的规模经济等。作为"新经济地理学"的基础，报酬递增模型除了用来解释产业活动的集聚或扩散以外，还被用来解释城市增长动力机制。如克鲁格曼模型的核心就是：人们向城市集中是由于这里有较高的工资和多样化的商品，而工厂的集中是因为这个空间能够为它们的产品提供更大的市场。并且，新经济地理学理论还认为在空间集聚的过程中，高运输成本将阻止产业地理集聚，而在中等水平的运输成本下其前向与后向联系的效应最强，即产业集聚更容易维持；劳动力的可移动性越差，扩散的力量就越大。

新经济地理学的收益递增、外部经济在区际分工和经济活动的空间集中理论，为产业聚集及其沿产业链分工与合作产生集群效应，也为各种经济活动向小城镇聚集，从而建设、发展小城镇，提供了规模效益理论的支撑；报酬递增模型在解释城市增长动力机制时为产业向小城镇和工业园区聚集、为人们向小城镇聚集提供了理论上的解释；此外，新经济地理学非常关注传统制造业的集聚，认为制造业的空间集聚更具有典型性，其外部经济也更明显。而现阶段我国产业大多集中于传统产业，能正确认识这一点将对促进传统产业的集聚、发挥我国的产业发展优势有积极的借鉴意义。

2. 产业集群及其对小城镇兴起和发展的硬约束

美国学者弗兰克·法林顿早在1915年出版的《社区发展：将小城镇建成更加适宜生活和经营的地方》一书中提出，利用工商企业自身的力量提高小城镇社区内经济、社会发展水平，同时改善居民的生活质量，解决存在的社会问题。小城镇位于城市之尾、农村之首，是我国乡村工业从乡村地域实现共享城镇资源的一条低成本道路。我国的乡村工业大多由民间投资创业经营，自身规模小，市场竞争性不强，研发创新能力不足，无法在企业内部实现规模收益，为了获取单个企业所不具备的竞争优势，就应依据市场机制向一定区域空间聚集，形成区域性专业化分工的企业集群，企业对规模与竞争效应的追求使得生产要素和经济活动不断向小城镇聚集，从而加快小城镇发展，促使小城镇不断完善基础设施。

马克思的社会分工理论也告诉我们，城镇化是在农业劳动生产力出现剩余，即有"剩余劳动"的情况下实现的。但城镇化的发展质量又必须要以产业发展和企业的聚集为支撑，从而能够有条件吸纳"剩余劳动"，避免"城镇化病"的产生。可以认为，小城镇的质量取决于其吸纳力的高低，即能否吸引劳动力、资本、技术等资源向城镇集聚。从表象上看，城镇化表现为人口的集中，实质上表现为产业的集聚。只有发展产业集群，实现了产业的集聚，才能够吸引大量的人流、物流、资金流、技术流和信息流向城镇集中。

二、立足小城镇建设，积极引导产业集群，助推县域经济发展

1. 小城镇及其县域经济的产业支持背景关联分析

（1）产业集群、小城镇、县域经济的关联性。为了考察县域经济、小城镇与产业集群的关联性，本文选取城镇化水平作为小城镇的指标，即选择了"城镇人口占总人口的比例"这一体现城镇化水平的显著指标，县域经济和产业集群的指标分别选择"人均 GDP 和城镇化率的数据进行点散图模拟，根据关系的形态建立函数模型：$Y = aX + bZ + \mu$，其中 Y 为人均 GDP，X 为城镇化率，Z 为总产值，a 和 b 为待定参数，μ 为随机扰动项（一般情况下不计）。对表1、表2和表3的数据进行回归得到如下结果：

$$Y = 449.5413X + 4.1634Z + AR \tag{1}$$
$$(8.8709) \quad (1.4153)(8.5267)$$

相关系数 R = 71.63%

从回归结构可看出：城镇化水平和产业集群总产值与县域经济之间存在较显著的正相关关系，即城镇化变化 1%，县域经济才变动 4.16%。例如，济源市的城镇化水平为 36.03%，远高于河南省的 28.91%，人均 GDP 为 18542 元，稍低于郑州市而远高于河南省其他地区，位居河南省第二位，可是，其集群的总产值在 2004 年仅有 26.64 亿元，位于全省倒数第三。济源地区的现象证实了该模型的解释能力，即小城镇建设对县域经济贡献度大，产业集群对县域经济的贡献度较小。而恰恰是从这一点上我们看出了河南省产业集群的发展水平较低，对县域经济发展的拉动作用较小。

表1 2004年河南省各地区产业集群总产值

单位：亿元

地区	总产值	地区	总产值	地区	总产值
郑州	694.10	周口	52.40	洛阳	256.80
济源	26.64	开封	65.70	驻马店	5.50
商丘	46.10	濮阳	165.90	信阳	11.50
新乡	204.10	南阳	77.70	三门峡	80.50
许昌	257.60	鹤壁	41.60	安阳	367.30
平顶山	144.90	漯河	207.10	焦作	44.00

数据来源：河南省中小企业服务局关于《河南省中小企业发展战略规划》(2006~2020)。

表2 2003年商丘地区各县的基本情况

商丘	人均GDP（元）	城镇化水平（%）	商丘	人均GDP（元）	城镇化水平（%）
梁园区	7010	42.00	夏邑县	3061	22.60
虞城县	3599	19.80	柘城县	2624	12.10
民权县	3701	19.00	永城市	4602	26.10
宁陵县	2883	14.99	睢阳区	4587	28.00
睢县	4040	17.01			

注：商丘为2003年底数据，来源于《商丘统计年鉴》(2003)。

表3 2004年河南省各地区的基本情况

河南省	人均GDP（元）	城镇化水平（%）	河南省	人均GDP（元）	城镇化水平（%）
郑州	21168	57.90	许昌	11569	30.05
洛阳	14195	35.58	三门峡	12418	37.68
平顶山	9615	33.50	南阳	8362	27.05
安阳	8772	31.00	商丘	5670	23.70
鹤壁	10901	41.20	信阳	5540	25.46
新乡	8410	32.02	周口	4944	16.55
焦作	13412	38.53	驻马店	5368	16.76
濮阳	8929	27.27	济源	18542	36.03

注：河南省为2004年底数据，来源于《济源统计摘要》(2005)，济源市统计局。

（2）寻求产业集群支撑下的县域经济发展的城乡联动性。发展县域经济最重要、最紧迫的问题就是要大力推进工业化。从本质上讲，县域经济的发展过程就是工业化过程，就是从城乡二元结构向现代经济结构转换的过程，也就是城镇化的过程。其根本出路就是走城镇化道路，推动小城镇经济发展，使农业和农村剩余劳动力较大规模地转入工业部门和城镇就业，从而实现工业"反哺"农业，城镇"反哺"乡村。

小城镇是城市与农村结合点、城乡联动的关节点。其特殊的地理位置决定了它具有与众不同的功能。一方面，它具有接受来自城市经济辐射的地缘优势，城市的生产和生活方式及各种物流、人流、资金流、技术流、信息流等不断地流入小城镇，影响着小城镇社会经济、文化、教育和卫生事业的方方面面。另一方面，小城镇又是农村政治、经济、文化和生活服务中心，是城市工业向农村乡村地区延伸的"桥头堡"。有了这个"桥头堡"，农村、小城镇、城市三者才能连成一线，城乡的发展才能有效地连成一体，一、二、三产业的发展才能形成协同、共进、互利、互助的良好态势，这样就有利于实现城乡统筹，以城市带动乡村的发展，促进农业的规模经营和农村工业化、农业现代化的建设。正是由于小城镇具有这样独特的地缘优势，才使它成为县域连接内外的关键枢纽，是实现城—镇—乡一体化发展的重要支撑点。

我国县域经济发展的实践证明，一定历史条件下形成的"村村点火，户户冒烟"的过于分散的工业布局发展模式，已不再适应市场经济和可持续发展的要求。随着短缺经济时代的结束、市场经济时代的来临，必须要遵循市场经济的规律，按照社会化大生产的要求发展县域经济。县域经济的发展必须要有一定的集约度，否则就不利于节约耕地和合理用地，不利于各种生产要素发挥产业聚集效应，不利于中小企业上规模、上水平、上效益，更不利于带动企业走专业化协作道路，提升企业的集约化经营水平和市场竞争能力，从而也就不利于推动区域经济的发展。但集约度的提升必须以小城镇为依托，只有依托城镇的集约优势，才能带动县域二、三产业的集约经营，形成集聚效应，产生集聚效益。只有依托小城镇的辐射功能，才能将分散的农产经营与大城市、大市场产生直接的经济联系，才利于城乡之间加强经济技术合作与交流，发挥农业经济功能，从而有利于农村更靠近大中城市，易于接受大中城市的经济辐射，易于掌握信息进行商品交流，易于生产要素自由流动，实现资源优化配置。只有依托小城镇的产品市场功能，才能促进周边地区的农业向"区域化布局、专业化生产、一体化经营"的方向发展，才能实现城镇"反哺"乡村，带动农村经济快速增长，从而改变城乡二元经济结构，促进城乡一体化的协调发展。

（3）积极打造产业集群化功能型小城镇。小城镇的发展既有与县域经济相连的一面，又有小城镇自身相对独立性的一面，尤其是应有效结合当地自然条件、资源禀赋、基础设施、文化培育和制度建设等特点，决定自身功能、重点和方向，构筑其在一定区域及城市体系中的特殊地位。这就要求从整个县域经济全局出发，尊重小城镇经济的个性化规律，发挥政府和市场两个积极性，引导和打造产业集群化功能型小城镇，建设各具特色的小城镇。

2. 产业集群在县域小城镇经济层面的特点

（1）一般性产业居多，是泛产业梯度转移的耦合承接。产业转移不仅是发达地区加快自身经济发展的需要，更是欠发达地区实现经济跨越式发展的强大外力。发达地区随着新产业、新技术的发展，以及经济规模、层次的进一步扩张，其土地、劳动力等生产要素成本攀升，一些产业或产品的竞争优势逐步丧失，利润空间逐渐缩小，从而转向利润率相对较高的产业和地区。而欠发达地区，由于要素价格低廉和优惠政策等优势条件，便自然地承接了发达地区一般产业的转移，加快和重组了区域经济。如河南省夏邑县会亭镇打火机生产，即是承接了温州几年前淘汰的低端的、最原始的一次性打火机产业。尽管承接的是一般产业，但却相对显著地带动了会亭镇的发展。2004年，会亭镇集聚了178家打火机组装厂，年产量为30亿支，产值达到6亿元，在全国市场上的占有率达30%以上，在全国农村市场上的占有率达60%以上，已成为全国最大的一次性打火机生产基地。

（2）劳动密集型产业居多，产品科技含量、附加值相对较低。从小城镇及其产业集群看，其资本构成主要来源于外来投资和本地私人投资，集群内的企业基本上是以民营为主的非公有制企业，且集中于以初级产品为主、与居民日常生活消费品高度相关的劳动密集型产业。根源在于这类产业对企业的规模、技术、劳动力的素质要求低，产业的进入壁垒低、风险小，农民易于模仿与学习，以 2~3 人组成家庭工厂就可以进行产品的生产加工。这一特点符合我国劳动力资源丰富、劳动者素质低、生产工艺技术条件要求不高的现实。如河南省虞城县稍岗镇，集聚企业及组装户上千家，年产钢卷尺2亿多只，市场占有率占全国的85%，产品远销欧、亚等 20 多个国家和地区，成为全国最大的钢卷尺生产基地。这类生产基地对于安置农业劳动力起到了积极的作用，而其产业技术含量、附加值及利润率相对都是比较低的。

（3）资源型居多，现代营销和市场拓展意识、能力差。在调研中，我们也发现目前一些小城镇中的产业集群的发起者大多是本地农民，且很多都是凭借当地的人力资源、自然资源、经济资源等优势，通过农村家庭工业逐步形成的小集群经济。血缘、地缘、乡缘观念在集群中盛行，形成了集群特有的人情文化。特别是在诸如河南省虞城县稍岗镇的钢卷尺、夏邑县会亭镇的打火机、鹿邑县张店乡的尾毛、固始县柳编和镇平县的玉雕等宜于家庭作坊的集群中，小农文化表现得尤为明显。这种文化具有小富即安、思想封闭的特点，不易形成现代意义上的营销理念，不利于企业主动走出去寻找市场，并且集群内企业之间与附近的地方产业间联系较少，往往是小协作或不合作，集群资源未能得到充分利用，产品成本下降的优势没有被充分挖掘，质量优势也未充分展现，未发挥集群的整体力量和效应，不利于集群的发展壮大。

（4）横向集群居多，纵向合作组织型集群寡弱。在众多的集群当中，波特把集群分为纵向和横向两种类型。纵向集群是由通过买方和卖方关系而联结在一起的产业组成。横向集群是共享终端产品市场，使用相同的技术和劳动力或者需要相似的自然资源的企业集群。县域城镇层面的集群大多属于横向型，这种集群组织是分工的初级阶段，也是集群发展的初级阶段，只是实现了从简单的集贸市场形式的多种产品生产向专业化产品生产的转变，并没有形成现代集群的分工与合作。因此，集群内部的分工不仅处于低层次水平，而且集群中企业交易成本也较高，集群产业资源远未达到"帕累托最优"的整合效果；集群内部企业之间是以非正式的人际关系和信任为基础的有限的联系，而不是建立在以产业联系为基础的市场关系上，这种非正式的联系及其约束不仅不利于集群内交易成本的进一步降低，而且限制着集群集体效率的提高。

三、加快产业集群与县域小城镇发展的模式选择

1. 县城招商引资既要定位于县域，也要定位于小城镇

县域招商引资一般多定位于县直城区，加之规划的专业园区又都建构在城区，所以，在我国小城镇发展及其招商引资往往从意识观念上便存在着主观局限性，按照产业经济学、区域经济学的理论，县域的县直城区和县域的小城镇两者之间只有地理空间位置层面的不同，而没有经济特别是产业发展上的不同，有时，有的小城镇经济发展本身就是整个县域经济的支柱。因此，招商引资既要定位于县直城区，也要定位于那些基础好、有潜力的小城镇。

从目前招商引资看，辽宁省、河南省等一些地方实施的"成建制引进外资，打造集群性、功能性小城（小镇）区"的做法成为一种新的较为有效的形式。这种形式的特点：立足小城镇的相关条件、优势，发挥政府宏观协调组织职能，组建集群专业区，从某一经济发达区同时引进一批企业，这些企业基本构成一个产业纵横梯队（包括为产业链服务的中间机构），并能在比较短的时间内产生集群经济效益。相对传统县域招商引资的思维做法，"成建制"引进企业，效益是非常可观的。首先，"成建制"引资，避免了单个部门、单家企业、单门独户外引外联的无序低效做法，由政府出面统一对外联系，实现县与县、镇与镇的整体对接和交流；其次，"成建制"引进的运作，有利于区域间经济互补，更趋针对性，

有可能形成发挥优势资源基础上的专业化分工与合作，构筑企业集聚和产业集群；再次，"成建制"引进外资企业，有利于改善县域或小城镇的就业状况，提升劳动力素质；最后，"成建制"引进外资，有利于催生新的经济增长点，推动县域经济或小城镇经济跨越式发展。

还应指出的是，在取消农业税的现阶段中国，招商引资成为各县域小城镇寻求经济支撑和发展经济的重要手段和竞争的焦点，所以，我们的思路不应止于"引进来"，而且要"扶全程"，形成县域经济和集群企业互为迎合、互为支撑、良性互动的局面，达到双赢、共赢。如河南省济源下冶乡，在招商引资工作上突出"双赢"、"引进来，送全程"的理念，仅 2004 年就引来了 1.81 亿元的巨额外资，助推下冶乡 2004 年生产总值达 2.58 亿元，财政收入达 1018.5 万元，较 2002 年翻两番多。

2. 探索"省县两层组"国家行政新体制下的产业集群及其小城镇建设路子

"十一五"期间，中国将按照统筹城乡发展的要求，坚持大中城市和小城镇协调发展的方针，走一条有自身特色的集约式城镇化发展道路，适时启动行政区划试点改革。也就是调整中间层的行政隶属关系，建立省县两组地方政府体制。被誉为"组织理论之父"的韦伯指出，唯有建立在严密的制度理性基础之上的行政组织才能实现高效运转，达到其组织的目标。在这种组织结构中，精确、快速、统一且具有持续性和较低的成本，是其基本内涵之一，也是现代社会最有效、最合理的组织形式。而目前，我国的 4 级或 5 级行政体制缺乏足够的制度理性，已日趋凸显其弊端，对其进行体制"瘦身"，建立理性行政制度，提升行政效率，已是社会所需。

特别是现阶段，我国在行政城市化体制下，必须完成经济城镇化、基础设施城镇化、社会服务城镇化的重任，以及接受城乡一体化发展与融合的演变过程，减少行政职能的中间环节，走"省直管县"两层级体制道路有着历史和现实的意义：首先，有助于打破行政分割，缩短管理半径，降低行政成本，提高政府效能，促进县域经济协调发展；其次，有利于城镇"反哺"农村，保证中央加强对基层公共服务扶持政策落到实处，减轻县乡两级财政压力，加强城乡统筹，助推小城镇快速发展；再次，可以减少不必要的资源浪费和无谓的区域内消耗，扩大市场运作空间，整合政府间的关系以促进公共效率的提高；最后，改变整个小城镇社会经济系统要素资源的配置，驱动农业产业支撑的小城镇与大中城市协调发展。

3. 按照一般产业的小城镇流向规律性组织产业聚集

一般产业流向小城镇的规律大致有两条路径：其一是乡镇企业向小城镇集聚。随着国际分工的不断深化，在经济全球化和产业地方化两大趋势的背景下，中小企业集群化发展成为乡镇企业成长的主流模式；随着农业税减免，在"三农"问题和"城乡二元结构"两大压力下，招商引资已成为县域小城镇经济来源的主流渠道。在这两大"主流"的催生下，乡镇企业则成为县域小城镇产业集聚的主体。但我国大多乡镇企业产业结构趋同，并与农业之间缺乏产业关联。依据美国著名发展经济学家赫希曼（A.O. Hirschman）的产业关联理论，只有具有后向连锁效应的产业，才能有力地推动相关产业发展。在乡镇工业十大部门中，只有以农产品为原料的食品、纺织、缝纫工业对农业有"后向效应"。这或许启示我们，当前以乡镇企业集聚为支撑的小城镇是不可持续的，各地应结合自身优势促进乡镇企业纵向集聚或走农业产业化道路。其二是依"种子性"企业的扩张催生集群。通过一个关键的"种子性"企业的衍生、裂变、创新与被模仿而逐步形成产业集群。即区域内有某个领域的企业出现，就有了集群的"种子"，随即生长出与之相互关联、相互补充、相互竞争的原材料、零部件、零配件供应、产品制作、配套产品、销售渠道甚至最终用户等上、中、下游企业及外围支持企业体系，形成集群。如河南长葛的农机配件，"奔马"、"飞乐"牌农用机三轮车的投产上市带动了长葛农用三轮车、汽油三轮车、农机配件等行业的发展，现已形成196家制造企业、1000余家配套企业、71家辅助性服务企业，2004年产值已高达40亿元，从业人员达3.2万人，成为全国第二大农用三轮车生产基地、最大的农用三轮车制造集散地、河南省第二大三轮摩托车及零部件生产基地。又如南街村从1981年建面粉厂起家，在农业产业化及农副产品加工转化方面走出了一条成功之路，并已形成原辅材料加工集群，无论是主料面粉、淀粉、挂面、方便面，还是辅料包装袋、纸箱，均有配套企业，延伸了农业产业的链条。目前，已成为年销售额10多亿元、拥有员工1.1万人的大型企业集团，居全国食品制造业百强的第12位。

4. 积极推进小城镇建设

经过20多年的改革和发展，我国农村经济已经进入农产品供给由长期短缺变为总量基本平衡、丰年有余，农业发展由受资源约束转为受资源和需求双重约束，农民的需求由基本满足温饱转向全面进入小康的更高要求的"新农业经济发展阶段"。无论是农村社会经济发展所需，还是中央政府所期，小城镇建设已成为社会经济发展的又一重要层面。我国小城镇建设事实上已进入快速发展的新阶段，2003年底全国共有小城镇42620个，创造全国1/4的GDP，吸纳1.5亿的剩余劳动力，预计以后每年还要吸纳700万~800万劳动力，并且城镇人口比重每提高1%，全社会消费零售总额相应上升1.4%。这足以让人们认识到小城镇的发展吸纳了大量农村剩余劳动力，有效地分流了大中城市的压力，逐步优化了城乡人口分布的总体格局，逐渐打破了城乡二元结构的总体格局，培育了城乡统一的商品和要素市场,整合了城乡各种资源,实现了优化配置,促进了农村经济和社会发展。

四、研究结论与启示

本文运用定性与定量相结合、实证分析和规范分析相结合的方法探讨了小城镇经济、县域经济与产业集群三者之间的关系,研究得出三者是两两互动、环环相扣、相辅相成、互助互进的紧密结合的正相关关系(见图1)。即县域经济发展为产业集群的形成提供各种生产要素,产业集群促成人口集聚,提升第三产业发展,推动小城镇兴起与发展,小城镇助推农村工业化步伐加快,提升县域经济水平。同时,县域经济反作用于小城镇,为其建设和发展提供动力源,小城镇经济又为产业集群的发展提供更优越的生产要素,推动产业集群提升,产业集群也反作用于县域经济产业结构的优化调整和人文环境的改善,强化县域经济的核心竞争力。

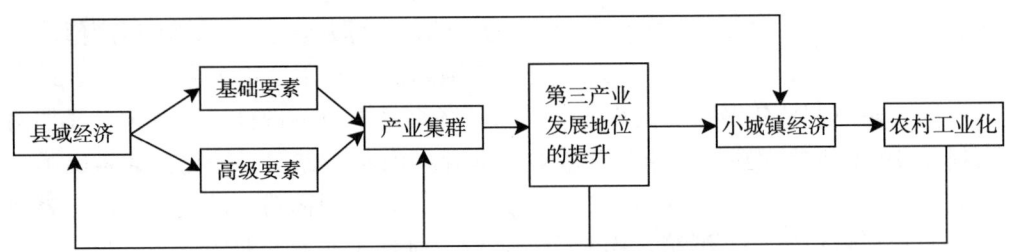

图1 小城镇经济、县域经济与产业集群三者的关系

以上分析启示我们:①县域经济发展应紧抓两个层面,一是县域中心城区经济,二是县域小城镇经济。②县域经济发展应紧抓一个主导,即以工业为主导并形成产业的集聚和集群。③县域经济发展应紧紧围绕一个体系,即以产业集群为载体的科技创新体系,促使产业集群成为推动县域工业化、城镇化及其经济社会发展的源泉。④县域经济发展的城镇化概念应定位在县域小城镇经济建设上,而小城镇经济建设又应定位在专业化产业集聚和集群的引导发展上。同时,一些相应的问题也尚待进一步研究,如协调产业集群、小城镇、县域经济三者关系及其运作的决策组织问题;产业及产业集群的引入、引导、发展的方式、方法,特别是制度规范问题;新形势下产业集群与小城镇发展的政策环境问题等。

参考文献：

［1］［美］ 迈克尔·波特. 国家竞争优势 ［M］. 北京：华夏出版社，2002.
［2］［美］ 保罗·萨缪尔森，戚廉·诺德豪斯. 微观经济学 ［M］. 北京：华夏出版社，2002.
［3］马克思. 资本论 ［M］. 北京：人民出版社，1974.
［4］王缉慈. 关于地方产业集群研究的几点建议.http：//www.china.cluster.org/df-jy.php.
［5］王缉慈等. 创新的空间：企业集群与区域发展 ［M］. 北京：北京大学出版社，2001.

（郭军、刘瀑，原载于《中州学刊》，2007年3月）

用新理念发展县域经济

随着我国经济社会的不断发展，县域经济在国民经济中的地位和作用日益突出。在新阶段促进县域经济发展，需要树立新的理念。

树立以工业化带动县域经济发展的理念。长期以来，县域经济大多以农业为主，工业发展相对滞后，在发展县域经济的过程中也缺乏现代工业思维。新阶段的县域经济发展必须超越围绕"农"字做文章的思维惯性，从原来的就农论农、以农支工逐步转变为以工促农、以工兴农，走工业化道路。发展县域工业，既要围绕农产品做文章，发展农产品加工业；又要围绕农村劳动力做文章，发展劳动密集型产业。围绕农产品加工做文章，解决的是农业比较效益低、农民增产不增收的问题；围绕农村劳动力做文章，解决的是农村人均资源占有量少、通过减少农民实现富裕农民的问题，这也是坚持以人为本的具体体现。随着工业的发展，工业的思维方式会逐步渗透到农业生产中，必将促进农业生产经营实现质的飞跃。

树立分工协作的理念。市场经济与自然经济的重要区别在于，市场经济强调分工和协作，在分工中提高效率，在协作中实现共赢；不搞大而全、小而全，不搞自我循环、封闭发展。当前，发展县域经济应树立分工协作的理念，在融入所在地区或相近区域的经济一体化发展中找准位置、形成特色，发挥比较优势，提高竞争力。同时，搞好对邻近城市和发达地区产业转移的承接，注重培植和构筑自己的产业集群。县域产业集群发展得如何，不在数量多少，关键是要有主导产业、支柱产业、可持续发展产业。只有拥有叫得响、带动力强的产品及其产业链条，并形成规模、品牌，县域经济才能有竞争力。

树立城镇化与新农村建设协调推进的理念。县域经济发展在于以工促农、以城带乡，在全面建设小康社会的过程中处于枢纽地位，必将成为我国经济发展的一个新亮点。世界上最大的潜在市场在县域，最大规模的工业化和城镇化进程将发生在县域。统筹城乡经济社会发展，以工促农、以城带乡，不是工业和城市对农业和农村的单方面支持，从长远来看，农业和农村的发展也将为工业和城市的发展提供最为坚实的依托和最为强大的动力。而要使这些成为现实，一个重要方面就是加快推进城镇化和社会主义新农村建设，并使两者协调共进。城镇化和新农村建设本身就是巨大的经济社会发展机遇,而且随着城镇化和新农村建设的推进,将不断有新的市场需求被创造出来,从而为经济增长提供强大的拉动力。因此,在发展县域经济的过程中,应处理好城镇化和新农村建设的关系,促进城镇化与新农村建设协调发展。

(原载于《人民日报》,2005年12月21日第9版)

县域经济发展阻滞点梳理

县域经济是我国政治、经济、社会、文化等活动的重要方面,"郡县治,天下安";30年改革发展历程越来越清晰地表明,县域经济发展水平已经成为国民经济和社会发展水平的基本标志。甚至可以说,一些省和市的发展在一定程度上就是通过县域经济崛起而实现全省(市)性跨越的。综观县域经济运行,无论是快的、慢的、好的、不好的,实际上都存在一些基本点结阻滞,对这些点结阻滞梳理得好,就能促进发展;反之,则制约发展。

一、片面理解城镇化

城镇化是一个与生产力发展水平相适应、与经济社会状况和生态环境条件相协调的自然演进的过程。城镇化既是一个城市规模扩大和人口聚集的过程,更是一个经济、科技、文化发展及人文素质整体提高的过程。而我国这些年的城镇化过程却多数都片面地停留在扩大城市规模和提高发展速度方面,县域经济发展也同样有这个问题。

第一,盲目拉大县域城区框架。城市的发展包括县域城区发展都应坚持合理规划、科学发展。但现实是,许多地方也做了各种规划,却不执行规划,或是超规划运作,特别是还在沿袭扩大城市规模、将城市中心区不断外延的老套路。今天这个城市"东延",明天那个城市"西扩",无端地将城市在现有规模基础上扩大几公里甚至几十公里,将行政机关单位搬迁到地广人稀的新区。全国政协委员刘秀晨指出,扩大城市规模的规划构想不是都不对,但却是对原有规划的重大改变,就此下去,城市规模、城市资源、城市交通、城市基础设施,乃至城市生活组织、城市景观氛围都会发生"质"的变化。很显然,盲目扩大城镇规模既脱离了经济发展条件和现实的生产力水平,同时也忽视了"市"之购买力的培养和人文素质的培育。城镇规模扩大是可以短时期实现的,但是其经济条件、消费能力却不会一蹴而就,若这种"摊大饼"的情况不改变,由此而形成的经济泡沫和经济发展后劲的丧失势必给城镇化进程酿造新的苦果。

第二,发展速度过快。从"十五"计划提出城镇化战略后,各地城镇化率攀比之风盛行。国家统计局的数字显示：2002~2005 年的我国城镇化率分别为 39.1%、40.5%、41.8%、43%，我国城镇化率从 20%到 40%只用了 22 年。这个过程比发达国家平均快了一倍左右。不少省份年城镇化率增长超过 1.4 个百分点，有的中西部省份甚至超过 2 个百分点。大大超过理论预测的 0.8 个百分点的警戒值，更是高于世界城镇化一般的年均增长进度（0.3%~0.5%）。北京大学地理科学研究中心主任周星一教授通过理论预测和从经济增长速度、就业岗位增加、城镇建设用地增加三个方面的实际验证城镇化率超过 0.8 个百分点就是高速度、有风险的。可见，我国的城镇化速度确实呈现一种"大跃进"状态（陆大道，2007）。超速城镇化导致城镇周围的土地和农田被大批征用，产生了大量的失地农民和城市边缘人群，农村人口急速、大规模地向城镇迁移，远远超出了城镇的就业吸纳能力和基础设施承载能力，带来了一系列城镇化问题。因此，正如大多数专家所讲的，在城镇化进程中，我们需要清醒地认识到，我国没有条件在城镇化速度方面大幅度越过发达国家的历史进程。

城镇化反映着一个国家经济结构、社会结构和生产方式、生活方式的根本性转变，涉及产业的转型、新产业的成长、城乡社会结构全面调整、庞大的基础设施建设、资源和环境的支撑及大量相关领域的立法以及国民素质的提高等诸多方面，必然是长期积累和发展的渐进过程。特别是还要经历一个经济技术水平的提升、发展过程。而目前的城镇化，特别是相当多的县域城区则与其经济技术水平相背离，处于一个畸形发展状态。同时，城镇化本身还有一个空间经济社会需求的问题，即要有地理区位分工和相应条件的支撑，然而目前的城镇化多数并没有真正意识到这一点，这也正是导致有城无市、城镇缺乏经济社会发展持续能力的症结所在。因此，我国城镇化包括县域城区还必须要走一条"高密度、高效率、节约型、现代化"的资源节约型的发展道路。

二、缺乏产业支撑

如果说人类历史上出现的机器和机器体系带来了生产力的大飞跃，那么，现代产业组织，特别是产业链条的拉长延伸，即一个个产业带、产业群的集聚又带来了社会生产力的更大飞跃。任何一个层面的经济活动既不是"小而全"、"大而全"，也不是零乱散漫、星星点点，经济运行早已进入追求规模、追求产业高级化的时代。而目前，我国大部分县域虽已建立了自己的工业园区，但却都不是真正意义上的产业集群，更与产业高级化的要求相去甚远。

一般来说，县域的资源优势主要体现在农业等自然资源方面，这一客观性决定了县域经济的发展定位在农业的产业化和现代化，包括农业产区的分层次和功能区划集聚（如粮食生产的核心产区）、农产品加工的分层次和功能区划集聚（如原粮和其他经济作物的深加工、精加工基地），以及农业生产经营的公司化运营、资本市场连接等。此外，县域还拥有一定的历史、人文、地理等经济资源条件，这一现实性决定了县域经济的发展还应注重农业以外的产业发展，包括原本历史商埠的挖掘、人文旅游资源的开发、地理位置优越条件的利用等。现在看来，县域的问题有两个：一是并未真正重视农业的产业化发展，一味搞"工业强县"；二是"龙头"企业及其资本运营水平差，"占山为王"、"封地割据"、小农经营。从这一视角看，一些地方建立的各种园区，基本上都是与市场及其经济内在规律相悖的，带有明显的"长官意志"、"区域雷同化"、"扎花架子"的痕迹，并不属于真正意义上的产业集聚。

值得指出的是，县域经济发展还必须解放思想、转变观念，果断地从靠资源谋生计、靠"老天爷"吃饭中摆脱出来，一些地方之所以"活不起来"、"火不起来"，这是一个基本症结。也正是这一观念阻滞着一些县域长期停留在靠"下拨救助"的"贫困县"经济状态。毋庸置疑，县域经济的发展往往都会受到资金、技术、人才的制约，但产业化经济运动及其发展既需要有一个良好的资源、环境条件，又需要县域经济发展主体开动脑筋、融入市场、开拓创新，问题恰恰就在于许多决策者、管理者并没有用心寻找和挖掘经济的生长点、增长极。

三、规划与决策多变

作为区域经济的重要层面，县域经济发展的一个基本问题是认真研究和编制科学的发展规划，以促进区域自身发挥优势、扬长避短、趋利避害。县域经济发展是一个区域内经济、社会结构转变、生产力提高，以及产业转型、新产业成长和相关领域的立法及国民素质的提高等诸多方面综合发展的结果，必然是长期积累和发展的渐进过程。因此，县域经济发展规划必然也是一个长期的战略决策，同时，为保证这种战略性规划与决策得以贯彻延续，还应加大制度供给力度，甚至通过立法程序求取规划的严肃性，促进县域经济的科学发展。现在，问题的症结恰恰就在于此，我国目前的干部任用制度缺陷导致了县域经济决策者"安不下心"、"伏不下身"的短视行为，即只对上级负责，不对地方负责。在这种追求政治绩效的驱使下，新政府往往只是追求眼前上级重视的一些指标，不顾当地实际发展情况，导致统计数字"虚、假、空"现象频繁，政绩工程屡见不鲜，造成县域经济发展后劲的丧失和产业结构分布不合理的状况，严重阻碍县域经济社会发展。加之"一朝天子一朝臣"的思想从中作梗和"新官上任三把火"的观念往往使得现任领导干部盲目推翻前任领导的规划、制度、方式，甚至全盘否定已经投入实施的一些规划方案，重新实施自己的一套应时方法，造成了规划、政策法规的非连续性和多变性，致使实际执行人员和操作人员无所适从，从而损害了县域经济生产力。客观地说，这种现任官员否认前任官员做法的情况不仅很普遍，而且也不仅仅表现在县域层面，一些市地甚至省会大城市也是如此。

还有一个很重要的问题，那就是片面搞"土地GDP"效应，利用所谓"规划"大肆买卖土地，不仅造成了县城区房产价格上扬，而且出现了虚假规划、重复规划、无序规划现象。许多地方在"规划"的名义下，实则侵蚀了大量优质耕地，牺牲了大批农民利益，造成了基层经济社会和政治的不安定。

四、受到软环境的制约

软环境也是生产力。县域经济发展除了受制于资源条件、地理位置因素外，投资环境、社会环境、文化环境等软资源环境已成为制约其发展的又一重大症结。而在市场经济条件下，县域经济发展的质量和效益也在很大程度上取决于其软环境的建设情况。

所谓"软环境"，是指以非物质形态表现出来的环境资源因素，主要包括健全的法律规制，完善的经济、政治体制，科学合理的公共政策，廉洁高效的政府，诚信文明的社会风尚，以及公平公正的竞争氛围等。我国部分县域经济在发展过程中，由于诚信、伦理及规制缺失导致的软环境问题正大大制约着自身的进一步发展。据报道，其地方公职人员存在责任意识淡薄、缺乏法治观念、诚信意识不强、工作效率低下等问题，该报道还指出，那些公职人员利用党和人民给予的职业特权对企业滥施检查、违规收费、有意刁难、存心整事，严重干扰了企业的正常经营，造成了恶劣影响：对招商引资企业该办理的手续能拖就拖，没有讲求效率，更缺乏精益求精的科学精神，结果造成大量外商撤资，严重影响该地的声誉，阻碍今后的经济发展。事实上，在县域经济发展过程中，这种缺乏诚信、制度缺失、责任模糊的现象大量存在，不仅加大了交易成本、遏制了创新动力，还严重影响了地方形象。樊纲教授曾经说过，在经济发展、生产力进步这个问题上，经济体制是最重要的决定因素。在市场经济体制下，法治、信用、公平公正的竞争是最起码的要求，也是软环境建设的基本任务。今后县域经济发展只有依据市场法则，寻求市场化的发展路径，才能形成一种与国际化和全球公平竞争氛围相适应的优良软环境。

占国民经济比重70%以上的县域经济发展的质量和速度是制约整个社会经济

发展的重要因素,因此,县域经济的持续健康发展是我国实现全面小康社会目标及社会主义新农村建设的基础环节和重要保证。突破县域经济发展的现实阻滞、调集县域经济发展的持久动力,是当前推进县域经济发展的科学抉择。

(原载于《中国改革报》,2008年5月26日第5版)

现代企业的社会责任

近年来，企业的社会责任问题备受关注，但对企业的社会责任究竟应当包括哪些内容，人们还存在不同认识。有人认为，企业只要做到了诚信和守法经营，就算尽到了自己的社会责任。也有人认为，企业的职责就是创造利润，企业做强做大了，就是对社会最大程度地尽责。应当说，这些看法都没有错，但不全面。在现代社会，企业如果把自己的社会责任仅仅定位在守法和创造经济价值上，就显得过于狭隘了。现代企业在对社会责任的认识上应该有所超越——增强企业与社会一体发展的意识。

企业是什么？企业是由一群人组成的一个生产力集合体。企业既是一个经济细胞，又是一个社会细胞，企业与社会是不可分割的。企业从其注册成立之日起，便成为社会大家庭的一员，企业的运行过程也就是一个社会化的运动过程。现代企业正是社会大生产的产物。

企业作为社会大家庭的一员，就像一家人过日子一样，必须对家庭负责。家庭里儿女要孝敬父母，企业的"父母"就是社会、就是国家，企业作为"儿女"一定要对社会和国家尽心尽力。所以，包括西方国家的许多企业，其经营的首要理念就是产业报国、回馈社会。家庭里要照顾好兄弟姐妹，企业的"兄弟姐妹"就是企业所在产业链的上下游企业，这些上下游企业之间应当相互负责、互利互惠、实现共赢。家庭要承担一些支出，如物业费、维修费、卫生费等；企业也要承担一定的社会管理责任和义务，如对驻地社会发展给予支持。随着我国经济体制改革的推进，企业原来承担的许多社会职能逐步转移给社会，但由于目前我国社会事业发展水平不高、承受力有限，因而企业不能把"包袱"推给社会就万事大吉了，还应给予必要的帮扶。家庭里还要有爱心、献爱心，关心社区发展，积极参加社会公益活动和慈善事业，企业也应该如此。而企业资助公益活动和慈善事业，同向国家纳税一样，都是对社会的贡献。

社会化大生产既反映社会与经济的关系，也表明企业的运行总是以一定的社会需求为起点、以一定的社会环境为依托、以一定的社会公众支持为基础。也就是说，企业既然依一定的社会资源条件而生成和运行，就必须回报社会、推动社会发展。市场占有率与其说是一个企业经营概念，不如说是社会公众给予企业的认可和支持度。如果就企业做企业，不把企业放在整个社会大环境中来谋划，任何企业都是难以做强做大、实现长久发展的。社会要为企业发展创造良好的环境和条件，企业也要关爱社会、回报社会，对社会负起应有的责任。正如一些企业家所讲的，"企业与社会本来就是相互依存、互为动力、同步发展的"，"企业只有融入社会化运行，才有前途"。

经过近30年的改革开放，我国经济社会发展取得了举世瞩目的伟大成就，我国企业也不断发展壮大并对社会做出了巨大贡献。但从总体上看，我国企业发展还处于初级阶段，一些企业的社会责任意识不强，存在着偷税漏税、污染环境、侵害员工权益等问题。在经济全球化趋势不断发展的今天，我国企业要做强做大，不能亦步亦趋地跟在别人后边，而要具有世界眼光，发挥后发优势，实现跨越式发展。从社会责任角度来讲，就是要把追求企业利益与实现社会利益统一起来，绝不能走只顾自己、牺牲社会利益和生态环境的老路。对社会不负责任的企业，迟早要被社会抛弃；与社会一体发展的企业，才能永葆活力、基业常青。

(原载于《人民日报》，2007年10月11日第10版)

现代企业制度不等于股份制

国有企业改革的方向是建立现代企业制度，但现代企业制度不等于股份制，绝不可以造成"建立现代企业制度就是要全面股份化的印象"。"股份制是现代企业的一种资本组织形式"，仅仅是一种企业组织形式。而作为企业组织形式，在西方也好，在我国也好，都是多种多样的。而一个企业究竟采用哪一种，是企业自身的经营与管理问题，不能用行政的方式来推行。在过去的实践中，我们有些地方正是由于对企业实施了企业组织形式规范，使一些企业不知所措，一会儿搞承包，一会儿搞资产负债，一会儿搞兼并，一会儿搞股份制，结果是只有形式却没有形式效应，反而影响和压抑了企业的经济个性。乡镇企业、"三资"企业、私营企业，包括个别少有的原公有制体制下保留的集体企业，为什么能呈现出生机？原因就在于这些企业没有拘泥于一种组织形式、一个模式，它们总是从自己的主客观条件、特点出发，在实践中大胆探索适合自己的组织形式，这些企业不受条条框框的约束，所以发展了。相比之下，部分国有企业落后和陷入了困惑，当我们今天学习十五大报告、探讨今后发展思路和运作机制的时候，必须反思企业组织形式上的问题，汲取这个教训。一方面，要认识到股份制的生命力和对那些具有一定规模的活的资本组织引入应有的有利的现实性；另一方面，也必须从我国国情、国力、中国的国民素质基础，以及现有体制、环境、条件出发，在企业组织形式的一定选择上由企业自主进行。

值得指出的是，在十五大报告里，有两个地方应引起我国经济学研究的注意。一是报告中提出："建立现代企业制度是国有企业改革的方向。要按照'产权清晰、权责明确、政企分开、管理科学'的要求对国有大中型企业实行规范化的公司制改革，使企业成为适应市场的法人实体和竞争主体。进一步明确国家和企业的权利和责任。"这就是说，国有企业改革应是建立现代企业制度，而建立现代企业制度则是进行规范的公司化改革。当前的重点是在明确国家和企业权利及责任的基础上，使企业成为适应市场的法人实体和竞争主体。抑或说，现代企业制度是一种公司制，但公司制绝不等于股份制。二是报告中提出："劳动者的劳动联合和劳动者的资本联合为主题的集体经济，尤其要提倡和鼓励。"这说明中央并不搞"一刀切"、"一风吹"，只要符合"三个有利于"就应大胆地干。现代企业制度在企业组织形式上应是多种多样、不断创新的,切莫让人一提起现代企业制度就认为是股份制。

(原载于《河南日报》,1997年10月4日第3版)

企业改革中实现产权清晰的几个问题

党的十五大报告指出，现代企业制度必须坚持产权清晰这个原则。按照现代产权理论，我们在观念上必须认识到产权清晰的重心是财产物质运动中产权所有者之间的利益关系及其权益界定与调整。也就是说，讲产权，绝不可以只停留在物的归属权上，其核心的问题在于研究和解决产权关系所产生或形成的物质利益方面的权利及其相应关系。否则，现在讲国有产权就无任何价值。我们必须既要明晰和理顺国有产权关系，更要讲求国有资产的运营收益。显然，现时我国的产权清晰应着重研究和解决以下几个问题。

（1）讲产权在本质上是讲人的利益权。因此，物权与人权必须统一起来，即一方面理顺国有产权关系，一方面落实国有资产运营的责任人。从现时条件看，除了关系到国民经济全局的行业、企业仍由国家直接经营外，其他企业则应该趋向社会化，即按照"抓大放小"的方针，让那些有经济实力、有较高经营与管理素质的社会贤达接手企业，通过兼并、拍卖，使物权转化为人权，资产人格化，形成资产的直接运营责任人。有人总担心，企业抓大放小，趋向社会经营与管理后，经营者不负责。这里，一是加强社会监督；二是在意识上必须有一种信念，随着社会文明的到来，一个具有现代产权理论的理性人在行使产权时是必定会自觉考虑约束条件限制的。

（2）讲产权必须转变"产权等于物权"的观念，否则容易导致人们"资本雇佣劳动"、"资本决定论"、"重资本轻劳动"意识的强化。事实上，企业经济是人力资本与物力资本的统一，而作为生产要素投入，当应首先是人力资本即劳动力的投入。因此，要承认人力资本——企业劳动者依据拥有的人力资本构成劳动力产权主体，客观上与物力资本的结合运用，劳动力是生产力的最具有决定性的因素，任何物质没有劳动作用则都是一堆死的东西。如果说资本是能够带来剩余价值的价值，那么价值的源泉则是活劳动。这就是说，在当前，无论是产权变革，还是盘活资本存量，都应着眼和切入到企业劳动者，由明晰和调理好人权到明晰和调理好物权，从而真正明晰产权，增进产权运动的效应和收益提高率。

（3）讲产权必须使产权主体到位。现在有两个问题急迫需要解决：一是国有资产究竟在运作组织体制上设置什么样的机构、履行什么样的职责、怎样选任经营者；二是所谓的"两权分离"。赋予企业法人财产权不行，因为企业不能作为一个主体而存在，它仅仅是一个生产力的组合体，谈不上什么企业产权主体，而真正构成企业实体的是企业劳动者。"两权分离"的层面和主体不能是法人，而只能是"自然人"，因为只有"自然人"才能形成对资产的直接的、实际的负责。这就要求企业产权明晰必须触及到劳动力产权，劳动力产权不仅包括劳动力自身所有权，还包括企业的劳动积累份额。劳动者不拥有产权，就不拥有经济利益上的主体地位。由于劳动者不能形成一级利益分配主体，也就不能做到按劳分配——按劳动力产权获取相应收益，劳动者也就不可能对资产、对企业、对社会高度承担责任。这也是国有经济缺乏活力的本源性问题。所以，在"产权清晰"中必须研究和解决这个问题。

（4）讲产权应有保障产权利益实现的经济组织形式选择意识。产权利益的实现，一是明晰产权主体，二是选择保障产权利益得到较好实现的组织形式。股份制由于能较客观公正地维护各自股权利益，便受到那些拥有较大资本规模和较强驾驭资本能力的企业家的青睐；股份合作制则以同理被相当多的中小型企业采用（但受我国国情中国力及国民素质基础的制约，现阶段应主要选择劳动者的劳动联合和劳动者的资本联合为主的集体经济，以及那些处在地市、县区域内的私有经济形式）。

（原载于《河南日报》，1997年12月27日第3版）

构建托管公司是条路

随着改革的不断深入，新会计制度和税收制度的实施，原来隐藏在企业内的各种矛盾和问题全面暴露出来。国有企业活力不足，特别是中小企业的大面积、长时期亏损已成为政府的心病，企业自己也伤透了脑筋。怎样才能搞活国有中小型企业呢？江泽民在上海、长春召开的企业座谈会上的讲话指出："国有企业的情况千差万别，要坚持从实际出发，不搞一股风、一刀切、一个模式。"根据这一指示情神，作者认为，除了采取过去我们已经实施的承包、租赁等形式以外，还可以建立托管公司以托管亏损企业。因为从目前看，我国企业的不景气，除了大体制、大环境亟待理顺之外，主要是因缺乏治厂"能人"、企业管理不善所致。要迅速扭转我国企业的不景气状况，应该充分发挥经济学家、社会学家、管理学家对经济社会发展、企业生产经营的规律和机制研究的优势，引导他们办一些托管公司，把政府不愿管、管不了、管不好的企业（主要是国有企业）交其管理，使企业在社会科学家的扶助、带动下，发展成长，走向繁荣。

建立托管公司具体构想如下：

1. 性质

托管公司是以社会科学家为主导，以吸纳银行和社会各界志愿者为基础组成、依法注册的，专事各类不景气企业的拯救、扶助、整改、发展，使之走向繁荣、规范、有序运营的集科研、经营于一体的特别法人组织。

2. 特点

（1）把不景气企业作为社会科学研究的实验场所，由学者、专家依据经济的、社会的、管理的原理、规律来诊治、调理、培育、引导、规范企业生产经营活动。

（2）把不景气企业交其托管，由于仅仅是"入托"，从而维持了企业原有的身份性质。

（3）"入托"的企业在托管期间，由托管公司委派学者、专家代行厂长（经理）职务、全权处理其内外事务，实施托管运营。托管公司作为法人实体与政府签订托管合同，以法律效力约束当事人双方。托管合同一般包括：托管期限；托管企业的现状及相应的指标变度要求；托管双方的责、权、利、罚细则；托管费用和结算方式等。

3. 作用

（1）从政府方面看：①启动和开发了社会科学资源，使社会科学这一潜在的生产力直接转化为现实的生产力。把不景气企业变为社会科学研究的实验场所，由社会科学家依据经济的、社会的、管理的原理、规律来诊治、解剖、调理、培育、引导、规范企业生产经营活动，不仅为经济学家、社会学家、管理学家及各类社会科学研究的专家、教授，直接从事活生生的、现实的应用研究创造了条件，也有效地解决了理论与实际相脱节的问题。②在目前条件下由学者、专家对不景气企业实施托管。有利于减轻政企分开一步到位的改革阵痛，稳定经济社会发展的大局；有利于在实践中指导和培育我国企业的经营管理人才，造就和规范我国企业经济运行的良好行为和秩序。

（2）从银行方面看：托管公司是以学者、专家为主体，吸纳银行参与运营的，所以势必对我国的金融体制改革、发挥货币杠杆作用、理顺金融经济秩序产生重大影响。①让银行通过参与托管公司融资，有益于调整国家、银行、企业之间的关系。②让银行通过参与托管公司融资，替代政府的行政配贷，既可以减轻和解脱政府的"不够贷"、"贷不公"的事务压力，又可以使银行与企业直接联系，把融资机制与市场机制、制约机制衔接起来，降低银行直接融资所造成的盲目性、风险性。③让银行通过参与托管公司融资，有利于辅佐政府的宏观调控，维护中央银行和各商业银行的职能，发挥信贷杠杆调节经济作用，造就我国社会主义市场经济中的良好金融秩序。

（3）从科学研究发展方面看：①社会科学研究越来越趋向于应用研究，由社会科学家直接托管、经营企业，将成为这一趋向的基本表现。托管公司必然会调动越来越多的学者、专家，投身于经济建设的主战场，根本改变我国企业不景气的状况。②社会科学研究对生产力发展的巨大推动力，将使社会科学研究及其发展过程得到巨大回报。托管公司的出现，孕育着今后社会科学事业发展的大部分资金，将直接取自于由社会科学家自己创造的企业，从而减缓政府对社会科学事业经费投入的压力，改变各社会科学研究单位、各高校经费紧张的局面。③随着专家、教授直接接触、管理、经营企业，将会有一部分知识分子分化出来，专事实业研究和创造。社会科学家不仅通过托管企业，养育、带出一批企业家，而且一部分人又直接变成企业家，这既符合社会劳动分工发展规律要求，也必然大大改善和提高我国企业经营者的素质结构，造就一代高智力、高科研、高水平的企业家阶层。

（原载于《河南日报》，1995年11月28日第7版）

构建"托管公司"的设想

一、决策参考

让社会科学直接转化为生产力,让经济学家、社会学家等到实践中去,指导、带动、规范社会主义经济运行……

办一些托管公司,把政府不愿管、管不了、管不好的企业交由社会,通过托管养育,扶助其进入市场……

各级领导无须再为年关化缘筹资、看望企业困难职工的严峻"温暖工程"而发愁……

构建托管公司,维持了企业的身份性质,坚持了公有制和社会主义道路……

企业是国民经济的细胞,而企业不景气,大量工人在职失业,却一直是困扰在政府和各级领导心头的难言之隐。社会主义经济不能垮掉,尤其是国有企业,必须总结以往,寻求新的路数、新的形式。

从目前看,我国企业的不景气,除了大体制、大环境亟待理顺之外,分析一下,大多数企业实际上是一个经济与管理操作不力的问题。多年积累的种种问题,以及这些年的现况说明,仅仅靠政府或是企业自身,显然已难以有大的转变。同时,那些治厂之"能人"又寥若晨星。这样,为了迅速扭转我国企业的不景气问题,为了造就我国的企业家,为了我国经济的振兴,作者认为该是让社会科学家出场的时候了,该进一步发挥经济学家、社会学家、管理学家对经济社会发展、企业生产经营的规律和机制研究、操作的优势的时候了。

总体构想:引导社会科学工作者办一些托管公司,让专家、学者直接当企业的"保姆",从而把政府不愿管、管不了、管不好的企业(主要是国有企业)交由社会,通过托管养育,让其在社会科学家的扶助、带动下,发展成长,走向繁荣。

二、具体构想

（1）托管公司的性质：托管公司是以社会科学家为主导，以吸纳银行和社会各界志愿者为基础组成、依法注册的，专事各类不景气企业的拯救、扶助、整改、发展，使之走向繁荣、规范、有序运营的集科研、经营于一体的特别法人组织。

（2）托管公司的特点：①把不景气企业作为社会科学研究的实验场所，由学者、专家依据经济的、社会的、管理的原理、规律来诊治、调理、培育、引导、规范企业生产经营活动。②把不景气企业交由社会托管，由于仅仅是"入托"，从而维持了企业原有的身份性质。③"入托"的企业在托管期间，由托管公司委派的学者、专家代行厂长（经理）职务，全权处理其内外事务，实施托管运营。④托管公司以专家、学者为主体，吸纳银行参与运营，形成银行通过托管公司融资新体系。

（3）托管公司的形式：①以社会科学研究单位、高等财经院校为挂靠主管，选聘经济学家、社会学家、管理学家及银行家组成托管公司，依法登记注册。②托管公司作为法人实体与政府签订托管合同，以法律效力约束当事人双方。托管合同一般包括：托管期限；托管企业的现状及相应的指标变度要求、托管双方的责、权、利、罚细则；托管费用和结算方式等。③托管公司的办公地点一般设在主管部门所在地，也可独立择地办公。作为主管部门的社会科学研究院、所或高校，应成立以专家、教授为主体的统一协调运作机构，具体组织、考核、监督、调处托管工作。④托管公司实行专家、教授核心组领导下的总经理负责制。核心组不设组长，由总经理（应是学者、专家）召集核心组会议，有关议事决断由全体核心组成员签名，经理执行并负责向核心组汇报执行过程和相关情况。根据需要，公司可设若干部室，从事具体业务活动。

（4）托管公司的步骤：①由体改委牵头组织有关单位、专家制定托管细则及配套政策、措施，规范托管运营。②在社科研究单位和高校，发动学者、专家自荐自愿积极参加托管活动。③各级政府着手选择一些典型企业作为托管试点。④召开托管洽谈会，由政府与托管公司相互介绍、了解，从而签订托管合同。

（5）托管公司的费用：①托管公司经费完全自筹。其基本创建费先由主管部门代垫，接纳托管企业后，从托管费收入中偿还。②托管费一般应由两部分构成：一是按托管企业资产总额的一定比例收取（因为对企业托管，实际上在于谋求企业转机，实现资产保值与增值，如 3%~5%；二是可按从扭亏之日起以后数年（如五年）内的盈利净增额的一定比例（5%~8%）提取。③企业托管费用单列。属于按资产提取部分直接计入费用，属于按盈利净增额提取部分直接冲减利润。

三、构建托管公司的意义

(1) 从政府方面看：①启动和开发了社会科学资源，使社会科学这一潜在的生产力直接转化为现实的生产力。把不景气企业变为社会科学研究的实验场所，由社会科学家依据经济的、社会的、管理的原理、规律来诊治、解剖、调理、培育、引导、规范企业生产经营活动。不仅为经济学家、社会学家、管理学家及各类社会科学研究的专家、教授，直接从事活生生的、现实的应用研究创造了条件，也有效地解决了理论与实际相脱节的问题。②既可以使政府把不愿管、管不了、管不好的企业加以托管，分解政府面临的企业压力，又可以使各级领导无须再为在年关多方化缘筹资、慰问救助企业困难职工的严峻的"温暖工程"而发愁。③在目前条件下，由学者、专家对不景气企业实施托管，有利于减轻政企分开、一步到位的改革阵痛，稳定经济社会发展的大局；有利于在实践中指导和培育我国企业的经营管理人才，造就及规范我国企业经济运行的良好行为和秩序；有利于在巩固公有制的基础上，探索和发展中国特色的社会主义市场经济。

此外，由学者、专家成立托管公司，直接托管经营企业，相比现时的国有资产投资公司、控股公司更具有可行性。首先，无论是投资公司，还是控股公司，都是政府的，从而摆脱不了政府直接插手其间、束缚企业行为的旧的一套。其次，由于投资公司、控股公司，包括行业总会、企业集团在内的董事长、经理人选均由行政任命，从而摆脱不了企业等、靠、要，被动地依赖政府，政府则对企业实行非经济管理的旧的一套。因为让玩"权"的人去玩"钱"，往往不仅会导致权、钱运行扭曲、产生腐败，而且不能形成企业的正常经济行为。最后，投资公司、控股公司都是以产权获益为目的，并不直接组织、引导企业的生产经营活动，这就必然造成对企业的只负盈不负亏。而亏赔发生、大量工人在职失业，又必然引发、形成社会的不安定。显然，投资公司、控股公司不能根本改变政企不分、政府插手企业实施非经济管理、只负盈不负亏的局面。相比之下，托管公司则由于是社会自发组织，且由学者、专家组成，就易于调处好与政府、企业的关系，易于规范整个经济社会运行的秩序，从而为最终走向政企分开、理顺社会主义市场经济发展的大体制和大环境，进行新的有益的尝试。

(2) 从银行方面看：托管公司是以社会科学学者、专家为主体，吸纳银行参与运营的，所以势必对我国的金融体制改革、发挥货币杠杆作用、理顺金融经济秩序产生重大影响。①让银行通过参与托管公司融资，有利于调整国家、银行、企业之间的关系。我国的信贷始终是由政府控制的，它的基本弊端有两个：一是束缚了银行发放贷款和收回贷款的主动性；二是导致了政府长期陷于政府与银行、企业之间、银行与企业之间及企业之间的纷繁的债务链中。如果使银行直接参与托管公司，通过托管公司由专家、学者引导和亲自调查来确定融资活动，就有可能解决上述两个弊端，从而调处好国家、银行、企业之间的关系。②让银行通过参与托管公司融资，替代政府的行政配贷，既可以减轻和解脱政府的"不够贷"、"贷不公"的事务压力，又可以使银行与企业直接联系，把融资机制与市场机制、制约机制衔接起来，降低银行直接融资所带来的盲目性、风险性。③让银行通过参与托管公司融资，有利于辅佐政府的宏观调控，维护中央银行和各商业银行的职能，发挥信贷杠杆调节经济作用，造就我国社会主义市场经济中的良好的金融秩序。

（3）从社会科学研究发展方面看：①社会科学研究越来越趋向于应用研究，由社会科学家直接托管、经营企业，将成为这一趋向的基本表现。托管公司必然会调动越来越多的学者、专家，投身于经济建设的主战场，根本改变我国企业的不景气状况。②社会科学研究对生产力发展的巨大推动力，将使社会科学研究及其发展过程得到巨大回报。托管公司的出现，孕育着今后社会科学事业发展的大部分资金，将直接取自于由社会科学家自己创造的企业，从而减缓政府对社会科学事业经费投入的压力，改变各社会科学研究单位、各高校经费紧张的局面。③随着专家、教授直接接触、管理、经营企业，将会有一部分知识分子分化出来，专事实业研究和创造。社会科学家不仅通过托管企业，培养一批企业家，而且一部分又直接变成企业家，这既符合社会劳动分工发展规律要求，也必然大大改善我国企业经营者的素质结构，造就一代中国的高智力、高科研、高水平的企业家阶层。

（原载于《市场经济导报》，1996 年第 1 期）

销售经济学中的三个变异

企业经济的运营一直都非常注重销售这一环节，从最初的产品介绍、产品试用，到借助媒体宣传或是举办展览，再到结算方式、价格弹性、提供服务等，从最初的少数几个推销员，到组建一支销售队伍，事实上都是围绕销售，就产品售卖论产品售卖，即所谓的"就事论事"，这是销售经济的低级运营阶段。而随着新经济时代的发展，企业销售经济的科学性、技术性、层次性、绩效性愈来愈强，销售经济的策划、运作将进入高级阶段。这既是一个趋势，也是一种实践，趋势要求形成强烈意识，实践要用于创新开拓。

一、变推销为推广，调整、转变销售经济的运营形式

提起销售，给人的印象就是要么直面售卖，如门市销售；要么上门推销，如推销者登门入室推介销售，整个销售的过程总是刻板、机械，形式比较枯燥单一，突出一个硬"推"。而市场越来越复杂，消费者的追求越来越不可捉摸，显然，单纯硬推已不适应形势变化。客观上要求销售部门不仅要重新调整经济预期，同时，更要调整、转变销售经济的运营形式。

销售经济运营形式的调理，根本的是如何从硬推走向软销，从着眼于推销一种产品到着眼于推广一项事业。也就是如何超脱销售产品这种狭窄思维，把整个产品销售的全过程及其效益追求，看成一项事业，一项相对独立的经济运行过程——变推销为推广，不是定位在推销产品，而是定位在推广事业，从而去研究、寻找其经济规律、运营机制、效益模式等。从作者所熟悉的销售经济学理论角度看，河南金芒果集团正在尝试这种做法，而且似乎已经有所收益。

金芒果集团组建了一个"金芒果品牌推广部"，从其立意及其运行实践看，此举有三个特点：首先，一改过去"推销"式为"推广"式，虽然都是"推"，但前者是硬性的，而后者是柔性的，并且大大超脱和开阔了原有形式思维与运营空间；其次，一改过去的着眼于产品、未着眼于品牌，即对社会所广泛推出的是一个牌子（尽管以产品为内容实体），从而表现出其要创造的是一种企业的无形资产——能带来并大于商品价值的价值；最后，一改过去与企业总体发展不联系

的部门本位运营，为把企业经济发展战略目标和销售经济具体运行策略相融汇的经济整体品牌造势，影响、带动的新形式——推广企业及品牌于公众，达成推销产品及获利自己，使产品—品牌—企业交织成一线，形成一种互动，产生销售经济运营的良性秩序。

正如目前一些企业品种推广部的工作目标概括的那样，这一部门并非就是一个产品推销部，其最大意义则是"树立品牌形象，提升品牌价值"，这才是品牌推广部的本质所在，这是与以往的销售公司、销售商社相比最大的差别。

二、变商卖为沟通、调整、转变销售经济的运营手段

销售经济的运行手段，是指销售过程中企业为销售产品而运用的方式、措施，包括传统的方式，如产品展销、订货签单等；现代的方式，如网上交易、电子商务等。如果说，过去的销售讲究的是品质、价格、服务等，那么，今天的销售讲究的则是在过去追求的内容的基础上的更高层次的内容，尤其应该注意的是人们在 G—W 交换过程中，更想深一步地对产品的品牌及其整个企业有所了解和把握的心理机制，也就是说，人们更多需要的不是单纯的在产品交换过程中那种买卖关系，需要的是通过这种交换形成一种文化沟通，卖者必须通过各种手段与买者沟通，达成卖的现实；买者则借助各种手段与卖者沟通，达成买的现实，这是现代销售经济学研究的一项重要课题。

变单纯商卖为文化沟通的关键是创新销售手段，运用更易于与买者沟通并让买者了解、接受、信赖、消费的富有成效的手段。例如，有一家企业的销售也采用了普通的广告手段，但更多的则是一种与众不同的、立意于和公众沟通的手段，这就是其在媒体上平均每 10 天刊登一篇报道或论文，这是一种颇具品位、颇具层次的与公众进行文化沟通的现代销售新手段，特别耐人寻味。

广告是销售中经常运用的一种手段，但广告的局限性在于不能让公众更多、更全面、更真实地了解企业。按照现代销售学研究消费者的文化沟通心理机制需求理论，企业在做必要的广告宣传的同时，更应注重借助各种媒体把企业全面展示给公众。某企业正是通过每 10 人一篇文稿把该企业的里里外外、上上下下、前前后后，和盘托给了公众。这些文稿，事实上给人传递的是企业发展变化的信息，让人了解、认识企业的工艺、技术、管理和产品的品质……不仅可以拉近与公众的距离，而且还真真实实地树立了企业的形象。

三、变推销产品为推销人品，调整、转变销售经济的运营重心

客户是上帝，在生产厂商的眼里，客户主要是指经销商，是指一个购买自己产品的整体，而一般都不直接对个人。某企业则不同，如上所述，这家企业以文会友，以文造势，介绍企业动态，而正是由于消费者对生产者的了解，由于生产者与消费者的沟通，形成了生产者与消费者之间的文化对接和理性联系。也就是说，这种媒体文稿所表现出来的非广告性的正面传播，使得该企业的销售经济的运营重心发生了位移——由对事转向对人，由推销产品转向推销人品。即借助媒体文稿，把生产产品的人与消费的人连接起来，使生产产品的人被消费产品的人接受、认可，从而接受其产品，达到销售的目的。这在销售经济学上被称为推销产品首先要推销人品，这也是现代应用销售经济实践过程中的一种新的价值观念。

推销产品首先要推销人品，推销人品最重要的是要选择科学的方式、方法。推销人品的方式很多，从产品推销的直接性看，可以是卖与买两个人之间的接触交流——在初次和数次的交往中表现出双方都认可、接受的人品；也可以是销与购两个公司之间的接触交流——在长期的业务合作中，销售方的产品质量、产品价格、产品交货期及销售方式的信誉度，购货方（经销方）的企业策略、企业形象及合作精神的信赖度。

从产品销售的间接性看，可以是通过一定的联结方式，如通过举办企业发展战略研讨会、企业规划论证会、企业文化建设座谈会及新工艺、新设备、新技术、新材料发布会等形式切入，让公众（特别是经销商、代理商、规模消费者等）直接接触企业，全面了解企业，从而达到销售的目的。有一家企业连续几年的销售就是这样展开的，而且很有成效。这家企业从争取举办全国同行业产品订货会切入，但并不就订货会谈订货会，而是避开订货会搞了一种特别策划。订货会的吃、住、行及公务均在企业内进行；吃自己附属企业生产的食品，住自己企业的招待所。一切会务都安排在企业内。会议第一天的第一件事就是请代表参加公司的全员升旗活动，接着由公司领导代表考察生产全过程。集体活动结束后，代表们可随便在任何一个地方深入接触。一个上午过后，全体代表对整个企业有了一个基本认识，感受颇多。下午，则由各路主管分别向会议代表介绍企业的相应情况。第二天又请代表一起参加"企业文化建设理论研讨会"。第一天的感性，第二天的理性，把一个企业和盘托给了代表，不仅使代表更深一层了解了企业，而且还提高了会议的层次；与代表一起交流企业文化建设理论，从而使代表在内心接受了企业，接受了企业的产品。第三天上午，利用两个半小时顺利地进行了

签署订货合同事务。三天会下来公司支出了 7.8 万元，而收到的实际订单则是 8700 万元，这就是推销产品首先推销人品的典型案例。

产品销售的间接性，也可以通过各种媒体宣传报道（广告或消息、专论、学者讲话等），多层面、多方位、多角度地与公众沟通，让公众了解企业、熟悉企业、亲近企业，达到读其文、想其人、用其品的效应。

（原载于《时代工商》，2000 年 9 月）

中国20多年改革成果不容抹杀 对郎咸平的"洗脑"要再"洗脑"

——财院郭军教授"叫板"郎咸平

2005年12月中旬,郎咸平在郑州刮了一天半的"郎旋风",随即像旋风般飘去,在河南省留下一片片郎氏"放言"。

"郎咸平讲来讲去,主旨就是认为中国20多年的改革基本是不成功的。这说明他对中国国情几乎无所知,不了解中国改革的背景、过程和改革预期。一定范围的学术研讨可以进行观点交流,但作为学者面对公众如此演讲,这是不负责任的行为!"惊闻郎咸平"论调"的河南财经学院教授郭军心绪久久难平。

"当郎咸平初期指出国企MBO存在国资流失时,我对他是佩服。可后来郎咸平却哗众取宠,靠骂骂咧咧来自我炒作,失去了一个学者的风范。"刚从外地返郑的郭军昨天专门约见记者,激动地说:"郎咸平对河南人'洗脑'后,我们有必要进行再'洗脑',否则这些不负责任的言论将会给我们的企业界带来误导,甚至贻害许多人,特别是年轻人。郎氏无视现实发表歪论,我们不能再沉默了,否则就是对社会的不负责任。"

一、郎咸平有点胡说,学界不能再沉默

"半个月前郎咸平来郑州的所谓'洗脑',我们有必要进行再'洗脑'。否则任由这些言论蔓延,将会贻害我们的企业家、我们社会上的许多人,甚至懈怠人们的斗志。他说'20多年改革基本是不成功的,老百姓的生活还不如以前了',任何一个有良知和理性的人恐怕都不会相信这种论调。"昨天,刚从外地出差回到郑州的河南财经学院教授郭军专门约见记者,就郎咸平在郑州所谓的"改革基本不成功"言论进行讨伐。

2005年12月10日、11日,郎咸平在郑州进行了为期一天半的演讲,内容涉及国企改革、股改、医改、教改及金融改革等,他在进行一连串猛批的同时,声称"中国改革开放25年,走到今天我看基本上是不成功的"。

郭军说,12日他从媒体及身边朋友那里了解到郎氏放言后,当即意识到这

个对中国改革缺乏了解的人,其不负责任的言论正在把人们引向误区。12月13日晚,他受邀在河南财经学院财智大讲堂做演讲,本来报告题目为《财经人才的现实定位和未来素质发展》,但在后半场他把话题一转,讲到了郎咸平关于改革的一些论断,对大学生在思想上进行了澄清。随后,他尽管接连在外地出差,但心绪一直无法平静。

"我本来不准备说郎咸平的。说实话,去年当他指出一些国企在MBO中出现国资流失时我还挺佩服他。也正因他的这一表现,尽管后来他的一些论断有些哗众取宠,但许多国内学者并没公开批驳他。"郭军说:"可现在,郎咸平到处骂骂咧咧,且无视中国20多年巨变,吆喝改革基本不成功。"

"如果说过去因为这样那样的原因,学界对郎咸平没有做声的话,现在我们的学界不能再沉默了,否则就是对社会不负责任。"郭军说,他知道一旦公开应对郎咸平,可能很快会招致许多网民"拍砖"。

二、郎咸平不知道我国改革的初衷背景

"郎咸平说我国改革是不成功的。我觉得有三点:首先,郎咸平不知道社会主义中国改革的基本背景和基本国情;其次,郎咸平不了解社会主义中国改革的基本过程和基本重心;最后,郎咸平不懂得社会主义中国改革的基本方略和基本预期。"

郭军说,中国改革是在什么样背景下开始的,为什么要改革,这是谈论中国改革的最基本切入点;郎咸平对这些都不了解,却妄自谈论改革成功与否,这就必然得出错误结论。

其实,稍微有点经济史常识的人都知道,20多年前中国为什么要改革,简单地说就是两点:首先,解决温饱,寻求小康;其次,解决机制,发展生产力。经过20多年改革,我们解决了生存和温饱,基本走向小康,现在我们又提出要全面建设小康社会。

改革开放以来的中国经济到底发展没有?在郭军看来,实践是最好的回答:我国在改革开放20多年里发生了翻天覆地的变化,这一点全世界都刮目相看,说明中国20多年发展之迅速。

郭军分析说,在百姓生活方面,每一个人都可以从吃、穿、住、行、用上看到自己及身边的变化。过去,大家连粗粮都吃不饱,可现在吃的是白米精细面,许多人还找着粗粮吃;一些年轻人可能没有这种概念,但问一下父辈们,他们30年前吃的是什么,穿的是什么,就会知道这些年的变化。即使农村变化也非常大,虽然有人说农村房子"外面是欧洲,里面是非洲"(意思是漂亮房子里面

空空如也），可总归两三层的房子盖起来了，而过去许多人住着茅草房。在用的方面，过去说旧"三大件"，后来到新"三大件"，现在一些人已超越新"三大件"了，其实这一切连数据都不用列举。

当然，我们的改革在带来经济快速发展的同时，还有些不尽如人意的地方，如发展不平衡、贫富差距拉大等问题；但我们现在正在调整，提出科学发展观，构建和谐社会，正在解决这些问题。

"许多国家都有共识，中国这些年对世界最大的贡献就是解决了十几亿人口的吃饭问题。谁不承认中国改革开放20多年的变化，就不是一个历史唯物主义和辩证唯物主义者！郎咸平不知道二三十年前的中国现状，而一味地把改革开放仅20多年的中国和发展了几百年的资本主义国家相比，不考虑基础和起点，才得出了奇怪的论调。"郭军说道。

三、郎咸平不清楚我国改革的过程和预期

"郎咸平并不了解社会主义中国改革的基本过程和改革重心。"郭军说，"十一届三中全会后，我国确立了'一个中心、两个基本点'，'一个中心'就是以经济建设为中心，而此前，我们是以阶级斗争为中心。"

"十一届三中全会后，我国的改革首先从农村切入，提高农产品收购价格，实行家庭联产承包责任制；农村改革成功后，1984年改革进入城市，随之开始全面改革，一步步走到现在。而且每项改革都是围绕着怎样提高人民的收入水平进行的，整个改革始终坚持了循序渐进。"

郭军说："从邓小平提出'三个有利于'，到江泽民提出'三个代表'，以及到现在的新一届党中央又提出'科学发展观'、'以人为本'、'构建和谐社会'，这些都体现了我们改革在不同时期的重心，我们整个改革过程始终是围绕着这条主线走的，并且越来越明朗。""对于我国改革的这个过程，郎咸平并不了解，至少没有系统研究。"

在郭军看来，郎咸平不懂得社会主义中国改革的基本预期是其论断错误的又一原因。他说，我国现在提出科学发展观，构建以人为本的和谐社会；而从提出全面建设小康社会，提出构建和谐社会，这既体现不同阶段改革的不同重心和特征，也反映着中国改革的宏伟战略预期，我国的改革一步步地向前走，整个过程非常稳健，预期和目的很清楚。而且发展到今天，绝大多数人得到了经济实惠；特别是党的十六大以来，更是强调让人民生活更加殷实、更加富足。

"当然，说改革一下子就能够都如意，完全达到预期，也不现实。现在郎咸平口口声声说改革必须代表全民利益，反对目前的改革，但他并不理解什么叫代

表全民利益;目前我们提出的'坚持以人为本,用科学发展观统领全局',也就是立意强调全民利益;其他方面不说,像我们取消千百年来的皇粮国税——免征农业税,让占总人口70%的农民迅速富裕。改革是个复杂的过程,让所有人的'钱袋子'瞬间全部鼓起来也不现实;西方发达国家的财富也是多少代人劳动创造的,并非圣诞老人分发来的。"郭军动情地说:"对我们的改革背景、改革过程等,国内学者心里都很清楚,唯有郎咸平不清楚,所以他才到处声称'举双手和双脚反对'。"

四、郎咸平对中国国情几乎一无所知

"我感觉郎咸平并不了解中国人口多、底子薄、生产力水平低的国情,不清楚中国是在什么条件下寻求发展的,所以他没法理解中国改革的成就。"郭军说。

对郎咸平一再质疑 GDP 和老百姓生活有何关系,郭军分析说,虽然人们生活不能用 GDP 衡量,但 GDP 是个基础。如果没有一定国民经济的发展和增速,就不会有一定的国民收入及其增长,也就不会有一定的积累和消费,这就很难谈到生活水平改善;同时我国人口多、基数大,就业压力大,如果没有国民经济发展的一定规模,就不会有一定的就业吸纳度,一部分人就会失业,失去收入,生活就会变差。

对于 GDP,郎咸平于半个月前在郑州演讲时曾语气强烈地说:河南如此发展程度的省份经济总量竟排列全国第 5 位,我简直不能想象排在河南之后省份的人们生活是什么状况!

"这说明郎咸平还缺乏宏观经济指标的概念。"郭军说,稍有经济学常识的人都知道,经济总量和人均经济水平是两个不同概念,河南的经济总量在国内排名第 5 位是不争的事实,反映了河南这几年的发展,但按人均来算还较低。必须承认,河南人的生活水平正随着经济总量的增长而提高,同时,并非经济总量排在河南之后的省份的经济发展及人们生活就比河南差。"郎咸平不能相信这一情况正说明他对中国国情和河南省情不了解。"

五、郎咸平的观点"非驴非马"

郭军说:国企改革也好,医改、教改也好,都可以批评,我们不怀疑郎咸平所说的现象的确存在,但是郎咸平作为学者,却犯了一个大忌,就是把一些个案的东西笼而统之地上升为普遍现象,给予总体否定。

郭军认为,社会主义是前无古人的,改革本身就是一种探索,这一过程总会产生一些不规则行为，关键是要及时发现漏洞，完善制度并解决问题，而绝不能因噎废食；世界上不管哪个国家，只要进行改革，就会出现这样或那样的问题，但改革中的问题又只能通过改革来解决，而不是整体改革到此戛然而止。

郭军分析说，现在有人称郎咸平为主流经济学家，可到现在大家也没看到一个郎氏理论，而是经常见到他骂骂咧咧，并且骂后也没开个"处方"出来，或提出一些建设性意见。"前期的郎咸平是不错的。但现在他日益用危言耸听的言辞，利用经济和社会转型期人们对不和谐现象的疑惑与意见，来煽动人们的情绪，实现自我炒作，这对一个学者来说，是不负责任的。后期的郎咸平显然已失去了学者应有的风范。"

郭军说，目前我国改革正在进入一个新阶段。许多学者都在为中国新战略机遇期的发展探讨，并不想花费精力和郎咸平理论；可郎咸平却远离学者应有的严谨与严肃，且越滑越远，学界已到不能再沉默的地步了。

(记者王春利，原载于《大河报》，2006年1月6日)

作者简介

　　郭军，男，1954年1月出生，河南省义马市人，汉族，中共党员，经济学教授，研究生导师，河南省省管优秀专家，毕业于中南财经政法大学。现任河南财经政法大学研究生处处长，河南财经政法大学学术委员会委员兼经济学部主任，河南财经政法大学学位评定委员会委员兼办公室主任，河南省普通高等学校人文社科重点研究基地——河南经济研究中心主任，河南省高校重点学科开放实验室——应用经济学开放研究中心学科带头人。主要从事宏观经济学、劳动经济学、产业经济学、社会主义经济理论的教学与研究。兼任河南省经济学学会副会长、河南省经济伦理研究会副会长、河南省民营经济研究会副会长、河南省人力资源研究会副会长、河南省《资本论》研究会副会长、中国工业经济学会副理事长，河南省人民政府"十一五"、"十二五"规划专家委员会委员，河南省"中原经济区"研究起草小组成员，以及一些省市政府部门、工商企业经济顾问。先后在《经济管理》、《中国工业经济》、《毛泽东邓小平理论研究》、《中州学刊》、《人民日报》、《光明日报》、《中国经济导报》、《中国改革报》等刊物上发表论文100余篇，在经济管理出版社、红旗出版社等出版著作10余部，主持或主笔国家、省部级项目10余项，获得省部级优秀社科研究成果一等奖7项、二等奖5项等。

中国社会主义劳动关系的经济理论探识

郭 军 著

Exploration of the Socialist Economic
Theories of China's Labor Relations

经济管理出版社
ECONOMY & MANAGEMENT PUBLISHING HOUSE

图书在版编目（CIP）数据

社会主义经济理论的应用研究（中国社会主义劳动关系的经济理论探识）/郭军著. —北京：经济管理出版社，2012.12
ISBN 978-7-5096-2298-8

Ⅰ.①社⋯ Ⅱ.①郭⋯ Ⅲ.①中国经济—社会主义经济—经济理论 Ⅳ.①F120.2

中国版本图书馆 CIP 数据核字（2012）第 317502 号

组稿编辑：申桂萍
责任编辑：张　达
责任印制：杨国强
责任校对：李玉敏

出版发行：经济管理出版社
（北京市海淀区北蜂窝 8 号中雅大厦 A 座 11 层　100038）
网　　址：www.E-mp.com.cn
电　　话：(010) 51915602
印　　刷：三河市延风印装厂
经　　销：新华书店
开　　本：720mm×1000mm/16
印　　张：12
字　　数：228 千字
版　　次：2013 年 1 月第 1 版　2013 年 1 月第 1 次印刷
书　　号：ISBN 978-7-5096-2298-8
全书 3 册　总定价：98.00 元

·版权所有　翻印必究·
凡购本社图书，如有印装错误，由本社读者服务部负责调换。
联系地址：北京阜外月坛北小街 2 号
电话：(010) 68022974　　邮编：100836

目 录

论重新构造中国社会主义的新的劳动关系 …………………………… 001
"中国社会主义市场经济体制下劳动关系问题理论研讨会"会议综述 …… 004
正确处理若干重大关系与正确处理劳动关系 …………………………… 007
和谐劳动关系与和谐社会的契合 ………………………………………… 013
调整劳动关系：我国经济体制改革的主线 ……………………………… 022
中国劳动关系发展演变探析 ……………………………………………… 026
劳动关系发展趋势研究 …………………………………………………… 034
劳动关系的支点：一种产权契约 ………………………………………… 043
国有企业改革应重视劳动关系的调整和完善 …………………………… 050
劳动关系市场化与国有企业民营发展 …………………………………… 055
论劳动关系市场化与工会作用 …………………………………………… 059
也谈民主选择企业经营者 ………………………………………………… 063
东北工业机制转换中的职工身份定位 …………………………………… 067
我国劳动力市场运行中的宏观调控 ……………………………………… 072
劳动力市场运行规律初探 ………………………………………………… 075
我国劳动力市场发展缓慢原因简析 ……………………………………… 083
论"劳动组合"的理论基础 ……………………………………………… 086
关于"下岗"的经济学思考 ……………………………………………… 092
以正常的心态看待"下岗" ……………………………………………… 099
下岗职工基本生活保障政策执行中的问题简析 ………………………… 102
保障就业就是保障民生 …………………………………………………… 106
"就业难"的症结在哪儿 ………………………………………………… 110
就业发展型经济增长的产业支撑背景研究 ……………………………… 113

中国工资宏观调控的经济学立论 …………………………………………… 125
市场经济条件下工资的政府宏观调控机制 ………………………………… 129
农民增收关键在承认其劳动价值 …………………………………………… 135
在加强农业发展基础上稳步增加农民收入 ………………………………… 139
再论在加强农业发展基础上稳步增加农民收入 …………………………… 145
农民工"薪酬低"与"民工荒"关系探析 ………………………………… 154
体制改革应树立劳动者（力）主体地位 …………………………………… 160
关于劳动体制改革中心任务的几点认识 …………………………………… 164
坚持全心全意依靠工人阶级的方针 ………………………………………… 168
试论劳动经济学的地位与意义 ……………………………………………… 171
我国劳动管理的特性 ………………………………………………………… 177
我国企业人力资源开发与管理的几点思考 ………………………………… 181
正确看待我国管理中的人治与法治、人本与物本 ………………………… 185

论重新构造中国社会主义的新的劳动关系

劳动关系，既是生产关系的重要组成部分，又是生产关系的最直接、最现实的内容。长期以来，我国的劳动关系在原有产品经济模式下，按照高度集权体制要求，表现为国家与劳动者之间的直接劳动关系（即由国家统一招工、统一分配、统一调整、统一工资、统一劳保福利）。这种大一统的劳动关系，在新中国成立初期，是与当时的生产力状况相适应的。但是，随着时间的推移，以这种劳动关系为根据所建立的统包统配的固定工制度和国家对劳动力管理上的高度集中统一体制，越来越表现出其弊端，严重地压抑和挫伤了企业和职工的积极性，束缚了生产力的发展和经济效益的提高。原有劳动关系的最大缺陷，就是把本来应当由企业或社会各方面和劳动者本人承担的种种责任，统统包到了国家身上，产生并形成了"铁交椅"、"铁工资"、"铁饭碗"，抹杀了劳动者的劳动力所有权和要求自由、平等、自主劳动、按劳动分配个人消费品的社会地位、经济地位。

在社会主义市场经济条件下，劳动者应该是自由、平等、竞争、自我发奋的劳动者。而现行的包括近几年颁布的一些劳动制度、规章却仍然立足在原有国家与劳动者的直接劳动关系基点上，使劳动者无论是择业还是流动，都仍然受制于国家，事实上仍然在继续着统包统配，又何以会有经济活力？而活力又主要表现在劳动者能不能"活"得起来。可以说，这种旧的劳动关系及其形成的劳动者的劳动人事地位，与新的社会经济环境的不协调性，是整个经济体制改革及其发展不尽如人意的基本症结。

在今天，真正地依据社会主义市场经济新体制及其市场运行规律要求，重新构造中国社会主义的、新的劳动关系，依此建立和发展新的劳动力管理体制，是我国整个社会经济体制改革的突破口，也是唯一选择。

在原有国家与劳动者的直接劳动关系下，国家实行劳动、工资、人事大权一切集中于中央，中央既抓方针、政策，又具体地直接地管到每个人。所谓"国家人"，典型地概述出了国家与劳动者之间的这种直接劳动关系的特征。多少年来，人们正是把"国家人"与社会主义制度优越性等同起来，人人有事干，人人有饭吃，社会主义的劳动制度完全变成统包统配、既包老又包小的国家对劳动者的承包制度，使一部分人只图安逸，不思进取，只知索要，不讲奉献，从而导致了我国劳动力经济的萎缩。因此，我国社会经济体制改革的基础和主导，必须着眼于劳动关系的调整，人手于"国家人"的转变，重新构造中国社会主义的、新的劳动关系。

企业是联系国家与劳动者之间的中介，是社会经济活动的中心，要从社会主义市场的完善和有效运行机制出发，尊重劳动者个人自主性地位，使劳动者在适宜的社会经济环境里，自主地、自由地进行劳动，必须变国家与劳动者之间的直接劳动关系为劳动者与企业之间的直接劳动关系，变"国家人"为"企业人"，依据"企业人"来确立和造成一种新的社会主义劳动关系及其处理这一关系的方针、政策、制度、法规和相应体制。具体说来，包括以下三个方面：

第一，变"国家人"为"企业人"，隔断劳动者长期依赖国家，"躺"在优越的社会制度和条件下，不思进取的心理与非正常行为联系。现在，人们都在反思这样一个问题：有着几千年文明史，以勤劳、勇敢著称于世的中国人，为什么在今天被有些人称为"懒惰的中国人"。我以为，在诸多原因中，最主要的就是社会经济制度与体制，尤其是劳动制度、劳动体制存在的缺陷和问题。长期以来，我国在劳动力管理上，一直实行"统包统配"、"一次分配、终身固定"的制度与体制。国家一包到底，而且既"包老"又"包小"。就好像一家人对待他们的独生子女那样，照顾得方方面面、周周到到，久而久之，就形成了人们在优越的制度环境里不思进取、厌恶劳动、乐于享受的局面。如果说，在过去劳动对于人们来说，是一种沉重的负担，那么，现在这种心理意识并无衰减，而且在近些年来又有所发展。原有的劳动关系——国家与劳动者之间的直接劳动关系及其制度、体制，在客观上使劳动者滋生了一种长期依赖国家、不思进取的心理，把本来应该由劳动者本人承担的这种责任，统统包到了国家身上，这是妨碍我国经济效益提高的一个基本的、直接的原因。因此，我们必须果断地调整现有劳动关系，从制度和体制上切割开劳动者与国家之间的依赖心理与非正常联系，变直接劳动关系为间接劳动关系，变"国家人"为"企业人"，让劳动者自食其力、自我支配、自我发展。

第二，变"国家人"为"企业人"，融洽劳动者与企业的关系，强化企业命运共同体，增进企业活力。从1978年扩大自主权开始增强企业活力，我们喊了十几年，做了一系列的努力，然而，劳动者的积极性、主动性和创造性，总是不够明显。这里面因素很多，但是重要的一点，则是由于劳动者作为"国家人"，受到国家的庇护，而不能与企业之间形成一种共患难、同命运的结合体，使得企业缺乏用工的自觉性和主动性。对生产主体支配上的无能为力，必然导致经营管理上的无所作为。改革以来，尽管颁布了对违反劳动合同制度的工人可以辞退的规定，然而一直到现在为止，给违纪者亮出"黄牌"仍然是遮遮掩掩。同时，也由于企业自身经营管理阶层素质低，造成了不能正确地、平等地对待和处理好与劳动者之间的关系。如不尊重劳动者的个体自主性地位，行政控制、干预劳动者的活动，让劳动者干着自己毫无兴趣的工作，不关心劳动者的安全卫生条件、不闻不问劳动者的困难、疾苦等，这又在客观上极大地压抑着劳动者的劳动情绪并降低劳动效率，这种现状又何以谈得上增强企业活力呢？

企业活力，从本质上讲，主要是指劳动者的积极性、主动性和创造性的发挥，及其对企业经济的影响程度，也就是劳动经济活力。企业活力产生的前提，是企业与劳动者之间的平等、理解和协作互利关系，是由这种关系所凝成的命运共同体。而我们现在却恰恰表现出没有能够形成这样的命运共同体。从理论和实践的角度看，这也只能从对原有劳动关系及其制度、体制入手，调整、变革这个根本性的问题。也就是说，要变"国家人"为"企业人"，变劳动者与国家之间的旧的直接劳动关系为劳动者与企业之间的直接劳动关系，让企业自主招工、自主用工、自主退工；让劳动者自主择业、自主流动、自主发展，使劳动者与企业双方都处于平等的相互尊重的地位，按各自意愿来建立和发展劳动关系。

"企业人"不是由国家统包统配、行政性安排的，而是通过劳动力市场，经劳动力供求双方洽谈，签订劳动合同，并在彼此适应、同意、合同生效后形成的，从而彻底改变了过去劳动者由国家包揽、与企业之间的那种非自愿的被动的劳动关系。也只有这样建立起的劳动关系，才能真正地形成企业命运共同体，产生企业精神，创立企业文化，增强企业活力，一句话——解放生产力。

第三，变"国家人"为"企业人"，奠定在全社会推行新的劳动力管理体制、劳动力管理社会化的基础，建立和发展具有中国特色的社会主义新制度、新体制、新秩序。我国社会主义市场经济运行的载体是市场。市场流通包括物与人两个方面的基本因素，没有物的流通，就谈不上商品生产和商品交换；同样，没有人的交流，整个市场就会死气沉沉，难以活跃起来。劳动力市场，是整个市场大体系中最重要的组成部分，是实现社会劳动资源合理调节、合理配置的有效机制，这种市场调控的客观性，现实地要求我国的新的劳动力管理体制必须适应于此。从目前来看，这种新的劳动力管理体制，首先必须建立在新的劳动关系及其体现在这种劳动关系的社会经济制度和体制上，而这种新的劳动关系的建立，又要求必须首先放开对劳动者个体自主性控制和干预，使劳动者成为相对独立的"自由人"，拥有支配其劳动力的自主性地位，变国家统包统配为自由地、自主地、自觉自愿地进入市场，通过流动、竞争来建立和发展同劳动单位行政的劳动关系，这就是市场法则所体现的让劳动者在自我奋斗、自我发展中达到自我约束的机制功能。

（原载于《劳动人事制度改革论》，中国劳动人事出版社，1993年2月）

"中国社会主义市场经济体制下劳动关系问题理论研讨会"会议综述

由浙江大学、河南财经学院、郑州航空航天学院、《光明日报》理论部共同组织的"中国社会主义市场经济体制下劳动关系问题理论研讨会"于1992年11月3~6日在河南郑州市召开。这是我国第一次有关劳动关系问题的专题研讨会。来自全国各地的专家、学者和从事实际工作的同志共40多人,参加了会议。会议共收到论文46篇。会议采取按论文内容类别划分,拟定题目,即席自由发言,共同商榷探讨的方式。全会自始至终开得生动活泼。会议围绕主题从理论到实践,集中从以下五个方面进行了学术交流与探讨。

一、探讨研究劳动关系问题的必要性

会议认为,我国的改革是社会主义生产关系的自我完善,而在生产资料所有制关系已定条件下,生产关系的完善主要指劳动关系的完善,劳动关系是生产关系的最直接、最具体、最生动的内容体现。按照这一认识,改革的本质就是要解放生产力,释放劳动者的劳动潜能,促成人的自由的、全面的发展。所以,改革中只重视物的因素、忽略人的因素;只注意企业这一层次,不深入到劳动力这一层次是不行的。新的商品经济环境、新的市场经济体制与原有劳动者的劳动人事地位及其关系之间的矛盾,是挫伤劳动者积极性、压抑企业活力,乃至整个体制改革不能趋向实质性进展的基本症结。今天,建立市场经济新体制,绕开劳动力这个生产力因素,不解决劳动力个人所有、自主劳动权、平等劳动关系等现实问题,必然会使改革接连出现困惑,必然难以形成良性社会经济运行秩序。还有一些同志认为:活劳动创造剩余价值,活劳动能否活得起来,反映着企业活力的强弱,这就要在改革中解决增强企业活力的根本性动力问题,而这个根本性动力正是来自于企业的劳动关系及其适应性。一些同志还指出,在经济学、管理学研究中,劳动力、劳动关系问题是其整个学科的内容基础和支柱;在国外,劳动力、劳动关系问题是制定一国社会经济政策的首要依据和基石,因此,我们的经济理论和实践运作都必须研究和处理好劳动关系问题。

二、如何认识劳动关系,特别是社会主义市场经济体制下的劳动关系

会议认为,研究劳动关系必须坚持马克思主义的观点、方法,即从人们劳动的社会形式、劳动的社会结构方面进行研究。特别是研究劳动力与生产资料结合的方式、层次以及形式构成等现实问题。一些同志认为,劳动关系,就是劳动者实现其劳动力价值的"劳动价值关系";就是劳动力所有者与生产资料所有者之间的关系;就是劳资双方彼此进行劳动(活劳动与物化劳动)互换的关系。其中,要明确劳动者应该拥有什么样的劳动地位和权利去自主地建立、发展劳动关系。劳动关系也是一种劳动的法律调整关系,通过建立和发展劳动关系,保护劳动者的劳动产权,保证劳动者能够与生产资料所有者自主经营一样自主劳动。在市场经济体制下,劳动关系表现出来的是一种劳动的自愿交换关系、平等劳动关系。合理的劳动关系的标志:劳动者是否拥有经济上的主体性地位和权利,职业上的自主性地位和权利,社会上的平等性地位和权利,法律上的保障性地位和权利,以及由此而表现出来的劳动者的积极性、主动性和创造性。

三、发挥市场配置资源作用,让劳动者决定劳动投向

会议认为,市场经济体制就是要使市场机制成为各种资源和生产要素配置的主要方式。劳动力配置、劳动关系的建立,也应按照市场法则来调整和完善。在当前,政府应积极地改善社会的劳动环境与劳动的人事环境,建立和完善劳动力市场,既要对企业用工放开,也要对劳动者"打工"放开,实行市场作用下的竞争劳动机制。一些同志认为,改革以来,企业用工有所突破,劳动者择业却仍受到种种制约,特别是原有的劳动者与国家之间的人身依附关系始终没有触动,这就不利于发掘劳动者个性,激励劳动者积极性、主动性和创造性。现在必须解决这个问题,淡化依附意识,增强自立意识,让劳动者在市场中自主决定劳动投向。有些同志还指出,现在就应让劳动者(包括机关、事业单位非劳动者)和企业一道进入市场,虽然这会有风险,但这种"阵痛"是有价值的,必然是先"苦"而后"乐"。

四、正确认识和处理好社会主义劳动过程中的"主人"问题

会议认为,社会主义劳动的性质决定了劳动者只有分工的不同,而没有身份

高低、贵贱之分，只要是生产资料以公有制为主导，从全社会范围来说，劳动者都是主人。有些同志认为，只要坚持按劳动分配原则，劳动者就具有主人的地位。还有些同志指出，要全面理解"主人"的含义，实际上劳动者有无主人的地位，最主要的是看其是不是劳动力所有者的主人、劳动过程中使用生产资料的主人、劳动者对剩余产品分享的主人。

五、按市场运行法则建立和发展具有中国社会主义特色的劳动关系

会议认为，不断调整和完善劳动关系，应始终是我们完善生产关系、进行体制改革的重要任务。简单的"破三铁"和用工形式的变化是不行的，必须着眼于劳动关系，特别是注重市场运行法则下的劳动关系问题，不同的劳动关系及其体制，带来的动力是大不一样的。在当前，既要在理论上、观念上明确劳动力个人所有、劳动自主性，并以此为基础建立和发展劳动关系；还要在实践上具体研究如何运用市场法则，把劳动者作为一个利益主体，促成和实现劳动者与生产资料的优化组合。为此，①培育并放开劳动力市场，充分发挥市场配置劳动资源作用，逐步实现劳动力管理社会化；②尽快出台《劳动法》，使劳动者的活动、企业的劳动力管理、劳动力市场的运行法制化、规范化；③解除强加在劳动者身上的各种束缚，给劳动者劳动决策权，变纵向行政性建立劳动关系为横向经济性发展劳动关系；④在宏观上理顺劳动经济秩序，搞好劳动供求的总量平衡，尤其要注意处理好简单劳动者供大于求的状况，大力加强职业教育，提高劳动者素质；等等。一些同志还指出，调整劳动关系，在当前就是要变劳动者与国家之间的直接劳动关系为劳动者与企业之间的直接劳动关系，借助市场转移层次，调整构成，依次实现"国家人"—"自由人"—"企业人"的变革。还有的同志指出，在市场经济体制下，劳动关系的建立和发展应注意发挥和依靠工会的作用。

会议还就劳动力商品问题、劳动力所有制问题、不同经济成分中的劳动关系问题、劳动关系的法律调整问题及劳动力市场运行的操作问题等，进行了积极的研究和探讨。

(原载于《光明日报》，1992 年 11 月 28 日)

正确处理若干重大关系与正确处理劳动关系

江泽民同志在党的十四届五中全会闭幕时的讲话中指出:"在推进社会主义现代化建设的过程中,必须处理好各种关系,特别是若干带有全局性的重大关系。"包括改革、发展、稳定的关系;速度和效益的关系等。只有正确处理好了这些关系,才能够正确处理好社会主义市场经济条件下现代化建设所遇到的涉及全局的新矛盾、新问题,才能调动一切积极因素,加强社会主义现代化建设。江泽民同志的这个讲话,使我国发展社会主义市场经济、推进社会主义现代化建设有了一个理论和运作上的遵循依据。这也使我联想到了另一种关系,即劳动关系。我认为正确处理社会主义现代化建设中的若干重大关系,应该同时正确处理劳动关系,而且这些重大关系的调处本身在客观上都是与劳动关系的调处密不可分的。以下仅就个人学习江泽民同志的讲话及其与劳动关系的联系谈一些看法。

一、改革、发展、稳定的关系与劳动关系

改革、发展、稳定的关系,其中发展是硬道理、是目的,改革是动力、是手段,稳定是前提、是条件。而对于一个国家来说,最大的也是最需要的稳定,莫过于劳动关系的稳定。特别是在经济体制转轨时期,各方面利益关系变动较大,各种矛盾比较突出,正确处理好劳动关系,祥保持劳动关系的稳定,更具有重大的现实意义。因为,一定利益关系的变动,总是一定劳动关系变动下利益关系的变动——利益关系取决于劳动关系;"各种矛盾",首先是劳资矛盾——劳动关系问题。没有稳定和谐的劳动关系,绝不会有稳定、祥和的经济、社会、政治秩序,也绝不可能谈得上改革与发展。我国对劳动关系的研究是落后的,但是它又确实是一个带有全局性的重大的关系。随着改革、随着我国经济社会运行的市场化趋势,劳动关系将越来越成为经济社会发展中的焦点内容。因为:

(1) 劳动关系是人们在经济社会活动中彼此结成的关系。包括劳动者与劳动者之间的关系(含脑力与体力劳动者之间,体力、管理、科技劳动者之间,产业

劳动者之间，地区劳动者之间，同一所有制内部劳动者之间，不同所有制的劳动者之间以及同一职业岗位劳动者之间，不同职业岗位劳动者之间的关系等），劳动者与生产资料结合的关系，劳动者与资本拥有者之间的关系，劳动者与企业经营者之间的关系，劳动者与劳动产品的分配关系，劳动者与政府之间的关系以及劳动者与工会之间、劳动者与劳动社区之间的关系等。这些关系不仅会越来越趋向（要求）更加明晰化，而且会越来越趋向更加复杂化。

（2）经济关系说到底是利益关系，而利益关系则是由劳动关系决定的。如果说我们的改革、发展是一场利益的大调整，那么，劳动关系处理得当与否，将成为这种利益关系的调整及其效应的关键所在。

（3）没有哪种关系能像劳动关系这么具体，这么直接，这么纵横交织着生产力问题、生产关系问题、经济问题、社会问题、政治问题、劳动者问题、企业问题、政府问题。劳动关系维系着人类社会经济生活的最本质内容，寻求建立和发展和谐的劳动关系也就必然成为社会主义市场经济的最本质特征和焦点。

西方资本主义国家1929~1933年大危机之后，之所以能持续发展到今天，一个根本的原因就在于它们较科学地注意和处理了劳动关系问题，并且始终把劳动关系问题处理得当与否，作为制定各项经济社会政策的依据和基石。特别是由于它们重视和不断调整劳动关系，从而能够在市场化、自由化运营条件下保持国家经济社会发展大局的稳定，这一点是非常值得我们研究和借鉴的。如果说，在原有体制下，高度集权统一、计划调节，无须考虑劳动关系问题；那么今天在我们趋向市场化运作体制的时候，就不得不认真地考虑和处理好劳动关系问题了。我们不妨反思一下，18年的改革，国家在极度困难的情况下，仍不断给职工增加工资，然而收到增资效应了吗？谁都承认现在的收入水平、生活水平确实提高了，然而劳动生产率却反方向滑坡；企业亏赔大量增多，转机建制收效甚微，国有企业陷入困境，国有资产流失严重，现代企业制度也无多大的突破；还有通胀问题、失业问题……我以为这正是在于我们始终没有意识和正视、处理好劳动关系问题。例如，当我们提出要把企业推向市场的时候，却并没有考虑到首先要创造环境，让劳动力进入市场。结果是企业进入了市场，作为企业生产力主体的劳动力却"原地踏步"、不知所措；当我们承认企业的法人财产权的时候，却并没有考虑到首先要承认劳动者的劳动力拥有权，结果是劳动者产生"失落感"，大呼"主人空"；当我们一再提出和坚持改革是社会主义生产关系的自我完善的时候，却并没有考虑到使所有制的改革与劳动关系的改革同步，即使所有制改革或现时的产权改革陷入困惑，也没有意识和转向劳动关系这个生产关系最直接、最生动、最现实、最重要的内容调整变革上来，致使劳动者虽然置身于商品生产、市场化环境之中，但却又维持和停留在旧的劳动人事地位和关系的束缚里，这种劳动者的旧的劳动关系与新的市场经济环境的不协调及其矛盾是导致我国劳动生产率低下、劳动经济萎缩、转机建制失灵、国有企业和现代企业制度步履维艰、整个社会经济环境缺乏生机与活力的根本症结，也是影响正确处理改革、发展、稳定关系的基本因素。所以，该是充分认识、高度重视、正确处理劳动关系的时候了。否则，就没有稳定的政治和社会环境，一切无从谈起，再好的规划、方案都将难以实现。

二、关于速度和效益的关系与劳动关系

速度和效益关系问题，在本质上是一个劳动速度与劳动效益关系问题。讲速度，总是一定效益基础上的速度，而效益则又主要受制于劳动者、劳动、劳动生产率、劳动关系等。可以说，多少年来，我国速度和效益关系问题始终没有处理好或处理得不理想，其根本的问题就是劳动关系问题。因此，一提速度，就讲投资、原材料、资金、土地等物质资源、物质因素、物质环境，却不讲劳动者及其劳动的因素，不讲劳动关系条件、环境，不讲"人"这一最大的、最富有生机的资源，形成见物不见人、重物轻人的"物本速度"，结果投资很大，基建很多，产值很高，速度很快，却是低效益或负效益。一些发达国家则恰恰相反，由于实施的是一种"人本速度"，因此既有速度，又有效益，不仅速度与效益关系协调，而且总是保持着稳定、持续、恒增的运行过程，这是我们必须认识和予以重视的。

速度和效益关系，从宏观上看是一个总体协调问题，但这是主观的。而客观的，必然是一个微观问题、一个劳动关系的具体协调关系。没有对劳动关系，如劳动者的经济地位、社会地位、政治地位问题，劳动力与生产资料的配置与组合问题，劳动力管理体制和运行机制问题，劳动者积极性、主动性、创造性的调动问题等具体的、科学的协调，就不会有宏观上的速度和效益关系的总体协调与合理发展。

三、关于产业关系、地区关系与劳动关系

无论是产业关系或是地区关系，其最基本的、首先的是一个劳动力在不同领域、不同地区、不同层次、不同岗位的组合、布局、流动及其关系的处理问题，是一个劳动力的社会分配、劳动资源的开发、利用问题，也就是一个劳动关系问题。我国的一、二、三次产业结构主要就是从劳动力在一、二、三次产业问题的分布结构和比例关系上分析的。地区之间的差距又主要表现在由科技劳动者在地区之间的分布与流动的差距所形成的地区之间的高科技、高收入与低科技、低收

入之间的差距。而一、二、三次产业结构不合理，地区之间发展差距扩大化，既是这种劳动力在部门间、地区间分配与布局不合理所造成的，更是由不同部门间、地区间不同的劳动关系处理得不好所造成的。为什么第一产业发展缓慢？主要原因就是农业劳动力与农业生产资料超量结合，而剩余劳动力又不能自由、平等地进入第二产业、第三产业领域建立和发展劳动关系。长期以来，我们一直把农业劳动者进城务工视为"盲流"、"民工潮"，事实上等于否定了农业劳动者应有的、平等的劳动关系的地位。当我们高喊着"统筹城乡劳动力"的时候，我们却并没有真正地去对待和处理农业与工业，即第一次产业与第二、三次产业之间的劳动者的劳动关系问题。使得农业与工业关系在"剪刀差"外，又加上了一个"劳动差"。也许有人认为，农工之间的劳动差主要在于农业与工业劳动者之间的素质差，但不承认农业与工业之间的大劳动联系和工业化过程中的劳动力的大流动趋势，从而不能造就平等劳动关系及其市场化过程中的竞争劳动的环境与条件，别说是农业劳动者素质差，搞不好，就连工业劳动者的素质也会"差"下来的。也有人说，农业劳动者进入工业、进入城市，会与城市劳动者"争饭碗"，不利于城市就业秩序。其实，"争饭碗"正是劳动关系市场化条件下竞争劳动凭本事建立和发展劳动关系的具体表现。农业劳动者进城务工，最初大多都是分散在粗放型劳动领域，但最终会发展进入技术型、智力型劳动领域。在这一由粗放型向技术型、智力型转化的过程中，一部分人可能会一步一步进入到技术、智力型劳动领域，而一部分人则会对技术、智力型劳动的转化不适应，仍停留在粗放型劳动领域或返回农业；留在粗放型劳动领域的劳动者成为熟练体力劳动者，返回农村的则可能成为引导农业经济向工业化迈步的带头人，因为他们在工业领域、在城市，开阔了视野，学习了技术，产生和形成了发展经济的新思路。所以，农业与工业，一、二次产业间的发展很重要的是理顺劳动关系，让农业劳动者与工业劳动者同样自由地、平等地建立和发展劳动关系。

地区之间关系的调整也是一种劳动关系的调整。我国东部沿海地区经济发展比较快，这得益于拥有一大批高科技人才，从而使得经济中的科技含量高。所谓"科技含量高"，首先就是指经济过程中的高科技人才拥有量及其在总劳动者中的比重大。毋庸置疑，高科技人才多，结构比例大，又往往取决于这一地区的劳动关系的市场化程度高、弹性大。从20世纪80年代中期始，我国就搞过多次规模大小不同的人才交流活动，然而几乎每一次人才交流活动都程度不同地出现过"孔雀东南飞"的局面，这曾使国家和一些地区十分恼火。然而，恼火也好，不解也好，高科技人才确实从西部、中部流向了东部，从不发达地区流向了发达地区，中西部地区有些单位也引进了一些人才，却又出现了"引进了女婿，气走了儿子"的问题。分析一下，这就是劳动关系问题。似乎越是不发达地区、落后地区,其劳动关系就越封闭,越苛刻,越机械,越沉闷;而越是发达地区,其劳动关系则越开放,越灵活,越尊重劳动者的意愿,越能够体现出劳动关系的平等性,越能较合理地处理好劳动关系。所以,应该指出,地区之间经济上的差距也是劳动关系问题上的差距,解决地区间差距扩大化的问题,正确处理好劳动关系问题显然是不可忽略的。

四、关于所有制关系与劳动关系

所有制关系既是生产关系的核心,同时,所有制关系的正确处理和完善,又往往是通过完善劳动关系来实现的。事实上,从理论到制度、运作,所有制关系与劳动关系都是密不可分的,它们的统一构成了生产关系的基本内容。我国坚持以公有制为主体,多种经济成分共同发展,这就必然使得我国的劳动关系由原来的单一的国家与劳动者之间的直接的劳动关系形式变为多元的劳动关系形式。如国有或国营企业的国家与劳动者之间的劳动关系,集体企业的企业经营者与劳动者之间的劳动关系;中外合资或独资企业的资本拥有者、经营者与劳动者之间的劳动关系;私营个体企业的私营业主与劳动者之间的劳动关系;股份制企业的股权所有者、经营者与劳动者之间的劳动关系等。不同劳动关系有着不同的形式构成、调节机制,从而产生出不同的劳动关系效益,直接地影响着不同的所有制关系形式的变革与完善。可以说,所有制关系的运动过程与劳动关系的运动过程是密切地交织在一起的,所有制关系的变革与完善,绝不是所有制关系运动本身所能够独立实现的,没有一定的劳动关系变革与完善,就无所谓所有制关系的变革与完善,即使变革了所有制结构形式,也不会出现这种所有制结构变革效应的。我国从最初的突破单一所有制结构,到多种经济成分共同发展,从变革结构到直接触动产权问题,18年的所有制关系变革,无一不首先体现在劳动关系的变革上,如打破国家对劳动者统包统配体制,让劳动者与企业双向选择、自由流动、优化组合,或由政府职业介绍所或由劳动者进入市场自主地去建立和发展劳动关系等。由于劳动关系的调整、变革释放了被原有所有制结构和体制束缚住的劳动经济活力。

现在的问题是,从开始的所有制结构变革,到现在的明晰产权,所有制关系调整的坐标点究竟放在哪儿呢?当然是要放在劳动关系的正确处理上。第一,我们已经实现了所有制结构的调整与变革,中央已经明确界定了"公有制经济为主体,多种经济成分共同发展"的所有制结构;第二,公有制经济为主体的质与量的问题也已在理论和实践上基本形成定式;第三,明晰产权将是目前所有制关系调整与变革的继续和深入的内容。明晰产权既是发展社会主义市场经济、建立现代企业制度所不可回避的问题，又是伴随着改革和发展全过程的。特别是在现时政企没有分开、经济社会运行的大体制环境尚未理顺、国民的产权意识淡薄条件下，讲明晰产权总是理性化的、有限的。那么，这时的所有制关系变革，抑或说生产关系的变革就必然应该放到劳动关系的变革上，特别是要认真地创造一个劳动关系产生、建立、发展的良好环境，通过完善劳动关系来促进国有经济、集体经济和非公有经济的发展，促进产权变革。

五、关于分配关系与劳动关系

我国处理分配关系的原则是坚持按劳分配为主体、多种分配方式并存，体现效率优先，兼顾公平，把国家、企业、个人三者的利益结合起来。这一原则的基础是劳动关系，因为分配关系是由劳动关系决定的。如劳动者之间的分配关系是由劳动者与企业之间在建立劳动关系时由双方当事人按照劳动岗位、劳动条件、劳动定额、劳动时间、市场劳动工资率及国家宏观政策等因素确定的；部门之间、地区之间及脑力、体力之间的分配关系也都是按照相应劳动关系确定的。只有按照劳动关系要求才有可能处理好分配关系。现在人们普遍的一个认识：国民收入分配过程向个人倾斜，国家所得比重偏低，部分社会成员之间收入差距悬殊。调整这种不合理的分配关系既要发挥政策、赋税作用，但更应着眼和入手于劳动关系的调整，即把不同行业、不同地区、不同岗位、不同劳动者的收入在宏观上由国家确定一个指导性参数（欧洲一些国家称之为"影子工资"），形成劳动者和劳动用工单位建立劳动关系、签订劳动契约时的一个重要遵循依据。同时，在具体单项劳动关系法中以法律形式要求劳动者与用工单位双方必须参照国家指导性工资参数，并严格实施劳动关系的监督监察，这样不仅有利于保证劳动者通过诚实劳动获得劳动报酬，也有利于国家宏观上总体协调国家、企业、劳动者之间的关系，以及处理积累与消费之间、财政收入与国民生产总值之间、中央财政收入与全国财政收入之间的关系。

（原载于《河南社会科学》，1996 年 1 月）

和谐劳动关系与和谐社会的契合

党的十六届四中全会把构建社会主义和谐社会概括为"民主法制、公平正义、诚信友爱、充满活力、安定有序、人与自然和谐相处"的社会。和谐社会就是要谋求社会成员之间,以及人与自然之间各类关系的和谐。社会是人与人关系的总和,和谐社会就是人及其相应关系的和谐。如果说,人类社会最本质的内容是劳动,那么,人们在劳动过程中彼此结成的关系,即劳动关系,则构成人类社会最基本的关系。从这一视角看,和谐社会的"和谐"与否,标志性地、直接性地正是看劳动关系的和谐与否。

劳动关系在社会主义初级阶段不仅客观地存在着,而且随着改革开放的逐步深入,特别是我国生产关系中所有制的产权主体多元结构、民(私)营经济的发展,以及原有的封建社会与文化传统的深远影响,市场经济运行意识、观念、规则、秩序的欠缺,都使得劳动者、劳动管理单位、政府之间,以及劳动者与劳动者之间、劳动者与劳动管理单位之间、劳动者与政府之间产生不相融洽的矛盾,从而出现社会的不和谐。如劳动者是经由市场实现就业,还是继续由国家承包就业,从而确定劳动者与国家之间究竟应该是何种关系;劳动者是任其业主"恩赐",还是按照市场法则,以劳动力所有权身份、地位,通过"工资谈判",取得自己的劳动报酬,从而确定劳动者与企业之间究竟应该是何种关系;劳动者是自由、全面地发展自己的体力和智力,还是把劳动看成沉重的负担、包袱,从而确定劳动者与社会环境、社会保障之间究竟应该是何种关系;劳动者在劳动过程中的劳动交往是自愿、平等、同志式的,还是相反,从而确定劳动者与劳动者之间究竟应该是何种关系……显然,这些关系一直是不清晰、不规则、不正常的,也是由于这些问题的存在,造成了经济社会诸多的不和谐。而在今天,我们强调构建和谐社会的时候,则不能不从这些基本的、却又较难解决的方面切入,以寻求劳动关系和谐条件下的和谐社会与发展。

一、构建市场就业体制及其劳动关系和谐基础上的和谐社会

就业是民生之本,任何国家都把就业问题及其劳动就业关系的完善作为制定

政策的"基石"，以寻求就业发展中的整个社会的和谐。党和政府对就业问题的认识经历了实践—理论—实践的过程，即从新民主主义阶段的政府介绍就业、自谋职业、集体组织就业，到社会主义初始阶段统包统配的计划就业；从改革开放恢复"三结合"就业，到20世纪中叶探讨市场就业，我国前50年的就业基本上可以说是国家和政府主导型就业。这种就业体制与机制产生出该时期就业的三个特征：一是显性失业转化为隐性失业。人人有业可就，但工资水平长期处于"维持"与"贫困"线上。二是"充分就业"造成了一支规模浩荡的劳动力大军，却由于素质低，特别是与技术水平、资本规模之间的反差，导致长期停留在打"人海战"的小生产的、粗放经济方式上，大家有些不甘心。三是"计划就业"使得人们无忧无虑于就业，但因为这种就业是以牺牲效率为前提的，却又对此产生许多疑惑——这样的社会主义能够创造出远远高于资本主义的劳动生产率吗？大家有些不安心。"不足心"、"不甘心"、"不安心"的直接或间接效应便是社会的不和谐抑或说影响着社会的和谐。也是这种状况，人们呼唤变革。轰轰烈烈的改革开放大幕，事实上恰是在这种背景下拉开的。而我国真正认识、重视就业问题，严格地说是从1998年那一场"下岗潮"开始的。"下岗潮"使整个社会呈现出"严重"的不和谐。为了迅速扭转和改善这一局面，以党中央的名义在北京召开"全国就业工作会议"可谓是先例。理论界也开始拉近现实研讨就业问题，焦点集中在三个既有的理论：①扩大就业关键在于发展生产；②就业问题绝不只是单纯的经济问题，更是一个社会问题；③必须把就业与经济社会发展的关系问题及其调处放到战略地位上；等等。基于这些共识，从我国最高领导层到农村最基层都高度重视就业问题，并千方百计地采取各种措施扩大就业，实施积极就业政策，甚至提出了就业发展型经济增长模式。

"十五"规划首次把积极创造就业放在经济发展的重要位置，并提出"十五"期间创造4000万个就业机会的目标，即平均每年800万个。2005年10月，中共十六届八次全会，又一次提出坚持实施积极就业政策，充分发挥市场引导作用，大力发展就业容量大的劳动密集型产业、服务业和各类所有制的中小企业，规范劳动力市场秩序，鼓励劳动者自主创业和自谋职业，促进多种形式就业；适应劳动力供求结构的新变化，强化政府促进就业的公共服务职能，健全就业服务体系，加快建立政府扶助、社会参与的职业技能培训机制；国有企业要尽可能通过主辅分离、辅业改制等措施完善企业裁员机制，避免把富余人员集中推向社会；继续实施和完善鼓励企业增加就业岗位、加强就业培训的财税、信贷等优惠政策，完善对困难群众的就业救助制度，建立促进扩大就业的长效机制。

可以看出，随着市场化改革的深入，就业机制也在发生着深层次的转变，已经完全由计划经济体制下的统包统配制度转变为市场经济体制下的市场就业制度。市场就业制度的建立是社会主义生产关系，特别是劳动就业关系的自我完善，这种制度背景下的新的就业体制、机制的运行，不仅破除了人们原有的就业观念的束缚，使劳动者进入市场、自主择业、竞争劳动成为一种必然，同时，还将因此而达成社会主体自觉地趋向和谐处人、和谐处事的稳定性机制，减缓由于失业而带来对社会的冲击。

就业既是一个经济问题，更是一个社会问题，关系到社会的长治久安。劳动者如何实现就业，按照我国传统社会主义理论是非常明了的事情，即不再经过市场迂回就业，而是直接由国家统配就业，但随着计划体制向市场体制的转变，特别是企业改制、国家职工身份的置换，劳动者与国家之间那种直接的、行政的、承包的劳动者关系的割裂，将趋向市场劳动关系——按市场法则建立起劳动者与劳动单位行政之间的劳动关系。显然，构建市场化的劳动关系已成为当务之急。市场化的劳动关系对我国来说仍然还是一个新课题，急需从理论、政策、法律多方面开展研究，尤其是要把市场化劳动关系的有序、有效运营同构建和谐社会联结起来，形成在市场就业体制及其劳动关系和谐基础上的和谐社会。

二、构建在劳动力所有权、劳动者利益主体地位明晰及其劳动关系和谐基础上的和谐社会

当前社会矛盾的一个焦点是分配不公、收入差距拉大，并且已引起从决策者、学者到一般民众的高度关注，而这种涉及人们切身利益、极具敏感的问题如果处理不好，不仅直接影响到和谐社会的构建，还有可能成为构建和谐社会的桎梏。分配不公、收入差距拉大，究其原因是多方面的，但分配利益主体地位及其层次不明晰、不到位，抑或说，按照市场法则所确立的劳动分配关系不清楚、不完善应该是基本的原因。

长期以来，无论是理论上还是实践上，我们都强调工资是岗位劳动报酬形式，坚持工资差别取决于岗位差别原则，名曰"按劳分配"，而这种名义上的公正却掩盖了事实上的不公正。首先，这里的"劳"是指一种物化劳动，劳动者在劳动过程中被动转化（让）劳动力——生计劳动，从而表现的是一种"自然人"假设。其次，分配的主体立足于劳动单位行政方，劳动者始终处于一种附属、"奴役"状态——什么岗位，定什么标准工资，完全听命于计酬单位，从而表现的是一种"自然人"假设。最后，市场上的自然人与法人之间的关系平等、从而借以"工资谈判"，明确分配双方的责、权、利，即工资的市场决定理论与规则几乎是不存在的，从而表现的是一种"局外人"假设。凡此种种，除了一直到今天仍然停留在原有"计划工资"、"政府工资"的旧体制之外，最大的问题则是

改革开放以来,在完善社会主义生产关系运动中,只强调了生产资料的所有权,忽略了劳动力所有权,抑或说,劳动者始终没有以劳动力所有权的身份、地位,形成一个相对独立的分配主体及其层次,造成"人家"给多少,劳动者"领"多少,尽管不接受这种劳动力价值判断,不情愿这种不平等的劳动交换,却也无可奈何,只好街谈巷议,牢骚满腹,私愤乱泄。所以说,研究分配不公、收入差距拉大,应该从两个基本视角切入:一是解决新的市场经济环境与现行旧的计划分配机制及其观念之间的矛盾;二是增加有效制度供给,明确劳动力所有权,把生产关系完善的重心置于劳动者利益主体地位及其劳动的产品分配关系上。这也是现阶段我们贯彻科学发展观、突出以人为本、构建和谐社会的基本路径选择。

劳动力所有权,即劳动者自身劳动能力的归属权利,是劳动者据以争取经济、社会权益的基础,是劳动力在现代法制社会上拥有独立主体地位及其身份层次的反映。劳动力归劳动者所有是天然特权,只有承认劳动力所有权,才能使劳动者真正拥有社会主义国家主人的地位,并且以主人的身份进入市场与劳动力需求者签订劳动合同,平等地洽谈并确立分配问题,以市场劳动分配关系来维护劳动力供求双方的利益。由于劳动力及其分配由市场决定,劳动便成为一种自觉、自愿、自动、自发的行为,劳动力则真正成为一种价值的认可与实现、潜力释放与能量发挥的社会生产力,从而使得劳动收入、劳动力价格的高低涨落在劳动力所有权及其市场决定下,成为一种规则与机制,促成了整体社会和谐的一般条件。

多少年来,由于对社会主义制度认识存在某些偏颇,我们不合时宜地、想当然地建立起原有国家劳动关系及其运营体系,其基本症结恰恰是抹杀了劳动者作为独立经济利益主体的地位和层面,也由于劳动者根本就没有作为一个经济社会中的经济利益主体,从而与企业一样成为国家的附庸,一切由国家说了算。一旦国家发现自己确实"管不了,管不好,也不该管",已经是心有余而力不足了,只好慢慢使其回归到正常的社会市场调管之中。一直到实施国有企业改制,置换国有职工身份,让劳动者与企业一样进入市场,变国家劳动关系为市场劳动关系。总结国家"好心"没有办成"好事"的教训,根本的还是始终没有把劳动者看成独立层面,没有赋予劳动力独立利益追求的身份与地位。而随着"国家人"的逐步消失,劳动者与国家之间那种非正常的关系制度变革,劳动者将走向独立、自主、自由、全面的发展,将由"国家人"变成"自由人",并且在市场中按市场法则和独立利益阶层的新型身份,与法人之间建立一种市场劳动关系,从而自我寻求和发展与法人之间的关系和谐及调处。

当前,随着加大改革力度和扩大对外开放,我国经济进入持续高增长期,职工个人收入支配水平逐年提高。但是,劳动者似乎依然意见很大,而且各行各业都有反映。为什么工资在增加,人们却并没有减少对工资收入方面的意见?一个基本原因是行业之间、地区之间收入的差距加大,劳动者在心理上没有感受到作为劳动力所有权者拥有对劳动力的使用、处置、收益权,没有感受到在市场上与劳动单位行政方同处公正、平等交谈、交易的应有地位;相反,在现阶段就业过程中,劳动力买方市场的垄断性对劳动力所有权的无视与践踏,市场上劳动力主体地位的不公正、不尊重,客观上导致了劳动力在意识、观念中认为自己的工资、收入肯定也是不公正、不公平的。我们在探讨分配不公、收入差距拉大及其由此产生的人们对工资水平不满问题时必须正视这点。市场调节是"普照的光",面向交换的双方,而现在劳动单位行政一方主导劳动力市场,形成的所谓"市场决定工资机理"实则是一种扭曲。因此,在国家宏观调控、适度干预经济过程中,应该予以坚决的调整,否则将影响到和谐社会的构建。

三、构建在促进人的全面发展及其劳动关系和谐基础上的和谐社会

马克思在论述资本主义必将为社会主义所替代时,有两个基本思想。一是在资本主义条件下,劳动力被束缚起来,使生产力受到约束。马克思认为,生产力中起决定性作用的是劳动力,劳动力长期处于被压抑状态下,生产力是不会发展的。如何创新生产力?唯有建立一种新的社会形态,这就是社会主义。从这个意义上看,社会主义的提出、创建,在实践上是社会生产力的解放与发展,是一场伟大的革命。而解放生产力、发展生产力的内核则是解放劳动力、发展劳动力。也是基于这一认识,在马克思的论著里,生产力与劳动力基本上是同义语,从来就没有截然分开过。二是基于生产力理论和资本主义发展现状,马克思提出了重建个人所有制,构筑"自由人联合体"的设想。马克思认为,相对资本主义社会,在这个联合体里,每个人都有权自由、全面地发展自己的智力和体力,从而使促进人自由、全面地发展成为社会主义的目标和价值观,成为社会主义生产关系完善的重心内容和基本坐标。

马克思揭示资本主义必然灭亡的规律是基于资本主义初期,资本家把劳动力仅仅当作生产工具,劳动力除了受雇并被资本家蹂躏之外,没有任何自由。而进入资本主义中后期,资本家开始转变对劳动力的定位,逐渐趋向从重物到重人,实施人本管理,特别是从人力资源到人力资本概念认知层次的提升,即对人的经济社会主体地位作用意识、观念的变革,并以此切入调整生产关系,尤其是生产关系中劳动关系的完善,不仅使资本主义从自由进入垄断,又进入现代,而且由于劳动关系变革带来人的活力的释放,还呈现出一种经济的勃勃生机和发展的良好势头。这就进一步使我们认识到在生产资料所有制关系一定的条件下,生产关

系的完善及其重心应是劳动关系的调理；生产关系适应生产力性质的规律要求，在一定意义上也即劳动关系必须适应生产力的性质。"重建个人所有制"也是马克思基于资本主义初期所做的对未来社会的一种预言，实践深刻地证明了这一预言的科学性。"重建个人所有制"，首先就是要重新认识和确立社会生产中人的劳动力所有权地位及其由此决定的社会应当营造的促进人的自由、全面发展的制度环境、物质环境、人文环境等，这是我们今天研究资本主义发展、建设有中国特色社会主义进程时所必须面临和认真研究的战略性课题。

"人的全面发展"的思想是马克思科学社会主义的一个标识，由来已久，但真正作为全党研究和实践的指导，则是在中共建党80周年纪念大会时才提出来的。首先，反映了中国共产党人务实地回归到马克思科学社会主义的本源；其次，也表现出当代共产党人科学的思维与坚定的信念。人的全面发展的思想，首先，使经济社会生活有了一个"一切为着人的发展需求"而努力的基本遵循和目标定位；其次，使生产关系的变革与完善拉近到人及其相应关系的具体层面，从而明确了产权改革及其生产关系运行的方向，解决了目前改革进程中的后产权改革的困惑；再次，使劳动关系、生产关系的完善有了基本的评判标准；最后，使坚持共产党的领导、坚持社会主义道路有了实在内容和求取动力。

中共提出构建和谐社会，从本质上讲，也就是要造就一个促进人的全面发展的社会。因为人的全面发展只有在人与自然、人与人、人与社会的协调中才能实现，亦即在和谐社会中才能实现。马克思主义经典作家所论证的未来社会的根本特征，就是人的劳动能力、生产力的高度发展和人的精神境界的极大提高，这两个方面也正是人从自然和社会束缚中解放出来的标志。而在社会主义初级阶段，由于民主、法制、公平、公正及公民素质等阶段性特征和局限性，加之各个方面的体制还不完善、不成熟，人的全面发展受到制约。但值得指出的是，人的全面发展的思想，在中共十六大报告里进一步得到了体现和贯彻，并且上升到一个更高的程度，即明确提出了要坚持用以人为本的新的科学发展观统领全局，并且强调了把人的全面发展作为社会主义和谐社会的基本特征。科学发展观明确指出坚持以人为本，目的就是要构建和谐社会，促进经济社会和人的全面发展。促进人的全面发展既是经济社会发展的目标，也是为了实现对人的潜能的全面开发，只有把人的潜能充分开发出来，才能使我们的社会充满活力和生机。

人的自由、全面发展是历史的、具体的，并不意味着人们可以超越历史的、现实的条件，游离于社会及群体之外而随心所欲地行动，人只能在由特定的历史与现实形成的制度范围内发展，即一定制度下的人的自由、全面地发展。如前所述，由于我国社会主义初级阶段制度的不完善、不健全，非社会主义的政治、经济、文化依然存在和发挥影响，甚至左右人们的思想，"以人为本"的目标价值理念也不可避免地带有初级阶段的印记，作为实现人的全面发展的"原本"性价值观，只能逐步渗透于人们的思想深处，反映在经济政治体制之中，体现于法的理念之中。以人为本，并不意味着人人都要超越和独立于国家、社会之外，而必须在现实的基础上，逐步完善"以人为本"及其人的自由、全面发展的制度条件和环境。

四、和谐劳动关系与和谐社会的契合及对策思考

我国社会主义尚处于初级阶段，这就决定了现时经济的二重性：一是要积极推进社会主义事业，创造人的全面发展的基本环境，构建和谐社会；二是要积极化解商品交换、市场经济运行的负面效应，尤其是在企业改制和多元产权结构变革中出现的劳动关系的不和谐问题。基于这一客观现实，我们在构建和谐社会时，必须注意劳动关系的调整与完善，认真探讨新时期、新形势下新型劳动关系的特点，谋求和谐劳动关系与和谐社会的契合，使和谐的劳动关系成为和谐社会的基础。

进入社会主义，由于发展的理念和制度都建立在消灭剥削、消除两极分化、走共同富裕之路上，因此，社会主义社会最大可能地保障了人们的机会平等、劳动平等、利益平等，并决定着社会主义劳动的自由性，以及社会主义劳动关系的平等性，即社会主义生产过程中人与人之间的自由、平等、同志式的关系，而没有根本的利害冲突，这就使得社会主义和谐社会的构建有了制度前提。然而，社会主义毕竟只是处于初级阶段，而且整个架构又是基于封建主义，商品交换、市场法则、资本运营，以及经济文化、价值判断、国民素质等都很低下、局限，使人的自由、全面发展受到一定制约。一直到国有企业改制，才使劳动力所有权开始回归劳动者，原有的行政性、承包性的国家与劳动者之间的直接劳动关系开始变革，理论上的平等劳动关系所掩盖的事实上的不平等劳动关系开始动摇，劳动关系行动机制趋向市场化，这一切为劳动力的自由、全面发展，为劳动者依据劳动力所有权来维护自己的利益，创造了新的体制基础。随着市场劳动关系运行，日趋明晰的劳动力市场主体地位的确立，社会主义初级阶段的、新的劳动关系的形式构成和运行机制，将使劳动关系和谐，从而为建设和谐社会提供了新的制度、体制保障。具体说来，在构建和谐社会过程中，应积极探讨和谋求和谐劳动关系与和谐社会的契合，以达成两者的互动。

（1）明确构建和谐劳动关系的内容目标。在现阶段，构建和谐劳动关系的任务和目标，就是改善劳动生态环境，推行积极就业政策，扩大就业容量，降低失业率；提高劳动合同签约率和履约率，化解劳动关系冲突和对抗，减少劳动纠

纷；规范用工行为，减少劳动歧视，依法维护劳动者合法权益；完善社会保障制度，提高企业和员工的参保率及给付率，包括逐步解决农民工的保障问题；改善劳动安全卫生条件，降低工伤和职业病发生率；加快劳动保障立法建设，加强执法监督检查；建立劳动经济预警制度，降低突发事件频率和危害程度。

（2）加强劳动合同立法。劳动关系的建立必须实施合同立法，建立健全劳动合同与集体合同履约责任制和合同审核制，并将履行合同监管职责工作纳入政府和企业的目标管理和考核体系。同时，依此深入开展创建劳动关系和谐企业、和谐工业园区活动，推动企业建立规范有序、公正合理、互利共赢、和谐稳定的社会主义新型劳动关系，为构建社会主义和谐社会提供制度与法律保障下的"人和"与"人气"。

（3）制定公平合理的分配制度和政策。财富占有及其分配的公平合理性是构建和谐社会的最基本条件。从和谐劳动分配关系角度讲，就是要在市场价格机制调节分配的过程中，认真研究劳动力价格形成机制，使劳动收益率高于资本收益率，人力资本收益率高于货币资本收益率，把资本的获利冲动限制在合理的区间内。对获得垄断利润、超额利润的行业和企业要提高征税水平，既要鼓励劳动者诚实劳动、合法经营致富，又要严格掌控初次分配收入的合理差距。要规范收入分配秩序，把灰色收入、黑色收入降低到最小程度，在社会再分配的转移支出中，要公正、公开、透明，要使"穷人"多收益。当前，尤其要深入研究劳动分配与财富占有关系政策措施，化解贫富过于悬殊的矛盾，理顺分配关系，使和谐的劳动分配关系契合于和谐社会。

（4）完善社会保障制度，扩大其覆盖面。当代社会保障制度是实现劳动者的劳动权与发展权的根本制度，前者要求劳动力有业可就，且能保持和不断提高工资、福利、待遇水平；后者则要求实施劳动社会保障的国家统筹，即建立社会保障统筹基金，在满足养老、医疗、失业及其他必要救助需求的同时，还要积极满足劳动者自由、全面发展智力和体力方面的需求，即所谓发展权的保障性基本需求，如接受教育、职业培训、研修深造、合作实验等。现阶段，重要的方面是坚持强化、鼓励创业和扩大就业的劳动力生活的基础性保障，坚持城乡统筹，使包括农民工在内的一切社会劳动者都能享有社会保障的权利和实惠。

（5）健全社会调解机制。一是发挥政府在劳动关系协调中的行政职能作用，不断提高政府协调劳动关系、化解劳动关系冲突与矛盾的水平和能力，积极引导劳动关系的协调趋向与国际准则、国际惯例接轨。二是建立劳动法院和劳动仲裁调节体系，维护劳动立法、劳动司法、劳动仲裁的权威性。三是建立中国特色的多方协调机制——全国产业工会与有关部委、行业协会、企业的联席会议制度、地方工会与同级政府的联席会议制度及劳动关系三方协调机制，并将这种机制向区、县、乡镇、街道延伸推进，以解决本地区、本行业劳动关系中的突出问题。

（6）建立民主权益保障机制。建立民意表达、民事公开、民主参与、民情处理的民主权益保障机制，对于完善劳动关系、构建和谐社会有着重大现实意义。而民主权益保障的焦点是全方位协调劳动关系与社会利益关系，畅通信息渠道，使劳动者的意愿及时得到反映；落实知情权，公开公共权力中涉及劳动者切身利益的决策和执行过程；拓宽和疏通参与渠道，使劳动者真正行使国家主人的权利；赋予劳动者监督制约权利等。此外，一个重要方面就是要强化工会调解劳动关系的作用。工会要真正成为员工的维权组织，就必须赋予工会独立的地位和作用，使其成为政府与企业之间、企业与员工之间的第三种力量。

（7）加快建立全国统一的劳动力市场，实施劳动关系的市场化调节，并将此项工作与转变经济增长方式衔接，以期提升人力资本意识和劳动力在现代生产力中的决定性作用，对于构建社会主义和谐社会是至关重要的。

参考文献：

[1] 学习十届全国人大四次会议文件辅导 [Z]. 北京：中共中央党校出版社，2006.

[2] 中华人民共和国国民经济和社会发展第十一个八年规划纲要学习参考 [Z]. 北京：中共党史出版社，2006.

[3] 郭军. 东北工业机制转化中的职工身份定位 [J]. 经济管理，2004（9）.

[4] 郭军. 中国社会主义劳动经济学研究 [J]. 北京：红旗出版社，1996.

[5] 安徽省"三个代表"重要思想研究中心. 处理好劳资关系 促进和谐社会建设 [N]. 光明日报，2006-07-22.

[6] 教育部邓小平理论和"三个代表"重要思想研究中心. 深刻认识以人为本的科学内涵 [N]. 人民日报，2006-08-07.

（原载于《经济经纬》，2006年6月）

调整劳动关系：我国经济体制改革的主线
——访河南省青年学者郭军副教授

一次偶然的机会我结识了河南财经学院郭军副教授，他40岁出头，高高的个子，白皙的面孔，一派儒雅的气质；鼻梁上架一副眼镜，更增添了几分学者风度。似乎是有缘吧，不知不觉中，我们谈起了劳动关系问题。他侃侃而谈，如泉水叮咚，娓娓道来，深深打动了我，使我突然萌生了采访他的念头。仲秋的一天，我如约前往，采访了他。

郭军副教授是我国体制改革中较早提出劳动关系及其变革问题的。他的《体制改革的主线应是劳动关系》一文最近又被国家体制改革委员会主编的《中国经济文库》收录。郭军说，我国劳动关系的研究基本上是在20世纪90年代初期提出的。什么是劳动关系呢？按照列宁的话说，劳动关系就是劳动的社会形式、劳动的社会结构。换句话说，是人们在参加社会劳动方面彼此的关系。具体可以从三个层次来理解：一是劳动者彼此间（包括脑力、体力劳动者之间，科技、管理、体力劳动者之间，地区或部门劳动者之间等）的关系；二是劳动者与资本拥有者之间的关系；三是劳动者与资本经营者之间的关系。以前在我国，劳动关系的概念是很淡薄的，原因是原有体制以政府为主导进行国家统包统揽，劳动关系可以说是单一型的，就是政府的劳动关系问题。因为劳动者本身已经是国家的劳动者——可以把它称作"国家人"，它的就业、它的岗位转换、它的流动、它的退出劳动过程、它的养老送终，一切都是国家的。所以在原有体制下，无须讲劳动关系。但是随着改革的深入和社会的发展，尤其是要建立社会主义市场经济体制，劳动关系问题就很鲜明、很尖锐地作为一种现实被提了出来，不能回避。因此，劳动关系的研究就具有不同寻常的意义。首先，从理论来说，劳动关系的研究及劳动关系的变革，直接关系到社会主义生产关系的完善，关系到社会主义制度的完善。因为劳动关系是生产关系中最现实、最直接、最生动的内容，它不是一般的相对独立的组成部分，而是一个活的能动的部分，甚至从某一个角度说，所谓生产关系就是劳动关系。抓住了劳动关系，变革了劳动关系，也就是抓住、变革了生产关系。其次，从运作来说，研究劳动关系的意义在于，探索、寻求社会主义市场经济条件下劳动关系的运动规律，促成市场对劳动资源的有效配置，化解劳动关系矛盾，理顺社会经济秩序。我们可以具体来看一下关于劳动关系在理论上与生产关系及与经济体制改革的关系。政治经济学理论认为，生产关系包括三个方面：第一个方面是所有制关系，是所有制关系决定下的人们在社会劳动中的地位，以及由这个所有制关系和地位所决定的人们的分配地位。其中，所有制关系应该包括劳动力的所有制关系和物质资料的所有制关系。而劳动力所有制关系又是主导性的。第二个方面是人们在社会劳动中的地位，讲的是劳动者与生产资料结合的方式及其配置关系，也就是劳动的组合关系问题。第三个方面是人们在劳动产品分配中的地位，实际上讲的是劳动者的劳动与劳动者创造的产品的分配关系。劳动力的所有制关系、劳动的组合关系和劳动的产品分配关系三者就构成了劳动关系，这就是劳动关系的理论内涵。由此我们得出，生产关系的内容实际上是劳动关系。将这个分解可以认识到，在所有制关系一定的条件下，劳动关系是生产关系活的表现，它最直接、最具体、最生动地代表了现实的生产关系。既然如此，那么我们讲经济体制改革是生产关系的自我完善，首先的、主要的就是劳动关系的完善。因而，劳动关系的产生、建立、调整、变更、发展及其形式构成、系统层次、实际内容、运行机制，都必将成为社会经济活动中最直接、最敏感、最重要的问题。

既然劳动关系与生产关系直接相连，那么劳动关系、生产关系、经济制度、经济体制之间的关系将是密不可分的，一定的生产关系实际上表现为一定的劳动关系，而一定的劳动关系影响、决定着一定的经济制度，一定的制度的具体化就是一定的体制。这里面最重要的理论思路，是要认识到劳动关系是生产关系的最现实、最生动、最具体的表现；生产关系的完善主要是指劳动关系的完善。也正是立足于这样一个基本思路，郭军副教授提出了劳动体制改革、整个经济体制改革的主线应是劳动关系的调整与完善。变革生产关系的过程也就是变革劳动关系的过程，我们的改革当然应当着眼于或者说把重心、把主线放在劳动关系上，即重构我国社会主义市场经济条件下的劳动关系。

我国原有的劳动关系是政府主导型的，是国家与劳动者之间直接的劳动关系，由国家统一招工、统一分配、统一工资、统一劳保福利。以这种劳动关系为依据所建立的统包统配的固定工制度和国家对劳动力管理上的高度集中的统一体制，在新中国成立初期是与当时的生产力状况相适应的。但其最大的弊端是把本来应该由企业或社会各方面和劳动者本人承担的责任，统统包到了国家身上。正是这种"包"的体制及其"包"的劳动关系，从本质上抹杀了劳动者的劳动力所有权，抹杀了劳动者要求自由、平等、自主劳动，按照劳动分配消费品的社会、经济、政治地位；也正是这种"包"，"包"出了"铁交椅"、"铁饭碗"，劳动者变成了"国家人"，没有形成自己应有的个体自主性地位。因此，我们要改革，要依据社会主义市场经济体制运行规律要求，重新构造新型劳动关系，并以此建立和发展新的劳动力管理体制。要把本来应该由企业或社会各方面、劳动者本人承担的种种责任却由国家包下来的问题，转化为由企业、社会、个人承担。要实现"国家人"的转变，由"国家人"转变为"企业人"，更彻底一点讲，转变成"市场人"，或叫"自由人"，在此基础上确立一种新的社会主义劳动关系，以及其处理这种劳动关系的方针、政策、制度、法规和相应的体制与机制，从而增进企业的活力。企业活力，从其本质上来讲，主要是指劳动者的积极性、主动性和创造性，以及这三"性"的发挥，和它们对企业经营的影响程度。企业活力首要的就是劳动经济的活力，其产生的前提是企业与劳动者之间的平等、友好、互助、互利的关系，以及由这种关系所凝成的命运共同体。所以，我们必须把"国家人"转变成"企业人"或"自由人"，具体来说，就是让企业自主招工、自主用工、自主退工，让劳动者自主择业、自主流动、自主发展，使劳动关系的双方处于平等的地位，按照各自的意愿来建立和发展劳动关系。在我国奠定起推行新的劳动力管理体制、走向劳动力管理的市场化、社会化的基础，从而建立和发展具有中国特色的社会主义新制度、新体制、新秩序。

我国经济运行的载体是市场，市场流通包括物与人，没有物的流通，就谈不上商品生产与商品交换，同样，没有人的交流，整个市场死气沉沉，难以活跃起来。劳动力市场是整个市场大体系中最重要的组成部分，是实现社会劳动力资源配置调节的有效形式。所以，按照这一思路，首先必须建立新的劳动关系及体现这种劳动关系的社会经济制度和体制。要想形成这种新的体制，要求首先放开对劳动者个体自主性地位的行政性控制和干预，使劳动者成为一个自由人，拥有支配其劳动力的自主性地位，变统包统配为自由、自主、自觉、自愿地进入市场，竞争劳动。市场对劳动资源的配置与开发利用的一般特征就是竞争劳动，通过竞争劳动形成市场下的科学的劳动投向和劳动关系，从而达到市场法则下的劳动者自我奋斗、自我发展、自我约束的机制与功能。但是迄今存在的最重要的问题就是没有明晰劳动力的主体地位，没有把劳动者当成一个利益层次、利益主体。若不把劳动者当成一个利益层次和利益主体，就无法形成劳动关系的一个独立的当事人，就无法构成真正意义上的劳动关系。蒋一苇先生主张的"两级分配"的困惑，根本原因正是在于理出了企业利益主体地位，却没有理出劳动者的利益主体地位，从而作为劳动关系一方当事人由于主体地位弱化，也就谈不上形成一级或一层的分配……

抑扬顿挫、清脆悦耳的声音逐渐停了下来，作者从中可以深深感受到郭军对劳动关系问题研究的执著追求和他对劳动关系问题的剖析所显示出的一个学者思维的深刻与透彻。

(记者晓勇,原载于《河南工运》,1995年11月18日第11版)

中国劳动关系发展演变探析

劳动关系是生产关系的重要组成部分，在生产资料所有权关系一定的条件下，生产关系的完善主要表现为劳动关系的完善。中国劳动关系历经60多年的探索、建设和发展，特别是30多年的改革开放，与中国特色社会主义经济体制相适应的市场劳动关系及其运行体制已初步建立起来。如果说以党的十一届三中全会为转折，中国改革开放的30年是10年梳理、10年探索、10年初建，那么，在此后的30年，甚至更长的时间内，我们建设中国特色社会主义市场经济体制的任务依然很重，还有许多难题亟须破解。在此，我们对新中国成立以来劳动关系的演变进行回顾和比较，以厘清问题，总结成绩，开拓未来，这是我们选题研究的初衷和背景，谨在此以向大家求教。

一、过渡时期：劳动关系的多形式性（1949~1956年）

1949年，新中国成立，帝国主义阵营即对中国进行孤立、封锁和包围，加之国民党残余军队及特务土匪的破坏和威胁，整个国民经济几乎处于全面瘫痪状态，工、农业生产总值直线下降。因此，这一阶段的首要任务就是巩固新政权和恢复国民经济。当时掌握国家经济命脉的官僚资本代表着大地主和资产阶级的利益，因此政府对其采取没收政策，从而形成具有新中国建设初期特色和性质的国营经济运行体系。同时，国家政策和策略允许和鼓励民族资本家及农民、手工业者等私人资本主义经济发展，形成了国营经济、合作社经济、私人资本主义经济、个体经济和国家资本主义经济等多种经济成分并存的格局，这种多元产权结构在客观上必然要求有多种形式的劳动关系与之相适应，从而表现出新中国经济社会建设初期的劳动关系。这一时期，劳动关系运行体制和机制的依据轴心是于1949年9月29日中国人民政治协商会议第一届全体会议通过的《共同纲领》所提出的"中华人民共和国经济建设的根本方针，是以公私兼顾、劳资两利、城乡互助、内外交流的政策，达到发展生产，繁荣经济之目的"。即政府期望通过施行"发展生产、劳资两利"的政策策略来建构新中国的劳动关系。

这一时期，除了原有解放区转移过来的国营经济之外，包括城市新兴国营经济和非国营经济在内，都还带有封建主义、资本主义的属性，劳资双方还存在着"阶级"之间的"斗争"，特别是劳方虽然在政治上取得了主人翁的地位，但他们还不可能以平等的身份与资本家或是经理人进行理论和谈判，所以，他们总是希望通过政治斗争来获取经济地位的提升；从资方看，虽然新政策维持了他们的经济利益，但是由于实现共产主义、消灭资产阶级的过激民主主义思想倾向，资本家更关心其阶级的命运前途。劳资双方的不同心理定式，产生出劳资双方两种动力、两个目标，一方面，劳方利用政治优势提升经济地位的倾向加剧；另一方面，资方在生产过程中出现消极甚至惊恐状态，劳资关系陷入僵持。由于劳方政治上的坚持和资方经济上的坚持，造成部分资方的逃跑、劳方的包围——"普遍的逃跑与包围"。鉴于此，国家继续贯彻和深化"发展生产、劳资两利"的方针，特别是提出保护资方，强调劳资协商政策，劳方的工资福利及劳动条件有了改善，资方的独立经营权及利润率也得到保障。劳资协商使各行业的劳资关系得到缓和，初步形成了多种形式的体现"民主、平等、两利、契约"的劳资关系。

1951年底到1952年10月，在党政机关工作人员中开展"反贪污、反浪费、反官僚主义"的"三反"运动和在私营工商业者中开展"反行贿、反偷税漏税、反盗骗国家财产、反偷工减料、反盗窃国家经济情报"的"五反"运动，一方面巩固了年轻的无产阶级政权，另一方面通过对具有资本主义性质的私营企业进行民主改革，建立工人监督机制，也进一步强化和提升了这一时期劳方的地位。

1953~1956年，国家提出了"一化三改"（"一化"即社会主义工业化，发展生产力；"三改"即改变生产关系：对农业、手工业实行合作化，对资本主义工商业实行公私合营，其中重点是对资本主义工商业进行改造）的社会主义过渡时期的发展模式。至1956年，完成了对农业、手工业和资本主义工商业的社会主义改造，实现了生产资料私有制向社会主义公有制的转变，中国由新民主主义社会迈进社会主义社会。随着中国社会主义制度的建立和推进，工人阶级主人翁地位的确立，无疑使劳资双方关系发生了质的变化，社会主义新型劳资关系的运行成为社会主义生产关系的重要内容。

二、全面建设社会主义时期和"文化大革命"时期：劳动关系的单一性（1957~1976年）

随着国民经济的恢复，中国开始了第一个国民经济和社会发展的五年计划，也是"一五"经济的发展，有力地支持了社会主义生产关系的变革与完善，促成了1956年社会主义制度的过渡，生产资料公有制的确立，劳动者成为国家主人，劳资双方发生了根本性转变，合二为一成为"一家人"。尽管现在看来，也许那一时期的这种"过渡"显得有些操之过急，甚至是有悖生产力性质规律的，但人们对社会主义的激情和向往，特别是在对经济规律、科学社会主义认识上的局限与偏颇，则是应该予以谅解的。同年中共八大召开，正确分析了国内形势，指出当时的主要矛盾是人民对于经济文化迅速发展的需要同当前经济文化不能满足人民需要的状况之间的矛盾；提出党的任务是集中力量发展生产力，尽快把中国从落后的农业国转变为先进的工业国；要求在经济建设中，既反保守又反冒进，坚持在综合平衡中稳步前进。但1958年中共八届二中全会提出的"多快好省建设社会主义"的总路线，以及"大跃进"和人民公社化运动，使得以高指标、瞎指挥、浮夸风和"共产风"为标志的"左"倾错误严重泛滥开来，加之自然灾害，苏联单方面撕毁中苏经济协作合约等，最终导致了1959~1961年的经济困难期。虽经1960年提出"调整、巩固、充实、提高"八字方针，1962年召开七千人大会以总结"大跃进"中的错误，国民经济开始好转，但是"一大"（人民公社规模大）、"二公"（人民公社公有化程度高）的指导思想和政策偏好却基本持续下来，特别是对社会主义的认识误区，导致全盘照搬了苏联的计划经济体制，全面调整了生产资料所有制关系，使中国的多元产权经济形式变为单一公有制形式，这又使本来与低水平、多层次的生产力相适应的多种经济成分下的多种劳资关系一下子回到了单一劳资关系运行中，并且还模糊了劳资关系的主体双方，模糊了劳资关系运动的行为目标，模糊了劳资关系的运行手段和机制，最终使劳资关系束之高阁。

单一公有制的确立，使国家将企业用工权进一步集中到了劳动行政部门，逐渐形成了以"统包统配"和"固定工"制度为主要内容特征的劳动就业制度和劳动用工制度，从而使劳动者与国家之间直接地、行政性地、承包式地建立起一种具有浓郁计划经济色彩的劳动行政关系，劳动者也成为"真正的"社会主义主人而依附于国家，国家实行的"统包统配"和"固定工"的劳动关系一直延续到1979年。

计划经济时期的劳动关系形式一直延续到20世纪80年代中后期。其作为中国计划经济的产物，具有浓重的计划色彩。比如，在全国范围内，用人单位基本上为清一色全民公有制和全民集体所有制，劳动者为全民所有制固定工（企业季节性、临时性用工数量受到严格控制），劳动关系趋向单一化运行；又如，劳动关系主体并非劳方与资方，而是国家与劳动者之间直接建立起行政的劳动关系，并且这种劳动关系一旦确定，只有政府的行政指令才能够改变，否则终身不变；此外，还包括国家统包统配的就业制度和固定工制度、国家全包的劳动保险和社会福利制度、平均主义"大锅饭"工资制度等。在这一期间，各级国有企业都建立了工会，但也只是履行国家和单位行政助手的作用，对于劳动关系运动及其过程发生的问题,实际上并不能真正维护和代表劳动者的权益。

毋庸置疑,计划经济时期以统包统配的国有固定工终身制为主要特点的劳动关系,为新中国经济社会的建设与发展做出了积极的贡献。但是这种单一的劳动关系及其形式构成,特别是统包统配的固定工终身制,不仅使隐形失业增多,而且使社会保障成本增加,更严重的问题是,抑制了企业及劳动者两个层面的积极性、主动性和创造性,使本来应该生机盎然的社会主义失去了活力。

三、改革探索时期:欲从单一回归多元的劳动关系(1978~1992年)

从1978年党的十一届三中全会召开,到1992年党的十四大召开,是中国逐渐破除计划经济专行、市场经济逐步迈上历史舞台的过渡期,也是中国经济体制逐步变革的起步期。这一时期原有单一的劳动关系并没有发生根本性的变革,劳动者与政府之间的"统包统配"的关系并没有完全割裂,但是,一系列政策、法律法规和文件的出台使得这一劳动关系受到冲击和影响,劳动关系开始突破固有的形态,向着市场化、多样化、法制化转变。

1978年党的十一届三中全会强调,中国经济管理体制的一个严重缺陷就是权力过于集中,因此,权力要下放,即让地方和企业拥有更多的经营管理自主权。国有企业改革开始于国家对国有企业的扩权让利试点,包括调整国家与企业关系,扩大企业自主权,把企业经营好坏同职工的物质利益挂起钩来,调动企业和职工的积极性、主动性和创造性。随着1979年7月国务院颁布的《关于扩大国营工业企业经营自主权的若干规定》的实施,企业拥有了一定的劳动用工权,第一次突破了城市劳动力配置的完全计划性,形成了一个具有边际意义的政策调整。1983年2月,国家劳动人事部下发了《关于积极试行劳动合同制的通知》,从而使原有的国家与劳动者之间的直接的、行政的、承包的劳动关系有了一些内涵性变化的预期,强化了企业主体地位、企业与劳动者之间直接以劳动合同制的形式建立劳动关系的新的体制和机制,弱化了国家主体地位和作用,为政府彻底超脱微观劳动关系事务、切断与劳动者之间的直接联系、让劳动关系回归本位与自主及走向市场化发展,做了有利的铺垫。

1984年10月,党的十二届三中全会提出了社会主义经济"是公有制基础上的有计划的商品经济"理念,为企业进入市场、成为市场主体创造了理论和政策条件。1986年9月,国务院公布改革劳动制度的四项暂行规定,即《国营企业实行劳动合同制暂行规定》、《国营企业招用工人暂行规定》、《国营企业辞退违纪职工暂行规定》和《国营企业暂行职工待业保险暂行规定》,进一步夯实了中国从实施劳动合同化到实施劳动合同制的框架与轨迹。这些规定虽然还留了一些"小尾巴"，如"劳动合同制工人"之前有个定语"全民"，但毕竟使国有的"全民"概念趋向了分层性多元化，非常有利于改善原有劳动关系形式构成，甚至也可以认为，这是中国新型市场劳动关系建立的起点。

20世纪80年代，从计划经济到市场经济，无论是理论推进还是实践演化，都意味着中国社会主义经济制度的基础是市场经济而不再是计划经济，市场已经成为新体制运行的基本模式，市场化取向的经济体制改革目标日趋清晰。1987年以后，中国在从计划经济走向市场经济的同时，非公有制经济等多种经济成分也跃上市场舞台，非公有制经济的出现表明中国生产关系的完善迈出实质性一步，也预示了中国劳动关系将发生深刻变化，公有经济中的劳动关系与非公有经济中的劳动关系将会同时并存。

四、深化改革及其制度创新时期：承认和推进多种形式的劳动关系（1993~2003年）

1992年，邓小平南方谈话果断地调整了治理整顿与改革发展的关系，加大改革力度，并以三项制度改革为切入点，将目光转向劳动关系的调整，开始对"用工、工资、人事"三个方面进行改革，意在实现"用工制度从终身制到合同制；工资与个人贡献正比浮动；人员能进能出，职务能上能下，待遇能升能降"的新体制下劳动关系运行机制。1992年初，以江苏徐州的国有企业改革为发端，国有企业掀起了一股以"砸三铁"（"铁饭碗"、"铁工资"和"铁交椅"）为中心的企业劳动、工资和人事制度的改革热潮。"砸三铁"的初衷是解除国家与工人之间的终身劳动固定工制度，解决国有企业劳动效率低下问题，但因操作理念上的扭曲，极端地提出要以"新三铁"（"铁面孔"、"铁心肠"、"铁手腕"）代替"老三铁"，导致国有企业突发了诸多群体事件，酿成许多社会问题。但这次"三项制度"改革还是冲击了旧制度、旧体制，触及了劳动关系旧的运行秩序，动摇了人们依赖国家、躺在国家身上当"国家人"的机能与心理。1993年11月，中共十四届三中全会通过的《中共中央关于建立社会主义市场经济体制若干问题的决定》明确指出，中国国有企业的改革方向是建立"适应市场经济和社会化大生产要求的、产权清晰、权责明确、政企分开和管理科学的现代企业制度"。党的十五大又重申了按照"产权清晰、权责明确、政企分开、管理科学"建立现代企业制度的预期。"三项制度"改革和现代企业制度的建立，使国有企业开始摆脱政府部门的直接干预，寻求以独立的法人身份走向市场，"自主经营，自负盈亏"，对国有企业劳动关系的重构与再造起到了重要的推动作用。

值得指出的是，1998年的"下岗潮"应该成为原有国有企业体制解体的一个标志，尤其是它打破了计划经济体制下劳动关系的行政主导模式，大批的国有企业职工从原有的体制中"下岗"，走向社会。这些"下岗"职工在失去旧体制的庇护后不得不进入市场就业领域，一改原先"进了国营门，就是国家人"的非正常的劳动关系。市场经济运行的价值规律、自愿让渡规律、竞争规律渐渐被人们认知、认可，并逐步趋向适应市场劳动关系新秩序。但同时劳动关系矛盾也显现出来，一些地方甚至发生了群体事件，严重影响到社会的稳定。1998年5月，我国第一次以党中央、国务院名义召开"国有企业下岗职工基本生活保障和再就业工作会议"，旨在治理当时矛盾重重的国有企业和下岗职工尖锐的劳动关系冲突问题，意欲理顺市场化进程中的社会主义劳动关系问题。

党的十四大以后，我国实施了"坚持以按劳分配为主体，多种分配方式并存，体现效率优先，兼顾公平"，"市场机制决定、企业自主分配、政府监督调控"的工资体制，这种以市场为导向的分配制度打破了原有计划工资指标模式，由企业根据自己的经营效益和当地行业平均工资决定管理人员和职工的分配方式与分配水平，一方面大大激发了职工劳动的热情，提高了劳动生产效率，另一方面也体现了对劳动技能、劳动差别、知识产权及其他要素所有权的尊重，劳动分配关系的科学梳理，为市场劳动关系的运行铺垫出有力的支撑体系。

这一时期，建立现代企业制度，使国有企业改革进入企业改制的阶段，对劳动关系的建设与发展起到了历史的、重大的促进作用。企业改制，其内容特征集中表现在两个方面：一是改变原有的单一所有制关系，由纯而又纯的国有经济成分这一种形式，转为多元素的、多种类的经济形式及其所有制结构；二是改变原有的单一劳动关系，转变国家职工身份，变国家与劳动者之间的直接的、行政性、承包式劳动关系为市场劳动关系，让劳动者进入市场，按照市场法则与企业双向选择，建立起一种市场化、竞争性劳动关系，以期提升企业或社会的劳动关系效应。企业改制的这两个方面的内容特征，事实上也是中国改革与开放最具实质性意义的、调整变化的内容特征，反映了中国社会主义生产关系的改革与完善。

五、全面改革开放，坚持科学发展观时期：市场劳动关系（2004年至今）

2003年10月，中共十六届三中全会通过的《中共中央关于完善社会主义市场经济体制若干问题的决定》进一步强调要建立健全现代产权制度，经营权与所有权分离，保证国有企业进入市场、独立运营、自主发展的基本功能，而国有企业的经营管理体制、机制的变革也必然影响和推进劳动关系的进一步调整与完善。从劳动关系的建构与完善视角上讲，国有企业真正成为市场经济运行中的法人实体和竞争主体，才有可能成为名副其实的雇主一方；劳动者则只能以劳动力所有权身份接受雇主的雇用，成为与雇主相对应的、独立的雇员一方；这表明劳动关系双方雇主和雇员的主体地位更加明晰。

2005年4月，中国证监会启动了股权分置改革试点工作，到2006年末，股权分置改革基本完成。这时期，国有企业内部运行机制发生了深刻变化，劳动关系也经历了很大的变化。特别是2008年1月1日实施的《劳动合同法》，全方位地对劳动关系进行了规范和调整。《劳动合同法》的正式实施，使中国企业劳动关系更加规范化、法制化。同时，三方协商机制也在不断完善，企业自主用工、工人自主择业的市场化机制正在逐步发展，政府则作为第三方被纳入到三方协商机制中的作用也在不断提高。

为了改善中国劳动关系的状况，政府也做了很大努力。在社会保障方面，2005年，国务院颁布了《关于完善企业职工基本养老保险制度的决定》，实现养老保险覆盖范围由职工向城镇灵活就业人员的拓展；2006年，国务院颁布了《国务院关于解决农民工问题的若干意见》，国务院办公厅转发《劳动保障部关于做好被征地农民就业培训和社会保障工作指导意见的通知》，推进农民工和被征地人员社会保障制度建设；2007年，国务院颁布了《国务院关于在全国建立农村最低生活保障制度的通知》、《国务院关于开展城镇居民基本医疗保险试点的指导意见》，全国建立城乡最低生活保障制度，同时将医疗保险由职业人群拓展到城镇非职业人群。到2008年，社会保险覆盖面日益扩大，待遇水平逐年提高，基金收支规模快速增长，制度运行平稳。可见，这一系列与劳动关系有关的制度的实施，在很大程度上促进了中国劳动关系的发展，大大加快了中国建立与和谐社会发展相适应的和谐劳动关系的进程。

经过30多年的改革开放，中国劳动关系确实已经具备了市场经济的契约化、法制化、规范化特征。但是也应看到，政府作为劳动关系规则的制定者的作用还没有完全实现，劳动者作为市场参与者还没有真正掌握市场运作的主体与主动性。也就是说，原来计划经济体制下政府的主导作用正在减弱甚至消失，而市场机制的作用却还没有真正地发挥出来，中国劳动关系的市场化还远没有真正达到让市场来实现劳动力资源的配置调节，人们也还没有完全接受和树立起"进入市场，自主择业，竞争劳动"的观念意识，整个经济社会也还没有完全让市场来引导、建构、理顺劳动关系及其稳定的运行秩序。不过，我们有理由相信，随着中国经济体制改革的不断深入，随着中国更加全面的开放，中国社会主义劳动关系运行将更加规范、有效、和谐、科学，并且会日益成为加速中国社会主义生产关系发展，进而完善和提升社会主义制度的基础的、重大的因素。

郭玉晓、吕丽娜、朱文灿、付亚娟等参与了本文的调研。

注释：
①《建国以来重要文献选编》第 1 册，中央文献出版社，1992 年。
②"发展生产、劳资两利"作为中共新民主主义劳资政策，其政策依据为 1947 年 12 月毛泽东在中央会议上提出的"发展生产、繁荣经济、公私兼顾、劳资两利"的新民主主义经济政策和劳动政策的总方针。参见《毛泽东选集》第 4 卷，人民出版社，1991 年，第 1256 页。
③中国社会科学院、中央档案馆编《1949~1952中华人民共和国经济档案资料选编》（劳动工资和职工福利卷），中国社会科学出版社，1994 年，第 140 页；韩武成：《三届人民代表会议前后的上海劳资关系》，《上海工商》第 1 卷第 21 期，1950 年 5 月 28 日，第 21 页。
④早在 1950 年 3 月，为解决日益紧张的劳资关系问题，中央政府劳动部长李立三在全国劳动局长会议上曾指出："在私营企业中应建立民主的、平等的、两利的、契约的、新的劳资关系。""新关系的具体表现，一为签订集体合同、劳动契约及集体协议，一为设立劳资协商会议"。（参见《全国各大城市劳资协商会议发展概况》，《中国工人》第 7 期，1950 年 8 月 15 日）随后，会议讨论了《劳动部关于在私营企业中设立劳资协商会议的指示》等文件。4 月 21 日，政务院第 29 次政务会议批准了这一指示。这可谓是劳资协商会议制度在全国推行的先声。参见《建国以来刘少奇文稿》第 2 册，第 25~26 页的注释部分。

参考文献：
［1］赵泽洪，尤强林. 后危机时代中国企业劳动关系的变化及其应对策［J］. 改革与战略，2011（2）.
［2］王姣姣，位青青. 论当前国有企业劳动关系［J］. 产业与科技论坛，2010（4）.
［3］宋成一. 中国企业劳动关系失衡探析［J］. 人力资源，2010（9）.
［4］杜燕，邓波. 中国不同类型企业的劳动关系特点分析［J］. 消费导刊，2009（1）.
［5］吴忠民. 改革开放以来中国劳动政策的发展［J］. 东岳论丛，2009（4）.
［6］洪泸敏，章辉美. 新中国成立以来企业劳动关系的历史变迁［J］. 江西社会科学，2009(8).
［7］常凯. 劳动关系学［M］. 北京：中国劳动社会保障出版社，2006.
［8］刘苓玲，晋利珍. 论我国企业劳动关系的历史变迁与趋势［J］. 中国劳动关系学院学报，2006（12）.
［9］李琪. 改革与修复——当代中国国有企业和劳动关系研究［M］. 北京：中国劳动社会保障出版社，2003.

（原载于《中州学刊》，2012 年第 7 期）

劳动关系发展趋势研究
——基于概念演化视角的分析

摘要：目前，学术界对劳动关系问题的探讨缺乏基础理论层面的研究，对劳动关系概念称谓、基本性质和演变规律缺乏卓有成效的系统研究。本文甄别了若干基础概念，认为劳动关系在不同时期、不同地域有着不同的形式，体现着不同的时代背景和内容特征，而"劳动关系"这一称谓更适合我国使用；总结了市场劳动关系的基本性质、分析了劳动关系现实冲击及其根由，提出了促进劳动关系趋向和谐发展的科学规制方法。

关键词：劳动关系；劳资关系；产业关系；概念演化

有关劳动关系的研究和探讨从未停止过，但是，综观国内外研究动态，不难发现，目前学术界对劳动关系问题的探讨缺乏基础理论层面的研究，对劳动关系内涵、基本性质和演变规律缺乏卓有成效的系统研究。而对劳动关系基础理论的研究恰恰是劳动经济学科深入发展的基础。

一、概念称谓：不同时代特征的反映

从公开发表的研究来看，劳动关系的概念称谓并不统一，"产业关系"、"劳资关系"、"劳动关系"等被当作同一个概念和范畴，在任何时期、任何背景下，不加区分地混同使用。这一现象，有些是由于外文翻译的问题造成的，有些则是由于缺乏考证、片面理解导致的。客观地说，产业关系、劳资关系、劳动关系并不是在所有时期、所有地域范围内都具有一成不变的内容，而是有一个演变过程，这一演变过程也体现了这些称谓在不同时期、不同背景及其自身内容的主要特征。

（一）产业关系

"产业关系"这一概念最早出现于美国。1912年，经美国总统塔夫脱提名，美国国会任命了一个名为"产业关系专门委员会"的九人调查委员会，专门负责调查由劳资摩擦引起的、致使 20 人丧生并让全国震惊的洛杉矶时代大楼爆炸事件，从此，"产业关系"一词正式进入美国词典（郭庆松，2002）。但就产业关系本身来讲，现代意义上的产业关系则产生于最早爆发工业革命的英国，因为现代意义上的产业关系是建立在契约性和交易性基础上的，只有在资本主义时期、产业革命之后，在劳动力和生产资料相分离的情况下，才有可能建立真正现代意义上的产业关系。从理论研究的视角来看，对产业关系研究最早的著作也是产生于英国。1954 年，两位英国学者在其著作《产业关系系统：历史、法律和制度》一书中论述了英国的产业关系。但学术界普遍认为，美国学者邓洛普于 1958 年出版的《产业关系系统》奠定了产业关系研究的基础。这一方面是由于邓洛普本身的影响，另一方面也与当时相对和谐的产业关系有关。最初的产业关系完全是以资本主义生产方式和生产目的为转移，以劳动者绝对服从为内容特征的，在这一关系中，资本所有者占有绝对的主导地位和优势，劳动力所有者的劳动力产权得不到丝毫承认和维护。产业关系研究的出发点正是为了通过协调产业经济运行中两个主体行为的一致性来谋求整个产业的发展，其目的在于谋求劳资双方和谐相处，趋向资本增殖及资本所有者的利益最大化，进而掩盖资本主义阶级对立的实质，维护资本主义的生产关系和社会制度。

产业关系及其协调运动的过程和历史，事实上融汇了从资本主义初创期到自由时期的整个过程，资本家正是以产业关系的分工合作、协调发展要求掩盖了劳资双方的根本冲突，以维护资本主义制度。

目前，"产业关系"这个概念虽然在美国某些场合被运用，但在其他国家和地区却没有被广泛运用，而更多的则是运用"劳资关系"或"劳动关系"这样的称谓。因此，从某种程度上可以说，产业关系是一个历史概念，其内涵和范畴也随着产业关系运行本身而不断演化，产业关系的内涵和研究范围与最初的概念已经不完全吻合。产业关系的外延要比劳动关系更宽，尽管产业关系是以劳动关系为核心的（常凯，1995）。实际上，目前除了在某些欧美国家的研究中仍然沿用这一概念之外，在大多数新兴的市场经济国家研究中，尤其是在结合现实研究本国实际时，这一概念已经很少被使用，即便使用，也是被某些学者用来研究欧美国家早期历史问题的（郭军等，2008）。

（二）劳资关系

劳资关系产生于资本主义自由竞争时期的前半叶，"羊吃人"的圈地运动导致了劳动力与生产资料相分离，进一步奠定了资本剥削劳动的基础。18~19 世纪中叶，即工业社会时期，资本所有者依然保有自身的强势主导地位，而劳动者却一无所有，只能靠出卖自己的劳动力换取报酬以谋求生存，这就产生了早期的劳资关系。但此时的劳资关系是以剥削和冲突为内容特征的（常凯，1995），是一种对抗性的关系（马克思，1972；原版，1867）。劳资双方的利益被认为是对立和不可协调的，"劳资关系"这一具体称谓的出现集中体现了劳动力所有者和资本所有者尖锐的对立性和冲突性，反映了无产阶级和资产阶级两大阵营之间的基本矛盾状态。

资本所有者为了追求高额利润，往往采取延长工作时间、增加劳动强度、压低工人工资、无视工人工作条件等办法剥削工人。一方面，劳动力所有者出卖劳动力并不能换取对等的报酬，只能勉强维持劳动力的再生产，大量剩余价值被资本家无偿占有；另一方面，当时社会盛行的政府"守夜人"的经济管理理念使得政府任凭这种劳资状况放任自流，因而资本所有者与劳动力所有者的矛盾日益深化。虽然工人也采取了罢工等形式的产业行动同资本家展开斗争，但由于工人的力量相对薄弱，各类斗争的规模和影响都很小，整个劳资关系严重失衡，处于一种畸形状态。19 世纪中期到 20 世纪初期，资本主义经济开始从自由竞争向垄断过渡，第二次科技革命带来了工业的迅速发展，同时也带来了生产组织和管理方式的变革。资本所有者在不断增强的产业行动压力下，从早期对工人的直接剥削和压迫变为通过改进管理，在工作中增加科学的劳动分析和工作激励等方法来实现利润最大化的目标。这一变化使政府也认识到相对和平的产业环境对维持经济发展、社会安定具有重大意义，于是相继出台了相关法律政策调节劳资矛盾，建立了相关机构调整劳资关系，维护产业和平与社会稳定（刘英，2007）。可以看出，劳资关系的微妙变化是以服从资本主义经济发展为前提条件的，但资本主义制定的法律法规、政策保护等措施，客观上使得劳动力所有者的权利不断得到维护、地位不断得以提高。

第二次世界大战之后，由于政府逐渐建立起比较完备的法律体系，劳动力所有者和资本所有者双方均采用比较缓和的形式来解决劳资冲突，员工参与管理的产业民主制度、集体谈判制度及政府适度干预等政策也逐步形成和完善，劳资纠纷的解决方式和途径日益趋于制度化、规范化。20 世纪末，劳资关系法制化程度不断增强，劳资冲突趋于缓和，劳资关系开始向现代意义上的劳动关系贴近。

（三）劳动关系

劳动关系是苏联和我国运用较多的一个概念，"劳动关系是劳动者与劳动力使用者之间的社会经济利益关系的统称"（常凯，1995）。"具体地说，是指在实现劳动的过程中，劳动者与劳动力使用者所结成的一种社会经济关系"（常凯，1995）。我国台湾学者黄越钦（2003）则明确指出劳动关系与劳资关系所强调的含义是截然不同的，"劳动关系是以劳动者为中心展开的，着重在劳动力、劳动者为本位思考"。"劳资关系含有对立意味，因为劳方、资方界限分明，其所展开的关系自然包含一致性与冲突性在内"。可见，劳动关系在内涵上与劳资关系有着立场和方向上的本质差异，劳资关系不能简单地等同于劳动关系，虽然我国在一定范围内还存在劳资关系。"我国，'劳动关系'这一概念适用于各种类型的企业和事业的单位，但对于非公有制劳动关系，也使用'劳资关系'这一概念来表述。"（常凯，1995）

社会主义劳动关系主要是站在劳动者一方，突出了劳动者一方的地位和重要作用，更注重劳动者一方的利益维护。劳动力所有者在理论制度上拥有了自己的劳动力所有权和劳动力产权，并以多种方式实现了与生产资料的结合，进而劳动者在择业、就业过程中体现了劳动力所有权关系，在工作过程中同组织、其他劳动者及社会形成了劳动组合关系，最终在获取报酬的过程中同他人或组织之间形成了劳动利益分配关系。社会主义初级阶段的劳动关系是建立在平等自愿的基础上，双方形成契约进行交易，以契约的形式明确双方的权利、义务关系。如前所述，劳动关系的基本内在特征是突出了劳动力所有者和劳动力使用者和谐的一面，双方认为彼此的根本利益是协调一致的，并在这个基础上实现双方利益的均衡和最大化。

社会主义制度确保了劳动力所有者的劳动力产权，事实上也就确立了劳动力所有者和劳动力使用者之间的双向委托—代理关系（于成栋，1999）。一方面，劳动力使用者雇用劳动力所有者进入劳动过程，为自己创造利润；另一方面，劳动力所有者通过让渡自己的劳动力依法要求劳动力使用者支付应得的报酬。而在这双向委托—代理关系中，都存在由于信息不完全而导致的交易成本。因此，这种双向委托—代理关系和交易成本的存在使双方都认识到自己的最终收益在某种程度上取决于对方，因而双方博弈互动、相互制衡，力量对比趋于平衡，这也是促进劳动关系逐步走向和谐稳定的市场原理。

可以说，社会主义劳动关系强调的是劳动力所有者和劳动力使用者利益的共同性，双方并没有不可调和的矛盾，和谐是劳动关系运动的主导趋向。

综上可知，"产业关系"、"劳资关系"、"劳动关系"等称谓反映的时代背景和突出的内容特征是不同的。"产业关系"只是一个历史概念，而"劳资关系"的内涵指向更与社会主义制度本身是不相容的，现阶段更适合我国研究的合理称谓显然应是"劳动关系"（常凯，1995）。尽管劳资关系在我国一定历史阶段还将不可避免地存在，这是由生产力水平决定的，但不可否认，和谐稳定的劳动关系是其发展的必然方向和结果。

二、和谐稳定：劳动关系发展的必然趋势

从三个基本概念的区分和演变的历史轨迹可以看出，劳动关系在不同时期、不同地域的称谓反映了不同的时代背景和内容特征，从中也可以发现劳动关系发展的历史脉络。

最初，产业关系产生于微观领域，并在企业内部劳动力与其使用者出现较大冲突时被重视和研究，以期协调矛盾、促进企业和产业的发展，进而在宏观上促进整个资本主义经济的持续发展。但随着理论与实践的不断发展，"产业关系"作为一个学术用语，其适用范围日渐狭窄，在西方的日常使用中，产业关系只和集体的劳动关系相关联，例如，它适用于诸如工会、集体谈判、联合协商、解决争端、罢工和具体形式的产业冲突等范围（郭庆松，2002）。可见，现在的产业关系同原来只属于其一部分研究内容的劳动关系日渐融合，研究范围、主体、方法也日益趋同，产业关系逐渐发展成为劳动关系，而"产业关系"这一概念本身就用来研究产业经济学、产业组织学等学科，而原产业关系研究的范畴和方法则呈现出逐渐被劳动关系替代的规律性。

劳资关系从最初的尖锐冲突到日益缓和，也体现了劳资关系发展的轨迹和归宿。在自由资本主义时期，资本处于绝对的强势地位，劳资关系呈现出强资本、弱劳动、资本桎梏劳动的局面。随着垄断资本主义的发展，工人阶级力量不断强大，斗争的自觉性和方式逐步提高，政府也不断出台政策干预劳动力市场，规范劳资关系，使其走上制度化、法制化的轨道，以维护资本主义生产关系的可持续发展。在这一过程中，劳动力所有者的劳动力产权也不断得到法律的认可和保护，劳资力量失衡的局面得到一定程度上的纠正，双方博弈的结果导致西方的劳资矛盾日趋缓和。特别是随着人力资源理念的兴起和发展，以及人力资本意识的增强，劳资之间和谐的一面成为主流，也正因为如此，资本主义生产方式得以极大的改善，这使得资本主义垂而不死、腐而不朽，继续以较高的速度发展。此时的劳资关系特征同劳动关系也颇为相近，这些特征和演变轨迹突出了劳动力所有者及其使用者之间的利益可协调性和可持续发展性。

从劳动关系本身的特征和演变历程可以看出，劳动关系既是社会主义生产关系的体现，更是产业关系和劳资关系调变的最终归宿。劳动力所有者及其使用者双方力量的博弈结果必然是使得双方力量趋于均衡的、自由平等的、互助合作的和谐劳动关系。劳动关系是符合社会经济发展要求和现代人文特点的概念，也是在我国研究中最适合使用的一个较为规范的学术用语。具体到我国，在微观领域目前存在不同性质的企业，如国有企业、集体所有制企业、"三资"企业、私营

企业等，在这些不同性质的企业内部存在着不同的劳动关系状态，在私营和"三资"企业内部，私有成分浓厚，是一种资本雇用劳动、资方占有强势地位的劳动关系格局，劳资关系特征明显，也可以称为劳资关系（常凯，1995）；而在国有、集体所有制企业内部，劳动力所有者同时也是国家的主人翁，拥有企业产权，劳动力所有者与作为国有、集体企业的代表——国家之间是一种经济政治地位平等、利益关系一致的关系，因而呈现的是一种相对和谐的劳动关系特征，可以说是一种正在逐步发展完善的劳动关系。可以预见，随着市场经济和劳动力市场的建立健全、科学技术和组织管理学科的进步发展及上层建筑的不断完善，劳资关系必定会逐步统一于劳动关系的发展轨道，并随之完善，走向和谐稳定。

三、基本性质：劳动关系和谐的一般体现

从劳动关系演变的历程和结果来看，在市场经济条件下，稳定和谐的劳动关系具有以下几项基本性质，这些基本性质是和谐劳动关系在市场经济中的一般体现。

（1）交易契约性。市场劳动关系本质上是一种产权契约，劳动力所有者拥有劳动力产权，资本所有者拥有物质资本产权，前者通过让渡劳动力换取对等报酬，而后者则利用这一劳动力使用权追求利润，劳动力所有者与劳动力使用者通过这种产权的结合和让渡建立劳动关系。契约性是现代市场经济的基本特征之一，劳动关系的产权交易以法律条文的形式出现，就能明确劳动力所有者和劳动力使用者之间的权利义务关系，体现了劳动关系制度化的特征。进入劳动力市场的交易双方通过签订某种具有法律强制力的契约文件（如劳动合同），明确双方的责、权、利，能够有效降低交易费用。在现实经济中，无视劳动条件、拖欠工资等行为之所以时有发生，在很大程度上是由于没有明确雇主责任、制度缺失。因此，产权契约性是市场劳动关系的本质体现。

（2）平等性。平等性是指建立劳动关系的双方当事人是地位平等的主体，各主体通过提供相应的生产要素获得报酬，不存在歧视性。劳动关系的平等性体现在劳动关系主体在地位上的完全平等，不存在一方处于主导地位、而另一方处于从属地位的情况。平等性是起码的人权之一，也是任何社会都应具有的社会公益或社会特征，在劳动力市场上更不能例外。当然，这并不排斥在组织中应有的工作职位的分别和一定的从属性，这是劳动分工的必然结果，也是维持组织稳定发展的重要保证。但是，这并不改变劳动者和劳动力使用者主体地位的平等性，双方仍是地位平等的经济主体。

（3）自主性。自主性是指劳动者择业自由，自愿签订劳动合同；劳动力使用

者资助聘用，合理对待劳动者。劳动关系的自主性表现在劳动关系的主体双方在实际社会劳动过程中具有完全独立的自主权，任何一方均不能将自身的要求强加于另一方，劳动关系双方是否建立劳动关系的意愿均是真实意愿的表达，不受任何外力的干涉。自主性是劳动者真实表达意愿、维护自身权益的重要保证。

（4）利益协调性。经济利益关系是劳动关系的核心，作为各自独立的利益主体，劳动力使用者和劳动力所有者都是要追求自身效用最大化的。但由于两者的目标函数不同，其利益并不总是一致的。劳动力所有者追求的是待遇最优化，包括工资、福利等货币化和非货币化资产；劳动力使用者追求的则是利润最大化，而降低工资是减少成本、实现利润升级的直接途径，这就致使双方利益在表面上呈现此消彼长的关系。倘若这种关系不可协调，那么劳动关系便不可能走上和谐的轨道。但从另一个角度来讲，组织经济实力的增强是劳动者待遇提高的前提和物质保证，而劳动者待遇的提高又会激发其工作的积极性和创造性，从而为组织创造新一轮的经济腾飞，如此循环往复，便会形成一种良性运行机制，促进双方效率水平的提高和整体经济的发展及社会的和谐安定。由此，经济利益的协调一致性是提高劳动关系效率，并使其迈向和谐稳定的核心条件。

劳动关系的上述特征，是在市场经济条件下和现代企业制度下劳动关系协调稳定发展的基本体现，也是实现劳动关系和谐发展的重要保证。

四、现实冲击：对和谐劳动关系的偏离

众所周知，20 世纪 80 年代以来，中国劳动关系及其矛盾日益显性化，劳动关系纷争不断，主要表现在：

（1）劳动争议数量剧增。据相关统计，2006 年，劳动争议案件立案总数为 31.7 万件，其中因劳动报酬和社会保障问题引发的劳动争议分别位居第一、二位，占到全部劳动争议案件的 2/3；而解除劳动合同争议占第三位，立案 5.6 万件。

（2）劳动者权益受损严重。在历年剧增的劳动争议案件中，劳动者权益受损案件占绝大比重，在 2005 年受理的劳动争议案件中，劳动者提出仲裁案件有 29.4 万件，占当年受理案件总数的 93.6%。

（3）劳动法律执行力度低下。在新《劳动合同法》实施以前，我国各地劳动合同签订率低、期限短、内容不规范，这种现象在中小型非公有制企业中表现得更为明显，其合同签订率低于 20%。而在新《劳动合同法》实施以后，各地的劳动合同签订率虽然有所上升，但企业规避责任行为却依然严重。2007 年下半年的"华为"、"沃尔玛"等企业大规模裁员事件便是企业力图规避新《劳动合同

法》的集中体现。

（4）劳动安全事故频发。据国家安全监管总局调度统计司统计，2007年1~12月全国重大安全事故发生81起，死亡和失踪1193人；截至2006年，全国累计报告职业病67万多例，专家估计，在今后若干年中，我国职业病发病总数将继续上升。

既然在市场经济条件下，和谐是劳动关系发展的主导趋势，那么上述种种劳动关系问题频频凸显的现象应作何解释？劳动关系的发展、完善、成熟必然要经过一个长期演化过程，不可能一蹴而就，在旧力量完全消耗殆尽、新力量尚未成熟之前，真正和谐的劳动关系是不可能实现的，加上市场本身的不确定性及经济社会制度的不完善性，劳动关系问题频发现象就难以避免了。事实上，貌似平等的契约关系掩盖了隐性冲突，这种劳动关系并没有真正满足劳动关系的基本性质特征。

五、科学规制：劳动关系现实冲击的解决途径

劳动关系问题频发的根本原因在于劳动力所有者和资本所有者的力量不平衡。劳动关系主体力量的失衡，尤其是经济力量的失衡导致了博弈过程中劳动力所有者总是处于谈判的"弱势地位"。平等、自愿、契约性等劳动力市场特征通过一定的规则设置是比较容易实现的，但这种表面的平等掩盖着的却是事实上的不平等。和谐稳定的劳动关系要体现其基本性质的要求，就要从根本上改变劳动关系主体力量失衡的深层矛盾，这必须借助于必要的科学规制促使其实现。科学规制和制度创新作为一种激励和约束的强制性手段，必须遵循劳动关系发展的规律性，既不能阻滞其发展，也不能不顾经济现实而超越其发展规律。

（1）进行制度创新。在全球资本相对稀缺、劳动力相对过剩的状况不可能在短时间内改变的现实约束条件下，要改变现有的劳动关系单峰格局，仅靠经济基础自身是很难实现的，必须通过积极的制度创新对经济运行进行科学规范。一种可能的选择就是在制度上确保劳动力所有者拥有某些制约资本所有者的权利，从而约束资方行为的有效制度供给。赋予劳动者交易退出权是有效途径之一。

（2）完善劳动力市场。劳动力市场是劳动关系建立的前提条件。劳动关系问题多是基于道德风险而产生的，而劳动力市场信息不完全则是道德风险产生的根由。因此，要建立和维护和谐的劳动关系必须有完善的劳动力市场为前提条件。18世纪，英美国家出现的产业纠纷和产业行动一部分原因就归咎于劳动力市场不完善，劳动者力量薄弱，处于被压迫的地位，从而引发了产业行动。

（3）健全经济法治。市场经济是法制经济，要建立完善的劳动力市场，减少

交易成本，必须有相应的法律措施配套实行才能保证市场秩序。在劳动力市场上，要充分保证劳动关系主体双方的合法权益就必须合理清晰地界定其权、责、利之间的关系，并将其以法律的形式明确表示出来，以便加强其约束力和执行力，有效减少交易成本。1871年，英国颁布的第一部工会法以立法的形式明确了工会和集体谈判的合法地位和力量，有效维护了工人阶级的利益，缓和了当时的劳动关系。我国于2008年1月1日实行的新《劳动合同法》就是完善法律配套设施的集中体现。

（4）合理界定和发挥政府作用。在市场经济条件下，政府已经不能仅仅充当"守夜人"的角色，劳动关系主体力量的不平衡要求政府介入，以其强制力和社会整体利益代表者的身份，通过立法、建立工会和集体协商制度等实际做法，规范和约束劳动力使用者的行为，保障力量薄弱的劳动者群体，使两者的力量趋于平衡，从而减少纠纷的可能性。产业革命时期，风起云涌的罢工浪潮就是源于政府过于信奉自由竞争，迷信市场的力量，实行自由放任的政策。而罗斯福新政则由于加强了政府引导，在一定程度上缓和了劳资矛盾，促进了美国的经济发展。

参考文献：

[1] 常凯. 劳动关系·劳动者·劳权——当代中国的劳动问题 [M]. 北京：中国劳动出版社，1995.

[2] 郭庆松. 当代劳动关系理论及其新发展 [J]. 海行政学院学报，2002（2）.

[3] 郭军，李雪艳. 从概念演化看劳动关系发展 [C]. 中国人力资源开发研究会劳动关系分会成立大会暨2008年会论文集，2008.

[4] 黄越钦. 劳动法论 [M]. 北京：中国政法大学出版社，2003.

[5] 刘英. 资本主义劳动关系的演变及其启示 [D]. 天津：天津师范大学，2007.

[6] 马克思. 马克思恩格斯全集（第23卷）[M]. 北京：人民出版社，1972.

[7] 王成栋. 劳动关系的新制度经济研究 [D]. 北京：中国人民大学，1999.

（郭军、李雪艳，原载于《经济经纬》，2009年第1期）

劳动关系的支点：一种产权契约

摘要：企业的生产过程就是建立和维系劳动关系的过程，而劳动关系的建立和运行过程本身又是产权交易契约的签订和运行过程。从本质上讲，早期的劳动关系可以概括为劳动力产权与物力资本产权的交易契约，而现代劳动关系则是人力资本产权与物力资本产权的交易契约。劳动关系的产权契约本质上是生产力发展和社会分工的必然结果，具有内在的经济合理性。

关键词：劳动关系；产权契约；社会分工

作为生产关系相对独立的重要内容，人类社会的最基本关系之一——劳动关系对经济社会发展所产生的影响是直接的、不容忽视的。因此，各个国家十分重视劳动关系的完善，把劳动关系的协调作为制定政策的"基石"，理论界对劳动关系问题的探索和研究也从来没有停止过。我国经过30年的改革，特别是随着劳动关系问题的日益显现和市场化发展，社会各界人士对劳动关系问题的关注和认识也更加普遍和深入。但是，怎样建构和谐劳动关系，劳动关系运行的市场机理是怎样的，其建立和发展的前提条件且背后的深层原因是什么，劳动与报酬、劳动与资本交易的本质内容是什么，劳动关系建立与发展的微观基础和趋势是否具有客观必然性，这些问题尚未得到彻底解决，而这正是本文要探讨的核心内容。

一、生产过程：劳动关系的建立和维系

企业的生产过程就是利用现行的技术将一定的要素投入转化为产出的过程。企业生产所使用的要素投入是各种各样、不一而足的，但归纳起来基本可以分为劳动和资本两大类生产要素，劳动力必须与一定量的资本（生产资料）相结合才能生产新的产品、创造新的价值。

在一定社会制度范围内，其生产资料所有制形式确定了劳动力与生产资料的结合方式。生产过程直接表现为，劳动力所有者在社会制度确保其劳动力所有权的前提下，进行自主择业、就业；在实现就业之后的工作过程中，劳动力所有者

同经济组织、其他劳动者及社会形成了劳动组合关系；最终，在获取报酬的过程中，劳动力所有者同他人和经济组织之间形成了劳动利益分配关系。这种劳动力所有权关系、劳动过程中结成的劳动组合关系和劳动过程某一阶段暂时结束后的利益分配关系恰恰就是劳动关系的全部内容（郭军，1994）。因此，可以说，生产资料所有制决定劳动关系的性质，劳动力与生产资料的不同组合形成了不同的劳动关系，生产的过程就表现为劳动关系的建立和维系。

在狭义的劳动关系领域，劳动关系主要涉及两方主体：资本所有者（生产资料所有者）和劳动力所有者，这两方主体的权利义务关系及其运动博弈过程构成了劳动关系的核心内容。目前，理论界对劳动关系主体的称谓也是多种多样，如雇员与雇主、劳动者与劳动力使用者、劳动者与管理者等，但这些称谓在本质意义上都没有太大分歧：主体的一方实际上指的都是拥有并让渡自己劳动力的劳动力所有者；另一方则是拥有生产资料（或称资本）、雇用并使用前者的资本所有者。这两个主体在经济组织的所有者、经营者和管理者一致的条件下，主体是非常明确的，但在三者分离的条件下，后者则指的是经济组织的实际控制者。因为劳动关系归根结底是一种经济利益关系，其背后隐藏着的是某种交换关系：一方付出劳动，另一方支付相应报酬（工资、福利等就业条件）。前者之所以能够提供劳动是因为他拥有自己的劳动力，是劳动力所有者；后者之所以能够提供报酬与之相交换，是因为他是资本的拥有者，或者是其实际控制者，因而享有收益权和处置权。因此，我们将劳动关系两大主体称为"劳动力所有者和劳动力使用者"或"劳动力所有者和资本所有者"，此处的"劳动力使用者"和"资本所有者"均指的是经济组织体及其经济资源的实际控制者。

生产的过程——劳动力与生产资料结合的过程——是通过人来进行的，即通过劳动力所有者和资本所有者的合作来进行的。按照经济哲学的思想，这两大主体的生产目的是不同的，劳动力所有者追求的是自身效用最大化，表现为谋求工资、福利、就业条件等待遇的提高和最优化，提供劳动进行生产只是实现这一目的的手段。资本所有者则以生产与经营利润最大化为目标，以工资报酬雇用劳动者、购买劳动力进行生产，也是达到这一目的的手段。基于各自追求目标的不同，在同一生产内部的劳动力所有者和资本所有者的利益并不总是一致的，甚至可以说，分歧是劳动关系利益架构的常态。因为在生产一定的条件下，利润和工资的份额是此消彼长的：利润多了，工资份额自然会减少；反之，工资份额增大了，资本所有者剩余的利润自然就会降低。正是这种利益分配上的相互牵制使得劳动关系双方时常出现矛盾冲突。值得指出的是，生产过程毕竟主要通过劳动力所有者来进行、来实际操作，因此，资本所有者的利润实现程度在一定程度上也就取决于劳动力所有者的生产效率。而两者利益的不一致常常会导致生产的低效率，即劳动关系状态——和谐与冲突——严重制约着生产效率和生产连续性：和谐的劳动关系促使劳动力所有者积极工作，忘我劳动，努力提高生产效率，积极增加产出；劳动关系的冲突抑制劳动力所有者的生产积极性，造成消极怠工，降低生产效率，减少产出。可见，生产的过程实质上就是劳动关系的建立和维系过程，和谐稳定的劳动关系使生产顺利进行，促进生产效率提高；劳动关系的冲突阻碍生产的顺利进行，甚至导致生产中断和生产能力崩溃。所以说，企业生产的过程就是劳动关系建立和维系的过程，劳动关系运行是否良好，将对生产过程产生重大影响，要稳定和扩大生产、提高生产效率，必须建立和维系和谐安定的劳动关系。

二、劳动关系：产权契约的签订与运行

劳动力所有者和资本所有者从各自利益需求出发，自觉或不自觉地建立起了劳动关系，并且随着生产的进行和技术的进步不断进行演变。要探究劳动关系的本质及其发展演变规律，就必须挖掘其背后更为深层次的东西，这就是劳动力所有者和资本所有者交易背后的产权关系。

就产权而言，劳动力所有者拥有其本身的劳动能力，是劳动力产权所有者；资本所有者拥有资本，是物质资本产权所有者。在以产权为基础的市场经济中，劳动关系双方均须承认彼此各自产权的客观性质、地位，即拥有的所有权，并能够根据各自的所有权支配自己的权利（盛乐，2000）。这种权利就是产权。

按照阿尔钦的定义，产权（Property Rights）"是一种通过社会强制而实现的对某种经济物品的多种用途进行选择的权利"。他把产权理解为在资源稀缺的条件下，人们使用资源的权利，或人们使用资源的适当规则。阿尔钦认为，产权体系是"授予特定个人某种'权威'的方法，利用这种权威可从不被禁止的使用方式中，选择任意一种对特定物品的使用方式"。作为人们使用资源的权利，产权不是某种单一的权利，而是一个权利束，其内容可以分解为使用权、收益权和处置权等。产权理论认为，经济要素的交换实质上是一种产权交易，以所有权为基础，收益权和处置权处于核心地位。收益权是产权在经济上的实现形式，人们拥有产权、进行产权交易，目的就是为了取得能够满足自己需要的某种经济利益；而处置权的拥有与否，则直接决定了人们能否自由地参与或退出产权交易。

可见，产权的核心实质上是对人的行为、人与人之间利益关系的界定。这说明缔结契约的当事人并不必然由传统的物的所有者充当，拥有劳动力所有权的劳

动者也是产权主体。在劳动关系领域，资本所有者拥有物力资本产权，可以享有其相应的使用权、收益权和处置权；劳动力所有者则拥有劳动力产权，也同样享有相应的使用权、收益权和处置权。当然，由于产权可以交易，这三项产权并不一定同时属于同一个所有者，在劳动关系领域，劳动力所有者与劳动力使用者进行产权交易，后者就享有对前者的使用权。从产权的角度看，劳动力资本产权与物力资本产权，同样参与实际经济活动，在产权性质上两者并无差异，差别仅在于产权权益实现的程度不同而已。现代产权理论正是着眼于产权和经济行为之间关系的研究，认为不同的产权制度安排必然会导致不同的利润——报酬结构，通过影响经济活动主体的激励措施和行为，可以影响经济体制的效率，在人起主导作用的劳动关系领域尤其如此。

劳动关系实质上就是劳动力所有者依据其劳动力产权，将劳动力使用权与资本所有者进行交易以换取报酬的一种经济行为。这种行为的结果在市场经济条件下通过契约化的形式表示出来，明确双方的权利义务关系，约束双方的经济行为。因此，劳动关系从本质上讲，是一种基于产权交易的契约关系：劳动力产权与物质资本产权的交易契约。而且，从历史演变过程来看，这种产权交易契约经历了不同的发展阶段。物质资本产权由于资本本身的特性而相对稳定，界定也相对明确，而劳动力产权却经历了一个历史进化过程，即不同的经济发展阶段有不同的表现形式，并由此决定了它与物质资本产权相对地位的变化。

德姆塞茨认为："产权是一种社会工具，其重要性就在于事实上它们能帮助一个人形成与其他人进行交易时的合理预期。这些预期通过社会的法律、习俗和道德得到表达。"这里的"社会的法律、习俗和道德"指的是一个时期的制度环境。所以，劳动力产权也是一个历史范畴，在不同的历史发展阶段以不同的方式、在不同的生产关系之下变换着。随着社会化大生产和劳动分工的精细化，劳动力产权及其实现也在不断地更新着自身的形式和内容。马克思曾深入研究了劳动力产权形式演变的规律，并指出，劳动力产权形式，如奴隶劳动、徭役劳动、雇佣劳动等都是劳动者和生产资料结合的不同历史方式。产权束所包含的一系列权利只有等到劳动分工高度发展、法律体系不断完善，才能逐步得以实现。随着两次社会大分工的出现和发展，个人的劳动力所获得的货物足以维持自己的生存，而且常常会有剩余，这样，劳动力产权的形式才逐渐演变为个人所有权。长期以来，传统经济理论一直认为，经济增长是物质形式的，人在生产中的功能仅仅是提供无差别的劳动，经济增长完全来源于物质资本的积累和劳动数量的增加。人力资本概念和理论的出现打破了这一传统观念，使人们认识到了人力资本在企业生存和发展中的重要功能。正如舒尔茨（1960）指出的，人的知识、技能和健康也是一种资本，即人力资本。他强调："我们缺乏一个完整的资本概念，并且未曾说明人力资本及其在现代经济的生产生活中所起的作用。""如果根据一种把人力资本、物质资本都包括进去的全面的资本概念去考虑问题，并认为所有资本都是由投资的方式产生的，那么这种想法既颇有裨益又妥帖正当。"可见，当人力资本出现并且在生产中所起的作用、所占的地位越来越重要时，现代劳动关系主体的产权在理论上则更适合用"人力资本产权"和"物力资本产权"来表述。也就是说，企业这个生产力的组合体，其生产过程的基本要素组成，实际上主要就是人力资本和物力资本之间产权交易的实现，以及投入产出的转换，这种以资本为纽带、以企业为载体建立起来的劳动关系，其内涵的、表征性的东西就是人力资本产权与物力资本产权之间的契约关系了。

综上所述，我们可以说，劳动关系本质上是一种产权契约，并且初期的劳动关系在本质上是劳动力产权与物质资本产权的交易契约，现代劳动关系是人力资本产权与物质资本产权的交易契约。

三、产权契约：社会分工的产生和扩大

劳动关系产权契约的本质既然经历了一个历史演变的过程，那么它的发展变化就一定存在某种推动力，使其沿着这一路径演进发展，这种推动力就是社会分工。劳动关系是社会劳动分工形成的一种契约，劳动关系产权交易契约化发展是社会分工日益深化的必然结果。

在私有产品产生之后，人们拥有某些产品的私有产权，但当人类社会还处于原始的、简单的劳动分工状态时，社会成员之间的交易只是一种偶然的物物交换。由于劳动分工有限，这种交易的人数和物品种类很少，也没有统一的度量衡，交易具有简单性、重复性和地域的特征。这种交易通常是在一定的宗族礼法框架之内进行的，是一种没有通过契约建立起来的合作关系。随着市场范围和社会分工的扩大、突破地域限制的贸易也不断发展，这些变化使不同文化背景下的社会群体之间接触更加频繁，社会联系更加密切。"在交易中，各种各样的代理人彼此互不了解，当交易完成时，所有的代理人都会引退自己并依靠自己。良心只在表面上接触。"正是社会劳动分工程度的提高，促进了国际贸易的产生和发展，进而引发了人们交易行为如此巨大的变化。由于社会劳动分工越来越精细，交易双方之间的信息变得不完全和不对称，而人们的交易需求和意愿却日益强烈，为制约双方行为，减少信息不完全带来的成本，相应地，越来越多的契约制度就发展起来了。

斯密曾说过："互惠是交易的通义……由于我们所需要的互相帮忙，大部分

是通过契约、交换和买卖取得的,所以当初产生分工的也正是人类要求互相交换这个倾向。"这种互惠关系只能在存在协作的地方产生,依此类推,它就少不了劳动分工。劳动分工的作用,不仅在于提高生产率,还在于能够促进社会紧密地结合。契约(交易)关系使个人在不断地"向一种新的社会秩序状态移动,在这种新的社会秩序中,所有这些关系都是因'个人'的自由合意而产生的"。有了分工,人类的需求欲望就会促进他们之间相互合作,构成紧密的互助团体。分工使人们牢固地结合起来,从而整个社会形成一个联系紧密、不可分割的共同体(涂尔干,2000)。正是在这种意义上,我们说,分工使人们之间形成了紧密的合作契约关系,如果没有合作的契约关系,分工就会停滞,社会也只能停留在原始状态。因此,是劳动分工促进了社会契约的发展,而后者又进一步推动了前者的深化。

如上所述,契约之所以产生,其原因在于基于分工的两个私有产权的所有者所形成的相互依赖关系,而这种契约化的依赖关系是持续的,这恰恰是非契约化交易所缺少的属性。于是,契约化的交易方式逐渐被固定下来,成为交易主体自觉履行的交易规则。为了减少企业内部人力资本产权和物力资本产权交易过程中的摩擦和不确定性,现代劳动关系的确立都以契约化的形式存在——物力资本产权与人力资本产权的契约化,以确保劳动关系的稳定性、和谐性,保证企业生产经营过程的可持续性。

四、小结

综上所述,企业的生产过程其实就是建立和维系劳动关系的过程,而劳动关系的建立和运行过程本身又是产权交易契约的签订和运行过程。在生产力尚不发达阶段,劳动力所有者之间的劳动能力几乎没有差别,此时的劳动关系本质上可以概括为劳动力产权与物力资本产权的交易契约,而随着人力资本产生并在经济增长中所起的作用越来越重要,现代劳动关系从本质上可以说是人力资本产权与物力资本产权的交易契约了。劳动关系的这种产权契约本质是生产力发展和社会分工的必然结果,具有内在的经济合理性。

参考文献:

[1] 新帕尔格雷夫经济学大辞典 [M]. 北京:经济科学出版社,1992.

[2] Alchian, Armen A. "Some Economics of Property Rights", II Politico Vol.30 (No.1): 816-829, 1965.

[3] 德姆塞茨. 关于产权的理论 [M]. 上海:上海三联书店,1991.

[4] 舒尔茨. 论人力资本投资 [M]. 北京：经济学院出版社，1990.
[5] 舒尔茨. 教育的经济价值 [M]. 长春：吉林人民出版社，1991.
[6] 斯密. 论国民财富的性质和原因的研究（上册）[M]. 北京：商务印书馆，1984.
[7] 梅因. 古代法 [M]. 北京：商务印书馆，1984.

（郭军、李雪艳，原载于《河南社会科学》，2009年3月）

国有企业改革应重视劳动关系的
调整和完善

当代企业管理以人为主体，即所谓的"人本管理"。而以人为主体的管理则是建立在不断调整和完善劳动关系的基础之上的。分析我国一些国有企业不景气的原因，作者认为有资金方面的问题，也有技术方面的问题，但更重要的是管理方面的问题，特别是对人的管理的问题。可以说，坚持人本管理，调整、完善劳动关系，这是企业摆脱困境的重要途径之一。

一、调整、完善一般劳动者与经营管理者的关系

一般劳动者与经营管理者的关系是构成企业劳动关系的最基本内容，这一关系也就是一般员工与厂长（经理）的关系。一般员工与厂长（经理）关系的调整与完善的主要思路有三：一是一般员工与厂长（经理）之间的劳动关系是依什么样的运作机制建立起来的，有没有调动双方的积极性、主动性和创造性。二是一般员工与厂长（经理）之间的劳动关系的建立，是不是平等、公正、自觉、自愿的，并且能否有一个使双方行为得以监督、约束、规范的运营体制和机制。三是一般员工与厂长（经理）之间劳动关系产生、变更、发展过程中的自主性、决策权及其实际操作程序是否科学、完善。

我国的一般员工与厂长（经理）之间的劳动关系，长期以来一直是被动的、行政性的。特别是当我们提出要把企业推向市场、按市场法则调节企业运营的时候，却没有同时把劳动者也推向市场，包括没有把经营管理者也推向市场，结果是企业进入市场，而作为企业生产力主体的劳动者却没有进入市场，导致出现新的企业运营的市场环境、条件与旧的劳动者的劳动人事地位、关系之间的矛盾，使企业陷入被动。企业运营也好，市场运营也好，在本质上主要是一个人的问题及一个劳动关系的调整、完善问题。显然，一方面是企业进入市场，另一方面是劳动者仍属于"国家人"，由国家统筹，政府行政性地继续给企业委任厂长（经理），厂长（经理）既不是来自于劳动者的推举，也不是来自于市场。这时，企业、政府、劳动者、厂长（经理）之间，以及他们与市场之间就必然形成不协

调,这种不协调客观上就使得他们各自难以明确自己应有的社会定位,谁也不清楚自己的地位、身份、职责及其相互关系到底应是怎样的。尤其是劳动者与国家之间的直接的、行政性的劳动关系没有被打破,这就必然使得一方面企业对劳动资源的配置无法按照市场法则进行调节,造成被动;另一方面经营管理者由于由政府委任,只知对省长、市长和指标负责,却没有注意到与一般劳动者进行关系磨合,单纯就经济论经济,重资本轻劳动,看物不看人,其结果既不可能更多地按市场要求进行经营管理,也不可能带来良好的经营管理效应。同时,国有企业员工服从国家委任的厂长(经理),按厂长(经理)的意志办事,这虽然是正常的,但随着市场环境的变化,特别是随着员工素质的提高,国有企业员工渴望与经营管理者建立起一种市场下的平等劳动关系,渴望处于主人翁地位的自己,能够对政府委任厂长(经理)拥有一定的建议权、评论权和是否认可权,但事实上却是不可能的。这就形成了劳动者与委任厂长(经理)之间的隔阂,从而影响了劳动者的劳动情绪和劳动效益。在这种与市场经济体制相悖的体制下,经营管理者与一般劳动者的劳动关系是不协调的,这种基本劳动关系的不协调,无疑是目前我国企业经济运行中亟待解决的一个主要矛盾。

实际上,厂长(经理)的选任,无论是"民选",还是"委任",都应该是以有效调整、完善劳动关系,使厂长(经理)与一般劳动者"合二为一"、沟通融合,以调动双方的积极性、主动性和创造性为根本。"民选"的员工不认可了,就要离任;"委任"的员工只要认可,就应当任。问题在于:①"委任"的应与"民选"的一样都要进行任职前的拟就职演说,让员工评论、认可;②按照现行体制,组织人事部门要主动争取有关部门(如工会、经贸委、体改委等)的支持,引导、委任"民选"厂长(经理);③无论是"委任"的,还是"民选"的,只要是企业员工不接受、不认可的,就应及时终止经营管理者与一般员工之间的劳动关系,实施审计离任和新的关系再造。

二、调整、完善劳动者与企业单位行政的关系

劳动者与企业单位行政的关系不仅反映着劳动者与生产资料相结合的劳动关系,而且还体现着劳动者与企业单位行政性的、彼此的经济地位、社会地位、政治地位及其相应关系。从管理科学的理论与实践看,调整、完善劳动者与企业单位行政的关系,实现劳动力与生产资料的最优化结合,调动劳动者的积极性、主动性和创造性,使个体劳动趋向社会劳动,使个人目标趋向企业目标,无疑是整个企业管理的重心。但从现实来看,我国的多数企业及其经营管理者却并没有真正地把这一劳动关系的调整和完善放在中心位置。而现行体制又使企业及其经营

管理者难以对劳动力及其劳动关系进行有效的调整。首先，时至今日，国有企业即使是实行了所谓的劳动合同制，却也并没有改变劳动者"全民性质"的身份、地位。由于是国家职工，劳动者对企业亏损严重、濒临破产、倒闭等实际上持一种不负责任、漠然处之的态度。其次，由于进了"国营门"，就是"国家人"，也由于时至今日许多国有企业仍然坚持着这种劳动者与国家之间的直接的、行政性的劳动关系，在多数情况下，即使是劳动者违反了劳动制度或内部劳动规则，企业也不能马上把他开除。如果说原有体制下的劳动力是"只进不出"，那么现在则是"不进不出"。企业及其经营管理者对劳动力支配、使用上的无能为力，必然导致对经营管理上的无所作为。最后，这些年的企业改革，着重于对企业组织形式的改革，却没有注意调整劳动关系，特别是只强调企业进入市场，而没有真正地让劳动者也进入市场，未能激活劳动者的积极性和创造性，影响了企业的活力。我们要发展社会主义市场经济，劳动者与企业单位行政关系的产生、建立、变更、发展都必然要趋向市场化运作机制，即以市场为中介，建立起一种市场劳动关系，以实现劳动资源的市场化配置。实际上"技术创新"也好，"名牌带动"也好，承包、租赁、股份制也好，它们无一不是劳动者的创意，并通过劳动者来贯彻运作的。不注重人、不调整人们之间的劳动关系，任何改革的设想或方案都不可能真正变为现实。搞好国有企业，重在寻求探索一条重视人、依靠人、发动人、调动人的积极性、主动性和创造性的道路和运作体制。这种以人为本的管理体制和机制，主要是建立在对劳动关系的调整、完善基础上的。所以，我们不仅要创造环境条件让企业进入市场，而且更要创造环境条件让劳动者进入市场，让企业与劳动者在市场上双向选择、直接接触，建立和发展市场劳动关系，从而使企业真正地引入市场机制，实现从国家直接组合劳动关系转变为由企业直接组合劳动关系，营造一个良好的劳动关系氛围。

从目前来看，调整、完善劳动者与企业单位行政的关系，主要应从以下几方面入手：一是以市场为中介，让企业与劳动者双双进入市场，企业以真正的独立法人身份，劳动者以市场"自由人"身份，自由地、平等地建立劳动关系。二是对现有国有企业职工采取整体下岗，重新登记，确立资格，组织再造，变"国家人"为"自由人"，彻底脱离原有的、与国家的直接的行政性劳动关系，建立起劳动力直接与企业之间的自愿性、经济性劳动关系，实施市场化劳动关系、合同化劳动管理。原国有企业职工重新登记、确立资格后，即成为国有企业招募的员工，与国家之间便不存在"全民性质"、"国营职工"身份（作者认为国有经济主要是讲所有制成分、经济总量、国家产权主体、国有经营管理，所以不应该有什么固定员工，市场条件下的劳动力都是"自由人"，他既可以被其他经济成分的企业招用，也可以被国有企业招用，只要双方愿意，即可以建立劳动关系）。三是企业经营管理者在征得企业员工认可、同意的情况下先与委任部门或所有权人签订合同，确立经营管理者身份及其相应关系，然后再与企业劳动者（可以以工会为代表）签订合同劳动关系，形成劳动关系各方的行为约束与运作规范。四是要从思想观念上，从法律、制度、政策及各种调节手段上，认真解决目前国有企业职工一方面希望按照市场法则来实现劳动力的市场配置与竞争劳动，一方面又希望保持"铁饭碗"，规避市场风险的心理问题，给劳动者以正确定位，引导劳动者走向自由、自主、自为，建立新的市场劳动秩序，释放劳动者的潜能。

三、调整、完善劳动者与劳动者的关系

劳动者是劳动关系的主体。调整、完善劳动者与劳动者的关系一般包括三项内容：其一，承认劳动力归劳动者所有是一种天然特权。劳动者正是凭借着劳动力所有权，形成劳动者在社会经济生活中的主体地位及由这种所有权和主体地位所决定的劳动力产权、劳动力收益权——劳动者应是其劳动产品分配的一个独立的利益分配主体和层次。其二，依据劳动力收益及其劳动者作为一个独立的利益分配主体层次的内在要求，科学地处理国家、企业、个人之间的分配关系。其三，按照劳动关系决定工资关系、劳动差别决定工资差别的分配规律，科学地处理劳动者之间以及不同部门、不同地区之间的劳动者收入问题。

长期以来，我国在分配体制上一方面以税、利、费等形式对劳动者创造的收益进行行政性的分配，另一方面又直接对企业劳动者的工资进行行政性的统管。即使在今天，政府一方面在把企业推向市场，提倡自主分配；另一方面又往往不管企业的效益好坏，有无货币基础，一个"红头文件"下来，就要企业调资，结果使许多经营困难的企业只能"空调"，造成劳动者与企业单位行政之间关系的冲突。因为企业连工人的基本生活费都难以保证，也就很难谈得上增资。而一些相对效益好的企业则按文件或多或少地调增了工资。这种由政府行政指令增资、企业又无钱增资的情形，不仅使企业经营管理陷入被动，而且还加大了劳动者之间、企业之间、部门之间、地区之间越来越大的工资差距和矛盾。工资分配上的矛盾又直接影响到企业经营管理的正常运作，影响到劳动者的积极性和劳动生产率。可以说，企业工资分配改革上的滞后，也是导致当前企业缺乏活力的重要原因。解决问题的思路显然还要回到劳动关系的调整上，从理顺劳动关系到理顺工资关系，从而调动劳动者的积极性、主动性和创造性。

从企业分配的角度看，劳动关系首先是一个劳动力产权关系。建立现代企业制度，明晰产权，绝不可以只讲物权，而必须同时要讲人权和劳动力产权。劳动

力产权包括两点基本内容：一是劳动者是自己劳动力的所有者，拥有劳动力所有权，并享有支配权、使用权、收益权；二是劳动力产权决定了企业形成的资本积累归劳动者所有。因为企业只是一个生产力的组织形式，并不构成产权主体，所以谈不上收益。这就是说，企业劳动者的劳动创造，一部分作为社会扣除归国家占有，剩下的则按产权份额在国家与劳动者之间进行分配。可见，劳动关系的完善，重要的在于明晰国家和劳动者各自的产权份额。国家产权依投资额度为据，劳动力产权则依企业公积金、公益金及企业发展过程中的增值资金总额（如企业自己贷款发展创造的增值资金等）为据，计算出各自所占的份额，依此比例分配收益。按这样一个思路，企业分配一应按产权分配，二应坚持二次分配。即首先按产权份额在所有者（国家）与劳动者之间进行初次分配；其次，按初次分配中劳动者占有部分，在进行了企业发展所需的扣除之后，在劳动者之间进行第二次分配。劳动者个人分配的多少既取决于再分配额度，也取决于劳动岗位差别。

从劳动者分配角度看，劳动关系又是一个不同劳动者之间的劳动的差别关系及由这种劳动差别关系决定的工资差别关系。这是调整、完善劳动者与劳动者之间关系的基本切入点和重心所在。劳动者的工资分配，一是要坚持劳动差别决定论；二是要坚持工资的市场价格调节论；三是要坚持可分配额度与实际分配额度相平衡，留有余地论；四是要坚持工资水平的宏观调控论；五是要坚持按劳分配和防止过分悬殊结合论；六是要坚持科学选择工资分配的方式、方法论；七是要坚持工资成本与劳动效率分析，讲求边际生产效率论。工资分配最主要的是合理确定科技劳动、管理劳动、一般劳动的差别标准，承认复杂劳动、风险劳动（经营者、管理者的劳动）是多倍的简单劳动，从而使工资收入向一线倾斜，向智力劳动倾斜，真正实现社会主义按劳分配的原则。同时，国家在宏观上应从对企业工资调整的直接插手中超脱出来，主要从事社会工资水平、工资规模及部门之间工资差别、地区之间工资差别的政策性调控，而具体工资的变动调整，则放权给企业自主进行。

企业的具体工资分配形式应是灵活多样的。可以按股分配，也可以按资分配；可以实行时间工资制，也可以实行产量工资制；可以以单位为分配对象，也可以以个人为分配对象。实际上大体制理顺了，至于具体形式，包括过去的一些形式，如分指标百分计酬、等级工资制等，只要是员工接受认可，有利于完善劳动者之间关系，调动劳动者积极性；有利于坚持按劳分配；有利于增强企业活力，都应允许实施。工资关系理顺了，劳动关系及其运动也必然是和谐、顺畅的，整个企业的发展也必然是充满活力与生机的。

（原载于《中州学刊》，1997 年 6 月）

劳动关系市场化与国有企业民营发展

我国经济应在体制改革中，趋向国有民营，这在许多人心目中已成共识，然而国有民营的转换应该怎么实现呢？加速这种转换的根本对策、途径又在哪儿呢？

我以为关键在于转换劳动力的管理体制。即创造劳动力流动的环境与条件，让劳动力随着企业一道进入市场，变原来的"国家人"为"自由人"，自由择业、自由竞争、自由劳动。"自由人"是一种自我塑造、自我激励、自我约束、自我调节的人。"自由人"自由地按照自己的意愿和知识素质层次与生产资料结合，自由地建立和调整劳动关系。然而，旧的体制下所忽略的恰恰是这一点，统包统配，一次分配终生固定。这种大包大揽所形成的最大束缚，正是对生产力，即劳动力（者）的束缚——压抑和扼杀了人们的积极性、主动性和创造性，使本来应该生机盎然的社会主义经济失去了活力。体制改革以来，我国民营企业的发展，最重要的一点，就是它的劳动关系的市场化。它的员工都是来自市场上的"自由人"，自由招募、自由结合、自由调节。特别是在民营科技企业里，从业主到每一位员工，从科技带头人到一般业务员，完全是一群"自由人联合体"，它没有上级、没有拨款、没有依靠，一切全凭自己。如果说在原有体制下，国有企业里几个人不顶一个人用的话，那么在体制改革中出现的民营企业里，偶尔一个人顶几个人用；如果说在国有企业里人们的责任心淡化、劳动纪律松弛，那么在民营企业里人人都严格按照内部劳动规则和纪律，并主动地把自己的单个劳动力当成一个社会劳动力，凝聚为一个命运共同体，形成势不可当的、一往无前的生产力；如果说在国有企业里人们端"铁饭碗"，只知索取，不讲奉献，不思进取，素质低下，那么在民营企业里，不仅把劳动与创造、劳动与奉献融为一体，而且这一劳动过程本身的环境与条件，就促成人们提高素质，造就出一批批高级劳动力。邓小平于1992年视察深圳等经济特区，大多时间是在关注民营企业创造的高科技、高效益、高生产力，而实际上更是在看这群"自由人"是如何自由地组合起来，自由地劳动。从1980年10月中国科学院物理所陈春先研究员等率先走出高楼大院，创办中国第一家民营科技企业并形成北京中关村科技一条街开始，邓小平就给予了极大的关注与热情的支持。他一贯坚持只要有利于发展生产力的，就应"放手干"，而且要"步子快一点"。特别是注重科技含量问题，提出要研究和采用各种组织形式，"合理使用科技人员"，"把他们的积极性调动起来，发挥他们的专长"。可以说，我国民营高科技企业的发展就是邓小平"科技是第一生产力"思想的又一实践结晶。

民营企业的活力，就是应该看到并注意研究的。民营企业的活力来自哪儿？有人说税收优惠，有人说政策宽松。而实际上这都不能看作是主要因素，因为任何一家民营企业的发展也都不是，也不可能是一帆风顺、轻而易举的。真正的活力来自市场，来自由市场上结合到一块儿的"自由人"，来自由"自由人"之间所达成的活的劳动关系，来自这种劳动关系下每一个人必须发奋创造生产力的共同愿望及其行动，一句话，来自劳动关系市场机制及其调节影响。河南思达公司两万元起家发展到今天这样一个规模，政府给了多少拨款？减免了多少税赋？没有，即使有，也肯定是微不足道的。因为作为一家民营企业，尤其是在创建之初，任何一个部门和单位都不会去理睬它的。然而，它发展了，靠什么？靠几个年轻的"小科技"的一股冲动，自由地结合，自愿地发展，自主地劳动。他们的结合，没有迂回曲折的种种插足，而是自由地按照自己的意愿、理想，去从事适应和满足社会经济发展需求的产品创造。这完全是一个"自由人联合体"。他们的实践，正是马克思、恩格斯一百多年前所憧憬的那样一种思想在当代社会经济中的反映：在这个自由联合体里，人的自由的、全面的发展推进着生产力的发展；生产力的发展又促进着人的自由的、全面的发展（体力和智力）。因为这种"自由人"的联合及其形成的劳动关系是依市场机制维系始终的。

河南思达公司是这样，郑州亚细亚商场也是这样。人们普遍称赞"亚细亚"有活力，其实这种活力同样首先来自于"亚细亚"的劳动关系的市场化。某一位商场的同志对作者说："亚细亚几年来辞退职工数百人次，太苛刻了。"作者告诉他，这也许正是"亚细亚"始终充满活力的根本点。其实也的确是这样的。古人云："树移死、人移活"。对个人，总待在一个地方，如果不适应那个环境，就应该移动一个，转向自己乐意的地方，就必然快"活"起来。对一个群体，它的活动总不会只是停留在原有层次、水平上，随着原有规模、技术及其层次水平的不断提高，一些人能适应这种变化要求，一些人不能适应这种变化要求，适应者继续，不适应者排离，这也是一种"人移活"——在人的客观移动中，人与群体都能活跃起来。"亚细亚"就是遵循这一中国古朴哲理。首先，不符合"亚细亚"要求的不招；其次，不适应"亚细亚"经营程序、违犯"亚细亚"内部劳动规则的被果断排离。由于坚持这种弹性劳动关系和劳动关系的市场化，就使"亚细亚"人在素质层次上越来越高，且越来越趋向整体划一。同时欲进入"亚细亚"的人也能够自己注意按照"亚细亚"人的素质条件、行为规范，调整、改造自己，实现自我提高，以在竞争中击败对手进入"亚细亚"。这种利用市场竞争机制、实行竞争劳动的弹性劳动关系及其管理体制，可以说是民营企业富有活力的根本源泉。而国有大中型企业活不起来的根本原因也正在于此。

在国有企业中，劳动者一进"国营门"就是"国家人"，国家直接与劳动者之间建立了劳动关系，这种直接劳动关系，实际上等于是国家对劳动者实行了一种终生承包。正是这种承包，把人包疲了、包懒了、包得失去求职奋斗及努力上进的思想。如果说，过去的体制是一种僵化的体制，那么，这种僵化首先表现为劳动关系的僵化。今天，在建立和发展市场经济新秩序中，劳动者必须从国家这个"大保姆"的怀抱中走出来。企业走出来了，劳动者更应走出来，走向市场，经风雨、见世面。可以说，现行体制与现实的主要矛盾，就是原有劳动者的劳动人事地位、关系与发展中的新的市场经济环境之间的不适应，这也是国有企业不能在实际体制改革、转换机制中收到理想效果的根本症结。而解决这一矛盾，追求转改效应，就必须使劳动关系市场化，变国家与劳动者之间直接的、承包性的、僵硬的劳动关系为劳动者与企业之间的直接的、市场性的、弹性的劳动关系，让劳动者与企业一道，在市场上，自觉、自愿、自动、自发地实现组合。从而使整体社会经济的运行逐步趋向以劳动者为主体、以等价交换为原则、以竞争机制为动力的新的社会主义市场经济体制。按照这一变革思路，在当前发展国有民营企业无疑是一种积极可行的现实的选择。一是国有民营并没有根本改变生产资料所有制的性质，没有资产化为个人，只有经营管理方式、形式的变化，这与资本主义的私有性质是不同的。二是国有民营有利于转变政府职能，理顺产权关系，加速企业进入市场的步伐，造就企业市场行为，使企业真正成为独立的商品生产者和经营者。三是国有民营有利于转变政府职能，理顺国家和企业的关系，加速社会主义市场体制的建设步伐，强化政府正常职能行为，调动国家、企业的积极性。四是国有民营有利于使企业和劳动者成为市场运行的主体，特别是国有民营的转变，在措施与形式上由于采用的是一种"成建制"，因此，大大降低了直接变更现有劳动关系、把劳动者直接推入市场造成的阵痛和引起的社会波动，实现了劳动关系平稳地向市场化过渡。五是国有民营有利于规范企业和劳动力（者）行为，使之能够自觉与市场机制、国际化大生产、大经济接轨和融通。此外，国有民营也是解决当前我国的"三一"经济现象、劳动生产率滑坡、劳动力全面萎缩、转换企业机制不理想的基本出路。

过去十几年经验证明，民营经济十分活跃，它已成为我国今后高新技术产业和实用技术产业发展的一支生力军，必将对我国社会经济的发展产生重要作用和深远意义。眼下的问题是，必须加强和推进国有大中型企业民营化的研究与进程。这是转换企业经营机制、增强企业活力的新视觉点。这是由于在民营化过程中实现劳动关系的市场化变革必然会一方面刺激和调动企业对劳动力管理的市场行为，提高经营和管理水平；另一方面又会刺激和调动劳动者的积极性、主动性和创造性，提高劳动生产率。这里的"对策"：一是政府从社会再生产过程中解脱出来，不再当"婆婆"，而是当好市场运行及其竞争行为的"裁判"；二是在产权界定基础上，实行股份制，使股份制成为企业的基本组织形式；三是企业与政府脱钩，生产经营及其管理完全由企业自主，企业与国家之间的关系仅仅是一种"合法经营、照章纳税、按股分红"的关系；四是建立健全法制、法规，梳理社会经济伦理和道德，使国家、企业、劳动者的行为都有所遵循。

（原载于《经济经纬》，1994年4月）

论劳动关系市场化与工会作用

我国的劳动关系正在由过去的统包统配的、国家直接与劳动者建立的行政性劳动关系，转向劳动者自主通过市场、按照价值法则直接与企业建立的劳动关系，这种劳动关系的市场化，必然将把工会推向市场，促动工会职能的转变，使工会在建立社会主义市场经济新秩序中发挥出越来越大的作用。

一、从劳动关系形式变化及其复杂性看工会作用

劳动关系市场化的复杂性，首先是由多元的所有制形式所必然形成的多元劳动关系形式决定的。如国营企业劳动关系，由于国家既是所有者，又是经营者，并且凭借着政权的力量占有各种资源，这种政企合一的企业体制必然把市场的作用限制在最低点。所以，在总体上，仍然是国家与劳动者之间建立的直接的劳动关系。而国有企业劳动关系，由于国有企业相比国营企业实行的是所有权的分解——赋予企业法人财产权、相对独立经营权，因此劳动关系的建立在一定程度上引入了市场机制，但又因为作为国有企业，不可能摆脱政府的非经济手段调控，所以这实际上是一种半市场性的劳动关系，集体企业的劳动关系也类似于"国营"或"国有"，因为我国集体企业多系"二国营"，大部分都被各级地方政府直接管理。中外合资企业、外商独资企业、私营企业及混合型股份制企业的劳动关系，则因为直接系市场经济的产物，所以其劳动关系是较完全的市场性劳动关系。同时，随着改革，特别是政企分开、产权变化，一些营利性、竞争性的国营或国有企业将走向市场，从而使相当多的企业的劳动关系也必然转向市场性运作。这些劳动关系形式的变化及其复杂性，不仅要求工会对国有或国营企业履行"两个维护"的职能，而且要求工会适应于这一转变特点，面向市场，走向市场，对市场经济条件下劳动关系的建立、发展，担负起更多调处作用；不仅要求工会对国有或国营企业的劳动关系进行调处，而且要求工会对国有或国营企业以外的各类企业的劳动关系，也担负起更多、更有效的调处作用。其次，劳动关系不仅在形式上越来越复杂，而且劳动关系的运作及其调处也将越来越复杂。这是因为，劳动关系市场化条件下实施的是一种合同劳动制，在合同劳动过程中，必然

会发生种种因执行合同所引起的争议与纠纷。而且这种争议与纠纷无论是来自劳动者或是来自劳动行政单位，都会越来越多、越来越复杂。特别是在现时，拜商主义、拜金主义、拜权主义、拜官主义严重，劳动者、经营者、管理者的素质低，法律观念淡薄，合同劳动的争议与纠纷的增加在我国将成为一种客观趋势。如果不能够及时地调解和处理好这些争议与纠纷，那么，不仅会恶化劳动关系，还有可能导致发生意外的突发事件，危及社会安定大局。而目前体制下也好，市场化的体制下也好，工会都必将是这种劳动关系争议与纠纷的最适中的调解者。

二、从市场劳动力地位及其劳动力主导性看工会作用

劳动关系市场化，意味着劳动力将成为一个个的自由人，这种自由人与市场的本来的自由属性，便决定了市场经济下的劳动关系中劳动力在客观上始终处于一种主导性的地位。劳动力的主导性，一方面反映了改革使劳动力摆脱了昔日与政府的依赖关系；另一方面则会对劳动力市场的运行、劳动关系的完善及劳动力个体行为等产生极大的影响。

第一，劳动力主导性，将会使劳动力市场的运行趋向以卖方（供给）为主，并构成相应的市场机制调节过程。长期以来，我国对劳动力实施统包统配，劳动就业、劳动力流动都由政府控制，劳动力没有选择性，所以劳动力只能处于被动境地。劳动关系市场化以后，尽管市场对劳动力的调节总是一种需求引动型的规律作用，但是劳动力的主导性地位必然使劳动力从被动转向主动，即自由择业、自由组合、自由流动。所以从这一角度分析，显然劳动力市场的运行将不再是由计划配置，而是由劳动力自由地、自主地与自己理想的劳动岗位结合，并按照市场法则、价值规律来调节。

第二，劳动力主导性，将会使劳动关系的形式构成及其完善趋向以劳动力为主导的运作机制调节过程。我国原有的劳动关系是政府主导型的，一切有关事宜均由政府替代。劳动力对于劳动职业岗位、劳动条件环境、劳动工资待遇等均没有自主抉择权，而是听命于政府的安排，从而抹煞了劳动力的个性，压抑了其劳动的活力。这种以政府为主导的单向的劳动关系形式构成，不利于社会主义生产关系的完善。因此，劳动关系的市场化趋势将根本改变这一现状，让劳动力自由地、平等地，且是真正地作为劳动关系的一方，按照劳动者意愿和法律赋予的权利，与劳动行政单位或是政府（国营企业用工、国家招募公务员）建立、变更、发展劳动关系。而且随着劳动关系的市场化发展，整个劳动关系的运动过程及其调处、完善，都将趋向以劳动力为主动和主导。

第三，劳动力主导性，将会使劳动者最大限度地追逐自身的经济地位、社会

地位、政治地位，并且随着劳动者素质的提高、现代化意识的增强及劳动者内在心理的变化，其追逐的形式和层次将不断提高。正是这种对自身地位、价值的追求的驱动力，才有了社会生产力发展的原动力。而值得指出的是，劳动者个人利益追求的驱动力越大，劳动者的行为就越容易走偏、扭曲和极端化，因此就越发要求工会因势利导，使之能规范发展。

第四，劳动力主导性，将会使劳动力的个体行为目标越来越依赖于自己的劳动者联合体——工会的引导和实现。在原有体制下，"进了国营门，就是国家人"，劳动者无须思虑什么。劳动关系市场化以后，劳动者便没有了依托，一切都要靠自己，包括就业、失业、流动、变换及收入等，加之种种不确定性因素时时处处潜伏着危机，这些困难和危机，单凭劳动力个人的力量是无法有效解决的，这在客观上就必然使劳动者越来越倾向于依托工会来达成自己的个体行为目标。

三、从劳动垄断与竞争劳动的盲目性看工会作用

由于市场信息流通中的时间差，在劳动力个人素质及应变能力不同，宏观调控的某种失误或政策缺位，加之规律作用下往往导致劳动垄断、工资垄断，从而产生的竞争劳动的无序性、劳动供求的失衡性。收入分配的不公正性等，使得劳动关系市场化的运行必然出现盲目性。而这种盲目性，在客观上同样需要工会发挥自身的优势，利用自己所处的地位、身份、职能、作用实施影响和调处。

市场的生命力是由信息维系的。那些在市场中善于捕捉信息，并注意排除不确定性因素的企业和劳动者双方才能实现真正的双向选择；那些不善于捕捉信息，不能够抓住机遇的企业和劳动者则往往处于被动状态，尤其是对劳动者来说，更是形成劳动投向的极大盲目性。在我国，劳动力供给的无限性和劳动力素质的低层次性，还决定了这种盲目性必将是经常的、大量的，如周期性、摩擦性、结构性、技术性、自愿性及古典性的种种失业，都可以说是这种盲目性的表现。所以，工会在克服这种盲目性方面有许多工作要做，特别是那些行业性、地区性工会，在劳动关系的市场化调处中，还要责无旁贷地首先担负起促成各种失业者再就业的重要任务。因为我国的失业者，无论是显性的，还是隐性的，他们始终是工会的会员，工会应该对自己的会员负责。随着改革的深入和市场体制的建立，当劳动者原有的与政府的依赖关系被切断以后，劳动者必然越来越依赖于工会，这是在我国劳动关系市场化及其调处过程中必须清楚认识的一个大趋势、大现实，工会不能够团结广大劳动者自救、自助、自为，就失去了自身存在的价值和意义。因为单靠政府调节，其作用是极有限的，不断发生的劳动关系争议、

冲突，已经证明了这一点。

　　劳动关系的市场化趋势，还会导致出现劳动垄断。所谓"劳动垄断"，即一些企业、集团、行会或劳动力市场，对一些劳动力、劳动岗位的控制和垄断。如对一些中、高级劳动者，高智力型人才的控制、垄断；对一些低、中级劳动者，一般体力型劳动者的控制和垄断；对一些社会和人们追逐强烈的劳动岗位的控制、垄断。劳动垄断对经济和社会的发展，既有有利的一面，也有不利的一面。从有利方面看，劳动垄断可以保证一些重要部门、重要行业、重要岗位相当稳定的劳动力资源及劳动秩序，刺激全社会劳动力素质的提高，推进劳动力自身和整个劳动过程的科技进步。从不利方面看，①容易造成其强调局部，不考虑全社会劳动资源的供求协调和开发利用的被动局面；②容易造成低、中、高级劳动者同级内部、各级之间及劳动力在地区之间、行业之间的矛盾差别，出现新的劳动力布局结构上的条块分割；③容易造成以牺牲大多数劳动者利益来换取和维持垄断劳动者（群）的高薪地位，引发社会分配不公；④容易造成对劳动者的劳动兴趣、劳动志愿、劳动者全面发展自己的智力和体力及劳动的社会化发展的制约等。这些不利的方面，在客观上就需要一定的干预，这种干预既来自于政府，也来自于工会，工会往往能代表大多数劳动者的利益而出面进行调整。如积极倡议竞争机制，引导竞争劳动，打破劳动垄断；积极建议政府采取对大多数劳动力劳动权的保护性政策和措施；积极出面与某些行会垄断或寡头性垄断（对某一劳动力市场上的供求垄断）者的谈判；积极要求垄断者对由于垄断所造成的某些劳动者利益损失的补偿。

　　市场下的劳动垄断必然会导致出现工资垄断。其表现有两个方面：一是劳动者本人对工资额度的垄断。在大多数情况下，是指劳动者本人由于不愿意降低或减少其工资收入，而刚性退出劳动过程。二是企业、集团、行会、劳动力市场上对劳动者工资水平、工资规模的垄断。在大多数情况下，是指企业、集团、行会、劳动力市场上，对一定时期内的劳动者的工资水平、工资规模所保持的一种刚性原则，即不因劳动者的要求而更改工资水平和工资规模。此外，工资垄断还表现为地区性、部门性的工资垄断。而不管是怎样的垄断，它们对于劳动关系的建立、发展、完善，都有较大影响。如前一方面的工资垄断，就会出现失业或盲目流动；而后一方面的工资垄断，就会引起劳动者情绪与行为波动，甚至发生冲突或其他后果。所以，这就要求工会一方面要把握和分析工资垄断态势，另一方面要积极代表劳动者出面进行工资谈判，并循序引导，化解冲突。

（原载于《走向社会主义市场经济的中国工会》，中国工会出版社，1995年）

也谈民主选择企业经营者
——论"民选"与劳动关系的转换

近几年来，在我国的一些省市相继出现了民主选择企业经营者的现象，引起了人们的注意。许多地方还把民主选择企业经营者作为当前企业改革深化的有力举措加以推广。但也有一些地方和人士把民主选择企业经营者看作是一种权宜之计或是所谓的"没有办法的办法"。对此，作者认为有必要从理论和实际上做出清晰的回答。

首先，民主选择企业经营者是对原有的我国企业管理体制的重大突破。它说明我国企业的改革正在趋向依靠人民、尊重人民、发动人民，让人民真正地拥有主人翁的地位与作用，从而开发真正的经济社会发展的动力源。其次，民主选择企业经营者是目前企业摆脱困境的一种内在要求，是实现劳动力特别是高级劳动力资源优化配置的一种有效手段，是达成"能人治厂"、"专家治厂"的现实选择。因为民主选择经营者的出现大多都是在企业持续亏赔，企业主管部门、企业自身、企业劳动者处于种种无奈情况下而实施的。这说明了民主选择企业经营者既适应了企业现时实际的需要，又顺应市场经济下资源重组、优化配置的客观必然。最后，民主选择企业经营者促成了变经营者与党、政府的关系为经营者与劳动者、企业、社会之间的关系，这种关系及其层次的位移变化，是理顺和建立社会主义的、自由的、平等的劳动关系的基本条件和组织保证。也就是说，民主选择企业经营者在实质上是一种劳动关系及其运作机制的大转换——上级委托经营者与无条件接受上级委任的劳动者之间的行政性、强制性、依附性、不公正性的劳动关系，转换为劳动者自己推荐选择自己的经营者（经营者也是劳动者，是一种劳动分工）、管理者，并与其产生、建立一种自主劳动、自主经营、自主管理的平等的劳动关系。

现在都说我国的企业面临种种困惑，但企业最大的困惑是劳动生产率低下，而劳动生产率低下的根本性问题是劳动关系问题。劳动关系首先是一个劳动者与劳动者之间的关系及其协调、完善问题，而其中又以经营者与劳动者的内容构成、联系形式、运作机制问题为先。不同劳动者、劳动岗位之间的关系不理顺，即劳动关系不协调，生产关系的完善就是一句空话。因为无论是按照马克思主义理论，还是经济学理论、管理哲学，都认为作为一个经济组织的企业，首先表现出来的是一个合理组织生产力、完善生产关系的问题。而生产关系的完善，在所有制关系一定的条件下，最直接、最现实、最敏感的正是劳动关系。因而，从企业来说，最重要的是注意和调处好劳动关系。所谓"企业管理"，本质上是劳动管理及劳动关系的组织、协调、完善与追求劳动关系效应问题。

从自由资本主义到垄断资本主义，从"工厂制"到"公司制"，这些转变的基本标志就是企业经营与管理的重心由以"事"为中心转向了以"人"为中心，强化了人本理论、劳动关系的和谐与有序运作理论、人才第一（特别是高级经营、高级管理人才）理论等。所以可以说，现在的由委任企业经营者转变为民主选择企业经营者，也是顺应这种大趋势的表现，反映了客观事物运动的必然性。

"民选"与"委任"看上去只是经营者的产生、选择方式问题，而实际上是劳动者走向自主劳动、自主管理，建立起马克思当年所憧憬的社会主义的"自由人"联合体的问题。从某一个角度讲，"委任"，是从外部的、主观营造劳动关系及其劳动联合体；而"民选"，则是从内部的、客观自我筑造劳动关系及其劳动联合体。显然，"民选"与"委任"两者的出发点可能是一致的，但其运作形式、运作主体、运作机制、运作效果却往往反差甚大。"民选"是劳动者自主推荐自身的高级劳动者到经营者岗位——"一分为二"；由于本来就是一体的，所以劳动者自选经营者就容易沟通、容易协调、容易自控、容易收效——必然达到"二合为一"。"委任"，显然有其现实意义，但尤其对企业这样一个经营组织来说又往往不适应，导致"二分为二"——"肠不粘，心不联"，上级与企业、经营者与劳动者之间形成"两张皮"、两条心、两码事，也就不可能有什么大的收获。现实中很多问题已说明，一些企业陷入困境，并不完全是资金问题、技术问题、产品问题，更多的是人才问题、经营问题、劳动者问题。这是我们在转换机制、建立现代企业制度、搞活国有企业时必须也应该意识和看到的问题。

民主选择企业经营者是社会主义制度的性质要求，是我国企业走向市场化运营的现实要求，是资源自由的、平等的连带关系，从而是社会主义生产关系自我完善的必然要求。因此，在看到"民选"对深化我国改革及其应用价值的同时，也要注意认真研讨"民选"过程中的一些问题。

（1）国有中小企业是一意卖掉，还是通过"民选"厂长（经理）转机发展？这里，一是如何理解"抓大放小"，"放小"是否就等同于卖掉；二是对中小型国有企业是否要实行"一刀切"、一个模式。实际上"民选"及其已经形成的实践效应已回答了这个问题。所以，绝不能截然提出变卖中小企业，也不能把精力集中在卖与不卖上，而要放在如何理清政企关系上。

（2）民选企业经营者的做法是否仅仅限于濒临破产倒闭的企业？一般的、维持型的，甚至经营较好的企业是否也应该使经营者趋向"民选"或通过"民选"再认定？目前，我国的"民选"企业不多，且局限在亏损严重、濒临破产的小型企业。而现实问题，①"民选"是《宪法》和《企业法》等法规规定的企业和劳动者的权利，所以不应仅局限于小企业或是亏损企业，而是应放开，面向所有企业，使"民选"成为一种转机建制的定式。②发挥工会在促进"民选"过程中的地位与作用，如小企业由职工大会让劳动者直接推荐选择经营者，大中型企业则通过职工代表大会（要研究职工代表的技术资格素质构成、能力）直接推荐选择经营者。③不要对"民选"进行硬性规定，而是应加以引导。有些地方规定，只有当本企业 1/3 以上的职工代表联名提议要求选择经营者；本企业连续亏损、劳动者强烈要求选择经营者；主管部门认为应该调整经营者，却又苦于派不出等，才是值得研究的，现在不是控制"民选"，而是推行、引导、发展"民选"的问题。

（3）民主选择企业经营者产生的厂长（经理）的批准、任命问题。这里的问题是：①如何正确理解党管干部的问题。党管干部一是通过党的组织程序实现；二是通过党的总体领导实现；三是通过党组织发展，建议、推荐干部实现。但无论如何，对于企业经营者，即使是国有企业也不应由党的组织直接批准、任命。因此，在改革政企不分、以政代企问题的同时，必须防止出现党企不分、以党代企的新问题。②在现行体制下如何正确处理"委任"与"民选"企业经营者的一视同仁，即政治地位、经济地位、社会地位问题，依此来加强"民选"经营者与主管部门、与政府、与党的感情联结和向心力。③探讨建立民主选择企业经营者的社会评定机构及其运作体系，发挥市场中介组织作用，促进"民选"运营的有序性。

（4）民选企业经营者的活动应走向规范化、科学化、制度化、法律化。"民选"不是权宜之计，而是大势所趋、方兴未艾。因此，必须使这一活动走向规范化、科学化、制度化、法律化。规范化，就是使"民选"有一个合理的、正常的运作程序；科学化，就是要按客观规律办事，避免盲目性、主观性、片面性；制度化，就是要坚持"民选"在决策、调节、组织诸方面形成制度；法律化，就是要通过立法、司法活动以保证"民选"的有序性、有效性。这里要特别强调三点：①目前多数"民选"活动依据于《中华人民共和国城镇集体所有制企业条例》，将集体企业条例套用在国有企业身上不仅与现实体制存在着反差，而且还会导致出现种种困惑，这就提出了既要注意在《企业法》、《公司法》中明确"民选"问题；还要拟定相应《民选企业经营者法》。②通过"民选"规范化、科学化、制度化、法律化，建立起有效的"民选"经营者及其企业运营的监察约束机制，使经营者素质层次不断提高，真正地与企业、经营者同呼吸、共命运，共创企业利益共同体。③既要规范、调节厂长（经理）的个体行为，也要规范调节整个企业经营、企业管理层面的总体行为。所以说，一个厂长（经理）既可以拯救一个厂子，也可以毁掉一个厂子。所以，一方面必须形成一种促使经营者脱颖而出的环境与条件，另一方面又必须形成一种对经营者具有某种监督约束的机制，而这里重要的是要解决好"一个人"与"一班人"的关系，让一个人"带动一班人"，让"一班人"制动"一个人"，也就是让我们的"民选"规范化、科学化、制度化、法制化，既要着眼于经营者一个人，又要着眼和入手于经营者层，以保证"民选"效应。

（原载于《河南工运研究》，1996年2月）

东北工业机制转换中的职工身份定位

东北是传统体制下"中国制造"的重地,为中国经济的发展做出了不可磨灭的贡献。从昔日的"有所为"到后来的"有所不为",从辉煌的顶端到谷底的困惑,又从东北人翘盼生机重现到全国人民呼吁东北振兴,根本的切入点,是东北人如何从"国家人"转换成"企业人",寻求走出一条以人为本的新的发展路径。

一、积极调整、重组劳动关系

计划体制下劳动者在进入劳动年龄后便由国家安置就业,而且是"进了国营门,就是国家人",国家从一个人进入企业到这个人退出劳动,全包了下来。不仅如此,"老"的退不下去,"小"的还要顶上来,"既包老,又包小"。久而久之,滋生了"国家人"的种种"特殊感"、"至上感"、"优越感"。而且,由于"包",把人给包疲了、包懒了、包散了,使本来应该生机盎然的中国经济失去了活力。这在老工业基地、国企密集区更为突出。

多少年来,我们都在说,人是世间第一宝贵的,是生产力中最具有决定性、最活跃的因素,但我们却并没有在实践中真正地注重这个"第一资源"的科学开发与利用。相反,在所谓的"主人翁"意识中,事实上有意无意地对人实施了某种社会主义的"制度放纵",我们没有"创造出远远高于资本主义的劳动生产率"来,就是一个最好的佐证。在生产关系方面,我们一直定位在生产资料所有制关系的完善上(这也是无可非议的,因为所有权关系是基础),而忽略一定时点里所有权关系之下的劳动关系的调整,如劳动力与生产资料结合的形式构成、机制方式,特别是劳动关系运营机制、运营主体方面的调整和完善。分析生产关系内容构成,应该说,在所有权关系一定的条件下,劳动关系最直接、最生动、最具体地代表着生产关系,完善生产关系也主要就是指劳动关系的完善。分析生产关系内容核心,应该说,在所有权关系一定的条件下,最重要的也是必须解决和处理好的就是人们在社会经济中的基本地位以及彼此之间的关系,包括劳动者与劳动者之间的关系、劳动者与企业之间的关系、劳动者与国家之间的关系,以及劳动者劳动的就业方式、分配权益、社会保障等。马克思研究资本立论于雇用劳动关系，研究价值立论于劳动关系运动过程，以至于提出"社会主义应该是劳动（关系）"的经济学构想，并强调只有在劳动及其相应关系中才能找到理解历史的"钥匙"。其深层次的意境，都是基于对生产关系、对劳动关系问题的分析与把握。客观地说，从自由资本主义到垄断资本主义，又从垄断资本主义进入当代资本主义，资本主义的发展恰恰是切入了劳动关系的调整，抑或说，以劳动关系调整为主线，走了一条以人为本的路子，使得其垂而不死、腐而不朽，这是我们研究、借鉴西方国家经济社会发展经验时必须注意到的。改革开放以来，我们在这一方面也进行了某些变革，但多侧重于"救急"、"赶场"，如就"下岗"说就业，就"突发事件"说劳动关系等。而距离理性地从事国家、企业、劳动力之间的关系调整和重构似乎还有较远的距离。包括当前企业改制中的职工身份置换，也基本上是处于就事论事，也还没有真正地立足于生产关系、劳动关系变革，形成一个基本的认知理论。

二、从国家劳动关系转换成市场劳动关系

以作者之见，当前新的市场经济环境与旧有劳动人事地位及其关系之间的矛盾是今天我国经济社会发展中的一个主要矛盾。邓小平同志南方视察以后，特别是在中共十四届三中全会做出了建立社会主义市场经济体制若干问题的决定后，国有企业改革的步伐加快。为加速国有企业改革，曾一度提出把企业推向市场。然而，几年过去了，时至现在，也并没有看到多数国有企业的市场运作效应。其原因除了市场秩序建立滞后等因素之外，最大的问题便是企业进入市场了，企业的劳动力没有进入，企业这个"壳"进去了，企业的主体没有进去。微观经济及其管理理论告诉我们，企业只是一个生产力的组合体，构成企业经济主体的是劳动力。可见，只有企业这个"空壳"的冲动，而广大劳动力没有动起来，没有进入市场，仍停留在原有的劳动人事地位及其关系上，企业就不会有活力，也产生不出什么市场效应。所以，重要的还是要研究劳动关系，也就是说，要深化改革，让劳动力和企业双双进入市场，从国家劳动关系转换成市场劳动关系。

市场劳动关系法则要求劳动者就业、劳动关系建构，应该是劳动者进入市场，自主择业，竞争劳动。首先，劳动关系的形式构成是劳动者与企业单位行政两个主体；其次，劳动者与企业之间劳动关系的建立是自由的、自愿的、平等的；再次，劳动者与企业之间劳动关系的订立以市场准则和国家法律为基准，没有政府的硬约束；最后，劳动者与国家之间没有直接联系，其进退去留、岗位变换、工资升降，完全依据劳动合同或双方谈判。国家劳动关系转换为市场劳动关系以后，国家超脱出了具体的、繁杂的经济社会事务，而集中精力于抓大事，即

发挥宏观战略协调职能。企业则随着改制，趋向独立的商品生产者和经营者，从根本上解决了过去的企业"管理不管人"、"管人管不住人、管不好人"的被动局面，从对人的无所事事，转入对人的有效管理，真正实现以人为本的人本管理新机制、新秩序，增强企业活力。劳动力则因为从劳动关系的被动、附属地位，转变进入劳动关系的重心、主体地位，特别是成为一个"自由人"，从而更加有利于自由地、全面地发展自己的智力和体力，更加有利于提升自身素质，发展自己的市场生存能力和竞争力。毫无疑问，市场劳动关系的确立，不仅理顺了个人、企业、国家之间的关系，十分有利于人力资源的最充分开发、利用和管理，而且，还从体制、机制上形成了以人为本的新的经济社会发展的动力和秩序。

劳动关系的调整是一个永恒的课题，也是一个绕不过的坎。坦言之，现在看来，中国改革有两个思路尚需要进一步理清：一是改革还不能仅仅从国家主体位移到企业主体，还必须再位移到劳动力主体；二是改革必须释放劳动力，回归到马克思憧憬的社会主义"自由人"及其"自由人联合体"，即劳动力要从"国家人"变成"自由人"（让每一个有劳动能力的人都有权自由地、全面地发展自己的智力和体力），以"自由人"的身份进入市场，与企业进行互动互选，并且以契约形式，自主地加入一个企业中去，从"自由人"转变成"企业人"。即改革应以人为本，遵循"国家人"→"自由人"→"企业人"的新的劳动关系运动轨迹和基本路径发展。

"企业人"的确立，既是市场劳动关系的必然要求，又体现着国家改革的基本预期，是实现市场劳动关系运作与市场资本机制调节相结合的资本人格化的表现。"企业人"要求进入企业的劳动力，应是在一定体制、机制调节和规范下，具有自觉的向心力、凝聚力、创新力、持续力的高素质劳动者，能够对企业、企业的投资者高度负责，并全力与资本实现高度结合，以人格化的品行和力量创造出更多的资本的劳动者。改制呼唤"企业人"，改革追求"自由人"发展的良好空间环境，都在于这样一个趋向及其落脚点——市场劳动关系条件下的资本人格化和企业高级化。

三、营造"企业人"全面发展的良好环境

中共十六届三中全会提出的"五个统筹"和"五个坚持"，是东北人民转变观念、营造市场劳动关系条件下"企业人"全面发展良好环境的重要指导思想。

转变观念，就是要树立发展了的马克思主义世界观、认识论，解放思想，与时俱进。从闭关锁国到改革开放，从自我微循环到入世、融入国际经济大循环，从农耕经济到"新经济"时代背景的变化，从单一公有到多元结构、混合经济，

从计划调节到市场调节,从按劳分配作为唯一原则到多种分配方式的假设前提的变化,从注重生产关系到注重生产关系适应生产力性质要求,从注重经济形式到注重经济制度,从注重事到注重人的视角定位的变化,从国家劳动关系到市场劳动关系,从"国家人"到"企业人",从"依赖、依附"到"自立、自主、自由"的机制再造的变化,客观上都要求必须用发展了的马克思主义世界观、方法论来看待和对待。既要看到东北圈内的现状,又要看到东北之外的现状;既要看到自己的发展优势,又要认识自己的发展劣势;既要强调政府支付一定改革的成本,又要探讨江、沪、浙及大连经济速跑的真谛,在现实中、比较中锐意转变观念,求解自己的"函数"。

"企业人"的塑造,奠定了以人为本的制度与机制基础,是实现以人为本发展的基本条件。以人为本,就是要发挥人的主观能动性,调动人的积极性、主动性和创造性,开发活性资源,增强经济活力。邓小平同志曾经一针见血地指出,"经济发展能不能再快一点,关键在人"。以人为本,揭示了社会经济发展与人、劳动力、劳动关系的规律,阐释着人及其劳动的主体地位必须首先给予认识和尊重。很明显,在国家劳动关系及其"国家人"时期,"革命工作是块砖,哪里需要哪里搬",没有劳动者的个性,劳动的经济效益低下。经济短缺的本质是劳动短缺,是劳动力"自由、全面发展"的短缺。所以,必须重组劳动关系形式结构,必须推进"企业人"及其新的劳动力运营机制。"企业人"还揭示了政府宏观管理和微观引导应该遵循的一般思维和一般对象,即围绕人的意识、观念、动机、需求、行为,进行制度设计,特别是要从制度、政策上促成"企业人"的自由的、全面的发展,真正趋向人口、资源、环境、经济的可持续发展。就东北而言,不仅有着工业制造的物质、技术优势,还有着一支高素质的科技人才、管理人才和特别能打硬仗的高技术熟练工人队伍。相对来讲,东北的人力资源和人才资源更具有优势。问题在于如何随着改制和按照"企业人"的要求,重组这支队伍、提升这支队伍、精炼这支队伍。东北的"消沉",在于东北人;而东北的振兴,还在于东北人。如何开启东北人活力的源泉,应列为当前东北高层决策者最为关注的、最重大的议事内容。

优化环境,就是要创造一个真正地以人为本的、能够使人们安居乐业和奋发向上的良好条件。长期以来,我们曾一味地苛求发挥人的主观能动性,却忽略了让人发挥主观能动性所相应必须具备的"客观受动性"条件的营造。所以,今天讲优化环境,绝非仅指投资环境、经营环境等,重要的还包括"企业人"全面发展的环境。"企业人"全面发展的环境,既是其他环境的综合体现,又是其他环境的基本前提。"企业人"全面发展的环境,第一位的是抓紧、抓好适应市场经济规律、劳动关系运营的制度环境的营造。包括劳动者、企业、国家之间关系制度、劳动力市场就业制度、劳动合同制度、劳动力流动制度、劳动力教育培训制度、劳动薪酬制度、劳动保障制度，以及劳动力竞争与竞争劳动制度等，此外还包括与此相关的政府公务公开制度、市场中介制度、企业用人制度等。发达国家总是把关于人及其人力资源的开发与利用、劳动关系的完善作为制定制度和政策的"基石"。与此密切相联系的是法律环境、人文环境等。但无论是制度环境，还是法律环境、人文环境，都应该坚持以人为本，使环境充满人文关怀、人文情感、人文激励、人文规导。正是这些细微的环境影响，感悟着人的意识，规范着人的行为，实现着国家、企业和人的发展预期目标的统一。

东北振兴，千头万绪，但最应在前期即刻切入的就是中共十六大及其十六届三中全会《决定》关于"以人为本"及其"环境"方面的思想，果断做到"一切妨碍发展的思想观念都要坚决破除，一切束缚发展的做法和规定都要坚决改变，一切影响发展的体制弊端都要坚决革除"，"营造鼓励人们干事业，支持人们干成事业的社会氛围，放手让一切劳动、知识、技术、管理和资本竞相迸发，让一切创造社会财富的源泉充分涌流"，迅速形成"企业人"，进而形成以人为本的、"聚精会神搞建设、一心一意谋发展"的、充满生机和活力的东北经济新的机制和局面。

参考文献：

[1] 蔡昉等. 制度趋同与人文发展 [M]. 北京：中国人民大学出版社，2002.

[2] 李京文. 走向21世纪的中国区域经济 [M]. 南宁：广西人民出版社，1999.

（原载于《经济管理》，2004年9月）

我国劳动力市场运行中的宏观调控

随着新旧经济体制的交替，政府对劳动力的管理已由直接配置转为宏观调控，本文拟对此做些探讨。

一、调控总量

我国劳动力总量中存在着两对矛盾：从全局看，劳动力供给大于劳动力需求。从局部看，在某些层次和行业，劳动力需求又大于劳动力供给。对于劳动力供给大于劳动力需求这一全局性的矛盾，政府应着重搞好对新生劳动力和待业、转业劳动力的就业安置工作。在经济布局和产业结构调整中，要考虑就业的需要，力争在保持经济高速增长的同时，增加更多的就业岗位。此外，还需要在经济政策上做一些必要的调整，如给大量招工劳动密集的企业提供低息贷款，允许企业因批量招工而在一定时期内（2~3年）免缴一定比例的所得税等，以增加企业吸纳劳动力的容量。在我国存在劳动力供大于求这一全局性矛盾的同时，又并存着劳动力求大于供的局部性矛盾。随着生产科学技术水平的提高，社会对劳动力的素质、层次要求将越来越高，现代企业对中、高级劳动力的需求呈上升趋势。这就使我国的劳动力市场上出现了普通劳动力无限供给，而中、高级劳动力却严重短缺的状况。为此，政府应建立中、高级实用人才培训系统，加强劳动力的素质、层次培训；并积极发展职业介绍、人才交流；为劳动力供需双方牵线搭桥、传递信息，使之各得其所，使相对短缺的中、高级劳动力能够得到较为合理的配置。

二、调控流量

我国的劳动力在地区之间、部门之间、行业之间，以及生产性与非生产性之间、不同所有制之间的布局也很不合理，这种结构性的矛盾，从客观上要求加快劳动力的市场配置和流动。但是，目前社会经济生活中的一些问题，如在长期统包统配中形成的劳动力部门、单位所有，家庭住房、子女入学和户籍制度，特别是社会保险体系不健全等，都严重制约了劳动力的合理流动，妨碍了劳动力结构的适时调整。这就要求政府为劳动力的合理流动创造一个较为宽松的环境，并依据国家产业政策，积极引导劳动力的合理配置和流动。要鼓励和引导劳动力从发达地区（部门）向不发达地区（部门）流动，从第一、二产业向第三产业流动，从一般行业向基础、"瓶颈"行业流动，从高密集劳动力地区向缺、稀劳动力地区流动。在此基础上对劳动力流动的规模、层次、形式等进行调控，以促进劳动力在流动中得到最优配置。

三、调控存量

在目前我国劳动力市场发育和运行不健全、不完善的情况下，劳动力的自由流动往往会诱发新的矛盾，带来一些消极影响。现在人们经常提及的"跳槽"，就是一个比较突出的问题。企业中的技术业务骨干一旦走掉，将给生产经营造成严重危机和损失。这就要求政府按照劳动力合理配置的要求，制定相应政策，在促进劳动力合理流动的同时，保持劳动队伍的相对稳定。特别是那些关系到国计民生的部门、产业，必须保持一支相对稳定的中、高级劳动力队伍，以保证生产、工作的稳定性和持续性。这里的关键是要给予这些部门、行业必要的政策和手段，使它们能够在人才的市场竞争中具有一定的优势。譬如，允许企业给那些生产经营中的尖子、骨干、中坚人物以优厚待遇，使企业具有足够的吸引力，能够始终保持并源源不断地补充所需的中、高级劳动力存量，以增强其人才实力和竞争力。

四、调控能量

劳动力市场运行中的宏观调控，不仅仅是数量的调控，还应当有能量的优化。即通过这种宏观调控给微观劳动力管理以影响，激发劳动者的潜能，不断提高劳动的经济效益。要围绕调动劳动者的积极性、提高劳动效率这个主题，创造一个良好的社会经济环境。

（1）建立劳动力管理信息系统，保证劳动力市场运行的有序性。在现代化的社会大生产中，劳动力配置的市场化、劳动力管理的社会化，如果没有运行顺畅、反应灵敏的信息系统，是难以实现的。

（2）搞好劳动法制建设，维护劳动者合法权益。一是加强劳动立法，使劳动力市场运行法制化。当前，要着重抓好有关劳动产权、劳动力个人所有权方面的立法，包括劳动力市场交换的主体地位、权利，建立劳动关系的准则、条件，以及最低工资保障等。二是加强劳动公证，包括劳动合同、劳动报酬、劳动保险、劳动安全、劳动卫生条件等的公证，以法律约束劳动关系双方当事人行为。三是加强劳动监察，使劳动法令得以落实。依法保护劳动者的合法权益，巩固社会主义的劳动关系。

（3）大力发展职业技术教育，提高劳动者在劳动力市场上的竞争力。应该看到，目前的所谓"摩擦性失业"、"非自愿性失业"，往往与一部分劳动者素质偏低、难以适应生产需要有直接关系，随着劳动过程现代化程度的提高，这类人员数量还将继续增加。"一些岗位无人干，一些人却无岗位干"的现象将长期存在。这就要求政府大力加强职业技术教育，扩大培训容量，并制定相应政策，调动劳动者个人投资学文化、钻技术的主动性；调动社会力量办教育、搞培训的主动性。

（4）建立健全同社会主义市场经济体制相适应的工资分配体制和社会保障体制。工资分配最终要走向市场决定。要使我国劳动者的工资，既体现劳动力的价值，又反映劳动力的市场供求关系，真正成为市场配置劳动资源的基本手段。在社会保障上，必须加速改革步伐，加快由企业保险向社会保险转变的进程，真正把"企业办社会"的沉重"包袱"卸下来，为全社会的所有劳动者进入市场提供一个稳定、可靠的保障。

（原载于《河南劳动》，1994年2月）

劳动力市场运行规律初探

在我国，随着承认劳动力个人所有、劳动力交换的商品性质，劳动者将作为一个独立的经济利益主体和层次，与企业一道进入市场，从而摆脱原有的行政依附性的劳动人事关系和地位，自主地按照市场法则，实现与生产资料的结合。而当前劳动力市场的培育，重要的是首先应对劳动力市场运行的一般规律进行研究。这是一个以价值规律为内核的规律体系及其调节过程，本文即就此做些初步探讨。

一、劳动力供求规律

劳动力市场实际上就是劳动力供给与需求及其运动关系的总和。所谓的"劳动力供求规律"，是指在既定条件下劳动力供求变化的一般规定性。对于劳动力供求内涵，一般有两种理解：一是指劳动力资源量与需求量关系分析；二是指劳动力使用中劳动能力发挥所能够创造的价值量与劳动过程对劳动能力支出的要求的价值量关系分析，即劳动力市场上的供求分析。这里讲的是第一种。劳动力供应量，即劳动力资源量，具体是指进入劳动力市场，可参与劳动力交换的劳动者的数量。影响劳动力供应量的因素主要有人口规模及其增长速度、人口年龄构成变化、社会劳动年龄规定、劳动力参与率。其中尤其是劳动力参与率，即实际在业的劳动者人数占进入规定劳动年龄的人数的比例。此外，如劳动适龄人口负担系数，负担系数越小，说明劳动适龄人口负担越轻，在收入水平不断提高的情况下，一部分劳动力便会"自愿失业"，从而影响劳动力供给量；再如，当一个国家的社会保险福利水平不断提高时，也会使一部分劳动力"自愿失业"等。劳动力需求量，即社会经济发展对市场上劳动力的需求总和。从宏观上来看，影响劳动力需求的因素主要有国家产业结构政策、基本建设投资规模和速度、劳动力再生产更新规模等。从微观上来看，主要有企业劳动生产率的变化、企业经济结构规模变化和企业技术构成变化、劳动的边际生产率递减规律、劳动力市场价格（工资）变化等。

劳动力供求规律，是劳动力市场运行的基本规律，也可以称为劳动力价格规律，因为在市场上供求与价格之间是双向运动、相互作用的。劳动力供求规律的客观必然性：劳动力需求大于供给时，劳动力价格（工资）呈上升趋势；劳动力需求小于供给时，劳动力价格呈下降趋势。同样，当劳动力价格提高时，劳动力供给增加；当劳动力价格下降时，劳动力供给减少。劳动力的市场运行，正是在劳动力价格变化中调节劳动力的供求，并使之趋向相对平衡。这也就是当年亚当·斯密提出的"看不见的手"在对社会劳动调节方面的作用表现。

经济学研究的主要是一般规律。在市场经济理论中，劳动力供求规律抑或说劳动力价格规律，一般用图 1 表示。

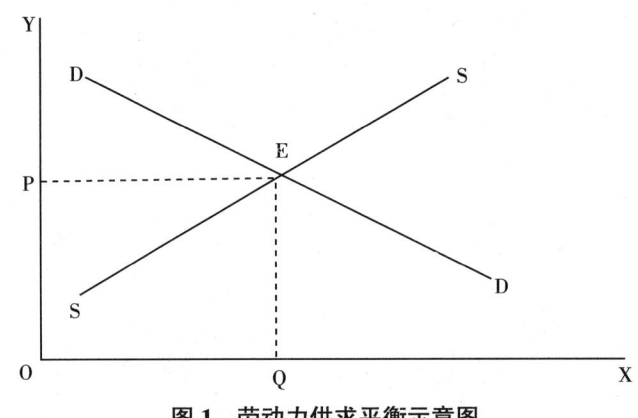

图 1　劳动力供求平衡示意图

图 1，SS 为劳动力供给曲线，DD 为劳动力需求曲线，E 为劳动力供求平衡点，OP 是均衡价格水平，OQ 是劳动力配置量。

一般来说，商品的供给与价格同方向变化，即价格上升，供给增加。但是，劳动力供给则例外。在劳动力市场上，当劳动力价格（工资）提高以后，劳动力供给将随之增加，但当劳动力价格增加到一定水平时，由于劳动力对货币的需要相对已不那么迫切，因此，即使劳动力价格水平再度提高，劳动力的供给却并不一定随之增加，甚至也有可能呈下降趋势，这就是劳动力供给与报酬递减规律。即劳动力供给随着劳动力价格提高，先是递增，然后，要么保持相对稳定，要么反方向运动。

一般商品供给与劳动力供给曲线如图 2、图 3 所示。

企业对劳动力的需求，按照经济学家的理论，如果企业是以追求最大利润为目的，那么，只要劳动力的边际生产率等于或大于劳动力的边际成本，企业就会增加对劳动力的需求。所谓"边际生产率"，即最后再追加一个劳动力，这个劳动力所能够创造的产量或产值。一般来说，如果生产资料规模保持不变，只是增

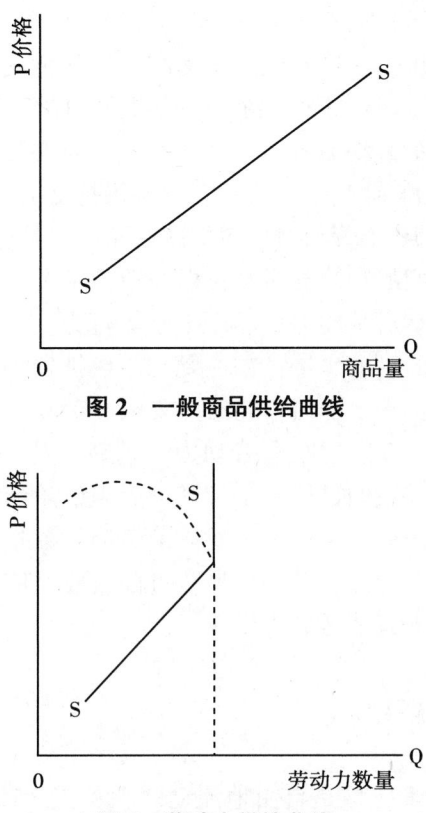

图 2　一般商品供给曲线

图 3　劳动力供给曲线

加劳动力数量,那么,必然使劳动的边际生产率呈递减趋势,这就是边际生产率递减规律。边际生产率递减规律是影响劳动力需求的一个主要经济因素。所谓"边际成本",即追加一个劳动力,企业所增加支出的工资费用等。我们用图 4 说明这一需求的确定。

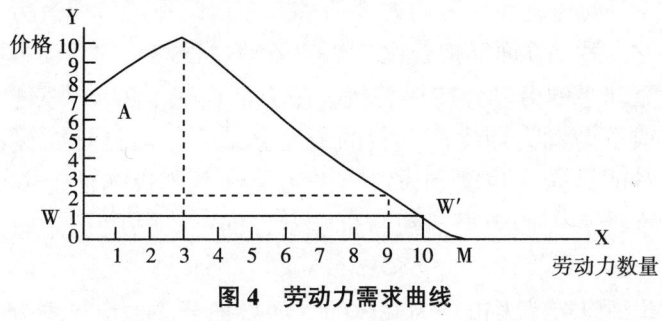

图 4　劳动力需求曲线

如图 4 所示，某企业的边际生产率曲线为 AW'。当企业选用 3 个劳动力时，边际生产率最大。而超过时，边际生产率递减。假如劳动力日工资 1 元，所生产的产品每件 1 元，此时，如果第 10 个劳动力日产 1 件产品，企业便会录用之；如果日工资 2 元，第 9 个劳动力日产 2 件产品，企业便使用第 9 个劳动力；如果单件产品的市场价格上涨到 2 元，而日工资仍维持 2 元不变，企业仍可使用 10 个劳动力，因为即使第 10 个劳动力日产 1 件产品，但其边际生产率是 2 元。

需要指出的是，我们的理论分析都是以企业追求最大利润为前提展开的。而企业的这种利润动机必然对劳动力市场产生具体行为。这就是企业为了追求高额利润或是为了保持一定的利润水平，往往要控制或把费用趋向零限，特别是在市场劳动力价格（工资）水平上涨时，它必然要裁减劳动力或选用更熟练的劳动力（或选用低工资劳动力）来代替原有劳动力。这时，劳动力需求就会受到冲击，影响劳动力供求平衡。在我们这样一个劳动力无阻供给的国家里，劳动力市场运行，一方面企业应注意按边际生产率适时调节劳动力数量，以形成劳动力有进有出，正常流动，提高劳动力经济效益；另一方面政府又应从宏观上采取对策，如用经济政策和法律手段来调节劳动力供求。

二、劳动力流动规律

劳动力作为生产要素应该是自由地流动的，马克思认为这是一种规律。"大工业的本性决定了劳动的变换、职能的变动和工人的全面流动性……承认劳动的变换，从而承认工人尽可能多方面地发展是社会生产的普遍规律"，而且必须"使各种关系适应于这个规律的正常实现"。

随着劳动社会化程度的不断提高和新技术革命的推进，劳动的过程组织及其职能必然发生变动，而这又必然会引起劳动分工与协作关系的变动，这就会在客观上使劳动力从旧的劳动岗位转入新的劳动岗位，从这个部门或地区转入那个部门或地区，形成劳动力流动。劳动力流动一方面把已不适应原有劳动过程变化的劳动力游离出去，另一方面又把能适应新的劳动过程性质的劳动力吸纳进来。正是这种劳动力流动中的劳动力转换替代，一方面促成了劳动力素质的不断提高，另一方面也促成了劳动力与生产资料的最充分结合。而且是能够带来整个劳动的规模经济效益的结合。也就是说，劳动力流动，不仅能促进劳动力的全面发展，而且由此推动着生产力更活跃、更能动地向前。这就是劳动力流动规律的质的内核。

劳动力流动是以劳动力市场为载体的。如果把劳动力市场划分为国际劳动力市场、国内劳动力市场、企业劳动力市场，那么，劳动力流动也就表现为国际劳动力流动、国内劳动力流动、企业劳动力流动。国际劳动力流动是一种跨国的、世界性劳动力大交流，它是适应于当代经济全球化的性质要求的。无论是劳动力的输出国还是输入国，要么出于创汇需要，要么出于学技术、学管理经验需要，要么出于摆脱就业压力需要，要么出于劳动力短缺需要，要么出于节省一笔可观的教育培训费用需要，都非常重视劳动力的国际间流动。一般来说，这种流动的规律：劳动力资源丰富国向劳动力资源短缺国流动；农业国向工业国流动；生产力落后国向生产力先进国流动；先进国家之间高级劳动力的流动等。当代国际劳动力流动正在由以低廉劳动力价格为特征的流动转向以高薪、高级劳动力为特征的流动。国内劳动力流动，包括劳动力在一国范围内的行业部门间、地区间、企业间的流动。这种流动是由生产的、技术的、社会的、管理的诸方面因素决定的。比如，劳动者对所处劳动的人事环境、物质环境的厌恶；劳动者对劳薪水准的不满；劳动者因家庭、婚姻、交通所迫；等等。这一流动的一般规律：从乡村流向城镇；从内地流向沿海；从一般地区流向特殊地区；从生产领域流向非生产领域；从落后地区流向发达地区；从"次等"劳动力市场流向"头等"劳动力市场；从无组织劳动力市场流向有组织劳动力市场；从"坏"职业流向"好"职业；等等。国内劳动力流动的特征是以高劳动技能、高熟练劳动程度为主的智力型劳动力的流动。企业劳动力流动，主要是指企业内部劳动力的流动。这个层次的流动，一是按企业内部生产布局结构来优化组合劳动力，适时调整劳动力；二是形成内部劳动力流动机制，刺激每个劳动者学文化、钻技术，迫使劳动力产生在岗压力与发奋工作的动力；三是适应劳动者兴趣、爱好转移，劳动技能纵横发展，不断变更劳动力的劳动岗位、工种，造就劳动者兴趣、爱好转移，造就劳动力自由全面发展的内部小市场流动、小环境气候；四是一方面要不断引入高级劳动力，另一方面要处理好人才外流问题。在技术构成高的企业里，由于更需要较高级专家和特殊技能知识阶层，所以必须有稳定骨干劳动力的对策措施，防止人才外流。如果不注意这一点，那么对企业的教育培训费用损失、产品或劳务的有形的和无形的价值损失都是难以估量的。这几年我国上海、深圳等地区出现的高级劳动力不断"跳槽"现象，应引起企业家的注意。

劳动力流动的关键是要按照市场法则，突出"自由"二字。可以说，在我国没有劳动力的自由流动，就不会有劳动力市场，因而也就不会有社会化大生产。当然，劳动力流动，既要按照劳动力个性、爱好自由流动；同时，也要根据社会需要合理流动，讲求劳动力流动的时间效应、经济效应、社会效应。为此，国家需要在宏观上制定出相应的经济政策与法律，以保证劳动力在自由的、合理的流动中，实现社会劳动的合比例分配。

三、劳动竞争规模

市场是自由的，自由条件下运行中的市场，必然充满着竞争。有市场就有竞争，这是规律。无论是在世界格局里，还是国内某一空间范围，市场上商品品种、质量、成本、价格、利润等内容及其企业之间的竞争，从来就没有停歇过，而且愈演愈烈。也是出于竞争需要的缘故，人们开始透过这些表象，通过观察，越来越清晰地发现，市场竞争实质上是科技与人才的竞争，是劳动效益（社会效益和经济效益）的竞争，也就是劳动竞争。但是一般来说，劳动经济学研究的劳动竞争，主要是指劳动者在与生产资料结合过程中的择业竞争与在业竞争。择业竞争，是指在市场上，劳动者为选择理想职业条件与其他劳动者之间所展开的一系列实际较量活动。任何劳动者都有自己的追求，都渴望能够进入一个理想的职业场所，以实现自我。然而职业场所条件相对的有限约束性，在客观上就使劳动者之间只有经过竞争才能如愿以偿。这种竞争往往以劳动者的学历、专业、经（资）历、年龄、体质、相貌、气质、性格，以及表达能力、操作能力、道德品质等修养素质为内容特征。谁的德、智、体、美素质结构层次高、优势大，谁就会在竞争中取胜，揽取满意劳动岗位，否则就会失利。在市场体制下，劳动者选择一个理想劳动职业是不容易的，但是在一定劳动岗位上，如果不继续努力，特别是不提高自身劳动能力素养，就很难能保得住现有岗位，而被排斥出去。也就是说，劳动力市场上既存在着择业竞争，也存在着在业竞争。首先，从企业看，任何企业都追求效率最大化，而且生产过程中的技术装备水平越来越高。显然，劳动者即使进入劳动岗位，如果不注意继续学习提高、不适应新形式变化要求，企业必然会再选择那些更高素质、更能适应的劳动者来取代原有劳动者。其次，从劳动者来看，由于市场上总会存在着一支具有一定规模的劳动者失业大军，这是一支产业后备军，它的存在本身就对在业者造成一种压力——必须发奋学习与工作，适应生产技术变化要求，以更好的素质、更高的效率面对失业、谋职人员的挑战与竞争。

劳动竞争主要是劳动者作为社会人，追求自己所应有的经济地位、社会地位形成动力机制并产生竞争行为。从经济地位看，由于劳动职业岗位不同、报酬收入不同，因此劳动者竞争某一职业岗位，有的是为了挣得一些零用钱（如农民进城）；有的是为了养家糊口；有的是为了有一个固定的、正常的收入渠道和收入水平；有的是为了由低薪阶层进入高薪阶层；等等。从社会地位看，由于劳动者都有自己的价值观，因此劳动竞争既追求经济收入，也追求社会地位。一般来说，劳动者竞争某一劳动职业和岗位，在多数情况下，是出于对该职业岗位在社会经济生活中的地位及公众中影响的考虑。劳动者往往把得到或就职于某一岗位看成是自己施展影响力，从而从社会得到的评价和荣誉；看成是社会对自己劳动及其价值创造的承认与肯定；看成是自己与社会结合，实现理想、抱负的"阶梯"和"桥梁"。特别是现代人，都更愿意在各种刺激和竞争中，去接受和从事一些挑战性的职业和岗位工作。

在我国社会主义市场体制下，劳动力市场化将是必然走向，但是劳动竞争却由于长期受旧体制的影响，劳动者的劳动风险与竞争心理承受力都是比较脆弱的。甚至还有一些人总是期待着国家再分发一个"铁饭碗"，加之客观上住房问题，家属子女入托、入学问题，户口问题等，这就使得劳动竞争还难以充分展开。然而既然劳动力要走向市场，就必然要走向竞争。没有竞争的劳动力市场，则是注定没有活力与生机的。因此，目前关键是要在国人中间树立劳动竞争意识，同时创造相应劳动竞争的大环境、大气候，以使劳动力自觉走向市场，让市场来配置劳动资源和带来最大的劳动力与生产资料的结合效率。

四、自愿交换规律

自愿交换，是市场运行的基本性质和原则体现，反映着交换主体的社会经济地位。无论是买者还是卖者，任何一方都不可勉强对方非情愿地接受其交换条件，而应与对方处于同一地位，彼此平等，互利互惠，也就是说，必须坚持自愿交换。也只有自愿交换，才有平等竞争。在劳动力市场上，劳动力的交换也是这样，劳动力与生产资料的结合、劳动者选择职业、企业选择劳动者，都应是自愿的、平等的，是劳动者与企业两个利益主体之间的一种互利互惠关系。只有坚持自愿交换，尊重、维护劳动者和企业双方的个性要求及其正当权益，劳动力与生产资料之间才能结合得更充分、更有效。因为在自愿交换条件下，劳动力选择的职业岗位，往往是自己乐意、喜欢的工作，他必然会发挥劳动潜能，即所谓"人尽其才"；同时，企业也由于得到了理想的劳动力，使一定性质的劳动岗位与一定素质的劳动力相互适应，从而一方面有可能使劳动资源得到充分利用，另一方面也有可能使物力资源得到充分利用，即所谓"物尽其用"。

劳动力资源交换是实现社会劳动互换、产生和建立社会劳动关系的前提。在原有体制下，我国劳动生产率滑坡，劳动经济萎缩，根本问题就在于个人所有及其利益主体地位，违背了自愿交换规律，导致我国长期以来劳动机会不均等、劳动资源配置行政化及特权化，严重影响和挫伤了劳动者的积极性、主动性和创造性，使本来应该生机盎然的社会经济生活失去了活力，这个教训是应该汲取的。今天，劳动力进入市场，让市场调节，追求市场配置效率，必须注意按照包括自愿交换规律在内的劳动力市场运行规律的要求，培育和发展我国的劳动力市场。

（原载于《河南财经学院学报》，1994年1月）

我国劳动力市场发展缓慢原因简析

党的十四届三中全会《决定》提出，要逐步形成劳动力市场，并强调把劳动力市场作为当前培育和发展我国社会主义市场体系的重点之一。这无疑是经济理论乃至整个社会科学研究方面的一个重大突破，在实践上也有着重大而深远的意义。

我国劳动力市场是在 20 世纪 80 年代才开始进行有意识运行的。与其他生产要素市场相比，劳动力市场发展较为缓慢，甚至直到党的十四届三中全会前，我们仍没有公开承认"劳动力市场"这个概念，而是羞羞答答地提"劳务市场"。那么，我国劳动力市场发展缓慢的原因在哪里呢？我认为主要有以下几点。

1. 从理论上看

传统理论认为社会主义条件下劳动者是生产资料的主人，劳动力的支出既是为自己，也是为社会，这种劳动不是一种交换，即使是一种交换，也不具有商品性质，所以不存在劳动力市场问题。在资本主义条件下，劳动者一无所有，只有被资本家雇佣，资本家把劳动力当作商品购买过来，这种买卖关系产生和形成了劳动力市场，即资本主义条件下才有劳动力市场。这种传统认识，严重禁锢了人们的头脑，使我们不敢使用"劳动力市场"这一概念，因而制约了劳动力市场的发展。

2. 从制度上看

我国原有制度规定，劳动者作为社会的主人，已无须再经过迂回曲折的道路，而是直接与生产资料结合进行联合劳动。然而，这种联合劳动制度却忽略了非常重要的一点，即联合劳动的前提：劳动者是自由地、全面地发展自己体力与智力的"自由人"。在原有联合劳动制度下，劳动力不仅由国家统包统配，而且一次分配定终身，没有任何自由性。这种联合劳动制度所造成的劳动力国家所有、部门所有正是导致我国劳动力经济萎缩、劳动生产率不高的最基本原因。

3. 从实践和运作过程看

第一，劳动产权不明确。由于在理论上不能明确地承认劳动力个人所有权，从而模糊了劳动力商品交换权、劳动力自行流动权、劳动力自由劳动权。因此，在实践上，国家与劳动者之间的承包依附式的、直接的劳动关系仍然作为劳动产权的前提和主导。劳动者既然不是一个独立的经济利益主体，那么，他就不能与企业一道自觉地进入市场，自由地通过劳动竞争去建立劳动关系。企业进入市场了，而企业活动的主体却没有进入市场，企业机制的转换、活力的增强，又从何说起呢？劳动者不能真正成为自己劳动力的所有者，以独立的经济利益主体去追求自愿劳动、自由劳动的"自由人"，就不可能拥有企业的独立的商品生产者和经营者的地位。所以，当前必须尽快理顺劳动产权关系，承认劳动力个人所有权，承认劳动力是一个独立的经济利益主体，从而变"国家人"为"自由人"。

第二，劳动力价格不合理。劳动力的交换与整个劳动力市场运行，都是由劳动力价格来调节的。然而，目前我国职工的工资采用双轨制，双轨制下的工资，一方面反映着劳动力市场上的劳动供求关系，另一方面反映着行政权力制约下的劳动供求关系。事实上一直到现在，我国劳动者的工资额度、增减调整，更多地仍然是受制于国家行政调节，这种劳动力行政价格体系，既不反映劳动力价值，也不反映劳动力供求，自然对调节劳动力市场不会有好的效果。而要培育、发展劳动力市场，必须尽快放开劳动力价格，使得工资市场化。现时最为迫切的问题是，政府应转变职能，淡化对企业具体工资行为的约束，引导企业按劳动力价值和劳动力市场价格、劳动力供求关系，确定劳动者的工资，变被动工资为主动工资，变静态工资为动态工资。同时，着手测算和确立一个劳动力市场价格水平——社会劳动者的最低工资需要及其保障，创造劳动力交换和整个劳动力市场运行的基本条件。

第三，劳动力运行的规则不健全。这是由于劳动产权不明确，劳动力价格不合理，使得劳动力市场运行的规则没有可靠依据。《劳动法》迟迟不能出台，就从一个侧面说明了这一点。正是如此，实际上即使出台了一些单项法规，也不能很好地实施贯彻。同时，也使得道德、伦理不能成为规范人们行为的基本遵循。法制不健全，道德、伦理又跟不上，整个劳动力市场由于缺乏应有规则，就难以起步运营，即使存在一个劳动力市场，它也必然是紊乱无序的。

第四，劳动力市场运行的外部环境不协调。劳动力市场是劳动力自由交换的场所，但是这种交换的有效性和有序性，却是来自劳动力的主动性和受动性。如果说，承认劳动力个人所有，允许劳动力自由交换，使劳动力产生出一种劳动的主动性，那么，劳动力市场的客观社会环境与条件，则对劳动者形成一种主动劳动的受动性。国家应该协调劳动力市场运行的客观社会经济环境与条件。主要包括：首先，抓紧劳动立法与劳动司法建设；建立和完善劳动力市场信息系统；动员全社会力量大力开展劳动力教育和培训；培育和发展劳动力市场体系；造就社会劳动力产业后备军；理顺工资关系，让收入分配由市场决定；实施劳动保险、劳动福利、劳动救济市场化，劳动经济保障社会化。其次，抓紧研究和着手解决户籍管理制度、住房制度、子女入学入托、转学转托，以及时下仍沿袭的大中专毕业生、退伍军人、失业青年由父母单位归口包干安置等现实问题，为劳动力进入市场、迁徙自由、交换自由，创造一个良好的客观环境与条件，促成劳动力市场良性运行，真正完善社会主义市场体系。

(原载于《学习论坛》，1994年1月)

论"劳动组合"的理论基础

"劳动组合"作为优化劳动力配置的重要手段,几年来的实践证明,这项改革适应发展社会主义有计划商品经济的需要和转变企业经营机制的要求。因此,国家劳动部部长阮崇武指出:要继续推广、巩固这一改革成果,并把此作为一项经常性的、动态的工作来抓。但是,由于"劳动组合"中出现和面临的一些非正常性问题(如"优派"、"优亲"、组合外人员安置等),也使一些企业和人们对于"劳动组合"的理论基础、实践依据产生了疑惑。为此,当前有必要重新认识和梳理一下关于"劳动组合"的理论问题。而且作者认为之所以对于通过"劳动组合"优化配置劳动力产生疑惑,也主要是自"劳动组合"试行以来,一直没有很好地就此进行理论研究、论证。

一、从马克思的"自由人联合体"看"劳动组合"

马克思和恩格斯在论述未来社会及未来社会的劳动时,明显地提到了两点:一是认为未来社会,包括社会主义社会是一个"自由人联合体",在这个联合体中,"他们用公共的生产资料进行劳动,并且自觉地把他们许多个人劳动力当作一个社会劳动力来使用"。二是认为社会主义的劳动是自由的劳动,整个社会即是建立在自由劳动的基础上的"自由人"的联合体,在这个联合体中,"每个人都无可争辩地有权展示自己的工作才能"。正是这种个人的自由全面发展,使整个社会得以自由全面发展。这就是马克思的联合劳动理论。按照马克思的科学设想,只要生产资料是"公共的"、为社会的劳动者所共有;"个人的劳动不再经过迂回曲折的道路,而是直接地作为总劳动的构成部分存在着";"随着个人的全面发展,生产力也增长起来,而集体财富的一切源泉都充满涌流";"从而脑力劳动和体力劳动的对立也随之消失之后;在劳动已经不仅仅是谋生的手段,而且本身成了生活的第一需要之后";就必然实现联合劳动,劳动者与生产资料就可以直接地结合、自由地劳动。

然而,马克思联合劳动的这一设想,在今天社会主义条件下,则现实地表现为两个层次。一是社会范围内的总体结合。由于阶级障碍不存在了,生产资料公有制为主导，因此，代表人民的国家有可能从整体上，使劳动者和物质生产资料在社会范围内实现直接结合，它体现了社会主义有别于资本主义的雇佣劳动的性质，反映着社会主义的生产关系。二是企业范围内的有条件的结合。社会主义毕竟"是刚刚从资本主义社会中产生出来的"，特别是生产力水平不高、旧分工的存在等，必然使劳动者和物质生产资料的结合，在联合劳动的局部层次上是有条件性的。

所谓"有条件的结合"，从劳动关系上看，企业作为相对独立的经济实体，有自主选择劳动力的权利，劳动者作为劳动力的拥有者，有自主选择劳动职业、岗位的权利。两者的结合及劳动关系的建立，就必然是有条件的、相互选择的。从劳动结合形式上看，劳动力与生产资料的结合，最终表现为劳动者与劳动岗位、工种的联系。而劳动者有不同的劳动心理、劳动素质、劳动岗位，工种也有不同的文化、技术素质及条件要求，只有两者相互适应、选择彼此，才能实现真正的结合。可见，无论是劳动关系的建立，还是具体的劳动结合形式，在联合劳动的局部层次上，劳动力与生产资料的结合都是有条件的。这在客观上反映着劳动要素，尤其是劳动力配置的内在规定性——必须讲求优化劳动组合。

在社会主义制度下，劳动者是国家的主人，是社会生产活动的主体，劳动本身应是一种自由的、自觉的活动，这是调动劳动者积极性，全面、自由发展自己的体力和智力的前提，也是马克思主义所揭示的"自由人联合体"的劳动的本质特征和原则要求。如上所述，我们目前还不能从宏观上实现劳动力的自由结合、自由流动、自由发展，但却可以尝试在微观上通过不断优化劳动组合，为劳动者在联合体的一个个劳动组织中，最有效地与生产资料结合而实现全面自由的发展，创造良好的环境与条件。这里的"全面"、"自由"，总地说来，就是在现有技术分工允许的范围内，充分保障劳动者对自身劳动力的相对自由的支配权，从而实现"自觉地把个人的劳动力当做一个社会劳动力来使用。"具体说来，就是要在劳动组合中，一方面使劳动者按照自己的体力和智力劳动水平，根据自己的兴趣爱好、技术专长，自由地选择职业、岗位、工种；另一方面按照劳动者兴趣的转移、技能的纵横发展，适时变更自己的职业、岗位、工种。自由组合的结果，必然是各尽所能、人尽其才、才尽其用，充分地、忘我地劳动奉献。从一定意义上讲，这是生产力发展、经济效益增长的最基本的原动力。

二、从"社会生产的普遍规律"看"劳动组合"

马克思指出："大工业的本性决定了劳动的变换、职能的更动和工人的全面流动性……承认劳动的变换，从而承认工人尽可能多方面的发展是社会生产的普遍规律。"并强调要"使各种关系适应于这个规律的正常实现"。这里，工人的全面流动性，并不能仅仅从宏观上来看。其一，劳动的变换、职能的更动，使工人尽可能多方面的发展，既然是社会生产的普遍规律，就应该含有宏观与微观两个层次之意，即劳动组织体内部、劳动者在工艺阶段之间、岗位工序之间的流动，也应是"全面流动"中的一个"面"，否则，何以谈"全面性"？职能的更动本身，事实上反映的是岗位、工种、工序的变动，因为职能总是就某一岗位而言的，两者是不可分的。其二，宏观的全面流动性，总是以微观的劳动力流动为基础的，并直接影响着宏观劳动力流动的规模、范围、程度。

从我国来看，由于长期实施"一次分配、终生固定"的固定工制度，而使劳动者的作用禁锢在一个僵化的环境里，不利于发挥其主动性和创造性。因此，我们有计划、有组织地进行劳动力流动，有着积极的意义。但是，应该看到，更多的人往往不是首先要求从一个企业调到另一个企业，从这个部门调到那一个部门，而是由于他们或是兴趣的转移、或是劳动技能的纵横发展，客观上要求优化劳动力配置及其组合，即在劳动单位行政内部变换一下岗位，以益于发挥和施展他们的才华。只有当内部岗位、工种变换的要求没有引起领导者的注意，或是长期悬而不决，出于"无奈"，才要求调出原来单位。可以说，绝大多数劳动者自觉、自愿地要求调动，都不同程度地反映出这样一种心理机制——他们渴望得到调整、优化。从我国现实出发，分析近几年的劳动力流动，很大一部分就属于这种情况。实际上，在我国目前的物质技术、经济条件和人们思想基础下，还不能完全放开、实行所谓"全面流动"，而是应立足于微观基础，合理配置劳动力，不断优化劳动组合，在这一前提下，按照我国劳动力在地区、部门、行业间的分布状况，按照大工业的本性有计划、有步骤地进行交流，实现社会劳动力的总体有序调节。目前，甚至在很长的时间里，"劳动力流动"这一观念，在我国主要只有两个所指：一是劳动合同制职工在解除合同后的流动；二是在微观上，企业内部劳动力在工艺阶段、岗位、工种、工序之间的不断组合流动（在此情况下，对一些多余积压人才、专业不对口人才，或是有着实际困难的人才进行交流，使其流向能够发挥其才干的地方）。所以，作为一种优化企业内部劳动力配置的手段，"劳动组合"体现的是微观层次上的劳动力小流动活动，现实地反映着社会生产普遍规律的内在要求和大工业的本性。

三、从当代管理的特征看"劳动组合"

当代管理的特征是以人为中心。企业经济管理，说到底是对劳动力的管理，其实质就是运用经济、行政、法律等手段，调动劳动者的积极性和创造性，从而带来企业生产经营上的积极性、主动性和创造性，增强企业活力。

调动劳动者的积极性、主动性和创造性，就要给劳动者以相应的岗位职能的权利、经济责任的压力和物质利益的动力。但是最主要的、也是调动劳动者积极性的前提，是首先能够创造一种适宜的环境和条件，使劳动者有可能人尽其才、抒发志愿，干自己乐意干的工作。而长期以来，我国实行固定化的劳动制度，许多人机械地、枯燥地干着自己毫无兴趣的工作，劳动情绪不振，经济效益低下。随着经济体制和劳动制度的改革，人们大声地呼唤和要求改革旧的制度，释放蕴藏的生产力，改变这种不合理局面。也正是在这一背景下，人们在改革的实践中，创立并运用了"劳动组合"这一方式，使职工能按自己的意愿和特长挑选岗位、工种，或是自由结合，或是招聘结合，或是行政组织牵线搭桥结合，自觉自愿地形成新的劳动群体与劳动环境。这不仅对于搞活固定工制度有着极其现实的意义，而且有利于改变过去那种僵化的劳动关系，建立和形成择优选岗、择优配岗、能进能出、能上能下的新的劳动力管理制度。

"劳动组合"作为一种组织手段，构成了维系企业活力的基本因素之一。所谓"劳动组合的科学化"，也就是科学地组织劳动，不断地去协调、完善人们的分工与协作关系，促成劳动力和生产资料的最有效结合。

在企业的组织形态中，有工艺方面的组织，也有管理方面的组织；有固定的组织，也有流动的组织；有正式组织，也有非正式组织。科学组织劳动，调动劳动者的积极性，一个重要的方面，就是正确地认识，并充分发挥不同组织在企业中的地位与作用，这是当代围绕以人为中心的管理所采取的基本措施内容之一。自从 20 世纪 20 年代梅约教授的"霍桑试验"发现和提出"非正式组织"的存在以来，企业家们无不给予关注并谨慎对待。过去他们往往只注意到那些"公开的"、"有形的"正式组织的存在及其作用，而不屑于"非正式组织"。其实这种"无形的"、"地下的"组织虽然不合法，其存在及其能量，对正式组织乃至整个工艺阶段、企业生产经营活动确实起着难以置信的影响。这种组织往往是同车间、同班组、同工种、同姓氏、同乡、同学、"同学历"等不同情况而构成，非常复杂，少的几人，多的十几人、几十人，由"领袖"式的人物来左右。对于这种组织，既不能简单地"分化瓦解"、"宣布非法"，也不可任其自由发展，除了要因势利导外，还应有一些组织技术措施，如实行劳动组合。在组合的过程中，对于这类"非正式组织"必然是一种调整。结果有二：一是提高了"非正式组织"成员的热情，使他们结成优化劳动组合体，将这部分力量引导到企业的大目标上来；二是因势利导，使那些产生不利影响的、起消极作用的非正式组织解体，同时也给予了那些不愿再为"一伙"的人一个解脱的机会，放下包袱，到新的劳动、人事环境中工作。

所以"劳动组合"对于改善企业经营管理，使企业经营管理机制的轴心，由"事后"转向"事前"，由对"事"转向对"人"，这对调动劳动者积极性、主动性和创造性，完善劳动组织，建立新的劳动群体和良好的劳动环境，增强企业活力，有着十分现实的意义。

四、从"新技术革命"的影响看"劳动组合"

进入20世纪70年代，微电子技术、新材料技术、新能源技术等一系列新兴技术迅速发展，日新月异，它标志着一场新技术革命正在兴起。在新技术革命的条件下，人类的劳动将主要通过先进的技术，发挥对自然的作用，从而使劳动过程及其劳动手段多样化、智能化、高效化。特别是微电子技术、自动化装置和机器人的发展，必将大大地改变人们劳动的内容和方式，从而使生产过程和劳动组织发生变革，使工人的职能和劳动过程的社会结合发生变革。这说明，社会生产力将由多种情况决定，包括"工人的熟练程度、科学的发展水平和它在工艺上应用的程度、生产过程的社会结合、生产资料的规模及自然条件"。这里所说的"生产过程的社会结合"，也就是企业的劳动管理，特别是劳动力的配置——劳动力结构的组合优化问题。

在新技术革命条件下，生产过程突出一个"新"字，新工艺、新技术、新材料、新设备，这在客观上对劳动力的素质要求必然是很高的，只有那些平常注意学习，不断接受新知识、新技术，刻苦钻研业务的人，才能适应不断变化、刷新着的生产过程。而那些知识更新慢、程度差的人，则不能适应生产过程的要求。但是在固定工制度下，这种"适应"与"不适应"，往往都被僵化地固定在一个环境里，既影响着劳动者的心理、情绪，又直接影响到劳动行为、劳动效率。因此，随着生产过程工艺、技术等变化，适宜地进行劳动组合，使劳动力结构重组优化，把不称职者从占据的岗位上淘汰，让位于称职者，才能保证劳动力与生产资料的有效结合。同时，劳动组合还造成一种外在压力，促使人们不断地学习，提高劳动素质，否则，就要从劳动组合体中游离出去，面临在职失业危机。

在新技术革命条件下，一些老行业、老产品将被一些新行业、新产品所取代，与此同时，随着新工艺、新技术的应用，整个劳动过程也会随之淘汰一些旧的岗位、工种，而代之以新的岗位、工种。这必然造成许多劳动者变换职业、岗位、工种及其劳动环境，而且这种客观性也就必然要求对劳动力结构不断地按照新的情况和要求来布局组合。从这一点上来说，在新技术革命条件下，生产工艺技术的更新期会促成并与劳动组合的间隔期趋向一致。因此看来,"劳动组合"并非权宜之计,而将作为一种改善劳动组织的有效手段,形成一种微观劳动力管理的机制,长期发挥作用。

(原载于《河南财经学院学报》,1991年4月)

关于"下岗"的经济学思考

"下岗"已成为现时中国经济和社会生活中的一个高频率词语、一个理论界和社会各界议论纷纷的热门话题。本文试从经济学的角度,研讨一下"下岗"问题,以求与各位交流。

一、下岗是正常的,下岗还会发生

作为经济学范畴的下岗,其概念及其状态所揭示的是这样一个理论:下岗是正常的,下岗还会发生。下岗与不下岗,既取决于企业,也取决于劳动者自己。

下岗是正常的。马克思讲过,大工业的本性决定了劳动者岗位的转变和职能的更换,这是社会生产的普遍规律。所谓下岗,就是从岗位上下来。为什么下岗,可能是劳动生产率提高,排斥了一部分劳动力;可能是工艺、技术创新,裁减了一部分劳动力;可能是企业经营方向、经营形式、经营规模调整,分流了一部分劳动力;可能是劳动者素质不适应现代化运营过程,游离了一部分劳动力;也可能是劳动者兴趣转移,或寻求更理想、更益于发挥才干的岗位,而从原岗位自动下来;等等。所以,从经济学理论或是从社会化大生产的规律来看,下岗确实是正常的。中国人说过一句富有哲理的话,就是"树移死,人移活",特别是现代经济运行引起的劳动力流动,即下岗、上岗,已经成为劳动资源配置、开发、利用,成为增强企业活力,成为激励劳动者提高劳动素养的一种有力的调节机制。正是在劳动力的流动(或称为下岗、上岗)中,劳动力结构、劳动力布局、劳动与资本的结合、劳动资源的开发和利用、劳动的经济效益,达成了合理、平衡、有序、有效。

既然下岗是正常的,那么,下岗必然还会发生。但是,这里讲下岗还会发生,主要是讲原体制条件下蕴涵的许多应该在当时或在不同时期下岗的而没有下岗的这些劳动力现在该下岗了。因为市场经济新体制及其秩序,已经不容许再把这部分该下而没有下的劳动力容纳下来了。市场经济在本质上是按市场法则进行的企业与企业之间的经济竞争、经济竞赛的经济。特别是市场价格的调节要求企业必须不断提高技术,提高劳动生产率,提高资产质量和经营效率,提高劳动力素质，提高自身竞争力，以低消耗、低成本、低投入，追逐高产出、高积累、高效益。这就是说，企业将越来越趋向资本密集型、资本运营型发展。显然，企业还能背着这么多冗员、这么大包袱吗？"大锅饭"时代，"一个人干，几个人看，周围站着一大片"。端掉"大锅饭"，自我积累，自我发展，任何一个企业都会把富余人员分离出去，而这又不单单是一个降低劳动成本的问题，还是一个组织形式转换、运作机制转换的问题。所以，下岗还会发生，近几年随着企业改制，建立现代企业制度，下岗职工必然有增无减，而且，应该说下岗是中国真正开始进入市场经济状态、追求市场经济效应的一个标志。

中国一直都存在着应该下岗的问题，而多少年来却一直都不曾真正地解决这个问题。一直到现在，问题再也无法回避了，才意识到，才动真格的。反思一下，改革开放20年了，为什么我们的国有企业一直不景气、不理想？我们也曾采取了种种举措，扩权放权，却似乎无济于事。而对企业困惑，一些人说是因为离退休人员多、企业办社会等，企业包袱太重。说这包袱、那包袱，企业存在大量冗员，从而使效率和效益低，才是最大的包袱。优化资本结构，趋向资本运营，其中重要的一环就是冗员剥离，即分流下岗。从这一点上讲，可以说现在才真正进入状态。还有一点，就是既然我们党、我们国家确立了社会主义市场经济这个目标和运营形态，那么就必须从各方面趋向这个目标，进入这种运营，追求市场经济效应。而这其中，首要的是劳动力问题。必须调整劳动力结构，重组劳动力布局，让社会主义劳动者真正实现"各尽所能"，而不被压抑。这就要让企业按自己的经营需要，选择和调整劳动力；让劳动力按自己的专长实际，选择和调整职业岗位，该下岗的下岗，该转岗的转岗，在下岗、转岗或重新上岗的劳动力流动中，实现个人劳动定位，发挥出自己的聪明才干。所以应该说，目前出现下岗太好了，它既促使国家下决心解决国有企业的沉重问题，又推进了劳动力进入市场，按市场法则规范劳动行为，从而使市场的主体——企业和劳动力在下岗中进一步盘活。市场主体活跃起来了，市场经济效应也就产生、形成了。

下岗与不下岗，既要看企业运行及其发展变化的状况，也要看劳动者自身与企业、与劳动岗位的适应性，尤其是劳动者的资质元素、层次，以及个人追求、价值观念等心理机制。目前，随着企业兼并、破产、重组，随着国民经济结构调整，随着国家减人增效举措的实施，一部分企业劳动力事实上处于无奈状态，无论是情愿、不情愿，都会从企业中被分流出来。而对于这种由于历史的、体制的原因造成的下岗，既要全面看待，也要妥善调理，比如说企业能自我消化的就不要推向社会，个人能自谋新岗的就及时转岗，减少再就业的社会滞留期，缓解整个下岗压力。

有人说，中国目前由于人口基数大，所以还是发展劳动密集型行业为好，不然，资本密集型由于劳动生产率高，往往排斥劳动力。我不同意这种观点。如果说为了加快中国的工业化进程，也考虑到目前中国人口多、就业压力大的现实，适度发展一些劳动密集型行业，在规模扩张中吸纳一些劳动力是可以的，但发展的趋势重心绝不能因人口问题而影响资本集聚、资本运营、资本带动，影响中国的现代化进程。牺牲效率换取就业的路子，是绝不可再走下去了。关于劳动生产率排斥劳动力的问题，这无论从理论上还是实践上都不可笼统来说。其实，劳动生产率与劳动力是一体的，是相互的。首先，劳动力投入度大，劳动生产率就高；劳动力使用的手段越先进，劳动生产率也就越高；而由于劳动生产率提高了，也就是单位产品劳动的耗费减少了，当然也就不需要那么多劳动力了，这就是所谓劳动生产率提高带来的排斥劳动力的问题。但这只是问题的一个方面。另一方面，我们还要看到劳动生产率的提高，意味着价值创造增大，积累增多，而积累是扩大再生产的源泉，积累多了，投资基金就多了，生产规模就扩大了，这样又必然吸纳一些劳动力。所以，应该说劳动生产率提高，并不排斥劳动力，而是为劳动力扩展了潜在的就业机会，或者说，劳动生产率的提高只是使劳动力从现时的劳动岗位上游离出来，转换到未来的劳动岗位上，由一种岗位下来，走上另一种岗位。这既是劳动力流动规律的表现，也是劳动生产率与劳动力关系辩证统一的反映。

二、造成下岗的原因是多方面的

对于目前出现的大量下岗的经济学思考，可以主要从以下五个方面来研究：一是统包统配体制导致的劳动力的能进不能出的问题；二是低工资、多就业政策导致的企业劳动力超量结合的问题；三是国民经济结构调整、公有资本战略重组导致的结构性下岗的问题；四是企业和劳动力身处市场环境但仍停留在旧的劳动关系及其人事地位之间的矛盾导致的变革性、阵痛性下岗的问题；五是劳动行政部门劳动科学研究滞后，缺乏预见性、指导性、协调性，从而不能为党和政府提供科学决策的有力依据，导致的被动性下岗的问题。

第一，造成目前大量下岗，以至于政府社会不堪负重，首先要从中国的劳动力管理体制上进行反思。长期以来，中国实施高度集权的计划体制，包括劳动力，几乎是承包型的。劳动力从进入劳动年龄、就业、退出劳动过程，全部由国家统包统配，一包到底，而且既包老又包小。包的结果是企业的劳动力只能进不能出，不能调整，不能流动，致使企业冗员越来越多，就业门路越来越窄，流动意识越来越淡，职工素质越来越低，而这种状况一直持续到现在。即使进入了市场经济，原有的体制虽已打破，但长期积累的大量冗员问题仍没有得到解决。

第二，低工资、多就业政策导致企业劳动力超量结合，也是形成今天大量下岗的重要原因。从20世纪50年代起，中国就开始实施低工资、多就业的政策，其实就是"穷过渡"。既是"穷过渡"，就不管企业经济规模及其对劳动力的吸纳能力，只要进入劳动年龄，就由国家分配到企业中。而且在大一统体制下，主要是分配在国有企业，造成国有企业人员过剩，这就为今天出现大量职工下岗埋下了历史的隐患。我们知道，社会发展要求人类自身的生产与物质资料的生产相平衡，因此，企业生产同样应该是一定的人与一定的物按照一定比例的结合，才能产生一定的速度、一定的效益，而劳动力的超量配置必然导致企业生产力组织不协调，不仅影响了企业劳动生产率的提高，而且这种失衡状况总有一天会宣泄出来的。今天的下岗就是这样一种宣泄。

第三，随着社会主义市场经济发展，探索寻求公有制实现和完善的形式，必然要引起中国经济社会的总体整合。这就是打破原有的不合理的国民经济格局与秩序，按市场经济规律调整经济结构，重组公有资本。从微观上看，就是要建立现代企业制度，包括运用股份制的企业经营组织形式，实施资本运作，通过企业资产转让、兼并、拍卖、租赁、破产等，建立新体制，运用新机制。而这一变革，又必然涉及企业劳动力，即在这一过程中一部分劳动力必然会被随之分流出去。从这一点看，目前的下岗，也是一种国民经济调整中的结构性下岗。没有这种下岗，企业摆脱困境、转向资本运营以及降低费用、改善质量、提高竞争力就是一句空话。

第四，企业和劳动力所处的新市场经济环境与旧的行政管制，特别是与劳动力旧的劳动关系及其人事地位之间的矛盾和不协调性、不适应性，也是导致目前出现大量下岗的一个重要原因。在中国，建立市场经济从20世纪80年代提出，到90年代初期通过党的代表大会这个最高组织程序的正式确立，多少年过去了，然而劳动力冲破旧的劳动约束，走向市场，自由地、自主地自谋职业，建立市场劳动关系的意识、观念，却远未形成。主要的原因是原有体制仍在运营着，从而劳动力与国家、与企业、与市场之间的关系就始终呈模糊状，基本上仍然停留在原有的行政性、承包式的国家与劳动者之间的直接的劳动关系条件下。这里有一点要指出，就是1996年曾提出要把企业推向市场，实际也推进了"市场"，但却未曾产生市场效应。原因何在？就是忽略了在推企业的同时，要把劳动力一并推向市场。如果那时就明确提出让劳动力与企业一道进入市场，那么，今天的国有企业就不会是如此境况，劳动力的下岗也不会是如此规模的压力（而在当时，一些反应敏锐的劳动者看到了这种趋势，就离岗下海了，这些前期就下岗的人们，现在大多已经富裕起来了）。同时，如果劳动力自觉地进入了市场，不仅会改善原有的劳动关系，使其趋向市场化，也会由于劳动力的独立生存、独立发展意识的增强，而从企业中（许多劳动者事实上已看到市场趋势、结构调整、企业重组对自己的冲击，但却因体制条件迟迟不敢下决心离开企业。每每提到这些，有的职工还发出一种愧疚之感，甚至恨自己为什么那些年没有像别人那样果敢地下岗）走出来，寻求和实现一种市场经济中的自我。所以说，直到现在，中国的劳动力及其所在企业是身处市场经济环境，却仍受制于旧的劳动关系。这种矛盾，这种不合理性，也是导致今天一下子涌现出这么多下岗职工的重要因素。

第五，出现下岗有历史的原因、体制的原因，也有企业的原因和劳动力自身的原因。但有一点也很重要，也需要指出来，这就是与劳动行政职能部门对劳动科学、劳动力问题、劳动关系研究相对滞后，缺乏预见性、指导性、协调性从而导致今天爆发的下岗问题是分不开的。也由于这样，不能为政府高层决策提供出有力的科学的理论，使我国政府对于一下出现如此大量的人员下岗，甚至有点不知所措。其实，早在20世纪90年代初期，一些经济学家就提出并提醒政府关注可能形成的严重的失业问题，遗憾的是劳动部门也好，政府决策部门也好，似乎并没有在意。和许多事情一样，一直到一发而不可收的时候，方感到问题的严重性。而这种置经济规律、经济理论于不顾的状态，只能使经济蒙受更大的损失。对于下岗、失业，绝不单单是一个经济问题，更是一个社会稳定的问题。

世界上没有哪一个国家不重视失业问题，而且往往作为宏观调控的内容之首，一些国家甚至始终把劳动就业、劳动力、劳动关系问题作为制定政策的基石。西方国家总是保持着一定规模的失业队伍，却并没因失业问题引发大的经济危机、社会危机，是值得我们研究的。最近，全国人大和政协"两会"，进一步强化了劳动部门的地位和作用。劳动行政部门应以此为契机，变被动为主动，搞好职能定位，加强理论研究，在解决已经出现的下岗与再上岗中、在深化国有企业改革中发挥积极的作用。

三、面对下岗，当前应该重点抓什么

面对下岗，当前应该重点抓劳动力意识观念的转变，增强劳动者在市场经济下的自立、自主、自由、自为的能力，化解下岗对经济、社会的影响，按照社会主义市场经济运行规律要求，开发、利用好下岗劳动力资源。具体来说有以下几点：

第一，转变劳动者的"进国营门，就是国家人"，一切依赖国家的观念。这里最重要的是通过各种媒体、宣传、舆论，告知劳动者，随着建立市场经济，国家与劳动者之间的那种直接的承包式的、行政性劳动关系已经转变成了劳动者与企业之间的按照市场法则建立起来的经济性劳动关系。国家虽然作为产权所有者

投资兴办了国有企业，但一是国家不再直接经营企业，二是作为国有企业必须按照市场规律和原则运营。这样，劳动关系的形式构成和运动重心，必然随之发生变化，而这种变化在客观上就要求劳动者应该跳出原有的观念，从"国家人"转向"市场人"（或称"自由人"），转向"企业人"，即由劳动者与企业之间寻求和建立一种市场劳动关系，从而使下岗，或转岗、上岗，什么时间下岗，如何实现转岗，由劳动力和企业双方意志与实际情况来确定。

第二，转变劳动者的"国家的人，国家总要管的"观念。这里最重要的是，使劳动者具有市场竞争劳动的意识，特别是注重改善自身素质，提高劳动岗位的竞争力。市场经济有一个重要规律，这就是平等劳动关系下的竞争劳动规律。正是在竞争劳动中，劳动力素质得到了提高，劳动力流动，从而劳动资源配置得到了优化，劳动力行为得到了规范，整个劳动过程趋向有序、有效。作为国有企业的职工，同样要受到竞争劳动规律的制约。在竞争劳动规律作用下，"国家人"在一定时期内（比如政策性经济调整），会受到国家的"管"的，但在国有企业和其他形式的企业一样运营，或重组融合的情况下，国家也就管不了"国家人"了。本来这种"国家人"的形成就是扭曲的、非正常的。随着市场经济、市场规则的调节，任何人都将变成无任何依赖的完全靠自己的"自由人"，包括已经是作为"国家人"的人，都会随着企业运营形式发展，可能从"国家人"的岗位上被分流出去，而按照公平、竞争的原则，原来的非"国家人"的人，则又有可能进入国有企业。所以，劳动力必须自立、自主、自由、自为，该下岗时就下岗，而如果一味地抱怨"下岗不应该"，"政府对不住"，等着国家来管，那就错了。

第三，转变劳动者的"干国营——光彩，干个体——掉份儿"的观念。这里最重要的是要改变人们的国营、集体、个体的界限观念，克服对私营、个体的偏见。党的十五大进一步强化了多种经济形式共同发展，为什么还要对到私营、个体中就业，或转岗干个体、进私营有看法呢？目前，社会上之所以仍滞留大量下岗劳动力就是这一观念作怪。明显的原单位已经发不下工资，或是在办转岗培训班，为什么还不大胆地自动下岗、自觉转岗呢？还有些人认为在国营才算就业，在私营、个体则不是，即使是已经看到大量的企业冗员已无法再继续存在下去、纷纷游离出企业的情况，也不愿意离开国有企业，也非要在这儿"泡"下去。这都是一种错误认识，有碍于下岗分流、转岗、上岗。必须转变观念，重新认识，振作起来，以下岗为新的转折，开拓自己发展的新天地。

改革，首先就是意识、观念的变革，意识、观念变了，才会有正确的认识和正确的行为。再比如说，企业在多年前就已经进入市场了，就已经是自主经营、自负盈亏、自我发展的独立的商品生产者和经营者了。但现在又返过头来找政府、找市长，政府和市长应负责任，但主要还是企业自己、劳动力自己。为什么有的地区、有的企业就没有发生那么恶化的下岗问题而有的地区或企业则危机严重？自然是因为意识观念转变得早，市场定位好。因为企业运营市场化、劳动关系市场化、劳动工资市场化，决定了劳动力发不发下工资、劳动力下岗不下岗，完全是企业和劳动力自己的事儿，再找政府、找市长就真的没有道理了。当然，从现时看，必须重视和妥善安排下岗职工，但还是要从转变观念、意识着眼入手。这方面可以学温州人。温州是中国资本运营较早的区域，同样发生了下岗问题，但并没有引发什么危机。重要的就是温州人的观念好、意识强。温州人说，不是下岗，而是转岗；不是找市长，而是要找市场；不是再就业，而是再创业。这就是敢于正视下岗，积极看待下岗，把下岗作为新的劳动起点，从下岗走开去。这是极富于务实精神和深刻哲理的。每一个下岗职工若都能够有这么一种意识，我们的下岗压力就会转化为经济动力，出现一个以人的重塑再造为基础而发展起来的新的经济增长点。

第四，还想指出，也是必须要提醒的。正确看待下岗，妥善分流下岗，转换下岗意识，注重下岗引发的社会矛盾，是非常重要的，但一定要面临下岗抓根本，这就是要积极刺激经济增长。在人口一定条件下，下岗、失业、就业难的质的内核的问题是生产力落后，经济发展缓慢。因此，当前一定要按照党的十五大精神，加快社会主义市场经济建设步伐，特别是要采取包括政策的、法律的、经济的各种手段，重组国有企业，搞活国有企业，在国有企业这个主体经济的带动中，在多种经济形式共同发展中，不断扩大生产规模，推进中国各项经济事业发展，从而为社会创造更多的就业条件。

（原载于《经济经纬》，1998年3月）

以正常的心态看待"下岗"

主持人：《河南日报》崔同
特邀嘉宾：河南财经学院教授　郭军

问：目前全国、全省下岗待业的人员已不是少数。下岗，成了时下国人最为关心的话题之一。您对"下岗"有什么看法？

答：首先，我认为下岗是正常的。马克思讲过，劳动者岗位的转变、职能的更换，是社会化大生产的普遍规律，是由大工业的本性决定的。为什么下岗，可能是劳动生产率提高；可能是工艺、技术创新；可能是企业经营方向、经营方式、经营规模调整；也可能是劳动者素质不适应现代化运营过程，或劳动者兴趣转移，寻求更理想、更易于发挥才干的岗位，而从原岗位自动下来；等等。所以，从社会化大生产的规律来看，下岗是正常的。特别是在市场经济条件下，劳动力的流动，下岗、上岗，已经成为劳动资源配置、开发、利用及增强企业活力，激励劳动者提高劳动素养的一种有力的调节机制。正是在劳动力的流动中，劳动力结构，劳动力布局，劳动与资本的结合，劳动资源的开发、利用，劳动的经济效益达到了合理、平衡、有序、有效。

问：当前我们正处在经济体制转轨、经济结构调整时期，难免出现下岗现象。那么今后下岗问题是否还将继续存在？

答：是的。市场经济在本质上是按市场法则进行的企业与企业之间的经济竞争、经济竞赛的经济。特别是市场价格的调节，要求企业必须不断运用新技术，提高劳动生产率，提高劳动力素质，提高自身竞争力，以低消耗、低成本、低投入，追逐高产出、高积累、高效益。这就是说，企业将越来越趋向资本密集型、资本运营型。"大锅饭"时代，"一个人干，几个人看，周围站着一大片"。现在端掉"大锅饭"，自我积累、自我发展，任何一个企业都会把富余人员分离出去，而这又不单单是一个降低劳动费用的问题，还是一个组织形式转换、运作机制转换的问题。所以，今后下岗还会继续存在，而且近几年随着企业改制，建立现代企业制度，下岗职工必然有增无减。

问：照您这么说，现在下岗现象的出现，不仅不是坏事，而且应该说是件好事，对吗？

答：对的。反思一下，改革开放 20 年来，我们的国有企业一直不景气。国家也曾为此采取了种种举措，如扩权放权等，但都收效不大。现在，已有越来越多的人认识到，企业效益差的主要原因是企业冗员过多。现在实行优化资本结构，趋向资本运营，其中重要的一环就是冗员剥离、分流下岗。从这一点上讲，我说现在才真正进入状态。还有一点，就是既然我们的国家确立了社会主义市场经济这个目标，那么就必须让企业按自己的经营需要，选择和调整劳动力；让劳动力按自己的专长，选择和调整职业岗位，该下岗的下岗，该转岗的转岗，在下岗、转岗或重新上岗的劳动力流动中，实现个人劳动定位，发挥出每个人的聪明才干。所以，从一定意义上讲，目前出现下岗是好事，它能促使国家下决心解决国有企业的问题，推进劳动力进入市场，从而使市场的主体——企业和劳动者在下岗、上岗中进一步盘活。

问：既然下岗是今后还将继续存在的必然现象，那么我们就应当以正常的心态看待它，是不是？

答：是的。人人都应以正常的心态看待下岗，对下岗职工来说尤其如此。所谓正常心态，一是不卑不亢。不卑，即不要因为暂时下岗而背上过于沉重的思想包袱。下岗绝不是什么不光彩的事，也不是"没本事"的表现。记住，牢骚、叹息无济于事，唯有振作精神才行；不亢，就是下岗者对主客观条件要有清醒的认识，不要抱有过高的期望值。图体面、图清闲的职业常常是可遇而不可求的，要清楚自己能干什么，不能干什么。二是不挑不拣。选择职业、岗位免不了要挑挑拣拣，但不能一味地挑拣下去，高不成，低不就。有些传统观念，如认为"干国有——光彩，干个体——掉份儿"，认为"一国有，二集体，不三不四干个体"，只有到国有单位才算真正就业了，等等，显然已经落后于当前多种所有制经济共同发展的大趋势。实际上，非国有制企业正在逐渐成为就业的主渠道，今后将会有更多的人到非国有制企业就业。在市场经济中，没有不体面的职业；在社会主义社会中，没有低人一等的岗位。三是不等不靠。下岗职工应发挥主动性、积极性，在市场中找到适合自己的位置，不能完全依赖政府。要转变"国家的人，国家总要管"的旧观念，提倡自己创业，自己为自己造饭碗。在这方面，已经有不少敢于先行一步的下岗职工做出了榜样。

问：让人们以正常心态对待下岗，是不是意味着党政部门、群众团体就不需要做工作了？

答：恰恰相反。解决下岗和再就业问题是个系统工程，要发挥多方面的积极性。当地宣传部门尤其要切实抓好市场经济条件下择业观念的转变。这里最重要的是要通过各种媒体告知劳动者，随着社会主义市场经济体制的建立，国家与劳动者之间的那种直接的统包式的行政性劳动关系已经转变成了劳动者与企业之间的按照市场法则建立起来的经济性劳动关系。国家虽然作为产权所有者投资兴办了国有企业，但一是国家不再直接经营企业；二是国有企业必须按照市场规律和原则运营。这样，劳动关系的形式构成和运动重心，必然随之发生变化，而这种变化在客观上就要求劳动者应该跳出原有的观念，从"国家人"转向"市场人"（或称"自由人"），转向"企业人"，即由劳动者与企业之间寻求和建立一种市场劳动关系。是下岗，还是转岗、上岗，什么时间下岗，如何实现转岗，由劳动者和企业双方意志与实际情况来确定。政府部门主要是通过改革形成三个新的机制，努力营造推动再就业工程的政策环境：第一个机制是社会保障主要是失业保险机制，保证下岗职工在一定时间内的基本生活；第二个机制是培训机制，使下岗职工更快地转移到新的工作岗位上去；第三个机制是以市场为导向的就业与再就业机制，加速培育劳动力市场，并在中介服务、信息发布和政府导向上多下些工夫。社团组织要千方百计为下岗职工牵线搭桥，寻找新的工作岗位；通过多种途径创办经济实体，为下岗职工创造新的就业岗位；发挥职工培训机构的作用，积极培训下岗职工等。

（原载于《河南日报》，1998年4月11日第3版）

下岗职工基本生活保障政策执行中的问题简析

摘要：随着国民经济结构调整和国有经济战略重组，一部分劳动力必然要游离出原有劳动岗位，即下岗。而与此相适应，国家也出台了一系列措施、政策，给下岗职工以基本生活保障。然而，本文作者在经过实际调查后认为，目前在下岗职工基本生活保障政策执行中，仍存在着一些亟待研究和解决的问题。如下岗职工基本生活保障基金来源不保障，优惠政策不落实，运营秩序不规范，办法措施不主动，以及政治责任感不强等，我们必须予以高度注意和重视。因为下岗职工基本生活保障，既是一个经济问题，也是一个社会问题，更是一个政治问题，有着极强的政策性、规范性。它涉及下岗职工的基本生存与生活，涉及国有企业改革与深化，涉及社会主义市场经济建设与发展。

关键词：下岗职工；基本生活保障；政策执行问题

一、下岗职工基本生活保障基金来源不保障

下岗职工基本生活保障基金来源不保障，是下岗职工基本生活保障政策执行中的一个普遍性问题，几乎各地都存在着这种状况。河南省目前下岗职工的基本生活保障一般为人均 140 元左右，而就连这 140 元左右的基本生活费在多数市县也是难以保障的。按国家要求，下岗职工基本生活保障实施"三家抬"政策，即政府财政拿 1/3，社会筹集 1/3，企业支付 1/3。从现实运作情况看，"三家"都难以保障有足够的资金及时到位。

第一，财政吃紧。由于大背景条件，即经济状况的持续恶化，许多地、市事实上根本无力解决这一资金来源。有的地市上半年勉强拿出，但到下半年再让拿出就十分困难，尤其是一些县、区，其直属机关、单位人员工资本来就一直拖欠着，有的已经拖欠长达 6 个月之多，所以，根本就没有任何财力保证下岗职工基本生活保障的给付。另外，据测算，每一个县、区，如果其下岗职工人数控制在千人以内，则还可以保障，而一旦超过则不可能予以保障。也由于这样，一些市

（地）、县在所谓的"百分之百建中心，百分之百签协议，百分之百发放生活费"的"三百分之百"工作中持一种非常审慎的态度，要么就是虚报"三百分之百"。因为，现实中许多市（地）、县是不能做到这一点的。如商丘市，现在有1.1万人进入再就业中心，这时，财政的月给付就是200万元，假如让实际上的5万多人都进入再就业中心，则财政月给付需1000万元，而整个商丘市每年的财政总收入也就是1亿元左右，市直干部的人头费都不够，还哪里有钱来给付下岗职工的基本生活费呢？为了减少财政这一方面的压力，个别地方甚至要求逐步减少进入再就业中心的人数，原因也是无财政承受能力。

第二，社会筹集不理想。目前，大部分地区的所谓社会筹集多来自于社会保险基金，而大部分地区的社会保险基金收缴基本上都呈不理想状态，基本上收不抵支，连年赤字。有的地方的社会保险统筹征缴只达应征部分的20%，原因是企业不景气，没有缴纳能力。有的地方已经是寅吃卯粮，走着说着，过一年算一年。

第三，企业自筹无望。由于多数企业开工不足，经营萧条，所以，该企业支出的1/3往往没有着落。而企业拿不出这1/3，政府财政、社会集资部分也就不会到位。所以，事实上相当一些地方的下岗职工的基本生活保障已经停滞下来，严重影响到职工及其家庭的基本生活，其家庭人均收入已经远远低于当地宣布的基本生活保障线。

二、下岗职工基本生活保障优惠政策不落实

国家为了妥善处理下岗职工的基本生活保障，从政策上对下岗职工给予了许多优惠条件，但在现实中这些优惠政策往往得不到贯彻和落实。在调查中我们发现这方面的问题主要是各地方政府与其职能部门、各职能部门与其职能人员以及地方政府的横向调控与中央一些职能部门的垂直领导、纵向执行之间，缺乏协调统一，不沟通、不传达、不配合。如对下岗职工从事某种个体经营，各级政府都相应提出了在税务、工商等方面给予优惠，在一定时空条件下享受一些优惠政策，但在实际上根本就落实不了。而当下岗职工把这些情况反映给再就业中心，再就业中心又反映给有关方面时，往往得不到有效的协调，结果还导致某些事态的恶化，引发社会矛盾。

三、下岗职工基本生活保障运营秩序不规范

首先，"真下岗"职工没有基本生活保障，"非真下岗"职工却获得双重保障。前者是那些年纪偏大，技术单一，或者老、弱、病、残者，这部分下岗职工

一旦从原企业岗位上游离出来，就基本上失去了生活保障，必须要政府和社会给予保障。然而，由于基本生活保障无着落，往往导致这一部分人的生活难以维持在一个基本的水平线上。所谓"非真下岗职工"，主要指那些名义上下岗，实际上已经再就业或从事个体经营的人，也就是人们所谓的"两不找"和"隐形就业"者。这部分人由于有一技之长，或某些优势或其他条件，在下岗之后很快就找到了新的就业岗位，他们一方面在新的岗位上领取一份工资，而同时又在原有企业领取一份"下岗职工基本生活费"，这种"真下岗"与"非真下岗"、无保障与有保障、单保障与双保障的问题是目前亟待研究解决的。

其次，作为政府要求的下岗职工基本生活保障与目前企业经济条件下的无力承担下岗职工基本生活保障之间的矛盾尚未理顺。下岗职工基本生活保障在性质上是一种社会行为，体现的是一定社会制度下的劳动力在给社会提供了一定的劳动积累之后，在丧失劳动条件或宏观经济调整中失去收入时，应得的社会保障与社会救助，所以下岗职工的基本生活保障就其资金来源，理应主要来自于政府，而现在不仅实施了"三家抬"的政策，而且要求只有当企业的 1/3 到位，财政、社会部分才能拨付的办法是值得研讨的。尤其是在当前多数企业不景气，经济结构又处于大调整时期，硬性要求企业支付，势必影响到整个下岗职工的基本生活保障。同时，从稳定大局的角度，也应首先由政府拨付分发给下岗职工，以保障其基本生活。尽管目前财政吃紧，财源紧缺，但这种经济性的支出，转换的却是政治性、社会性的价值和意义，只有由中央财政或直接拨付、或减免地方财政上缴额，才可渡过中国目前这一困难时期。从下岗职工基本生活保障方面考虑，从理顺政府与企业之间的关系出发，当前在下岗职工基本生活保障方面，重心在政府，基本的就是政府要保底。

四、下岗职工基本生活保障办法措施不到位

由于下岗职工基本生活保障资金的问题，各地企业目前在事实上均处于一种被动的境地。然而，我们在调查中也发现一些地方则很超脱，并没有"等、靠、要"，并没有长叹于背景条件，而是积极主动地解决下岗职工的基本生活保障问题，并且转变观念，外延保障之内涵，把整个下岗职工基本生活保障及其政策贯彻看做是现时条件下的一个广义的范畴，变单一资金货币保障为货币与实物保障相结合，变单靠政府和劳动部门保障为政府和劳动部门与社会各界保障相结合，形成全面统筹、全员关注、全社会参与的一个社会主义的下岗职工基本生活保障体系，把下岗职工基本生活保障问题落到实处。

五、对待下岗职工基本生活保障问题的政治责任感不强

国有企业职工下岗,既是中国原有的体制发展的一种必然,也是随着改革开放、转换机制、走向市场重组中国国民经济的一项基本内容步骤。因此,党中央、国务院非常重视这个问题,并把它的处理得当与否看成关乎国有经济、关乎公有制基础、关乎社会主义发展的战略性、根本性问题,要求我们的各级政府及其领导必须高度重视,以一种政治责任感,切实处理好。而下岗职工的问题,焦点是基本生活保障及其政策落实。所以,必须对下岗职工基本生活保障及其落实问题有一种政治责任心、政治责任感。我们在调查中发现,各地的各级领导都比较重视这个问题,也采取了一些相应的措施。但就实际运作看,可以说其重视的程度还远远不够。下岗职工基本生活保障政策的落实和具体运作,绝不仅仅是劳动、工会部门的事情,劳动、工会部门在协调相关部门的矛盾时,可以说是力不从心,无能为力。哪个地方的领导重视,哪个地方的基本生活保障政策就落实得好。在实践中还有相当一些领导没有真正把下岗职工及其基本生活保障问题摆到应有位置,还缺乏从政治的高度来认识下岗职工基本生活保障与社会主义制度优越性的体现之间的、直接的、重大的关系,没有看到全国下岗职工中,国有企业职工占到将近70%,这些职工曾为社会主义事业作出了积极的贡献,而今走出了原有的劳动岗位,理应给予尽可能的帮助和最基本的生活保障,否则,损伤和打击的将是公有经济,是社会主义制度,是人们对党和政府、对公有制的信念和情感。

(原载于《河南社会科学》,2000年1月)

保障就业就是保障民生
——河南财经政法大学郭军教授谈就业

"找工作真难"——在刚刚过去的一年，相信很多面临就业的人对这句话都深有感触。从国际金融危机冲击下数千万农民工返乡，到应届大学毕业生找工作难，再到一些企业转型升级减员，就业成了困扰我国经济发展和人民生活保障的一大难题。

就业关系到每个社会成员，对老百姓来说是件大事。有数据显示，2011年，正在找工作或即将踏入就业大军的网友中，50.5%的人期盼"找工作不再难"，31.1%的人希望"换个薪酬高的工作"，40.2%的人盼望"没有就业歧视"。新的一年，经济形势在好转，网友的期盼是否会变为现实？就业会不会变得容易些呢？

跨过成就卓著的"十一五"，已经来临的"十二五"是河南省全面建成小康社会、实现中原崛起美好愿景的关键五年，为此，省委、省政府提出了"富民强省"的发展战略。"富民"必先"安民"，就业乃"安民"之本。

新年到来，面对当前全国范围内日趋复杂的就业形势，河南省作为人口大省，如何把握就业形势？多数人的就业期盼能否实现？带着这些与民生息息相关的问题，记者近日采访了河南财经政法大学郭军教授。

河南就业形势有望缓和

记者：据有关部门统计，2010年河南省城镇新增劳动力35万人、高校毕业生22万人，加上复员退伍军人安置，国有、集体企业下岗职工和城镇登记失业人员等，需要安排的城镇就业人员总数超过220万人，而河南省经济社会发展所能提供的城镇就业岗位仅为100万个左右。多数人对2011年的就业前景还是充满了担忧。那么，2011年河南省就业岗位的缺口会不会缩小？如此严峻的就业形势会不会有所缓解？

郭：河南省的就业形势正在朝着利好方向发展，而且将会越来越好。为什么这么说呢？

第一，近几年河南形象提升所形成的大招商氛围，正在使地区间的产业梯度转移实质性地落足河南。2010年，全球最大的代工企业富士康入住河南，吸纳就业人数将近20万，这还只是河南省以项目带动为抓手、承接东部产业转移的一个缩影。截至目前，共有68家全球500强企业、128家中国500强企业落户河南，而2011年随着中原经济区的建设，"大招商"还会继续，影响力也会越来越强。这些企业的落户对河南各个层次人才的需求量都是巨大的，所带来的就业岗位会对缓解2011年省就业压力起到一定或是相当大的作用。

第二，河南在积极酝酿战略性新兴产业的同时，强化了传统产业、劳动密集型产业的发展，包括振兴商贸、纺织。不久前公布的河南省2011年政府工作报告提出，要在未来一年大力发展传统服务业，加快发展现代服务业，强力推动400个服务业项目建设，重点培育100户高成长性服务企业。众所周知，劳动密集型产业和服务业对劳动岗位的需求量也是巨大的。而以战略支撑产业为主导的布局全省的产业集聚区的创立，也会带动和膨化出河南整体产业高级化发展的势头。

第三，为应对国际金融危机冲击，国家推出的积极就业政策，在2011年还将继续实施，比如"五缓四减三补贴"等政策，会在经济状况逐渐改善的背景下继续给企业"减负"，有助于企业稳定岗位并释放新的岗位。而诸如小额贷款等促进就业的优惠政策在2011年也将进入全面实施阶段，并且更有针对性、更成熟，使政策拉动效应更加突出。

第四，中原经济区宏伟蓝图的实施，标志着今后一个时期，河南省无论是制造业还是服务业，无论是传统产业还是新兴产业，都将进入飞速发展期；同时，也预示着未来河南经济社会的发展对人才有更大的需求。经济是带动就业的"火车头"，将为就业的改善提供坚实基础，所以我们没有理由不相信河南就业的态势会越来越好。

积极就业政策助力就业人群

记者： 就业不仅是人们赖以生存的手段，更是人们实现自身价值、融入社会、给家庭带来希望的重要途径。党的十六大以后，中国开始把就业列为政府宏观调控的四项目标内容之一，就业无论对于政府还是百姓，都成了一根越绷越紧的弦。金融危机后，新的五年里，河南省在政策上将会为人们就业提供哪些帮助？

郭： 从2009年开始，河南省就按照中央制定的积极就业政策，通过发放小额担保贷款、财政贴息、减免税费等措施，积极扶持劳动者自主创业、自谋职业；通过给予定额税收减免、发放优惠贷款等措施，鼓励企业吸纳下岗失业人员就业；通过开发公益性岗位和政府给予社会保险补贴等措施，建立健全就业援助制度，帮助困难人员实现就业。在金融危机冲击下，有力保持了全省就业局势的稳定，有效维护了河南省改革发展稳定的大局。

2011年河南省"十二五"规划《建议》提出，要继续实施更加积极的就业政策，多渠道开发就业岗位，提高劳动者就业能力，强化就业服务，注重做好重点人群就业工作，促进充分就业。继续把大学生就业摆在就业工作首位，统筹做好农民务工者就业和就业困难人员就业工作；更加注重鼓励创业带动就业，积极扶持劳动者自谋职业和自主创业，使更多劳动者走上创业之路；更加注重加强公共就业服务体系建设；更加注重建立职业培训的新机制，把技工学校作为培训的主阵地，鼓励企业积极做好上岗培训和技能提升培训；大力发展劳动密集型产业、服务业和小型微型企业，扶持自主创业和自谋职业；通过加强就业宣传，动员全社会共同参与，共同支持就业工作，形成良好的社会氛围。

河南作为一个人口占全国人口1/13的大省，就业压力一直很大。"十一五"期间，河南省从业人员净增173万人，达到5835万人；全省开发公益性岗位65万个，帮助困难人员就业58.7万人，农村劳动力转移就业2360万人。根据省委经济工作会议确定的总体要求，2011年河南省经济社会发展主要预期目标是新增城镇就业人员100万人以上。"实施更加积极的就业政策"的提出，一是深化了进一步注重就业发展的意识观念，就业已经从过去一个主要经济范畴的概念演化成了一个主要社会范畴的概念；二是增强了河南省进一步扩大就业的信心和底气。

改变现状需多方合力

记者：就业问题关系改革发展稳定大局和人民幸福安康，尤其是对河南来说，不安置好、解决好就业问题，就很难有一个稳定的社会秩序。对于就业难的现状，相信"更加积极的就业政策"固然会起到缓解作用，可除了靠政府的政策帮助，我们需要的还有哪些？

郭："十二五"规划《建议》提出了"富民强省"。那么，怎么强省？根本是变人力资源大省为人才资源大省。怎么富民？根本是让一切有劳动能力的人有业可就，有工资可拿。所谓"就业乃民生之本"，其个中内涵正在于此。实施更加积极的扩大就业政策，从一定意义上说只是个手段，目的是为了把河南省从人口资源大省变为人力资源大省、人才资源大省，但要想从根本上改变河南省就业难的现状，还需社会各界的共同努力。

第一，政策的落实是一个重要的方面，这就要求职能部门做好监督管理工作，让政府的政策踏踏实实地落地，而不是一堆空话。

第二，从就业的重点人群大学生来说，许多大学毕业生只愿意找一份安稳、轻松、待遇好的工作，对一些条件较差的基层职业或者是高难度、高挑战性的工作则一一筛掉。而不少来自贫困地区的贫困大学生则抱着"出来了就不能回去"的心态在城市中苦苦死守，"铁饭碗"和"城市发展潜力大"、"就业难不如再考研"等观念导致了毕业生求职往往"高不成，低不就"。我建议在就业压力如此之大的今天，学生朋友们应该放下"大学生"的架子，先就业，再择业。

第三，从河南省目前劳动力现状来看，整体素质处于低端，一般劳动力呈相对无限供给，高素质的劳动力则呈相对无限短缺；而且与北京、上海等技术优势推动型地区相比，河南省将长期处于成本优势推动型发展，这不仅严重压抑了劳动者工资的上涨，还必然会存续、维护目前的城乡二元结构体制，束缚工业化、城镇化、农业现代化的协调发展，造成大量剩余农村劳动力无法转移出来。这也许就是我们长期坚持"低工资、多就业"政策和策略的一个症结。因此，应该从河南的实际出发，把促进产业发展和扩大就业结合起来，创造平等就业机会，尤其注重做好重点群体就业工作，大力开展劳动技能培训，大力开展劳务交流，加快公共就业服务体系建设。

河南省作为一个人口大省，一个正在试图跨越发展却无奈经济社会发展的基础又相对薄弱的大省，选择经济模式，既要考虑经济技术因素，也要考虑人口就业的实际。河南能不能尝试走一条就业发展型经济增长模式的路子，值得每一个河南人来静心思考。

(记者李点，原载于《河南日报》，2011年2月22日第10版)

"就业难"的症结在哪儿

中国"就业难",难在劳动力资源的无限供给与劳动力就业的有限需求之间的不合比例性,但这又可以说是任何一个发展中国家都存在着的普遍问题。当然,我们的"就业难"有自己的症结。

症结之一:就业主体的模糊与就业观念的传统性

就业是民生之本,任何国家都把劳动力就业问题列为国家宏观管理的重要内容,成为制定和完善经济政策的基石。但是,国家统筹解决就业问题,并不等于就业就是国家的事情,必须由国家包办与统配。因为,就业的主体和主导只能是劳动者自身。就业,正是就业主体,即劳动者与生产资料的结合——劳动者自己与劳动行政单位之间结成的一种交换关系。一段时期就业率的高低,既受制于这一时期经济政策、经济发展的影响,又取决于劳动者劳动就业的自觉性、自主性、自立性——劳动就业主体及其相应就业的价值观念。例如,原有体制下的计划就业,实施国家行政安置,显然,国家替代了就业主体,行使着就业主体的就业行为,从而使劳动者竟然根本没有意识到自己的就业主体地位。所以,一直到今天,人们一提到就业,还是说"这是国家的事情"、"国家要负责"。实际上随着改革的深入,当我们建立市场体制以后,就业的主体就应该"还原"了,即从"国家主体"变为"劳动者主体",从依靠国家安置变为依靠自己进入市场,实施自由就业。遗憾的是,这种主体位移和正常的就业观念却始终没有真正地树立起来,也正是这种就业主体进入了市场体制,思想、观念却还延续在计划体制下的矛盾冲突,是当前影响就业工作、产生就业难的根本症结。解决这一顽症,不可就就业论就业,而是首先通过教育、宣传,使人们充分认识到就业主要应是就业主体的行为,必须发挥就业主体就业的积极性、主动性和创造性。

症结之二：就业的市场化趋势与失业的社会风险压力，从而政府继续实行"统包统配"就业的背反性

中国 30 多年的改革，自觉不自觉地已经触及了改革的主体——人，尤其是强调以人为本，顺应市场经济的内在要求，着力变革原有的国家与劳动者之间的直接的、行政的、承包的劳动关系为劳动者的自觉、自愿、自由构建一种市场劳动关系，从而达成真正地实现解放生产力、发展生产力，促进人的自由的、全面的、发展的社会主义预期。国有企业把这种劳动关系变革称为国有企业职工的"身份置换"，而国有企业职工的"身份置换"，既反映着企业改革的深化，却同时又出现了一些"没条件置换"、"不情愿置换"的下岗工人。由于下岗工人规模对社会的压力，使得政府不得不一方面推进这种"身份置换"，以寻求在建立市场劳动关系基础上的新的企业生产关系，而另一方面又不得不对下岗职工继续实行统筹、统包、统配——即帮助其在社区安置一个岗位。这种做法，表象上看，维护了社会大局的稳定，但其结果，往往使劳动者（包括下岗工人）对政府的依赖心理又进一步得到了增强。也由于大量的下岗工人和在岗工人"感悟"到政府的"厚爱"，便不愿意也不可能树立进入市场、自主择业、竞争劳动的市场化心理定式，并且对政府的安置还一味地"挑三拣四"，形成相当的摩擦性失业。现在社会上长期滞留的"再就业难"群体，很大成分上就属于这类情况。市场不能不起作用，政府也不能不给予安置，中国的就业处于"两难"境地是必然的。但应该说，解决"就业难"，当前必须逐步加大市场就业力度。

症结之三：经济结构调整与就业结构发展不协调

经济发展与就业发展总是循着一定的规律形成互动。有关资料分析，1986~1990 年，中国 GDP 每增长 1%，可以新增就业 360 万人；而 1996~2000 年，GDP 每增长 1%，新增就业仅为 97 万人。这表明，随着技术进步和资本有机构成的提高，经济增长的就业弹性呈递减趋势。因此，经济结构调整，既要采用高新技术、先进适用技术发展战略，形成经济的"后发优势"，更要注重发挥、改造、提升传统产业，以适应大量就业的现实需要。但是，一些地方在进行经济结构调整时却并没有把结构调整与实现就业发展很好地结合起来，如绝对追求高新技术产业，追求跨国的、特大型的、航母式的企业，忽略传统产业和中小型企业发展。这就必然形成一个经济与就业的"时空差"——许多劳动密集型产业因发展迟缓，游离出了大量失业人员，同时，整个中小型企业发展的局限性又影响了对就业的吸纳力。加之教育结构不合理，学校专业建设和课程设置与经济实践、劳动预备制度的严重脱节，以及劳动力结构中科技劳动力与体力劳动力不成比例，劳动者的学历、学位与劳动力应用发挥程度不成比例，智力型劳动力、高级经营管理人才在地区之间发展的不平衡等，使经济结构调整与就业结构南辕北辙，从而成为影响社会就业整体发展的又一重要因素。

症结之四：地区经济发展的战略、政策及其实施对就业发展的制约

多年来，特别是党的十六大以来，我们党和政府非常强调一个主题，即立足社会主义初级阶段，聚精会神搞建设，一心一意谋发展。中央的发展战略、发展方针、发展政策如此明明白白，而一些地方的决策者却仍然放不开手脚，一味坐等上级下发更具体的方案措施。例如，在发展非公有制经济方面，随着中国加入WTO，外资企业也要享受同等国民待遇，而对我们的私企、个体工商业者，却达不成同一待遇看法，包括在私企单位工作的劳动者没有资格参与房贷、车贷以及购置其他消费品贷款等，这不仅影响了非公有制经济的发展，更在无形中约束了非公有制企业对就业发展的贡献力。毋庸置疑，当国有经济处于调整、重组、变革之际，发展非公有制经济，一方面可以带动地区经济，另一方面对于扩大就业渠道，减轻就业压力更具有现实意义。此外，地区经济发展战略的制定，也往往忽略把构建地区产业群、城市群经济圈与积极发展劳动密集型产业、促进就业增长结合起来、突出出来，这也是造成地区就业难并出现宏观运行上的协调乏力、紊乱无序的被动局面的直接原因。

症结之五：劳动力流动与就业的信息化程度低

由于劳动力流动与就业的信息化程度低，往往使政府无法根据就业信号做出相关政策、办法的调整与跟进，即便是财政手段和货币手段的运用，也都只能与投资、消费连接，却不能有目的地连接和促进就业的同步增长。而财政与货币的投向和规模，又直接影响着就业的导向和规模。从具体基层看，由于劳动力流动与就业的信息化程度低，新行业、新职业、新岗位、新政策等均无法与劳动者及时对接，信息的阻隔已经成为"就业难"不容忽视的因素。

（原载于《党的生活》，2003年8月）

就业发展型经济增长的产业支撑背景研究

摘要：现代经济增长本质上是产业的发展，只有通过产业的发展，劳动力资源才能与资本、技术等生产要素结合，转化为一种现实的生产力，实现劳动者的就业。基于此，本文认为，产业发展是就业发展的物质载体，产业规模决定就业规模，产业结构决定就业结构，产业提升决定就业发展。所以，推进我国产业的发展，是实施我国劳动就业发展型经济增长的根本途径。

关键词：就业发展；经济增长；产业支撑

一、引言

中国经济经历了 20 多年的高速增长之后，在进入一个新的发展时期的同时，必须面对一个现实：追求效率的中国经济增长的硕果并未惠及所有人，而是还有一支庞大的被称为"社会弱势群体"的城乡失业和半失业人口大军。据测算，进入 21 世纪后，中国经济年均增长达 8.4%，但劳动就业增长率只有 0.96%，经济增长的就业弹性也仅为 0.114，经济增长对就业的带动作用减低。如何实现经济增长与扩大就业的良性互动，是中国目前和将来较长一段时间内急需解决的棘手问题。虽然政府将控制失业列入宏观调控的主要目标、宏观政策的四大目标理论上应同时兼顾，但实际上在不同时期往往各有偏重，并不能确保以就业作为中国经济运行与发展的优先目标，而是往往把就业增长作为经济增长政策的配套措施和副产品。

经济增长模式的转变是提高就业容量的关键。当前，就业已成为关系改革和稳定的全局性问题，解决就业问题的根本出路在于增加就业机会，扩大就业的原动力则在于经济增长。传统理论谈就业，大多论述就业与经济增长的关系、从宏观上谈经济增长对就业的总体安置效应，本文则在此理论上下移了一个层面，即直接把就业与产业联系起来，研讨就业发展型经济增长的产业支持背景问题。因为经济增长是一个经济结构，特别是产业结构变迁、升级——由小到大、由低级到高级的更替创新的过程,其本质上是一个产业发展的问题。可以说,产业发展构成经济发展的实在内容,成为影响劳动就业发展的物质因素,并且直接、现实地决定着就业发展,抑或说,就业发展事实上总是以产业发展为支撑背景的。

二、产业发展决定就业发展

1. 产业规模决定就业规模

产业规模决定着社会所能容纳的就业容量。产业按其自身发展趋势可划分为扩张性产业、成熟性产业和衰退性产业,这三类产业在经济增长与发展中的作用各有偏重,自身发展规模存在差异,从而对就业的吸纳力也就不同。扩张性产业对推动经济的发展和带动经济的增长起着决定性的作用。因为这类产业在市场上属于消费热点和投资热点产业,在自身产出规模不断扩大的同时还会带动其他相关产业的发展,所以,又称为支柱产业或主导产业。而成熟性产业不论在产品质量性能上,还是在生产技术水平上都已趋于成熟,其产出和价格变化不大,市场需求比较稳定,对经济增长的影响也不会太大。至于衰退性产业因其市场需求量渐趋减少,产出规模不断收缩,对经济增长和发展起到阻滞作用。显而易见,扩张性产业产出增长快,从而创造就业机会就多,对劳动力需求就大;成熟性产业对劳动力需求较为稳定,即使增加也不会太多;而衰退性产业则因产出不断收缩而对劳动力需求会越来越少。

2. 产业结构决定就业结构

产业结构演变是产业发展的集中体现。工业化进程的一般趋势表明,任何一个国家的工业化过程,都是产业结构与就业结构调整的过程。在一定时期,比如工业化的初期,就业结构的变动一般滞后于产业结构的变动,但从较长时期来看,随着工业化程度的提高和产业结构的调整,就业结构也必然发生相应变化。产业经济规律揭示,随着经济的发展,第一产业的比重不断下降,第二产业、第三产业比重逐渐上升。经济总量增长越来越多地依靠第二、三产业的增长。表1和表2是库兹涅茨研究的主要结果。

表1 1958年国内生产总值的部门份额

单位:%

主要部门	按1958年人均GDP(美元)递增次序分组							
	1 (51.8)	2 (82.6)	3 (138)	4 (211)	5 (360)	6 (540)	7 (864)	8 (1382)
A	53.6	44.6	37.9	32.3	22.5	17.4	11.8	9.2
I	18.5	22.4	24.6	29.4	35.2	39.5	52.9	50.2

续表

主要部门	按1958年人均GDP（美元）递增次序分组							
	1 (51.8)	2 (82.6)	3 (138)	4 (211)	5 (360)	6 (540)	7 (864)	8 (1382)
S	27.9	33.0	37.5	38.3	42.3	43.2	35.3	40.6

注：A部门包括农业、渔业、林业和狩猎业；I部门包括矿业、建筑业、电力、煤气和水、运输、仓储及通信等；S部门包括商业、金融、保险和房地产、住房收入以及各种个人的、专业的、文娱的、教育的和政府的服务。

资料来源：库兹涅茨.各国的经济增长[M].北京：商务印书馆，1985.

表2 1960年劳动力的部门份额（59个国家）

单位：%

主要部门	按1958年人均GDP（美元）递增次序分组							
	1	2	3	4	5	6	7	8
A	79.7	63.9	66.2	59.6	37.8	21.8	18.9	11.6
I	9.9	15.2	16.0	20.1	30.2	40.9	47.2	48.7
S	10.4	20.9	17.8	20.3	32.0	37.3	33.9	40.3

注：A部门包括农业、渔业、林业和狩猎业；I部门包括矿业、建筑业、电力、煤气和水、运输、仓储及通信等；S部门包括商业、金融、保险和房地产、住房收入以及各种个人的、专业的、文娱的、教育的和政府的服务。

资料来源：库兹涅茨.各国的经济增长[M].北京：商务印书馆，1985.

可见，第一产业发展到一定阶段后，农业劳动力在社会总劳动力人口中的比重不断下降。在第一产业内部，当资本有机构成提高的速度慢于工业扩大再生产的速度时，第一产业就业人数增加，但在第一产业内部会发生转移，如装备制造业中的精密仪表、通信设施等行业逐渐成为吸收大量就业人员的部门；当资本有机构成提高的速度快于工业扩大再生产的速度时，就业人员就从第一产业中转移出来，第二产业成为吸纳就业的主渠道，在国民经济发展中所占的比重也越来越大。如在现代发达国家，第二产业的比重已达70%以上，就业人数也占全部社会总劳动人口的绝大部分。总之，从经济发展长期趋势来看，随着产业结构的比重逐渐从"一、二、三"转换到"三、二、一"，劳动者在各产业间的人数也随之发生同向的变动，三大产业间的比重关系决定着劳动者在三大产业中的就业结构。

中国的产业结构变动如图1所示：第一产业产值虽然保持了较快增长（按当年价格计算的产值年均增长率为12.30%），但低于GDP的增长速度（年均增长率为15%），其产值所占比重明显下降，而且这一趋势在1985年以后更为显著，到2004年，只占国内生产总值的15.2%，比1978年下降了12.9个百分点；第二产业比重变动不大（年均增长率为15.41%），其产值所占比重从1978年的48.2%上升到2004年的52.9%；第三产业比重明显上升，比1978年上升了8.2

个百分点。

中国的就业结构变动如图 2 所示：第一产业劳动力就业份额呈明显降低的态势，即从 1978 年的 70.5 %下降到 2004 年的 46.9%，下降了 23.6 个百分点。第二产业劳动力就业的绝对人数迅猛增加，即从 1978 年的 17.3%上升到 2004 年的

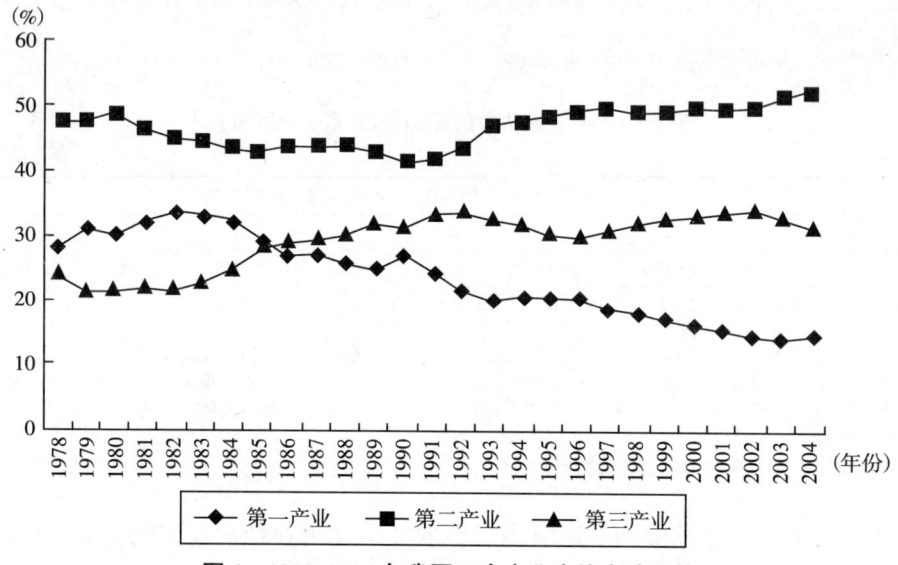

图 1　1978~2004 年我国三次产业产值变动趋势

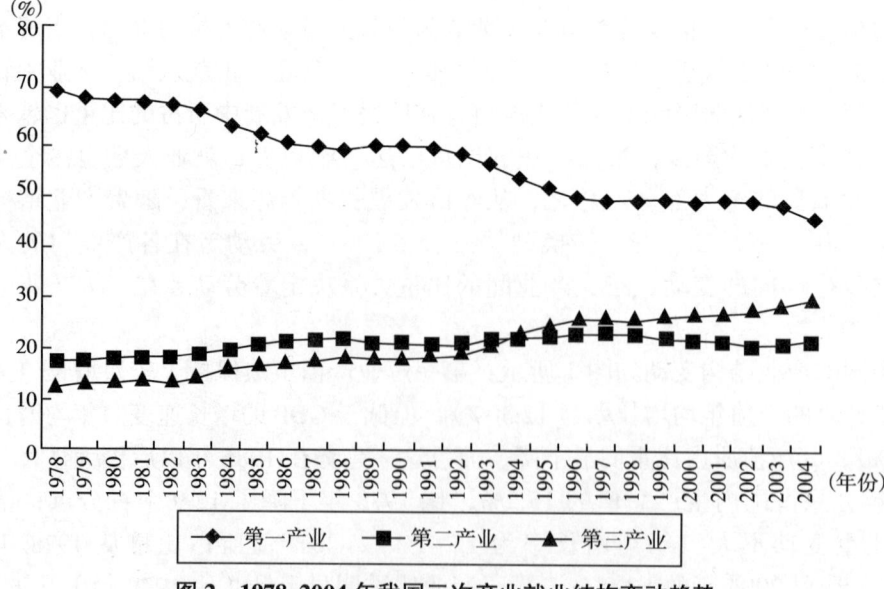

图 2　1978~2004 年我国三次产业就业结构变动趋势

22.5%，上升了 5.2 个百分点，基本上稳定在 22%左右。第三产业劳动力就业份额有大幅度提高，即从 1978 年的 4890 万人上升到 2004 年的 23011 万人，增加了近 4.7 倍，平均每年递增 6.1%。

依图 1、图 2 比较分析，就业结构的这种变动趋势与同期产业结构的变动趋势是一致的。这表明，产业结构的调整影响着就业结构发生相应的变化。我们还可以把产业结构对就业结构的影响程度通过产业结构和就业结构的协同系数来表现。

设 $S = \dfrac{\sum X_i L_i}{\sqrt{\sum X_i^2 \sum L_i^2}}$，即 S 表示产业结构与就业结构变动的协调系数，且有 $0 \leq S \leq 1$。其中，L_i 为第 i 产业的劳动力比重，X_i 为第 i 产业的 GDP 比重。S 越接近于 1，表明一国的产业结构与就业结构越具有很好的协同性，就业结构对产业结构的变动越具有灵敏的反应性。

根据《中国统计年鉴》（2005）计算整理，1978~2004 年，中国的产业结构与就业结构的协同系数平均约为 0.77，同美国、法国、德国等发达国家（平均为 0.99）相比，中国的就业结构对产业结构变化的反应灵敏度为中等程度，这与我国劳动力市场不健全、劳动力流动性差等体制性因素有很大的关系。但是，中等的协同灵敏度也同样可以反映出产业结构调整对就业结构的决定性影响。

3. 产业提升决定就业发展

根据克拉克和库兹涅茨关于产业结构演变的理论，不同的产业由于其技术构成和产品需求的收入弹性存在差异，致使各产业的比较劳动生产率不同，因而，必然影响和决定着劳动就业。

追溯产业经济的历史，在第一产业为主导产业的早期阶段，农业在国民经济中占据重要地位，产业工人只是全社会劳动者中很少的一部分。在工业化高速增长阶段，农业在国民经济中的地位逐渐减弱，在产业革命的推动下，劳动力以空前的规模和速度由农业部门转向工业部门，工业成为吸纳社会劳动力就业的主体。进入后工业化阶段，经济重心由制造业向服务业转换，整个社会对从事单纯物质产品生产的劳动者的需求量相对减少，而对人力资本、研发等知识资本的要求则越来越大。在中国，第一产业中的非农产业份额不断上升，其增长速度高于农业的增长速度，标志着中国农业产业结构发生了质的变化，使过去单一的农业型就业结构发展为农业和非农产业的复合型就业结构。第一产业通过自身内部的结构优化和提升，特别是产业的市场化、高技术化发展，更是为就业发展拓展了极大的空间。第二产业在传统的邮电运输业、商业饮食服务业等不断细分的基础上，一些新兴产业，如金融、房地产、信息、保险、旅游、文化、广告、咨询、会展等迅猛发展，从而给劳动者带来大量的就业机会。

三、推进产业高级化，扩大就业整体水平

1. 发展高新技术产业，增强社会就业整体水平

高新技术产业的核心要素是高新技术，是相对于传统产业的一种产业形态。它对就业的效用可从以下两个层面进行分析：从局部和短期看，高新技术产业可能不利于扩大就业。高新技术产业是典型的技术密集型产业，是建立在技术创新基础上的，由于资本有机构成高，必然出现资本和技术排斥劳动、代替劳动的现象，不利于发挥中国的比较优势，不利于缓解日益严峻的就业压力。从整体和长期看，高新技术产业又具有拓宽就业渠道、增强社会吸纳就业的能力。资本有机构成的提高，虽然使资本对劳动力的需求相对减少，但并不排斥可变资本以及工人就业量的绝对增加（李志江，2004）。就业人数的相对减少和绝对增加并不是互相矛盾的，只要积累规模的增长幅度超过资本有机构成提高排斥劳动力的幅度，就能增加就业工人的数量。因此，扩大就业不仅依靠资本有机构成不变的外延式的扩大再生产，更依赖于技术进步和资本有机构成提高的内涵式扩大再生产。

高新技术产业促进就业增长的机理在于：①刺激和扩大有效需求。高新技术产业的高生产率，使该产业部门的劳动者获得较高的收入，一方面提高了赡养人口系数，另一方面有可能增加消费需求。特别是高新技术产业不断创新的使用价值，有力地刺激和创造着新的消费需求，这又促使高新技术产业投资增长，使国民经济出现科技投资启动的经济稳定增长阶段（刘诗白，2005），必然扩大社会就业量。②不断创造出新的产业部门。高新技术产业所具有的"回顾效应"、"旁侧效应"和"前瞻效应"，往往促使相关产业、行业链条延伸和拉长，创造出新的产业部门，开拓新的劳动就业空间。第一次科技革命，蒸汽动力机的发明和广泛使用，在矿山、冶金、化工、石油、机械、运输、农业、军事等领域都出现了一系列蒸汽主导技术群和新的产业部门；第二次科技革命，发明并广泛使用了一系列新的电气技术，出现了如电化工、冶金、石油加工、内燃机和汽车等新的产业部门。第三次科技革命，以微电子技术居于主角地位，涌现出电子计算机、微电子、光纤通信、激光及整个信息系统，原子能技术及其和平利用、航空、航天技术、生物工程和海洋工程等新兴产业部门。

在发达国家，新兴的高新技术产业得到蓬勃发展，就业人数不断增多。1997年，美国的高科技行业创造了24万个高新就业机会，其中23%在加利福尼亚州——硅谷的发源地。OECD国家近年所创造的6500万个就业机会中95%同知

识产业有关。同样，发展中国家新兴的高新技术产业也创造了大量的就业机会。印度的软件业为印度人创造了 26 万个高新就业机会，加上辅助岗位，就业机会则不少于 50 万人。因此，高新技术产业将是未来就业的主要载体。

2. 提升传统产业，保持就业的基本吸纳度

（1）中国工业化发展进程处于钱纳里模式的中期第一阶段（1120~2100 美元）。如表 3 所示，这一阶段，按照世界公认的一个与工业化水平相对应的指标——城市化水平应在 60% 以上，而 2004 年，中国城市化水平为 41.8%；进一步比较三次产业的产业结构和就业结构会发现，两组的差距较大，尤其是第一产业就业人口太多，第二产业就业人口相对偏少。联合国工业发展组织也认为，制造业增加值占国内生产总值比重必须是在 60% 以上，且制造业技术水平必须达到先进水平。国务院发展研究中心提供的数据表明，中国制造业占 GDP 的比例为 36.8%。从表 3 可以看出，中国尚处于工业化中期，传统产业还有相当大的提升空间。要加快农村剩余劳动力的转移，提高城市化率，意味着我们必须大力发展传统产业，使其吸纳更多的就业人口。

表 3 工业化国际标准

单位：%

	标准 1 制造业占 GDP 比重	标准 2 城市化率（人均 GDP 1000 美元）	标准 3（人均 GDP1000 美元以上）					
			产业结构			就业结构		
			第一产业	第二产业	第三产业	第一产业	第二产业	第三产业
标准[①]	60 以上	60 以上	12.7	37.8	49.5	15.9	36.8	47.3
中国[②]	36.8	41.8	15.2	52.9	31.9	46.9	22.5	30.6

资料来源：①常兴华.中国制造：就业、人才与企业发展[M].昆明：云南人民出版社，2004；②国家统计局.中国劳动统计年鉴（2005）[M].北京：中国统计出版社，2005.

（2）中国劳动力资源状况有两个显著特点：一方面，劳动力资源十分丰富。2004 年，中国劳动力约为 7.7 亿人，相当于西方发达国家劳动人口 4 亿的 1.9 倍人，世界上没有哪个国家像中国这样要安排如此多的就业岗位；另一方面，劳动力素质整体偏低。2004 年，就业人口中文盲占 6.2%，初中及以下文化教育的人比例高达 73.2%，具有大专及以上学历的人仅为 7.2%。庞大而素质又不高的就业群体是中国经济增长和社会发展所必须解决的首要问题。而传统产业大多是劳动密集型产业，且对劳动力素质要求不高，适应一般性劳动供给。表 4 给出了 1980 年以来在几个主要传统部门就业的人数，其占非农就业人口比重基本上都在 50% 以上（2002 年也接近 50%）。并且，在乡村各行业就业人员中（如表 5 所示），传统产业是除农、林、牧、渔业外就业人数最多的产业。在城镇的传统产

业就业人口中,农民工也占据相当的比重。如纺织业,2002 年就业人数为 1800 万人,其中 65%是农民工,而为纺织工业提供棉、毛、麻、丝等天然原料的农户则约有上亿人。

表 4 中国历年传统产业的就业人数

单位:万人

年份	采掘业	制造业	电力、煤气及水的生产和供应业	建筑业	交通运输仓储和邮电通信业	批发零售贸易业和餐饮业	占非农就业的比重(%)
1980	697	5899	118	993	805	1363	74.6
1985	795	7412	142	2035	1279	2306	74.5
1990	882	8624	192	2424	1566	2839	53.9
1995	932	9803	258	3322	1942	4292	58.6
2000	597	8043	284	3552	2029	4686	50.0
2002	558	8307	290	3893	2084	4969	48.1

资料来源:国家统计局.中国统计年鉴(2005)[M].北京:中国统计出版社,2005.

表 5 2004 年中国城乡分行业就业人数

单位:万人

	制造业	农、林、牧、渔业	建筑业	交通运输仓储和邮电通信业	批发零售贸易和餐饮业
城镇	3050.8	466.1	841.0	631.8	586.7
乡村	5438.9	30596.0	3380.5	1361.1	1928.3

资料来源:中国劳动统计年鉴(2005)[M].北京:中国统计出版社,2005.

虽然传统产业在中国国民经济中占有极其重要的地位,是吸纳劳动就业的主体,但根据《中国统计年鉴》(2005)数据,第一产业产值的比重已达 50%以上,而就业人数在 1997 年最高时也仅为 23.7%。特别是近几年来,传统产业排挤出一些劳动力,许多失业是由第一产业,尤其是传统工业释放出来的,这其中既有中国原有就业体制瓦解之后,"隐性失业"显性化的制度性因素,也有传统产业自身低技术、低附加值、工业装备落后、劳动生产率低等因素造成的市场竞争力降低,对就业的吸纳度减弱。

四、加快产业结构合理化,实现就业发展型经济增长

1. 协调第一、二、三产业的比例,改善传统型就业结构

三次产业发展的不协调,在一定程度上限制了就业结构的合理化。20 世纪 50 年代起,中国便开始了工业化的起步,但不是内生地从最基本的农业演化起始工业的,而是外生地通过政府强制地集中资源优先发展重工业,以期尽快建成

工业化体系，致使一方面有了较高阶段的工业化过程，另一方面却仍然滞留在最低层次的原始农业化阶段，使中国产业结构严重扭曲。改革开放后，工业由以重工业为主向优先发展轻工业转化，带动了第二产业和第三产业的发展，产业结构得到改善。但是，进入21世纪以来，产业结构与工业化过程中结构变动的一般规律仍有偏差。

从表6可以看出，与"标准"结构相比，2004年，中国第一产业在GDP中所占份额为52.9%，明显高于表中3种标准提供的比例。第一产业在GDP中的份额与标准3大体相当，第二产业在GDP中的份额为31.9%，与标准2和标准3相比都明显偏低。在就业结构中，农业所占比重过高，服务业比重偏低。2004年，我国第一产业的就业量占总就业人数的比例高达46.9%，显著高于标准2，偏差程度超乎寻常。第一产业的就业比例为22.5%，与标准2相比显著偏低。

表6 人均收入1000美元左右时的产业结构

产业 \ 标准	标准1①	标准2②	标准3③	我国结构现状④
第一产业在GDP中的比重	—	18.3	14.0	15.2
第二产业在GDP中的比重	36.0	31.4	35.0	52.9
第三产业在GDP中的比重	—	50.4	51.0	52.9
第一产业在总就业中的比重	—	28.6	—	46.9
第二产业在总就业中的比重	20.0	30.7	—	22.5
第三产业在总就业中的比重	—	40.7	—	30.6
城市人口占总人口的比重	—	—	53.0	—

资料来源：①H.钱纳里等.工业化和经济增长的比较研究［M］.上海：上海三联书店，1989.②李长明.产业结构与宏观调控［J］.数量经济技术经济研究，1994（12）.③世界银行.世界发展报告（1991）［M］.北京：中国财政经济出版社，1991.④国家统计局.中国统计年鉴（2005）［M］.北京：中国统计出版社，2005.

国际间产业结构水平的比较如表7所示，中国第一产业占国内生产总值比重大致与泰国相当，稍高于其他下中等收入国家；第二产业占国内生产总值比重则明显高于其他国家，甚至高于美国、日本等发达国家；第三产业的比重不仅低于泰国、俄罗斯等下中等收入国家，还明显低于孟加拉国、印度、巴基斯坦。再从就业结构比较，虽然从整体上来说，中国的就业结构变动与产业结构变动的趋势和方向一致，但是，就业结构的变动速度明显慢于产业结构。从表7可看出，我国第一产业的劳动力比重2001年为50%，与下中等收入国家的泰国基本相当，但是，这一比例仍高于一些低收入国家（如巴基斯坦），与美国、日本、德国等发达国家更是相差甚远（均显示出4.9%及以下水平）。中国第二产业劳动力比重与美国基本上处于同一水平，而第三产业劳动力比重不仅明显低于世界上发达国家和上中等收入国家,而且与印度、巴基斯坦等一些低收入国家相比也存在较大差距。

表7 中国按三次产业划分产业结构和就业结构同一些国家比较

国家类型	国家	人均国民总收入(2001年)美元①	GDP构成比重(2001年)②			劳动构成比重(2001年)③		
			第一产业	第二产业	第三产业	第一产业	第二产业	第三产业
低收入国家	孟加拉国	370	23.3	25.1	51.6	62.1	10.3	23.5
	印度	460	25.1	26.5	48.4	56.5	9.8	33.7
	巴基斯坦	420	25.0	23.0	51.0	48.4	18.0	33.5
下中等收入国家	中国	890	15.8	50.1	34.1	50.0	22.3	27.7
	泰国	1970	10.2	40.6	49.2	46.6	19.5	33.9
	俄罗斯	1750	6.8	37.3	55.9	11.8	29.4	58.8
上中等收入国家	韩国	9400	4.4	41.4	52.3	10.3	27.4	62.3
	马来西亚	3640	8.5	49.1	42.4	18.4	32.2	49.5
	墨西哥	5540	4.4	26.8	68.9	17.6	26.0	56.0
发达国家	英国	24230	1.0	27.4	71.6	1.4	24.9	73.4
	法国	22690	2.9	25.6	71.5	1.6	24.4	74.1
	德国	23700	1.3	31.0	67.7	2.6	32.5	64.7
	美国	34870	1.6	24.9	73.5	2.4	22.4	75.2
	日本	35990	1.4	31.8	66.8	4.9	30.5	63.9

注：根据世界银行的分类,低收入国家为人均国民总收入745美元及以下,下中等收入国家为746~2975美元,上中等收入国家为2976~9205美元,高收入国家为9206美元及以上。

资料来源：①世界银行.2003年世界发展报告[M].北京：中国财政经济出版社,2003.②国际统计年鉴(2003)[M].北京：中国统计出版社,2003.③国家统计局.中国统计年鉴(2004)[M].北京：中国统计出版社,2004.

所以,无论是与"标准"产业结构相比,还是同一年度与其他国家相比,中国的一、二、三产业发展失衡,突出表现在第三产业发展滞后。产业比例失衡必将导致就业结构畸形,虽然中国已进入工业化快车道,却依旧是传统型的就业结构模式,即农业还滞留大量劳动力,非农业就业比重过低。这种劳动力资源在农业与非农业之间或其内部的不合理配置,使劳动力资源优势无法正常发挥,生产和消费的正常进行也必将受到影响。三大产业需要协调发展,使农业释放大量劳动力,并能顺利地由二、三产业接纳,推动就业结构从传统型向现代型转化。

2. 协调劳动密集型、资本密集型和技术密集型产业,优化就业结构,拓宽就业渠道

综观世界新兴工业国家的工业化过程,劳动力密集型产业是工业化的逻辑起点。根据中国2003年的人均GDP和工农业国内生产总值的比例看,工业产值已

占 GDP 的一半，表明中国已进入工业化中期阶段。然而，工业化的最终目标是改变人们的生产与生活方式，即合理的、充分的就业。从就业人口结构看，2004年，中国农业劳动力人口仍占全部劳动力的 46.9%，距农业劳动力份额只占 30%以下的重化工业阶段的目标尚远，城镇人口比重仅为 41.76%。这反映出中国工业化的首要任务是扩大农业人口向非农化的转移，显然，劳动力密集型产业对经济增长的贡献还远未停止，事实也证明，发展劳动密集型产业对这个转移过程有着非凡的意义。

同时，中国劳动力资源丰富、工资成本低，大力发展劳动力密集型产业也具备比较优势。但是，若将劳动力密集型产业作为主导产业大力发展，又将使中国在国际贸易中处于不利地位。其原因在于：①社会消费结构和生产结构的升级趋势将导致劳动密集型产品的需求比重不断下降，资本和技术密集型产品的需求比重不断上升。②当前，世界上技术和制度创新能力对国际竞争力的作用急剧增大，传统的自然资源和劳动力优势在经济发展中的作用下降，导致我国的国际竞争力减弱。③如果大力发展具有比较优势的劳动力密集型产业而加强国际分工格局和产业专业化水平，将影响处于比较劣势的资本和技术密集型产业的发展，拉大与发达国家的产业结构差距，不利于带动中国产业结构的升级，阻碍动态比较优势的转换。所以，中国应有意识地培育将来具有比较优势的产业，如此才可能实现比较优势的不断更换，并引导产业结构由劳动力密集型产业向资本、技术密集型产业逐步演进，以长期争取资本、技术密集型产业对就业的发展效应。

五、结论

综上分析，可见：①产业及其发展的现状在根本上影响着经济增长和劳动就业。②产业的演变与最优是以形成和推进就业发展型经济增长为基本标志的。③就业发展型经济增长的运行要求实现合理产业化背景下的合理就业化。因此，深入研讨就业发展与经济增长的产业支撑背景，运用适当的产业政策，形成以劳动力密集型产业为基础，传统产业为主体，高新技术产业为先导，一、二、三次产业协调发展的产业格局，是实现就业发展型经济增长的基本思路选择。

参考文献：

[1] 李仲生. 中国产业结构与就业结构的变化 [J]. 人口与经济，2003（2）.

[2] 江小涓. 我国产业结构及其政策选择 [J]. 中国工业经济，1999（6）.

[3] 中国社会科学院国情分析研究小组. 就业与发展：中国失业问题与就业战略 [M]. 沈阳：辽宁人民出版社，1998.

[4] 常兴华.中国制造：就业、人才与企业发展网[M].昆明：云南人民出版社，2004.
[5] 魏杰，张杜鸿.入世后中国传统产业战略调整[J].上海企业，2002（2）.
[6] [美] 约瑟夫·熊彼特.经济发展理论[M].北京：商务印书馆，1990.
[7] [德] 奥斯卡·拉封月，克里斯塔·米勒.不要恐惧经济全球化——人人富裕和就业[M].北京：改革出版社，2000.
[8] 李仲生.中国产业结构与就业结构的变化[J].人口与经济，2003（2）.
[9] 李时椿.我国传统产业新型工业化道路的路径选择[J].经济问题探索，2004（3）.
[10] 曾国平，刘渝琳.入世后对发展内生性劳动密集型产业的优势分析[J].国际经贸探索，2003（6）.
[11] 胡军，向吉英.转型中的劳动密集型产业：工业化、结构调整与加入WTO[J].中国工业经济，2000（6）.
[12] 王德文，王美艳，陈兰.中国工业的结构调整、效率与劳动配置[J].经济研究，2004（4）.
[13] 赵建军.关于发展不同要素密集型产业的理论争论及其启示[J].当代财经，2005（1）.
[14] 夏积智，党晓捷.中国的就业与失业[M].北京：中国劳动出版社，1991.
[15] 李志江.资本有机构成提高对就业的影响[J].经济理论与经济管理，2004（5）.
[16] 刘诗白.现代财富[M].北京：生活·读书·心知三联书店，2005.

（郭军、刘瀑、王承宗，原载于《中国工业经济》，2006年第5期）

中国工资宏观调控的经济学立论

一、工资是一种带有旧的社会经济痕迹的分配形式

在封建社会以前，社会并没有工资这个概念，人们也没有工资这个意识。只是到了商品经济发达社会，尤其是到了资本主义社会，随着劳动者发展到除了自己的劳动力以外一无所有的地步，劳动者开始以出卖劳动力谋求生计，从而使劳动力有了价格，"工资"才出现了，并且成了劳动者养家糊口的主要来源。这时的工资：一是表现为劳动力的价格；二是构成了劳动力再生产的手段。这是从劳动者角度所见的工资的内涵。从资本家角度看，一是工资是所谓劳动互换中支付给劳动者的报酬；二是工资是刺激劳动投入产出最大化的手段。而从劳动者与资本家双方联系的角度看，一是工资是劳动力价值的表现形式，是劳动力所有权的反映——我出力，你付薪；二是工资是资本家雇佣劳动力的基本手段，是生产资料所有权的反映——我付薪，你出力。从以上三层得出结论：一是工资是劳动力所有权与生产资料所有权的反映和体现；二是工资是实现劳动力资源配置、劳动力流动、劳动关系建立以及劳动组织优化的基本杠杆。

然而，必须指出的是，工资这种表面的平等的劳动互换关系，却掩盖着事实上的不平等。首先，从表面来看，工资以劳动力所有权与生产资料所有权为基础，相互让渡其占有权与使用权，但是由于单一工资决定，所以往往忽略相应的劳动时间、劳动强度、劳动条件、劳动保险福利待遇以及劳动者的住房、消费品价格水平变化等工资性因素。其次，从表面来看，劳动力所有权与生产资料所有权是融洽的，互利的，但是由于劳动力的交换是一种依附性的，即是以生产资料的资本家私人占有为前提的，所以，劳动力事实上处于一种被动的、受雇的，并且是必然要遭受剥削的、不公正的地位，因此，劳动者不可能仅仅从工资上就能够收回自己的劳动价值。再次，劳动力与资本家之间是两个不同的利益主体。利益分配的不公，必然会发生冲突，而这种冲突又往往是以牺牲劳动者的利益而告结束。后来发展起来的各种、各级劳工组织，就是劳动者自己组织起来与资本家抗衡的手段和形式，这反映出工资所带来的劳动者与资本家之间矛盾的深刻性和

对抗性。最后，在劳动者除了自己的劳动力外没有任何经济、社会、政治地位的条件下，劳动者必然一味追求绝对按劳分配，而不愿考虑社会扣除，这不仅与资本家及其阶级，而且与整个国家政府之间形成或硬（如罢工）或软（如磨洋工）、或明或暗的抗争，这也是造成资本主义国家经济无政府状态的根本因素之一。此外，还有如资本家过分强调工资的边际生产率，造成大量"自愿性失业"和"非自愿性失业"等都包含了工资客观上存在的不平等性、局限性和剥削性。

社会主义社会引用了工资这种分配形式，而上述工资旧的社会经济痕迹却依然存在。其中，有些是积极的，如工资能够体现劳动力所有权，使劳动者形成一个利益分配主体，从而有利于贯彻按劳分配原则，有利于维护劳动者的合法权益，有利于发挥杠杆作用，合理配置劳动力资源，提高劳动生产率等。但是，也必须注意工资往往使人们单纯追求高工资、高消费，导致货币拜物教、金钱主义，造成按酬付劳，给多少钱，干多少活，"冷酷地斤斤计较，不愿比别人多做半小时工作，不愿比别人少得一点报酬的狭隘眼界"或"做事就是为了拿钱"等腐朽思想。因此，我们在今天应用工资这一分配形式的时候，必须在发挥工资调节经济的积极的功能和作用从而更好地处理劳动经济利益分配关系及调动劳动者的积极性、主动性和创造性的同时，从宏观上实施有效的调控和引导，克服它的消极功能和作用，弱化它的旧的社会经济痕迹。

二、国民经济和社会的按比例发展要求必须加强对工资的宏观调控

任何经济社会都应按比例发展，都应保持社会再生产全过程，特别是社会总供给与社会总需求之间的平衡。工资属于分配范畴，工资的决策、调整及其总量、增量、储量、流量变化，影响到消费，从而影响着流通，影响着生产。因此，必须加强对工资的宏观调控。

第一，要保持工资总量的增长慢于国民收入的增长。工资来自于国民收入的分配。显然工资总量的大小，受以下4个基本因素的制约：①国民收入总量及其增长速度。②积累与消费的分配比例。③社会消费基金和个人消费基金的比例。④职工个人消费基金和农民个人消费基金的比例。一般来说，国民收入总量越大、增长越快，工资总量就增加；反之，则减少。同时，由于消费受积累的制约，所以工资的增长只能慢于国民收入的增长。但现实中，中国职工工资总额1971年与1979年相比增长了5.84%。而同期国民收入只增长了5.35%。这种国民收入的超分配，是导致中国国民经济比例失衡、出现通货膨胀的一个主要原因。这就需要在宏观上加强调控和引导。实际上，现在讲的加强国家宏观调控，其中控制消费基金的增长，也主要就是控制工资总量的增长。

第二，要保持工资水平的增长慢于劳动生产率的增长。工资水平及其增长速度，反映着劳动者的消费水平和生活的改善程度。调节控制职工工资水平对于合理安排积累与消费比例关系、保持消费品供求平衡、防止国民收入"超分配"以及科学确立和调整工资关系等有着重要意义。工资水平与劳动生产率的关系的实质是：在平均每一个劳动者给社会创造的产品数量中，V的部分应分配多少归劳动者个人支配和使用，也就是一个必要产品V与剩余产品M的分配及其比例问题。从社会公共政策看，国家处理这一关系的基本点都是从经济、社会长远发展和建设资金的积累需求出发，加强宏观上的调节与控制，以合理引导分配。宏观调控工资水平与劳动生产率的关系的基本内容：①职工工资水平的增长速度必须慢于社会劳动生产率的增长速度。这是因为：一是工资是产品成本的重要组成部分，成本中工资的变动与工资水平的增长成正比，与劳动生产率的增长成反比。只有使工资水平的增长速度慢于劳动生产率的增长速度，才会使单位产品中的工资含量降低，从而有可能增加盈利，为经济建设提供更多积累。二是有利于使工资的增加确有消费品供应保证，这也是达成市场消费品供求平衡的基本条件。如果不加调控，使工资水平的增长速度超过了劳动生产率的增长速度，就会造成在消费品购买力扩张的同时，消费品却因劳动生产率的缓慢增长而供应短缺，从而导致通货膨胀。三是这是技术进步条件下，扩大再生产规律的必然要求。任何社会生产都是以扩大再生产为特征的，如果劳动生产率增长1%，工资水平也增长1%，显然就没有积累，也就没有了扩大再生产的源泉。所以，国家必须在宏观上调控工资水平及其增长，即使工资水平的增长慢于劳动生产率的增长。此外，这也是社会主义按劳分配原则的客观要求。②职工工资水平必须与劳动生产率水平相适应。在不断提高劳动生产率水平的基础上，逐步提高职工工资水平，是社会经济发展的内在动力和必然趋势。工资水平的增长速度既要慢于劳动生产率的增长速度，又要注意在水平上使两者衔接适应。特别是当生产发展了，而不能适时地根据劳动生产率的提高相应地提高职工工资水平，就会压抑劳动者的积极性、主动性和创造性。这不仅是有违于社会主义按劳分配规律的，也不利于活跃流通，促进生产。③还要从宏观上正确确定职工工资水平增长速度和社会劳动生产率增长速度之间的比例关系，以兼顾国家建设和人民生活之间的正常比例关系，使职工工资水平能在社会劳动生产率提高的基础上，逐步得到提高，使工资水平变化与劳动力供求变化相适应，引导市场决定工资分配。中国社会主义市场经济体制下，劳动力进入市场，从而工资分配也就必然趋向于由市场决定。作为国家面对市场经济运行，并不是顺其自然，而是给予引导与调控，既要使工资体现劳动力的价值，也要使工资反映劳动力市场上的劳动力供求变化动态。我国现时条件下，无论是劳动者的市场决定工资意识，还是企业的市场决定工资机制的运作,都非常淡漠与生疏,特别是劳动力供求中,一般劳动力供大于求的无限性、中高级劳动力供小于求的有限性状态,以及劳动力素质低下、不适应劳动力市场竞争环境等,在客观上都要求政府在宏观上,必须加以调控和引导。

此外,加强工资的国家宏观调控,也是保持和处理好工资与物价、工资与就业、城镇职工工资收入与农村农民收入等方面合理比例关系的客观要求,也是在坚持中国社会主义公有制和按劳分配为主体、其他经济成分和分配方式为补充的基础上,建立和完善具有中国特色的社会主义市场经济体制的客观要求。也只有通过和加强国家宏观调控,才能具体地正确确定合理的消费基金规模和结构,使工资总量的增长与生产力发展水平的提高、主要消费品购买力与主要消费品可供量相适应,从而保证随着生产发展和社会财富的增加,城乡居民的实际收入、消费水平和生活质量都能够不断有所提高。

参考文献:

[1] 列宁选集. 北京:人民出版社,1972:254.
[2] 列宁全集(第28卷). 北京:人民出版社,1972:105.
[3] 根据《中国经济年鉴》(1992)资料计算.

(原载于《经济经纬》,1994年6月)

市场经济条件下工资的政府宏观调控机制

一、工资政策及其调节

在中国社会主义市场经济条件下,国家对工资的宏观调控将越来越多地应用工资政策来调节。这既是一种行政性调节,也是一种经济性调节。所谓工资政策,就是国家对工资性质、工资职能、工资原则以及工资决策、工资制度、工资形式、工资结构、工资调节等所做的倡导性规范。我国的工资政策一般表现为国家颁布的各种有关工资方面的行政性文件,以及为了规范工资管理过程所提倡和推广的各种工资制度、形式等。

在市场正常运行秩序情况下,劳动者的工资由劳动力的价值(即劳动力再生产费用和劳动力所提供的社会必要劳动量)和劳动力市场上劳动力供求关系所决定;企业的工资总量,则由社会平均利润率规律决定。但任何政府都从来没有放弃过对工资在宏观上进行政策性引导与调控。在我国市场发育很不健全、生产要素流通不畅、社会平均利润难以形成、企业的市场运作能力较低的情况下,政府更应该对企业,特别是工资的总量与流量、增量等,通过制订可行性政策予以引导和调控。放弃这种政策性引导和调控,就会出现分配失控以及损害劳动者的根本利益的严重局面。

目前,我国工资政策的调控主要是根据市场经济运行的目标和要求,根据我国向市场经济过渡的现实条件,进行"分类指导",采取不同办法合理调控企业工资总额,即企业工资总额增长必须低于经济效益的增长,人均实际工资增长必须低于劳动生产率的增长。具体说来:

(一)赋予企业自主安排工资总量增长的权利,政府不予干涉

目前,这类企业虽然数量较少,却代表了改进对企业工资总额调控的政策性方向。从实施这一政策的企业来看,国家要求必须具备下列先决条件:①全部工资性收入都纳入工资总额管理。②改革会计制度,全部工资性质的费用都要计入

成本。③取消奖金税、工资调节税，改为征收职工个人收入所得税。④实行税利分流、税后还贷。⑤明晰产权关系，改革管理方式，实行股份制。⑥建立了完善的职工对工资分配的民主监督机制等。

（二）实行企业工资总额与以实现利税为主要指标的经营效益挂钩——"工效挂钩"

这是一种在趋向市场经济体制的转换机制过程中的过渡性政策。因为"一厂一率"以及核定基数和比例本身就带着浓厚的行政管理色彩，而限于我国价格体系改革尚未到位，产权关系改革刚刚起步，企业又无法真正按照行业平均利润率和社会平均利润率确定工资水平，因此，目前尚需采用这一政策进行调控，以尽量减少非劳因素的影响。

（三）对企业工资总额实行包干或由国家计划指标控制工资总额

工资总额包干，就是增人不增资、减人不减资。这一政策在于鼓励企业努力提高资本有机构成，提高劳动生产率，从而强化工资的激励机制。计划指标控制工资总额与工资总额包干在本质上是相同的，主要适用于长期经营性亏损或政策性亏损的企业。这部分企业（据有关资料统计约占国有企业的40%左右）严重缺乏自我激励、自我约束的机制，因此，实行了一种行政性的政策制约措施。

随着市场经济的发展，中国的工资政策将主要立足于"企业自主分配，国家依法征税"的目标，不断改进国家对国有企业工资总额的宏观调控政策。同时，将具体地对税收政策、产权关系、价格体制、住房制度、社会保险、企业福利等方面加强配套工程研究，以促进企业及其劳动力进入市场，探索和建立宏观政策引导下的工资市场决定的新的具有中国特色的社会主义工资政策与调节体系。

二、工资法规及其调节

工资的政府宏观管理，既需要政策引导，更需要法律规范。特别是在市场经济条件下，工资的市场决定及其机制运行，如果离开了工资的法律调节与规范，则必将是无序的、盲目的、违背市场规律的。

中国工资的立法也不少，但基本上都属于产品经济运行过程中的立法，且大多数是单项的、暂时性的行政条例和规章，即使是这些年出台的一些条例和规章，也有许多已很不适应当前形势发展。改革开放以来，随着发展多种经济成份，承包、租赁、合资、合作、外商独资、股份制以及国有经济、集体经济、个体私营经济等多种经营方式中出现了越来越多的工资纠纷问题，如随意确定工资额、随意增减工资、随意克扣工资、随意拖欠工资、随意加班加点而不支付工资与津贴、随意停发产假、病假、探亲假工资、随意改变工资发放形式、不控时给职工转正定级或延长转正定级时间等，严重地损害了劳动者的合法劳动收入权益。实践在呼唤着加快工资立法与司法，以保证为有序过渡向市场经济运行，创造一个法制氛围。

工资立法是对社会成员的收入及其整个社会分配关系所作的法律规范与调节手段。一般来说，它的主要内容包括：①最低工资或称最低工资标准立法即一定时期一定范围内，劳动者的基本工资水平，体现了当时、当地人们的一般消费水平要求，也就是按最低消费水平所决定的最低工资支付额、劳动者的劳动时效所得不能低于此水平最低工资立法的目的，在于保证每一个劳动者在履行了正常劳动义务后，都能得到正常的、合理的报酬。最低工资立法是工资法规及其调节的主体内容。量低工资一般用小时工资率或日工资率、月工资率（月标准工资）来表示。②工资协议立法。即在建立劳动关系时，双方当事人（可以是集体或个人）对工资额度、工资发放办法、工资形式、正常情况下和特殊情况下的工资支付办法、工作时间期限、工作义务责任内容范围、工资变更调整处理以及违犯协议的责任承担等所签订的契约。工资协议契约经劳动部门备案，公证部门公证，即具有法律效力，形成法律约束。工资协议可以是单独订立成书，亦可依附于劳动合同之中，其现实意义在于当出现工资纠纷时，有一个可仲裁、处理的法律依据并在仲裁调解无效时，协议双方均可向当地法院提出诉讼。③正常情况下的工资支付办法立法包括正常转正定级支付办法、正常职工调动工资支付办法、正常加班加点以及夜班工资支付办法、正常进修学习工资支付办法、正常退（离）休工资支付办法等。④特殊情况下的工资支付办法立法包括病假、事假、婚丧假、探亲假、工伤假，以及停工待料（待电、待水、待气、待工具、待工艺文件图纸等）期间、发生工资纠纷处理期间等方面的工资支付办法。⑤工资发放办法立法包括发放货币工资或实物工资、发放工资的时间期限、地点、领取程序、手段以及拖欠工资的责任处理等。⑥工资保障措施立法从企业看，即一定工资额下的劳动者所应处的劳动安全、劳动卫生、劳动条件等劳动环境规定。从社会看，即维护劳动者合法收入权益的各种保障性措施规定，此外，还有基本工资制度、工资形式、工资管理体制、工资关系协调等立法。

中国在过渡进入市场决定工资的新的分配机制运营之前，必须加速工资立法，以使市场经济条件下的分配关系及其调节有法律遵循。目前来看，一是要抓舆论，宣传教育人们树立和增强工资法律意识，引导劳动者运用法律武器保护自己的合法收入权益。二是抓立法，抓紧《工资法》的制定。在《工资法》没有出台之前，先搞一些单项法规，以使工资运作及监察过程有法律依据，同时，对于工资立法国家应允许各地先行搞一些地方立法试验。三是抓司法，从现实情况出发，当前重心应放在两个方面：①监督检查现有工资法规（含政策性法令、法律、规章）贯彻执行情况，强化企业和劳动者工资法律意识。②建立健全劳动工资法制体系，成立劳动工资仲裁机关、劳动工资公证机关、劳动工资监察机关、劳动工资司法机关——劳动工资法院，使未来市场经济中劳动者的工资权益有一个法制保障，促成市场经济与法制经济的统一。

三、工资的政府宏观调控的主要着眼点

（一）工资总额

工资总额是政府宏观调控的重要内容，正确确定工资总额，对于引导劳动力市场运行秩序，调节劳动力供求，合理配置劳动力资源；对于防止国民收入"超分配"，保持国民收入供求平衡；对于保持财政收支平衡、社会消费品供求平衡和整个国民经济的协调发展；对于改善人民生活等，都有着重要的作用。

政府对工资总额的调控主要着眼于一定时期内的工资总量、工资增量、工资存量。一定时期社会工资总量的确立主要取决于三个因素：①社会消费品可供总量及其增长速度。由于职工工资直接构成消费品购买力，如果工资总额的增长超过了市场消费品的可供量，不仅会使一部分购买力难以实现，而且往往推拉物价上扬，这样，即使货币工资有所增加，实际工资还可能下降，从而降低人们的实际生活水平。②农业和轻工业的发展状况。目前，我国商品市场总流量的50%是轻工产品，农产品及其以农产品为原料的消费品则占消费品总量的70%之多。因此，工资总额的确立必须首先考虑到农业和轻工业的生产及其发展状况，把工资总额建立在充足的物资保证的基础上。③国民收入总量及其增长速度在既定条件下，国民收入总量大，增长快，则工资总额就增长多；反之则少。

所谓工资增量与工资存量的调控，即政府劳动行政部门规定一定程序，对部门和地区的工资增长基金、工资后备基金的调控。前者是指根据规定计算口径和相应比例提取的新增"效益工资"，后者是指按规定提取的工资总额（含"效益工资"）发放后的余额部分，后备基金应专户存储，以丰补歉。

（二）工资水平

工资水平的确立主要受制于一定时期内的社会劳动生产率水平、人均国民收入额、新增职工人数以及消费品价格水平等因素。政府宏观上研究和调控工资水平的重心在于使工资水平能有实际消费品供应保证。从消费品供应保证角度看，

一定时期的工资水平等于社会劳动生产率和消费品生产量占社会总产品比重的乘积。即：

$$\frac{Q_2}{N} = \frac{Q}{N} \cdot \frac{Q_2}{Q}$$

式中：Q_2——消费品生产量；
　　　Q——社会总产品；
　　　N——职工平均人数。

如用 $K_{\bar{s}}$（$K_{\bar{s}1}/s_0$）代表工资水平指数，K_l（l_1/l_0）代表社会劳动生产率指数，K_c（c_1/c_0）代表消费品生产量占社会总产品比重指数，则一定时期的工资水平增长速度为：

$$K_{\bar{s}} = K_l \cdot K_c - 1$$

（三）工资关系

工资关系也就是工资差别。由于工资差别决定于劳动差别，所以工资关系的确立及其调整，必须以劳动差别为依据。世界各国都非常重视劳动者的工资关系问题。社会主义条件下，政府更应重视工资关系及其调节问题，必须把正确安排好职工的工资关系看作是能否更好地贯彻社会主义按劳分配原则，并以此促进简单劳动者向复杂劳动者转化、体力劳动过程向智力劳动过程转化的战略性问题。

职工工资关系主要表现为：脑力劳动者与体力劳动者之间的工资关系、部分行业之间的工资关系、地区之间的工资关系、岗位工种之间的工资关系。正确处理工资关系的本质的问题是：承认劳动差别，实行差别工资，维护工资劳动者的合法收入权益。研究和调控工资关系的重心是：正确处理好简单劳动者与复杂劳动者之间、体力劳动者与脑力劳动者之间的工资关系。中国工资方面发生的许多问题，如平均主义、"大锅饭"、奖金当"人头费"、脑体倒挂以及形成的劳动力萎缩、经济效益低下、企业缺乏活力、没有凝聚力等，无不与工资关系问题相连，现在该是真正理顺和调整工资关系的时候了。特别是在进入市场经济体制下，工资的市场决定机制运行，必须要有一个合理的社会各职业、各岗位劳动者的基本工资额度为前提条件，从而才能保证劳动者之间的公平竞争，按劳动贡献获取应有收入。

一些人提出要对科学家、教师等知识分子实行工资倾斜，对一线劳动者实行工资倾斜，其实这种提法本身就表现出对工资关系认识上的误区与偏差。科学家、教师等作为脑力劳动者，其直接效应与间接效应是难以用什么单位来计量的，特别是在当代，已经不能再用一般的"多倍的简单劳动"来表示了。一线劳动者又首先应指那些工程师、设计师们,他们作为生产力的直接创造者,多得报酬都是无可非议的,而为什么还需要"恩典"与倾斜呢?这里根本不存在倾斜问题,而应是正常的、符合劳动差别性质要求的。由此看出,在中国坚持社会主义按劳分配,促进劳动过程趋向智力型发展,首先要增强劳动者的劳动差别和工资差别意识,要理顺工资差别关系,从而抓住工资关系这条主线,来调整、改革工资制度及其体制,取得中国工资的政府宏观调控效应。

(原载于《中州学刊》,1994年6月)

农民增收关键在承认其劳动价值

2009年中央"一号文件"又一次强调了农业发展与农民增收的重要性，也就是说我们必须保持农业稳定发展，农民持续增收。多年来，中国农民收入持续在低位徘徊，不仅束缚着农业劳动力资源的开发与利用，还严重制约了农村市场的开发及其消费能力的提高，更影响着整个国民经济和社会的发展。农民收入之所以长期上不去，有农民自身的问题，有制度、政策方面的问题，从理论上说，也有一个由于农民的劳动价值始终没有得到应有的承认，从而导致农产品价格低、农业劳动力（包括农民工）价格低的问题。因此，在贯彻中央"一号文件"、研究增加农民收入问题时，应当首先要转变观念，真正承认农民的劳动价值。

从现实看，中国农民收入主要由两部分构成：一部分是从事农业生产活动而获得的收入；另一部分是外出务工（即作为农民工）而获得的收入。在农民收入的这两部分构成中，无论是农业收入还是进城"打工"收入，都处于社会收入的低水平层次，甚至是最低水平层次。农业劳动收入低，主要是因为农产品价格低；外出"打工"收入低，则是因为农民工劳动价格或服务价格低。而归根结底，造成这种"两低"现象的原因都在于农民的劳动力价格低。为什么农民的劳动力价格低？有人可能说，农民的劳动生产率低。但反观我们的现实，反思我们的政策，是否也可以这样说，其症结还在于社会普遍只承认农民的劳动，却没有充分承认农民的劳动价值。

一、农民劳动价值存在的理论基础

马克思的劳动价值理论告诉我们，劳动创造价值，劳动是价值的唯一源泉。马克思的这一理论排除了生产劳动中物的因素在价值创造中的作用，强调无差别人类劳动在价值创造中的重要性，但马克思也从不否认物的因素在创造使用价值中的作用。马克思曾引用威廉·配第的名言"劳动是财富之父，土地是财富之母"来说明人的劳动"要经常依靠自然力的帮助"。也就是说，马克思的劳动价值论并不否认非劳动要素在生产中的作用，但是它们只是生产使用价值的必要条件，并不能决定价值，决定价值的只能是"凝结在商品中的无差别人类劳动"。价值规律还告诉我们：价值决定价格，价格是价值的表现形式，价格围绕价值上下波动。毋庸置疑，价值规律作为一种运动趋势，其本质内容要求任何一种商品的价格都应该以其基本价值为轴心，包括农业劳动，即农民耗费在农产品商品或经济社会服务中的无差别人类劳动及其价值，理应是社会决定农业劳动力价格的最主要因素。由此，我们可以得出两点结论：一是农业劳动者拥有客观的社会经济利益分配的主体地位与特定身份；二是农业劳动价格既受制于市场劳动力供求关系，又主要是由农业劳动力的劳动价值决定的。农业劳动力无论是从事农业生产或是进入第二、三产业"打工"，其"工资"决定应当与产业工人一视同仁，同等待之。

二、农民收入应该体现其劳动价值

从农民的农业收入来看，农业经营收入主要来源于粮食等农作物的生产销售。农业生产经营周期较长，而且要通过农民长时间的辛勤劳作和精心耕耘才能实现，由此可知用劳动时间来衡量的凝结在农产品中的价值量是相当大的。那么农产品价值的外在表现形式——价格，也应该是一个比较大的量才能与价值规律的要求相符。但是，现实中的农作物产品价格却很低，甚至不足以弥补劳动力和农业生产的再生产或扩大再生产。尽管取消农业税等惠农政策的实施使农民收入相对提高，但剔除农业生产资料价格上涨因素不计，事实上每一亩耕地的劳动力投入与产出仍然是不成比例的，甚至多数处于微利或亏损境地。这说明农产品的价格并没有真正体现其价值，也说明社会对凝结在农产品商品中的农民的劳动价值并没有真正认可，或者说农业劳动价值并未得到实际承认。这种价格严重偏离价值的现实已经严重制约了农民农业生产的积极性和主动性，也限制了农民的消费能力和消费空间，长此以往必将严重制约经济发展。因此，这种现实与理论要求相悖的矛盾局面亟待改变，社会应积极承认凝结在农产品创造中的农民的劳动价值，并通过农产品价格体现出来，务实地增加农民收入，从而提高农民的生产积极性和生产效率，稳定农业生产。

从农民进城打工收入来看，这部分收入在农民家庭纯收入中所占的比重越来越大，并逐渐成为农民家庭收入的主要部分，但从现实来看，这部分工资性收入从量上来讲，仍然很低。农民工工资之所以低廉，有人认为这是由于我国的农民工劳动力具有半商品性质，不同于现代化大生产条件下单纯的雇佣工人。单纯的雇佣工人是没有任何生产资料、不从事农业生产的纯粹的劳动力商品，其收入全部来源于工资，即工资性收入是弥补劳动消耗、维持劳动力再生产以及家庭生活的基本依靠。而我国农民工劳动力的半商品性质决定了其工资不是再生产劳动力所需要的全部生活资料的价值，而仅仅是其中一部分。这主要是因为农民工还有一部分收入来源于农业生产，而且其家属一般也生活在农村，靠农业生产维持生活，不像城市产业工人那样还需要一部分生活费用来赡养家属，因此，在农民工工资的构成中往往不包括其家属生存所必需的生活资料的价值。这一观点说起来似乎很有道理，但经不住进一步推敲。特别是这一观点忽略了一个基本前提，那就是农民打工者与市民受雇者的劳动一样都是"无差别的人类劳动"。同一劳动时间、同一劳动空间、同一劳动岗位，却不能同工同酬，而是人为地加以区分并形成"城"与"乡"之间、"工"与"农"之间的收入差别，在市场经济条件下，这无论在理论上还是政策上都是讲不通的。城市市民是受雇工作的，难道农民进城打工就不是受雇的吗？还有一种观点认为，农民工的工作层次和供求关系决定了其工资的低廉性。他们认为，外出务工的农民虽然都是具有一技之长的人，但相对于城镇而言，农民工的劳动力素质层次还是处于最低层级，他们所从事的工作多数系体力劳动型的，加之农业剩余劳动力的大量存在加剧了供求矛盾，种种原因便形成了劳动力严重供过于求的局面，从而导致农民工的工资难以提高。诚然，脑力劳动与体力劳动、科技劳动与一般劳动、复杂劳动与简单劳动的差异性决定着其工资收入的差别性，但在同类劳动中的差别悬殊恐怕就不得不引起注意了。国务院研究室2006年调查数据显示，农民工的工资收入主要集中在500~800元，而在有些行业工资的低廉甚至不足以弥补生活所需。另据河南、四川和湖南3个农民工输出大省的抽样调查，农民工月工资只接近于城镇职工的60%。这种现象事实上不仅抹杀了农民工的劳动价值，更暴露出中国对城乡收入、工农收入，特别是关于农业劳动者、农民进城务工者收入在制度政策层面存在的不合理之处，可以说某些制度、体制、政策对农民工及其劳动带有歧视性。

三、充分承认农民劳动价值才能实现农民稳定增收

马克思主义劳动价值论认为，在其他条件相同的情况下，劳动时间是衡量劳动价值量大小的尺度。同样，在其他条件相同的情况下，农民工的劳动时间在他们所在行业岗位里面是最长的，这意味着农民工劳动所创造的价值量是巨大的。农民工一般从事体力劳动较多，其劳动的显著特征就是劳动时间长、劳动强度大。据调查，珠江三角洲有46%的农民工每天工作12~14小时，47%的农民工反映他们没有休息日，河南的农民工调查数据显示的结果与此类似。但是，也许是农民收入的历史起点低，社会上便形成了总是对农民收入做纵向比较的传统习惯，即对种植业现在的收入与过去的收入做比较，或是拿农民进城打工者的收入与没有进城打工而留在农村的农业生产者的收入做比较。结果就产生了两种观

念：一是认为农民工收入增加了；二是认为农民现在的收入已经不低了。恰恰是这两种带有普遍性的观念掩盖了农业劳动者的劳动价值体现不足，使得我国农民收入长期徘徊在社会最低层。如今，城镇职工每年的收入已经超过2万元，而农民收入仅有4000多元。农民工的劳动时间长，其应得的分配份额也应该相对较大，这才符合马克思主义劳动价值理论的要求。而事实恰恰相反，我国农业劳动者或是农民打工者的劳动收入并未体现这一规律的要求。分析其原因，可以发现，长期以来我国收入分配政策对农民劳动价值认识上确实存在模糊性、离散性以及不严谨性。要解决这种经济社会现实与科学理论和规律的矛盾，就必须突破传统思维，真正坚持马克思主义劳动价值论，充分承认农民的劳动价值，提高农民工工资，唯此才能真正实现思想新解放、经济新跨越、农业新崛起。

总之，要想增加农民收入，解决"三农"问题，就必须充分承认农民的劳动价值、提高农民的经济地位、增加农民收入在国民收入分配中所占的份额，从而使其合理分享经济社会发展的成果，增强农民的实际消费能力，从而进一步促进粮食增产和整个农业的稳定增长，使中国更好地实现从农业国向工业国的转变。

(原载于《中国改革报》，2009年3月30日)

在加强农业发展基础上稳步增加农民收入

中央多次特别强调了要加强农业和增加农民收入问题，其意义是双层的。一是1997年以来，农民收入增幅持续下滑，农村购买力大幅度降低，从而导致农村市场疲软，不仅影响了现阶段内需的扩大，且已经由经济问题演变为一系列社会问题；二是提出要加强农业和增加农民收入，事实上反映出农业与国民经济和社会发展之间关系的不协调。即使不谈农业机械化、现代化，单就农业国的国情而言，农业现状及其农业基础地位不稳固，本身就是一个十分严肃和严峻的、必须予以高度重视的大问题。而当前研究这个问题，还应注意两点：一是加强农业和增加农民收入的问题绝不只是目前或"十五"计划期间的事情，必须注重从根本上进行系统的、长远的认识和分析，理出根本的思路，着眼于根本问题的解决；二是加强农业和增加农民收入，前者是任务、手段，后者是目的、效果。我们的基本思路应是要实现在加强农业发展基础上的农民收入的增加，要着眼于增加农民收入，又必须要切入于加强农业这个重心，不可就收入论收入。

一、应进一步增强农业与国民经济和人民社会生活之间的关系意识

农业是国民经济的基础。农业既为人类的生存与发展提供最基本的生活资料，又作为重要的物质生产部门，制约着国民经济和社会的发展。第一，轻纺工业是以农业为基本物质支持系统的。第二。工业品的60%以上是以农村为基本消费市场的。第三，农业是国民收入直接或间接的、基本的来源渠道之一。第四，农业为国民经济各部门提供了源源不断的劳动力。第五，在原始的、低级依存贸易条件下，外贸出口的50%左右主要来自农副矿产品。可见，无农不稳，有农不发展也不稳。农业与工业、农业与服务业、农业与整个经济社会完全是一种互动关系，但农业是基础，是首要的，也正是因为这样，我国始终把农业列为经济社会发展战略的重点。

我国是个农业大国、人口大国，人均土地或耕地面积有限，所以相对于工业，农业的压力是非常大的。据有关方面资料显示，我国人均占有土地面积为

11165亩，仅为世界平均水平的1/3。而现有耕地仅占土地面积的13.17%，为19151亿亩，人均为1159亩，不到世界平均水平的一半，且总体耕地面积呈减少势头，受旱面积、成灾面积呈扩大势头，足见中国农业压力之大。必须强化农业、注重农业，寻求有限资源下的农业发展及其超资源给出问题。邓小平曾提醒道，如果20世纪90年代我们要出什么问题的话，这个问题就是农业问题，农业一旦出了问题，三年、五年也难以解决。50多年中，中国农业先后出现过"四次"大徘徊：第一次，1959~1962年，农业生产连续4年下降；第二次，1972~1978年，农业生产增长极为缓慢；第三次，1985~1988年，主要农副产品相继走低；第四次，1997年至今，农业增幅下滑，尤其是农民收入持续下降。农业上的这些波动及其农业总体发展的缓慢，无不对经济社会造成严重影响，极大地制约了工业化、城镇化的进程，制约了改革开放的步伐，制约了国家经济社会战略的实施。所以，必须按照中央经济工作会议精神要求，在致力于发展工业、服务业、科技、金融以及新经济的同时，进一步增强农业基础地位意识，务实扶助，鼓励和发展农业，把加强农业发展和增加农民收入无可置疑地摆在经济工作的首位。

二、应进一步研究农业发展的基本思路

经过50多年的努力，中国农业已经有了一定的发展基础。目前的问题是，应研究如何顺应社会主义市场经济建设的内在要求，顺应经济全球化和新经济时代的内在要求，发挥后发优势，探索出中国社会主义农业经济发展特色之路径。笔者认为，综合多种认识，中国农业应实现"五位一体"的基本发展思路，即中国农业应是自力农业、财政农业、市场农业、科技农业、人文农业的统一。

1. 中国农业应是自力农业

农业的发展既取决于外部条件，更取决于内部农业劳动者自己的努力，且后者应是一定条件下的最根本动因。这里，农业劳动者的素质、意识、观念以及对农业的职业情缘、劳动投入是最重要的。中国农民的总体素质是比较低的，加之浓烈的小生产者的固执、偏见、惰性，从而成为长期制约农业生产率提高的桎梏。所以一方面，要引导农民自己起来改善素质；另一方面，要有计划地对农民进行素质教育和培训。同时，特别是要把农业、农村、农民推向市场，要让农民在市场环境中寻求生存与发展的能力，让市场逼迫农民提高自我素质，适应市场，让市场机制调节农民行为，调节农业生产，调节农业经营。可以说，中国农民素质大大提高之时，就是中国农业大发展之时。中国农民素质的提高，是中国农业发展的基石。

2. 中国农业应是财政农业

农业生产及其经济过程的特点，决定了农业对政府的依赖性和不可分性。在农业商品化、现代化过程中，政府财政投资是农业发展的基本保障。如果一味置农业这个基本国情于不顾，忽略对农业的投资是不大现实的。尽管工业有拉动的作用，但也会因农业滞后而往往使工业陷入被动。中国的实践已充分证明了这一点。1980年以前的29年中，国家对农业的投入仅占总支出的11.19%，十一届三中全会要求逐步提高到18%，实际上"六五"期间不仅没有增加，反而下降到6%以下，20世纪80年代后期基本上是3%左右，90年代以来虽然有所增加，却仍然只是在10%的水平上。由于对农业投资不足，农业水利设施建设、农田基本建设、农业科技含量等受到严重制约，这是必须引起注意的。中国是农业国，理应实实在在地加大财政对农业的投资力度。

3. 中国农业应是市场农业

现阶段，重要的是引导我国农业尽快超脱自然经济，进入商品经济，按市场法则调节、带动农业发展。目前，全国人均农民纯收入仅为2000多元，反映了农业的商品化和市场化率太低，农产品价值的市场决定作用太低，农业比工业、农村比城市收入太低。市场条件下，包括农业在内，其经济活动都要受市场的供求、价格、竞争、资本等机制的影响，但由于中国农业大多数的自然经济状态和大多数情况下的政府指令干预，使得农业成为整个国民经济发展中最落后的一块，其根本的症结就是没有进入市场，没有真正按市场化原则来经营农业。虽然人们也认识到农民增收事关经济全局，但不能把农业经济融汇于商品经济，不能依市场需求来调节农业生产，不能有市场农业及其产生的活力，讲农民增收终将是一句空话。根据我国农业现状，目前，一是要引导农业趋向市场农业，让农民学会"经营的市场决定论"；二是放开农业市场，让外资、私企投资经营农业，真正走市场化农业发展之路。

4. 中国农业应是科技农业

我国农业的市场化水平低，还导致农业科技含量低。市场竞争往往推动着经济整体素质的提高，为了经济利益，任何经营者、管理者、生产者都必然千方百计节约消耗，降低成本，而最大的节约和降低都莫过于科技进步。科技含量的提高，使劳动生产率成倍增长，效益成倍增长。所以，解决农业增长，农民收入增加的关键还是培育、发展科技型农业。通过改良和优化农产品品种，改进农业生产条件，建立高效农业科技园或高效科技示范园区，推进农业产业结构高度化，积极实施农业集约化、机械化、水利化、现代化经营方略，从而尽快改变农业的自然经济状态。

5. 中国农业应是人文农业

我国 70%以上的地区为农村，聚集着占全国人口超过 70%的农民，如何保持在农业发展的同时，营造一个良好的农业人文社会环境，实现人口、资源、环境、经济的可持续发展，抑或说人文农业、生态农业、绿色农业、高效农业、现代农业的衔接统一问题，应提到议事日程。

三、应进一步探讨农业发展的基本举措

1. 提升农业经营层次，发展规模农业

中国农业发展到今天，已经具有走向规模农业的基础了，但今天的规模农业不是昔日的"大集体"，而是一种农业经济的结构再造、规模聚合，是一种客观规律作用下的自然而然的逻辑发展。一是按市场和资本规律，有组织地引导农民以土地、劳动力等为资本，组建股份（合作）制农产品制造公司；二是按市场和劳动规律，有组织地引导土地向种田能手集聚，逐步形成以种田能手为主体和主导的新的规模型农业生产经营体。中国农业经营之所以从 20 世纪 70 年代前的"集体"调整为 80 年代后的"个体"，主要原因是原有"集体"的行政性及其体制、机制对劳动生产力的不适应，而"个体"则是一种经济性的，家庭联产承包经营最大的贡献在于释放了农业劳动力，调动了农民的积极性。但是，当"个体"发展到一定水平，特别是个体的发展受到包括自身的、外在的条件制约而又无法排解的时候，"合作"、"联合"，从而寻求更大空间发展的心理机制便会萌生，并形成冲动。同时，农业劳动者和其他劳动者一样，随着进一步对农业劳动生产经营认识的深化，或者是发生劳动兴趣、劳动优势的转移，就在客观上要求提升农业经营层次，重置农业劳动资源、重组农业劳动分工。这就又在客观上要求探索新的农业经济组织及其结构。

从现实看，农户经营的"小而全"、自然经济形态与商品经济、现代市场经济之间的矛盾必须破解，否则，不仅形不成农业产业化经营，还会因为农业经营组织化程度低，抵御风险能力差，拖农业甚至整个国民经济的后腿。

也就是说，促进农业发展、增加农民收入，必须要使原有农业经营组织有一个大的裂变，必须真正地提升农业经营的层次和规模。也只有提升了农业经营层次和规模，农业的机械化、现代化才能落到实处。也只有规模上来了，农业的交易费用、生产成本才能降下来，从而农民的实际收入才能真真实实地增加，而且是持续的、稳定的、呈增长型的。从另一个角度看，农业的规模化经营、公司化运作，不仅使"农民"转为"农工"，而且有可能造就一支现代农业劳动大军，彻底摆脱小农状态。同时，还能从体制和机制上真正解决减轻农民负担的问题。

由于不直接面对农民，直接与"公司"组织接洽，而"公司"则又是依据《公司法》运营，必然极大地遏制各种负担，并大大改善农民与政府之间的关系，保障农村社会秩序的基本稳定。

2. 改善农业经营形式，发展多元农业

农业经营形式的多元化是摆脱目前农业困境的基本选择。多元不是无序，我们必须对农业给出区划、遵循。从客观资源看，多元化就是要宜农则农、宜林则林、宜牧则牧、宜渔则渔；从主观条件看，多元化就是要使农业经营形式尽量与农民的心理接受认可度相一致，在农业领域或建立发展农垦农业，或建立发展农庄企业，或建立发展承包企业，或建立发展单一农业企业，或建立发展农、工、商一体化综合企业。而从中国近些年看，农业经营形式相对比较机械与单调。如果说前30年我们过分强调了大一统的农业"大集体"经营形式走了极端，那么今天我们历经20多年，仍停留在单一家庭联产承包经营形式上，则也是应值得研讨的。我们是市场经济，而作为最大经济组成部分的农业，却一直实行行政性的经济承包，本质上可以说仍属于计划经济的范畴，显然与市场经济是不协调的。所以，当我们今天探讨加强农业和增加农民收入这个重大问题的时候，首先应解决农业经济与商品经济、市场经济连接从而放开农业经营形式这个大命题。尽管农业在我国经济社会中的独特性质和地位，要求国家关注农业、支持农业、发展农业，但从建立社会主义市场经济体制出发，农业还是应让市场发挥出对它的基础性调节作用，寻求市场机制引导下的多元农业经营形式。例如，调整农业产业组织政策，鼓励引导土地向种田能手集聚，允许种田能手雇工，实行农业企业化管理，支持种田能手规模扩张、发展农业制造公司，以及以农为本，农、工、商一体化发展，构建农业新的市场化经营体等。"公司+农户"的突破，在于公司化及其发展，死守着农户则肯定是无所作为的。我国一些农村的新的变化，无不是以公司化运作为内在动因的。因此，农业，首先要改善农业经营形式，发展多元农业，才能使农业的加强落到实处。

3. 整合农业经营关系，发展高效农业

所谓农业经营关系，即农业经营与工业经营之间的关系，农业经营与城镇化发展之间的关系，农业产业内部农、林、牧、副、渔之间，种植业与其他经济作物之间的关系等，也就是农业化、工业化、城镇化以及三者之间的关系。

首先，农业经营与工业经营之间的关系。从农业经营、农业发展的角度看，宏观上，政府应引导工业积极为农业开拓市场，实现农业、工业良性经济循环。目前，工业主要是轻工与纺织业，其主要原料、材料的60%以上来自于农业，尤其是在农业比重大、工业基础差的条件下，国家甚至应该考虑把轻工与纺织业作为主导产业，大力发展，可在形成经济优势的同时拉动农业发展，为农业经营创造市场条件。但是，长期以来，我们的产业战略及其产业主导定位，却似乎并没有真正注意到这一点，以至于某些省区硬是把原有的轻纺优势丢弃了，造成工业和农业的双双被动。这是必须注意的，并且是显然有着重大现实意义的问题。

其次，农业与城镇化发展之间的关系。多年来，虽然我们也明确提出了积极发展中小城镇的方针，但却由于农业经营化水平低以及户籍制度等因素，使得城镇化水平一直很低。城镇发展的基础是经济，而多数中小城镇又都是以农业区域经济发展为前提的，这不仅制约了城镇化的进程，同时又反过来影响着农业经营水平的提高和发展。农业经营最基本的是农产品经营市场条件，是一定城镇对农产品的吸纳与排散。所以，必须发展中小城镇，推进城镇化，从而带动农业经营发展。还应指出的是，因为城镇化转移了一部分农民，即进城的农民变为市民，走城市经济之路，从而有可能相对提高这部分人的收入。而仍留在农村的那些农民，也因农业生产资料拥有量的相对增加，从而实际上也必然会提高劳动收入。加之乡镇企业的发展，形成农村—乡镇企业—城镇这一新的农业经济格局，必定会提高农业经营的整体素质，增加农民实际收入。

再次，农业内部之间的关系。这一关系的整合，根本的是要坚持规模化经营、市场化经营、公司化经营、现代化经营的基本原则，按市场法则调节相应关系，优化关系结构层次，实事求是地发展自我及其彼此，既寻求一种关系互动，更追求一种高层绩效。

最后，还要注意调整、完善农业经营与政府职能之间的关系，既要加强政府对农业经营的宏观指导，也要加强农业经营自身的素质的提高。要处理好农村政企之间的关系，最重要的是要发挥各自的积极性、主动性和创造性，共同完善农业经营关系，提高农业经营水平。

（原载于《经济经纬》，2001 年 5 月）

再论在加强农业发展基础上稳步增加农民收入

摘要： 增加农民收入的根本还在于农业发展自身，特别是农业产业化发展。在当前，推进农业产业化发展，应着眼于促使农业产业结构高度化，化解农业经济风险，扩大农业产业化发展对农业剩余劳动力的吸纳度，增加农业人力资源及其利用率，提高农业比较利益和调动社会对农业投资的积极性，切切实实地增加农民收入。同时，应进一步加强国家对农业经济发展的宏观调控，从发展方向、发展政策、发展制度、发展组织措施上引导农业产业化进程，以求高效发展农业经济，稳步增加农民收入。

关键词： 农业；农业产业化；农民收入

增加农民收入重要的是农业发展本身。农业发展既有传统农业发展的问题，也有现代农业发展的问题。时下普遍的看法是农业问题必须超脱出就农业看农业的怪圈，走工业化、城镇化从而带动现代化发展的路子。这一思维无疑是正确的。问题是这里讲的工业化及其与农业发展、农业现代化的关系，需要弄清楚。即，这里讲的是农业应趋向或装备成工业部门、第一产业的工业现代化，还是立足农业的产品制造，形成农业现代化发展进程中的工业化发展问题。显然，首先是粮食作物加工业和其他经济作物加工业的工业化发展问题，抑或说农业生产的工业现代化发展问题。如果是这样一个理论，那么，我们讲的工业化——以工促农就应该首先是指农业产业化问题。实际上，推进农业产业化的预期，恰恰在于一方面要着力加快农业的工业化发展；另一方面要着力提高农民的比较利益，增加农民收入。所以，严格地讲农业发展，主要应是指农业产业化的发展，而所谓在加强农业发展基础上稳步增加农民收入，也可以说是在加快农业产业化发展基础上的稳步增加农民收入。

一、推进农业产业化，增加农民收入

农业产业化，顾名思义是指农业经济的产业化发展与企业化运作。即按照农业经济的产业化、市场化规律，把千家万户的零散劳动与千变万化的市场需求连接起来，实施企业化组织经营和管理，尽最大努力地转化和提升农业劳动的经济效益。

农业产业化是加强农业发展基础的主导内容，是农业规模经济发展的必然选择，也是实现农民持续、稳步增收的基本保证。

（1）推进农业产业化，有利于解决现存的分散型农业规模与科技进步之间的矛盾，促使产业结构高度化，从而增加农民收入。目前，我国农业经济组织绝大多数为小规模、超小规模型，从而排斥了先进科学技术的引进应用，导致劳动生产率低下，农民增收缓慢。而产业化发展，由于实现了农业土地、资本、劳动力等要素的规模聚集，并成就了现代农业技术和农业机械的应用条件，便大大降低了农业生产和经营成本，从而必然大大提高农民收入。

（2）推进农业产业化，有利于解决现有的农业生产与农产品商品化率低、农业生产和流通费用高之间的矛盾，化解农业经济风险，从而增加农民收入。根据有关资料分析，现阶段由于农产品商品化率低，农业的生产和流通费用高，农业亩产收入只有投入的80%，而超过80%的农民收入又主要来自于农业生产。显然，这两个80%说明，增加农民收入，就必须提高农产品商品率，降低农业生产和流通费用。其基本的路径就是实施农业生产的产业化发展和企业化运作，调整现有农业劳动的经营管理方式，即引入农业劳动组织变革，按产业化、市场化、企业化要求，优化农业经济组织，从组织措施上保证农业生产与农业需求之间的平衡衔接，保证不断提高农民收入。

（3）推进农业产业化，有利于解决现有农业发展速度与对农业劳动力就业吸纳程度之间的矛盾，促进农业剩余劳动力在农业领域的充分安置，从而增加农民收入。无论是城里人，还是乡下人，都说农民现在是"不缺吃的、穿的，就缺零花（钱）的"。农民货币收入少，根本的原因是农业产业化程度低，农业劳动力的工业化就业率低。而推进农业产业化，不仅使原有分散的农业生产转变成现代化规模生产和工厂化规范生产，还由于产业化发展及其企业化运作，使农业生产与市场需要之间实现了对接，非常有利于产业做大、做强，促使产业环链不断拉长，形成农业生产、加工、运输、销售一条龙，农、工、贸一体化。产业化的发展将大大拓展农业生产的能力和潜力，大大拓展劳动力就业的空间和渠道，使更多的农业劳动者转换成现代产业工人，和企业员工一样实行着劳动薪酬制，有力地保证了农民货币收入的稳定性、长期性和递增性。

（4）推进农业产业化，有利于解决现有农业劳动者素质与现代农业发展需求之间的矛盾，开发农业人力资源及其利用效率，从而增加农民收入。我国人口多，素质差，一定意义上主要应是指农业劳动者素质差的问题。素质差，就业及其劳动力支出效率低，其收入也就必然少。而提高农业劳动者的素质，除加强对农业劳动者的教育和培训以外，重要的还是随着进入现代，特别是随着农业产业化发展，依靠产业化和企业化的规范约束，使农业劳动者的素质按照现代企业劳动岗位要求，从不自觉地提高，转变成为自觉地提高，包括文化素质、技术素质、经营素质、管理素质、创新素质等个体素质和整体素质的提高。同时，由于产业化发展带动农业劳动者素质的提升，使得农民收入的素质基础和发展余地增大，从而有利于农民从自身素质能力出发，不断寻求创收的新的增长点，多渠道、多层面增加收入。

（5）推进农业产业化，有利于解决现有农业的现代化发展与农业投入不足、后劲乏力之间的矛盾，提高农业比较利益，调动农业和非农产业资本对农业投入的积极性，从而使农民收入进入持续、稳定、高速的增长。我国农业发展的一个谁都能看透、却谁都不愿意说透的问题，就是谁都不愿意对农业投资，包括政府、金融业、工商企业在内，原因是农业的原始经济性质和低下的农业比较利益。而实现农业产业化发展以后，产业的提升特别是农业土地、资本、劳动力的相对集聚，农业生产与市场需求的对接，以及企业化再造出现的规模农业、公司农业、市场农业、现代农业，便吸引了农业内外的众多投资者来经营农业，这必将极大地缓解农业投入不足的矛盾。由于社会各界加大了对农业投资的力度，不仅较好地逐步解决了农业发展后劲乏力的问题，还促进了产业化的进一步发展，使农民能够在这一过程中既与投资者、经营者一同共享产业化发展带来的比较利益，同时又保证了农民收入的可靠性。

综上所述，推进农业产业化，既是现时中国农业发展的基础，更是增加农民收入的重大组织举措。特别是在加入 WTO、经济全球化背景下，加快推进农业产业化，不仅可以极大地推动农业向工业化、现代化发展，对农民收入的影响也必然是现实的、长远的，甚至可以说是带有战略性意义的。

二、加强宏观调控，加快农业产业化进程

农业的产业化发展，解决的是规模及其持续高效——不断拉长产业链，不断寻求经济新突破，不断生成经济新生点问题；企业化运作，解决的是组织及其增长方式——降低农业的市场成本，降低农业劳动风险，提高农业经济素质，提高农业比较利益问题。所以，必须毫不迟疑地加快推进农业产业化步伐。以农业产业化发展带动农民收入的增加，是当前的一个基本着眼点和基本思路选择。应该指出的是，农业产业化的发展，既是农业经济系统自身的事情，同时，也需要国家从政策、制度、组织等方面的引导。

要解决农业积累率低，农民增收缓慢，根本的出路还在于农业的工业化发展，特别是加快以农业原料为基础的农产品加工业的发展，这也是农业产业化发展的物质基础和主动脉。因此，在当前，尤应注意做好以下几方面的工作：①大力开展农业区划调研工作，搞好区域（市、县、乡镇）农业经济定位，培育、开发优势农产品和潜力型农产品，制订中长期发展规划，寻求扶持农产品加工业发展的有效途径，把农业区划工作的重心放在积极推进农产品加工业发展这个主线上来。②制定产业政策，引导农业经济发展的现代企业制度建设。即在农村家庭联产承包责任制和允许农业土地承包权流转条件下，鼓励农民以土地、劳动力、技术、资金等入股、合伙，建立新的农业企业组织，形成多个农产品原料生产（公司）基地、初加工（公司）基地、深加工（公司）基地、特殊加工（公司）基地等农工企业经济体。③整合重组原有乡镇企业，把那些有一定基础但缺产品、缺项目的企业，引导转向农产品加工业领域。④坚持走农产品加工业发展带动路子，对于人多地少却又有相应地理区位优势的地方，应注意引导发展农产品加工业中心，构建以农产品加工为主体的中、小区域经济圈。⑤着力解决优势农产品和先进加工技术的产业契合发展问题，把农产品加工业建筑在先进适合技术、高新技术的较高起点上，以利于农业产业化发展和升级。⑥采取优惠政策，大力吸纳工商企业对农产品加工业的投资，或是独资，或是参股，或是"公司+农户"、"公司+基地+农户"等多种形式，加速农产品加工业的发展。⑦重点帮助农产品加工业的龙头企业。龙头企业的产业关联度高，影响带动面大，发展农业产业化重点就是要发展"龙头"企业。由于龙头企业的规模及其产业链系较长，许多地方往往还以龙头企业为骨干组建大型企业集团，跨地区、跨国家开展资本运营，大大促进了地区农业经济的发展。⑧开拓创新农产品加工的品牌产品、品牌企业、品牌效应。随着农业生产与市场的产业化联接的实践逐步深入，无论是原粮、原棉、原自然经济作物的生产，还是对农产品进行加工，农业生产劳动者日益感到了品牌的价值效应，都已经开始关注品牌开发，以及品牌效应下的利润和比较利润的增加。这几年，人们拉长产业链的思想基本树立起来了，而对拉长品牌链的思想却仍处于懵懂状态。事实上，创出一个品牌，其品牌链系也是无限的，并且不管是主业还是辅业，其带来的增值度都是非常可观的。所以，尤其在农产品加工业发展，必须下大气力做品牌、创品牌、抓品牌、用品牌，形成高层次、大名气的品牌加工业。

三、健全农业协作组织，改善农业产业化运营机制

目前，中国农业产业化发展面临着三个突出的问题：一是如何尽快地把单门

独户的农民组织起来，变分散劳动为规模劳动，实现农业经济效益的最大化。二是如何科学地构建起高度市场化的现代农业产业体系。三是如何理性应对加入WTO，国内农产品市场对外开放，农业外部压力日益增大的严峻形势，转换农业经济管理体制和机制，在搞好各地各种产业定位的基础上，实现与国际经济的融合。显然，这一切单靠政府包办、统筹是不可能的，而且几十年的农业经济实践也证明许多问题是政府不该管、管不了、也管不好的，这就需要农民自己借助市场、借助政策、借助优势，建立自己的组织，即农业协会。从发达国家历史看，其农业产业化发展与农业协作组织的建立运营是密不可分的。可以说，农业产业化的过程，也就是建立健全农业协作组织、发挥农业协作组织功能作用的过程。农业协会是一种适应农业产业化发展要求，实施市场化、企业化运作机制，由农业劳动者自愿、自主组织起来的民间组织。它有自己的行业规则及伦理约束，承担着农业与市场产业化发展过程中的规划、指导、服务及具体生产、流通的组织等职能。农业协会按农业产业性质可以是各级各种农业行业协会，如小麦协会、棉花协会、苹果协会，甚至土豆协会等，正是这些大大小小的不同的农协组织，很好地解决了农民买难卖难、中间盘剥多、实际收入低的问题。它们的出现不仅有力地推进了农业产业化进程，而且极大地活跃了农业经济和农村、农民的经济时空，彻底转变了小农经济的约束，一跃进入现代农业。农业协作组织及其运营做了政府想做却无力去做的事情。

农业协会作为一个非营利性组织，实际上是某一些关联产品的行业利益共同体，既在整体上促进着行业的发展，又协调着行业内各价值链、利益链"链主"的互动行为，并代表行业对外，包括与政府之间的接触及其关系处理。

近几年来，随着中国农业产业化的发展，各类农协组织大量涌现。根据农业部的统计，全国已有"类似"的农协组织14万个。所谓"类似"，是说从某些方面起到了"农协"的职能作用，但受相应观念、制度、政策诸因素制约，还不能算作是真正的"农协"组织。目前，中国"类似"的农协，主要表现为两种：一种是供销合作社，承担着某些专业性经营服务的内容。但由于长期以来供销合作社的"大集体"、"二国营"性质及"供销合作社"的"政府形象"，使得其与农民之间的行政隔膜成为影响供销合作社趋向"农协"、履行"农协"职能、促进农业产业化发展的阻滞。另一种是顺应农业产业化发展要求，由农民自愿组织起来的一些专业合作组织。如报载北京市这两年新发展的这种专业合作组织就有1700多个，参加者达22.3万户，承担着全北京市80%的鲜奶、50%的蔬菜、47%的果品、30%的水产品供应，这种由农民按照产业化规律及其市场机制建立起来的"农协"组织，完全改变了原有农业的发展方式，走向了产、供、销，农、工、贸一体化，并在大大提升农业产业化程度的基础上，大大增强了农业经济的活力,大大增加了农民的收入。

有关课题研究显示,农民从生产的农产品中应该得到的利益约有43%在加工和交换过程中流失,而同时全国24亿农户中,户均耕地0.42公顷的规模水平,又决定了单个农户在市场中的完全没有地位,及其承受的相当高的交易成本,更谈不上在日趋加剧的农产品的世界贸易自由化面前的经济主动性。所以,在我国,必须加强农业协作组织的建设,特别是要以农业经济结构调整、推进农业产业化进程为契机,建立健全各级各种农业协作组织。从近几年中国农业协作组织发展情况看,尚存在一些亟须认真研究和解决的问题:一是农协组织的独立运营问题。农协组织是一种专业化群众性联合体,即自己组织起来,运作自己的事情。然而多数农协组织却由当地政府官员出任领导,出现新的政府与农协组织合一,从而降低了农协组织的运营效率和自主性。二是农协组织是顺应产业化、市场化、企业化发展,由农民自己组织起来的民间经济体,然而,按现行规定,凡成立协会组织的,都必须有一个政府业务主管部门,并接受包括民政部门在内的政府检查监督。这就使得农协组织在实质上又回到了计划的、行政的管理之中,从本来应该与政府没关系,走向必须与政府建立起关系,这必然严重影响和束缚着农民推进农业产业化的积极性、主动性和创造性。整个改革在这里又走了回头路——一方面,改革要求企业与政府分开;另一方面,现实又要求企业必须与政府挂钩。三是农协的建立和运营,体现着农业产业化发展的组织措施和手段。可是,时至今日,关于农协发展的相关政策、法规,却迟迟没有出台,这又使农协组织运营及其农业产业化的发展处于沙滩和空中楼阁境地。四是农协及其组织运营的理论研究滞后,这既导致了政府决策的无所适从,也因为缺乏理论指导而使农业产业化难以有实质性进展。

四、遵循工资劳动关系规律,提高农业产业化外向度

中国农业人口多,人均耕地少,农业劳动力必须在农业产业化过程中,获得合理配置和利用。所谓合理配置和利用,一是循着产业化发展规律,拉长产业链,不断扩大农业劳动力就业;二是循着产品细分、市场细分,培育构筑劳动资源型为主体的产业,不断转化农业劳动力就业,如建筑业、装饰业、搬运业、家政业等;三是循着工资劳动关系规律,增进农业外向度,跨地区、跨国家开展劳务输出经济活动,出现更多的"受雇者"、"受雇群"。

多年来,我们人为地割裂了劳务输出与农业产业化的内在联系,总认为农业产业化是个产品组织问题,而劳务输出是个劳动力组织问题。且不说在我国推进农业产业化的初衷实质是想解决农村大量劳动力出路、稳定农村的"讲政治"的

问题，即使是农业产业化发展，其主体也应是劳动力。要按照产业化演进、发展劳动力，又按照劳动力发展、推进产业化，生产力中劳动力始终处于最活跃、最生动、最具有决定性意义，这是生产力经济学中的一般原理。劳务输出本身就是农业产业化的重要组成内容。因为在产业的细分过程中，不仅产业链系无限延伸，劳动力也会随着产业的重组、创新而分化、流动。随着农业产业化发展，一些劳动力留在了原有或是升级后的劳动岗位上，一些劳动力则会游离出原有劳动过程，寻求新的就业机会。而那些缺乏专业技术或是专业技术级低面窄者，则必然成为普通体力劳动者——"蓝领"阶层。相对来说，他们只能被动地受雇于某一体力型、初级型劳动过程，如建筑劳动中的建筑工人、隧道桥梁建设中的工人，以及农场、庄园的农耕工人等。其实，我国农村的大量外出打工者，无论是在国内还是国外，多属于此类。劳务输出，近几年也好，在未来也好，只要劳动力素质没有一个较高的提升，都只能是这种类型的。中国早期漂泊海外的"宁波工群"、"温州工群"，中期的"十万大军出太行"，近期的"国际工程承包"……无不例外。在我国，劳务输出，特别是高级劳务人员的输出，仍为极少数，大多数都是干苦力的，一些人把这种现象称为"苦力经济"，但是虽然苦，作为一种劳动却也获得了相应的薪酬。一些外出打工者说，在哪儿都是吃苦，但外出还是"挣钱"了。

据报载，国家农业部副部长张宝文曾指出，全国 4.8 亿农村劳动力中，1.6 亿人在当地从事乡镇企业和其他非农产业，3.2 亿为农业劳动力。目前，种植业实际需要 1.5 亿劳动力，加上专门从事林牧渔业生产的 2000 万，农业实际需要劳动力为 1.7 亿。农村有 1.5 亿富余劳动力，而且每年还要新增劳动力 600 多万人。这些年，我们在统筹城乡劳动力就业方面做了积极的努力，但由于城市企业下岗工人安置难，政府的重心不得不放在城市，所以，往往忽略农村这一头，加之对农业劳务输出缺乏制度、政策、法规、信息、组织等供给，使得农业劳务输出始终没有走上轨道，特别是跨省区、跨国界的劳务输出，形不成经济景气。打工者触犯刑律者居多，也可以说是对目前我们缺乏有组织劳务输出所敲响的声声警钟。而一旦重视和认真地加以组织，则将会从一般地解决农民的几个零花钱一跃转化成一支国民经济的新生力量，其经济效益必将是难以估量的。一些已经形成产业化发展和劳务输出双重绩效的地区的经验充分证明了这一点。

目前，除了积极组织好国内各地区之间的劳务输出以外，重要的是要开拓国际劳工市场渠道，实施跨国输出，构筑国际劳务大军，参与国际劳务竞标，承揽国际劳务工程，"走出去"、"到国外去"、"挣老外的钱"，应作为一种农业产业化劳动的时尚。

五、加快工业化，延伸农民增收链

如前所述，农业产业化的本质是用发展工业的理念发展农业，用先进的工业技术提升农业，用现代管理方式管理农业。以笔者之见，现阶段的农业工业化主要应集中在以下几个方面：第一，加快农业内部经济结构调整，以市场及其需求为导向，尽快形成产业化、市场化、企业化的现代农业经济运营体系。第二，注重比较优势与后发优势相结合，搞好产品细分，拉长产业链条，引导农业经济逐步趋向产业集群，构筑相应区位经济圈。第三，把农业产业化与城镇化发展结合起来，加大营造良好经济发展空间及制度环境、政策环境、人文环境等力度，积极吸引国内外科技界、工商界、金融界走入农业工业化过程。

城镇的崛起，是社会进步的标志。而城镇的产生与发展却首先是相应经济的积聚与发展。今天讲加强农业基础，已不再仅仅是农田基本建设、水利基本建设等，这对于农产品商品粮基地建设来说是至关重要的，而对于整个农业基础，关键的还包括农村交通设施建设、电力设施建设、工业化园区建设等。从这些年的实践看，随着农业区划和农业经济结构调整，农业生产力布局已经开始把农业化、工业化和城镇化发展联系为一体，有重点、有步骤地围绕有一定自然优势、区位优势、经济优势的城镇，集结产业、集聚资本、集合规模，逐步形成了一些工业化的小城镇或微型城镇。有的还因势利导，打破原有建制城镇局限，依托一些乡镇企业比较集中的村落，发展成为新兴的工业小城（镇），不仅实现了乡村都市化，更极大地推进了农业产业化，改变了农业依农唯农的旧面孔、旧模式，大大激活了农业经济的生机。

城镇化是经济发展的必然趋势，是现代经济发展到一定阶段的产物。我国的城镇化发展必须与农业产业化协调同步。目前，尤其应注意使产业布局与产业集群以促进区域性中小城镇发展为转移。区域性中小城镇，一般是在经济、社会、文化、政治、历史诸方面能够对区域发展起到辐射带动作用、有着一定的比较优势和发展潜力的城镇。区域性中小城镇的发展：一是一定要量力而行，要遵循产业化、工业化发展而发展，不可空手造市，无项圈地，搞没有任何经济支撑的棚架城镇；二是一定要立足区位优势，寻求发展契机，锤炼个性与特色城镇，其中，关键是努力造就一些基础好、效益好、竞争力强的产业，有一个独具特点的合理的产业结构；三是一定要营造环保型的、自然生态平衡的现代城镇，要按照自然规律、经济规律、社会规律等组织和建立起相应网络，切入高新起点，争取后发优势，真正把农民带入到现代化、信息化、高科技化的社会里来。

参考文献：

［1］中共中央关于完善社会主义市场经济若干问题的决定［M］.北京：人民出版社，2003.

［2］中国社会科学院农村发展研究所，国家统计局农村社会经济调查总队.中国农村经济形势分析与预测（农村经济绿皮书）［M］.北京：社会科学文献出版社，1993~2003.

［3］我国农村劳动力转移就业任重道远［N］.河南日报，2004-04-08.

［4］［美］盖尔·克拉默，克拉伦斯·詹森.农业经济学和农业企业［M］.北京：中国社会科学出版社，1994.

［5］邓军.论在农业发展基础上稳步增加农民收入［J］.经济经纬，2001（5）.

（原载于《经济经纬》，2004年3月）

农民工"薪酬低"与"民工荒"关系探析

"民工荒"也许将成为中国经济社会发展过程中的一种正常现象，但在人力资源丰富的中国出现"民工荒"，似乎又是一种非正常现象。受2008年国际金融危机影响，沿海工业重镇一度出现农民工返乡潮。随着世界经济从萧条中逐渐复苏，农民工又开始返城务工，且出现供不应求现象。特别是到岁末年初每每发生"民工荒"，不仅东南沿海，即使是在中西部等内陆省份也出现了"民工荒"。长期以来，我们依靠农村与城市待遇的"剪刀差"，走"低收入—高积累"发展道路，依靠劳动力成本优势，参与国际经济循环，创造了国民生产总值世界第二的奇迹。"民工荒"现象告诉我们，要想继续保持发展优势和态势，必须从思想观念、制度、政策上，转变目前国民收入的分配方式和企业盈利模式，提升包括农民工在内的产业工人的工资，发挥工资杠杆作用，保持劳动力的合理流动，全面开发和利用好我国的人力资源。

一、全社会劳动工资水平低，形成农民工薪酬低及"民工荒"

"民工荒"的出现，原因很多，但农民工的薪酬低且增长缓慢，应是第一原因。当然，农民工的薪酬低、增长缓慢，却又是受我国全社会工资水平相对较低的大环境影响的。长期以来，中国走的是"低收入—高积累"的国民经济发展和国民收入分配的路子，这便在一定程度上决定了我国全社会工资水平长期偏低的局面。中国依靠低廉的劳动力成本，完成资本积累，形成参与国际经济竞争的比较优势，本来是无可厚非的。但是，由于工资长期处于低水平，加之始终没有建立起一套完善的工资正常增长机制，致使劳动者的工资收入与国民经济发展、劳动报酬与劳动生产率增长不同步的问题至今没有切实得以解决。显然，要解决农民工工资低问题，协调好"民工荒"，就应从解决全社会工资水平偏低问题切入。

1. 完善工资增长机制，实现工资增长与GDP增长相适应

相关数据显示，1997~2007年，政府财政收入占GDP的比重从10.95%升至20.57%，而劳动者报酬占GDP的比重却从53.4%降至39.74%。工人工资占

GDP 比重的世界平均水平是 55%，在 OECD 的国家，劳动报酬在 GDP 中所占的比重在 1978~2008 年，大部分国家基本上都在 60%以上，高的达到 70% 以上，其中欧美一些发达国家多在 65%左右。这些数据告诉我们，中国工资收入占 GDP 的比重是持续下降的，而且处于世界平均水平的末端。与此形成鲜明对比的是税收和企业利润的高速增长，中国税收从 1999 年的 1.1 万亿元上升为 2007 年的 4.6 万亿元，扣除物价因素，年均增长率为 16.2%，远高于真实 GDP 年均 9.8% 的上升幅度。受金融危机影响，2009 年税收增长 8% 左右，出现 13 年来首次低于 GDP 增速的情形，但从整体上看，长期以来我国的税收增长幅度都是高于居民收入增长幅度的。

工资增长水平低于 GDP 增长水平，所带来的后果是居民消费不足，这恰恰是中国一直刺激消费、扩大内需而效果却一直并不理想的症结所在。对长期困扰我国消费不足的"顽症"，我们经常归因于老百姓热衷储蓄"不愿花钱"，殊不知工资水平适应不了经济水平，分配适应不了消费，才是最根本的因素。投资、消费和出口是活跃经济的三大动能，但由于长期以来国内消费增长一直远远落后于投资和出口增长，因而频频出现国民经济失衡。工资水平与 GDP 水平的脱节，还带来了许多社会问题，特别是由于工资偏低，通胀压力不断增大，使得人们不得不控制即期消费，增加储蓄，以应对未来的不确定性可能带来的个人风险。

2. 调整个人所得税起征点，提高社会中低收入人群实际收入水平

个人所得税既反映了一个时期国家对国民收入进行分配和再分配的政府功能和机制，也表明该时期该国社会劳动者个人收入的一般水平和定位。个人所得税的这一两面性，特别是长期以来决策者们对个人征税与个人收入水平关系的"模糊"，不仅制约了中国全社会工资水平的提高，而且严重影响企业的初次分配。例如，目前中国个税起征点定在 2000 元，很多企业就把农民工的基本工资水平定在 2000 元以下。有人算了一笔账，从 20 世纪 80 年代初中国开始征收个人所得税，到 90 年代初，中国职工月平均工资约为 60 元，当时的个人所得税起征点为 800 元，大约是月均工资的 13.3 倍。目前，中国的个人所得税起征点是 2000 元，2010 年城镇职工月平均工资是 2000 元，按 13.3 倍计算，个人所得税起征点应在 26600 元。我们不去研讨起征点，但可以认为起征点与平均工资是相联系的，反映着一个阶段的职工的实际工资收入，这无疑成为直接导致农民工工资水平低的因素。由此可见，个人所得税起征点的调整本身，既是国民收入二次分配公平性的基本内容，又是保持国民收入分配公平性的重要杠杆。随着经济增长和国民收入水平的不断提高，个人所得税起征点应相应提高，否则，较低的个人所得税起征点不仅不能发挥调节收入分配的作用，还必然会加重广大中低收入阶层的负担。在中国现阶段，人们收入的主渠道是工资，人们依靠工资来负担住

房、养老、医疗以及养育子女等，再考虑到物价水平的持续上涨，名义工资和实际工资的反差就是不言而喻的。在这样的背景下，如果没有一个合理的个人所得税起征点，就会影响到大多数人的正常生活，尤其是会影响到农民工基本薪酬收入，因为农民工本来就比相对固定的一般工薪阶层的收入低。令人欣慰的是，中国已决定调整个人所得税，起征点由原来的2000元调整为3500元，并从2011年9月开始实施，这无疑有利于提高中低收入阶层的实际收入水平。

二、企业职工工资占生产成本份额低，导致农民工薪酬低及"民工荒"

成本与企业发展关系规律揭示，企业的运营成本结构，无论是经营成本还是生产成本、管理成本，其中人工费用即劳动力成本总是呈增长趋势。换言之，企业成本中劳动力成本不仅占据相当份额，而且劳动力成本比例还会越来越大。在工业化前期或初期，由于技术的、资本的因素，企业发展主要表现为比较劳动成本优势，随着企业技术和资本有机构成的变化，比较劳动成本也会随之变化，即从低劳动成本构成逐渐转向高劳动成本构成。例如，资本主义初期，劳动力成本在企业成本中所占比例不足20%，到资本主义中期，劳动力成本占到企业成本的40%，而现在劳动力成本一般占到企业成本的60%以上，有的甚至高达75%。这不仅是产业革命不断调整和重组着企业的有机构成，大大提升了企业效益的结果，同时，也充分反映了企业由过去的重物转向重人的观念的变革，以及强化人力资本投资，追求人力资源开发利用最大化的动力机制和目标。过去，人们只注意到资本主义企业每增加一个劳动力取决于它的边际效应，却往往忽略了企业实施的高工资与高效率的劳动分配方式和运作机制。著名的管理学家熊彼特等一直在大声呼吁，政府和企业绝不可以长期依赖低廉的劳工成本试图创造经济奇迹，任何企业都不会也不可能依靠劳动成本优势存续下去。

中国尚处于社会主义的初级阶段，我们虽然还没有从整体上实现企业有机构成的深刻变化，但又确实已经进入新型工业化、新型城镇化发展阶段，这在客观上就要求企业成本构成一定要随之发生变化，即应该随着企业劳动生产率的提高不断放大劳动力成本量，提升全社会劳动者的工资水平。应当承认，进入21世纪以来，我国职工工资在总体上是呈增加势头的，但与国际上劳动报酬水平相比，与国民生产总值增长相比，与国家财政收入增长相比，几乎是不成比例的。从微观层面看，受"低工资、多就业"、"全面成本质量控制"影响，在企业成本构成中，劳动力成本所占比例较小。20世纪80年代劳动力成本在企业成本中的比例为10%~12%，90年代劳动力成本在企业成本中的比例为15%~18%，现在的劳动力成本在企业成本中的比例为 12%~20%（其中，增长的动因主要是来自物价和通胀影响，并非真正要加大人力资本投资），不仅没有增加，反而出现下降。企业成本构成中的劳动力成本水平直接决定着社会工资水平，这就决定了当前我国整体工资水平必然是较低的，从而也就决定了农民工工资水平必然是更低的。

需要指出的是，中国的统计数据多数情况下，都是只讲城镇居民收入及其增长，而并不直接讲企业职工工资收入，这就容易导致决策者们忽略企业成本构成对企业职工工资的影响，非常不利于政府和企业对工资的正常增长机制的调整和完善。事实上，城镇居民收入包括行政、事业单位人员和企业职工收入，很明显，公务员、专业技术人员相对收入较高，从而必然拉高城镇居民收入水平，难怪就连国有企业的职工也发牢骚，抱怨国家公布的居民收入水平与自己的实际收入差距较大、"感受不到改革发展成果"。这些相对固定职业岗位人员的工资尚且如此，农民工的收入也就不言而喻了。

有人说，农民工工资低是由于农民工的素质低，其实，这话只说对了一半。农民工素质为什么低？本质上正是长期的低工资严重制约了农民工素质的提高。劳动力价格过低，就无法对自己和自己的下一代进行技能培训和人力资本投资，所以，劳动力素质就没有条件提高和改善。正如一些专家指出的那样，从长期看，这会形成一个恶性循环，即中国农民工大多从事的是劳动密集型产业，工资低，他们往往和技术含量低、附加值低、需求弹性小、利润份额小的产业联系在一起，自然而然地对产业结构升级带来了极大的阻力。同时，这还会陷入一个贫困化与 GDP 同时增长的尴尬局面，久而久之，中国劳动力成本低的比较优势就会变成我国产业结构升级的障碍。此外，农民工的流动性较强，"民工荒"的出现，很大程度上就是因为农民工就业的不稳定性，低工资没有办法形成对农民工的吸引力。

三、农民工经济主体地位低，引发农民工薪酬低及"民工荒"

有关研究表明，近几年，中国劳动者报酬占国内生产总值的比重相对下降。从理论上看，这反映了劳动力市场作用越来越大，是劳动力供给大于需求的结果；从实践上看，中国劳动力市场对劳动力价格有影响，但不是主导力量，起主导作用的是长期以来形成的观念、制度、政策及其主导下形成的初次分配的现实格局。毫无疑问，农民工的社会经济主体地位以及国民收入分配主体地位，是其薪酬高低的决定性因素。正是农民工国民收入分配主体地位的模糊和缺位，使得农民工不能成为一个相对独立的经济分配主体，或称为利益群体，不仅导致农民工薪酬低,而且给用工单位压低劳动力成本、随意拖欠和克扣农民工工资提供了可能。同时,基于经济理论与经济政策,国民收入初次分配格局的形成又主要是劳动力市场力量和影响劳动力市场的制度因素共同作用的结果,这就必然使得农民工虽作为劳动力市场上的主体,却不能拥有国民收入分配主体地位。这一方面,严重扭曲了国民收入初次分配的公平性;另一方面,严重削弱了劳资双方身份上的平等性。

"民工荒"出现在人力资源大国,出现在劳动力供给始终大于需求的背景下,从客观上看是不正常的。为什么这几年会出现"民工荒"呢?究其原因,无外乎两点:一是中国在加速新型工业化进程和劳动密集型企业发展中对农民工的依赖性;二是人文社会经济时空的变迁。过去,农民工进城打工主要是想挣一些"零花钱",且年龄偏大。现在,被称为"农民工二代"的务工者,从观念到自身素质,都较之"农民工一代"有了极大的改变,他们无论是在理想追求还是在职业选择方面,不仅要求与其他产业工人同工同酬,而且,要求所处地域、工作环境、生活条件享受与城里人一样的待遇,也就是给予他们同等的社会经济地位和参与社会收益分配的地位,不再受歧视,不再任摆布。尽管他们也知道,从农村到城市,肯定会遇到种种非正常待遇,知道中国劳动力供给将会长期处于过剩状态,低工资局面将会持续存在下去,知道劳动职业与岗位的差别决定了收入分配的差别,但是他们总希望这些问题能够解决,待遇有所改善。而在他们认为还没有满足这种改善要求的时候,他们必然处在漂泊不定、犹豫抉择境地,"民工荒"就是这样产生的。

"民工荒"的形成,反映出中国社会主义经济理论与制度、政策,到了需要再修正、再完善的一个新的时点。"事实上我们的农民工并不具有在城市生产和再生产劳动力的权利,不享受城市居民享有的国民待遇,因而他们的劳动力价值低于城市工人的劳动力价值。"农民工的问题既是重要的经济问题,也是重要的社会问题,直接影响着我们的工业化、城镇化、农业现代化的协调发展。解决农民工问题,关键在于正确认识农民工在现代经济社会中的作用,确立农民工的国民收入分配主体地位,给予农民工相应的薪酬和劳动保障。同时,从宏观政策上应该不断提高全社会劳动者报酬在国内生产总值中的比重,改变劳动者报酬份额与经济发展水平反向运动的不合理状态,建立工资水平与 GDP 水平同步增长的机制,完善农民工工资保障机制,通过制度、政策的完善提升农民工的经济主体地位及其国民收入分配主体地位。

参考文献:

[1]陈享光.农民的国民待遇问题研究[J].学习论坛,2008(8).

[2] 简新华,张建伟. 从"民工潮"到"民工荒"——农村剩余劳动力有效转移的制度分析[J]. 人口研究,2005(2).

(原载于《学习论坛》,2011年第8期)

体制改革应树立劳动者（力）主体地位

体制的核心问题，是一个权限的划分问题。长期以来，围绕权限划分，过多的是从管理组织决策权限划分，即谁管谁、管到哪、管什么等方面实行的一种行政职权划分，而忽略的却是经济职权划分。因此，体制改革前，权限集中于中央和地方，即使进行某些改革，也是围绕中央和地方的权限调整，收收放放，放放收收。但不管怎么收与放，权限都集中在国家身上，一些人把此称为"国家本位"、"国家主体论"。体制改革后，这种"国家本位"开始动摇，并开始注意到了给企业放权，注意到了企业与国家的关系、企业活力与社会发展的关系，逐步承认了企业的经济实体性、商品生产者与经营者的独立的法人地位，并把增强企业活力作为体制改革的中心环节。这意味着我国的体制已由"大政府小社会"向"小政府大社会"、"国家本位"向"企业本位"方向转化。如果说中国的体制改革取得了伟大的成就和突破，那么，这种成就和突破，首先正是表现为中国社会主义经济形态中的利益主体及权限层次的位移，这种位移大大地推进了中国社会经济的发展，从而确证了"企业本位"论是符合客观规律的。但是，必须指出，这并不表明体制改革就成功了。回顾一下十几年改革的历程，在经济长足发展的同时，却出现了农业的徘徊、工业劳动生产率的滑坡、持续的通货膨胀、"三一经济现象"、全民皆商、全民"下海"等，这又是怎样的不理想啊。出现这些不尽如人意的事情，其根本原因在于劳动体制改革的滞后，在于没有抓住人、没有抓住劳动者这个关键的因素，并围绕劳动者（力）形成改革的主线条走开来。

第一，改革是要解放生产力、发展生产力。生产力是什么？是劳动者的生产能力，是劳动者的劳动投入产出的转化力。解放生产力，就是要解放劳动者的劳动潜能力；发展生产力，就是要发展劳动者的体力与智力，就是要使劳动者自由地、全面地发展。多少年来，一些理论总是讲，生产力的标志是劳动工具。然而，劳动工具恰恰是劳动力，即劳动者体力与智力运用及其水平的表现。劳动工具是由劳动者（力）创造出来的，生产发展与否、水平高低与否，其基本标志在实质上还是要看劳动力，看劳动力的体力与智力发展与否，看劳动力自由全面发展水平高低与否。而要发展生产力，任何社会、任何国家都必须创造出适宜劳动者（力）自由、全面地发展其体力与智力的环境与条件，从而由这种社会经济的外部受动性引导出劳动者的内因积极性、主动性和创造性。也正是这样，西方经济在进入垄断以后，生产力的发展即实行了一种以人为主题的人本主义的管理体制和经济模式，这是我们必须看到的。

第二，改革是要完善社会主义生产关系。生产关系包括生产资料所有制关系、劳动力与生产资料结合关系和劳动产品的分配关系。显然在所有制关系一定条件下，生产关系的完善应当放在后面两个方面，即劳动关系上，放在注意处理好劳动者（力）的社会、经济、政治地位及劳动力与生产资料的结合方式、劳动产品的分配办法等方面。但是，我国生产关系的完善、改革，至今仍停留在所有制结构调整上，既没有深入到劳动力所有制，也没有深入到劳动关系，而是如前所述悬在半空。因此，始终没有形成在所有制一定条件下，生产关系的完善，主要应是劳动关系的完善的正常思维。劳动关系，就是劳动力所有制关系、劳动力的劳动组合关系、劳动力的劳动产品分配关系。其中，劳动力所有制关系是基础。在今天，就是要承认商品经济条件下的劳动力归个人所有，劳动力的支出应是一种劳动力个人所有权下的平等交换，从而使劳动者作为一个独立的经济利益主体，去自主地与生产资料结合，去平等地参与劳动产品的分配。正是这种自主的、平等的劳动关系，构成了社会主义生产关系的本质内容。但是，时至今日，我们的生产关系的完善却始终绕开或回避劳动关系、劳动力所有权、劳动力商品交换的问题。所以，可以这样说，新的商品经济环境与劳动者的旧的劳动人事地位和关系之间的矛盾，是阻碍改革不能有实质性进展的根本因素。从生产力到生产关系，无不看出劳动者在社会经济中的地位和作用。因此，改革必须注意到人，注意到劳动者这个主体。也就是说，仅仅由"国家本位"移至"企业本位"还不行，还应下移，坚持"劳动者本位"论。管理权限划分必须从经济利益主体层次及其权限划分上研究并落实各自相应的决策权，尤其是把重心放在使劳动者拥有自主决策劳动力让渡与使用的权限上，使劳动者与企业、与国家一样处于平等的地位，平等地建立起一种劳动交换关系。也只有这样，劳动力才能与其他生产要素一样流动，优化组合，形成市场配置下的劳动力资源的充分利用。也由于这样，劳动体制和整个经济体制的改革，必须坚持"劳动者本位"论，即必须以劳动者（力）为主导，以等价交换为原则，以竞争机制为动力，促成劳动者（力）与企业一道进入市场，按市场法则实施劳动力调节、配套、转轨。

经济管理说到底，是劳动管理。劳动管理就是对劳动者的管理，也就是一个如何调动劳动者的积极性、主动性和创造性的问题。在原有体制下，劳动关系实际上是在不承认劳动力归个人所有这一天然特权，不承认劳动力本身就是一个经济利益上的独立的主体层次，从而不承认劳动力和其他生产要素一样通行自愿让渡与交换的商品经济原则前提下,由政府以"红头"文件的形式,行政性地建立起来的。因而,在劳动制度上,劳动者干什么,怎样干,干多长时间,奉行的是行政指令。这种体制确实使劳动者的积极性、主动性受到了极大压抑,使本来应该生机盎然的社会主义经济失去了活力。伟大的改革运动终于开始冲击着旧有的一套体制,尤其是1985年由农村转向城市全面体制改革的首战之年,较大规模地调整了工资关系。应该说,这在体制上首先凿开了改革开放、振兴经济的动力源。接着我国政府又多次进行了多项举措,如调整工资、允许劳动力流动、实行劳动合同制、优化劳动组合等。这些举措本应大大调动劳动者的积极性、主动性和创造性,大大活跃生产力的,然而,直至今天,我们的经济效益并不理想。反思一下,为什么?一是没有在理顺工资关系的同时,紧接着理顺劳动力所有制关系,结果使劳动力虽处于新的改革环境之中,却仍受制于旧的劳动人事地位和关系的束缚。二是没有在所有制改革取得较大成功的同时,紧接着把劳动关系改革放在重要日程,及时调整原有劳动关系,引入市场机制,变国家与劳动者的直接劳动关系为劳动者经过市场与企业建立起直接劳动关系,结果使生产关系中最生动、最现实的部分——劳动关系始终未被提及与触动。主观上活跃了生产资料所有制,活跃了物质运动过程,而客观上却冷落、遗忘了劳动力所有制、人力运动过程。当我们高叫着改革是一场完善社会主义生产关系的革命的时候,却并没有去研究和调整生产关系中的劳动关系问题,并没有意识到生产关系的变革,在生产资料所有制一定条件下,正是,也主要就是讲的劳动关系的变革、完善。三是从1992年开始,国家逐步进行理顺产权关系,明晰产权划分,然而重心却放在国有物质资产、企业物质资产等方面(这也是无可非议的、应该的),忽略了产权关系、产权划分中最基本的、也是首要的劳动产权关系、劳动力产权划分问题。进入市场运营,通过产权划分明确归属,唯有人,这个造物者却分不清归属。随着承包、租赁、合资、"下海",昔日生产资料的主人,此时昏昏然不知所措,人们自言自语地说着"公对公,一场空","转来转去都是财政部长那几个钱"……效率滑坡、经营亏损、短期行为、资产流失……这些在发生着,继续着。四是当邓小平同志南方谈话发表以后,深化改革、加大力度的行进曲中,首先又奏响了"三大制度"改革的乐章,这确是一个好兆头。谁知却横里来了一个"破三铁","三铁"的根子在于旧的体制,却把板子打在下面,加之以"铁的面孔、铁的手腕、铁石心肠"这些无法再"左"的言论,深深地刺痛了广大职工的心。如果说中国劳动生产率在治理整顿中刚刚抬了点头,那么,这一场大破,立马又使之低了下去。体制的一个质的内核,在于寻求和发展经济运行的动力源,可是我国体制改革,尤其是劳动体制的改革,却似乎并没有真正地意识到这个问题。如果说体制是一个一定的有机的组织机构与机构职能及其发挥的生命体,那么，这个体制及其他的全部组织系统的全部意义正是在于造成相应经济运行的动力的氛围与环境条件。

今天，我们去研究经济体制的改革、完善之突破的时候，该是考虑到劳动关系、劳动力所有制、劳动力商品这三个基本的、既是理论问题又是实际问题的时候了，该是树立劳动者主体地位的时候了，该是跳出物本主义转向人本主义的时候了。劳动者在社会经济生活中的地位不明确、不理顺，也就是劳动者在商品经济运行过程中，搞不清自己的权利，自己的位置，自己的行为规范，自己与企业、与国家、与市场经济的关系，即使国家拿出再多的钱来增加工资，也不会产生增资效应的。因为这并没有从根本上来激发劳动者自身的内在动力。市场条件下的现代劳动者所追求的是国家能够摆正劳动者的社会、经济、政治地位，否则就不会有积极性、主动性和创造性。而没有劳动者的积极性、主动性和创造性，就不会有企业的活力与社会经济的生机。当然，整个体制改革，也终会无所思路，难以深入。

(原载于《市场经济导报》，1994年3月)

关于劳动体制改革中心任务的几点认识

1994年以来，有些同志提出"培育和发展劳动力市场是劳动体制改革的中心任务"，作者认为这值得商榷。首先，这一论说没有搞清楚为什么要培育和发展劳动力市场，劳动力市场建立的客观依据是什么。其次，在这种指导思想下，必然造成建立市场体制就是要建立一些市场的误解，且容易导致劳动行政部门职能的扭曲，不利于改革与发展。劳动体制改革的中心任务究竟应该是什么，作者认为应从以下几个方面进行分析立论。

一、从中国改革的性质看劳动体制改革的中心任务

关于中国改革的性质从党的十一届三中全会到现在，已多次明确地讲述过，就是要实现社会主义生产关系的自我完善。生产关系的自我完善，既要调整所有制关系，更要调整劳动关系。因为劳动关系涉及劳动力的所有制关系、劳动力的劳动过程组合关系、劳动力的劳动产品分配关系等，它最直接、最生动、最现实地代表着生产关系。显然，完善生产关系首要的也是最重要的就是完善劳动关系。事实上，生产资料所有制的改革如果没有与劳动关系的改革同步进行，改革都不会顺利进行，这是改革的性质及其内在要求所决定的，也是十几年中国改革的实践所证明了的。所以说改革特别是劳动体制的改革，从一开始就应紧紧抓住劳动关系这条主线，以此设计和提出改革的中心任务，推进改革。但是一直到1993年前后，当一些国有企业出现了劳动关系冲突事件，我们开始研究和注意劳动关系问题时，一些同志似乎才真正开始对劳动关系问题有所认识。然而，当党的十四大提出建立社会主义市场经济之后，却又置劳动关系这一改革主线而不顾，提出"培育和发展劳动力市场是劳动体制改革的中心任务"。好像建立市场经济就是建造一些市场而已，岂不知建立市场的前提，如劳动力市场的建立首先是适应劳动关系的变化调整需要的。也就是说，劳动体制改革的中心任务应立足在现阶段劳动关系特点、现状及其变化趋势分析认识的基础上，从而理顺市场经济下的劳动关系产生、建立、完善的思路，并依此寻求和提出相应的劳动力市场

机制及其作用条件、形式、效应。但现实中这些无论从理论上，还是运作上，至今仍是模糊的。其实，当按照现阶段劳动关系的形式构成、运行机制要求去设计出一系列具体劳动力及其劳动的国家调节系统时，劳动力市场的培育和发展，也就自在其中了，而且还必然是一种有序运行。否则，即使建立了一些所谓的市场，这些市场也是没有基准和轴心的，是散漫无序的。同时，如果把建立市场作为自己的中心任务，必然会扭曲政府劳动行政部门的职责与形象，使政府又重新陷入和插手具体事务，不能集中精力于社会劳动经济发展的战略研究和宏观协调。

二、从我国改革的目的看劳动体制改革的中心任务

中国改革的目的就是要冲破原有体制对生产力的束缚，解放生产力，发展生产力。而生产力按照马克思的观点又首先指的是劳动力，所以解放生产力，发展生产力，在本质上就是解放劳动力，发展劳动力。毫无疑问，在原有体制下，我国的生产力水平低下，而这种低下恰是来自于高度集权、统包统配的劳动力管理体制对劳动力的束缚，来自于国家与劳动力之间建立的直接劳动关系的束缚。在今天，我们进行改革，建立市场经济秩序，其目的也恰是在于改变原有对劳动力的束缚，改变那种只会造成劳动力躺在国家身上，端"铁饭碗"、吃"大锅饭"、不思进取、没有活力的行政性、承包性劳动关系，寻求和建立一种市场发展劳动关系、市场配置劳动资源、市场竞争劳动过程，从而激励和达成劳动力素质的自我改善、劳动力行为的自我约束、劳动力效率的自我提高的市场作用下平等的劳动关系及其运动机制。然而，"劳动力市场中心说"却就市场论市场，作者认为是不妥当的。

事实上，中国没有劳动力市场吗？从新中国成立初期的50年代、60年代就有劳动力市场，包括"文化大革命"期间，自发的劳动力市场也都存在着。十一届三中全会以来的十几年，各级、各类、各种劳动力市场更是比比皆是，但问题是有市场却没有形成理想的市场效应，没有形成劳动力的有效调节和优化配置，相反却发生很多意外事故。为什么？根本原因在于没有理顺劳动关系的正常运动秩序及其调节系统，在于没有处理好劳动关系调整与建立劳动力市场的关系，特别是当提出要把企业推向市场的时候，没有首先有意识地使劳动力进入市场，引导劳动力和企业去建立一种市场劳动关系，变劳动力与国家的直接劳动关系为劳动力通过市场建立起与企业的直接劳动关系，导致企业进入市场，劳动力却仍停留在旧有劳动人事地位和关系中。这种客体是市场环境背景、主体却是行政依附约束的极不协调的矛盾，必然使企业即使是进入了市场，也由于作为企业生产力主体的劳动力无动于衷，而难以出现机制转换的效应。不仅如此，当企业遇到困难时，如经济拮据发不下工资时，劳动力还会以国家职工的身份采取种种方式散

布不满,甚至采取偏激行为,近几年的大量事实已充分证明了这一点。所以,我们再也不能盲目地提出什么中心任务是建立劳动力市场了,而是要把注意力放在现阶段市场劳动关系的研究上,这一方面在理论上已经滞后了,现在必须加大力度,使劳动体制的改革始终围绕着劳动关系的变化、调整而进行,把劳动关系的调整、完善作为社会主义国家劳动行政部门的中心任务和基本职能。

三、从市场经济的要求看劳动体制改革的中心任务

党的十四大报告提出要建立市场经济体制,要培育和发展劳动力市场,这并不意味着去建立一些市场的躯壳和形式,而是要引入市场对劳动关系的调整,即一定劳动关系下,劳动力资源的市场配置的基础性调节机制,以及适应于这种机制作用要求,创造出一定的环境条件,以实现其有效调节。可以说,任何市场形式只不过是实现一定相应关系的调整和完善的外在表现,即市场经济下的任何市场的建立,都首先是以调整相应关系的客观需要为前提和依据的,其中心任务都只能是围绕着这种相应关系调整为内容。劳动力市场的建立就首先应是以劳动关系的市场化调整需求为前提和依据。也就是说,由于劳动关系的市场化,客观上就要求建立劳动力市场。但这里,一是劳动力市场的建立要适应劳动关系市场化要求,即劳动关系的变化调整,客观上要求建立相应劳动力市场形式。二是劳动力市场的建立意在引入市场机制,形成对劳动关系的市场化调节。三是市场属微观范畴,作为政府,一般不应该直接插手,而要进行宏观劳动政策、劳动制度、劳动法规、劳动伦理、劳动保障以及劳动监察、劳动公证、劳动仲裁、劳动司法等大运行体制建设,市场则由社会有关方面的自然人、法人、团体等来建立和依法运作。所以说,千万不能忽略劳动关系的调整,而把建立劳动力市场当作中心任务。

还必须指出的是,市场经济对劳动力的调节,其本质在于促成和建立一种社会的平等的劳动关系,这是社会主义生产关系的质的内核,也是社会主义市场经济条件下社会劳动的基本特征,从而也构成了国家劳动行政管理工作的基本出发点和立足点。也就是说,国家对劳动力的管理,即劳动力管理体制的建立和运行,都应是以劳动关系的调整、完善为中心环节,各种工作都旨在促成和建立这种社会的平等的劳动关系。而这种平等劳动关系既是实现市场调节的基本前提,又是实现劳动力自由地、全面地发展自身的体力与智力和追求劳动经济效益的基本动力。长期以来,我国劳动经济萎缩,劳动效率低下,究其原因,正是在于原有的体制使劳动力只能被动地接受就业,而且一次分配,终身固定,不讲求劳动力个性发挥,不尊重劳动力主体地位,不平等建立和调处劳动关系。现在我们必须深刻地认识到这个根本性问题,变劳动关系的国家行政性为社会经济性,变被

动的、不平等的劳动关系为主动的、自由的、平等的劳动关系，从而创造出市场功能作用下的劳动经济活力及其劳动经济效益。

四、从建立现代企业制度看劳动体制改革的中心任务

现代企业制度是一个时点概念，即一定时期、一定条件下的，企业经营的一定的方式、方法及其规程。所以，无论讲公司制，还是谈股份制或其他所有制，都只不过是一定时点上的企业经营组织形式而已。我们创建现代企业制度的根本意义在于寻求和探索现代经济条件下的新的更有效的劳动关系形式构成及其相应调节机制，以适应在大生产、大流通、大分化、大组合过程中所形成的新的更有效的劳动力及其劳动系统，这是研究现代企业制度、建设现代企业制度的一个永恒的主题。所以，劳动体制改革的中心任务必须紧紧地围绕这一主题展开，即转换机制，调整职能，促进现代企业制度建设，发挥劳动行政管理的主动性。

建立现代企业制度包括两个层次：一是国家为创立现代企业制度而实施的宏观的、中观的、微观的大环境建设，包括政策、法规以及国家全局性调控系统等；二是企业自身为创立现代企业制度应做的工作。而无论是哪一个层次，它的政策、法制建设和运作调节，其基础的、根本的依据和着眼点都应是劳动关系问题。具体包括：应该由什么样的劳动关系形式构成？应该怎么样在尽量降低变革成本、减少变革阵痛的情况下，来变革、建立新的社会主义市场劳动关系？应该如何实施相应的劳动关系的法律调整、道德调整、政策调整？应该用哪些方式或方法来促使一定劳动关系下的劳动效益的最大化……其实，这也就是国家劳动行政部门以及企业劳资部门的中心任务。

现代企业制度从西方来看，形式上可以说是由两个基本内容组成的：一是事业部制管理；二是全员劳动管理。而两者的实质都是以人为本，紧紧地抓住人，突出了平等的劳动关系和劳动力的主体地位、作用，这也是我国一些企业形式上搞了现代企业制度，而并无现代企业制度的效应，或是一些企业以人为本，走向现代企业制度发展的根本原因所在。所以，国内外现代企业制度的发展都说明劳动部门必须把劳动关系问题当成中心任务来抓，且不可引导企业或使自己陷入建立所谓劳动力市场的误区中。

如果说劳动是人类社会活动的最基本内容，那么劳动关系则是人类社会活动的最基本关系。因此，不断研究、不断调整、不断完善劳动关系，始终是学者、专家、政府，特别是国家劳动行政部门最基本的、最中心的任务。

(原载于《经济经纬》，1996年1月)

坚持全心全意依靠工人阶级的方针

党的十五届四中全会做出的《关于国有企业改革和发展若干重大问题的决定》（以下简称《决定》）提出了国有企业改革和发展的十大指导方针。联系这十大方针的基本内容，作者认为具体可以概括为两个方面：一是继续解放思想，实事求是，大胆利用一切反映现代化生产规律的经营方式和组织形式；二是强调和突出人的作用，全心全意依靠工人阶级搞好国有企业。从第二个方面来看，十大指导方针中的每一条都涉及这个问题，尤其是三、四、五、六、七、八、九、十条，在本质上其切入点和落脚点都是要求调动和发挥职工群众的积极性、主动性和创造性。这不仅是当代企业管理科学以人为本理论的要求，而且更是中国国有企业改革与发展实践的要求。所以，我们要进一步正确认识和坚持全心全意依靠工人阶级的方针。

一、必须按照社会主义市场经济理论科学审视和正确认识全心全意依靠工人阶级的实质是坚持工人阶级当家做主

全心全意依靠工人阶级，就是要像十五届四中全会《决定》指出的那样，坚决维护职工的经济利益，保障职工的民主权利，落实职工在企业的主人翁地位，让职工当家做主，民主管理，民主决策，民主监督。这一点，无论是过去、现在、将来，都必须坚持。但是，随着社会主义计划经济向市场经济的转变，我们必须重新审视关于对工人阶级当家做主在新形势、新体制特别是新机制运行条件下的新的实现方式和内容。

第一，要明确现时职工当家做主必须按照邓小平理论和十五大精神，紧密结合资本及其运营过程来实现。国有企业的职工当家做主应体现在真正地当国有资本之家，负国有资本之责，参国有资本之政，监国有资本之督。坚持和完善以职工代表大会为基本形式的企业民主管理制度，实行民主评议企业领导人和厂务公开。任何企业都应该在这些方面有所突破、有所创新、有所发展，不断探索和寻求实现职工当家做主的新思路、新形式、新机制。

第二，职工当家做主在现时条件下，必须调整资本与劳动的关系，实现国有

资本人格化。私有企业发展生产力有两点内在机制，一是业主对其投入的资本负责；二是雇员对老板负责，即所谓强调员工对企业的向心力和忠诚度。当我们进入资本运营的时候，无论是生产力组织，还是经营管理，都在客观上决定了要关注和处理好这种资本与劳动之间的高密度结合及其和谐关系，并达到资本的人格化境界，以促成国有职工对国有资本的主人翁责任感，实现国有职工能够以人格的力量生产，积累更多的国有资本，增强和扩张国有资本势力和竞争力。

第三，要按照十五届四中全会精神，把社会主义职工当家做主与当代人本管理结合起来，建设企业新文化，造就职工爱国、爱厂、爱岗、爱人的良好心理机制。事实上，我们从一开始走的就是一条人本管理的路子，但由于"左"的和右的干扰，使这一管理哲学在实践中出现了某种偏差，导致职工对国家、对企业、对岗位、对别人的不敢负责、不能负责、不愿负责。这是我们今天在重新理顺职工当家做主、趋向人本管理的思路并付诸实施的时候，必须认真思考的问题之一。

二、必须把中国的改革及其建立市场经济新体制落实到工人阶级这个主体上来

正如十五届四中全会《决定》指出的，当前，国有企业的体制转换和结构调整进入攻坚阶段，一些深层次矛盾和问题集中暴露出来，从而出现某种停滞与不畅。这里的主要症结就是忽略人的问题。改革的主体应是劳动者，即改革就是要把劳动者从原有受束缚的体制下解放出来，进入一个有利于发挥劳动者积极性、主动性与创造性和有利于自由、全面发展劳动者智力和体力的新体制。然而长期以来，我们恰恰忽略了这一点。由于改革主体缺位，致使改革，特别是国企改革"形势严峻，不容乐观"。同样，市场缺乏生机、没有活力的基本症结也是一个忽略人的问题，一个主体不到位的问题。改革以来，我们一直认为市场的主体是企业，而当把企业推入市场以后，却仍得不到市场回报。原因很简单，企业作为生产力的组合只是个空壳，而构成企业生产力主体的则是劳动者，人没有进入，仍停留在原有的劳动关系和人事地位上，停留在承包性、行政性的制度条件上，当然不会有主动性、竞争性、进取性，也就不会有市场效应。所以不论什么时候，改革以及市场经济新体制的建设都必须也只能落实到劳动者这个主体上来，才会取得实质性的进展和预期效果。

三、必须正确处理全心全意依靠职工办企业与发挥市场配置资源作用之间的关系，引入竞争劳动机制，理顺社会主义企业劳动关系

十五届四中全会《决定》强调要理顺劳动关系。一方面，要破除传统的观念，特别是要破除依靠职工办企业，让职工当家做主，就是"进了国营门，就是国家人"，端"铁饭碗"，吃"大锅饭"，国家统包统配，一包到底之类的旧思想，树立按市场法则调整企业经营，调整个人行为的新思想；另一方面，在贯彻依靠职工办企业的过程中，引入竞争劳动机制，理顺社会主义企业劳动关系。竞争劳动是市场经济的一个重要规律和基本特征。市场经济条件下，任何人都应该进入市场按照竞争劳动规律及其机制的调节，寻求自我劳动定位，实施竞争职业、竞争岗位、竞争劳动，自由地、平等地建立起一种市场劳动关系，通过转换劳动力及其劳动运营机制，以保证市场条件下的职工的主人翁地位及其合法权益。

所谓理顺社会主义企业劳动关系，包括：改变直接的、行政的、承包的国家与劳动者之间的劳动关系，为企业与劳动者按市场法则建立起来的市场性、平等性、经济性劳动关系，调整长期形成的躺在国家身上的、不思进取的懒、散观念；健全劳动力流动机制，营造良好的劳动关系运动环境，形成正常的劳动力在企业间、社会上的进出、流动，以及正常的上岗、下岗、转岗秩序；加强职工的思想政治教育和业务素质教育，提高职工的市场生存能力、劳动竞争能力、工作创新能力、自我发展能力；造就劳动者对企业、对岗位的凝聚力，建设企业命运共同体；建立健全企业劳动争议仲裁和劳动关系调理制度及其科学的运行体系；等等。

（原载于《河南日报》，1999年12月11日）

试论劳动经济学的地位与意义

劳动经济学是一门古老的经济学科，也是当代经济学中最活跃的热门学科。从经济、生产、劳动的关系及意义上看，全部经济活动的内容与过程，实质上是劳动者为谋取生活资料而与生产资料结合劳动的经济过程。对劳动经济现象的研究，在经济学中占有支柱性的地位，成为经济学家毕生着力研究的重要课题。

著名劳动经济学家、中国人民大学教授赵履宽先生曾指出：如果没有对劳动问题的深入研究，就没有政治经济学和社会主义学说，从而也就没有马克思主义。这一段话可以说是对劳动经济学的地位与学科意义的一个高度概括。

众所周知，马克思研究资本主义生产方式以及和它相适应的生产关系和交换关系，揭示当代社会的经济运动规律，就是联系社会生产方式的物质内容，着眼社会劳动的生产力，即从对劳动问题的研究为起始的。他把劳动创造价值的理论作为理解政治经济学的枢纽和整个马克思主义政治经济学的理论基础。马克思从劳动价值理论出发，把对资本和剩余价值的考察放在资本主义生产过程的基点上，科学地分析了资本主义生产过程的二重性，即劳动过程和价值增值过程，严密地论证了资本主义生产过程，以及剩余价值的真正来源，深刻地揭示了剩余价值是资本的产物，工资是劳动力价值或价格的转换形式，利润、利息、地租是剩余价值的具体分配形式等，进而揭示出资本主义一切矛盾及其发展规律与现代经济社会的发展趋势。如果说《资本论》的经济范畴、规律体系、论述次序是以资本为主题、剩余价值为核心的话，那么这个主义与核心则是放在生产过程与劳动者的劳动这个最合理的基点之上的。以劳动问题为基点，对资本、剩余价值的剖析，使《资本论》成为一座结构严谨的科学大厦。也正是这样，马克思认为，资本主义的政治经济学是资本的政治经济学，与此不同，社会主义的政治经济学则是劳动的政治经济学。显然，不了解马克思主义的科学的劳动价值理论，不注意马克思对劳动问题的研究，就不会真正懂得马克思主义政治经济学，也就不能够真正地理解社会主义。

劳动经济学是经济学的重要分支。如果说经济学是研究人类社会经济活动的科学，那么劳动经济学则是研究人类社会经济活动过程中究竟应该怎样更经济、更有效地活动的科学。

所谓经济,即一定社会组织条件下,人们所进行的谋取生活条件的生产活动过程及其劳动行为的总和。它的质的内核,是力图以最小的劳动耗费,获取最大的劳动收益。而如何充分开发和利用社会劳动资源,讲求劳动的经济效益,达到社会经济顺畅、高效运行,就形成了社会经济活动的一个重要研究领域——劳动经济领域。劳动经济学就是立足劳动经济领域,着眼于人类社会经济活动过程中的最主导性因素——劳动者的劳动及其劳动投入产出的最大化等一系列劳动经济问题为基本内容和任务的应用经济学科。

一

劳动经济学研究的对象,是人们在社会经济活动中所结成的劳动关系,即"劳动的社会形式、劳动的社会结构,换句话说,是人们在参加社会劳动方面彼此的关系"。

人类的社会经济活动,首先表现在劳动者的劳动及其劳动者之间所结成的劳动关系。人们为谋取生活资料,就要与生产资料结合,即随着进入劳动年龄,人们通过一定渠道,进入各种劳动岗位,实现就业,从而形成劳动者与生产资料结合的劳动的人事关系;在劳动过程中,为了实现既定的目标,人们又在客观上要求合理地组织劳动生产力,协调人们之间的分工协作关系,即协调人与自然之间、人与人之间的关系,以寻求并实施最佳的社会劳动方式,这又产生出劳动的组织关系;人们的劳动过程结束,创造出各类物质产品,对这些产品,需要按一定的分配原则、分配形式在社会、集体、个人之间,在劳动者之间进行分配,这又在人们之间发生着劳动的产品的分配关系,等等。人们在社会经济活动中所表现出来的劳动的人事结合关系、劳动的方式组织关系、劳动的产品分配关系的总和,构成了劳动的社会形式、劳动的社会结构,并按照这种社会的劳动关系,建立和发展成为一定的劳动经济过程与秩序,现实地代表着人类社会经济活动中的基本内容。因此可以看出,劳动经济学所考察和研究的对象,事实上是政治经济学所考察和研究的生产关系的内容的细化。

关于劳动关系与生产关系两者之间的关系如图1所示。

按照图1所示,我们可以得出:其一,劳动关系是生产关系的一个重要组成部分,生产资料所有制关系决定着劳动关系的性质;其二,生产关系实际上也可以说是生产资料所有制关系与劳动关系的统一;其三,在生产资料所有制关系

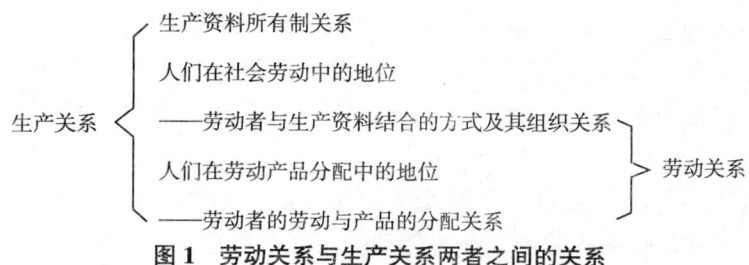

图 1　劳动关系与生产关系两者之间的关系

一定的条件下，讲生产关系应主要指的是劳动关系，因为劳动关系表现着生产关系的最直接、最具体、最生动的内容。

劳动关系是社会生产关系的一个重要组成部分。这表明，劳动经济学所考察和研究的领域，主要是属于生产关系这个系列范畴。从这个角度分析，劳动关系和生产关系之间是一种制约关系，即劳动关系是在一定的生产资料所有制基础上产生的，劳动关系的性质取决于社会生产关系的性质及其运动规律。我国社会主义的劳动关系，是在社会主义生产资料公有制基础上产生的，因而它体现的是社会主义的生产关系性质。它的内容核心和国家、企业、劳动者之间的物质利益关系是根本一致的。社会主义社会不断地适应生产关系性质要求，创立出新型的劳动关系，最充分、最合理地安置劳动者就业、科学组织劳动、妥善处理劳动产品的分配关系，反映了社会主义制度的极大优越性。

劳动关系与社会生产关系之间是一种部分与整体的关系，但同时又有着相对独立性。这种越来越明显的相对独立性，表明生产关系不仅在实际上可以说生产资料所有制关系与劳动关系的统一，并且在生产资料所有制关系一定的条件下，劳动关系实际上构成和表现出社会生产关系最生动的内容。在当代经济社会中，劳动关系的建立、发展、变更、调整，劳动关系的形式构成、系统层次、实际内容和劳动关系运行机制及其完善等，都正在成为人们社会经济活动中的最直接、最敏感、最重要的经济问题和社会问题。例如，劳动者与生产资料结合问题，为保证工资费用效应和不断提高劳动生产率，应研究选择怎样的方式、何种途径来建立和发展劳动的人事组合关系；为科学地组织、开发、利用社会劳动资源，又应研究采取哪些形式、措施来创立良好劳动环境与条件，体现出劳动者作为生产资料主人翁的地位和精神，调动劳动者的积极性、主动性和创造性，增强劳动经济活力；对于劳动产品的分配，应研究实行何种劳动报酬原则及其形式，尽可能合理地处理好国家、企业、劳动者之间，劳动者与劳动者之间的物质经济利益关系。在一定生产资料所有制条件下，确立了人们的政治地位之后，紧接着便是人们对于一定社会地位、经济地位的现实追求。在今天又必然是通过一定的社会劳动关系表现出来，这是由于劳动关系既体现社会生产关系的性质，又充实着社会生产关系的内容特点。所谓我国社会主义生产关系的完善，既指生产资料所有制形式的完善，又指社会劳动关系的完善。而且，在以生产资料公有制为主体的多种经济成分并存的关系形成以后，生产关系的完善主要是关于社会劳动关系的完善。

综上所述，劳动关系是一定社会生产关系的性质体现，有什么样的生产关系，就决定了有什么样的劳动关系。劳动关系又是社会生产关系中的一个相对独立的组成部分，在生产资料所有制条件下，它事实上代表着社会生产关系的最生动内容，因此，对于社会生产关系还起着积极的影响作用。当社会劳动关系处理得当，并随着社会生产关系形式变化而不断完善，就能够起一种巩固和发展社会生产关系的作用；当社会劳动关系处理不当，又不能随着社会生产关系形式的变化而不断调整时，则会起到一种不利于甚至有损于社会生产关系的巩固和发展的作用，所以说，劳动关系的研究有着十分重大的、现实的意义，在整个经济学研究体系中，居于非常重要的地位。

二

劳动关系问题是中国面临的重大经济问题之一。劳动力问题的研究，不仅正在趋向经济学研究的中心，劳动经济科学理论也日益成为我国制定各项经济社会政策的主要依据。

在当代，无论是发展中国家，还是发达国家，都面临着两个方面的挑战：一是国家经济正在向世界经济转化，作为一种发展趋势，都将进入世界经济活动的大竞赛、大较量之中；二是对即将到来的世界新技术革命的发展，所有国家都有一个迎接挑战、缩短距离、让自己的经济社会发展能够在新的起点上腾飞的严峻问题。影响这两个挑战的因素是多方面的，从经济学角度看，主要是看有没有一支高科学研究、高技术开发、高生产效率的现代化高素养的劳动人才大军。国际经济的争夺看上去是市场的争夺，而实质上是劳动人才的争夺。劳动人才是最重要的资本，已经成为国际经济活动中的新价值观念。各国政府为此都加强了智力投资，积极地改善和提高劳动力素质。同时，他们越来越认识到：有一支现代高素养劳动人才大军是基础，而建立和形成一种适宜的劳动关系是条件，没有这种适宜的劳动关系，再高素养的劳动力也不会形成劳动的积极性、主动性和创造性，甚至会导致劳动力经济的萎缩。而没有劳动的经济活力，也就没有整个经济社会的生机。可见，劳动经济问题和劳动关系的处理涉及人们的一生，影响着劳动者的现在与将来的活动。这就在客观上，使人们渐渐地然而又是极其深刻地发现，一个国家经济的稳定和增长，大半取决于它在处理劳动力及其劳动关系时取得成功的程度，并愈加感觉到对于社会劳动关系的建立和发展、社会劳动力资源的有效配置、劳动者收入分配、劳动经济环境和条件等一些重大劳动经济问题，必须要有一套完善的、科学的方法来加以解决和改善。

物质资料的生产是人类社会存在和发展的基础，"人类的生产活动是最基本的实践活动，是决定其他一切活动的东西"。人类社会从原始社会到现在的社会主义社会，都有一个合理组织劳动者的劳动，通过劳动生产出产品或是提供劳务，以满足人们的物质文化生活的需要。因而，在客观上，任何一种社会条件下，国家都要履行其经济职能，通过制定相应的经济、社会政策，直接或间接地分配社会劳动。例如，建立什么样的劳动关系，让劳动者以怎样的方式与生产资料结合；劳动过程及其劳动协作如何组织与分工；实行何种劳动报酬分配原则；制定怎样的制度、规则、纪律来处理相应经济关系等。这一切工作都是首先通过制定各种经济的社会的政策表现出来。而这些政策制定的理论依据，主要是来自于劳动经济研究的成果，来自于劳动经济理论科学原理。社会实践表明，一个国家的社会经济政策，尤其是关于劳动力、劳动组织方面的经济、社会政策的正确与否，直接影响到每一个劳动者的劳动的积极性、主动性和创造性及其发挥的程度，从而直接影响到生产劳动的经济社会效益的高低。所以，在理论上，不仅经济学家们称劳动经济学是极有价值的、实证性的政策科学，在实践上，任何一个国家历来都十分重视劳动力问题、劳动经济科学研究，并把它作为制定和完善各种政策的基础和依据。

劳动经济学的研究对于社会主义经济发展来说，具有重要意义。马克思曾经把无产阶级夺取政权之后建立的国家，称为"劳动共和国"，马克思主义科学的理论体系就是建立在对劳动问题的研究基础之上的，并"在劳动发展史中找到了理解全部社会史的钥匙"。社会主义国家研究劳动经济学不仅是必要的，而且有马克思主义科学理论的指导，研究劳动经济现象，解决劳动方面的问题，社会主义制度具有极大的优势。我们正是通过对社会主义劳动经济学的研究，发展和完善着社会主义的经济学说，坚持着社会主义道路，推动着社会生产力的前进。

在我国，党和政府历来十分重视劳动问题和劳动经济研究，劳动问题的经济意义和社会意义不断增长。无论是我国社会经济发展战略的制定，还是国民经济和社会发展计划的实施；无论是社会主义生产关系、经济制度的完善，还是具体经济体制改革内容步骤的推进，劳动问题都占据了重要的地位。在历届党代表大会的决议和报告等文献里，以及党和国家的高层领导的讲话中，都不止一次地强调解决劳动方面的重大理论问题和实际问题的必要性和重要性。特别是党的十一届三中全会以来，中国社会主义经济发展模式和新的经济运行机制的确立，为劳动经济的研究创造了良好的环境与条件，一些重大的难度较高的劳动经济问题都得到了较好的处理。但是，我们也应看到，摆在面前的现实及其困难仍是繁多复杂的。如由于劳动力数量多与经济发展水平低的矛盾，造成的持续的劳动就业压力问题；由于人口多，实行"低工资、多就业"，造成的劳动效率、经济效益不高的问题；由于劳动生产率低与国民收入增长速度慢，造成的平均工资水平低、保险福利难以明显改善的问题；等等。劳动经济问题直接涉及人们的切身利益，对这些问题要从经济的、政治的、社会的立场出发，充分利用我们研究劳动经济问题的优势与社会主义制度的优越性，立足于中国社会主义劳动问题的实际，积极地、逐步地加以解决。

中国社会主义经济发展，随着经济体制和政治体制的改革，正在走向一个崭新的阶段。按照马克思主义的经济理论，每一种新的社会生产方式都是建立在特有的、劳动的社会性——劳动关系基础之上的。因此，在今天，正确认识和研究劳动经济学的经济学地位与学科意义，探索和建立具有中国特色的社会主义劳动经济科学，就成为非常迫切、重要的课题。没有系统的、科学的劳动经济学理论知识体系，就不会有社会主义劳动经济问题的有效处理，而劳动经济理论研究的滞后性，往往会影响到经济体制改革，乃至整个社会经济的实质性进展。

参考文献：

[1]《列宁全集》第6卷，第234页。
[2]《毛泽东选集》第1卷，第259页。
[3]《马克思恩格斯全集》第21卷，第353页。

（原载于《河南财经学院学报》，1991年1月）

我国劳动管理的特性

社会主义劳动计划管理，是保证劳动者的劳动权益和经济利益、激励劳动者全面发展并能充分发挥自己的聪明才智、合理开发和利用劳动资源、推进社会主义各项事业顺利运行的调节过程。因此，劳动计划管理是整个社会主义劳动管理的中心环节，即以坚持有计划地分配社会总劳动为主导，实现社会主义劳动的有序管理。

劳动力计划管理，其内容包括：一是按照物质资料生产与人类自身生产之间的关系规律，实现劳动力的有计划增长；二是按照国民经济各部门、各地区和各企业客观需要，实现劳动力的有计划配置；三是按照现代生产过程和新技术革命的特点、趋势，实现劳动力的有计划培训；四是按照"大工业本性"、"社会生产的普遍规律"，实现劳动力的有计划调节。具体说来，主要是：

一、有计划地控制人口增长，使劳动力再生产与物质资料再生产、劳动力的增长与社会经济的发展相适应

人口增长是劳动力再生产的起点，人口能否有计划地增长，不仅关系到劳动资源量，而且直接影响着社会劳动力管理的计划性、有效性。因而，控制人口是劳动力计划管理的第一个环节。

二、有计划地安排就业、配置劳动力，使劳动力与生产资料实现最佳结合，达到社会劳动力供给与需求相平衡

这是劳动力计划管理的主体内容之一，也就是要科学地进行社会劳动力资源与需求的预测和分析，统筹兼顾，全面安排社会劳动力。所谓劳动力资源与需求的预测和分析，从影响劳动力资源量的因素看，要预测和分析一定时期内的人口规模和增长速度、人口年龄变动、劳动年龄规定条件等，从而确定劳动力资源供应量；从影响社会劳动力需求因素看，要预测和分析一定时期内社会生产发展的规模和速度、社会劳动生产力水平的变化、国民经济结构调整的变化等，从而确

定社会劳动力需求量；从影响劳动力资源与需求平衡的因素看，既要预测和分析一定时期内的劳动力资源与需求之间的总量平衡，又要预测和分析一定时期内的劳动力资源与需求之间的结构平衡。所谓统筹兼顾、全面安排社会劳动力，从我国目前条件看，包括：①有计划地研究一定时期内新成长起来的劳动力就业问题。②有计划地安排各类、各业富余劳动力，引导行业、企业搞好富余劳动力吸收、消化问题。③有计划地安排各种转岗性劳动力，解决好关、停、并、转和破产倒闭企业劳动力的再安置问题。④有计划地安排结构性待业劳动力，以各种组织措施和形式让劳动力与劳动力接收单位直接见面，尽快促成劳动力与生产资料结合，减缓结构性待业问题。⑤有计划地研究各部门、各行业、各地区的一些就业难点、重点的劳动力问题，还有农村剩余劳动力的转移问题等。

三、有计划地培训劳动力，使劳动力素质与现代社会生产过程的客观要求相适应

在新技术革命条件下，社会生产过程对劳动力素质的要求越来越高，劳动者必须具有较强的变通性和适应性，以全面的、全新的、全能的劳动技术与熟练程度，形成劳动经济活力源泉，保证劳动经济效益不断提高。因此，劳动力计划管理的一项重要内容，就是不断地按照社会生产及其发展趋势，对预备劳动力和各种在职、转职劳动力，联系国民经济各部门、各行业、各地区以及一些重点企业的具体劳动技术等级要求，提出劳动力培训及其普及与提高工作计划，使劳动力素质、层次、比例、结构等与现代社会化大生产的客观要求相适应。

四、有计划地改善劳动者的劳动环境，使劳动者的劳动环境、条件与劳动者的劳动保障期望相平衡

当代劳动者已不只是一般的谋求和满足劳动生理的需求，而是日趋要求自己的劳动能处于一种良好的、适宜的环境条件及其保障之下。因而，在微观上，企业要努力创造条件，不断改善劳动者的劳动环境。如有计划地调整劳动力布局，及时对劳动组织进行优化组合，保持劳动者之间的和谐融洽关系，使劳动者安于工作、忠于工作、乐于工作，同时尽一切可能运用各种手段，加强劳动安全、劳动卫生等技术经济措施，理顺人—机—环境关系，有计划地提高劳动环境保护水平；在宏观上，国家要把此项工作视为一项基本国策，有计划地帮助一些重点企业、行业、部门、地区，具体解决其劳动环境保护问题，有计划地增加劳动环境保护技术组织措施经费，拟订劳动环境保护科学技术研究与开发、劳动环境保护

人才及其组织建设的规划与计划，同时，要积极地实行劳动环境保护立法、司法活动，建立健全国家劳动环境保护监察制度。

五、有计划地调整劳动力结构，使劳动者的数目与质量同国民经济发展需求、劳动组织同社会生产力性质要求相适应

①按照国民经济发展战略重点，有计划地集中调配劳动力，保证国民经济发展战略重点部门、行业、地区对劳动力的需求。②按照产业结构、技术结构、企业结构、所有制结构等调整状况，有计划地在宏观上统一调度劳动力，改善布局，优化组合，形成新的、功能良好的劳动力结构。③按照"大工业本性"、现代化社会生产的普遍规律，制定相应的劳动力流动政策，引导社会劳动力合理流动。

中国社会主义经济是有计划的商品经济。整个社会经济的发展不仅要于国民经济各部门和社会再生产各环节之间有计划地分配和调节社会劳动，促进国民经济按比例、高效益地发展，而且，由于社会劳动分配的比例都是以社会需求为前提的，而社会需求又都是通过市场来反映的，因此，劳动计划管理还必须注重市场，即发挥市场对劳动力的配置、调节功能，形成劳动力的计划配置与市场调节相结合的新的劳动计划管理机制。

有人认为，既然是商品经济，就应以市场为中心放开，完全让市场来对劳动力进行调配。作者认为，作为一种趋势、发展方向，应该是这样的。但是现阶段中国的商品经济还很不发达，对商品经济规律的认识、运用还是一种探索。目前的现实国情也对市场放开的程度存在一种较为严重的制约：①中国的国民素质普遍较低，若是完全放开由市场来调节，绝大部分劳动力将会被拒之现代化生产过程之外。②人民的生活条件普遍较差，一旦大多数劳动者不能就业，其本人及家庭生活便即刻失去着落。③我国属于不发达国家，社会物质产品不丰富，对于大量的失业者很难提供更多的救济保障基金。④长期保留一支庞大的失业队伍，既是对劳动资源的浪费，又不利于社会经济秩序的稳定与巩固。

同一问题的另一种典型是，苏联、东欧一些国家曾设想建立一个对劳动力实行高度集中的统一计划的管理体制，但由于劳动力短缺、长期供应不足的现实，又不能不基本上对劳动力放开，由市场来调节。这就向我们提供了一个来自实践的论据。在劳动力长期供不应求的情况下，应更多地发挥市场调节的作用；相反，在劳动力长期供大于求的情况下，则要更多地发挥计划调节的作用。当然，两种条件下的两种调节形式都不是绝对的、孤立的，而是相互渗透的、结合的，只是不同条件下有所侧重罢了。因而，中国现阶段应以劳动计划为主导，一方面，进行劳动力的

宏观总体配置；另一方面，加强劳动力市场管理，注意发挥劳动力市场对于劳动力流动、劳动力结构调整、企业劳动组织的改善、劳动者的劳动行为与劳动效率的调节功能，从而把劳动计划管理建立在自觉依据和运用市场机制调节的基础上，通过计划实现对社会劳动的宏观管理，借助市场来完善劳动的计划管理。

劳动计划是国民经济和社会发展计划的重要组成部分，劳动力指标是国家控制的重要指标。我国对社会劳动力的管理，无论是原有的固定工，还是现在的合同制工，实际上包括各种季节性、临时性计划外用工，一直都是由国家计划管理的。这种集中统一的劳动计划管理体制，在我国生产力没有一个大的飞跃、人口出生率没有一个大的降低、劳动力资源没有一个大的减少的条件下，是不可能一下子取消的。它对于解决中国劳动资源供应长期大于需求的矛盾，对于保障社会主义劳动者的劳动权益，对于发展和巩固社会安定团结局面，对于维持良好的经济运行秩序，都有着积极的作用和意义。

（原载于《财经科学》，1991 年 3 月）

我国企业人力资源开发与管理的
几点思考

中国的人力资源开发与管理是门相对年轻的学科。从 20 世纪 90 年代中期原国家经贸委在全国工商企业管理后备干部培训中把人力资源管理第一次列为 10 门主要课程，到 20 世纪末上海经合组织会议主论人力资源开发与使用，使人力资源的概念作为一门经济与管理科学被人们所认识，特别为政界、企业界所逐渐接受，在一些高校也随之开设了人力资源管理专业。但从目前看，对人力资源的理解是五花八门的。就企业而言，除了把原有的劳动工资部门改名为"人力资源部"，意识上"人力资源管理就是人本管理"之外，如何深化并实施人力资源管理，则并无显著绩效。在高校，多数教科书中要么完全照搬西方的，要么就是从中国台湾的"本本"中拿来的，或是认为"人力资源管理也就是工业企业管理中的一个章节"。这些都是需要继续探讨的，尤其是应该立足中国实际，理出有中国特色的人力资源管理科学体系来。这里，仅就几点不成熟的思考提出来，与读者交流。

一、应将全心全意依靠职工办企业与人力资源管理结合起来

全心全意依靠职工办企业，是社会主义生产关系及其制度的性质特征，是党的基本路线、方针、政策的应有之意，坚持社会主义就必须坚持全心全意依靠职工办企业。党的十二届三中全会上提出了"增强企业活力是体制改革的中心环节"的论述。然而二十多年过去了，企业活力仍然不够理想的原因在于对什么是企业活力、活力的主体是谁、活力来自哪里等认识不清。按照全心全意依靠职工办企业的思想，企业活力的主体是职工，活力的源泉则是职工的积极性、主动性、创造性，活力的大小强弱又取决于职工积极性、主动性、创造性发挥的程度。一句话，企业有没有活力，首先也是最根本的是看我们是否真心的全心全意依靠职工来办企业。人力资源管理理论，即对人力资源开发和利用的主体及其定位，恰恰就是探索如何依靠企业职工增强企业活力、开发人力资源这一最具活力与潜力的源泉。

二、应把坚持工人阶级当家做主与人力资源管理结合起来

在我国全心全意依靠工人阶级，就是要维护职工在企业的主人翁地位，当家做主，民主管理，参与决策和监督。近年来，随着市场经济体制的建立，我们必须重新审视关于对工人阶级当家做主在新形势、新体制，特别是新机制运行条件下新的实现方式和内容。这里，首先，要明确现时职工当家做主，必须按照邓小平理论和中共十六大精神，紧密结合资本运营过程来实现。国有企业的职工当家做主应体现在真正地当国有资本之家，负国有资本之责，参国有资本之政，监国有资本之督。任何企业都应该不断地去研究和寻求实现职工当家做主的新思路、新形式、新机制。其次，职工当家做主在现时条件下，必须按照人力资源管理科学要求，切入调整资本与劳动的关系，趋向国有资本人格化。当我们进入资本运营的时候，无论是从生产力组织，还是从经营管理的要求，都在客观上决定了必须关注和处理好这种资本与劳动之间的高密度结合及其和谐关系，并达到资本的人格化境界，以促成国有职工对国有资本的主人翁责任感，实现国有职工能够以人格的力量生产、积累更多的国有资本，增强和扩张国有资本的实力和竞争力。最后，要把社会主义职工当家做主与当代人力资源、人本管理结合起来，建设企业新文化，增进职工爱国、爱厂、爱岗、爱人的良好资源素质机制。

要提高人力资源对企业经济发展的整体贡献率，使之达成企业目标，在这一方面，社会主义比资本主义更具无比的优越性。事实上，我们从一开始走的就是一条人本管理的路子，但由于"左"的和右的干扰，却使这一管理哲学在实践上出现了某种偏差，尤其是表现出来的职工与企业之间的分心、离心，以及导致对国家、对企业、对岗位、对别人的不敢负责、不能负责、不愿负责的状态，这是我们今天在重新理顺职工当家做主，趋向人力资源开发、人本管理的新思维和付诸实施的时候，必须认真思考和深刻汲取的最重要的问题之一。

三、应把改革、市场新体制建立、劳动者主体地位关系和人力资源管理结合起来

坦率地说，现时我国的改革出现某种阻滞、市场体制不畅，一是思想观念问题；二是政治体制改革滞后问题；三是忽略人的问题。改革开放以来，我们一直认为市场的主体是企业，当把企业推入市场以后，却没有取得市场效应。原因很简单，企业作为生产力的组合体只是一个空壳，而构成企业生产力主体的是劳动者，没有市场效应是因为人没有进入市场，仍停留在原有的劳动关系上。市场经

济只有物质运营，没有人力运营，自然没有生命力。同时，市场经济作为一种社会经济运行体制，本身也是生产力发展规律的要求体现，而生产力又首先是指劳动力，可见市场经济的主体应当是劳动力，是人。市场经济的活力，从一定意义上讲，就是人力资源的活力、劳动力及其劳动的经济活力。所以，改革以及市场经济新体制的建设都必须落实到劳动力这个主体上来。中国国有企业改制中对现有职工身份的置换，体现的正是落实劳动者的主体地位。劳动者主体地位的落实既是市场经济、价值法则的基本要求，更是人力资源管理科学的基本要求，由于劳动力主体地位和劳动力所有权的拥有，劳动者才能以个人利益主体与劳动行政主体在市场上以自由、平等的身份进行工资谈判，建立劳动关系，才能真正解决几十年工资由国家说了算、由别人说了算的问题。

人力资源管理科学，也就是科学管理人力资源。其内涵在于创新，创新管理、创新体制、创新机制，创新的重心与前提是必须赋予企业劳动者改革的主体、市场的主体、企业的主体，从而保证企业劳动者的主人性、主体性、主导性，充分发挥出劳动者的智慧和创造力。

四、应把引入竞争劳动机制、重构中国社会主义企业劳动关系与人力资源管理结合起来

这里，一方面，要破除端"铁饭碗"由国家一包到底的旧思想，树立按市场法则调整企业经营、调整个人行为的新思想；另一方面，在贯彻依靠职工办企业过程中，引入竞争劳动机制，重构中国社会主义企业劳动关系。按照竞争劳动规律，实施竞争职业、竞争岗位、竞争劳动，自由地、平等地建立起一种市场劳动关系，通过转换劳动力及其劳动运营机制，保证市场条件下职工的主人翁地位及其合法权益，保证社会主义企业职工能够创造出远远高于资本主义的劳动生产率。

所谓重构中国社会主义企业劳动关系，包括：一是变直接的、行政的、承包的国家与劳动者之间的劳动关系，为企业与劳动者按市场法则建立起来的劳动关系；二是健全劳动力流动机制，营造良好的劳动关系运行环境，形成正常的劳动力进出、流动，上岗、下岗、转岗秩序；三是加强职工的思想政治教育和业务素质教育，提高职工的市场生存能力、劳动竞争能力、工作创新能力、自我发展能力；四是建立健全企业劳动争议仲裁和劳动关系调整制度及其科学的运行体系等。

引入竞争劳动机制，重构中国社会主义企业劳动关系，既是人力资源开发与利用的基本形式内容，又是人力资源管理的基本目标预期。人力资源管理正是凭借着竞争劳动机制和不断调整劳动关系，达成了一个时期劳动力价格水平、劳动

力发展水平,推进着人力资源开发与管理进入一个新的境界。

五、应把实施"民选"企业经营管理者与人力资源管理结合起来

"民选"企业经营者、管理者,是我国企业改革中较为普遍采用的一种人力资源管理方式,是建立社会主义的、自由的、平等的劳动关系的基本条件和组织保证。

现在都说我国的企业面临种种困惑,作者认为最大的困惑是劳动生产率低下,而劳动生产率低下的根本性问题是一个劳动关系及其协调、完善问题,这其中又首先是一个经营者与劳动者关系内容构成、联系形式、运作机制问题。现代经济学认为作为一个经济组织的企业,首先表现出来的是一个合理组织生产力、完善生产关系的问题。而生产关系的完善,最直接、最现实、最生动、最敏感的正是劳动关系,即劳动关系的组织、协调、完善及其追求劳动关系效应问题。

"民选"与"委任",看上去只是一个经营者的产生、选择方式问题,而实际上是一个劳动者走向自主劳动、自主管理,建立起马克思当年所憧憬的社会主义的自由人联合体的问题。"委任",是从外部的、主观的营造劳动关系及其劳动联合体;"民选",则是从内部的、客观的自我筑造劳动关系及其劳动联合体。"民选"是劳动者自主推荐自身的高级劳动者到经营者岗位——"一分为二";由于本来就是一体的,所以劳动者自选经营者就容易沟通、容易协调、容易自控、容易收效——必然达到"合二为一";"委任"虽然有其现实意义,但对企业又往往不适应,经营者与劳动者之间形成两张皮、两条心,不可能有什么大收效。一些企业陷入困境,并不完全是资金问题、技术问题,更多的是人才问题、劳动关系问题。这是我们今天在转换机制、建立现代企业制度、搞活国有企业时必须也应该意识和看到的。

民主选择企业经营者是社会主义制度的性质要求,是中国企业走向市场化运营的现实要求,是社会主义生产关系自我完善的必然要求,也是人力资源管理科学的要求,体现着人力资源管理的重心在人才、"唯才是举"的思想。只有把那些具备真才实学、想干事、能干事、干成事的人推荐到经营管理岗位上,人力资源才能得到更好的开发与利用,才能算是做到了资源的最优化配置。

(原载于《崛起》,2006 年 6 月)

正确看待我国管理中的人治与法治、人本与物本

摘要： 承认我国人治的渊源及历史的、现实的意义，承认人治与法治是相辅相成的，法治只不过是人治的一种实现手段，人治要求法治，也必然要走向法治，而法治则又使人治趋向科学化、规范化、有序化。

从理论和实践上论证必须坚持以人为本、以人为主体的人本管理思想和运作系统。

关键词： 承认人治；坚持人本

一、关于人治与法治

我国的管理从古至今都是以人治为内核特征的，尤其是封建社会，人治不仅愈来愈趋向于系统化、组织化，而且还用法律规章、伦理道德、社会文化等约定俗成、调理规范。从封建主义社会到社会主义社会，人治就不仅仅是一般地作为"旧的痕迹"尚存下来，而以传世之文化深深地渗透于包括革命者在内的每一个人、每一个团体。社会的变迁往往给人以昭示：人治使人们几乎感到窒息，人们痛恨人治，渴望民主，憧憬着建设一个民主、法治，到处都是充满爱的世界。这时，便出现了革命者和革命者群体，他们为推翻人治而奋起造反，而一旦革命成功，作为革命派们却又走向了人治。为什么呢？①现实经济社会基础与条件使他们不得不施以人治。②没有人治就没有法治，只有使人治走向科学化，才能使社会走向法治化。首先，中国的经济落后，生产力水平低下，几亿人、十几亿人要吃饭，要穿衣，要生存，现实不容想之过多，而是赶紧领着人们向生产进军——这治，那治，还是革命者领着治吧。其次，中国的社会文化观念落后。这种落后，一是来自于封建社会文化传统习性，特别是"圣君"、"明君"、"忠君"思想根深蒂固，总盼着有一个"天子"，主理社稷大政，他们自然而然地拥戴革命领袖，并呼唤"万岁、万岁、万万岁"，拜求政通人和。这就必然使得任何执政者尊贵起来，走向人治。二是来自于闭关锁国，与世隔绝，不交流，不汲取，也就

墨守于旧的社会文化观念，甚至形成自以为是。三是中国的国民素质落后。我国是一个农业大国，小生产像汪洋大海，即使那些产业工人，包括职员、干部、知识分子等，也实际上才刚刚脱去农民装。农民习气，特别是惰性、散漫性、依赖性强烈，客观上要求人治。现实从农村的"能人走天下"到城里的"能人治理"，本质上都是一种人治的客观表现。四是中国的商品生产、商品交换观念落后，尤其是竞争意识淡薄，要么小福即安，知足求稳，要么排斥竞争，听命行政。

近半个世纪的新中国的管理，从一开始就曾试图改变人治，走向法治，然而上述方方面面的环境制约，又不得不在走向法治的同时大量地应用着人治。人治是客观的，有着其历史的、现实的意义，所以，应正确认识"人治"问题。同时，还要看到，人治与法治事实上是相辅相成的，没有人治，也就不会有法治，只有通过人治才能达成法治。因为法治首先是由人治引起的，人治过程中为了形成某种行为秩序，必然要求运用法律规范。这时，法律事实上是一种人治，同时又是一种法治，法治保障了人治的实现。综观世界各国注重律法，以法责众，本质上反映的都是一种双重管理：人治与法治。

在中国，许多人都热衷于谈西方的法治怎么怎么样，其实，一是西方的法治更是实现人治的一种手段，只要阶级存在，国家存在，人治就是管理的主旋律；二是西方政府及其机构系统，不管权力大小、职能多少，管理是直接还是间接，其存在和运转本身表明的就是一种人治；三是西方的人治确实已经法治化了，这是几百年的人治实践的客观要求及其结果，它正是运用法律规范理顺着大至总统选举，小至邻里之间关系处理的各个方面。我们一些人讲的西方法治主要就是这一点，而我国的法制建设也在朝向这一点。作者以为：法治的内涵包括两点：一是国家在管理中，抑或说在"人治"过程中，应通过立法、司法、依法行事，实现人治的有序和有效。二是每一个自然法人，都应该有着较高的法律意识，精通人际、社会、经济各法，对国家、对法人、对他人、对自己的行为负起法律责任，并能够运用法律武器来监督、制约，保护其正当权益。有鉴于此，在当前，应该理解我国人治及其人治与法治的关系，承认现时条件下人治的必然性，逐步改革人治的封建性和某些不科学性，通过大力加强法制，建立起新的有中国特色的人治管理体制和运行机制。

二、关于人本与物本

坚持人本管理还是物本管理在当代管理科学中也是非常明了的事情，但是在中国却似乎依然是一个值得提出的问题。管理科学，说到底，是一个对人的管理的问题。管理的诸要素里面最复杂、最不可捉摸、最难管的就是人，人是高级生命体，人是有思想、有情感、有价值观念的，人的问题理顺了，则一顺百顺。毛泽东时期，他的管理哲学就是人是第一个可宝贵的，人民是创造历史的真正动力，人定胜天。在贯彻这一人本主导思想的同时伴之以严密的组织管理，即做人的思想工作，放手发动群众，调动群众建设社会主义的积极性，正是由于坚持了人本管理，紧紧地抓住人，所以，构成了一个人们同心协力的大社会命运共同体。即使是极端的，人们也跟着走，即使是失败了，人们也毫无怨言。到20世纪80年代中期，邓小平曾针对这种见物不见人以及轻视人的管理提出教育落后的问题，遗憾的是没能引起足够认识和注意。直到80年代末期发生"六四"事件，江泽民总书记才全面阐释了"教育落后"的思想所指，开始重视对人的教育、对人的管理问题，但此后又受到了两个方面的冲击。首先，随着我国经济运行中接连出现的通胀问题、企业问题等又基本上陷入了就事论事、就物言物的怪圈。分析一下，通胀问题、企业问题等的根本原因在哪儿呢？在于劳动生产率滑坡，在于劳动力，即人的积极性、主动性、创造性没有发挥出来，缺乏活力；而活力的内涵又恰恰表现为通过对人的有效管理，所产生的人的积极性、主动性和创造性以及发挥程度。其次，随着改革开放，我们也开始引入西方的管理经验，但遗憾的是这种引进只从表面上做了些文章，即只引进程序、引进技术、引进形式，却没有引进管理之根本——始终围绕着人的能动性激励、抓活劳动管理这个本源性问题。所以，很多的管理经验并没有真正在我国展开，有的还产生了一些被动的局面，甚至引起经济秩序的紊乱。

关于人本管理问题，20世纪70年代后期，苏联出版的政治经济学教科书修订本就从政治经济学的角度强调了这一点，并把以人为主体的经济运动看成政治经济学的基本视觉点和研究主线，这一思想调整曾引起中国学界的注意，但却没有引入到我国的政治经济学教科书中。而在管理学论著中虽然也出现了一些相应的提法，但并没有更大的突出性地来论及这个问题。可喜的是近一两年在企业管理的实践中，特别是适应现代企业制度建设，人本管理思想及体制开始引起经营者、管理者的关注和重视。他们抓了人本管理，在实践中领略了真知。正如一些企业家讲的：以人为本，科学管理，就能扭转被动局面，就能大大提高劳动生产率，就能出现活力与生机，再也不能重物不重人了。

应该指出，人本管理不仅反映着当代管理的基本特征，在理论上也是有着科学的立论依据的。从生产力看：一是马克思历来强调凡是活的生产力，生产力的力首先就是指的劳动力，而且在马克思的论述中生产力与劳动力、劳动生产力、劳动生产率、劳动者的劳动能力是通用的。足见马克思非常强调劳动力，强调人在生产力中的地位和作用，强调调动人的积极性。二是生产力是一个动态系统，其构成要素包括劳动力、劳动工具、科技、教育、信息以及劳动方式等，但最活跃、最具有革命性意义的是劳动力，正是劳动力与劳动工具的结合，以及与科技、教育、信息的转换组成了生产力运动过程。三是生产力又是动态与静态的统一。表现生产力水平的不能只理解为劳动工具，首先是劳动力。劳动力能否自由、全面地发展，劳动的潜力能否被开发、利用，直接影响着生产力。很难想象一个劳动力水平较低的国家会有较高的生产力水平。四是如果说科学技术是第一生产力，那么，毫无疑问，第一生产力中的第一要素是劳动力。正是劳动力创造了科学技术，事实上任何一项科技成果都无不反映着劳动力的智慧结晶。如果说生产力是人类社会发展的最终动力，那么，这种动力最终又是来自于劳动者及其所投入的劳动力。"全人类首要的生产力就是工人、劳动者"。因此，必须重视人，强化劳动力管理，从发展生产力的角度抛弃物本思想，搞好人本管理，才能真正地调动起千百万人民群众来建设生机勃勃、创造性的社会主义。

从生产关系看，一是生产关系是一种人与人的关系，巩固生产关系首先就是指巩固一定的人与人的关系，处理好人的问题。二是生产关系是一种所有制关系。它包括劳动力产权关系和生产资料产权关系两方面内容，绝不可只讲后者不讲前者。不能正确处理劳动力产权关系，就不能正确地认识和确立劳动力的社会、经济、政治地位，因而也就不可能形成对劳动力的有效管理。三是生产关系是一种劳动关系。实际上在所有制关系一定条件下，完善生产关系主要是指完善劳动关系，即科学组织好劳动力与生产资料的结合，实现资源的优化配置，科学计量劳动力的投入与产出，协调和处理好相应的经济利益分配关系。

中国的改革是社会主义生产关系的完善，而生产关系的完善必须着眼和入手于人、劳动者、劳动关系。资本主义所以能够发展到今天，正是注意了生产关系的这一技术方面的完善。在垄断资本主义以前，资产阶级不重视人，不关心人，不给人以应有的地位，结果危机四起，徘徊不定，发展缓慢。当以劳动中的人为研究对象的行为科学出现以后，就马上进行管理思想大调整，转向以人为本、以人为主体的管理，既尊重人，又激励人，结果由于紧紧地抓住了人，也就抓住了物，经济开始持续发展。这个历史现实是非常值得我们去思考和探讨的。

(原载于《河南省首届青年学术年会论文集》，
中国科学技术出版社，1995年)

作者简介

郭军，男，1954年1月出生，河南省义马市人，汉族，中共党员，经济学教授，研究生导师，河南省省管优秀专家，毕业于中南财经政法大学。现任河南财经政法大学研究生处处长，河南财经政法大学学术委员会委员兼经济学部主任，河南财经政法大学学位评定委员会委员兼办公室主任，河南省普通高等学校人文社科重点研究基地——河南经济研究中心主任，河南省高校重点学科开放实验室——应用经济学开放研究中心学科带头人。主要从事宏观经济学、劳动经济学、产业经济学、社会主义经济理论的教学与研究。兼任河南省经济学学会副会长、河南省经济伦理研究会副会长、河南省民营经济研究会副会长、河南省人力资源研究会副会长、河南省《资本论》研究会副会长、中国工业经济学会副理事长，河南省人民政府"十一五"、"十二五"规划专家委员会委员，河南省"中原经济区"研究起草小组成员，以及一些省市政府部门、工商企业经济顾问。先后在《经济管理》、《中国工业经济》、《毛泽东邓小平理论研究》、《中州学刊》、《人民日报》、《光明日报》、《中国经济导报》、《中国改革报》等刊物上发表论文100余篇，在经济管理出版社、红旗出版社等出版著作10余部，主持或主笔国家、省部级项目10余项，获得省部级优秀社科研究成果一等奖7项、二等奖5项等。

河南经济发展的理论探识

郭 军 著

Exploration of the Theories of Henan's
Economic Development

图书在版编目（CIP）数据

社会主义经济理论的应用研究（河南经济发展的理论探识）/郭军著. —北京：经济管理出版社，2012.12
ISBN 978-7-5096-2298-8

Ⅰ.①社… Ⅱ.①郭… Ⅲ.①中国经济—社会主义经济—经济理论 Ⅳ.①F120.2

中国版本图书馆 CIP 数据核字（2012）第 317502 号

组稿编辑：申桂萍
责任编辑：张　达
责任印制：杨国强
责任校对：陈　颖

出版发行：经济管理出版社
（北京市海淀区北蜂窝 8 号中雅大厦 A 座 11 层　100038）
网　　址：www.E-mp.com.cn
电　　话：(010) 51915602
印　　刷：三河市延风印装厂
经　　销：新华书店
开　　本：720mm×1000mm/16
印　　张：12
字　　数：228 千字
版　　次：2013 年 1 月第 1 版　2013 年 1 月第 1 次印刷
书　　号：ISBN 978-7-5096-2298-8
全书 3 册　总定价：98.00 元

·版权所有　翻印必究·
凡购本社图书，如有印装错误，由本社读者服务部负责调换。
联系地址：北京阜外月坛北小街 2 号
电话：(010) 68022974　邮编：100836

目 录

实施富农兴豫跨越发展战略 …………………………………………… 001
河南经济能不能快一点发展起来，关键在人 …………………………… 004
河南所有制结构调整要面向新经济 ……………………………………… 011
新经济对河南经济发展的影响和启示 …………………………………… 014
关于河南经济发展的思考（一）………………………………………… 024
关于河南经济发展的思考（二）………………………………………… 028
河南经济竞争力评析 ……………………………………………………… 034
发挥后发优势实现跨越式发展 …………………………………………… 040
当前河南经济发展热中的冷思考 ………………………………………… 045
建设和谐中原与河南经济运行的理论思考 ……………………………… 049
首先应定位河南的"民生"产业 ………………………………………… 052
河南就业发展的理论思考 ………………………………………………… 054
确立商贸大省战略，理顺商贸带动的产业化主导地位 ………………… 057
河南省产业集群化发展与战略支撑产业成长性研究 …………………… 065
构建产业链条 提升核心竞争力 ………………………………………… 077
河南经济资源环境之间的数量关系分析 ………………………………… 088
"中部崛起"战略重心在中部 …………………………………………… 096
关于中部崛起与中原崛起的政策思考 …………………………………… 098
中原崛起与循环经济 ……………………………………………………… 101
中原群起小康村的启示 …………………………………………………… 111
郑州该如何在中原崛起中发挥作用 ……………………………………… 117
中原经济区建设重要理论问题研究 ……………………………………… 126
对新型城镇化引领的几点思考 …………………………………………… 132

为什么要实施新型城镇化引领 ················· 135
怎么实施工业化主导和新型工业化发展 ············ 148
什么是新型农业现代化 ···················· 161
解决城中村问题要有战略意识 ················ 175
应该大声为福源叫好 ····················· 179
"河南经济论坛 95·4 系列活动周"观点综述 ·········· 181

后　记 ···························· 185

实施富农兴豫跨越发展战略
——兼论中原崛起的一个路径选择

农业是国民经济的基础。在农业仍占相当比重、农村人口仍占绝大多数的中国，没有农业的发展，没有农村和农民的小康，就没有整个社会的小康。显然，全面建设小康社会重点在"三农"。解决"三农"的关键在哪儿？《中共中央国务院关于促进农民增加收入若干政策的意见》做出了具体的回答，即认真贯彻党的十六大和十六届三中全会精神，牢固树立科学发展观，按照统筹城乡经济社会发展的要求，坚持"多予、少取、放活"的方针，调整农业结构，扩大农民就业，加快科技进步，深化农村改革，增加农业投入，强化对农业支持保障，力争实现农民收入较快增长，尽快扭转城乡居民收入差距不断扩大的趋势。可以说，2004年的"中央一号文件"，是中央对当前农业和农村中存在的矛盾和问题深刻分析的结果。

河南是中国的缩影，2004年"中央一号文件"对于河南来说，就更具直接指导意义。这些年来，我们一直在探寻河南经济如何从农业大省变成农业强省，"中央一号文件"进一步理清了我们工作应遵循的轨迹及着力点，帮助我们明晰了振兴河南、中原崛起的路径选择——以促进农民增加收入为重心，实施富农兴豫跨越发展战略。

以促进农民增加收入为重心，实施富农兴豫跨越发展战略，至少有3个原因：一是河南近1亿人口中，农民占近80%。一定意义上说，发展河南经济问题，也就是发展河南农民的经济问题，而农民经济问题的本质，则是农民的创收、增收问题。从生产力角度看，农业劳动力事实上构成了河南生产力的主体内容，不千方百计增加农民收入，不调动农民的积极性，河南的生产力就没有动力和活力。二是河南的经济空间中，农村市场占70%以上。而农村市场的发展、活跃、繁荣，又取决于农民的消费水平和购买力，取决于农民收入及其增长的多少与快慢。可以说，农村市场发展与农民收入增长呈正向变数关系。此外，农民收入长期低速增长，既影响了农村市场运行，又制约了第二、三产业的发展。所以，当前和今后相当长的时期内，市场的焦点仍将是如何提高农民收入。三是河南经济总量中以农业为支柱的县域经济占70%以上。这也是省委、省政府特别看好和强调的未来河南经济发展的一个大亮点。县域经济，自古以来就是以农业为特征，与"农"字紧密相联的，县域经济本质上就是农业经济。但是，今天的农业经济已经不是传统意义上单纯的一产了，而是介于一产与二产之间，被专家、学者称为"1.5产业"。"1.5产业"的意义就是以增加农民收入、提高农业比较利益为预期的新的产业模式，所以，农业经济发展的动力源，均来自于农业的增产增效和农民的增收增利。毋庸置疑，抓县域经济，也就是抓促进农民增加收入的经济。

举凡战略，是就全局性、长远性、根本性的谋划。以促进农民增加收入为重心，实施富农兴豫跨越发展战略，并不排斥科教兴豫战略、开放带动战略、可持续发展战略，但它可能更贴近河南，更易于操作，更有现实性，也更易于融入以人为本的科学发展观。无论从理论上还是实践上，坚持把工作重心置于促进农民增加收入这个定位上，从而产生的利益杠杆调节机制，对经济主体及其行为过程的影响，其价值都是实在的，也是难以估量的。特别是在全面建设小康社会，奋力实现中原崛起的今天，以促进农民增加收入为重心，实施富农兴豫跨越发展战略，有可能为经济社会发展提供一个基本的路径选择。

以促进农民增加收入为重心，实施富农兴豫跨越发展战略，在当前应做好以下几方面的工作：一是加强宏观调控。宏观调控在任何时候都是必要的，就河南省来讲，要在放手让市场发挥基础调节作用的同时，政府适当干预经济。例如，集中全省有限的财力、物力、人力，构筑"富农兴豫"的河南大产业经济链和大城市经济圈，营造和开拓促进农民增收的多元条件，要在认真调研、分析省情特点的基础上，制定河南农业和农村的发展规划，积极开展高层论证，对那些实践证明是行之有效的规划，还须通过立法程序予以规范。二是发挥河南省已有的农业产业化"龙头"企业及其品牌效应，有计划、有重点地培植农产品生产、加工产业经济带，拉长产业经济链条和品牌效应链条，扩大农业产业化辐射范围，惠泽更多农村和农民。为此，必须全面落实2004年"中央一号文件"精神，加大对农业产业"龙头"企业的财政、税收、金融投入。转变观念、深化改革，全力支持那些能带动农户、与农民建立起合理的利益联结机制、给农民带来实惠的各种所有制形式和经营形式的企业发展。三是制定重点帮扶政策。关注重点应是以粮食生产为主的"纯"农民，丧失土地的"都市村庄"的"半"农民、外出务工处于摩擦性失业的"新"农民等。这是实施以促进农民增加收入为重点、富农兴豫跨越发展战略所不可忽略的重要群体。四是大力推进城市化发展。让那些已经长期在城里务工的、逐渐进入现代工业产业领域的农民，固定到城市里，中小城市应完全放开，让有本事、能挣钱的农民进城，只有这样，才能既减少农民又壮大城市经济。

以促进农民增加收入为重心，实施富农兴豫跨越发展战略，要做的事情还很多，包括制度、组织措施、运营评价系统等，这些还需要广大理论工作者做进一步的研究，努力探索出一条全面建设小康社会、奋力实现中原崛起的可行之路。

（原载于《河南日报》，2004年2月17日第5版）

河南经济能不能快一点发展起来，关键在人

邓小平指出："中国的事情能不能办好，社会主义和改革开放能不能坚持，经济能不能快一点发展起来，国家能不能长治久安，从一定意义上说，关键在人。"列宁也曾激动地告诫各级领导干部："生机勃勃的社会主义是人民群众自己创立的。"毛泽东更是以"人民，只有人民，才是创造历史的动力"和"人定胜天"的人本思想为基本哲学，领导中国人民从封建主义进入新民主主义，进入社会主义。一个"关键在人"，一个"人定胜天"，一个"人民创立"，都揭示和展现了马克思主义、社会主义生命力所在——追求把那些在旧的生产关系束缚中受到极度压抑的人们解放出来，建立一个能够使人们自由地、全面地发展的社会主义的自由人联合体。

一、以邓小平"关键在人"的理论，指导河南经济发展实践

如果说，科学技术是第一生产力，那么毫无疑问，第一生产力中的第一因素，正是人。邓小平不仅提出了科学技术是第一生产力的理论，而且又阐发了"关键在人"的思想，从而把经济社会、生产力、科学技术、人之间的关系及其内在的质的要求，做了言简意赅的最为精辟的论述，成为我们在实践中的行为准则。

1997年上半年，河南省工业经济效益下降的趋势虽然略显好转，但企业亏损仍很严重，亏损企业和亏损额度都呈增加状态。我们分析一下，是否就是所说的资金问题、产品问题、包袱问题呢？造成企业被动与困惑的问题很多，但其中首要的也是关键的一个，即人的问题、一个企业经营者和企业领导班子不适应社会主义市场经济的要求的问题。最近，朱镕基副总理提出的使国有大中型企业走出困境的三条措施，第一条就是要解决经营者和企业领导班子建设问题。他认为从解决企业经营者和企业领导班子问题切入，从而抓住人，是解决目前亏损企业问题的有效方法，也是建立新的经营机制、新的管理秩序的基本条件。这说明，改变目前国有企业状况必须贯彻邓小平"关键在人"的思想，从人的思想、观念、行为以及整体素质着眼，从解决企业中人，尤其是解决经营者和企业领导班

子入手，让企业走出困境。围绕于此，当前要迫切研讨三个问题：一是企业经营者和领导班子现状与问题。二是以人为本建立现代企业制度。三是坚持党管干部原则与市场配置人力资源原则结合，完善人才管理制度，特别是企业经营者和领导班子选任、调整、约束体制和机制。

二、河南省企业经营者和领导班子现状与问题

在河南省，从党的组织部门到政府经济管理机关，再到企业基层，联系企业现状有一个基本的共识，这就是"企业经营有问题，班子内部找原因"，即普遍认为，企业不景气，根本的、关键的是企业经营者、企业领导班子问题。在全省国有企业领导班子考核建设中，无论是确定的207个试点企业整体分析，还是各地（市、县）特别是对亏损企业进行的解剖研究，都发现由于企业经营者和企业领导班子原因造成亏损的占绝大部分。从而，现实地论证了邓小平的经济能不能快一点发展起来，关键在人的思想的科学性，也现实地告诫我们，当前解决国有企业的问题，深化国有企业改革，必须着眼和切入于企业经营者和企业领导班子。

关于河南省企业经营者和企业领导班子的现状，有关方面调研资料概括为5种情况：①经营者的经营决策水平低。这方面，一是经营者自身的政治、文化、科技以及岗位业务素质低，不适应市场竞争的需要。二是思想禁锢、观念陈旧，缺乏改革创新、抢抓机遇的意思。三是决策不讲严格的科学的程序，缺乏调研、预测和可行性论证等，而这些又往往导致坐失企业改革与发展的良机，影响和制约企业经营绩效。②经营者的组织协调能力低。主要表现在：一是摆不正，也处理不好所有者、经营者、劳动者之间的关系。二是摆不正，也处理不好一把手与副手之间、"班长"与"一班人"之间的关系。三是摆不正，也处理不好企业的内外关系，特别是与社区之间、与政府之间、与同行之间、与市场之间等的关系等。这就形成了企业内部班子成员不团结、搞内耗、无合力（如洛阳一个企业班子成员九个人九条心），缺乏经营生机。同时，还影响和制约了企业与社会公众之间的正常的企业生存与发展的应有环境与条件的营造，走入死胡同。③经营者的群众观念意识低。办好企业，关键在领导，基础在群众。企业活力的源泉，在于脑力劳动者和体力劳动者的积极性、智慧和创造力。所以，有没有群众观念，能不能全心全意依靠工人阶级，调动劳动者的积极性，是任何一个经营者应着力解决的根本性的问题。但是相当多的经营者的群众及其民主管理的观念和意识非常淡薄，重资本、轻劳动，用封建主义的思想来理解资本主义的"雇佣劳动制"，搞"大棒式"管理。甚至一些人以权谋私，损害国家和职工的利益，滥用职权，贪污腐化，违法乱纪，造成企业持续亏损，职工四处告状上访。④经营者的年轻

化程度比重低。中组部部长张全景称国有企业经营者的年龄在近10年内增长了10岁。而河南省一些地市调查资料表明，目前企业经营者的年龄有两个特点：一是年龄水平普遍高于地、市（县）领导。二是平均年龄多在50岁。这样一个大龄结构的企业经营者及其领导在现实中往往造成经营者的进取心、责任心、事业感、成就感减退，加之经营者及其领导班子的文化知识结构不合理，以及继续教育、岗位培训跟不上，这样必然一方面，压抑了年轻人的发展；另一方面又削弱了企业领导班子的凝聚力、战斗力。同时，大龄经营者由于原有的计划经济思维模式，往往在市场经济特别是企业竞争面前显出难以招架，甚至束手无策，以至于这些经营者怨天尤人、消极悲观，从而也使企业陷入极度困惑。⑤经营者及其企业领导班子发挥整体效能低。一是经营者片面地甚至是错误地扭曲厂长（经理）负责制，作风粗暴，独断专行，造成重大决策失误。如有的不顾主客观条件，也不和班子成员商量，一味盲目追求所谓的规模效应、巨人企业、"航空母舰"，乱上项目、滥铺摊子，造成主业失去优势，副业也没上去，内外交困，被动异常；有的甚至把群众集资款也化为乌有，如洛阳市物产（集团）公司1994年盲目筹建脆片厂，职工集资投进1400万元，至今未见任何效益。二是由于经营者的独断，使企业领导班子进入不了正常运作，各方面的积极性受到挫伤和压抑，难以发挥企业领导班子的整体效能，而经营层的死板，必然难有企业经营上的活力。此外，还有一些企业经营者讲排场，比阔气，弄虚作假，欺上瞒下，造成国有资产流失；一些企业经营者个人主义严重，不能顾全大局；一些企业经营者信奉"乌纱帽"经济，安于维持，精神不振，缺乏危机感；一些企业经营者拉帮结派，任人唯亲；一些企业经营者贪图名利，追求形式，不讲实效；等等。

三、以人为本，建立现代企业制度

国有企业改革的方向是建立现代企业制度，而建立现代企业制度的质的内核的意义是以科学的企业组织形式，调动人的积极性，开发激活劳动资源，追求企业资本的增值。所以，可以说建立现代企业制度，必须要贯彻邓小平的"关键在人"的理论指导，坚持以人为本，以人为主线，实现产权清晰，权责明确，政企分开，管理科学。

1. 产权清晰要注意立足于人权与物权的统一及清晰

马克思主义的产权理论也好，现代产权理论也好，它们在一个方面是相同的，这就是都认为产权不能单单理解为物权。马克思认为，产权是生产关系的法律表现，它"是一种反映着经济关系的意志关系。这种法权关系或意志关系的内容是由这种经济关系本身决定的",[①] 而"它们根源于物质的生活关系"。[②] 但是,产权这个概念在原始社会是没有的。仅仅"只是占有,而没有所有权",[③] 当私有制产生和保护私有制的法律出现以后,才出现了产权。进入资本主义社会,劳动者已经自由的一无所有,土地所有权没有,劳动工具所有权没有,生活资料所有权没有。他们唯一有的是对自己的劳动力的所有权。由于这种劳动力的所有权,使得劳动力在劳动力市场上与财产所有权处于身份平等的地位,建立起一种平等劳动关系——以劳动力产权获得劳动报酬。所以,马克思透过这种人与物的关系的表象,揭示了产权的本质是人与人之间的经济关系,是作为社会生产关系的所有制关系的意志表现或法律硬化形式。而现代产权理论者们,不管是科斯、诺思,还是其他人都认为,产权"所有者所拥有的是实施一定行为的权利",它所要决定的是存在的合法权利,而不是所有制拥有的合法权利。这就是说,现代产权的理论定位已经从单纯的物权转化为现实的人权,即关于人与人之间的利益和行为的经济权利,使一个人或其他人受益或受损的权利。换句话说,产权是在物进入实际经济活动后,所引发产生的人与人之间相互利益关系的权利界定,也只有在不同的所有者之间发生利益关系时,产权才有存在的意义。显然,当我们今天趋向建立现代企业制度、实施产权变革的时候,必须注意在观念上把产权清晰的重点放在财产物质运动中产权所有者之间的利益关系及其利益的界定、调整上。也就是说,讲产权,绝不可停留在物的归属权上,核心的问题是要研究和解决由产权关系引发的、形成的物质利益方面的权利及其相应关系,既要明晰和理顺国有产权关系,特别是劳动力产权关系,更要讲求劳动力资本的运营效益,把国有资产的经营运作建立在活劳动投入、活劳动扩张、活劳动效益上。通过明晰劳动力的产权主体地位,激发劳动者的积极性、主动性和创造性,提高劳动资本与物质资本的有效结合率、产权带动、责任到人,让活劳动创造和创造更多。

2. 权责明确,政企分开,管理科学在主体上实际上都是对人而言的

权责明确,讲的是每个人做什么,怎样做,什么时间做,做事应遵循的依据和标准等,必须要明明白白,确确实实。一个人拥有什么权利,承担什么责任,必须有明确的职权与职责界定。当代管理重系统运作,系统运作则依相应层次而展开。政企分开是从政府与企业、所有者与经营者、国家行政管理体制与企业经济管理体制的角度提出的。但作为主线的、重点的却是理顺国家资本所有者与企业经营者——主管者与厂长(经理)之间的关系。长期以来,中国实施高度集权

---

① 《马克思全集》第23卷,第102页。
② 《马克思全集》第2卷,第82页。
③ 《马克思全集》第12卷,第752页。

的大一统体制，没有企业经营的独立组织主体地位，没有企业经营的自主性，一切由政府说了算。这种政企不分的体制导致企业经营者无所作为，压抑了企业经营者的积极性、主动性和创造性，从而使本来应该生机盎然的社会主义失去了活力。所以，现在理顺政企关系，就是不仅要从职责上、体制上转变，而且必须赋予企业法人财产权的地位，使政府不能直接干预企业经营活动，让企业经营者按照社会主义市场经济规律组织企业经营活动。管理科学的基本特征更是以人为主体。所谓管理科学，就是科学的管理。这里，一是管理的主体和客体都是人，前者是指经营管理者，后者是指直接劳动者，所以管理的本质是人与人之间关系的协调；二是管理必须按照客观规律办事，其重心放在对人的思想、行为及其结果的管理；三是管理既要协调好人与人之间的关系，也要合理组织生产力，协调好人与物的关系。当前，在我国存在着一种倾向，即一提起管理科学，就讲先进的企业组织形式、现代化的设备和工具等，结果往往使企业经营者争投资、争项目、争设备，搞外延式、粗放型经营，忽略了资本的生产者、社会的造物者——人，这一主体性、本元性的因素。当企业缺乏资金时，说是资金问题，而有了资金仍然不景气，却不知原因何在。正如前面所述，事实上我国的企业出现的这样或那样的问题都只有一个原因，人的问题。最近，河南省一位负责同志讲，在许多地方都可以看到，同样的基础，同样的条件，甚至同样的产品，有的企业盈利，有的企业亏损，这是为什么？归根结底，主要原因还是由于企业经营者和领导班子中这样或那样的问题造成的。因此，讲管理科学，建立现代企业制度，必须突出人，重视人，树立起"关键在人"的理论意识。从解决人，尤其是企业经营者、企业经营层、企业整个领导班子和管理者切入，抓企业职工的行为规范，抓企业经营者的行为规范，建立起以人为本的现代企业制度及其体制，适应社会主义市场经济的客观要求。

四、完善社会主义市场条件下用人、选人、育人、管人制度及其体制

河南省国有企业领导班子考核建设试点企业传递一个信息，即当前企业经营者匮乏，虽然包括原有经营者自己在内都承认已不适应市场经济环境，应退离现职岗位，然而寻求选任新的经营者却成为一大难题，有的地方苦于找不到经营接任人。这一方面说明传统体制酿成的恶果的显现；另一方面反映了我们的用人、选人、育人、管人制度及其体制已经远远不适应发展了的形势的需要，必须加大对原有的干部人事制度的改革力度，营造新的、合乎社会主义市场经济客观规律的、使领导人才脱颖而出的环境和条件，而且迫在眉睫。

企业经营者和企业领导班子建设，大点说涉及国家干部人事制度改革，应从

国家和企业两个层次研究和着手。从国家层次看，主要是上级党的组织部门和政府主管机关，应如何造就企业经营者，搞好企业领导班子建设。其中，又主要包括：一是更新用人观念，明确用人标准。即如何把那些政治坚定、思想解放、开拓进取、具有较高经营管理素质和较强市场驾驭能力的人才，任用到各级领导岗位。从我国的大体制、大环境看，重要的是要在坚持干部队伍"四化"和德才兼备标准前提下，破除论资排辈、平衡照顾、求全责备、因人设事等陈旧观念束缚，大胆起用那些年富力强，有强烈事业心和责任感，熟悉社会主义市场经济原理，善于企业经营管理的优秀人才。二是改进选人方式，拓宽选人渠道。企业经营者和企业领导班子配备，要改变单一的委任制方式，根据企业的性质、特点，采取委任、聘任、选举、招标、考任以及个人自荐、他人推荐、组织人事部门考察相结合等多种方式，不拘一格选拔人才。坚持选人任用的公开、公正、公平原则，实施市场体制下的竞争谋职机制，努力创造经营人才脱颖而出的环境氛围。在河南省，一些中小型企业，这几年率先在国内尝试了民主选择经营者的方式，受到中组部和省委、省政府的充分肯定。实践证明，民主选择经营者的企业大多都取得了良好的效果，今后应加大这一改革力度。同时，要进一步拓宽选人视野和渠道，如从党政机关，从高校科研单位选拔一些政治业务素质好，适合并感兴趣于企业工作的同志到企业中工作；从同行业或其他行业、企业，或直接到市场上选拔、招聘企业经营者等。三是强化育人意识，落实育人举措。今天的经济是10年前的教育，今天的教育是10年后的经济。河南省的企业经营者短缺，反映在育人方面的滞后。包括国家机关人士、企业人士都认为"育人"是个软指标，对经营者的培育总呈一种模糊状，没有战略意识、长远规划和具体实施计划。加之企业经营者疲于事务，很多人根本就顾及不上自修学习或参加培训，形成培训者不参与经营，经营者不参与培训，久而久之，经营者现代知识营养不良，而一般培训者因派不上用场，其接受的一点知识也随之溜光。今后，必须强化育人意识，落实育人举措，现职经营者要强化定期参加培训、研修，提高经营素质，后备干部要按层次、梯队、结构、逐一计划落实，要像党政机关干部进党校学习那样，对企业干部分层、分类、分批培训进修提高，并走向制度化、规范化，造就一支可观的企业经营者队伍。四是完善管人机制，讲求管人效益。这里，一要寻求中国社会主义的党管干部原则与市场配置人才资源原则相统一的结合点，把党管干部的运作建立在充分发挥市场配置人才资源机制的基础上，既要加强党的政治领导和对经济工作的保证作用，又要顺应市场法则，趋向经营人才配置的市场化。二要建立健全干部人事制度，特别是按照发展社会主义经济需要，有利于经营人才及各种人才成长、发展，以及激发企业经营者献身企业，从多做贡献出发，制订、完善现行的干部人事制度。三要建立企业经营者和企业领导班子营运信息系统，对重点企业、重点人物、重点绩效实施跟踪调研分析，运用现代化手段分析企业经营者行为表现，形成强有力的监控体系，对于好的经营者提拔重用，对于差的经营者则果断更换，班子重搭。四要加强法制建设，依法规范和约束经营者行为。通过立法司法活动促成经营者成长；明确经营者的社会地位、经济地位、政治地位，维护经营者的合法权益；强化经营者的守法意识，自觉按照法律规范约束自己的行为。五要发挥政府机关和群众团体对企业经营者的管理，特别是税务、审计、经贸委、体改委、总工会等的作用，它们直接与企业接触，对企业经营者及其班子状况有着第一手资料和了解，因而有着积极的发言权，今后应赋予它们监督权，以及企业经营者任免建议权和企业领导班子调整建议权。

从企业层次看，主要是企业经营者自身如何提高经营决策及运作素质，提高驾驭社会主义市场经济能力，提高组织协调企业领导班子、发挥整体效能的水平，调动企业劳动者积极性、主动性和创造性，增强企业活力等。

江泽民同志指出："一个政治思想素质好，有开拓精神，善于决策，精于管理的厂长、经理，能使一个企业由弱变强，由小变大，由亏损变盈利。因此，要十分重视人才培养，加强领导班子建设。有了一个好班子，才能有一个好机制、好产品、提高市场的竞争能力，也才能搞好企业。"这既是邓小平"关键在人"的理论的深刻阐述，也是对深化企业改革、加强企业经营者和领导班子建设的基本要求。只要我们重视人，认真解决人，特别是企业经营者和领导班子的问题，我们的国有企业就一定会走出低谷，充满希望和生机。

(原载于《邓小平理论在河南的实践学术研讨会》交流论文，
1997年10月8日)

河南所有制结构调整要面向新经济

任何经济都是在一定生产关系条件下运行的。当我们面对新经济、走向新经济的时候，一方面，要顺应新经济的潮流，按照新经济运行规律，融汇于新经济运营之中；另一方面，要看到新经济的出现所反映的当代资本主义发展的新阶段、新特点、新形式，特别是以美国为核心的新经济的运行所形成的世界经济关系新格局，即新经济是以美国的利益最大化为内在特性的。这就是说，我们必须寻求在新经济时代里能够巩固社会主义生产关系，促进社会主义生产力的新的发展思路和发展模式。

生产关系必须适合生产力性质，是经济社会发展的一个普遍规律。生产关系既受制于生产力，同时又影响作用于生产力。生产关系对生产力的影响与作用一般是通过体现这种生产关系性质的制度、体制、机制以及经济方针、政策来贯彻的。所以，生产关系是否适合生产力，主要是看一个时期的制度、体制、机制以及经济方针、政策的科学与否。显然，新经济影响着河南经济，而河南经济能否顺利实现与新经济对接，又取决于河南的经济制度、经济体制、经济方针、政策以及总体经济环境与经济条件。事实上，经济发展的关键就在于此，而走向新经济的关键也在于此。

河南地处中国中部，属于发展中省份，依据社会主义初级阶段定位，系典型的生产力落后区域。这一客观性决定了河南省的生产关系的调整与完善，必须从这个实际出发，去寻求新的生产关系形式和结构，并依此建立和完善经济发展的制度及相应运作系统。

如果说中国的生产力呈低水平、多层次、发展不平衡，那么，河南省不仅典型地表现出这个特征，而且应该是不平衡、多层次中低水平的那一部分，从而决定了在河南省不仅要坚决调整所有制结构，发展多种经济成分，而且更要深刻领会贯彻中共十五大中提出的寻求公有制实现形式的多样化的指导方针。这就是说，一方面，要大力发展非公有制经济成分，全方位激活河南经济；另一方面，还要研究国有经济实现形式的多样性问题，如发展独资、控股、参股以及混合所有制等国有经济形式，实施多元投资与多种合作相结合、自身发展与借力发展相结合的经济方略，把河南省经济实实在在地振兴起来。目前，我们在这个问题上无论从政策观念上，还是从实际运作上都存在着较大差距。例如。非公有制经济总量比重过小，全省非公有制经济的发展速度基本上处在全国的中间偏下水平，且名牌、大规模、高效益的几乎没有，其中科技型企业更少；据有关方面资料统计，河南省非公有制经济中，科技型企业总量仅占全国总量的3%左右，而整个私营企业从业人员总量也不过只占全国的2%左右，至于在国有经济的参股、合作等多种发展形式探讨方面，河南省更是处于比较"谨慎"、"稳步"状态。所以，可以说河南省的所有制改革任务仍然很重，而这一环如果不能有大的突破，那就不只是与新经济对接，即使与中国现有经济对接，也是存在较大危机的。

所有制结构的调整—要保证有益于国有经济的充分发展。新经济的到来首先会对国有经济形成冲击。几十年来，河南省经济实际上是支撑在国有经济的脊梁上的，国有经济是河南省经济的主体和主导。无论是国家宏观生产力布局，还是依靠河南自身力量，河南省的国有经济都具有一定基础、潜力与优势。现在的问题是需要政府来组织协调、引导国有经济如何真正走向市场，按新经济要求和市场规律运作。一要理顺政企关系、产权关系，发挥政府与企业各自相应职能，推进国有经济的发展壮大。二要制定有效政策，促进国有经济体制、机制的转换，增强国有经济的竞争力。三要改善经济环境，包括干部人事制度，经营者的遴选、劳酬以及减轻企业负担，排除各种干扰等，提高企业自我运作能力。四要重点倾斜扶持，国有经济就是国家投资的经济，国有经济既要按市场经济规律与非国有经济开展竞争，也要在国有经济内部开展竞争。同时，国有经济在下大气力根除自身的某些弊端的前提下，国家还应该给国有经济重点倾斜扶持。作为社会主义经济的主体，这是其他经济形式所不能完全与之比拟的，这是国有经济所应该独有的一点优势。该支持时就支持，否则，该支持、想支持，却又总是顾忌怕别人说三道四，结果只能是，别的经济没有发展起来，国有经济也陷入被动，这也许就是这些年国有经济滑向低谷的一个重要原因。因此，在应对新经济、迈入新时代的时候，该是从意识到现实，认真考虑这个问题的时候了。我们的理想应是让各种所有制形式的经济随着新经济的到来都能够发展起来，而国有经济应该成为河南经济融入新经济的主流。

新经济体现社会生产力的发展要求，决定了经济制度、体制、机制以及经济方针、经济政策、经济环境等必须与之相适应。在河南省，我们不仅要进一步深化改革，调整所有制结构，还要按照社会主义市场经济原则，按照当代新经济规律，按照河南经济社会实际特点，调整完善河南经济发展的制度、方针、政策等。著名经济学家吴敬琏教授指出："在某种程度上，制度创新比技术创新更为重要。"一些学者还进一步提出了"好的产品来自于好的制度"的论说。所以，我们认为，河南省经济能不能快一点发展起来，有没有可能超脱出一般，走向新经济，关键在于经济制度环境与条件。这里面主要的是一个坚持社会主义基本制度和制定适应市场经济、新经济发展要求的现实经济制度的问题，是一个如何迅速从产品经济走向商品经济、从计划经济走向市场经济的相应体制、机制的问题。制度形成体制与机制，制度、体制、机制科学了，相应的经济观念、经济方针、经济政策等也就有了遵循，也就会对生产力起到一种促进的作用。河南地处中原腹地，几千年封建思想束缚，固执、偏见、封闭、保守等旧的陋习，严重地压抑着河南经济的发展，在这种环境条件下，如果不能从制度、体制、机制、方针、政策上实施一种强硬的、规范性的调整，则整个经济是不会发展的。

(原载于《中原市场大观》，2001年3月)

新经济对河南经济发展的影响和启示

20世纪90年代以来,发达国家(主要是美国)出现了"新经济",并对整个世界经济正在产生越来越大的影响。河南在由次发达状态向现代化跨越之际,更要主动适应世界经济发展的新趋势,即从战略的高度认真研究"新经济"对河南的影响,及早调整自己的战略和策略,利用机遇,应对挑战,制定有效对策,在新趋势面前处于主动地位。

一、"新经济"的基本内涵是什么

自1991年以来,美国经济至今已保持了长达114个月的持续增长势头,同时,通货膨胀率、失业率和财政赤字都控制在较低水平,国际上一些经济学家把这种理想状态称为"新经济"。

现在看来,所谓"新经济",就是以信息技术为主导,以多门类高科技产业为支柱,在经济结构、组织、体制和运行上带有新时代特点的经济。"新经济"大致表现出以下几点基本特征:

1. 以信息技术为最主要的动力源

美国的高科技以计算机和互联网的发展为主线,经过第二次世界大战后30多年的研制、改进、普及、升华,不但达到了史无前例的水平(每秒计算万亿次以上),而且对经济生活产生重大影响(经济学家称为"蜂聚"效应)。由于它的设备与传统产业不同,并不需要巨大的厂房和机器,并且易于掌握和推广,可应用于一切行业,使之迅速大众化、社会化,带动整个经济的全面发展。在美国,信息产业已成为最大的产业,对经济增长的贡献率达到30%。

2. 迅速成长出一大批高科技产业和企业

信息产业及其生物技术、航天技术、新能源、新材料、海洋技术、环境技术的发展,使科技进步的贡献率高达70%。各类高科技企业大批涌现,迅速崛起,如微软、康柏、英特尔、戴尔、IBM、思科等成为美国经济增长的脊梁。同信息化、网络化相连,催生和推动了电子商务、电子金融的迅速发展,形成了一批新型的服务产业。同时,新的技术革命改变了企业组织片面大型化的发展,出现了企业组织的小型化、多样化、精通化趋势，产生了一些虚拟公司、半虚拟公司（如亚马逊公司）。

3. 经济体制产生显著变化

主要表现为：以民营为主的科技园区所发挥的"场"效应越来越大；支持科技发展的风险投资日益增多，在股市中形成二板市场，形式多样，机制灵活，加大了对科技发展的社会资金支持；人才激励机制的创新，鼓励人才流动，充分调动了科技人员的积极性、创造性，并且吸收了一大批世界的精英。由于科技进步和经济体制灵活的原因，从 1995 年以来劳动生产率每年以 2.8%速度递增，相当于前 20 多年的 2 倍。

4. 政府宏观调控采取更适应科技经济一体化发展的政策

从里根政府开始，就对高新技术企业减税、降低利率，鼓励、催化、助推这类"小巨人"崛起，支持和保持科技工业园区；保持金融市场的稳定；政府为支持基础科学和特殊高新技术（如航天技术）的发展增加财政拨款，并鼓励企业对技术研究和开发增加投资（一般占销售收入 5%以上，高者达 15%），所有用在科技上的投资占国民生产总值的 7%，其中信息方面的投资占 34%，对知识产权采取严格的法律保护。同时，政府决策一般都要听取经济学家的意见。可见，在"新经济"中不但充分利用"无形的手"，而且也很好地运用了"有形的手"。正是因为这样，使得经济周期波动呈现微波化的趋势。

"新经济"的出现，加速了经济全球化的进程，许多国家纷纷仿效美国发展"新经济"。在西欧诸国，特别是欧盟的核心国家，也正在形成"新经济"。日本在度过了漫长的经济衰退之后，正在利用高科技实施复苏。发展中国家兴起信息产业热，特别是印度已经成为世界第二软件大国。这表明以科技作为第一生产力的知识经济已成为世界经济的新趋势，21 世纪面临着一个大转折、大调整、大竞争的态势。

当然，"新经济"并没有改变美国及其他国家的资本主义制度，没有从根本上克服资本主义的基本矛盾。特别是美国正利用高新技术的垄断和上游地位，剥削着全世界（主要是发展中国家），并以此为依托实施霸权主义，向发展中国家大肆推销垃圾，向全世界"透支"。它们利用金融信息化控制世界经济，引发了东南亚金融危机，殃及众多的发展中国家，自己却发了大财。我们在研究和借鉴"新经济"时不能忽视这一点。

不过，从生产力发展视角来研究，确实要认识"新经济"作为一种新的形态和趋势，对全世界是一个启示。说到底，"新经济"是一个科技进步、生产力的发展问题，本质上就是社会生产力发展的新阶段、新内容、新形式和新方法。这是一种表征，也是一种预期，更是一种观念。所以，任何一个经济活动的层面及其他的决策者、参与者,都必须毫不例外地充分考虑并注意转变、调理自己的观念与行为,迎接并走向"新经济"。

二、"新经济"对河南经济运行和发展产生些什么实际影响

中国实行全方位、多层次、宽领域对外开放的方针,并且即将加入世界贸易组织(WTO),"新经济"的冲击波势必影响中国和河南省的经济运行和发展,并带来新的机遇和挑战。这就必须考虑,我们如何融入世界,包括与美国等发达国家的直接经济联系。我们以为应当从下述几个方面分层次研究"新经济"对河南的实际影响:

1. "新经济"将对河南省产业结构的调整产生深刻的影响

产业结构的调整是一个永恒的课题,但每一次结构调整的基本出发点和落脚点都只有一个,即趋向产业结构高度化,在"新经济"条件下,尤其应注重这一点。河南省产业结构的调整,特别是在近两年逐步进入实质性的运作。但其中有三点还需认真研讨和关注:一是不能就调整论调整,而必须把产业结构调整同建立河南产业的科技支持系统结合起来,以便形成河南经济持续发展的后劲。二是要把河南结构调整同国家结构调整、世界结构调整结合起来,因为这是一次世界性的按照"新经济"运营模式要求开展的新的经济再重组、经济再定位、经济再分工的全球性大调整。三是把调整结构的重点放在提高各产业内部的科技含量上,提升产业级别,在新水平上优化产业结构,逐步适应"新经济"技术创新的要求。为此,需要认真研究技术引进问题,通过引进人家现成的先进技术武装自己,这是一条实现跨越式发展的捷径。在今后的几个五年计划中应当突出技术引进。

2. "新经济"将对河南的企业经济产生深刻的影响

经济运行总是以微观经济为载体的,"新经济"对企业经济的冲击必然是直接的、现实的。如它以数码网络技术、电子商务等经济手段,要求企业进入信息流,实施网上沟通,寻求无限商机;它以知识推动为特征,大大改善企业内部的规模、结构、素质,把整个企业经济结构从体力型转向智力型;它以创新为核心,要求企业进行观念创新、制度创新、体制创新、机制创新、技术创新、经营创新、管理创新、模式创新等。企业融入"新经济"的运行,必然进一步改善企业结构,提升企业档次。由于科技进步大大缩短产品的生命周期,大大提高劳动生产效率,可以说,在"新经济"条件下,任何企业的发展都是因技术与创新而转移,任何企业、决策者、经营者如果不能够尽最大的努力去适应"新经济"中

日新月异的创新与变化发展,都会面临落伍和被淘汰的危险。

3. "新经济"将对河南的外贸、外资经济产生深刻的影响

"新经济"是与经济全球化联系在一起的。经济全球化从内容上看其特征表现为:一是经济关系的重组,全球经济的一体化发展,即发展以跨国公司为骨干的跨国经济体。二是经济结构的再造,全球性经济结构的大调整,即发展以高新技术产业为主导的新的知识经济体系。三是经济形式的整合,全球化经济的更密切交往,即发展以世界市场为轴心的、更活跃的、更紧密的贸易、劳务、资本流动的新的经济系统。新经济及其经济全球化的趋势,要求我们积极研讨这种影响,迎接这种挑战,并审时度势地调整我们的经济发展战略。

从河南省现实看,我们有基础,但更有差距。首先,贸易出口依存度低,在全国处于落后状态。目前,河南省外贸出口额占国内生产总值的比重仅为4%,远低于全国38.4%的平均水平,在全国各省、市位次排第17位,仅占全国进出口总量的0.51%。出口商品结构中,工业制品总额的比重低于全国15个百分点,机电产品出口比重低于全国17个百分点。"三资"企业中的出口比重也很低,占全省出口额的19.1%,低于全国41%的平均水平。全国加工贸易占进出口比重为52.2%,河南省仅为13.4%。河南省外贸企业规模普遍较小,负债率高,亏损严重,市场竞争力较弱,而真正的跨国公司则更是寥若晨星。

从利用外资看,1997年全国人均实际利用外资37.7美元,河南省仅为7.5美元。全国外商投资企业平均投资额288.9万美元,河南省为152.5万美元。与沿海省市比较差距更大。1997年河南省利用外商直接投资仅为广东的8%、上海的11.5%、山东的18.8%,在已批准的外商投资企业中一般加工项目多,高新技术项目不足10%,技术先进型和出口创汇型企业仅77家。已开业或投产的外资企业中77%为亏损。来河南省投资的大财团、跨国公司只有几家,且70%为港、澳、台地区项目,欧美项目仅占12%。可见,河南省的经济状况,仅就外贸、外资领域而言,是极不适应"新经济"及其经济全球化发展趋势的。有鉴于此,必须进一步解放思想,增强对外开放的紧迫感,加快调整外贸、外资的结构,提高出口产品的科技含量和附加值,再也不能甘居于原始贸易型、初级贸易型了。

4. "新经济"所带来的高科技扩散效应,必将对河南省工业化、城市化的发展产生深刻的影响

河南是一个农业大省,大工业基础薄弱,所以,工业化、城市化的发展相对要更艰难些,这就在客观上要求我们积极引入"新经济"意识和助力,寻求河南省实现工业化、城市化的捷径。这里关键的是要研究工业化中的工业技术创新与工业技术革命和城市化中的科技中心依托与带动地位问题。美国持续100多个月的经济发展上升势头,源于IT技术的推动;上海作为中国生产力的代表,源于

上海科技在全国的领先水平；作为西部的陕西省不仅培育了杨陵这个国家农业高科技园区，而且发展了西安、咸阳等科技卫星城———它们已超脱了单纯追求工业化、城市化的旧的思维模式，而是把省力，包括财力、物力、人力集中投向了科技，蓄待以后让科技创新、科技发展内化出工业化、城市化，走一条新的高起点的工业化、城市化的路子。多少年来，多少人提出河南要超脱"农"字，工业带动，然而并没有达成目的，这除了河南省的省情条件制约以外，根本的是发展工业只重规模，忽视质量，不讲工业经济的层次、技术、结构，特别是缺乏高新技术产品的推导与带动，这就妨碍了"化"的进程。河南省科技进步对经济增长的贡献率低，正是工业化程度低的症结所在。河南省多数城市的科技开发与创新能力相当薄弱，制约了城市化的发展。应该指出的是，截至目前，全省尚无一个城市是以科技带动发展而生成，或是有意识地引导发展演变成现代科技城的。

5. "新经济"将对河南的资源开发利用产生深刻的影响

随着科学家们对植物、动物以及人类进行的研发与控制，对于像我们这样的农业大省来说，已绝非仅仅一个农业产业化问题，而是要如何加速提升和改造传统农业，开发高新农业实用技术，顺应生物工程、生命科学的要求，真正使农业大省走向农业强省、经济强省。

"新经济"意味着人们将进入生命科学时代。"新经济"的运营，产品生命周期缩短、劳动生产率提高，将有可能使人们拥有50%以上的生命期内的休闲时间，即把人们带到一个休闲时代。这就意味着经济活动的相当部分转向休闲经济，并由此形成新的产业及经济链。所谓假日经济，就是休闲经济的一个组成部分。假日经济不仅表现为经济消费与经济效益的经济活动，更反映了未来经济的新的发展空间与形式。所以，从政府到企业、居民，都非常关注并投入于假日经济活动之中。作为休闲经济，除了假日经济之外，事实上还有教育经济、体育经济、文娱经济、旅游经济、书报经济、聚会经济等。这些经济的基本特点就是在休闲期内所进行的个人与社会的教育进修消费、体育锻炼与保健消费、文化娱乐消费、旅游观光消费、书报阅读消费、亲朋好友聚会消费等，由休闲带动的这些消费，再由消费带动的这些经济不仅会逐渐升温，而且也构成了一种未来经济开发的预期，从河南省的条件看，既具有这方面的资源潜力优势，也具有基本开发组织的能力，现在的问题是如何来逐步规划与计划，把休闲经济组织生成为河南经济的一大支柱。

6. "新经济"将对河南省经济整体素质的提高产生深刻的影响

河南省由于自然的、历史的原因，也由于整体国民素质基础较差的原因，长期以来一直被视为"人口大省、经济穷省"，特别是多少年来始终没有真正形成一个主导产业及其产业链条，支柱产业也模糊不清，名、优、特、高、精、尖产品极少。经济资源、经济潜力始终没有真正地开发利用起来，加之科研技术开发落后，技术含量低，整个经济基本上总是处于被动的无序低效状态，这与"新经济"的要求相距甚远，已经成为制约河南省经济发展的瓶颈。分析一下原因，还是一个国民素质问题。需要指出的是，农业经济或工业经济阶段，一提国民素质就是指体力劳动者素质，而进入"新经济"阶段，讲国民素质则主要应是指国家各级公务人员和企业经营管理者素质，由于素质的不适应，导致经济的无所发展，是大家对当前整体经济发展不理想的原因的共同认识。

据最近的一项调研课题称，河南省乡镇以上党政机关公务人员中，大学本科和研究生仅占13%，而中专、中学生则占41%。由于整体文化素质层次低，必然缺乏思路，没有思路就找不到出路。所以该课题调研问卷中设计的在工作中"经常提出新建议"的公务人员仅为10.91%，地厅级以上及县处级干部分别为11.54%和10.51%，而"经常提出新目标"的则更少，只有8.69%，地厅级以上及县处级干部分别只有10%和9.95%。在各级各类干部中，只有24.83%的人在公开刊物上发表过文章，2.54%的人出版过著作。这说明河南省整体经济的问题在于整体干部的素质制约。此外，河南省每万人中拥有大学生（含研究生）人数为16人，就是这么一个文化拥有比，使得全省经济长期处于低水平、穷过渡之中。到目前，河南省城镇居民人均生活费收入仅为3800元，恰是整体经济素质与经济效益现状的一个真实写照、一种内在必然。迎接"新经济"浪潮，必须首先切入经济活动的主体，提高劳动者和全民素质。唯有真真实实地抓劳动力素质，从而提高经济素质，才能扩张经济、发展经济，才能真正由人口大省走向经济强省。

此外，"新经济"对河南经济的影响还表现在新经济下经济结构调整对劳动力资源配置与流动的影响；新经济下贸易往来加速，特别是农产品贸易保护的降低，进口的增加对农业、农村、农民的影响；新经济下技术创新使得由劳动密集型转向技术主导型与劳动密集型相结合的企业性质的影响；等等。可以说，"新经济"的影响是广泛而深刻的，是前所未有的，是带有根本性的，河南的整体生产力水平低，则尤应注意研究、寻求新的对策，以实现河南经济与国家经济、世界经济的基本对接。

三、"新经济"对河南经济长远发展的战略思想给予的启示

最近，江泽民同志在接受美国记者专访时指出，我们要学习西方进步的文化成果，包括发展科学技术、经济的经验。"新经济"代表了世界经济发展的新潮

流,可以说是21世纪知识经济降临的一个预示。我们应以马克思主义的洞察力把握时代的脉搏,当新事物刚刚冒出地平线时就能及时抓住它,学习它提供的新东西,为我们21世纪实现社会主义现代化提供借鉴。

1. 解放思想,立足经济创意与经济创新,科学规划河南经济发展战略

在"新经济"时代,信息技术推动了生产力的发展,改变了人们的生产方式和交往方式,进而也使人们观察和理解事物的观念和思维方式发生了变化。在这种情况下,谁没有创新意识,不会用新观念和新的思维方式去观察和分析事物,谁就将被"新经济"所淘汰。河南省地处中原,传统观念根深蒂固,创新意识比较薄弱,与"新经济"的要求距离较大,不仅无法与发达国家相比,就是与东部沿海地区也相距甚远。因此,培育创新意识,应该列入河南经济发展战略的首位。不仅政府官员、企业领导和技术人员应该具有创新意识,政府也有责任通过政策措施和宣传教育提升全体民众的创新意识。只有这样,才有可能跟上世界"新经济"时代的步伐。

2. 处理好高科技产业与传统产业的关系应是河南经济发展战略的重要内容

虽然河南的经济总量在全国占第5位,但高科技企业为数不多,在全国仍处于落后地位。"新经济"是以高科技为基础的,河南应该在发展高科技产业上下工夫,现在高科技产业尽管相对落后,但是在电子产品、农业小麦优良品种以及生物制药等方面也有着亮点。我们应该采取有力的政策措施,留住本省创新的高科技,引进省外、国外的高科技,使之在中原大地上开花结果,形成产业。

在大力发展高科技产业的同时,也要重视传统产业的升级。"新经济"并不一概排斥传统产业,"新经济"只有建立在传统产业的基础上才能发展。当然,应该承认"新经济"的到来,确使某些传统产业面临被淘汰的命运,但同时,"新经济"又为某些传统产业带来了盎然生机,如生物工程技术为农业的发展所注入的活力。因此,面对"新经济"的到来,对传统产业要有所为有所不为,该淘汰的决不保护,该保留和发展的一定要用高科技进行嫁接,使传统产业焕发新的活力。

3. 增加投入,营造以科技为支点、以企业为中心的河南经济创新体系

第一,增加高科技投入是当务之急。当代世界科技的发展,无不以增加投入为基本前提。以"新经济"的发源地美国为例,1999年美国高科技风险资本投资比1998年增长了151.6%,达到了创纪录的483亿美元,与互联网相关的企业吸引了319亿美元的风险资本,比1998年增长了354.8%;受风险资本资助的企业数量增加到3649家,比1998年增长25.6%,保持了多年以来的增长趋势。发达国家的研究与开发(R&D)经费通常约占GDP的2.5%~3%,企业的研究开发投入一般占其销售额的5%以上,一些大企业甚至高达10%~20%。河南省资金力

量有限，高科技投入较少，高科技企业发展也比较慢。尽管全省到处都设有高新技术开发区，但大多名不副实。如果不大幅度增加科技投入，河南经济就很难长期保持增长势头，不要说赶超发达国家，就是沿海省份也将追之莫及。

第二，调整高科技投资的比例，加大风险投资是推动高科技产业化发展的重要环节。美国科技投资的历史是：先实际后原理，先短期、中期、后长期；就当代美国而言，其科技投资的重点仍是短期和中期研究；产品研究、发展研究和原理研究投资的比例是 100∶10∶1。中国科技投资体系倾向于走两个极端，或者太注意原理的研究，或者太注意产品的研究，介于二者之间的发展研究没有得到应有的重视；在对产品研究、发展研究和原理研究的投资上，则形成了 100∶0.7∶1 的不合理结构。而发展研究是科研成果转化为经济效益的关键环节，中间投入不足严重制约了中国高新技术的产业化，河南的情况也不例外。因此，必须建立与科技经济一体化相适应的科技投资体制。

第三，以企业为中心，构建河南经济的创新体系。在河南，创业性风险投资起步较晚，随着时间的推移，创建风险投资应该由以政府为主转为以企业、民间为主。政府的作用应该转向创造有利于风险投资发展的技术创新、金融市场、经济体制、人事管理制度等宏观环境和利用经济政策、法律对风险投资进行监管上。这里有两个层次的问题：一是企业自身要创办研究机构，通过加大研究开发费用的投入，争取多出成果、快出成果，并在企业内部直接转化为经济效益。二是独立的科研院所或高校通过科研成果的商品化，用经济合同的办法与企业紧密联系起来，使科研成果尽快在企业开花结果。总之，不管是政府或科研机构和高校，都要把落脚点放在企业身上，以企业为中心构建由高科技支撑的河南经济创新体系。

4. 立足改革，面向科技创新产业化，构建和完善金融支持体系

一是政府拿出一定量的资金筹组一家省政府支持并参与的风险基金公司。这家风险基金公司，省政府不控股，主要是以省政府的示范作用，带动民间资金发展风险投资基金。根据发达国家的经验，政府的带头与导向作用对于民间风险投资基金的兴起具有举足轻重的作用。当然，政府参与的风险投资基金，不能搞成官办的，要按照世界上通行的风险投资基金规则去运作。二是在民营风险投资基金兴起的初期，政府还可以建立一个政策性信贷基金，与民间风险投资基金配套支持高科技向产业的转化。以美国为例，当民营风险基金投入一定量的资本，则政府配套给予4倍的低息信贷支持。当然，这一杠杆信贷在初期是有效的，时间久了也有弊端，即这种政府行为会导致一些人打着高科技创新企业的名义滥用政府政策性信贷。因此，当民营风险投资基金公司的兴起达到一定阶段时，政府应逐步退出。三是根据中国的实际情况，国有及国家控股的商业银行也应建立相应

的风险投资基金，并使这一投资基金保证用于支持创业阶段的高科技企业。目前，我们的国有及国家控股的商业银行的运行机制很难适应于高科技企业创业阶段发展要求。国有及国家控股的商业银行所建立的风险基金应借鉴国外的管理办法，通过良好的激励与约束机制，既保证基金对高科技企业创业的支持，又保证基金总体上的中长期的投资效益。四是建立风险投资基金的退出机制。根据风险投资的特点及发达国家的经验，风险投资基金应在其投资的企业发展起来后，通过股权转让及时退出并获得高额利润。退出的方式包括：股票公开上市、股权回购、企业并购等，其中最基本的途径是股票上市，而且大都是在二板市场上市。中国在近期内要设置创业板市场（二板市场），这将为风险投资基金的及时退出奠定基础。而且，良好的退出机制将引导资金向风险投资基金流动，扩大风险投资基金公司的数量与规模，必将在更大范围上支持高科技风险企业的发展。因此，建立风险投资基金的退出机制，其意义并不在"退出"，而在于吸引更多资本进入高科技企业，促进良性循环。

5. 以人为本，完善用人制度，建立引进、稳住、开发、利用、培养、激励人才机制

河南省是人口大省，不是人才强省，甚至是人才极其匮乏的省份。从"新经济"的角度来分析，最为短缺的是四个方面的人才：一是高科技专家，这是最基本的。河南的高新技术企业之所以发展迟缓，高科技人才的短缺是最基本的原因。二是高科技风险企业家。没有极具慧眼的风险企业家，高科技想变成现实的生产力也是不可能的。风险企业家与一般企业家不同，他们极具创意才能，能看到高科技的市场应用前景及其中长期的商业机会，敢于舍弃眼前利益而追求中长期利益，敢于冒风险去追求超额利润。风险企业家与一般企业家相比，具有更高的智慧和勇气。河南省极其缺乏这样的人才。三是高科技风险投资家。在发达国家，风险投资家多为风险投资基金的管理者，能不能准确地把"基金"投向有前景的高科技创新企业，是风险投资家的水平所在。河南省在此之前几乎没有高科技风险投资基金，也就谈不上有多少风险投资家，但随着"新经济"的来临，这样的人才是不可少的。四是高科技风险资本家。风险资本家在这里是指风险投资基金的股东。缺少愿意成为风险投资基金股东的人，风险基金就很难发展起来，风险企业就得不到应有的资金，高科技也就很难转化为经济效益。从河南省来看，个人成为风险资本家的人数不可能很多，一是有钱可以做资本的人不多，二是即使个人财力丰厚，又不一定具备风险资本家的胆识。因此，就目前情况看，投资于风险投资基金的多为机构投资者。但从发达国家的经验看，作为风险投资基金的股东，机构投资者不如个人投资者更能有效地发挥作用。当然，从中国的情况看，要研究机构投资者在风险基金中如何更有效发挥作用的问题，但是，

若能培养出更多的个人风险资本家,将对风险基金的形成与发展有不可取代的作用。

  人才的问题从根本上说是教育问题,包括发展基础教育和高等教育。这是战略问题。现在不少省份特别是大学吸引激励人才的力度很大,河南省也有不少人才继续外流。在这方面应当同实行企业领导人年薪制、期股制一样,必须建立鼓励优秀科技人才和管理人才脱颖而出、多种生产要素参与分配的机制,如技术入股、成果分红、优秀技术和管理人才奖励期权等,留住优秀人才、吸引优秀人才。现在应当注意防止唯文凭论,要以实绩论英雄。科技成果奖励办法和晋升职称的制度也应当按照这样的原则加以完善。可以考虑,对一部分确有发明创造实绩而文凭较低或外文较差的科技人员,由单位给特殊职称。另外,在吸引科技人才方面,要逐步从给待遇转变为给"机会"、给"空间"。

  早在20世纪80年代,邓小平就提出:"教育要面向现代化,面向世界,面向未来。"这也适应于我们对待"新经济"的取向。"新经济"出现于西方资本主义国家,却为社会主义中国提供了机遇和借鉴。作为一个大省,河南应当敏锐地抓住这个机遇,掌握新鲜经验,顺应这个潮流,调整好思路,做新时代的弄潮儿,发展自己的"新经济",实现河南的振兴。

(课题负责人:杨承训;成员:李鸿昌、郭军、肖建中、孙德中
原载于《河南日报》,2000年9月19日第7版)

关于河南经济发展的思考（一）

进入 21 世纪，我们要加入世界贸易组织，同时还面对着西部大开发，值此经济资源、经济分工的再交流和再界定之际，河南将主要为国内市场、国际市场提供些什么？河南将近 1 亿人口的基本收益支撑点在哪儿？河南将如何实施"东引西进"、"发挥后发优势"？这些是我们必须正视并且做出回答的急迫的、现实的问题，也是整个"十五"计划及其贯彻所首先应该着力研讨解决的问题。

一、重要的是理清经济结构调整的基本思路

经济结构即经济运行中相关经济因素的构成与比例关系，其内容包括生产力与生产关系两个大的方面。经济结构的调整就是按照生产关系必须适合生产力性质规律。生产力运行规律对产业结构等所进行的调整，所以说经济结构调整是一个永恒的任务和课题。从一定的经济区域看，经济结构调整的基本依据和遵循首先是主导产业的选择与确定。主导产业是经济结构调整的主线，是指能够对经济活动中诸经济因素起基本带动作用并能实现整体经济预期的产品生产体系。主导产业的选择与确定是由区域经济资源、特点、条件以及经济结构现状和生产力发展趋势等制约的，主导产业不清，产业结构、投资结构、技术结构、企业结构等经济结构就无所谓配置基础和调整依据。所以，经济结构调整的关键首先是明晰主导产业。在中国，整个经济结构的调整事实上是以首先明确了汽车、电子、房地产等这样一个主导产业发展思路，继而围绕于此进行结构调整的。从河南省来看，却因为始终没有确定出主导产业而不仅使制订整个经济发展的战略规划受到约束，同时整个经济结构的调整也因为主导产业不清而无依据和遵循，长期不能有实质性进展。围绕河南省究竟应该选择一个什么样的主导产业，多年来仁者见仁、智者见智。作者认为，既不能简单拿来国家模式，也不能盲目照搬外省一套，唯有立足河南实际，进行科学分析定位。首先，河南是一个农业大省，其资源优势决定了应该优先发展轻工、纺织业。其次，河南是一个人口大省，这又决定了经济结构的有机性和调整性，应该注意使其与安置就业相衔接——在一定时期内还须发展以能够形成相对吸纳大量劳动力的轻工、纺织业为主导。

第一，河南人口多底子薄。人口多，决定了国民收入分配中积累比例的有限性，即不可能有足够的扩大再生产的基金用于发展重工业和高投资、高风险产业。这些年，经过努力，河南省经济规模总量居全国第5位，但人均GDP和综合国力却相对反差较大，主要的就是一个主导产业、优势产业从发展产业的束缚中超脱出来的。

第二，就业结构的调整应提升到河南结构调整的战略位置上。一是充分认识就业及就业结构的调整与经济社会发展的直接关系。二是把产业结构调整、企业结构调整、投资结构调整等与就业结构调整衔接起来。三是经济结构的调整在现时代，必须能够促进经济增长，稳定劳动就业，保护资源环境。

第三，应在经济结构调整中促进企业结构的优化与升级。企业结构可以从规模、类型、性质等方面来认识，而目前结构调整中应注意的是不宜走极端倾向，去一味追求大企业、特大企业、"航母"企业等，特别像河南省还是应以发展中小企业为主。河南省中小企业占全部企业总数的96%，利税的46%，并提供了将近76%的就业机会，所以在结构调整中要有意识地发展中小企业甚至鼓励引导小企业、微型企业的建立与发展。

第四，应加强投资结构与产业结构、技术结构、企业结构、产品结构调整中的内在的紧密的联系。投资结构决定着产业结构等，但从河南省实际特别是从有益于可持续发展和增强经济后劲看，投资结构的重心应朝向基础设施建设、环保业、高新技术产业，这也是实现河南结构调整、发展，与"新经济"对接的必然选择。

第五，应继续加强所有制结构调整的力度。河南省生产力的发展水平低、区域内发展极不平衡，这一基本性质就决定了必须大力发展非公有制经济以及积极探讨实现公有制经济的多种形式。现在全省非公有制经济占经济构成中的比例仍然较低，且形式单调经营力差，仍需组织调解与政策扶持。国有企业的发展也仍存在着许多制约因素，尤其是企业改制形式仍未放开，投资主体单一，经营者、管理者素质低，缺乏自主性、自觉性运作，这些都是应在结构调整中加以认真研讨解决协调处理的。

二、实施"东引西进"的根本是观念转变

面对西部大开发，河南省以积极的姿态，提出了"东引西进"的策略，这一策略的实施，在根本上首先是观念的转变，否则很难有实质性运行。

1. 立足生产力实际，转变两个观念

经济是多元的，资源的开发是无穷的。我们要抓基础产业，要抓主导产业，但当这些产业发展到一定相对时限又难以有很大突破的时候，就应对产业结构、

产业政策做出适度调整，迅即转向新的经济增长点上，寻求新的生产力发展的空间，以保持活跃的经济氛围。这些年，我们一直未形成产业链条和产业层面，未形成产业结构的高度化。特别是对河南的文化经济资源、旅游经济资源等，如豫西的仰韶文化、豫东的"三子"（老子、孔子、庄子）文化、豫北的殷墟文化、豫南的"三国"文化以及满目的秀美山川、风景名胜等，至今可以说基本上没有真正地开发、利用起来。同时，还有个问题也值得指出：河南从地理位置上处在北京与上海之间，北京是经济、文化、技术、人才的高密集区；上海是中国生产力的代表，拥有先进的科技、管理经验。然而这个区位优势、天然条件我们也未去开发、利用。如从北京、上海引进技术、人才、经验，与北京、上海进行经验、技术、文化交流与合作。地域区位的优势是多方面的问题，河南事实上应该是中国经济最热烈、最活跃的地方，因为除了自身拥有的资源和区位优势之外，还居于北京、上海之间，有一个天然优生带，这个优生带及其优势至今我们还没有很好地意识和注意开发、利用起来。2000年以来，省政府已经开始注意并运作了一些事情，愿能以此为契机，使"东引西进"首先考虑到北京、上海，切入一个好的开端。

2. 立足生产关系实际，转变两个观念

第一，强调从计划调节转向市场调节，而不是形式上放弃计划手段，改由政府直接调节。中国原有经济之所以缺乏活力，在于计划调节对企业经营管理的积极性、主动性和创造性的制约，所以改革要解决政府指令性计划调节问题，即把计划的重心由短期转向中、长期，以放开搞活企业。而这些年来，企业并没有真正地火起来，原因在哪里？在政府虽然改变了计划形式，但却并没有放弃对企业的直接干预，即计划调节变成了政府直接调节，如政府要求企业搞承包，要求企业联合、兼并、破产，要求企业改建股份制；政府给企业规定"年薪制"；政府帮企业进入"500强"……如此这般，政府疲于奔命、陷入沼泽，企业则忙于应付、陷入困惑。我们的经济到了这个局面，该是认真反思的时候了。从提出建立市场经济体制，到强调"两个转变"，到党的十五届四中全会《决定》，政府基本上没有实现调节体制上的根本转变。这就使得企业虽然被推进到市场之中，却又同时紧紧受制于政府管束的矛盾之中。不解决这个问题，我们的大多数国有企业活不起来，谈"东引西进"也必将是空泛的。资本的流动总是朝向有经济前景的地方，而目前，河南省的企业状况及其经济实力又有多大的"引"与"进"的内动力呢？

第二，强调坚持公有制主体地位必须超脱出原有的概念思维，按照党的十五大精神寻求公有制的多种实现形式。这里有几点认识应注意调理：一是坚持公有制的主体地位，不仅要大力发展非公有制经济，而且必须反对违背市场规则的区际垄断、行业垄断、经营垄断，创造各类、各种企业应有的自由、平等、公正的经济环境。二是坚持进一步解放思想、转变观念，把寻求公有制的多种实现形式落实到寻求国有企业发展的多种形式上来，真正地让每一个国有企业去自主经营，自主地选择企业组织形式，自主核算，自主地进行利益分配，自主地进行资本积累与扩张。三是坚持有进有退、有所为有所不为。如果说原有体制下，不顾生产力的实际情况，大搞国有企业单一所有，那么随着体制改革，特别是非国有企业的发展，重组中国生产力结构，调整中国生产关系结构，提出"有进有退"，是应该的。但不可以走极端，反过来过分强调"退"，"有进有退"是一个经济规律，也是一种市场法则。企业进入某一领域，反映了它所拥有的响应实力，即竞争力；退出某一领域，则反映了它所不能拥有的实力和竞争力。所以，不可由政府硬性规定和干预，还是让企业自主决定最为科学，实际上包括企业的大与小、质与量、进与退都应该是企业自主决策的事情。

（原载于《中国河南》，2001年5月）

关于河南经济发展的思考（二）
——面对WTO必须增强发展河南经济的紧迫感

河南是农业大省，工业并不发达，商品交换意识观念相对落后。中国加入WTO后，其正面效应是有利于加快和提升河南经济的结构高度化、运营规范化，特别是有可能在自觉与不自觉中实现产业结构的调整，改变长期结构不合理的被动局面，实现第一产业向第二产业的转化，加快工业化进程和城市化进程，从而发掘和发挥出农业大省的优势，推动河南经济步入良性运行。

中国加入WTO后，其负面效应是由于河南的基础产业起步晚，主导产业个性模糊，支柱产业、瓶颈产业又难以形成产业链和规模性、持续性，所以，当"入世"后进入国际经济循环中，遭遇损伤和不利显而易见。最大的也是最直接的影响，就是可能进口反差大，导致相当一部分企业，包括大、中型企业陷入窘境，沦为资源型初始经济区——靠天然资源和人文资源生计与发展。而这里还没有谈及经济管理的观念、水平、层次等问题，仅仅只就经济自身就足以向我们敲响沉重的警钟。

面临"入世"的唯一选择是，承认一个初级阶段的社会主义与一个高级阶段的资本主义之间发展的差别性（河南更是处于初级阶段的初级阶段），深刻领会、全面贯彻中共十五大路线、方针、政策、进一步解放思想、转变观念，围绕寻求公有制实现的多种形式，寻求国有经济和整个河南经济发展的多种形式，动脑筋、做文章、建体制、转机制。

第一，立足初级阶段，采用各种方式加快原始积累，即坚持改革、开放搞活。只要是有利于发展河南经济的一切形式、方式、手段、途径等，都可以一试。坚持实践是检验真理的唯一标准。

第二，加快企业改制的进程。重新认识和调理企业改制的思路，包括把企业改制的重心从单纯追求形式转向全面追求效益，从急于求成转向求真务实上来，助国有企业从有效的改制中求取解困。当前企业改制最重要的是抓好两个方面的工作：一是政府在宏观上真正从对企业的行政调节转向企业的自我市场调节，这既是企业改制成功与否的前提，也是未来WTO运营对政府行为的基本规范要求。讲政企分开，在现行体制下，主要就是要求政府职能与企业职能分开，政府行为与企业行为分开，就是要从原有体制模式中走出来。从制度、政策诸方面促使企业作为法人主体，自主经营、自主核算，追求自主的经济利益。还需要指出的是，提起加入 WTO 人们总是讲将会形成对企业的冲击、就业的冲击等，殊不知，最大的也是最直接的、首先的冲击对象是政府。政府的职能、政府的行为及政府与企业的关系，这一切都将会随着 WTO 的规则及其实施，进一步得到调理与规范。中央原来提出的"两个转变"和现时的企业改制意义是统一的。经济体制转变的重心主体是政府，企业改制的重心主导也是政府，而从要求政府体制、职能转变，到实施企业改制，其本质出发点都在于趋向顺应社会主义市场经济建设要求和即将加入 WTO 的要求。所以，企业改制，首先应是指政府职能的转制。二是企业（尤其是那些作为支撑河南经济的重点企业）在微观上真正从工厂制转向公司制，从一般的生产经营型转向资本运营型。同时，缺乏资本市场条件，使得企业改制后，难以真正进入现代企业制度及其资本运营，这已经成为制约当前企业改制及其发展的桎梏。在市场经济条件下，经济发展的每一步以及经济的走势，在事实上都是与资本市场的发育、发展紧密联系在一起的。毫无疑问，以中共十五大为标志，中国已进入了一个以资本为纽带、推动经济发展的新的时期。而所谓企业改制，也就是要求我们的企业从原有的一般性生产经营型进入资本运营型。按照资本运动的规律去追求资本生产、资本积累、资本扩张、资本带动。在现阶段就是要大力推进股权多元化，开拓国有企业实现股权多元化的途径；逐步引入外部董事和独立董事制度，改善法人治理结构及董事会职能效应；改革企业劳动力调节机制，实施市场劳动关系运营等。特别是面临加入 WTO 的新形势、新要求，对这些问题必须有深层认识和积极措施，否则，不仅不会产生出改制效应，更重要的是很难使河南经济与国际接轨。可以说，目前我们无论是有关资本市场的营造、资本市场的运作以及资本信用制度等，都是极不适应加入世界贸易组织后经济的调节与发展的，必须下大气力研究、解决这个问题。

资本市场及其构建和规范，将形成我们面对加入 WTO 又一轮推动河南经济发展的强有力的杠杆。政府必须通过抓资本市场，带动科学技术迅速转化为现实生产力，带动新兴产业部门、产业链条的形成与发展，从而在真正促进产业结构发生深刻变化的同时，加快企业改制的实质性突破，提升企业层次与效应，缩小与外来企业的反差。

第三，加强 WTO 组织研究，着手让专家、学者、企业界、政府等方面人士联合调研河南经济结构和重点企业问题，提出可行的整改方案。只有首先抓住了"入世"前的那些支撑河南经济的重点企业带动，才能领导、调控、形成整体经济运行的主动。

第四，把迎"入世"与迎中国中西部开发热结合起来，从规范经济行为着眼，从酝酿中西部开发热中河南的交通区位的跳板角色切入，抓机遇，调结构，上素质。

第五，加大经济立法、经济司法的进程与力度。"入世"的最重要的机制和内在要求是国际接轨后，经济过程中的自然人行为与法人行为的法制化、伦理化和规范化。对于河南来说，在国民素质、企业素质、领导素质、法理素质、科教素质都相对较低的情况下，更是要加强法制建设，加强经济立法、经济司法，以便规范和约束经济人的行为，趋向经济发展的有序和有效。这是所谓"软环境"中最重要的一个方面，随着加入WTO，河南人能不能把经济运作到全国、全世界，全国、全世界的人能不能来河南从事经济生活，根本的就是市场经济法制下的人的行为规范问题。

一、实现河南社会生产力跨越式发展，应注意"发挥后发优势"

如果说，结构调整是一种战略性调整。那么"发挥后发优势"则是一个战略性思维，可以说"发挥后发优势"已经构成中国、河南省"十五"计划目标乃至长远经济发展的重要手段，是十五时期"发展—调整—发挥—创新"系链中的一个基本环节。因此，我们必须注重研究"发挥后发优势"的问题，立意"发挥后发优势"，寻求实现河南社会生产力的跨越式发展。

"发挥后发优势"的根本是提升科技实力，加强原始性创新，增强科技持续创新能力。所谓"发挥后发优势"，即利用当代科技，发展壮大自己的经济实力——不发达或次发达者引鉴发达者最新科技成果，快速实现经济素质的转换，借助高科技，切入高起点，追求高度化形成后来者居上发展之优势。当代经济是以科技为支撑的，新技术革命产生的新经济运营，把科技真正地变成为"第一生产力"，从而大大改善了经济活动的手段和方式，提高了经济活动的层次和效益。所以，任何一个国家尤其是发展中国家更应该注意这一经济大趋势，注意研究发达国家经验，注意提升经济发展的科技实力，加强原始性创新增强科技持续创新能力，营造"发挥后发优势"的条件。为此，河南省在"十五"期间将大幅度提升产业总体技术水平和综合竞争力，使农业、工业和服务业主要领域的技术水平进入一个新的阶段。

通过"九五"发展，河南省的科技事业取得了可喜的成就，但与现实经济发展的需要仍相距甚远。传统产业改造步伐缓慢，高新技术产业生成艰难，一些产业形不成规模或利润微薄，根本的还是科研水平、技术开发落后的问题，还是缺乏前沿技术、主体技术、关键技术的问题，这已成为影响经济结构调整和整个国民经济持续、快速、健康发展的桎梏。这也是为什么现在要强调注重发挥后发优势，采取有力措施，提升科技实力的缘由所在。围绕于此，河南省"十五"计划提出了建立科技与经济紧密结合的创新机制。到2005年，科技进步对经济增长的贡献率达到50%。研究开发经费占GDP的比重力争达到1.5%，现在的问题是寻求这些指标实现的保障措施。

  提升科技实力，要求加强原始性技术创新和持续性技术创新，而这一切又要求政府必须加强对科研的投资和培育、建设高科技人才队伍。科技以人为本，人的创造必须具备基本的物质条件，政府应该以实质性的投入推进科技事业的发展。"十五"期间，按照国家科技部拟定的目标，全社会科技投入明显增长，到2005年，全社会研究与开发经费占国内生产总值的比例提高到1.5%以上，企业研究与开发经费占全社会研究与开发投入的比例超过50%。在科技人才队伍建设方面，全国从事研究与开发活动的科学家、工程师到2005年将达到90万人。尽管这仅仅只接近美国的1/2，而一旦这支队伍的能力和潜力能够发挥出来，也必然会形成经济的强大推动力。河南省人口多，但人才少，尤其是高新技术人才的数量与人口大省的比例极不相称，所以必须在积极调整经济发展思路的同时，积极吸引、招揽各类各种高素质人才，营造河南经济的人才支持系统。

  "发挥后发优势"的关键是提高对发挥后发优势的思想观念及其重大意义的认识。中央"十五"计划《中共中央关于制定国民经济和社会发展第十个五年计划的建议》（以下简称《建议》）提出"继续完成工业化是我国现代化进程中的艰巨的历史性任务"。而对于中国和河南省来说，如何加速工业化进程，一方面，取决于农业现代化的实现；另一方面，取决于工业化与信息化的连接。围绕于此，在"十五"计划《建议》中，中央和河南省都提出了"大力推进国民经济和社会信息化"的重大的战略举措。发达国家是在实现工业化的基础上进入信息化发展阶段的，而我们不仅谈不上信息化，即使是工业化也还没有完成，这就是我们与发达国家之间的发展差别。承认差别，并不意味着永远承认落后，实际上差别也孕育着机遇。基于这个认识，朱镕基总理特别强调了，面对"新的历史机遇，使我们可以把工业化与信息化结合起来，以信息化带动工业化，发挥后发优势，实现生产力跨越式发展"。具体说来，就是要在思想意识上提高对"机遇"内涵的把握，深刻认识并坚决抓住信息化发展机遇，用电子信息技术等现代高科技改造传统产业，努力提高工业的整体素质和经济竞争力，使信息化与工业化融为一体，互相促进，共同发展。

  "发挥后发优势"的前提是改善相应环境条件，促成"后发优势"的发挥。经济的发展总是以一定环境条件为前提的，而所谓一定的环境条件就是指认识优势、运用优势、发挥优势所应具有的体制、机制和社会、文化、国民素质、层次等,而河南省在这个方面确实还存在着许多亟待加以完善提高的问题。所以,"十五"计划《建议》要求坚持继续调整、完善所有制结构,发展非公有制经济支持鼓励和引导私营企业、个体企业,尤其是科技型企业健康发展,建立中国统一、规范有序的市场体系,为各类企业创造平等竞争的环境,抓紧做好"入世"的各项准备工作,实现与国际经济的有效对接,在改革开放中吸纳发达国家先进科学技术,增加"发挥后发优势"的自觉性,以"发挥后发优势",推进河南省社会主义建设事业的发展。

二、走好21世纪,必须着力营造地方经济的人文素质环境

地方经济的人文素质环境,也就是一个经济软环境问题,抑或说是一个投资环境问题。讲经济投资环境,并不仅仅是优惠政策、优惠税费等问题,这些虽然很重要,但也只是一个投资的经济动机与经济比较问题,而环境适宜如何对投资者的诱导力有多大,就其基础来说却首先是一个地方的大素质与经济小气候问题。

所谓地方大素质环境,也就是地方经济活动中的大多数人、大多数机构、大多数社区的基本的人文素质状况。显然,一个地方能够形成良好的投资环境,从而投资规模、投资结构、投资层次的大小高低,如同一个单位能够吸引和留住人才的多少,在原理上应该是相同的。吸引人才、留住人才靠什么?靠待遇、靠条件,但也靠情感,也靠单位上整体人文素质环境,包括领导者与一般职工对人才问题的意识观念、态度以及组织协调工作等。现实中就是要看领导及政府对投资信息、投资机遇的敏感、反应调处能力,看一些相关机构、公务人员对投资者的热诚、务实、工效及整个处事能力。看一些窗口行业、形象岗位(如供电、供水供气、邮政、通信、市政以及公安、检察、司法,甚至一般街道办事处等)所表现出来的基本人文素质与精神风貌,看从领导者到一般公务人员、市民对投资者的尊重、关心、爱护、支持,以及设身处地帮助投资商处理一些现实问题。所谓"经济小气候",就是地方上作为吸引众多投资而自力发展经济的状态、潜力、势头等。正如前文所述的那样,我们拥有资源优势,我们拥有区位优势,但拥有绝不等同于开发、利用。特别是现在大多数企业不景气,即使是开发区,真正的高新技术产业和产品也很少,生产低俗、流通高速,在现行中国国民经济素质条件下,靠流通维系一个城市是靠不住的,关键还是要发展生产力。生产力的发展,既要有资源要素,更要有资源开发、利用的令人看好、令人眼热的良好的经济景气,即经济小气候,投资商会看当地的经济状态、经济氛围,一个和谐有序的经济"场"就自然会聚集成"市"的。没有经济气候、没有经济潜力、没有经济效

益，是没有条件招商引资的。市场经济，基础正是有一个"经济场"，由"场"逐形成"市"。所以，根本的还是要立足自身，把自己的经济酝酿起来、发动起来，形成一个经济发展的基本环境，投资者才能去凑这个经济热闹。自己不发展或发展缓慢，一味企盼外来投资是不可取的。因此，可以说，招商引资，首先就是要有一个地方发展经济的小气候。

我们正在走向知识经济，新兴产业、现代企业必然时时冲击着传统的思维模式与管理观念，一旦传统观念与思维模式转变了，思路、方法也就出来了。我们只有扎实地发展经济，才能昂首挺胸地走好 21 世纪。

（原载于《中国河南》，2001 年 6 月）

河南经济竞争力评析

进入新千年，河南经济的发展面临着更为严峻的挑战。一是知识经济已露端倪。知识将成为经济增长的主导要素。处于工业化进程中的河南，能否处理好信息化与工业化、传统产业与高新技术产业、经济增长与科技创新的关系，决定了能否在21世纪的经济竞争中站稳脚跟、赢得主动。二是中国"入世"在即。国际经济一体化和贸易自由化对国内产业将是一场生死考验。河南能否在短期内创新体制，树立起更多的有竞争力的"名、优、特"产品品牌，造就出一批能引领企业走出省区、国门，具有国内外市场经营能力的企业家，关系到竞争的成败和经济的兴衰。三是西部大开发战略已经启动。今后若干年内，河南将面临东部强劲增长、西部崛起的双重"夹击"，若无新的强有力的应对之策，将有可能失去发展的主动权，甚至在全国经济格局中丧失应有的战略地位。显然，河南只有立足于国内外市场和区域经济竞争，通过技术创新、产业升级和机制转换，从而极大地增强经济竞争力，才能在严峻的挑战面前立于不败之地。

一、经济竞争力基本评价

市场经济的本质是竞争。企业竞争的焦点在产品（原材料）市场的争夺，区域竞争虽然要通过商品竞争来实现，但主要体现在资源的配置效率或产业结构升级上，直接目的是争夺技术的制高点和经济发展的主导权，确保本区域整体利益的增长或少受损害。

就区域经济而言，所谓经济竞争力是指一定地区的经济与其他地区相比较时表现出的优劣势，是为其优势产品争夺有利的生产销售条件以获得最大利益的能力。经济竞争力的核心是技术创新能力，同时，还体现在是否具备支持经济持续发展的体制创新能力、资源转换能力、组织整合能力、市场应变能力，以及软环境改善、人气聚集能力等方面。为了较全面、客观地反映河南经济竞争力水平，我们借鉴了世界经济论坛和瑞士管理与发展学院有关国际竞争力的评价指标，针对现代经济竞争的实质、特点，从诸多反映经济状况的因素中归纳出最能体现经济竞争力的4个方面及其若干具体指标，通过这些评价指标，对河南经济竞争力有一个基本的把握（文中所用统计数据除特殊说明外，均源于 2000 年的《中国统计年鉴》）。

1. 经济增长能力

国内生产总值是反映经济竞争力的重要综合指标。1999 年，河南省的 GDP 为 4576.1 亿元，相当于全国的 5.6%，低于江苏、浙江、山东和广东，排全国第 5 位，在中西部地区居第 1 位。这说明河南省在经济规模上已颇具竞争力。但经济大省未必是经济强省。经济实力的强弱主要通过人均 GDP 来衡量，因为人均 GDP 的高低才真正反映了一省所处的经济发展阶段及资源的集约利用程度。1999 年，河南省的人均 GDP 为 4894 元，在全国列第 18 位。

经济增长速度从动态角度反映经济竞争力，只有保持较高的增长速度才能缩小与发达地区的差距。从经济增长速度看，1979~1999 年河南 GDP 年均增长 10.85%，持续 20 年的高速增长，无疑极大地积累与扩张了经济实力。1996~1999 年，河南 GDP 的年平均增长率为 10.25%，与广东相同，并居全国第 6 位，比全国平均值（8.33%）高 1.92 个百分点。人均 GDP 的年平均增长率为 9.4%，高于全国平均值（约为 7.23%）。这说明河南经济自"九五"以来，保持了较好的增长势头，竞争能力有所增强。

2. 产业发展水平

地区经济竞争力的强弱，由其产业的竞争力所决定，而产业竞争力又通过产业结构竞争力和产业组织竞争力来体现。就产业结构而言，1999 年，河南省 GDP 三次产业构成比为 24.5：45.3：30.2。这一结构基本上与河南省的省情，特别是经济资源禀赋相适应。在第一产业比重积极走低的同时，第二产业快速增长。1999 年，河南省第二产业所创造的 GDP 为 2070.88 亿元，在全国居第 6 位。1999 年，国有及规模以上工业企业的总资产贡献率为 7.27%，全国的平均值为 7.45%，这说明河南工业企业的获利能力居于全国的平均水平；工业增加值率为 31.96%，全国为 29.66%，反映了河南工业降低中间消耗的水平在全国大多数省（区、市）之上；工业成本费用利润率为 2.84%，低于全国 3.42%的平均水平。

在考察河南产业结构的竞争力状况时，还应特别注意河南省信息产业发展状况及经济社会的信息化程度。2000 年底，河南省电子信息产品制造业完成工业总产值为 123 亿元，完成销售收入为 73 亿元，实现利税总额为 13 亿元。综合衡量经济发展情况，目前河南省电子信息产品制造业在全国居中等偏上位置。2000 年 5 月，全省固定电话交换机突破 1000 万门，规模容量位居全国前列。电信网络规模实现历史性跨越，到 2000 年 10 月，全省互联网用户突破百万人大关，净增数居全国前列。在全国率先启动了"四级政府上网"工程，全省 18 个市开通了信息港，实现了平台间的联网。

3. 可持续发展潜质

考察区域经济的竞争能力，不仅要看现有的经济实力，还要比较其可持续发展的潜质。这主要体现在：

（1）技术开发。1998年，全省专业技术人员共计115万人，总量居全国第5位；1999年，河南省有技术开发执照的企业、机构共有599个，占全国的5.48%；河南省大中型工业企业技术开发人员为80937人，有科学家和工程师级研究人员25451人。1999年，全省的技术开发经费为200457万元，占产品销售收入的0.67%，而同一年度全国的技术开发费用为567.2亿元（河南仅相当于全国的3.5%），占产品销售收入的1.35%；1999年，河南省共完成技术开发项目4.38项，其中有1803项获国家专利。所完成的技术开发项目占全国的4.14%，专利项目相当于全国的3.28%。

（2）基础设施。基础设施促进或制约地区比较优势的发挥。1999年，河南省投入使用的铁路为2353.1公里，相当于全国的4.1%，铁路密度为1.41（公里/百平方公里），居全国各省（市、区）前列；公路为60330公里，占全国公路的比重为4.47‰，公路密度为34.23（公里/百平方公里），在全国处于中等水平。其中，国家级高速公路465公里，为全国较快发展的省份之一。河南年发电量和装机容量居全国前列。长途自动交换机容量为171450路端，为全国总容量的3.82%，居第9位。本地电话局用交换机容量723.20万门，为全国总容量的5.23%，居第4位。拥有电话机616.82万部，占全国的4.7%。

（3）投资规模。从长期来看，经济增长很大程度是由资本供给决定的，资本的数量和质量制约着经济竞争的后续力量。1998年，河南用于基本建设和更新改造的资本为683.5亿元，相当于全国的3.93%，居第9位，其中国家预算内资金占9.69%；国内贷款占23.47%；利用外资占8.16%；自筹资金占45.52%；其他投资占12.41%。比较而言，利用外资的能力低于全国平均水平，自筹资金能力与平均水平大体持平。

（4）劳动力素质。河南是全国第一人口大省，农村中存在大量剩余劳动力，但高素质的劳动力严重不足，目前尚处于比较劣势。1998年，河南省从业人员中大专以上学历的占2.6%，这一比例大大低于3.5%的全国平均水平；高中以上学历的占13.6%，也低于15.4%的全国平均水平。

4. 市场制度环境

制度安排影响经济活力，从而影响整体经济竞争力。市场制度环境包括市场发育状况、非国有化率、市场交换容量和对外依存度等。从市场的发育和完善程度看，河南的商品市场发育较快，基本形成了各类商品流通顺畅的批零市场体系。技术市场与全国相比居中，1998年，河南省技术市场的成交金额为17.65亿元，在全国列第 10 位。劳动力市场居全国第 2 位，通过劳动力市场就业的人员仅低于浙江，说明河南的劳动力市场还是比较发达的。经济的非国有化程度可用非国有工业占整个工业的产值比重来衡量。非国有工业占整个工业的产值比重，1999 年为 46.57%，远低于广东（72.64%）、浙江（80.82%）、江苏（69.49%）、天津（73.16%）、山东（61.89%）等。1999 年，市场消费品零售总额为 1615.99 亿元，这一指标可反映河南消费品市场容量，但还不足以说明河南产品的国内竞争力。最为明显的差距是河南国际市场交换能力，1999 年，按实物和服务出口地划分，河南出口总值为 14.37 亿元，占全国的 10%。

综合上述指标分析，可以认为河南的经济竞争力就整体规模而言居全国中上游水平；就人均效率、经济质量、体制环境而言，处全国中等地位；就发展后劲而言，可谓潜力较大，蓄势待发，关键在于能否科学地审视大局，认知省情，转换机制和实施科学的战略决策。

二、区域竞争与竞争优势探讨

市场经济的发展和运行，"不承认任何别的权威，只承认竞争的权威，只承认它们互相利益压力加在它们身上的强制"。① 只有通过竞争，市场法则才能发挥作用，社会资源才能合理配置。

竞争机制的内核是优胜劣汰。优胜劣汰能建立起一套市场主体参与经济活动所必须遵守的规则，给予市场主体压力和动力，使之有效、充分、合理利用各种资源。同时，促进经济社会资源流向能使它发挥最大作用的地方，加速具有竞争优势的产业、区域或国家发展。

市场竞争的层次和演进过程是从产品竞争到企业竞争，从企业竞争到区域竞争，从区域竞争到国际竞争。经济全球化反映了这一竞争的规律性，其中具有代表意义的是区域竞争。它既是地区之间企业竞争的集合，又是国家与国家竞争的缩影。所以，研究省级经济的发展，不仅要关注企业竞争，更要关注省与省之间的区域竞争。

1. 国内区域竞争态势

（1）区域经济竞争实力差距拉大。东部最发达城市与西部最落后城市人均 GDP 的比值由 1990 年的 7.3 倍上升到 1998 年的 10.52 倍；东、中、西部地区经济增长速度已呈阶梯下降走势。从经济增长的质量看，国有及国有控股企业资产负债率由东至西依次增高，而经济效益却依次降低。

---

① 《资本论》第一卷，人民出版社 1972 年版，第 394~395 页。

（2）市场竞争日益成为区域竞争焦点。目前，全国市场供求关系发生了重大变化，商品短缺的状况基本结束，买方市场正在形成。市场对经济的约束明显加强，消费需求成了影响经济增长的主要因素。

（3）创新正在成为区域竞争的核心。区域竞争将最终归结为创新能力的竞争。在国内，为了追求经济发展和竞争的主动性，各省、市、区都在营造凸显区域个性的创新环境，把吸引人才、培养人才作为战略重点，遵循经济发展规律和科技演进的趋势，倾力展开全方位的创新，积极地铸造拉动经济增长的"火车头"。

2. 比较优势与后发优势

站在经济全球化背景下，再次审视河南在全国区域竞争中具有的优势，主要可以分为两个方面：

（1）比较优势。归纳起来，一是规模优势。1999年，全省国内生产总值居全国第5位，工业总产值居全国第7位，农业总产值居全国第2位。二是区位优势。河南地处中原，通信发达，交通便利，是全国交通和通信的要冲和枢纽。全省拥有郑州、洛阳、南阳3座民用机场，共有566个航班通达国内各重要城市和港、澳地区及日本、新加坡、俄罗斯等地。京九、京广、焦柳与陇海、汤新、漯埠铁路在河南境内交会，形成了三纵三横的现代化铁路网络。全省有口岸11个，居全国内陆省份第1位，特别是第二条欧亚大陆桥的开通联运，为河南扩大对外开放提供了一条非常便捷的陆上通道。三是资源优势。河南矿产资源丰富。既有能源矿藏，煤、石油、天然气，又有有色金属和贵金属矿，还有大量非金属矿，并且储量大多居全国前列。全省土地资源良好，是全国平原面积较多的省份之一，是全国十分重要的粮食基地。四是局部优势。河南产业门类齐全，并拥有60个重点工业试验基地和工程技术中心。近几年又涌现出如"安玻"、"许继"等在全国具有较高知名度和较强竞争力的企业。五是成本优势。河南劳动力资源丰富，且价格低廉，这是参与区域竞争的有利因素，特别是对发展劳动密集型产业是一个前提条件。

（2）后发优势。相对东部地区，河南的产业结构水平落后了一个发展阶段，因而在传统产业改造方面可以直接应用高新技术成果，降低沉没成本；更因为河南的新兴产业，尤其是高新技术产业几乎是刚刚起步或尚属空白，这又为河南高起点立项提供了后发制人的前提。对此，河南一则有了可资学习的前车之鉴，缩短了"经验曲线"，少走弯路，且能节约学习成本；二则鉴于河南在某些高新技术领域又与东部省、市几近处于同一起跑线上，有可能与之并驾齐驱或先声夺人。

当今世界科技突飞猛进，以信息化、网络化为主要特征的科技进步快速发展，为河南迎头赶上新技术革命，在较短时间内借鉴国际先进技术，实现跨越式发展和结构升级提供了历史性机遇。经济全球化又为河南扩大工业出口，加大同跨国公司的全方位多形式合作，提升重点企业参与国际竞争提供了新机遇。随着中国加入WTO，也为河南参与国际竞争创造了更为平等的条件。国家实施西部大开发战略和继续发挥东部沿海地区在经济发展中的带动作用，对河南发挥区位优势、通过"东引西进"，加快结构升级十分有利。

(郭文轩、郭军、董烨然、易先锋、张许颖，原载于《河南日报》，2001年2月13日第7版)

发挥后发优势实现跨越式发展
——河南省"发挥后发优势"研讨会综述

2000年11月4日,由河南省经济学会、《河南日报》社、河南省委党校共同主办的"学习十五届五中全会精神,河南省发挥后发优势研讨会"在郑州举行。省政协副主席杨光喜出席会议并做了讲话,杨承训、赵怀让、张大卫、王永苏、程传兴、喻新安、张占仓、孙天华、王文亮、张保法、魏成龙、郭军、焦国栋、牛福增、杨建、赵建春、盛正国、梅士建等20余人参加了会议研讨。大家以党的十五届五中全会精神为指导,从发挥后发优势的一般理论认识,到河南发挥后发优势的基本问题,进行了认真、热烈、有效的研讨,现将本次研讨有关内容综述如下。

一、关于"发挥后发优势"的基本认识

与会专家、学者认为,党的十五届五中全会《中共中央关于制定国民经济和社会发展第十个五年计划的建议》里提出的"以信息化带动工业化,发挥后发优势,实现社会生产力的跨越式发展",是一种新的战略思维,与过去的比较优势、原发优势等不同,必须从哲学的、政治的、经济的、社会的诸方面,领会、认识其基本含义。

1. 什么是后发优势

观点一认为,后发优势是指一定地区或国家在同经济增长与发展中已经表现出来的优势相比较时,那些虽然已经或有可能具备,但尚未有效发挥其应有资源配置效益的潜在资源优势。这些资源可以是有形的,如物质技术资源、人力资源;也可以是无形的,如专利技术、制度规则、政策服务、经济环境等。观点二认为,后发优势是指后发国家或地区经济发展相对落后和迟缓所形成的有利条件或存在的各种机遇。一般而言,由于经济发展落后,会面临若干不利条件,但在已有先发国家或先发地区"示范"的大环境内,不利条件往往会因势转化为有利条件。观点三与观点二基本相同,认为后发优势是指落后国家或地区因经济发展迟缓、滞后所潜藏的有利条件和发展机遇。

2. 后发优势的基本内容

基本的观点认为，后发优势一般主要包含原始性后发优势、技术性后发优势、制度性后发优势等内容。原始性后发优势，是指原始性天然存在的各种资源的逐步开发所形成的后发优势。技术性后发优势，是指蕴藏在后发地区与先发地区的技术落差中的后发优势。一般来说，后发地区与先发地区的差距越大，后发优势的潜力就越大。如后发地区从先发地区引进各种先进技术，并经模仿、消化、吸收和改进、创新，既可以大大节省技术研发费用，又能够迅速提升经济增长中的科技含量，缩小与发达国家或地区的技术水平差距，形成和实现"一步到位，后来居上"的后发优势。制度性后发优势，是指后发地区效仿和借鉴先发地区的各种先进制度并经本土化改进所产生的后发优势。与先发地区先进和较成熟的各种制度相比，后发地区制度效益低下，一旦进行改革，效率可大为提高。在从传统经济向现代经济转变的过程中，市场竞争制度、现代企业制度、国家宏观调控制度等，都为后发地区提供了多种参照选择，蕴藏着巨大的后发优势。制度学习是制度变革的助推器和加速器。

3. 什么是发挥后发优势

观点一认为，发挥后发优势是一个特定概念，就是指那些经济比较落后的国家和地区，可以借鉴发达国家（或"先发国家"）或地区现成的先进技术和成功经验，实现跨越式的赶超和发展。观点二认为，发挥后发优势，就是利用当代科技，发展壮大自己的经济实力——不发达或次发达者引进和吸收发达者最新科技成果，快速实现经济素质的转换，借助高科技，高起点切入，追求高度化，形成后来者居上发展之优势。

二、河南的后发优势是什么

与会专家、学者一致认为，作为后发地区，河南无论是与发展地区还是发达地区相比，都有着明显的后发优势。

1. 政策性后发优势

河南作为经济落后地区，单指望中央政府给予大量投资来缩小与东部沿海地区的差距是不现实的，而应注重政策性后发优势的推动，包括跟中央要政策、创造性地领会和执行中央政策，自己制定发展政策，以及利用河南地区地处东部地区与西部地区之间的区位条件，利用、分享东部地区的开放政策和西部地区的开发政策。

2. 改革开放性后发优势

改革开放大大推进了河南经济社会的发展，由此积蓄了积极的后发优势，如果进一步深化改革，继续解放思想，转变观念，在改革的认知、运作方式等方面，全面借鉴东部沿海先发地区的经验，同时，搞好软、硬环境，扩大开放（河南的区际或国际间的外贸依存度都比较低，要想快速发展，必须增加对外开放的广度和深度），那么，形成的后发优势将是难以估量的。

3. 技术性后发优势

河南科技能力总指数居全国第20位，客观上要求必须加大科技投入，构建河南经济的科技支持系统。河南缺技术，却拥有廉价资源，若能积极吸收利用省外、国外的先进技术，河南的技术性后发优势也将是巨大的。

4. 制度性后发优势

通过20多年的改革开放，河南的制度性、规则性建设已有了一定的基础，现在应通过制度的学习、借鉴和重新安排，来提高河南的制度效率和效益。无论是市场规则、企业制度、改革伦理、分配体制、增长方式以及企业文化等，我们仍有着巨大的空间和需求。潜藏在传统制度安排之中的经济活动能量，是河南实施后发战略的内在依据。

5. 资源性后发优势

河南的自然资源优势是得天独厚的，如农业、能源、区位等。丰富的资源在素质提升之后，都将会产生出巨大的后发优势。

三、河南发挥后发优势的现时对策

与会专家、学者认为，发挥后发优势的关键是提高对发挥后发优势的思想观念及其重大意义的认识；发挥后发优势的根本是提升科技实力，加强原始性创新，增强科技持续创新能力；发挥后发优势的前提是改善相应的环境条件，促成后发优势的发挥。后发优势是相对落后在积极意义层面上的理解，因而它是潜在的，要使它成为现实，不仅取决于众多条件的支持，而且还取决于它与各种条件在不同时空范围内的有效组合。同时，由于后发利益的递减性，还需要不断挖掘新的后发优势。为此，联系河南实际，发挥后发优势，从近期看，应着力抓好以下几个方面的工作：

1. 加大力度实施科教兴豫战略，尽快实现高新技术产业化的新突破

以技术创新为契机，以创造条件推进高新技术产业化为主攻方向，尽快在高新技术产业的若干领域（如生物工程应用、电子信息产业、现代制药工业）实现较大突破。提升河南产业，扩大新的产业空间，保证河南在21世纪骨干产业不落后，相关产业有充分的发展余地，从而使近期的经济结构调整与将来的发挥后发优势连接起来。

专家、学者还指出，围绕高新技术产业化的实质性突破，必须有重点、有选

择地支持，如要看有没有较强的、持续性的研发力量，有没有可能成为产业基地，有没有外延能力、形成产业带动等。据此，近期应将电子信息技术和生物工程技术作为河南省发展高新技术产业的突破口。为了突出个性主导，"十五"期间河南省应在宏观上衔接协调经济结构调整、教育体制改革、技术创新带动等之间的互动关系，趋向产、学、研一体化发展的新的经济社会秩序。这是一个关系河南全局的战略性问题，也是关系河南发挥后发优势及其后发利益的大问题，是关系到迎接 WTO 准入、实施"东引西进"方略的大问题，必须引起高层决策者的重视。同时，应继续办好现有的高新技术开发区、增强其对高新技术的孵化器功能，继续大力促进民营企业特别是中小型科技企业的健康发展；等等。

2. 注意用高新技术改造传统产业，保证经济总量的稳定增长

传统产业在很长时间内仍将是河南经济增长的主要力量，关键是应注意运用高新技术对传统产业进行改造，如轻纺工业。拿造纸业来说，河南省的造纸业起点低，但上海造纸业的起点几乎与我们一样，却由于进行了高新技术改造，终于成为上海经济的劲旅。

3. 大力发展风险投资，积极开拓资本市场，培养和构建河南发挥后发优势的金融支持系统

风险投资、高新技术、后发优势是密不可分的。当前，河南虽具有一定的科技基础，却由于缺乏资金支持，既影响了科技研发，也影响了科技成果的转化和走向产业化。河南上市企业仅占全国的2%，而从资本市场筹集的资金也只占全国的2%。事实上，风险投资及其资本市场的落后与我们资源大省、人口大省、发展潜力大省的地位明显不适应，"十五"期间必须加大这方面工作的力度。

四、河南发挥后发优势应注意的几个问题

与会专家、学者认为，当代经济是以科技为支撑的，新技术革命产生的"新经济"运营，把科技真正变成为"第一生产力"，从而大大改善了经济活动的手段和方式，提高了经济活动的层次和效益。所以，任何一个国家，尤其是发展中国家和地区更应注意这一经济大趋势，注意研究发达国家经验，注意提升经济发展的科技实力，加强原始性创新，增强科技持续创新能力，营造"发挥后发优势"的环境和条件。

一是发挥后发优势应与发挥比较优势结合起来。河南经济的发展既有后发优势，也有比较优势。发挥比较优势就是要立足于区位优势和资源禀赋来寻求建立自己的有竞争力的特色经济；发挥后发优势则是要着眼于学习、引进、创新，组建具有发展前景的主导经济。二是发挥后发优势应克服和避免"后发陷阱"，即

陷入"引进、模仿—再引进、再模仿"的恶性循环。在引进模仿外埠先进技术、制度,实施"后发制人"的同时,注意加强在自己优势比较集中的领域里的"先发制人"。三是发挥后发优势应与可持续发展相连接,即把后发经济的赶超性与可持续经济的协调性相连接,防止在赶超发展过程中容易出现的急功近利、竭泽而渔现象,消除虚报、浮夸,追求"政绩工程"等不良作风。四是发挥后发优势应与改善消费环境、投资环境、人际环境以及制度、体制环境包括人才的培养、引进相连接。河南要想在未来的区域经济、国际经济的激烈竞争中占据一席之地,实现后发,综观历史经验教训,不在制度环境方面进行一番"脱胎换骨"的改革和重新安排,并且形成超越发达地区现有制度安排的效率,显然是不行的。一个制度,一个人才,将是河南发挥后发优势基本的两大因素。改善环境,留住现有人才,创造条件,吸引更多的人才,应是河南发挥后发优势的重中之重。

(郭军、李定宇,原载于《河南日报》,2000年11月14日第7版)

当前河南经济发展热中的冷思考

现在大家似乎都有一个感觉,河南发展的路子更清晰了,步子更快了,人气更旺了,影响更大了,河南进入了历史上难得的黄金发展期。但是经济社会的辩证法告诫我们,热发展中还需冷思考,以下就当前几个问题提出一些自己的看法。

一、初级阶段及其市场经济条件下政府与企业究竟应是一种什么样的关系

从"政企不分"到"政企分开",28年的改革正在越来越趋向预期之目标,但政企并不见得在任何方面、任何时候都要截然分开,两者之间还是存在一些密不可分的因素,如政府为企业发展营造基本环境条件、政府制定政策或规划为企业提供信息引导等。事实上,政府与企业之间在职能追求上始终都是一致的,但在现实经济社会中并不是每一个人、每一个企业、每一个管理部门都明白这个道理。

第一,在全国"两会"期间,省委书记徐光春提出了"不要让门票挡住了旅游者的脚步"的建议,从而提出了在产业组织中也要注意抓大放小的战略抉择问题。毫无疑问,门票对景点收入本身是大事情,但相对于由旅游业带动的其他消费收入(旅游者吃、住、行、购)则是小的。这里有两个观念:一是旅游业的收入不应只盯着门票,而是旅游产品和旅游消费;二是产业关联性体现的是不同经济系统间的联动价值性,即旅游业发展对相关产业,如餐饮、服务、运输、旅游产品制造,以及信息、通信等发展的影响带动。所以,既要看门票收入,更要看关联产业的收益,而关联产业的收益不用计算也肯定远远高于门票收入,若降低门票价格,必然会吸引更多的游客到河南,那么社会消费的收入也将更可观。可惜的是,徐书记的观点并没有引起相关方面的特别注意。

第二,两个月前的省"投洽会",政府新闻发布会上宣布服务业不涨价,而实际上却全面涨价了。涨价也不能说完全不对,问题是涨价要适度、适时,特别是在河南刚刚起步打造外向型经济之初,为了赢得更多、更持久的市场份额,涨价一定要理性。政府既然宣布了不涨价,当然是为了吸引更多的投资者与会,同

时，这也是为追求长远的、持续的企业利益而营造的一种环境，企业理应主动地与政府配合，遗憾的是我们的服务业几乎全涨价，大涨价，造成了极大的负面影响。政府营造什么环境，并不只是对外商、外资的，其着眼点和重心实际上都是落足于促进本区域企业能够依此形成一个好的、大的、强势的、持续的发展，那种"今天有酒今天醉，明天没酒喝凉水"的小生产者观念一定要调整。尤其是产业主管部门、行业协会等应积极引导企业越是在经贸会、投洽会、展览会、研讨会期间，越是要稳定价格，越是要提高服务质量，才能"革命美酒天天有"。值得指出的是，任何一家企业都不会是一个纯经济组织，都要置身于社会、政治、文化的大背景里，并借以形成企业发展的支点。而这个大背景又在客观上要求企业配合政府共同营造发展环境，并使之成为企业的一种责任，企业也只有承担起这种责任，才能在实现经济责任和社会责任的联结中争取到更好、更大的发展空间。

二、房地产业的价格影响和消费拉动作用影响到底孰重孰轻

近年来，房地产的价格一直成为我们经济社会生活中的一个热门话题，焦点内容是房价涨得"离谱"，但这种"离谱"并非针对河南而言。报载郑州现在房屋均价为每平方米 3200 元，北京一项调研资料称"居中位区"，并认为这一价格与郑州的区域消费水平基本上是适宜的，而从政府部门、房地产行业传来的说法也是大同小异。基于这一判断，我认为不可以再天天纠缠价格问题，宏观调控要调控价格，但价格更多地表现为是一种市场机理，有其自身的规定性，而且天天争吵价格，往往又会忽略和影响着另外一个重大问题，即房地产业的发展对消费的拉动作用。

房地产业对消费的拉动作用不仅被各国政府和学者、专家一致看好，而且被认为是一个经济的传动带和增长极。从生活消费看，购新房就要装修，搬新房就要增添新家具、新家电，住新房就要增加新用品。据对一个千户小区入宅调查，其中百分之百地都更换或新置了生活消费品。而在一个 300 多户的拆迁安置小区调查，76%的住户新购了彩电、空调、燃气灶等，41%的住户新购了冰箱，93%的住户更换了餐桌、橱柜和日用生活品。生活消费的实质是需求，消费需求旺盛必然极大地拉动消费生产，从而影响整个生产与流通，也是由于这种规定性，基本上所有国家和地区都把房地产业定位为拉动消费、刺激生产、助跑经济的"主"产业，"重"产业，"实"产业。今天，我们的工业正在爬坡，农业又在徘徊，服务业尚在发掘，不抓住房地产业的发展又靠什么来激活经济呢？所以，笔者不赞成一味纠缠于房价问题而影响了消费大局。

对当前房地产业发展一定要从积极的一面来认识，既要注意价格的相对稳定性，更要注意发挥房地产业对刺激消费、拉动生产的积极作用，科学引导房地产业健康发展。具体说来：一是提高对房地产业发展的关联性及其在国民经济和社会中的地位作用之认识，立足消费抑制房价。建议由省发改委会同房地产管理部门开展河南或郑州房地产价格项目研究，而后通过新闻发布会传递"当前价格信息"形成"影子价格"，从宏观上引导房地产业的稳健运行。二是加强政府宏观调控，特别是通过制定房地产业发展若干政策，提高房地产业准入门槛，吸引大开发商、名牌开发商进入河南房地产市场，整合、重组、提升房地产业，引导房地产趋向产业的高级化、高层次、高强势发展。同时，要搞好规划工作，争取尽可能高的房地产关联性经济效益和社会效应。

三、城镇化发展的支点及其工业化、商贸化的关系应该是怎样的

现在河南经济终于有了一条清晰的路子，即工业化、城镇化、农业现代化，这是件令人鼓舞的事情。然而城镇化的发展又该如何推进，其支点到底是什么，却又是一个值得研讨的课题。现在所有城镇发展包括郑东新区都提出了工业兴市（区、县、镇）的战略，我认为这是对工业化、城镇化关系认识上的一个误区。一个城镇化的过程需要工业，而工业化的过程却并非都需要城镇，哪里有工业发展的条件基础，工业就在哪里安家，所以工业化和城镇化两者有联系，却不是唯一联系。城镇化希望有工业的支撑，但城镇化却并非完全支撑在工业化上。综观河南经济的发展史，商贸业从来都是河南经济的一大特色，仅就改革开放以来，河南经济的发展、河南人生活水平的提高，其中相当多的因素也是得益于河南商贸产业的支持。事实上，任何一个城镇的发展，如果没有商贸置身其中，我们设想会是什么样？而现实中，商贸也确实成为支撑一个城镇发展的基本的活力点。有工业基础就发展工业，有商贸基础则不应回避发展商贸，两者并不矛盾，极端的、主观的绝对工业化从来都是事倍功半的。中国香港就没什么工业，但香港是世界超大经济贸易区。中国澳门也没有工业，但它有旅游观光和博彩业。这就说明每一个区域或城镇并非都必须发展工业，关键是有特色产业、优势产业。河南应该走工业化路子，但这并不妨碍发展商贸业，城镇化从来都是以商贸流通为支持背景的，今天我们提出构建区域性中心城市的基础也是商贸流通业而非其他产业。

如前所述，工业生产与城镇发展并不是一种必然的线性关系；相反，构成城镇实体内容的恰是商贸。工业一般应在特殊的空间进行，尤其从生产角度讲，工业园区既可以设在城镇近郊，也可以发展在某一远离城镇的地方，尽管后来可能

演化为一座工业小城，但其前提是有着一定工业生产基础条件和发展潜力。所以，在当前，我们一方面要在推进城镇化发展中大力推进工业化；另一方面，不要忽视商贸业的发展。

（原载于《思考与建议》，2006年5月25日第7期）

建设和谐中原与河南经济运行的理论思考

中共十六届六中全会指出，社会和谐是全面贯彻科学发展观，从中国特色社会主义事业总体布局和全面建设小康社会全局出发提出的重大战略任务。同时强调，社会要和谐，首先要发展，必须用发展的办法解决前进中的问题，大力发展社会生产力，不断为社会和谐创造雄厚的物质基础。基于这一认识，作者联系和谐中原建设目标，浅谈两点理论思考与大家交流。

一、和谐中原首先要求宏观经济运行的合比例性

这些年来，大家都有一个共识，不能就速度论速度，单纯追求速度往往导致结构不合理、效益不理想。许多人都认为，速度问题的背后是结构问题，所以从"十五"时期起，我们便把结构及其调整作为主线。"十五"过去了，反思一下，由于调整结构、优化结构，我们的速度开始逐渐回归到理性状态，但仍未达到预期设想的结果，而且这期间还发生了钢铁、建材、电解铝、汽车等行业的"过热"，中央又不得不就此强化新一轮宏观调控，采取对部分行业畸形发展的"点刹车"。虽然，年终国民经济增长9.1%，而实际上宏观经济中的结构问题、速度问题，特别是隐含的"两通"（通胀、通缩）危机并没有真正克服。中国既存在着通货膨胀，又存在着通货紧缩，一个国家的经济运行在一个时期内同时存在这两个隐忧，是世界发展史上都极少见到的。这说明，"十五"时期调整结构的主线树立起来了，但实践过程并没有完全围绕这根主线运作。问题出在哪儿？这是当前我们在发展河南经济、研讨国家经济时所应注意的。按照经济学理论和社会主义经济规律揭示，结构问题的本质及其影响因素是个比例问题，可以说，缺乏比例意识、不讲比例、比例失衡，是造成结构不合理、速度不正常的直接原因。

研究表明，我国现实宏观经济运行中有两大基本问题：首先是理论上在推进市场化运营中的排斥必要的计划手段的倾向性，就像在原有计划体制下排斥市场手段一样，从一个极端走向了另一个极端。计划是对未来活动的部署和安排，过

去讲国民经济的有计划发展，要义是一个合比例问题，强调生产生产资料的生产与生产生活资料的生产两大部类之间，农、轻、重之间和积累与消费之间必须合比例发展。但过去机械地计划了，而且计划的重心偏到了短期，从而压抑、挫伤了地方与企业、劳动者的积极性、主动性和创造性。"十一五"计划该叫规划，其个中变异不是别的，是要从传统的单纯注重年度计划转到着眼于中长期计划即规划上来，变指令性为指导性。无论指导性还是前瞻性，政府规划都是件严肃的事情，政府作为恰是借助规划来实施与表现的。规划指定本身既立足于市场需求和生产可能，又体现了国家和地方政府的发展战略，所以要颁布执行。只有实践了规划，整个国民经济也好，区域经济也好，才能合比例发展。这几年出现的部分行业"过热"现象都是非规划、超规划的典型案例，其结果不是一般导致而是进一步加剧了结构不合理的矛盾，这个教训所得出的启示是，必须增强各级政府部门宏观经济运行的合比例发展。一是保持在市场经济条件下，发挥市场配置资源的基础性作用，实现国民经济的有序、高效发展。二是实践上在高喊着转变经济增长方式的过程中，整体国民经济依然是投资拉动型，即靠增加投入增加产出，这便出现了一方面要求转变经济增长方式，另一方面又不讲经济增长方式的矛盾。大量高污染、高消耗企业的兴建，盲目性、重复性工程的上马，即是佐证。可以说这类项目、企业中的绝大多数都是规划以外的，加之现行干部体制上的问题，这种超规划经济形成的浪费是难以估量的。我们只讲、只看统计部门的GDP，只津津乐道于创造了多少多少价值，却似乎从来没去注意分析过这类价值是怎样一个投入堆积起来的，它的附加值又有多大。

值此中部崛起、中原崛起之际既要有某些宣传推广，以使中央对中部、中原经济发展有具体、实际地倾斜、扶助，更要实实在在地反思我们的经验教训，尤其是各级政府和公务人员，包括各级决策者都应静下心来，学点理论，如毛泽东的《论十大关系》、江泽民的《论十二个方面关系》，以及速度、结构、比例、效益关系规律和价值规律等，寻求并形成中原崛起的新理念、新坐标、新秩序、新绩效。谨建议省委、省政府所属各级干部，特别是主要领导干部，一方面，要接受党校的政治教育；另一方面，也应接受高效的经济教育，以增进各级领导者按经济规律办事，并依此开拓新时期中原崛起的新局面。社会和谐在本质上首先是建筑在经济发展、经济和谐的基点上，经济和谐则必须注重整个国民经济的合比例运行。

二、和谐中原还需谋求微观经济活动中劳动关系的完善性

党的十六届六中全会强调，和谐社会就是要使人们的权益得到切实尊重，社

会就业比较充分，收入分配合理有序，社会保障体系基本建立。从人的权益到就业、分配、保障，在理论上这是一个生产关系问题，可见，和谐社会实际上就是要着力完善生产关系。

中国的改革是社会主义生产关系的完善。而当产权即所有制的改革已处于既定条件时，生产关系的完善及其重心则无疑应置于劳动关系方面，也就是生产关系学说里讲的劳动者与生产资料的结合及其劳动过程中所形成的注入劳动的就业关系、分配关系、保障关系等，以谋求合理就业，科学分配，健全保障，从而协调和完善劳动者与国家、企业以及不同劳动者之间的关系，实现劳动关系和谐基础上的社会和谐。从江泽民在建党80周年提出"促进人的全面发展"，到中共十六大确立以人为本的科学发展观，到这次全会对和谐社会目标和任务一段概括中，几乎每一句、每一个内容层次都立足于人，使我们进一步认识到和谐社会的主体是人，必须把它提高到社会主义生产关系的"完善"的高度上贯彻于实践。

所谓贯彻于实践，也就是把社会主义生产关系的完善拉近和具体化到微观经济这个层面。需要指出的是，全会强调要进一步形成和谐的人际关系，并不只是一个社会学概念，也是一个面向微观的经济学概念、管理学概念。如果说，劳动是人类社会最本质的内容，那么，劳动关系抑或说劳动中的人际关系则是社会中最基本的关系，这一关系的和谐与否便成为和谐社会的一个前提，任何社会、任何政府都把此作为制定政策、趋向和谐社会的基点，西方国家是这样认为的，从而也是这样走过来的，中国改革开放也在感悟和定位着这一点。从宏观上对所有制结构的调整，到直接推进微观企业的改制，重构劳动关系，置换国有职工身份，让劳动者进入市场自主择业、竞争劳动，就是这一实践的标志。但正如全会所说的，我们尚存在着不少影响社会和谐的矛盾和问题，而这些矛盾和问题从一定意义上看，又多处于微观经济中，如国企内部收入差距拉大、分配不公，拖欠社会保障基金，重资本、轻劳动等现象；民（私）企内部不按劳动力市场规律和劳动关系协议办事，不讲劳动安全与卫生，任意克扣工资，延长劳动时间等。如果这些问题不能逐步妥善得到解决，劳动关系的冲突甚至突发事件都有可能发生，将严重影响社会的和谐。我们在奋力实现中原崛起、构建和谐中原之际，一定要从微观经济和社会这个层面做起，在加大改制力度的同时，积极要求和引导企业在经营管理过程中努力协调好劳动关系问题。企业管理说到底是一个人的管理的问题，而人本管理的实质又是全力协调和完善劳动关系、实现劳动关系的和谐，也唯有劳动关系的完善，才能增强企业活力，增进社会和谐。

（原载于《科学发展与中原崛起》，河南人民出版社，2007年12月）

首先应定位河南的"民生"产业

加入WTO，融汇经济全球化，全面建设小康社会，要求河南经济应在重新洗牌中，认真地进行一次基本定位。而且，这次定位要直接与未来20年的预期目标相联系，特别是要使河南人民的生活趋向更加殷实。

围绕河南全面建设小康社会，当前应注意理清思路。

1. 全面建设小康社会的阶段性

河南既是一个人口大省，又是一个经济基础比较薄弱的穷省，这一省情决定了河南全面建设小康社会要有一个分阶段发展的意识，如到2010年为一阶段，到2020年为一阶段。前10年，应立足初级"民生"产业发展，接着的10年，进入初步现代产业发展阶段。所谓"民生"产业，即河南的"饭碗"产业、"工资"产业、"财政"产业等，直接与近1亿人口民生大计相关联的阶段性主导和支柱产业。没有"民生"产业的支撑，就谈不上从目前的"小康人家"过渡到"全面小康"。所谓初步现代产业，是指通过前10年的努力，河南产业的发展，已经从"民生型"转向"优长型"、"增长型"、"现代型"，从而进一步丰富人民的物质文化生活，基本上摆脱"穷"的阴影，与全国大多数省市一样，进入初步现代化的河南——"全面小康"的河南。

2. 要注重全面建设小康社会阶段经济发展的内容定位

河南省"十五"计划提出了河南的支柱产业，从而有了一个基本的经济定位，现在的问题是应在制定河南全面建设小康社会规划中进一步地深化、细化、强化。例如，农业发展的重心是引导农业产业化，而农业产业化的重心是培育主导产业链——推进以农产品为主要原料、材料生产的食品工业、轻纺工业；在机械行业，把重心放在装备制造业上；强化煤、电、铝以及石油、石化等资源型优势产业的发展等。同时，加大市场配置资源力度和政府宏观政策影响，积极引导河南的地域性产业集群，以产业的集群效益、规模效益为遵循，优化河南国民经济结构布局。此外，切莫忽略河南得天独厚的区位优势，加大实施商贸产业化带动发展战略的力度。

3. 全面建设小康社会要有务实的措施保证

我们必须按照中央"一心一意谋发展，聚精会神搞建设"的方略，解放思想,转变观念,与时俱进,开拓创新。包括重新思考和定位河南经济发展的战略及其重点、河南的主导产业与支柱产业、河南的传统产业与高新技术产业、河南的经济社会制度与体制、河南的经济社会政策和策略等。也唯有新的思路定位、新的措施保证,才能有序和有效地推进全面小康社会建设,才能真正实现河南在中原、中国的崛起。

(原载于《河南日报》,2003年4月5日第6版)

河南就业发展的理论思考

在2011年河南省召开的"两会"上,政府工作报告和河南省"十二五"规划都再一次强调了要实施更加积极的就业政策,坚持把扩大就业放在经济社会发展的优先位置,切实保障和改善民生。政府工作报告和"十二五"规划,不仅坚持把就业与保障和改善民生紧紧联系在一起,而且也传递出河南就业发展的积极的、良好的前景。特别是,政府工作报告和"十二五"规划都强调了中原经济区建设,这就使得政府决策和基本规划,有了一个实在的平台依托,从而保证了河南就业及其发展有一个可以支撑的新的载体条件。

河南省委、省政府提出"实施更加积极的就业政策",至少有两点值得品味:首先,深化了进一步注重就业发展的意识观念。在今天,就业已经从过去的一个主要经济范畴的概念,演化成一个主要社会范畴的概念。世界各国一直都把就业发展作为制定政策的基石,列为评价政府履行经济社会服务职能的首要目标,也是政府实施宏观调控的首要内容。我们国家从党的十六大开始,也把就业列为政府宏观调控的四项目标内容之一。这次政府报告在积极扩大就业前面又加了"更加"两个字,充分反映了高层领导对就业问题认识理念的升华。尤其对一个人口占全国人口1/13的大省来说,不能很好地安置和解决就业问题,就很难有一个稳定的生产与生活秩序。事实上,河南的就业压力一直都是很大的。有关方面的数据分析,河南每年面临的需要安置的复转军人、大中专毕业生、事业再就业人员、新生劳动力、农业劳动力转移人员等应该在300万人以上,而河南经济的年规模吸纳能力只有100万人左右。也是这样,在2011年河南省经济社会发展主要预期目标里,新增城镇就业人员100万人以上。同时,我们还看到一个数据称,政府要在"十二五"规划期内,力争使失业人员再就业35万人,农村劳动力年转移100万人。应该说,目标确定的比较务实、比较客观,说明政府在努力,形势很严峻。其次,增加了进一步扩大就业的信心和底气。信心和底气来自哪里?来自中原经济区的建设。中原经济区的建设,已经正式纳入《全国主体功能区规划》,上升到国家战略层面。中原经济区作为国家重点开发的工业化发展区域,国家将制定财政、投资、土地、人口、环境等一系列的配套政策、优惠政策,加快城市聚集、人口聚集、经济聚集,这无疑使河南经济得以全面提升,特别是将使河南经济的结构与规模效应得到进一步发展,从而必然会打造起新的更有利于就业发展的平台空间,达成经济与社会大战的双赢。也就是说,中原经济区上升为国家战略发展区以后,河南劳动就业的路径选择、条件方式、政策环境等都会进一步得到改善,届时,"人往哪里去"、"民生怎么办",自然要有一个良好的、相对的保障。

实施更加积极的扩大就业政策,从一定意义上说,只是个手段,目的是变人口资源大省为人力资源大省、人才资源大省。有人认为,刘易斯拐点已经出现,我们的劳动力素质及其供求、农村剩余劳动力转移、劳动者的工资水平等已经进入一个新的变化阶段。这是一种主观臆断,至少河南还没有达到这个阶段、这个水平。现在,河南人口总量中有劳动能力的人口7000余万,其中实际劳动力人口中农村占了80%。这就足以看出,河南省的劳动力素质整体处于低端,一般劳动力呈相对无限供给,高素质劳动力则呈相对无限短缺。同时,与上海等技术优势推动型地区相比,河南将长期处于成本优势推动型发展,这不仅严重压抑了劳动者工资的上涨,还必然会存续、维护目前的城乡二元结构体制,束缚工业化、城镇化、农业现代化的协调发展;加之经济规模的有限性,产业结构与就业结构的非衔接性,大量剩余农村劳动力根本无法转移出来。这也许就是我们长期坚持"低工资、多就业"政策和策略的一个症结。凡此种种,何谈出现拐点?所以,我们应该从河南的实际出发,亦如"十二五"规划部署的,把促进产业发展和扩大就业结合起来,创造平等就业机会,尤其注重做好重点群体就业工作大,大力开展劳动技能培训,大力开展劳务交流,加快公共就业服务体系建设。

千方百计扩大就业,实事求是、科学地制定就业政策很重要。所谓"实事求是",就是有些政策实践中被证明是符合实际、富有成效的,就一定要坚持。例如,政府介绍就业、集体组织就业、个人自谋职业的"三结合"就业方针,六十多年共和国发展的历史证明了这个政策方针是符合我们的国情、省情的,也是中国社会主义初级阶段安置和解决就业问题的现实选择和路径依赖,但我们却并没有持续地、很好地推进和实施这一政策方针。进一步看,如果说,我们的生产力依然是低水平、多层次、不平衡的,那么我们的劳动就业也应该是多层次、多形式、多渠道的。

实施更加积极的扩大就业的政策,包括的内容主要有:与所有制结构相关的,如继续完善所有制结构,坚持两个"毫不动摇",大力发展非公有制经济;与产业发展相关的,如调整产业结构,大力发展劳动密集型产业,大力发展服务业,大力发展中小企业、微型企业;与金融、税费减免政策相关的,如改革完善金融体制,扶持企业发展,扶持劳动者创业,调整税费政策,减免和支持劳动者创业;与劳动力素质相关的,如建立面向全体劳动者的职业培训制度,鼓励社会力量参与职业教育和劳动技能培训；与特定就业对象相关的，如复转军人、大中专毕业生、城镇就业困难户、农村剩余劳动力、残疾人的特殊就业政策，公益性岗位安置就业政策等。

河南的就业形势正在朝着利好方向发展，河南的就业形势将会越来越好。一是近几年河南形象的提升所形成的大招商氛围，正在使地区间的产业梯度转移实质性地驻足河南。据报载，截至目前，包括全球最大的代理加工企业"富士康"在内的68家世界500强、128家中国500强企业已在河南投资发展。二是河南积极酝酿战略性新兴产业的同时，强化了传统产业、劳动密集型产业的发展，包括振兴物流、商贸、纺织，加速粮食及农产品加工业、食品消费产业、服务业等。三是以构筑战略支撑产业为主导的、布局全省的产业集聚区的建设，已日益显示了带动和膨化出整体河南产业高级化发展的势头。还有国家战略重点开发、中原经济区的建设等，没有理由不相信河南就业的态势趋向越来越好。

河南省委、省政府给"十二五"乃至未来河南的规划定位，或者说新的发展战略，概括为"富民强省"。这里，"强省"是措施，"富民"才是目的。怎么强省？根本的是把人力资源大省变成人才资源大省。怎么富民？根本的是让一切有劳动能力的人有业可就，有工资可拿。所谓"就业乃民生之本"，其中内涵要义也正在于此。所以，温家宝总理视察河南时，多次告诫我们："一切都应该围绕改善民生这项工作来进行。"也只有保障和改善了民生，实施了更加积极的扩大就业政策，才能真正做到总理所期望的"让河南人生活得更好"。研究就业问题，制定就业政策，不仅要联系产业结构、产业政策等方面，更要联系整个经济发展、经济增长来探讨，要从经济方式、经济模式上寻求以经济发展促进扩大就业、以扩大就业带动经济发展的良性运行过程，否则，很难真正实现不断扩大就业，整个经济社会也难以有长足的、大的发展。显然，一个人口大省，一个就业压力非常大的大省，一个正在试图跨越发展却无奈经济社会发展的基础又相对薄弱的大省，选择经济模式，既要考虑经济技术因素，也要考虑人口就业的实际。河南能否尝试走一条就业发展型经济增长模式的路子，是值得我们每一个河南人来静心思考研讨的。

（原载于《党的生活》，2011年5月）

确立商贸大省战略,理顺商贸带动的产业化主导地位

——香港经济发展研究与河南经济定位的思考

香港回归必定对中国和河南省的社会、经济形成极大影响,特别是香港商贸带动战略的成功之举,已引起世人所注目。香港,这个昔日荒凉而不显眼的小渔村,在19世纪40年代被英国人割占后,即成为英帝国远东贸易的一个重要环点,被称为"东方的直布罗陀"。从香港开埠,历尽百余年艰辛沧桑,现在已跃然成为世界第八大商贸区。商贸主导,贸、工一体的产业化发展,已成为香港经济的基本特征,商贸活动及其收入构成支撑着香港的经济大厦。

香港之所以实施商贸带动战略,主要是由香港的地理区位决定的。它背靠中国大陆,面向亚太地区,是自然的贸易纽带。这不禁使笔者联想到了河南。河南虽处内陆腹地,却同样有着比香港还为优越的地理区位,特别是在整个国家经济发展中的战略地位越来越突出,发展东部,需要借助河南的资源优势;启动中西部,又必然要起跳于河南。河南还有着相对丰富的自然资源,铁路、公路、航空、水运等交通四通八达,承东启西,南北交汇;还有着现代通信设施、联络手段,非常有利于组织现代化经济活动。但是由于人口多、底子薄,特别是农业比重大、积累低,工业科技含量低、产业结构高度化水平低等,使河南经济发展一直不理想。那么,与其陷入困惑,"穷过渡",是否可以考虑,超脱出农业大省定位以及以工促农(工业本身就因积累率低很难发展,也不可能促进农业发展)的思维模式,借鉴香港经验,走一条商贸立省、商贸兴省、商贸带动、商贸产业化发展的路子。河南实施商贸大省战略,制订商贸主导的产业化政策,既有其历史的、现实的依据,也有其发展的可行性、可观性。

一、历史上河南经济的发展就具有商贸带动的特点

历史上的河南,就是一个商贸相对比较活跃的区域,也正是商贸经济,带动了整个河南区域经济的发展,推动着中原文化的进步。从仰韶文化到龙山文化的新石器文化,从秦汉魏晋南北朝到隋唐五代宋、金、元、明、清,从近代到现

代,河南经济的发展确确实实可以说无不是以商贸带动、推进的。如东汉洛阳,即因东有虎牢关,西有函谷关,交通发达,故"船车贾贩,周于四方",商贸盛极,成为全国最大的城市。再如北宋开封,一张《清明上河图》把当时的东京贸易显现而至。正是开封的水路交通,使"天下富商大贾所聚","竭五都之滚富,备九州之货贿",商贸繁荣,经济活跃,仅"元丰八年,东京关税达五十五万贯,雄踞全国第一"。在近代,郑州,这个历史上的商都,更由于京广、陇海两线交汇,大量商品集散于此,大名鼎鼎之谓"商城"。据1926年11月19日《晨报》资料称:"天津、青岛、济南、上海、汉口中外纺织厂商多做郑州收购(棉花),而郑州一埠赖棉业振兴。"1922年,郑州还曾被定为对外开放商埠。1936年,《中国经济年鉴》记载:郑州不仅"各埠棉商派人于此收买,每年成交30万包",且"豫西、陕甘的皮货、花生、瓜子等土特产品也在郑州集散"。郑州也因此不断发展扩张。此外,诸如许昌的烟叶集散地、南阳的丝绸集散地、漯河的粮食集散地、信阳的油料集散地、驻马店的芝麻集散地,还有遍布河南区域内的牛集散地、猪集散地、果品集散地、中药材集散地、小商品集散地等,随着河南地理区位优势的日益突出,商贸越来越活跃,从而带来河南经济的日益发展。这一商贸带动的经济史,是值得今天我们认真研究和探讨的。河南商贸经济带动的历史渊源,完全可以佐证一点:在河南这块土地上,经济的发展,必须凭借自己独有的地理区位优势,走贸易带动,以贸促农,以贸、农促工,贸、农、工一体化,构造产业链。这应是河南经济的坐标点和战略目标。

二、改革开放以来河南经济的发展,事实上是以商贸起家并带动的

党的十一届三中全会以后,由于实行了改革开放搞活的政策,使本来就有着积极的商贸带动意识的河南人又一次兴奋起来。他们或是挖掘原有商埠,疏通商流;或是利用交通区位,营造商贸环境,孕育商贸经济,或是以商贸为主导,适应商贸需求,发展农、工生产,培植新的经济增长点。这些现实既表现出河南商贸经济发展的历史延续性,也反映出商贸带动下的河南经济发展的社会前瞻性。

20世纪70年代末,河南省的农业改革,根据国家有关政策,从流通价格切入,提高农产品收购价格,一下子调动了农民的积极性。同时,"调价"诱发了农民由单纯生产转向注重经营,趋向农业产业化的思想,从而大大活跃了农业经济。"家庭联产经营承包"、"公司加农户"等,其内在机制无不包含了商贸带动的重要成分。

20世纪80年代中叶,全国秋季糖酒商品交易会在郑州举办并形成巨大影响。当地人、全国的人们似乎一下子发现了郑州这块得天独厚的地方,糖酒交

易、汽车交易、粮食交易、小商品交易、服装交易、股票交易、期货交易……沸沸扬扬，接踵而来。正如一些记者们所描述的"人流物流流流汇中原，外商内商商商聚郑州"。郑州已名副其实地成为祖国大地上的又一个商品集散地，从而使郑州又重新赢得了"商城"之美誉，至此，决策者们完全按发展"商贸城"来给郑州定位。据报载，郑州的批发市场成交额超亿元的有26个，成交额超10亿元的有11个。以批发为主的郑州百文股份有限公司，1996年销售额达40多亿元，且70%是在外省销售。1990~1996年，全省社会消费品零售总额以年均30%的速度递增，正是商贸带动使郑州充满了生机与活力，而郑州的商贸城建设又必将刺激其他城市和地区人们的思考、研究、借鉴。

其实，商贸带动的何止省城郑州，在河南省各地都可以看到这种经济现象。1997年5月4日，《河南日报》报道"陕西蔬菜交易市场见闻"，称此乃"商通十省富万家"，说的是陕县原店镇陕州蔬菜交易市场。农民依靠这个市场，商贸与种菜已形成产业化。全县5个乡镇发展蔬菜2.3万亩，在1.1万多个蔬菜种植户中，户均年收入1.88万元。实际上，陕州蔬菜交易市场系一个村子所经营，却已辐射到甘肃、内蒙古、宁夏、青海、山西、湖南等12个省市，年交易量达6000万公斤。村里人依托市场，从事装卸、运输、贩卖、餐饮、管理等来发家致富，同时也带动了不少外地经济的发展。而更重要、更有意义的是像这样的农贸市场，正在推动和促进农业产业化的进程。

此外，在一些沿路、沿边地区，一些农产品、畜产品、土特产品等，不仅有着红火的交易市场，而且市场成交量持续上升，甚至农民已不只是放眼于农业了，而是走出黄土地，经营工业品。如郑州市陈砦村的汽车交易城，内黄县楚旺镇的猪肉加工与销售中心、服装城等。这是一种现实，这种现实告诫决策者们发展商贸、商贸带动，应成为河南经济的主导，这是河南经济发展的直接的、现实的、科学的选择。

三、发挥区位优势，确立商贸大省战略，实施商贸主导、商贸产业化政策

从当前河南省经济运行的现状看，经济发展中的主要问题并不是速度上不去，而是经济的结构性矛盾相对比较突出。一是第一产业基础仍然薄弱，抗风险能力过低；二是第二产业整体经济素质过低；三是第三产业发展滞后，且散、乱、滥，产业化水平过低。可以说，河南省三次产业之间以及产业内部比例关系一直没有理顺。基础产业和设施极其薄弱，原材料、粗加工、初级产品比重过大，高科技含量、高附加值率、高档次产品比重过小，企业集中度过低，小型企

业多，大型企业少，产品质量不硬，品牌影响不大，市场竞争力不强，区域经济结构趋同化现象严重，等等。这些都大大妨碍了整体经济素质的提高、经济增长方式的转变以及产业结构高度化的发展。因此，必须加大河南经济结构的调整力度，优化经济结构。

值得研讨的问题之一，是一般地按照传统模式或一般地趋同别省做法，还是超脱固定思维模式和原有的调整做法，重新审视河南经济发展的个性与优势，挖掘河南经济的龙头与主导，从而培养河南经济的生长点？值得研讨的问题之二，是河南经济结构调整的切入点和物质基础是什么？有没有？特别是经济结构的调整绝不是仅仅在制度上、政策上引导就到位了，而是需要一定的物质基础——一定的投资额度的，河南省的财政则是无论如何也拿不出来这个资金的。

既然一、二、三次产业结构调整拿不出多少资金，就决定了河南省经济结构的调整，必须寻找一个既能有益于经济结构的调整，又无需花费多少投资的切入点。也就是首先要对结构调整的重心定位，变被动调整为主动调整。而这里主要的是现实地分析河南省的省情。譬如，发展农业往往受积累率低，生产资料相对不足、农业丰歉因素制约；发展工业又因科技含量低、劳动力素质低、劳动生产率上升率低，"心有余而力不足"。可见，结构调整及其重心定位不宜过高，而只能定位在第三产业，定位在商贸业上。一是发展商贸业（发展商贸的重心是批发业）所需投资相比农业、工业要低；二是发展商贸业有着优越的区位优势、资源优势（包括交通条件、通信设施、旅游名胜等）、历史优势；三是发展商贸业投入产出转化快，随着积累率不断上升，有利于资本化营运和提高资本运营效益；四是发展商贸业，符合社会化大生产特性要求。社会化大生产条件下的产品生产不是为了自己，而是为了交换，这种由交换而形成的商贸活动，在事实上引发和推动着整个经济结构越来越趋向于以商贸带动的产业化过程。在西方工业发达国家，在中国香港，其制造业的辉煌就是由商贸业铸造的。也正是商贸的发展，带动了金融、服务、电信、交通业的繁荣。

河南确立贸易立省、贸易兴省、贸易大省战略，最主要的是立足全省现有基础、条件，特别是依托、发展、规范已经形成的各类各级商贸企业及市场体系，实施商贸带动。具体说来，一是把商贸流通企业及其市场建设不是仅仅作为一个行业，而是上升到作为河南经济的主导产业——商贸产业，按照产业化要求发展；二是农业、工业以及社会服务、金融、通信等的发展，必须趋向商贸产业化的目标，围绕商贸活动，从而按照市场规律协调发展。实施商贸大省战略，根本的是实施商贸产业化。即把商贸运营看成是一个完整的产业体系，按照社会化大生产要求，围绕商贸活动，形成农业开发，工业制造，贸、农、工一体化发展过程，从而把河南省建成一个商贸大市场、一个开放、自由、平等、竞争、高效的商贸经济大省。关于商贸产业发展的具体运作，一方面，可以总结、提高河南省原商贸发展的成功经验；另一方面，可以考察、研究、借鉴香港的做法。例如，建立完善的市场调节体系，在宏观调控政策指导下，自由贸易、自由汇兑、自由企业经营、自由市场调节；又如，确定商贸主导地位，适应商贸交换需要，培养形成自己的农业体系、工业体系、金融体系，等等。

四、河南商贸大省、商贸产业化发展战略的实施

1. 结合农业产业化发展，实施商贸产业化与农业产业化的互补，引导农业产业化趋向商贸产业化发展要求

河南是个农业大省，但同时又是个人口大省，由于农业产业化程度低，这就不是一般的人均占有量低的问题，而意味着我们的农业是大而弱。出路在哪儿？在提高农业产业化层次和程度，即以农业为基础，围绕农产品及其加工、销售做文章。把农业生产与流通，农业经营与市场运营联结起来。一方面，增加粮食生产，扩大粮食加工范围；另一方面，使农产品直接进入市场，形成农业经营一体化运营系统，让农民在流通中获取一定社会平均利润，调动农民积极性、主动性和创造性。从实际看，河南省农产品的增产是有基础和条件的。现在，农民所关心的是农产品市场的营造，农民自己能否直接进入市场的问题。所以，在实施商贸产业化战略和政策时，必须注意把农业放在首位，特别是引导农业产业化的发展，在发展粮食、粮食加工的基础上，强化商贸带动，以贸促农。这样，既把农业这个最大的优势产业突出出来了，又由于建立和完善了农贸市场，减少了中间利益流失，增加了农民的收入，必然促进农业产业化发展，并使其趋向商贸产业化主导方向，有益于商贸与农业两大产业结构的调整。

2. 学习香港经验，以商贸为主导，培育、发展河南的工业体系和金融体系

河南的工业曾是国家计划体制下的重要生产力分布点，如农机、纺织、矿山机械、轴承、化工等。然而由于产业化意识弱，科技与产品开发滞后，加之近10年来东部经济的迅猛发展，使得河南工业更是陷入重重困难。相比之下，凡是注重产业化链、注重市场、具有商贸战略意识的，尚能有所发展，有的甚至已形成河南工业的支柱，如"新飞"冰箱、安阳"玻壳"、洛阳"春都"、和"一拖"、周口"莲花"等。这说明工业体系的培育发展，既要符合国家生产力布局，又要适合于本地的经济要素条件。还有一个重要的影响因素，就是看能否依商贸交换需求组织生产，也就是能否按社会化大生产要求组织生产，按市场需求组织生产，并由这种要求和需求所形成的规律营造产业化链，发展工业体系。多少年来，我们先是提出把以生产为中心改变为以经营为中心，以产定销改变为以销定

产，后又提出企业经营体制必须与市场运营机制衔接起来。而一直到今天，似乎都仍然没有明白这个内涵真谛，自然也就始终形不成产业化意识，也就不可能真正地树立经营中心论，不可能趋向经营机制与市场机制的对接。因此，在今天，我们必须认识到工业发展及其工业体系的形成，总是以商贸交换需求为前提基础，按照以商贸为主导的大产业化发展规律而设计、组织、构建的。香港的实践就是这样。香港本来也曾设想工业化崛起，但很快它就发现自己缺资源、缺资金，硬性搞工业，恐怕连生存都成问题。于是，香港转向以商贸为主导，实施商贸带动，随着商贸的发展不仅积累了一定资金，而且适应商贸交换还逐步建立和发展了作为香港经济基础的五大支柱产业，即轻纺、电子、玩具、塑胶、钟表。香港的工业由于是顺应商贸产业化要求发展起来的，所以，无论西方经济怎样动荡，对它似乎都形不成多大的影响。

商贸经济的发展，一方面，要求一定的金融业为其服务；另一方面，必然会推动和促成活跃的金融业。河南省金融体系的形成，首先，必须树立全局的、整体的发展观念，全省一盘棋。其次，加大力度，培育郑州金融中心。一个郑州金融业的兴起，就足以适应全省的金融需要。金融中心只能重点扶持，不可多搞。这里的一个重要问题是创造良好环境，抓住和利用国家中西部战略实施的契机，吸引国内外一切金融、证券机构到郑州落户。没有坚强的金融业后盾，发展商贸大省就是纸上谈兵，是难以成功的。

3. 理顺政府与企业的关系，借鉴和运用香港"政府积极不干预市场经济模式"

一提起市场经济，一些人就把它与"自由"连在一起。其实，任何一种经济运行都不是那么自由、洒脱的。市场经济的运行同样既不可能置政府政策于不顾，也不可能使政府完全处于被动。因为在发展经济、繁荣经济方面，企业与政府的目标总是一致的。有人说香港就是一个完全的自由市场经济体制，其实不然，港英当局并不是一直奉行完全的不干预主义，而实行的是一种积极不干预政策，即被人们称为"政府积极不干预市场经济模式"。

所谓的"政府积极不干预市场经济模式"，就是政府在宏观管理上对经济运行进行调节，鼓励、提倡以市场机制为基础，让企业按照市场法则自由、自主地经营，除了在维护法制秩序和货币信用方面采取必要的控制措施外，一般不进行管制性、行政性干涉。在具体操作上，政府干预的主要是土地资源。他们建立了官办的工业村公司，由工业署长兼任总经理，负责工业村土地开发及设施兴建。政府是唯一的土地垄断商。在香港，卖地收入是财政收入中仅次于地方税收入的第二大财源。同时，政府还直接经营港口、机场、道路、邮政等。政府不干预的主要是有形贸易、无形贸易、航运、旅游、外汇、资金与货币进出交换、居民出入境等。在这些方面，政府甚至允许私营机构经营，既不干预，也不给予津贴。

除干预和不干预部分外,其他社会经济活动则实行政府干预和不干预相结合。如对电信、公交、电力、煤气等公司,政府允许私人经营,当局只是通过合约,在价格、服务质量上进行监督、干预。在货币金融对内经营业务上和建筑房地产的环境污染、劳动力等方面,政府实行一定的管制,但业务完全自由。金融方面的银行、财务公司、保险公司、证券公司等则受专门条例制约。对于渔农业、住宅建筑及一些半官方机构、服务机构设施实行无偿、低息贷款或一般性扶助。

此外,为了有利于"政府积极不干预市场经济模式"的实施,使市场经济有序运行,香港还先后成立了指导和研究工业发展环境的香港工业总会和香港科学管理协会,成立了香港贸易发展局、香港生产力促进局、香港出口信用保险局3个半官方工商机构,成立了经济多元化咨询委员会等,从而使这种模式有了一个完善的组织保证。正如一些学者说的,香港经济模式的根本点,"就是最大限度地市场调节和最小限度的政府干预相结合"。自由经营、自由竞争,与政府尽可能地避免过多地干预的原则,成了香港当局制订各项经济立法和行政管理的主要政策依据。①

4."执行中央大政策,营造本地小环境",依托区位优势,大力建设河南商贸运营体系

香港"政府积极不干预市场经济模式",说到底,一是政府不是消极被动的,而是该干预的必须要干预;二是政府要给予经济发展走向以积极引导、信息传导以及政策与法律的规范。香港立足自身发挥优势,走自己的路,确实值得我们研究汲取。从河南省来看,就是要"执行中央大政策,营造本地小环境",依托区位优势、大力建设河南商贸产业化运营体系。具体来说,可以从以下几个方面着眼和入手:

第一,适应商贸产业化要求,转变政府经济职能和各级领导的观念意识。例如,专业制造汽车不过硬,全国排不上,就要考虑利用区位优势专业销售汽车;制造高、精、尖电子产品不行,就利用区位优势,专业销售电子产品,从而在商贸中带动汽车业、电子业的发展。

第二,适应商贸产业化要求,加大农业开发力度,狠抓水、肥、林等,提高农产品生产能力,为农业贸易和农产品加工增加有效供给,推动农业产业化进程。

第三,适应商贸产业化要求,全省统一规划,特别是依托沿路、沿河、沿城市优势,营造大区际或全国性商品集散地,在现有基础上,建设各类各种商品批

---

① 何禄野,崔建华. 现代市场经济 [M]. 北京:经济科学出版社,1996:221.

发市场和其他社会交流活动中心，形成完善的河南大商贸运营体系。

第四，适应商贸产业化要求，改善商贸经济环境，特别是软环境。从交警执勤到公安保驾；从交易规则到市场管理；从通信联络到社会服务；从金融结算到商业信誉；从城市卫生到公众形象等，均要下大力气，全面、认真来抓，否则，商贸既建不成，也不会兴盛。

第五，适应商贸产业化要求，借鉴香港经验，建立健全商贸产业化运作的官方与半官方机构，从组织上、制度上促进商贸产业化发展。

第六，适应商贸产业化要求，重新审视河南省地方法规、条例、政策以及经济发展战略、指导思想、思路方针，以商贸大省为基本省策，使所有法规、条例、政策、方针等的制定，转向以有利于商贸发展为基础依据，充分发挥法规、政策对营造商贸大省的杠杆作用。

第七，适应商贸产业化要求，争取社会各界，特别是中央各部委的支持，包括政策支持、资源支持、税费支持，以及各级各位专家学者的智力支持，切实推进商贸产业化。

（原载于《河南与香港的联系与合作现状及前瞻》，香港中文大学、
香港亚太研究所，1997年10月）

河南省产业集群化发展与战略支撑产业成长性研究

河南省省长郭庚茂在代表省政府所做的《2009年政府工作报告》中提出，要深入推进发展方式转变，着力优化产业结构，促进中原崛起，要按照"竞争力最强、成长性最好、关联度最高"的原则，积极谋划构建现代产业体系、培育壮大战略支撑产业。至此，"战略支撑产业"一词首次以政府文件形式出现在了公众面前。"积极谋划构建现代产业体系、培育壮大战略支撑产业"的科学论断，正是省委、省政府站在全球生产力历史发展的高度，认真总结国内外现代化、工业化的先进经验，深刻洞察世界经济科技发展的大趋势后做出的战略抉择，这必将对加速河南工业化、城镇化、农业现代化进程，推进中原城市群建设、实现中原崛起具有历史的、重大的意义。

一、战略支撑产业的概念界定

目前，政界、学界对于战略支撑产业尚无统一的认识，战略支撑产业与战略产业、战略性新兴产业、主导产业、支柱产业等概念混淆在一起，或是拉近一定主客体对象加以使用。战略支撑产业、战略产业、战略性新兴产业，从产业经济学理论认识，它们并不反映产业本身的一般属性，而是一个主观性、时点性概念，即对产业在未来一定阶段发展的一种目标预期和理念追求。凡战略，都是讲有关全局性、长远性、根本性的谋划，因此，战略支撑产业、战略产业、战略性新兴产业在本质上表征的都是产业结构、产业组织、产业调节机制等内容重心、运行方式的转化和动态趋势。

1. 战略支撑产业与战略产业的比较

战略支撑产业与战略产业有一个共同的、基本的内核，即两者都是立意于战略思维和战略高度，追求并趋向战略目标和战略效应，以能够实现产业对国家或区域经济竞争力持续的、稳步的提升。两者在时空运行的一般内容上应是一致的，但由于时空条件差异，两者又有较大不一致的地方。战略支撑产业的发展重心是高新技术产业，或更新改造与技术升级后的传统产业，或优先发展产业，或优势产业，或支柱产业等，如机械装备、汽车、船舶、食品加工；战略产业，一般理论认为，其定位与发展的重心基本上就是高新技术产业，即对未来经济社会产生变化影响的"未来时"产业，如电子信息、航天航空、生物工程、节能环保、新能源、新材料。值得指出的是，国内外产业经济发展的历史已经证明了，战略产业和战略支撑产业事实上并没有截然分开，它们总是交织着、带动着、互动着，不同的是，产业的发展在不同的时期，表现出了运动的机制、实现的组织形式、地理空间点位布局的变化，比较明显的，如有的产业及产品的生产沿袭了固定化的、大而全的组织形式，有的产业则更趋向专业化分工协作，注重借助市场的、政府的"两只手"的力量，实现产业在地理空间位置上的相对集聚，创立了产业园即产业集聚区这种新的组织形式，也是这样，原有的所谓战略产业，因组织形式的变化，其间的概念就又加了"支撑"两个字——战略产业不仅支撑着国民经济和社会，而且还将以新的组织形式、组织保证支撑和推进产业的转化、优化，达成产业发展的战略预期和战略目标。

2. **战略支撑产业与战略性新兴产业的比较**

战略支撑产业与战略性新兴产业的最大差别是：前者相对着眼于"现在时"、"规划期内"、"本区域范围"，强调产业对国家或区域当前和今后一定时期的经济支撑，包括产业对就业的支撑、产业对流通的支撑、产业对消费的支撑、产业对财政的支撑、产业对分配的支撑等；后者相对着眼于"未来时"、"远景谋划"、"跨区域范围"，强调产业的国家或区域竞争力意识，科技原创性、创新性意识，可持续动力与经济安全意识，经济全球化与资源共享意识等。

3. **战略支撑产业与支柱产业的比较**

支柱产业是指那些在国民经济和社会发展中占有较大比重、对国家或区域经济增长起着举足轻重作用的产业，亦可以称为优先发展产业、优势产业、创汇产业，政府人士称为"财政产业"、"饭碗产业"。从中国和河南省实际来看，包括农业、食品加工、机械装备、交通运输、原材料、纺织、建筑、石油化工等都属于支柱产业，支柱产业与战略支撑产业在产业产品、产业技术、产业结构、产业组织的内容上是一体的。两者的区别是，战略支撑产业较为注重泛支柱产业的规模、细化、延伸、提升，特别强调产业组织及其调节方式的转型，即由单一规模向产业结构内化、关联产业互动、高新技术产业嫁接，以及产业的地理空间集聚。战略支撑产业反映和表现出来的是整个产业更加趋向专业化、网络化，以及加速产业高级化的产业的集群化发展，突出了现代产业组织的一般特征；支柱产业反映和表现出来的是自然性、原生态，突出了原有产业组织的一般特征，或称之为一般产业组织类型。

4. 战略支撑产业与主导产业的比较

主导产业和支柱产业很难绝对地区分开，许多教科书都把两者直接等同起来。但相对于支柱产业，主导产业既是在国民经济和社会发展过程起主导的、引领性的作用，又是随经济社会资源条件变化而不断变化的。例如，在农业经济为主的社会里，整个产业结构中，农业就是主导产业；进入产业革命、工业化发展时期，工业就是主导产业；现在大力发展第三产业，服务业亦可以称为主导产业。从产业内部结构看，过去强调重化工，所以，重化工就是主导产业；现在强调食品、汽车、信息等，而这些产业实际上都可以称为主导产业。主导产业一般具有高关联性、高带动性、高层次性、高效串性的特征。

如果说，主导产业及其发展形成了国民经济和社会的引领与支撑地位作用，那么，战略支撑产业则体现着新时期主导产业的新的内容结构、新的组织形式、新的实现机制。产业经济的运行既是自然资源、劳动资源、资本资源以及市场机制的调节过程，也是国家或区域宏观决策者运用产业政策即政府适度干预经济来保证达成产业结构优化目标的过程，所以说主导产业和战略支撑产业在事实上还都需要也离不开政府的培育建设。

综上所述，战略支撑产业与战略产业、战略性新兴产业，以及支柱产业、主导产业既有联系又有区别，这种联系表现为它们在内容上的某种一致性，而在具体产业组织方式上则表现出它们的非一致性，即战略支撑产业是与产业的集聚、集群化发展相联系的，反映了产业经济的一个现代时概念，属于现代产业组织范畴。

二、立意战略高度，大力培育产业集聚区，建构河南经济发展的新产业组织形式支撑

进入21世纪，尽管世界性危机波波频起，但经济全球化和各国经济竞争力的加剧与不断提升，使得我们的国家和地方政府无不从战略的高度、以战略的思维来面对新的经济态势，特别是更加注重战略支撑产业和战略性新兴产业的培育和发展。战略支撑产业及其所具有的现代产业结构体系和现代产业组织形式，已经成为当前国家和区域经济发展的内容重心、支持重点，无论从世界还是中国、河南省的实践看，产业演变及其规律揭示的最基本的并非完全是产业本身的某些规定性，还揭示出产业组织形式、产业运行机制的不断的转化，及其带动和促进着整个经济发展方式的转变。也是这样，战略支撑产业一般应该表现出"竞争力最强、成长性最好、关联度最高"的现代产业组织体系内容特质。

河南正处在努力转变经济发展方式、奋力实现中原崛起的关键时期，因此，

现阶段我们尤应以建设发展战略支撑产业为主导，大力培育和构筑产业集聚区，用战略支撑产业来规划产业集聚区，在产业集聚区里促成和发展战略支撑产业。产业的发展在今天，已经完全超脱出了昔日低层次、分散性、无效益的"诸侯经济"的窘境，区域的发展也开始从自然的、雷同的、无序的运行，进入到讲规划、讲个性、讲实效的科学路径，人们开始立足国情、省情、市情、区情务实定位，开始认真寻求自己的财政产业、工资产业、富民产业、环保产业、新兴产业等战略支撑产业，并按照专业化分工与协作，有计划地从时间和空间上进行产业布局，从传统的泛产业园、工业园转型到符合产业演化规律的"产业集聚区"，使区域经济发展、战略支撑产业、产业集聚区形成互动、融为一体。

可喜的是，近两年来，河南省的产业集聚区发展很快，截至2010年初已建成了180个。这些各具特色、各显功能的产业集聚区，不仅已经形成了河南省经济社会发展的新的经济增长点，而且，以这种新的现代产业组织形式及其积聚起的战略支撑产业，也已经成为河南省转变经济发展方式、加速实现中原崛起的内生变量，夯实了河南省全面建设小康社会、走在中、西部前列的雄厚基础和竞争潜力。

战略支撑产业在区域发展战略的全过程起着基础性和决定性作用，其发展是为了最终实现区域发展的阶段性战略。因此，战略支撑产业的选择要立意长远，特别是要纳入河南省"十二五"发展规划的战略目标和战略措施之中，发挥政府宏观调节经济职能，科学制定产业政策，合理规划产业分布、引导区域产业聚集、协调产业集群内经济主体的竞合关系，使产业集聚效益达到最优。

在信息经济时代，企业间网络化分工日益盛行，推动经济增长的根本动力越来越依赖于产业水平的规模经济和组织间知识的创新与应用。考虑到河南省企业间协作层次较低、区域间经济壁垒现象严重的情况，本着加速经济转型、促进城乡区域协调发展、构建开放的产业体系之宗旨，我们将战略支撑产业的组织形式定位为依托于网络分工的大量关联企业在空间上的集聚。

战略支撑产业是基于产业关联、知识共享和社会服务而紧密结合在一起的社会网络，它是一个由众多结构要素构成的现代产业组织系统。核心企业与配套企业之间的纵向和横向合作机制构成其生产网络层次，企业、政府、中介、科研教育机构之间大量的非正式信息交流构成其社会网络层次。生产网络与社会网络的叠加共同构成战略支撑产业的内部网络结构（如图1所示）。

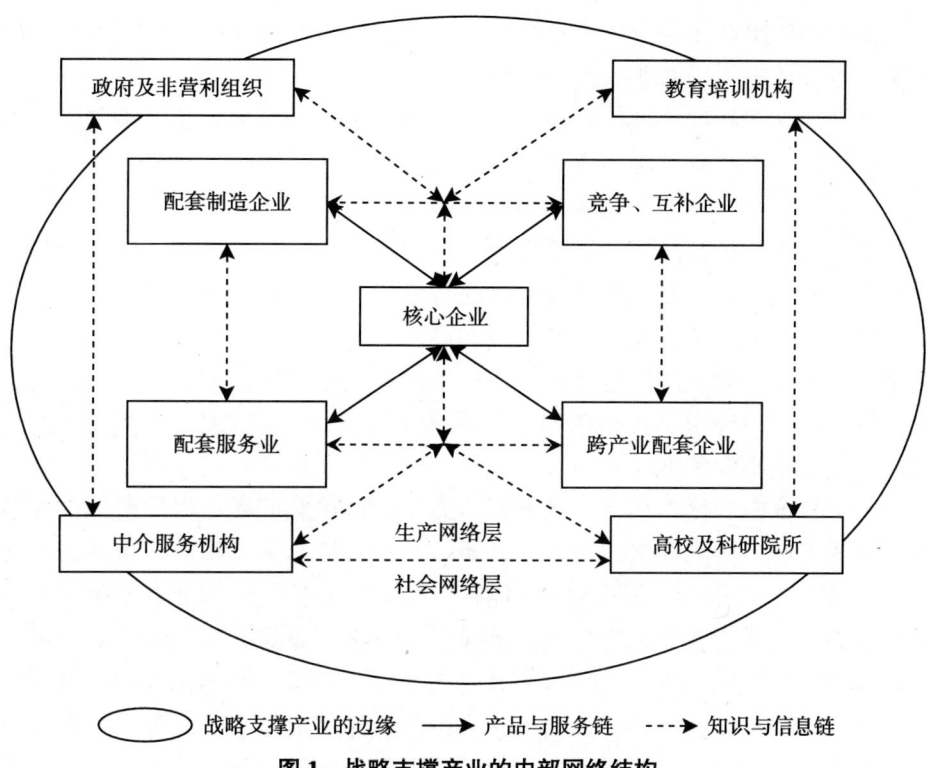

图1 战略支撑产业的内部网络结构

三、从区域比较看战略支撑产业发展的主流趋势

通过研究相邻省市"九五"以来的产业发展轨迹,我们在比较中认识到未来阶段区域产业发展的主流趋势。

1. 从泛产业化向战略支撑产业过渡

泛产业化指在区域发展中将所有产业"一网打尽"的、无重点的盲目发展模式。以河北为例,"十五"初期扶持发展的产业涵盖了纺织、烟草加工、建材、化工、医药、电子、金属加工、电气机械、交通运输设备制造、建筑等几乎所有的产业门类。这种泛产业化的发展模式虽符合当时的省情,到如今却面临着产业发展重点模糊、产业组织过于分散、不利于管理和节约成本等弊端。自"十一五"以来,河北省由原先的泛产业化逐渐向战略支撑产业的发展模式过渡,以具有协调意义的能源加工业、具有"造血"功能的传统支柱产业、具有演进意义的新兴产业为主体打造的战略支撑产业推动了河北省产业结构的优化升级。

无独有偶。上海进入工业化后期的稳定发展阶段时,也以金融、贸易、物流、航运等现代服务业为主体推动产业整合，集约式地发展具有集群竞争力的战略支撑产业，从而实现产业结构的优化升级。

可见，确立和扶持一批符合地区发展战略的重点产业来带动经济发展，由泛产业化向战略支撑产业过渡已成为区域经济发展的必然选择。

2. 产业生态化发展的实质是战略支撑产业的突起

产业生态化就是在循环经济原理和生态化理念指导下，进行区域产业的集群式、生态化发展。自"九五"以来，陕西省战略支撑产业的发展就体现了生态化特征。陕西在做强能源化工、装备制造和高新技术这三大传统战略支撑产业的同时，也重点扶持果业、旅游与文化产业三大新兴战略支撑产业。传统产业的改造升级与新兴产业的快速成长提高了资源利用效率和污染治理能力，提升了产品科技含量和企业核心竞争力。

近年来，推广"循环经济"的产业生态化发展思路同样在指导着河南省战略支撑产业的发展。协同自然、经济、技术、社会环境等多系统而产生的新兴产业群，使经济系统和自然生态系统和谐循环，从而逐渐发展成为战略支撑产业。我们可以认为，产业生态化发展的实质就是战略支撑产业的突起。

3. 战略支撑产业的定位、选择、扶持已成为政府引领经济发展的主航标

政府要驾驭本地区的经济发展，必须以产业发展为抓手。有什么样的战略支撑产业就有什么样的地区经济特色。对战略支撑产业的定位、选择、扶持已成为政府引领经济发展的主航标。"十五"以来，我们的近邻湖北省正是以对于电子信息、汽车、冶金、石化、食品、纺织六大战略支撑产业的定位、选择、扶持、发展作为主航标，来实现经济崛起的宏伟目标。河南省"十一五"以来，尤其是这两年，转变观念，调整思路，大力培育产业集聚区，发展战略支撑产业，已经取得积极成效。

四、立足中原崛起，科学选择河南战略支撑产业

1. 战略支撑产业的选择原则

比较优势原则：一是我们应依据比较优势主动选择战略支撑产业，不排斥由市场来发现比较优势进而形成战略支撑产业。要重视培育产业成长的良好市场环境，充分发挥市场机制对比较优势的功能。二是从动态角度来看，战略支撑产业的发展不仅要能充分利用河南的比较优势，更要能够在自身成长壮大的同时，以其对于生产要素的更高利用效率吸引区域外稀缺要素的流入，从而不断完善、提升、拓展区域比较优势。

跨越式发展原则：一是战略支撑产业的选择是政府部门的积极主动行为，应

具有预期性、前瞻性，应以社会生产力的跨越式发展为战略目标。所选择对象不一定就是当前的"主导产业"或"支柱产业"，而是那些处于产业生命周期的成长期、增长速度快、创新活跃、技术进步快，对其他产业的关联带动作用强，代表产业发展方向的产业。二是要同时实现产业间结构和产业链结构的跨越。从以传统轻纺、资源加工工业为战略支撑产业向以高技术制造业、装备工业等为战略支撑产业跨越。从产业链上的加工组装环节向产业链的高附加值端攀升，向具有更高增值能力的其他产业链条跃升。

竞合发展原则：一是战略支撑产业的选择无须刻意规避周边省区的优势产业，因河南与周边省区具有同类的比较优势和相似的工业化模式及产业升级方向。二是河南省在选择的大类产业上与周边省区出现一定程度的趋同现象在所难免，但每一大类产业下涵盖着十几种的中类产业、上百种的小类产业及上千种的产品，战略支撑产业的选择可在中类产业及产品层面体现错位发展原则。对于那些进入门槛低、产业链条长、产品系列多样化和层次化水平高的产业，尤需采取错位竞争战略。三是战略支撑产业的选择应体现出集群化导向，实现产业集群竞合发展，发挥产业集群的知识外溢、基础设施共享及品牌效应。

环境保护与资源集约利用原则：战略支撑产业的选择应以长远利益为重，合理规划，降低开发建设的分散程度，体现绿色GDP意识和循环经济理念。

2. 基于产业发展的历史数据进行科学排序

以上述原则为选择基准，我们构建了战略支撑产业选择的评价指标体系。该指标体系包括用于考察产业增长潜力的增长率、需求收入弹性系数指标，用于考察产业技术水平的劳动生产率、生产率上升指标，用于考察产业比较优势的区位熵、比较劳动生产率指标，用于考察产业关联效应的感应度系数、影响力系数指标，以及用于考察产业综合效益的比较利税率、就业吸纳率、物耗产出率等一系列指标。我们搜集了河南省2007~2008年产业经济数据，利用SPSSII.5软件，借助主成分和因子分析法对数据进行降维处理，最终得到了34个国民经济部门的综合评价结果及排序（如表1所示）。

表1 各产业的综合评价值及其排序

产业部门	综合得分	排序
农副食品加工业、食品制造业、饮料制造业	1.0525305	1
非金属矿物制品业	0.6651086	2
石油加工、炼焦及核燃料加工业、化学原料及化学制品制造业	0.5043525	3
黑色金属冶炼及压延加工业	0.4671659	4
有色金属冶炼及压延加工业	0.4320435	5
非金属矿采选业、其他采矿业	0.284399	6

续表

产业部门	综合得分	排序
仪器仪表及文化、办公用机械制造业	0.2452932	7
有色金属矿采选业	0.2126946	8
纺织业、纺织服装、鞋、帽制造业	0.1489503	9
木材加工及木、竹、藤、棕、草制品业	0.1124703	10
电气机械及器材制造业	0.0987888	11
煤炭开采和洗选业	0.0871781	12
造纸及纸制品业	0.052208	13
烟草制品业	0.0380554	14
通用设备制造业	0.0280355	15
电力、热力的生产和供应业	0.0177263	16
皮革、毛皮、羽毛（绒）及其制品业	−0.029276	17
医药制造业	−0.034981	18
橡胶制品业	−0.036356	19
交通运输设备制造业	−0.039626	20
通信设备、计算机及其他电子设备制造业	−0.046223	21
金属制品业	−0.057	22
专用设备制造业	−0.072563	23
工艺品及其他制造业	−0.072828	24
塑料制品业	−0.114443	25
黑色金属矿采选业	−0.118269	26
印刷业和记录媒介的复制	−0.159559	27
文教体育用品制造业	−0.264997	28
石油和天然气开采业	−0.340516	29
家具制造业	−0.367192	30
废弃资源和废旧材料回收加工业	−0.458434	31
化学纤维制造业	−0.521335	32
燃气生产和供应业	−0.52313	33
水的生产和供应业	−1.190258	34

实证分析结果显示，排名在前1/3的行业主要集中在食品加工及制造，非金属矿物制品，能源及化工，金属冶炼加工，采矿，仪器仪表及文化、办公用机械制造，纺织服装和木材加工行业。

3. 结合产业发展趋势、条件与环境选择战略支撑产业

计量分析结论因其客观性、科学性和全面性特点具有较高的参考价值。但以上排序结果的计算是以产业发展的历史数据为基础的，应作为战略支撑产业选择的第一道门槛。在计量分析的基础上，我们还要跳出产业发展历史状况的考察视

角，关注产业发展的未来趋势，进一步综合考虑产业发展的国内外环境因素、周边省区产业发展态势及区域传统优势等实际情况，最终遴选出特定的产业部门作为河南省战略支撑产业。入选产业包括：

第一，食品饮料加工和纺织服装制造。从产业自身综合素质来看，食品及饮料加工制造业的综合得分在34个产业中排名第一，纺织服装业排名第九。该类产业在河南省已形成规模优势，伴随着城乡居民收入水平的稳步增长，现代化食品饮料加工和纺织服装制造业的市场前景广阔，特别是其中的绿色食品、有机食品、方便食品有向主流食品发展的趋势，高功能、高感性面料服装越来越受到消费者的青睐。

近年来，河南省因地制宜发展食品与纺织工业，形成原料生产与精深加工上下衔接、相互促进的产业格局，产业集群化发展态势良好，现已培育出了漯河、郑州、许昌、鹤壁、安阳等各具特色的畜禽肉及面制食品工业密集区，并在棉花加工优势的基础上形成了新野、尉氏、辉县等地的棉纺织产业集群，依托二七区和新密市裤业、淇县休闲装、内黄巾被等形成了服装产业集群，依托洛阳石化聚酯、新乡白鹭化纤黏胶纤维、许昌鄢陵县形成了化纤产业集群。

食品饮料加工和纺织服装制造虽属传统产业，但近年来接受高新技术辐射的能力比较强，如在食品加工领域中高温瞬时杀菌、深度冷加工、微胶囊、高效浓缩发酵等高新技术得到越来越广泛的应用，纺织领域中生物技术的应用带来大量新材料、新工艺和新产品，信息化技术则帮助企业建立全流程快速反应机制。接受高新技术改造后的现代化食品饮料加工和纺织服装制造业面貌焕然一新，已具备作为战略支撑产业的基本条件。

第二，以新型建材、金属新材料为主的新材料产业。从产业自身综合素质来看，非金属矿物制品业的综合得分在34个产业中排名第二，黑色金属冶炼加工和有色金属冶炼加工业分别排名第四和第五，非金属矿采选、有色金属矿采选分别排名第六和第八。目前，河南在建材、金属制品及关联配套产业中业已形成了明显的规模优势和市场优势，在巩义、上街建成铝工业园区，在长葛形成了铝型材加工产业集群。

在国家不断出台支持性产业政策的利好情况下，借助相对完善的产业配套条件和可共享的良好区域品牌，河南在传统材料产业中积累的制造优势极有可能在新型墙体材料、建筑用金属制品、大型工业型材等新材料产业中得以体现和提升。新材料产业的产品性能和成本明显优于传统材料，在日用、包装、建筑、汽车、工程、家电、医药等领域的应用前景不断扩展，特别是伴随着房地产业发展产生的大量需求，新材料产业将进入生命周期中的快速成长期。经济效益好、技术含量高、关联效应强的新材料产业具备作为战略支撑产业的基本条件。

第三，石油化工和煤化工。从产业自身综合素质来看，石油加工、炼焦及核燃料加工业、化学原料及化学制品制造业的综合得分在34个产业中排名第三，煤炭采选业排名第十二。作为河南传统的资源依托型优势产业，石油化工及煤化工行业很适合于园区化、集聚式发展模式。近年来，河南大力推动传统化工产业的集群化发展，建成了永城、平顶山、义马等煤化工基地和濮阳、洛阳石油化工基地。化工产业的集聚发展实现了能源和废弃物的循环利用，低废副基础化学品生产工艺已得到广泛应用，为国民经济可持续发展做出了重要贡献。

石油化工和煤化工产业为农业、机械工业、电子电器产业和纺织工业提供配套上游产品，其市场前景非常广阔。近年来，日本、韩国和中国台湾纷纷将其合成纤维、合成树脂、涂料、专用化学品、基础化工原料和功能材料产业向中国等东南亚国家转移，给河南带来难得的发展机遇。把石油化工和煤化工产业确立为河南省战略支撑产业，将充分发挥煤炭转化的资源条件和技术支撑，推动河南由基础性资源供应向资源精深加工的产业链高端攀升。

第四，仪器仪表及文化、办公用机械制造和电气机械制造。从产业自身综合素质来看，仪器仪表及文化、办公用机械制造业的综合得分在34个产业中排名第7，电气机械及器材制造业排名第11。由于大型基础设施建设、高新技术产业和服务业发展需要大量高精、复合、智能、多轴控制、自动化高档机床，该类产业的发展空间正加速拓展。该类产业的全球化分工趋势明显，具有全球性采购、生产和经销的趋势，近年来梯次转移速度加快。据2009年日本国际合作银行的问卷调查，日本电器机械行业计划扩大海外业务的企业比重高达60%以上，这给河南带来发展机遇。仪器仪表及文化、办公用机械制造和电气机械制造业具有资本和技术密集型特征，产业成长扩张速度快，前后项关联度高，接受高新技术辐射能力强，代表着制造业的升级方向，具备作为战略支撑产业的基本条件。

第五，汽车及零配件制造业。交通运输设备制造业的综合得分在34个产业中排名第20，但是，在这一排名靠后的大类产业之下，还存在着汽车及零配件制造等优势子产业。汽车在我国相当长时期内还将作为朝阳产业。目前，专业化、模块化生产正成为整车发展潮流，整车生产企业为降低成本纷纷减少内制率，增加外协率，开放采购系统，以模块为单元建立配套供应体系，这使零部件及配件产业也面临广阔需求。目前，河南汽车及零配件产业集群已具雏形，现已形成以宇通公司为主的客车生产基地、以郑州日产为主的乘用车生产基地和以一拖公司为主的重型载货车生产基地，以及新乡、洛阳、焦作、南阳、安阳5个汽车零配件产业集群。

尽管周边省区汽车产业发展对河南省形成一定的竞争压力，但由于已初步形成半挂车、自卸车、冷藏车等优势整车产品，并且该产业具有相当长的产业链条和相当丰富的产品层次，河南完全有能力依据错位发展原则在某一系列产品方面形成竞争优势。把汽车及零配件产业确立为河南省战略支撑产业，将进一步增强重点汽车企业供货能力，提高省内整车本地化配套水平，推进零部件企业之间的协作配套，还可带动石化、钢铁、纺织、橡胶等行业的发展。

4. 与河南省政府"十一五"规划的比较及解释

将以上战略支撑产业与河南省政府"十一五"规划中实际确定的支柱产业相比较可以发现，二者在食品、汽车和化学工业方面是重合的，此次入选的仪器仪表及文化、办公用机械制造和电气机械制造业，以及以新型建材、金属新材料为主的新材料产业与规划中的装备制造、以铝工业为主的有色金属业有一定关联但也存在较大偏差，纺织服装产业属于新增，而"十一五"规划中被列为支柱产业的电子信息产品制造业由于在产业排序中表现不佳而未能入选。2009年，河南省电子信息产业增加值占工业总体的比重仅为0.47%，目前，河南省在该产业及其关联配套产业方面尚不具备明显优势，考虑到全国各地"一拥而上"发展电子信息产业的竞争形势，我们暂未将其列入战略支撑产业行列。这也进一步印证了我们之前关于"战略支撑产业是个有别于支柱产业和主导产业的全新概念"的判断。

目前，我们选择出的部分战略支撑产业的发展前景还不明朗，尚未形成实质的产业带动效应。基于这样的现状，在未来我们还要通过产业高科技化、可持续化、生态化以及延伸产业链等方法对这些产业进行全面升级。

五、河南省产业集聚区建设及其战略支撑产业成长与发展对策

1. 把调整经济结构、转变经济发展方式与推进产业集聚区建设、壮大战略支撑产业结合起来，列为河南省"十二五"规划的主题内容和着力要务

战略支撑产业及其产业集聚区建设，不仅反映了现代产业组织形式的内在要求，而且在事实上已经形成了整个经济结构调整、转变经济发展方式的基本切入点和落足点。"十五"以来，中央一再强调"调结构"、"转方式"，大家也都认识到它的重要性，却又感觉迷茫，甚至有点找不着北，找不到"抓手"。直至这两年，我们才有所意识和醒悟，才开始有了点底儿，这就是按照产业演化规律，探寻现代产业组织形式——抓战略支撑产业，建产业集聚区，走集群化产业发展路子，从而在大力提升河南经济运行水平的同时，深化了"调结构"、"转方式"的思维与精神，这种求索与实践的价值本身就具有战略意义和历史意义。从这一视角出发，既需要我们认真地就此加以总结提高，又需要我们加大实践力度，直接把调整经济结构、转变经济发展方式、推进产业集聚区建设、壮大战略支撑产业

结合运作，列为河南省"十二五"规划的主体内容和着力要务。

2. 把工业化、城镇化、农业现代化与推进产业集聚区建设、壮大战略支撑产业结合起来，列为河南省高层宏观调控、制定经济政策的重点内容和重要依据

选择和培育战略支撑产业及其产业集聚区，一定要与河南省加快工业化、城镇化、农业现代化的协调发展结合起来，包括战略支撑产业项目的选择和培育必须适应河南省工业化中期阶段的产业发展需要，适应河南省参与国内外经济竞争的眼前需要和长远需要，适应河南省推进经济社会发展历史进程的方位感的需要，重点选择具有竞争优势的汽车、电子信息、重化工业项目；积极引导产业向郑东新区落户的同时，还应有计划、有选择地引导向中、小城市和县域小城镇布局，形成城市之间合理的产业和市场分工，实现城镇产业定位高级化，为加快城镇化进程提供强有力的产业支撑；以工业理念抓农业，大力改善河南农业产业化经营水平，尝试农业产业集聚区发展。推动农业规模化生产、讲究农业产业的关联效应。在当前，既要看到工业化、城镇化、农业现代化协调发展不仅是我们的现实选择，也要转变观念，积极引入和应用现代产业组织形式促进"三化"的协调发展。这就要求我们要注意把工业化、城镇化、农业现代化与推进产业集聚区建设、壮大战略支撑产业结合起来，并且能够列为河南省高层宏观调控、制定经济政策的重点内容和重点依据。

3. 把政府"软环境"、"硬环境"的营造坐标与推进产业集聚区建设、壮大战略支撑产业的规划目标结合起来，全力构筑河南经济发展的新形式、新机制、新天地

战略支撑产业的发展，除依赖于自然地理和基础设施等硬环境外，还涉及政治与文化、法规与政策、思想与观念、体制与机制、管理与服务等软环境。近年来河南省各地产业发展的硬环境建设取得了很大的成就，基础设施的日益完善在一定程度上拉动着战略支撑产业对于地理位置的选择冲力。毫无疑问，社会环境的改善、政府服务意识的增强、行政服务效率的提高、市场经济体系的完善、社会服务功能的健全等软环境对于推进产业集聚区建设和壮大战略支撑产业及其发展取向起着重要的，甚至是关键的作用，"大招商"、"招大商"的热潮已形成，但不尽如人意的地方也很多，所以，还要加力。

此外，政府还需制定推进产业集聚区建设、壮大战略支撑产业的投融资政策、财税优惠政策，重点扶持和建设一批具有潜在优势的产业集聚区与战略支撑产业，拉开区域之间集聚区发展差距，形成竞争动力。

（原载于《省长专报》理论特刊，2010 年 9 月 30 日第 10 期）

构建产业链条　提升核心竞争力

调整产品结构，延长产品加工链条，提升产品档次，推动产业结构调整是加快河南省经济发展的必然选择，是经济结构调整的基本思路。以产业关联关系或技术经济的联系为切入点，优化河南省主导产业的产业链条，对于提高和增强核心竞争力，实现"十五"目标具有重要的现实意义。

一、产业链条：优化产业结构的现实选择

"结构"的概念，不但包括要素的比例和排序，还包括要素之间的空间布局、关联度和互相作用的方式。所以，研究产业结构，不能仅限于比例关系，还要从产业关联的角度研究构建产业链的问题。这是优化产业结构的重要内容和重大措施。

产业链，是以多层次利用科技为手段，以适宜的资源空间配置为条件，将相关产业联结成一个从原料到半成品到最终产品的系列化链条，也就是把加工顺序相联、空间距离相近的各种产业联结成以优势产品为龙头的产业序列，俗称"龙形经济"。这里不仅讲"分"（产业的比例关系），更要突出"联"，即以联为主，分联结合，符合社会化生产"分联结合"规律的要求。早在19世纪后期出现的托拉斯，实际上已构成了一定规模的产业链。我国改革以来出现的农业产业化经营，也在一定程度上呈现了以农工商一体化为特色的产业链的雏形。

产业链有什么优越性？一是节约资源、降低成本。早在20世纪初期，列宁在规划俄国技术经济时，就指出过：应当使全国"工业布局合理，着眼点是接近原料产地，尽量减少从原料加工转到半成品加工一直到制出成品等阶段的劳动消耗。从大工业的角度，特别是从托拉斯的角度，把生产合理的合并和集中于少数最大的企业"。这种原料加工——半成品制造——最终产品制成过程的联系、联合和集中，大大降低了运输、加工、管理成本，也同时减少了流通环节，降低了交易成本。二是深化加工层次，增大附加价值，优化产品经济结构，有利于提高地区经济实力和综合效益。三是由于以优势产品为龙头，既形成规模经济，使企

业间的分工更精细，协作关系更密切，从而有利于保证和提高产品质量，提高产品和企业的知名度，这本身又体现出由粗放经营向集约经营的转变。四是从可持续发展的要求看，产业链有利于优势集中，更多地投资于研究和开发，增强抵御风险和治理环境的能力。

当然，也应注意由于产业链的关联性极强，容易在经济周期中出现多米诺骨牌效应，即一旦某个链条受阻或停产，就会影响整个链条正常运转，甚至导致大批职工失业和形成恶性债务链。

为规避这些缺陷和各种风险，就要注意三条原则：一是分联结合，即一种像爬虫类的分节应变机制；二是充分利用科学技术，增强信息反馈和适应能力；三是考虑构建产业链的必要条件，遵循产业演进规律，不可一哄而起。

构建产业链条需要什么样的条件？一是相关原料产地接近，必要资源相对充裕，当然，现代科技可以缩短时间空间，但由于商流、信息流和物流不一致，必须发挥近距离的优势；二是有能够带动整个链条的拳头产品和支撑联合的"龙头"企业；三是有较高的管理协调能力，机制灵活；四是有优势科技产品和科技力量，能建立起技术创新中心和拥有治理污染的技术，特别要有成熟的关键技术，才能实现以科学技术为载体的产业链条形式。

构建产业链条有利于提升河南的核心竞争力。河南的经济总量居全国第五位，但整体质量不高，仍然没有摆脱粗放经营的状态。进入新世纪，要想在较短的时期内缩短与经济发达省（市、区）的差距，唯有根据河南特点进行经济结构的战略性调整。而优化经济结构、突出河南特色的一个最佳切入点，就是构建产业链。

所谓特色经济，就是具有市场上他人不可替代、竞争力强、经济效益高的优势经济，特别是优势产品。就一个地区来说，如果有一个或几个具有特色的优势产品打出去，就可以把整个经济带动起来，形成不可替代的强大增长源，并具有可持续发展的后劲。我们全面、客观地看待河南经济，主要是核心竞争力尚待增强，资源丰而不凸，产业全而散乱，个头大而欠强。产品、产业几乎样样俱全，但握紧拳头形成的特色优势、龙头名牌产品不多。企业的集约化程度不高，科技含量较低。"小而全"、"大而全"的状态，导致产业链条短，主导产业不突出，提供的产品以初级产品为主，产品附加值低，综合效益低下。要想促使河南经济持续、快速、健康发展，必须对具有较大市场潜力和竞争优势的产业和产品，开发其前向关联产业、后向关联产业或侧向关联产业，拉长加粗产业链条。这样，方可把全而散的零星优势变为集而强的拳头优势，打出名牌产品，拉起产业阵线，组建"航空母舰"，形成强大合力。

从实际情况看，河南经济发展不仅需要构建产业链条，而且已经具备构建产业链条的基础和条件，如具有许多独特的比较优势，特别是丰富的资源，能为构建产业链条创造无限的商机，同时还具有构建产业链条的后发优势。2000年，河南城镇居民人均可支配收入仅为4766元，农村居民人均纯收入还不足2000元。随着政治经济体制改革的逐步深入和"东引西进"方略的实施，人均收入将会不断增加，市场容量将会大大扩张。再者，在河南众多的企业中，关联度大、依存度强的企业占一定的比重，已形成了一批像中国长城铝业公司、漯河双汇集团、周口味精厂等能够带动产业不断升级、发展的龙头企业，积累了构建产业链条的丰富经验。非公有制经济和混合所有制经济的快速发展，多元化科技投入体系的建立，技术成果商品化机制的运行，重点企业技术创新中心的设立，都为促进产业链的形成和发展提供了重要的动力和基本支持。

根据河南省目前经济发展的状况和新时期发展的要求，构建产业链条在指导思想上应当体现以下原则：一是以全面提高产业整体素质和经济增长的质量与效益，优化相关资源的配置，突出特色经济，为构建产业链的总体目标；二是以主导产业为龙头，以产品结构调整为重点，以产品结构调整带动产业结构和企业组织结构调整，促进产业升级；三是针对资源开发型产业比重大、加工链条短、附加价值低及专业化程度低等状况，应突出产业间、企业间、产品间的关联效应，依据产业（产品）间内在的技术经济联系，通过分联结合，实现以优势产业、优势企业和拳头产品带动相关产业、产品的发展，拉长产业链条，提高产品科技含量和附加值；四是应从河南省的资源状况、经济发展条件出发，选择那些在全国范围内有相对优势和竞争实力的产业和产品作为形成产业链的"母体"，尽量避免重复建设、结构雷同。

二、强化支柱：构建若干产业链条的具体思路

依据以上原则，河南省在"十五"期间乃至2010年应重点围绕支柱产业构建产业链条，并在政策上加大扶持的力度，使其加快发展。具体构建的产业链条，可考虑：

1. 以农副产品深加工为主的食品工业及其关联产业构建的产业链

河南是个农业大省，提高农副产品附加值、增加农民收入是全省面临的一项艰巨的任务和挑战。随着中国的经济发展和人民生活水平的提高，居民的饮食结构和质量已发生较大的变化，直接消费农业初级产品的比重下降，而对深加工食品的需求比重上升。目前，国外发达国家食品工业产值与农业产值之比为2:1~3:1，中国为0.38:1，河南省仅为0.34:1。同时，现代市场经济逐步形成，使千家万户小生产与千变万化的大市场的矛盾日益突出。加强农副产品深加工、

加快食品工业的发展，是增加农业附加值、推动农业结构高度化和基地化的重要途径。围绕农副产品加工工业，实现农工商多层次、多渠道的生产、销售过程的有机结合，既解决了农副产品出路，又为食品加工业提供了廉价、方便、通畅的原材料供应，同时，又使农业生产与商品市场距离更近、更有效地对接起来。河南省应重点抓好以小麦、玉米综合利用为突破口的粮食多途径、多方式加工转化和畜禽产品、果品深加工项目，发挥农副产品资源优势，拉长加工链条。

例如，具有60年历史的河南天冠集团以科技创新促进结构调整、产业升级，实施"以酒精为基础，以酒精深加工为主导，以综合利用和综合开发为双翼"的发展战略。在其基础产品——酒精上规模、上档次的同时，拉长产业链，用酒精做原料生产醋酸，用酒精和醋酸做原料生产醋酸酯等衍生产品。生产酒精所伴生的二氧化碳废气被回收，合成高纯度液体二氧化碳，年产量达2万吨，在全国规模最大。利用废酒精糟液年产沼气1200万立方米，干鲜饲料4万吨，高效生物肥1万吨。变废为宝，综合利用不需要生产原料的投入，创造了巨大的经济效益和社会效益。特别是与郑大联合，开发汽油醇，已在全国推广，不但开发了新的生物能源，而且为粮食加工找出一条重要出路。

2. 铝工业及其关联产业形成的产业链

河南省具有铝矾土资源丰富和煤电资源充足的比较优势。经过多年的努力，特别是"九五"的建设，河南省已经建成了铝工业发展的强大产业基础，成为国内第一铝工业大省，氧化铝、电解铝综合能耗和制造成本等主要经济技术指标达到国内领先，接近国际先进水平。但铝加工产品仍以中低档建筑铝型材为主，产品结构和工艺技术比较落后。因此，应调整和优化铝工业产品结构，加大技术开发、改造的力度，控制初级加工、低附加值铝型材发展，对铝材料进行深加工。重点发展优质高档铝板带、铸件、PS板、铝硅钛多元合金和高档建筑铝型材，延长产品链和产业链。应加强中国长城铝业公司与河南省地方铝工业企业的合作，实现铝电解企业与氧化企业和铝加工企业的长期稳定的联合重组。以电解铝系列化加工为纽带，抓好氧化铝、电解铝、铝型材及铝电一体化项目，发挥煤、电、铝资源优势，推动铝工业及关联产业的发展和综合效益的提高，比较好地解决铝工业用电电价偏高和煤、电生产能力过剩的问题。神火集团就是一个构建铝煤电产业链的成功典型。

3. 围绕石油深加工、石油天然气开发利用和煤炭气化形成产业链

一个国家和地区在加速工业化过程中无不将石化工业作为发展重点。通过对石油进行加工、分解、裂变可以产生一系列产品，围绕煤炭开采、生产、加工建立关联产业形成综合性的重化工业基地能产生巨大的规模效益。如德国的鲁尔经

济区是德国举足轻重的综合性重化工业基地,它主要是采取以煤炭采掘、加工和综合利用为主线,供产销协同,相关产业集中布局形成强大产业链的方式。河南省石化工业和煤炭工业具有资源优势和一定基础,已形成一定规模的工业基地和较大影响的企业,洛阳石化生产基地、中原乙烯工程和平煤集团等在全国有重要的地位。因此,应发挥省煤炭、石油、天然气优势,推动石油化工、煤化工产业链的形成发展。围绕洛阳石化基地建设形成以油品、塑料和制品、化纤及化纺为主体的产业链;在中原油田和中原乙烯工程的基础上,实现对石油的综合加工和利用;结合天然碱和金红矿的开发以及石蜡项目的建设,逐步形成南阳石化产业链;以平煤集团和焦作煤炭基地为中心形成以煤炭加工为序列的产业链,实现煤变气、煤变油和煤深加工。

4. 以建筑、建材业为龙头形成产业链

随着城乡人民生活水平的提高,继家电之后,居民住宅将成为新的消费热点。西部大开发和公路、铁路、通信等基础设施的建设,也使建筑业、建材产品市场需求旺盛。建筑建材产业具有较强的产业关联度,能带动钢铁、水泥、玻璃、装饰材料等很多产业的发展。据测算,建筑业能带动上下60个相关行业的发展,居民住宅投入与直接关联产出的比率为1∶4以上。河南省蕴藏着丰富的建筑材料及非金属矿资源,如石灰石、石膏、云母、大理石、花岗岩等,部分资源产量在全国占有重要地位。玻璃、水泥产量居全国前列,洛玻集团自行研制开发的"洛阳浮法"技术成为继英国皮尔金顿技术、美国PPG浮法技术之后世界公认的第三大浮法技术。今后,应加大企业组织结构和产品结构的调整力度,围绕优势企业和产品,形成若干产业链条,实现建筑资源—建材制品—房地产开发—相关配套设施建设—第三产业繁荣的局面。同时,应大力发展新兴墙体材料等高附加值建筑装饰材料。河南具有大量的粉煤灰、煤矸石等工业废渣和河沙资源,有发展新兴墙体材料的有利条件。

5. 植树—木材—造纸—纸制品产业链

植树造林有利于改善生态环境,营造绿色产业,其中有些老化的树木通过更新可以获取一定的木材。特别是黄河两岸大堤侧面适合三倍体毛白杨生长,它属于速生木材,5年的生长期即可采用。这不仅绿化了黄河两岸的大地,调节气候,抵御风沙,有利于固堤,而且可以通过定期轮栽生产大批纸用木材,提供纸浆原料。经过加工,可以生产出大批的高级纸张,为市场提供紧缺商品。同时,可以通过技术措施浆化木质秸秆(如棉花秆等),作为配料,扩大纸浆和纸张的生产。而造纸的后续工作,就必须加紧环保治理,形成净水循环流程。这条产业链又可成为河南省具有生态效益和经济效益兼得的经济增长点。

6. 以电力设备、农业机械等机械工业为中心形成产业链

随着河南城乡电网改造和铁路运输线路改造,对输变电设备、电缆、电力监控和保护设备、电表等的需求呈现持续增长势头,有人估计新增需求达几千亿元。这就为许继电气集团、平高电气股份公司、郑州电缆厂和河南思达集团公司等相关企业提供了较好的机遇。中国是农业大国,农业机械化程度极低,对农机具有持续的巨大需求。河南省又是农业大省,农业生产的集约化水平更低。河南在农机生产方面有一定的优势,大、中、小型拖拉机产量居全国前列,形成了洛拖、郑州金牛、新乡柴油机等一批优势企业。因此,可以农机制造业为中心形成产业链带动农业、钢铁和有色金属制造业、零配件制造业、维修服务业等相关产业的发展。

7. 旅游业及其相关产业形成的产业链

旅游业的发展状况首先与旅客的可支配收入和可支配时间密切相关。随着人民物质生活水平的不断提高,特别是1999年推出延长休假制度后,国民旅游需求呈现爆发式增长。2000年"十一"期间,国内旅游达5892万人次,比1999年"十一"增长47%,国内旅游收入达到230亿元,比1999年"十一"增长63%。旅游业的持续稳定增长在未来相当长的时间内是可以预期的。通过发展旅游业,可以带动交通运输业、食品工业、饮食业、商业零售业、宾馆服务业等二、三产业的发展。目前,河南省已初步形成洛阳、郑州和开封三点一线旅游带,但全省总体的旅游收入与河南省的地位还不相称,旅游业对相关产业的拉动作用还不强。河南省具有古老的历史和传统、全国交通中枢的地位以及潜在丰富的旅游资源,为以旅游业为中心形成产业链提供了有利的条件。目前,最需要的是加大旅游资源开发、配套设施建设以及深入的市场营销。

另外,河南省轻纺工业中棉花—纺织—服装和畜牧—皮革—革制品等产业链,不仅都有着传统的产业优势,即使是融入国际化大经济中也有着广阔的发展前景。

三、科技创新:产业链形成与升级的关键

一个国家或一个地区,产业链的长短以及产业间的关联度,与其科技创新水平密切相关。河南省与其他发达省份的差距在产业链上是显而易见的。总起来看,由于河南省的科技创新水平不高,其形成的产业链较短,产业间的关联度较弱。因此,从构建有河南特色的产业链的角度来发展河南经济,必须把科技创新作为关键来抓。

河南的科技创新应该在产业链的形成和发展上下工夫,要有目的地组织科技

攻关，延伸已有的产业链条，形成新的产业链条，提高产业之间的横向关联度。比如说，农业大省有一个秸秆利用问题，就目前看，由于技术不过关，秸秆往往用于造纸，导致河水严重污染。有的农民图省事，就地焚烧，不仅造成空气污染，而且还导致高速公路、机场跑道烟雾弥漫。如果在这方面能研发出有经济价值的科技成果，在秸秆造纸技术上有重大突破，河南的造纸业将会有突飞猛进的发展。用于造纸的木材砍伐会大量减少，空气污染将大大减轻，河流污染得到遏制，农民的收入增加，工业产值提高，河南的秸秆劣势将会变成"秸秆经济"优势。又如煤炭行业，目前主要是向兄弟省市送煤送电。煤是初级产品，附加值极低，目前亏损严重；电比煤进了一步，但站在本省的角度而言，送给别人的是干干净净的"电"，留给我们的是占压良田的煤渣和污染空气的黑烟。作为有针对性的科技创新，不仅是粉煤灰的进一步开发利用，而且还要寻求以煤炭为原料的其他新产品的开发。如果这个产业链拉长了，就会形成河南省的一大特色。因此，在发展有河南特色经济的大战略下，科技创新主攻方向应该明确将调动科研人员的积极性、主动性与河南产业链形成与发展的需要结合起来；政府的科研管理机构与政府的产业经济管理部门应紧密配合，组织、支持、引导科研人员进行科研攻关，为形成具有河南特色的产业链网络做出贡献。

党的十五届五中全会提出：以信息化带动工业化，发挥后发优势，实现跨越式发展。在构建若干产业链条中，也必须贯彻这一方针，充分利用信息技术武装传统产业，沟通和增强产业之间的关联度，这就要着力使电子信息产业及相关产业形成产业链。从世界范围内科技经济的发展来看，电子信息产业是未来最具活力和高成长的产业之一。电子信息产业科技含量高、市场需求巨大、附加价值高，是推动产业结构升级、全面提高经济效益的极为重要的主导产业。电子信息产业的关联度、感应度、带动度都很高，信息产业和信息技术创新与扩散、发展与融合，能带动一系列关联产业的产生与变化，并催生出一些新的"边缘产业"，对整个国民经济发展的带动和推动作用巨大，是现代经济的增长源。同时，利用电子信息技术和产品改造、武装传统产业，对推动传统产业的技术进步、提高其劳动生产率、优化产品结构、提高经营管理水平等都具有重要的现实意义。中国信息技术应用的典型调查表明，信息技术在改造传统产业方面投入产出一般都有1∶4以上的"倍增"，有些领域甚至达到1∶20以上。河南省在电子元器件和通信设备方面具有一定的相对优势，产生了巨龙公司、安阳玻壳有限公司等大型企业，但产业整体规模还比较小，对其他产业的带动作用不强。因此，必须超前规划，跳跃式发展。

当然，科技创新离开了科技体制创新也将无法释放巨大活力。如果说科技创新是第一生产力的发展标志，那么，科技管理体制创新就是与科技创新联系最直接的生产关系的变革。因此,要以科技创新带动河南产业链的形成与延伸,还必须高度重视并加快科技体制创新步伐。

首先,是与科技创新相配套的人才管理体制改革。河南与沿海发达省份相比,有许多劣势,如果在人才管理体制上不能创新,如果对做出同样贡献的科技创新相关人才不能给予比沿海发达省份相同或更高的回报,想留住这些人才是极其困难的。可考虑在高科技企业实行期股制、年薪制,实行多种生产要素参与分配的制度,如技术入股、成果分红、对优秀科技人才和管理人才奖励期权等。在吸引和留住人才方面,要有学历,不唯学历,尊重真才实学,逐步从给待遇转变为给"机会"、给"赛场"。先进的人才管理体制,将会留住现有的人才,引进外边的人才,培养出未来的人才。

其次,要把企业作为科技创新的主体。对科技创新的管理要由以政府为主转变为以企业为主。企业主要解决两个层次的问题:一是企业自身要创办、充实技术创新中心,通过加大研究开发费用投入,争取多出成果、快出成果,并在企业内部直接转化为经济效益;二是独立的科研院所和高校通过科研成果的商品化,用经济合同的办法与企业紧密联系起来,使科研成果尽快在企业开花结果。

最后,构建科技创新的财政金融支持体系,这是科技创新管理体制不可缺少的重要组成部分。1999年,美国高科技风险投资比上年增长了151.6%,达到了483亿美元;发达国家的研究与开发(R&D)经费通常占GDP的2.5%~3%;企业的研究开发投入一般占其销售额的5%以上,一些大企业甚至高达10%~20%。对于科技创新,中国的投入不足,河南省更显乏力。要加大科技创新投入,必须在创建财政金融支持体系上下工夫,至少要注意以下几点:一是用减免税收的办法支持科研机构和企业对科技创新的投入,凡是自有资金用于科技创新的,可相应减免其增值税或所得税。二是省政府应拿出一定比例的资金用于科技创新投资,可以参照发达国家的做法,政府参与建立风险投资基金。目前,河南省已有两家民营和半民营的风险投资基金,这是一个良好的开端,但对支撑科技创新的投资需求是远远不够的。三是根据中国实际情况,四大国有银行、股份制银行、地方商业银行,应建立相应的风险投资基金,支持科技创新发展。

四、配套改革:构建产业链条的良好环境

1. 加大资产重组力度,围绕产业链的构建与发展,整合产业组织格局,促进产业升级

产业链的梳理与明晰是产业及其结构调整和优化的前提,而产业链的构建与发展,恰恰形成产业经济组织过程的核心内容。所谓资产重组、经济重组,本质

上就是指以产业链构建为坐标的产业组织的更新、再造、发展。就区域经济而言，产业链可以是凭借原有资源优势形成相应的支柱产业，也可以是发挥品牌效应形成的龙头产业，或者是依托先进技术优势形成的高新技术产业等。但产业链的构建从产业组织的角度看，重要的是提高产业集中度、深化专业分工，以及最终实现结构高度化的预期目标。

产业组织理论认为，产品的单位成本应随着生产能力的提高而呈递减规律，从而趋向规模经济。也就是说，任何经济活动，都应该追求一定的经济规模，注重提高产业的集中度。产业集中度决定着产业链及其产业的组织效应。河南省的产业集中度虽不断提高，特别是像安彩、安钢等大企业在河南省国民经济中起到了较大的作用，但与先进地区比较仍显过低，直到最近几年才开始真正注重产业的集中效应，寻求立足综合资源优势拉长产业链，培植支柱产业。

河南省的产业集中度低，既有观念意识问题，也有专业化水平限制的问题。应该承认，河南省企业，特别是上下游产品企业之间、主导产品与配套产品企业之间、大行业企业之间以及集团内各企业之间已经形成了一定的协作关系，但总体上说，这种协作关系是比较松散的，企业的专业化水平是比较低的。导致这一症结的重要因素是"大而全"和"小而全"的思想在作怪，结果走到了千军万马齐上阵、组织结构效益低的被动境地。专业化水平低，必然导致协作、分工水平低，企业间生产、技术联系少，限制了规模经济水平的提高，模糊了应有的产业化发展链，降低了劳动生产率和技术经济效益。

根据中国改革及市场化进程，资产重组还需要在意识观念和具体运作上切实注意解决两个问题：一是超脱出只就本省、本市调整重组的狭隘眼界，积极研究探讨并切入构建跨市、跨省、跨国、跨行业的产业链；二是坚持按市场法则，合理解决构建产业链、实施经济重组中的各经济主体之间的利益关系问题。实践表明，按照现代企业制度，特别是股份制组织形式运作，在产业链条构建中，便于利益共享、风险共担，便于协调产业链各环节、各主体之间的经济利益关系。股份制应作为实现产业组织结构重组的现实选择，"母子"公司体系有利于利益共享、风险共担、分联结合、优势互补。

2. 坚持有所为有所不为，建立科学的市场进入与退出机制，促进产业结构调整、产业链构建、产业市场化三者的有效对接

构建产业链条，在于实现产业的合理定位，廓清产业经济的脉络大系。因此，也可以说这是经济结构战略性调整的一项艰巨任务。我们必须坚持以市场为导向，以企业为主体，以技术进步为支撑，突出重点，有进有退，努力提高河南省经济的整体素质和核心竞争力。

产业发展的市场化运作及其带动应按市场需要布局经济结构，组织企业生

产。如市场营销策划、合同（契约）交易、"订单"农业等，表现的就是种种市场行为。市场行为推动地区经济的发展，既要注重经济的基础环境，更要注重经济的市场变化环境；既要发挥地区优势，扬长避短，争取更佳，更要能够依据市场条件寻求创造优势，顺应市场化发展。河南省的轻纺产业链是依农业资源来构建的，铝业则是依煤、电、铝资源来构建的，而按照目前信息产业的市场化态势，则要求我们还要考虑如何做信息产业的文章，以及如何构建信息产业链等问题。

适应产业的市场化发展要求，必须加快建立科学的市场进入与退出机制等政策性问题。要按照专业化分工协作和规模经济原则，加快河南省产业组织结构调整，一方面，要对那些资源配置效益低的企业，果断淘汰出局；另一方面，要通过兼并、联合、重组等形式，积极壮大支柱产业链上的骨干企业，昂起河南各大产业链上的龙头。市场进入与退出，必须有具体制度作保证，如市场统一性规则、条例、行业、企业生产经营许可证制度，劣势企业退出资产处置办法等。

3. 发挥市场调节与政府调节功能，积极推进河南省产业链的构建

市场对产业发展的调节主要表现为市场上企业间的竞争，从而形成优胜劣汰的机制。这种竞争机制既调节着企业的市场进入与退出，也调节着产业链的构建与发展。但从河南省现实情况看，单靠市场竞争构建产业链有很多困难，政府的主导作用不可或缺，特别是处理企业间、地区间、行业间的种种复杂关系，需要发挥政府的协调、引导作用。河南省应加强政府宏观上对构建产业链的指导与协调，包括主导产业、支柱产业的选择，新兴产业、高新技术产业的培育等，并且要促进企业内部的改革、加快机制的转换。

4. 制定合理的产业政策，着力营造经济软环境，全面推进河南产业链构建工程

构建产业链条，还必须加强产业链构建的政策措施以及相应的经济软环境建设。包括：一是大力实施股份制和推动股权多元化，吸纳一切社会资本，构建、壮大河南产业链，拓宽投融资渠道。二是优化经济环境，建立开放型经济，大力支持发展非公有制经济，规范政府行为，建立完善市场体系和维护良好市场秩序，以较优越的环境吸引外资、外商、外企到河南参与产业链构建工程。三是有计划、有步骤地发展河南证券市场。在目前体制条件下，尤应注重不断扩大债券发行规模范围，通过资本资源的有效配置，实现优势企业的迅速壮大，提高产业集中化程度。四是综合运用经济、法律和必要的行政手段，以构建产业链为主导，在农业、能源、冶金、化工、轻纺、机械等行业中，有重点地支持和改造一批全省性骨干企业，促进产业链建设和产业升级。五是把构建产业链同发展中小企业结合起来，建设有河南特色的国民经济结构体系。构建产业链，当然也离不开中小企业，特别是中小型科技企业的带动。

总之，只要河南有了几大基本产业链的支撑，不仅能够从经济穷省中脱颖出来，也必将会以新的经济条件，更加有利于实施东引西进，有利于应对即将加入WTO 的新的环境和形势，在经济全球化发展中赢得一席之地。

(课题组长：杨承训；成员：李鸿昌、郭军、陈鸿彬、王建军、李兵、里平

原载于《河南日报》，2001 年 5 月 15 日第 7 版)

河南经济资源环境之间的数量关系分析

摘要： 通过运用大量的数据，对河南的经济资源环境状况、污染治理力度进行对比分析，以及对经济发展与环境污染的回归分析得出：河南人均资源相对贫乏、能源利用效率低下、污染治理投入不足且治理结构失调、经济发展与资源环境极不协调。发展循环经济，促进经济、资源、生态环境之间的协调发展，是解决上述问题的理想途径和必然选择。

关键词： 河南；经济资源环境；循环经济；比较分析

一、河南省经济资源环境发展的现状分析

（一）河南资源现状分析

河南省总耕地面积虽然居全国第 6 位，但人均耕地面积仅为 0.07 公顷，位居全国第 22 位，且后备资源不足。水资源居全国第 19 位，人均水资源占有量相当于全国的 1/5。河南省的人均林地面积为 0.023 公顷，是全国水平的 1/6，世界平均水平的 1/36。人均矿产资源占有量不及全国的 1/4，人均保有矿产资源潜在总值为 2022 美元，仅为全国人均水平（按 1990 年计算 1.51 万美元）的 1/7，更低于世界人均占有矿产资源潜在总值水平（2.604 万美元）。

（二）环境生态现状分析

第一，"九五"以来，河南经济发展取得了重大成绩，环境保护力度不断加强。1996~2003 年，河南工业废水排放达标率由 50.5% 增至 91.5%，工业固体废弃物综合利用率由 44.0% 增至 66.6%。

第二，工业"三废"中主要污染物的绝对排放量较大。工业废水中有机物（以 COD 化学需氧量计）于 1999~2002 年分别为 50.3 万吨、44.4 万吨、38.2 万吨、37.49 万吨，总量虽有递减趋势，但仍然大大高出国家生态省建设标准的废

弃物排放指标。

第三，生活工作环境中新的污染源不断产生，并且增势强劲。

第四，工业生产中万元 GDP 能耗偏大，污染物排放强度较高。与国外发达国家相比，按 2000 年数据计算，1 美元产值能耗中，日本为 1，法国为 1.5，英国为 2.17，美国为 2.67，中国为 11.5，河南为 13.85，河南相当于全国水平的 1.2 倍。

第五，环境资源破坏严重，生态环境恶化。

二、河南经济资源环境发展基于环境库兹涅茨曲线的工业污染物排放定量关系分析

环境库兹涅茨曲线表现为污染物排放量随着经济的增长表现出先逐渐增加、后逐渐减少的规律，即以人均收入为纵坐标，以污染物指标为横坐标，两者呈倒"U"形曲线分布，简称 EKC。本文所收集的数据来源于 1985~2004 年的《中国统计年鉴》、《河南统计年鉴》和《河南经济年鉴》，若以人均 GDP 为横轴，污染物排放总量为纵轴做散点图，并在对环境库兹涅茨曲线修正的基础上建立多项式回归模型：

$$y = \beta_0 + \beta_1 x + \beta_2 x^2 + \beta_3 x^3 \tag{1}$$

式中，y 为河南污染物指标，x 为河南人均 GDP 产值指标，β_0、β_1、β_2、β_3 为模型参数。

（一）工业固体废弃物产生量

利用 Eviews 软件和统计数据进行多项式拟合，曲线的 R^2 检验、T 检验、F 检验和 D.W. 检验结果都很好，以此建立回归方程：

$$y_{\text{工业固体废弃物}} = 2313.802 - 0.244307x + 0.000147x^2 - 1.02(E-8)x^3 \tag{2}$$

$T_{\beta_0} = 6.82 \quad T_{\beta_1} = -1.06 \quad T_{\beta_3} = 2.65 \quad R^2 = 0.99 \quad \bar{R}^2 = 0.98$

$1.68 < D.W. = 2.13 < 4 - 1.68 = 2.32$ 不存在自相关

$F = 224.88 > F_{0.01}(4, 14) = 5.03$ 模型总体是显著的

$$dy/dx = -0.244307 + 0.000294x - 3.06(E-8)x^2 \tag{3}$$

$$d^2y/dx^2 = 0.000294 - 6.12(E-8)x \tag{4}$$

$$d^3y/dx^3 = -6.12(E-8) < 0 \tag{5}$$

1. 模型分析

三次多项式的回归曲线说明河南的环境库兹涅茨曲线（EKC）并不是完全遵循倒"U"形曲线的特征，而是随着人均 GDP 产值的增加，呈现出多峰特征的波动性，这在一定程度上说明了影响河南经济资源环境关系的因素多样性和环境政

策及执行力度的不确定性。

2. 边际工业固体废弃物污染及年度比较分析

边际污染是指产值（本文指人均 GDP 产值）每变化一单位时污染物排放的变量。它反映了在经济增长的同时对环境造成的不利影响，是衡量经济增长量的环境指标。

从 KEC 曲线的边际污染特征看，目前河南工业固体废弃物的边际产生量趋于本轮波动周期的递减阶段。将历年人均 GDP 产值（x）代入式（3）可解得历年河南边际工业固体废弃物产生量的回归值。分别以时间序列和人均 GDP 为横轴，河南边际工业固体废弃物产生量为纵轴作散点图如图 1、图 2 所示。

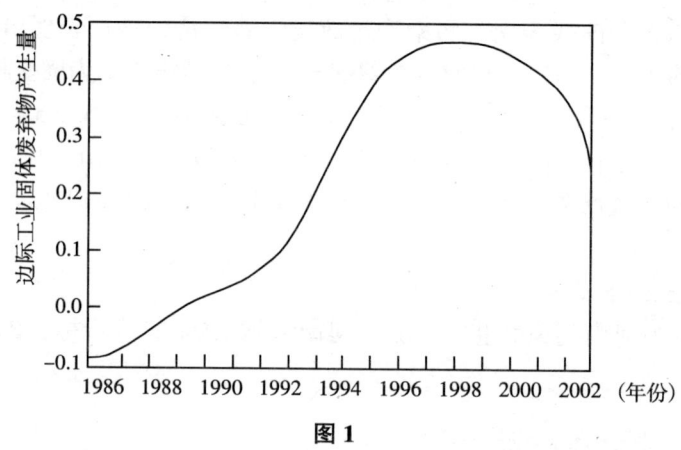

图 1

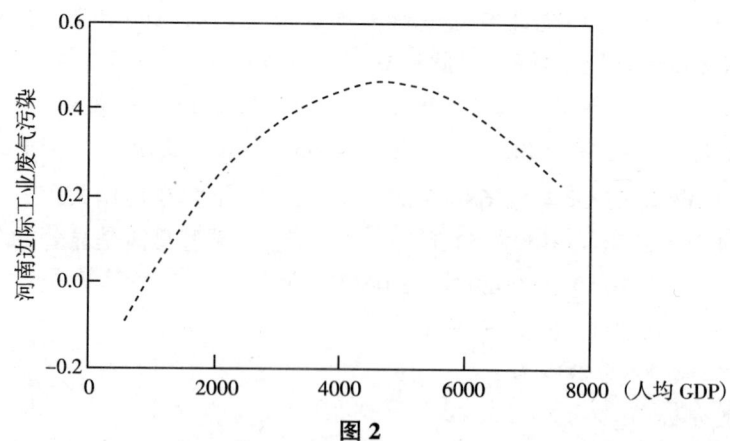

图 2

从时间序列看：在样本期间内，河南边际工业固体废弃物排放量呈现三个阶段的特征（如图 1 所示）：第一阶段（1985~1988 年），边际工业固体废弃物污染为负值递增,说明随着河南经济的发展,在人均 GDP 增加的同时,污染物排放量随之减少。第二阶段(1989~1999 年),边际污染为正值,说明在河南经济高速发展的同时,污染物产生量也随之增长。到 1999 年达到极值点,人均 GDP 每增加 1 元就会多增加 0.46 万吨的工业固体废弃物。第三阶段(2000~2004 年),边际污染为正值递减,说明现阶段河南边际工业固体废弃物污染处于改善阶段。

(二)工业废气产生量

利用统计数据进行多项式拟合后,曲线的 $\bar{R}^2$ 检验及其修正样本决定系数 $\bar{R}^2$ 检验、T 检验、F 检验和 D.W.检验结果都很好,以此建立回归方程:

$$y_{\text{工业废气排放量}} = 2787.617 + 1.333922x - 0.000226x^2 + 2.9(E-8)x^3 \quad (6)$$

$T_{\beta_0} = 5.499 \qquad T_{\beta_1} = 2.266 \qquad T_{\beta_2} = -1.353 \qquad T = 2.137 \qquad R^2 = 0.98$

$\bar{R}^2 = 0.97$

D.W. = 1.90 > du = 1.68　　　　　　　不存在自相关

$F = 140.54 > F_{0.01}(3, 15) = 5.42$　　　模型总体是显著的

$$dy/dx = 1.333922 - 0.0004524x + 8.7(E-8)x^2 \quad (7)$$

$$d^2y/dx^2 = -0.0004524 + 17.4(E-8)x \quad (8)$$

$$d^3y/dx^3 = 17.4(E-8) > 0 \quad (9)$$

1. 模型分析

河南工业废气环境库兹涅茨曲组(EKC)从总体发展趋势上呈倒"U"形,且目前均处于倒"U"形曲线的上升阶段,随着人均 GDP 产值的增加,工业废气污染在经过短期的改善之后又迅速恶化。

2. 边际工业废气污染及年度比较分析

从边际工业固体废弃物污染特征看,目前河南工业固体废弃物的边际产生量趋于本轮波动周期的快速递增阶段。

从时间序列看:河南边际工业废气排放量呈现出显著差异的两阶段的特征(如图 3、图 4 所示)。第一阶段(1985~1994 年):河南人均 GDP 每增加 1 元,河南工业废气排放量多增加的量从 1.101134 亿标立方米减少到 0.748147 亿标立方米,虽是短期改善,但人均 GDP 的增长与边际污染的增加仍呈正相关。第二阶段(1995~2003 年):河南人均 GDP 每增加 1 元,河南工业废气排放量从 0.79133 亿标立方米增加到 2.897981 亿标立方米。本期内边际污染的迅速增加,说明经济的高速增长是以牺牲环境为代价换来的。

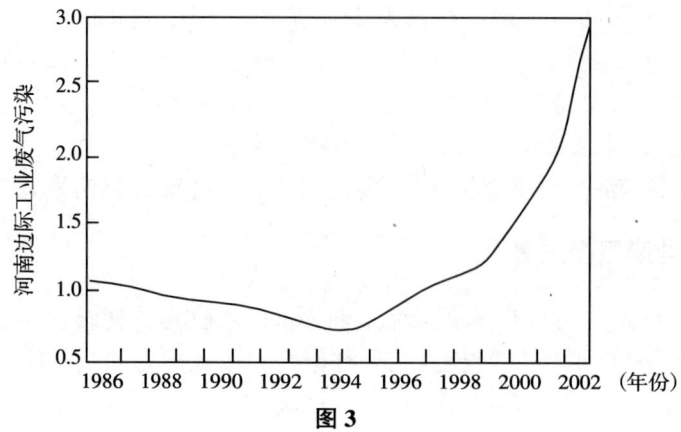

图 3

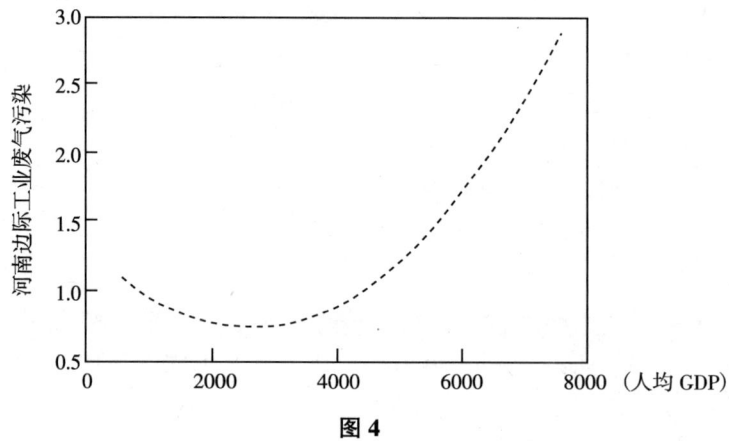

图 4

(三) 工业废水排放量

对式(1)进行修正并加入虚拟变量 d,令 d 在异常年份(1997年)为 0(由于1997年小化工厂和造纸厂的无序扩张,当年值须剔除),在其余年份为 1。建立非线性回归模型为:

$$y = \beta_0 + d + d\beta_1 x + d\beta_2 x^2 + d\beta_3 x^3 \qquad (10)$$

利用 Eviews 软件进行操作,回归结果如下:

$$y_{工业废水排放量} = 130448.6 - 33.0464 d^* x + 0.008029 d^* x^2 - 5.20(E-7) d^* x^3 \qquad (11)$$

$T_{\beta_0} = 38.01 \qquad T_{\beta_1} = -7.54 \qquad T_{\beta_2} = 5.86 \qquad T_{\beta_3} = -4.42 \qquad R^2 = 0.98$

$\bar{R}^2 = 0.85$

D.W. = 1.95 > du = 1.41　　　　　　不存在自相关

F = 25.13 > $F_{0.01}(4, 14)$ = 5.03　　　模型总体是显著的

$$dy/dx = -33.0464 + 0.016058x - 15.6(E-7)x^2 \tag{12}$$
$$d^2y/dx^2 = 0.016058 - 31.2(E-7)x \tag{13}$$
$$d^3y/dx^3 = -31.2(E-7) < 0 \tag{14}$$

边际工业废水污染及年度比较分析：

令式（12）和式（13）等于"0"解得，EKC曲线拐点对应的人均GDP（元）产值为5147（1999~2000年），极值点对应的人均GDP（元）产值分别为2843（1994~1995年）和7451（2003年）。从KEC曲线的边际污染特征看，当前河南工业废水的边际污染趋于本轮波动周期的递减阶段（如图5、图6所示）。

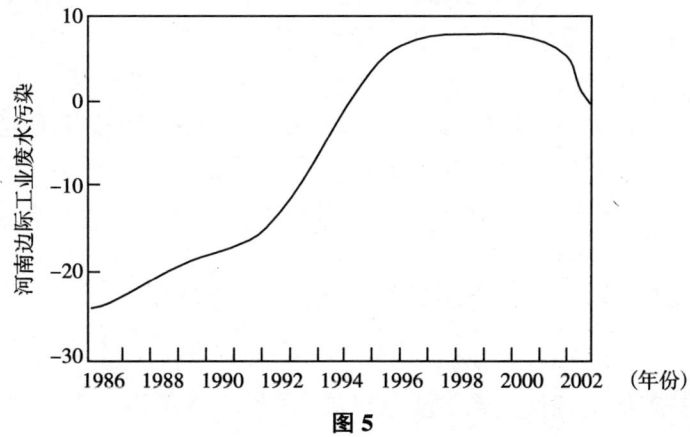

图5

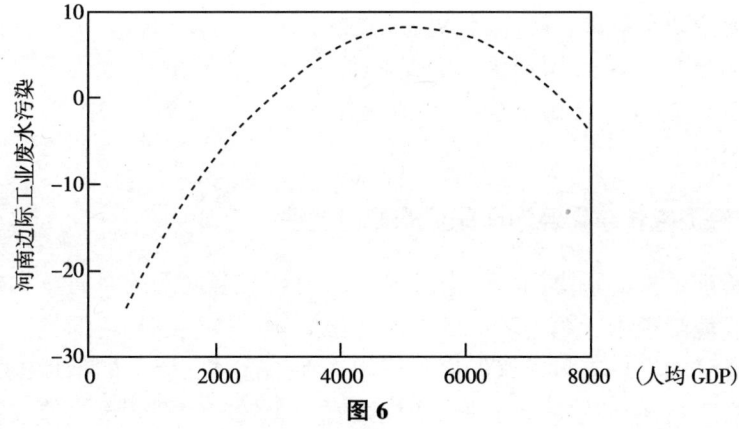

图6

时间序列分析：河南工业废水边际污染呈现出四阶段的特征。在第一阶段（1985~1994年）、第二阶段（1995~1999年）以及第三阶段（2000~2002年），其边际污染曲线与工业废气的边际污染曲线的变化趋势相似，曲线的极值点都在

1999年。不同的是在第一阶段，边际污染与人均GDP变化呈现负相关的时间区间更长，在第三阶段短期的改善之后，二者又呈现出负相关的趋势。这证明了河南对工业废水治理的时效性和力度相对废气和固体废弃物的治理较大，而且工业废水的边际污染与人均GDP的变化呈负相关的区间占样本的一半区间，进一步证实了河南治理废水污染的成效。

从上述分析可知，随着人均GDP产值的增长，"三废"的排放量曲线呈现倒"U"形，其中，工业废水排放量呈现先正"U"形后倒"U"形特征。KEC曲线表现出不稳定性，这在工业"三废"的散点图集中表现为它们的散点图呈现出波浪状上升式的倒"U"形特征。根据《河南省全面建立小康社会规划纲要》提出的要求：到2010年，河南省国内生产总值达到12250亿元时，全省二氧化硫排放强度控制在6.0千克/万元GDP；到2020年，国内生产总值达到26800亿元时，全省二氧化硫排放强度控制在2.5千克/万元GDP。如果考虑生态环境问题存在的因果累积效应、资源环境的承载能力的有限性、资源的不可再生性以及后期治理追加投资的不足，未来河南的环境生态发展保护工作的任务将会更加艰巨。

三、河南经济发展与资源环境关系的矛盾分析

(一) 传统的经济增长模式与现有资源承载能力的矛盾

潜在可供开发利用的资源及替代资源的有限性与经济发展中能耗较高的矛盾。从对河南现有资源状况（自然资源）的分析中可以知道，不论从世界还是从全国范围对比，河南人均资源占有量都很小，资源短缺成为经济发展的制约因素。河南的工业生产中万元GDP产值能耗偏大，不仅高于全国水平，更远远高于发达国家的水平。

(二) 经济增长与环境治理保护的非协调性

环境治理结构的不协调与生态环境要求协调发展之间的矛盾。木桶原理告诉我们，在环境治理中，单个环节的失调势必影响整体生态环境的良性发展，这对河南工业废气的治理有着很好的启示作用。在工业"三废"的治理中，不论从整体发展趋势看，还是从现阶段的治理成果看，废气的治理效果最差，集中表现为KEC曲线走势强劲，边际污染曲线陡峭。事实上，工业废气污染对环境的影响要大于固体废弃物污染对环境的影响。如果说废气污染不像废水和固体废弃物那样引人注目、容易被人们忽视的话，那么废气污染并不会因此而减弱，甚至还会加剧环境污染。

(三) 人均 GDP 的稳定增长与未来环境库兹涅茨曲线的不确定性

不少学者通过采用不同类型和角度的数据和指标推断倒 "U" 形 EKC 的转折点 （极值点） 数值。一般推算的极值点对应的人均 GDP 数值集中在 2900 美元至 4500 美元区。而 2004 年河南省人均 GDP 才突破 1000 美元大关，与理论上极值点的最小区间值相差甚远。河南环境 KEC 曲线的多峰值波动性特点，在上述回归模型中极值点还不能明确地显示，尽管现阶段工业废水及固体废弃物的边际污染 （从 2000 年开始） 已经出现随人均 GDP 增长而递减的现象，但这只能说明河南前期的环境治理是有成效的，并且是局部暂时的。河南要实现小康社会及建设生态省的目标，迫切需要 "扁平" 的 EKC 曲线和极值点尽早到来，以实现社会经济、资源和环境的协调持续发展。

参考文献：

[1] 张思锋，张颖. 西安循环经济发展的紧迫性分析——基于环境库兹涅茨曲线的分析 [J]. 西安交通大学学报 （社会科学版），2004 （6）.

[2] 艳琳. 资源经济发展 [M]. 北京：科学出版社，2004.

[3] 洪银兴. 可持续发展经济学 [M]. 北京：商务印书馆，2002.

[4] 秦大河，张坤民，牛文元. 中国人口资源环境与可持续发展 [M]. 北京：新华出版社，2002.

[5] 黄湃. 优化金融生态推动中原崛起 [J]. 河南金融管理干部学院报，2005 （4）.

（郭军、孟守卫、赵瑞琴，原载于《河南社会科学》，2005 年 11 月）

"中部崛起"战略重心在中部

在新年度《政府工作报告》里，温家宝总理不仅又一次提出"中部崛起"问题，而且把此与东部开放、西部开发、东北振兴并列论及，这既反映了国家经济战略重心的转移，也表达了中央对中部发展的决心与信心。目前的问题是中部人如何抓住这次机遇走出困境，摆脱尴尬，奋力崛起。

中部的问题，其中最重要的，一个是有效政策供给不足，另一个是先天性、后天性多种因素制约。相对东部开发，中部受观念、制度以及新技术、新经济的约束太多；相对西部开发，中部受需求冲动性和发展主动性的约束太重；相对东北振兴，中部受政策、资金的约束太大。客观地说，现时体制下的中国经济，在本质上仍然是政府推导型经济。当年东部在改革中崛起，首先是得益于政府政策的推出，即划出特定地带，实施特殊政策，采用特别方式；5年前的西部所以进入开发，也是政府政策的推导；而东北振兴，几乎是中央直接提出来并随之输入了相应的政策和资金，从而激活了黑土地。中部要崛起，虽然说不能完全依赖政策，但没有一定的政策支持也是难以快速崛起的。但政策也不是唯一的因素。按照区域经济理论学说，一个地区经济的发展，根本的还在于该地区人们自身的崛起，也就是说要有一种内生变量和内在驱动力，自我奋进。然而，也许是几千年的封建文化积淀和影响，中部一些人们的观念、意识总是裹足不前，"小富即安"，总认为比不上东部却又好于西部，自我满足，自我安慰，缺乏激情，缺乏经济层次上的需求冲动。就发展方面而言，早在20世纪80~90年代，中央在研讨东中西三大经济地带发展问题时，就提出了随着东部的改革开放，要逐步把经济战略的重心转向中西部，特别是发挥中部承东启西的桥梁作用。然而，这个决策及其信息似乎没有引起太多的注意，没有实践到中部经济的发展进程中去。由于缺乏整体发展上的拼搏主动性，国人调侃中部是"不东不西"、不上不下，虽然守着不少资源，却既没有多少原创和开发，也没有凭借地缘条件承接和提升，甚至一味躺在"农字号"上向国家要"皇粮"。中部要崛起，不从意识观念上转变，不从自身行为上转变，就不可能有什么真正的崛起。

——立足中部，活力崛起，首先应形成一些战略思考和战略谋划，把中央促进中部地区崛起的宏观战略和中部地区自身发展的区域性战略结合起来，方能产生实际效应。从中部地区的区情特点看，中部地区经济的发展和其他地区一样，也要发挥优势，扬长避短。

——立足资源优势，实施地域个性化发展战略。中部地区是典型的资源型经济，这种资源经济的开发及其产业链的构建，应当成为中部地区发展的物质基础和基本力量，如农产品加工、食品加工、机械加工以及能源、化工、轻纺、旅游、服务等。这些年的问题是只讲承接产业转移，忽略本地产业的改造与提升，所以一直形不成规模产业、优势产业、个性化产业。

——立足区位优势，实施大商贸和现代物流业发展战略。中部地区有3个基本特点：第一个是人口大区，占全国总人口比重的28.1%；第二个是财政穷区，中部六省年度地方财政收入总和只相当于广东一个省；第三个是工业小区，这些年几乎各省都在喊拉长工业短腿，但无论是现在的中部，还是历史上的中部，硬是"一往无前"过着"撑不死"也"饿不着"的生活。那么，是什么助推了中部的悠悠前行呢？恰恰是中部得天独厚的地理区位优势及其建筑在这一区位优势基础上的商贸产业的功绩。而在今天，这个优势不仅不能丢，并且还要实施大商贸和现代物流业发展的大战略。

——立足后发优势，实施战略产业、新兴产业发展战略。中部崛起既要立足现实基础，更要寻求后发优势，在新的起点、新的层面上形成新的发展格局。如招商引资，就不能再沿袭过去的是"资"就引，而是一方面要按照新型工业化道路的要求，谋求循环经济、可持续发展经济；另一方面，要把招商引资的重心调整到生物制药、汽车、IT产业等方面，形成以战略产业、新兴产业为支持背景的后发经济优势，务实提升中部经济竞争力。

——立足传统优势，实施开放带动下的新文化、新制度、新技术对接战略。随着2006年加入世界贸易组织（WTO）承诺内容的全面实施，中部人应自觉地冲破几千年封建文化的束缚，与时俱进，全面提升新文化素质，做现代企业、做现代人，理性劳动、理性经营，创新制度、创新技术，顺应和融入经济全球化及其新经济发展的趋势。

（原载于《中国改革报》，2005年5月23日第1版）

关于中部崛起与中原崛起的政策思考

随着中央提出中部崛起的战略思路，国家发展和改革委员会在最新的一项研究报告中也把"促进中部地区经济发展、实现中部的崛起"列入中国宏观经济发展的战略重心。在学术界，有关中部崛起的理论探讨也已近乎成为当代中国的又一焦点和热点问题，包括中央领导近期也都频频走到中部，或调研或座谈。种种迹象表明，沉睡的中部确实要崛起了，中部崛起的步伐正在务实性地迈开。这对于中部、对于河南，既是机遇又是挑战，而能否使河南实现中原崛起，进而为中部崛起做出自己的应有贡献，重要的是能否争取到积极的国家政策取向与支持。

中国社会主义市场经济并非西方完全的市场经济，在推进社会经济的全面进步中，政府的宏观调控，特别是利用政策的导示、影响，仍是不可或缺的。20多年前东部的改革与开放，5年前西部大开发的启动，1年多前"东北振兴"计划的实施，无一不是在中央的宏观政策引导下而实现的，以至于有些地方形成了"要项目、更要政策"的观念。可见，现行政策的取向与支持，对于地区经济社会发展是至关重要的。

政策是行政主体对一定时空范围内的活动的方针、策略及其现行要求。从应用经济理论出发，一个省级经济政策系统包括国家已出台的经济社会政策、省级政府制定的经济社会政策等。政策是一个动态概念，会因时、因事、因地、因具体形势特点而不断调整、充实、创新、完善。争取积极的国家政策，一是积极在经济社会实践中充分利用好国家已出台的相关政策；二是针对新形势和区域的特殊性，积极动议国家制定或调整某些政策；三是积极借鉴周边或同类省、市行之有效的现行政策，从而给予本区域自然人或法人活动的具体政策导向、政策条件、政策支持。在利用好已有政策方面，如中央给予西部的一些政策，其实中部也同样可以利用，因为中央在20世纪90年代中期以来基本上都是提的"中西部发展"；又如，促进东北等老工业基地振兴政策，郑州、洛阳、三门峡诸城市也应当在"老工业基地"之列，也应享有"振兴"的相关政策。在动议国家制定或调整某些政策方面，主要是从河南与中部、与全国经济社会发展的关系，特别是从整个中部地区的共性要求出发，提出一些相关政策建议。如考虑河南或中部地区经济基础普遍较弱，有资源、有区位、有交通等优势，却又受制于资本、技术、高级劳动力短缺以及市场发育程度低等因素，提请中央进一步给予招商、融资、引资、进出口等优惠政策，同时，给予更多、更大的省市经济发展的自主权等。毋庸置疑，中部地区也确实有自己的调整、制定新政策的理论依据。

第一，中部地区仍是"三农"集聚地。中部六省经济中，除武汉一个历史上的"工业重镇"之外，基本上都属于农业省份，农业人口多、自然条件差，老少边穷多、发展基础差，初级产品多、产业升级能力差，中部的"三农"问题事实上已危及国家商品粮基地的建设与发展。

第二，中部地区的"中国制造"尚需中央助力。中部是国家早期生产力布局和国防建设的重地，各省均有不少国家重点企业及"三线"军工厂。和"东北"一样，它们曾经为新中国的建设与发展做出了不可磨灭的贡献。这些企业，虽然一直在努力地变革着，但终因经济基础的拮据，发展比较缓慢，技术升级、合资合作等都普遍进展迟缓。面对大力推进全面小康社会建设、走新型工业化道路，没有中央的支持，或是政策倾斜，显然是难以有实质性进步的。

第三，中部地区拥有着特殊的区位与资源优势，但也同时受到相应方面的制约。中部处于内陆腹地，自古以来是兵家设防和备战之要塞，在今天的许多沿（铁路）线、沿（公路）边地带，虽然有着丰富的交通资源、矿物资源、旅游资源，却不能开发，不能利用，因此使当地经济发展受到一定局限，这在客观上需要中央给予相应地方的一些特殊政策，以使这些地区另谋出路。

第四，中部地区多是经济大省、财政小省。在中部，六省地方财政收入的总和（1162亿元）仅等于广东一个省（1160亿元）。地方财政收入占GDP比重，六省的平均水平是5.4%，而同一指标上海12.31%、广东10.9%、山东6.1%、江苏6%、浙江7.42%。这一现状决定了中部六省本级财政的艰难性。在这个经济条件下，中央不做政策上的某些调整，或是不给予中部发展某些特殊政策，将是不利于中部崛起的。

区域经济理论揭示的一个规律就是区域发展的根本，还在于区域体内自己的发展，即靠内生变量策动。但当地区的基础过于恶劣、中央政策又不能给予大量的资助时，唯一的办法就是强化两个机制——市场机制与政策机制——在发挥市场对资源配置的基础性作用的同时，发挥中央政府的积极的政策推动作用。

"中部兴，中华兴。"与东部甚至西部、东北相比，中部事实上已沦为"塌陷"区，但是中部又不能不发展，而且还不能不快速发展。因为，中部如此下去，将很可能进一步拉大中国区域经济的差距，可能直接影响到中国整个国民经济与社会发展及全面进步。所以，中部必须急起直追，奋力发展。20多年国家改革开放的成就也是国家宏观政策作用的成就，在我们完善社会主义市场经济体制、促进"中部崛起"的进程中，积极的国家政策依然起着重大的作用。

(原载于《科学发展与中原崛起》，河南人民出版社，2007年12月第1版)

中原崛起与循环经济

循环经济是一种节约资源、净化环境，实现可持续发展的生态经济形态。发展循环经济是转变经济增长方式、实现中原崛起的迫切需要。发展循环经济应从构建五个层次的梯级循环系统入手。发展循环经济应注重观念、机制、技术的全面调整、创新与综合配套。

中共河南省委七届五次全会审议通过的《河南省关于全面建设小康社会的规划纲要》提出，要在优化结构和提高效益的基础上，确保实现人均国内生产总值2020年比2000年翻两番以上，达到3000美元，努力使河南的发展走在中西部地区前列，实现中原崛起。中原崛起不仅仅是一个经济目标，而且是一个全面发展、协调发展和可持续发展的目标。从河南现在的发展势头看，实现国内生产总值翻两番以上应该不成问题。但如果沿袭传统的发展模式，资源将难以为继，环境将不堪重负。与传统发展模式相比，循环经济要求按照生态规律组织整个生产、消费和废物处理过程，其本质是一种生态经济。从一些发达国家及河南省的实践看，发展循环经济将从根本上减轻经济增长对环境的压力，实现环境与资源对经济建设的持续支撑。近年来，党和国家领导人多次强调要大力发展循环经济。2003年3月，胡锦涛总书记在中央人口资源环境工作座谈会上明确指出："要加快转变经济增长方式，将循环经济的发展理念贯穿到区域经济发展、城乡建设和产品生产中，使资源得到最有效的利用。最大限度地减少废弃物排放，逐步使生态步入良性循环。"具体到河南来讲，要走上"可持续发展能力不断增强，生态环境不断得到改善，资源利用效率显著提高，人与自然关系和谐，推进整个社会走上生产发展、生活富裕、生态良好的文明发展道路"，实现中原崛起，必须从构建5个层次的梯级循环系统入手，注重观念、机制、技术的全面创新与综合配套。

一、什么是循环经济

所谓循环经济，本质上是一种生态经济，是指遵循自然生态系统的物质循环的能量流转规律，重构经济系统，使其和谐地纳入自然生态系统的物质和能量循环利用的总过程，形成以产品清洁生产、资源循环利用和废弃物高效回收为特征的新增长方式。它依照生物圈和生物链的原理，整合各种先进技术，实现对大自然"索取"与"回报"的统一。它要求按照自然生态系统的循环模式，将经济活动有机地组成一个"资源利用—绿色工业—资源再生"的封闭型物质和能量循环利用的反馈式流程，实现经济运行的"低消耗、高利用、低废弃"，最大限度地利用进入系统的物质和能量，提高资源利用率；最大限度地减少污染物的排放，提升经济运行的质量和效益，将经济活动对自然环境的破坏减少到最低程度，从而达到"人类向自然的索取必须和人类对自然的回馈"的平衡。

循环经济要求经济过程的减量化、再利用、再循环。即形成"资源—产品—再生资源"的反馈式流程，使产品的开发到产业的延伸构成一个循环链，并按照自然规律和经济规律，利用科技手段构建新的生态经济体系，实现经济、生态、社会三种效益的统一，也就是"3R"原则：

——以资源投入最小化为目标的"减量化"原则。针对产业链的输入端——资源，通过产品清洁生产，最大限度地减少对不可再生资源的耗竭性开采与利用，并应用替代性的可再生资源，以期尽可能地减少进入生产、消费过程的物质流和能源流，对废弃物的产生和排放实行工艺技术控制。资源投入的减量化，就是要通过资源综合利用和循环使用，尽可能节约自然资源，节省自然消耗成本。

——以延长产品和服务的时间强度为目的的再利用原则。即尽可能多次或多种方式地使用物品，避免物品过早地成为垃圾。与后工业社会一次性产品推广相反，循环经济强调在保证服务的前提下，产品在尽可能多的场合、尽可能长的时间内利用而不废弃。

——以实行清洁生产、谋求高资源废弃物回收率为目的的再循环原则。即从输出端在材料选材、产品设计、工艺流程、产品使用到废弃物处理的全过程，实行清洁生产，最大限度地减少废弃物排放，并力争排放的无害化和资源化，以提高废弃物回收率。如回收1吨废纸可以造800千克纸，节约3立方米木材、300千克烧碱和300度电，还可以少排放大量造纸污水。目前，发达国家的再生资源回收总值已超过3000亿美元，占世界国民生产总值的1%，而中国再生资源的回收远远低于中国占世界GDP的相应比例。

循环经济与传统经济的根本区别在于：传统经济是一种"资源—产品—污染排放"单向流动的线性经济，其特征是高开采、低利用、高排放。在这种经济中，人们高强度地把地球上的物质和能源提取出来，然后又把污染物和废弃物大量地排放到水系、空气和土壤中，对资源的利用是粗放的和一次性的，通过把资源持续不断地变成为废弃物来实现经济的数量型增长。其运行的轨迹是一种线性模式，即资源→生产→消费→废物排放→生态环境破坏+资源短缺（至枯竭）。

线性模式最大的缺点是人们对自然生态环境的破坏，直接危及人们生存的空间，不仅将导致经济停滞、下降，还将导致人类的自我毁灭。其运行走向如图1所示。

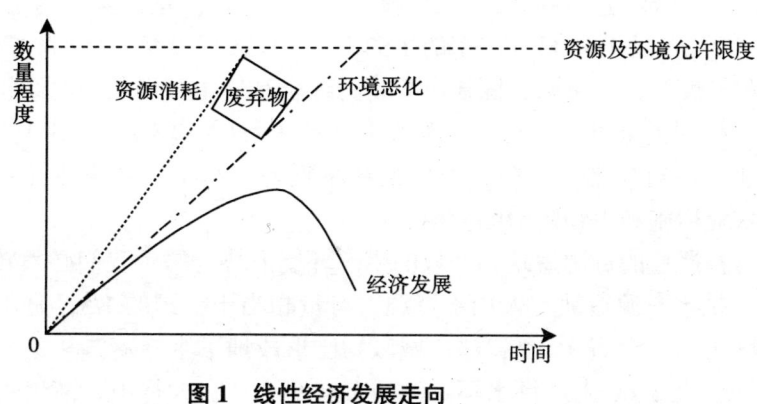

图1　线性经济发展走向

循环经济则倡导与环境和谐的经济发展模式。它要求把经济活动组织成一个"资源—产品—再生资源"的反馈式流程，其特征是低开采、高利用、低排放。所有的物质和能源要能在这个不断进行的经济循环中得到合理和持久的利用，把经济活动对自然环境的负面影响降低到尽可能小的程度。我们所追求的可持续发展的最高目标是要达到三大零增长，即人口零自然增长率、资源能源零消耗率、生态退化零增长率。可见，循环经济为工业化以来的传统经济转向可持续发展的经济提供了战略性的理论规范和运作途径，从而有可能根本消解长期存在的发展与资源、环境之间的尖锐矛盾。

二、为什么发展循环经济

循环经济是新型工业化的重要载体，是转变发展模式、建立节约型社会的有效途径，体现了科学发展观的要求，是实现中原崛起的战略选择。

河南人口众多，资源相对贫乏，生态环境脆弱，在资源存量和环境承载力两个方面都已经不起传统经济形式下高强度的资源消耗和环境污染。如果继续走传统经济发展之路，沿用"三高"（高消耗、高能耗、高污染）粗放型模式，以末端处理为环境保护的主要手段，那么只能阻碍河南省进入现代化的速度。改革开放以来，河南省的国民经济和社会发展取得了重大成就，产业结构逐步升级，技术进步对经济增长的贡献率不断得到提高，实现了经济增长率略高于全国平均水平、人口自然增长率低于全国平均水平的战略目标。然而，不少行业、企业和产品的物耗、能耗水平还相当高，污染物的排放量随着经济的增长而同步增长，自然环境的恶化相当严峻。在工业上，传统产业占主体地位，属于层次较低的资源开发型。如1美元产值所耗能源，河南省大约是中国平均耗能的1.2倍，是日本的19倍。排放污染物中的二氧化硫，按千克算，发达国家平均是2.0，河南省是15.2，为江苏的1.45倍、广东的1.83倍、浙江的1.9倍。同时，河南省资源综合利用的深度和广度有限，固体废弃物的综合利用主要局限于电站粉煤灰和煤矿煤矸石，只用去全省重点行业库存废弃物产生量的60.3%，废水利用率不足45%。农业生产中对化肥、农药、农用塑料薄膜等工业品的依赖度较大，忽视对有机肥、农业措施和生物防治的使用。

日益严重的资源短缺和严峻的生态环境形势，警示我们必须转变经济增长方式：一是水资源短缺，人均水资源占有量相当于全国的1/5，是水资源比较缺乏的省份之一。全省18个省辖市城区均已形成地下水降落漏斗，个别城市地下水位埋深已大于60米，供水不足的城市有9个；在太行山、淅川灰岩分布区、新浕山地以及豫西黄土地区，约有120万人和23万头牲畜饮用水困难。若继续沿用传统的经济增长模式，到2010年，全省水资源缺口将达60亿立方米。二是耕地面积减少速度过快。河南耕地面积总数虽然位居全国第二，但人均仅有0.6~0.8亩，且后备资源量不足，实用耕地面积呈逐年减少趋势。三是森林资源短缺，森林覆盖率偏低，2003年为19.83%，天然林在减少，造成珍稀物种分布区域在缩小。四是矿产资源保障形势严峻，支柱性矿产后备接替资源严重不足，石油、黄金等资源探明储量的增长速度远低于开采消耗速度，煤炭储采比不及全国平均水平的1/4，2/3的铁矿石需要从国外进口。五是电力供应紧张，有关方面预计2004年夏季，河南省电力缺口将高达200万千瓦，形势之严峻为近几年少有。六是生态环境形势严峻。2003年，河南省域内黄河、海河、淮河、长江四大水系中，符合集中式生活饮用水源标准的Ⅰ~Ⅲ类水质河段仅占检测总长度的44.0%，Ⅴ类水质河段达36.8%。空气环境污染仍处于较重的水平。据2003年环境监测数据显示：全省17个省辖市（周口未评价）空气质量级别为优的只有1个市，为良的也只有7个市，其余9个市为轻污染、中污染或重污染，悬浮颗粒物仍是影响全省空气质量的首要污染物。同时，水土流失严重、土壤肥力下降，土地荒漠化威胁仍存在。河南省水土流失面积占山丘区总面积的82%，特别是太行山、伏牛山地、桐柏山和大别山四大山系的低山丘陵和豫西黄土丘陵水土流失更为突出。流失掉的土壤中氮、磷、钾量折合标准化肥约达100万吨，比全省山区每年使用的化肥总量还要多。由于环境的恶化带来自然灾害频繁。继1998年发生秋冬连旱、1999年夏旱、2000年春旱后，2001年又遭受春夏连旱的特大灾害，2002年和2003年秋季因涝灾大大减产。2001年全省共出现8次较为明显的沙尘天气过程；夏季出现持续高温；冬季大雾频繁。主要地质灾害如崩塌、滑坡、泥石流、地裂、塌陷、地面沉降等，据统计，20世纪50年代发生4次，60年代发生11次，70年代发生16次，80年代发生82次，90年代竟达102次。据测算，2002年，河南省因资源浪费和环境污染造成的损失大体相当于GDP的10%以上（全国为14%，主要是西部地区沙化严重）。因此，我们要增强责任感、紧迫感，把大力发展循环经济作为节约资源、保护环境之盾，深度开发、提高效率之矛，开发新能源（特别是生物能、太阳能等绿色能源），创造新型材料，发展绿色产业和绿色产品，提高土地和矿产资源的利用率，拓展生态旅游业的空间，增强各种资源的储备能力和安全保证，实现从以数量型效益为主的经济向以质量型效益为主的经济的转变，形成独具河南特色的现代集约型生态经济，为中原崛起打下坚实的基础。

三、怎样发展循环经济

发展现代循环经济是一个系统工程，它作为一种新型发展模式，应当构成一个完整的体系，分层展开。可分为五个大的层次（中间还会有若干准层次）：

第一，大循环指全国性的若干大的生态循环体系，如治理"三河"、"三湖"。同河南相关的有黄河和淮河治理工程、南水北调中线工程、退耕还林还草工程、治沙治碱工程、优化能源结构工程以及发展生态农业等。

淮河治理工程。淮河源头在河南，其流域面积涉及河南11个省辖市的66个县。淮河的治污工程首先要在河南境内的干支流段更大力度地强化污水排放管制，加大对不能达标排放的企业及有关企业、行政领导的惩罚力度，加强源头治理。在上游和中游建立生态区，严禁污染企业在生态示范区内投资建厂，实施农业产业化的生态循环工程，对田地多施有机肥，对病虫害采取生物防治，防止化肥对土地的污染和农药在土地、农作物上的残留；信阳多山多丘陵，应大力鼓励山区丘陵地带种植速生丰产林、经济林，促进区内的绿化。

南水北调中线工程。南水北调中线工程的源头在丹江口水库，总干渠长1267公里。其中，河南省境内有731公里，占总干渠长度的近60%；丹江口水库水域面积的52%在河南境内，汇水区域涉及河南的南阳、洛阳、三门峡三个省辖市的下辖6县（市）。此工程是全国范围内的跨区域的水资源循环利用，完工后可以缓解中国北方和河南省水资源缺乏的局面，也对河南省经济增长方式的转变有重要意义。整个工程中最关键的是水质问题。河南省在南水北调中线工程中的地理位置要求我们需要认真做好治污、防污、绿化工作。一切产业的发展都要杜绝对生态环境造成破坏。

积极实施"绿色中原"战略。强化对黄河故道、黄河流域的沙化地、盐碱地的治理力度，并同新型工业化道路发展结合起来，调整产业结构，降低"三废"的排放。

优化能源结构，实施"绿色能源"战略。中国的能源消费结构中，煤炭约占75%，严重污染了空气，影响了生态环境质量。河南省也应当积极寻找替代的绿色再生能源解决目前能源紧张和生态恶化问题。

第二，中循环指区域性特别是城市的现代循环经济。各区域单元要根据本身的自然、经济特点，建立个性化的经济与生态的良性循环体系。各类城市（特别是大城市）是中循环经济的重点，围绕产业结构调整和居民公共消费来治理"三废"和处理垃圾，建立利用、净化、回收的循环经济。通过建立城市现代循环经济减少区域性污染源，实现资源节约，带动区域单元实现良性循环，包括机动车尾气的排放、废水的处理、建设雨水收储库、垃圾处理等。据测算，中国城市里的每吨垃圾中，有180公斤废塑料、80公斤废纸、40公斤纺织品、30公斤废金属、15公斤废玻璃、30只废电池、320公斤生物垃圾，也就是说占总量2/3以上的垃圾都可以回收再利用。回收的废品中，1吨废塑料可炼汽油700公斤，1吨废纸可造纸800公斤，易拉罐和玻璃瓶再生可节约物质90%以上，一次性木筷可以造纸，生物垃圾可制成优质肥料，不能回收的纸屑、布头等可燃烧发电。这样，可以使垃圾被充分利用，实现其潜在价值最大化。垃圾被充分回收利用后，每吨至少可创产值3000元，郑州市年产70万吨的垃圾可创产值21亿元以上，全省年产500万吨的垃圾可创产值150亿元以上。目前，河南省已有许多城市正在开展这项工作，有的工业基地（如上街）已确定为全国实施循环经济的试点。

在农村，大力实施秸秆的综合利用。秸秆可以作为某些商品的原料，通过对秸秆的加工增加了秸秆的价值，河南省已有很好的经验。如将秸秆作为饲料，特别是利用科技成果将秸秆处理后转化成生物饲料。河南农业大学研制成功的一种生态制剂，使麦秸秆经发酵处理后消化率提高24.14%，4千克麦秸秆作物饲料相当于1千克玉米的营养价值。秸秆作为牲畜饲料过腹还田，不仅促进畜牧业发展，还能为农田提供大量的优质肥料，增加了土壤的蓄水保肥能力，促进了农业的可持续发展，也可以拉长秸秆过腹还田的生态产业链条，建立"秸秆饲料—牲畜粪便—沼气与渣—肥料"的产业链，通过物质的重复利用，使秸秆的经济效益和生态效益最大化。焦作市的玉米秸秆综合利用率达到了85%以上，促进了畜牧业和食用菌两大产业的长足发展。再如，秸秆燃气技术还可以减少秸秆焚烧造成的大气污染，节约天然气、煤炭等不可再生能源，改善农民生活质量，减轻炊事劳动强度，改善农村卫生条件。

第三，小循环主要是社区和企业，重点在污染大、消耗高的企业。企业和社区要从清洁生产、绿色管理和"零消耗"、"零污染"抓起，实施"物料闭路循环"和能量多级利用，使一种产品产生的废物成为另一种产品形成的原料，根据不同的对象建立水循环、原材料多层利用和循环使用、节能和能源的重复利用、"三废"的控制与综合利用等良性循环系统。根据河南本省的具体情况，可以首先从河南的支柱型产业和污染大的行业入手，发展循环经济。例如，煤炭工业基地重点建设以煤矸石和褐煤利用为核心的循环经济，永煤、焦作、义马等矿，已有很好的经验，应大力推广。又如，火力发电企业重点发展以"煤—电—铝"及"煤—粉煤灰—水泥、建材"为主体的循环生态产业链，也有成功的典型。

从现状看，冶金企业是治理废气的重点，造纸企业是治理废水的重点。河南安钢集团每年二氧化硫排放量就高达4万吨。该集团采用了焦炉煤气脱硫新技术后，不仅净化了环境，还提高了钢材产品质量，并且使煤气中的有害物质变废为宝，产生可观的经济效益和社会效益。漯河中COD量的63.7%来自造纸厂的污水排放，河南境内的海河COD含量的80%也来自造纸厂。使用碱法化学制浆造纸的企业（大部分造纸企业使用的技术），如果采用碱回收技术，可以使黑液提取率达到85%以上，碱回收率达到75%以上，不仅可以有效治理黑液污染，还可以利用回收的碱创造效益，实现循环利用。河南舞钢市海明集团兴建的"黑液资源化工程"，不仅处理了全部黑液，保证了废水的达标排放，还同时采用高科技将黑液改性，生成紧俏产品木质素磺酸钠，每吨可卖千元以上。仅半月该产品就售出1000多吨，成为该厂的一个新的产业。应当说，治理废气、废水的工作任重道远，特别是循环用水的工程需要下大力度开展。

河南省食品、饮料工业企业的强化"工业生态系统"与"自然生态系统"相耦合的资源循环利用做得较好，河南天冠集团是全国的典型。它们采用酒精清洁生产闭路循环的工艺流程，对生产过程中产生的废弃二氧化碳、糟液、沼气消化液、废水等实行资源化、减量化、无害化。二氧化碳回收制成低温低压高纯度液体二氧化碳作为饮料、啤酒原料；将酒精糟液过滤，糟渣制成质优价廉的干蛋白饲料，过滤液进行沼气厌氧发酵，制成居民生活用燃料和工业原料，对沼气发酵液进行分离、干燥，制成高效有机肥；对沼气消化液进行净化处理，形成合格的工业用水，供生产使用。1998年，综合开发利用产品实现产值占企业总产值的15%。企业对其产品酒精进行深加工，生产醋酸、醋酸脂和工业原料黄原胶，既增加了利润又分散了产品市场风险。

在农业中，重点是拉长链条，发展节水型的生态农业。南阳、安阳、焦作等地发展起来的农牧区现代经济主要是以沼气为纽带的生态模式。该模式利用粮食、饲草、农作物秸秆搞养殖；把畜禽粪便填入沼气池；产生的沼气用于农户炊事、照明、温棚加温及二氧化碳施肥、果品保鲜等；沼渣用于农作物基肥、鱼塘饵料；沼液作追肥、叶肥、喂猪、浸种等。该模式拉长了生物间的生态链条，并使整个农业生产过程达到了自净。

第四，微循环指城乡居民家庭经济。城市居民家庭是一个消费的基本单位，随着现代化进程深化将有大量成分复杂的垃圾排出。微循环经济要求家庭经济行为按照生态的要求节约资源、净化环境、反复利用、优化人居环境等，建立"家庭绿岛"。在农村应建立和推广生态经济型家庭经济，如以生物食物链为平台，构建以"种养加"和沼气为链条的微型循环经济，解决厕所卫生、畜圈卫生、秸秆气化、排除污染、庭院绿化和利用太阳能、风能等一系列问题。从大量成功的经验看，大力发展沼气是个中心环节，它的前端可以促进农业向畜牧业转化，它的后端能够促进农村能源结构的改变，并且增加高效有机肥。这本身又构成一个小型的产业链条，既清洁，又增收。

第五，个人行为发展循环经济，要从每个人做起。作为个体的个人既参加一定生产经营和其他事业，获取收入，又每天消费。发展循环经济对生态环境和个人健康影响很大。要倡导个人对循环经济的支持（如环保、卫生习惯、养生、生态伦理），尽力履行环保、节约的义务，支持各层次循环经济的形成和发展。

以上五个层次中，大循环是大局，中循环和小循环是重点，微循环和个人行为是基础，而最关键的环节在于中循环和小循环。就是说，抓住了城市和企业（排污大户）便可牵住整个循环经济的"牛鼻子"。在农村，农户家庭的微循环格外突出，是农村发展循环经济的根基。

四、发展循环经济要采取哪些措施

由传统的线性经济向现代循环经济转轨，意味着进行一次经济领域的革命，涉及生产方式、经营方式乃至经济体制的变革，对于河南来说，就是为中原崛起增添强翼。这就需要制定全面的规划，既要以最快的速度实现关键部门功能转型，又要在面上有步骤、有重点地展开。按先急后缓、先点后面、先易后难的原则，分地区、分行业、分层次排队，有重点、有样板、有硬性措施地推行，处理好各层次之间的关系。根据全省全面建设小康的规划，可以考虑"十五"期间抓好重点地区、重点行业，培育和树立典型，建立示范区；"十一五"期间应全面展开，把发展现代循环经济与实现新型工业化融为一体，建立新的发展模式和经济体系。为此，有必要采取如下一些配套措施：

——普遍树立循环经济理念。发展循环经济是实现可持续发展的重要途径，既关系当代发展，又涉及千秋万代，利国利民。发展循环经济是一项系统的社会工程，需要政府、企业、科技界和社会公众共同参与，统一思想，凝聚人心，最大限度地吸引全省人民的注意力，增强全省人民的循环经济理念，克服重经济轻环境、重开发轻节约的陈旧观念。牢固树立可持续发展的战略思想，切实提高实施循环经济战略的自觉性和主动性。

——借鉴国内外成功经验，完善有关节约资源、保护环境、促进循环经济发展的法律法规体系。我们应当借鉴国外的经验，通过立法的形式，制定适合河南省的循环经济法规，使之能真正起到预防和绿色导向作用。德国是发展循环经济的先驱国家，早在1972年该国就制定了《废物处理法》，后又通过了诸多法律条例。美国虽然目前还没有一部全国性循环经济法规，但是自从新泽西、俄勒冈和罗德岛等州在20世纪80年代中期制定《促进资源再生循环法》以来，现在已有半数以上的州制定出了不同形式的再生循环法规。日本是发达国家中立法最为全面的国家，已先后制定了《容器包装法》、《家用电器循环法》、《再生资源利用促进法》等一系列法律法规。中国在2002年颁布了《清洁生产促进法》，目前陕西、辽宁、江苏等省以及太原等城市也制定了地方性清洁生产政策和法规。河南省也颁布了一些与之相关的法律法规，但总体上促进循环经济发展的法律法规尚处于起步阶段，还极不完善，因而建立促进循环经济的法律法规是当务之急。

——加快制度创新，建立消费拉动、政府采购、政策激励的循环经济发展政策体系。制度的建立及其创新，决定着循环经济的实施及其效应。如果说，长期以来的线性经济是与原有制度特性相联系的，那么，今天大力发展循环经济，则必须反思制度的影响因素，创新制度，完善制度，包括我们的经济制度、社会制度、管理制度等，运用好市场和政府"两只手"，以促进循环经济发展，规导人们按循环经济规律办事，形成循环经济条件下的体制和机制。政府应进一步发挥宏观调控职能，增强"绿色引导"和"绿色控制"的能力，促进全社会从追求单纯的经济增长到追求经济、社会、环境的协调发展。例如，建立和完善绿色产品消费政策，鼓励公众购买绿色产品；逐步加大政府采购中绿色产品的比重，在政府绿色采购部分实行"阶段性政府采购政策"；通过政策调整，使得循环利用资源和保护环境有利可图，使企业和个人对环境保护的外部效益内部化。按照"污染者收费、利用者补偿、开发者保护、破坏者恢复"的原则，大力推进生态环境的有偿使用制度，通过经济利益诱导、市场竞争和选择，引导生产者与消费者行为转轨。

——以科技主导经济发展规律作指导，开发建立循环经济的绿色技术支撑体系。循环经济的发展需要以先进技术、关键技术作为支撑点。而循环经济与传统经济活动的"资源消费→产品→废物排放"开放型物质流动模式相对应，是"资源→产品→再生资源"闭环性物质流动模式。其技术主体要求在传统工业经济的线性技术范式基础上，增加反馈机制。微观层次上，要求企业纵向延长生产链条,从生产产品延伸到废旧物品回收处理和再生,特别是对一些重点行业(如造纸、水泥、化工、建筑等),要先推广一些简单易行的技术措施,对重点企业要高起点地投资于循环经济;同时,拓宽横向技术体系,将生产过程中产生的废弃物进行回收利用和无害化处理。宏观层次上,要求整个社会技术体系实现网络化,发展高新技术环保产业,使资源实现跨产业循环利用,综合对废弃物进行产业无害化处理。现在,环保部门和研究机构应当加强相关技术的创新和推广,加强对基层单位和广大群众的技术培训。

——抓好生态城市、生态示范区试点建设工作,以点带面,积极推广。目前,全省有国家和省级生态示范区试点单位34个,其中,国家级18个、省级16个,形成了包括生态农业型、生态旅游型、农工贸一体化型、乡镇企业型和生态破坏恢复型等类型齐全的生态示范区体系。河南省生态示范区建设试点自启动以来,在各级党委、政府的重视和关怀下,全省生态示范区建设发展迅速,在推进试点地区经济、社会和环境保护协调发展的同时,对周边地区产生了一定的辐射作用。但河南的生态示范建设还处于起始阶段,普及面小,深度较低,质量也不高,全省目前尚没有一个生态示范工业园(包括试建)。在肯定成绩的同时,各地要在总结成功经验的基础上,加大试点工作力度,做到由点到面,以点带面,积极推广。有条件的地区,要因地制宜,抓好生态示范工业园的筹建工作,尽早全面推广,推进河南早日成为循环经济大省、强省。

(河南财经学院、《河南日报》课题组,主持人:杨承训、王亚明;成员:郭军、孙德中、刘玉梅、刘瀑、张新宁、崔同、周振鹏、陶俊、李兵

原载于《河南日报》,2004年6月10日第6版)

中原群起小康村的启示

社会主义就是要消灭贫困，实现共同富裕。为此，邓小平同志构思了解决温饱、实现小康、达到中等发达国家水平的中国现代化建设"三步走"的战略目标。目前，第一步目标已基本实现，2000年能否实现第二步目标是关键。要达到这一目标，重点在80%的农民能不能达到。"没有农民的小康，就不能有全国人民的小康。"广大农民群众生活水平提高的程度、快慢直接关系到中国经济发展战略目标的实现。因此，如何组织农民实现从温饱到小康的跨越，就成为一个需要不断探索和解决的重大问题。河南省委、省政府在认真总结各市、地农村奔小康经验的基础上，1992年提出"90年代以实现小康为总目标、总任务统揽农村工作全局"的指导方针，作出了在全省农村开展小康村建设的决定，并具体部署了实现小康村目标的指导思想、原则、标准、途径和措施。

几年来，经过全省上下共同努力，小康村建设取得了令人鼓舞的成绩。1994年，全省已有2500个村跨入了小康村的行列。这些小康村各具特色，既有从发展优质高效农业起步的，也有靠发展乡镇企业，以工补农起家的；既有逐步发展起来的，也有跳跃式前进的。它们的共同点都是实现了经济高速增长，农民的物质文化生活水平有了显著提高。在小康村的示范带动下，全省农村经济发展步伐进一步加快，整个农村面貌发生了深刻变化。实践证明，开展小康村建设，既是加快农村发展的有效形式，也是推动整个国民经济持续、快速、协调发展，实现社会主义现代化建设第二步战略目标的重要保证。中原群起小康村，给我们的启示是多方面的。

启示之一：各级党政机关齐抓共管

党和政府在小康村建设中扮演什么样的角色呢？是像过去一样坐镇"瞎指挥"，还是甩手不问呢？河南各地的做法是：既给予宏观政策的指导，又提供方方面面的服务。可以说，点缀在中原大地上的千百个小康村的发展，每一步都留下了从省委、省政府到乡村各级党政机关的脚印，每一个小康村都是各级政府在富民网上织下的一个结。各级政府为小康村建设创造了较好的政治环境、政策环境、经营环境和发展环境，是推动小康村在快车道上飞驰的根本保证。省委明确提出了"90年代以实现小康为总目标、总任务统揽农村工作全局"的指导方针、省政府制定了《河南省小康村建设规划》。随后，从省级到地方，各级政府纷纷行动起来，狠抓落实。"人民政府为人民，汗水如豆洒乡土"，各级政府和各个部门为小康村建设提供实实在在的服务。仅1994年，郑州市就筹集扶贫资金5965.7万元，组织市直属机关32个局委组成扶贫工作队，分赴10个贫困乡村扶贫建小康，还从市、县、乡抽调1720名精兵强将，深入小康村建设攻坚第一线，重建基层支部288个，传经送宝，治愚治贫，起到了良好的作用。全省上下联动，左推右扶，各地出现了非常可喜的局面：村内办企业需要电，电业部门来架线；养殖要技术，科协派骨干；项目要资金，银行发贷款；产品无销路，县长打前站。有些村庄由于山高路远，交通不便，信息不灵，文化落后，发展受到极大的限制。怎么办？政府就出面帮助他们搞异地开发或移民开发。20世纪80年代初，巩义市特困村——天井坑村办了一个橡胶加工厂，但苦于山高谷深，交通不畅，难以发展，政府就帮助它移厂到上街工业开发区，办起了更大规模的华源橡胶厂，仅1994年就实现利税600万元，人均纯收入达1605元，一举跨入小康村行列。可见，政府为小康村造"气候"、建"温巢"，对贫困村拉一把、送一程，不失为好办法。

启示之二：发挥党员干部的先锋模范作用

在古老的中原大地雨后春笋般涌现的小康村中，普遍流行着一句发自朴实农民肺腑的至理名言："要想富，靠支部。"的确，没有哪一个小康村不是依靠村支部、村委会组织农民干出来的，战斗堡垒在新的形势下充分发挥了致富攻坚作用；没有哪一个小康村不是依靠党员干部无私奉献、率领群众闯出来的，先锋模范在"双文明"建设中表现出了带头作用。从党和政府的角度来看，"抓小康的关键是抓基层，抓基层的关键是抓好党支部"。农村党支部建设的好坏，直接关系着小康村建设的兴衰成败。马庄村之所以能在1992年率先走进焦作市小康村的行列，就是因为该村有一个铁打的好支部和铜铸的好村委。党支部和村委会一班人的座右铭是："贪财怕事莫进此门，艰苦奋斗造福人民。"他们自觉地"三严、三不、三带头"，即对自己严，对家属严，对亲友严；不以权谋私，不大吃大喝，不贪污受贿；带头完成各项任务，带头进行批评与自我批评，带头干危险艰难的事。正是在多次被省、市评为"先进党支部"和"先进村委会"的带领下，马庄村人们硬是把一个昔日落后的小山村变成了今天年产值超亿元的富裕村。

启示之三：兴办乡镇企业，以工兴农，以商促农

实现农村小康，其主要标志之一就是农民收入的大幅度增加和农民物质文化生活水平的提高。中国目前有9亿农村人口，人均耕地少，剩余劳动力多，妨碍着农民收入水平和生活水平的提高。因此，如何增加对农业的投入，以增加农产品的有效供给，如何调整农村产业结构和就业结构，转移农村剩余劳动力，以充分发挥劳动力资源的优势，是当前农村奔小康中最迫切、最现实的两个问题。河南省小康村建设活动的实践充分证明，解决上述两个问题的有效途径就是大力发展乡镇企业，大力发展农村二、三产业，大力发展乡镇企业，发展农村商品流通，既可以解决钱从哪里来的问题，增加对农业的投入，实现以工补农，以商促农，农工互补，又可以使农村剩余劳动力在离土不离乡的前提下得以有效转移和合理安排。河南率先达标的小康村，大都是以发达的乡村企业为后盾的，比较典型的刘庄、南街、竹林等更是如此。党的十一届三中全会以来，刘庄的工商业发展迅速，10多年来，它们完善经营机制，调整产业结构，实现了农工商综合经营，产供销协调发展，向着生产的专业化、社会化、商品化方向阔步前进，先后建起了造纸厂、奶粉厂、食品厂、化工厂等村办企业，特别是采用现代生物技术办起了制药厂、利用中原玉米资源丰富的优势，生产中国短缺的药品原料肌苷。这家药厂不仅每年创产值4000多万元，而且使刘庄的"泥腿子"跨进了现代高新技术的生产领域。刘庄工业的发展，带动了农业现代化建设。它们先后投资260万元装备农业，购置了超轻型农用飞机、微机、汽车、吊车、拖拉机、联合收割机、挖掘机等机械100多台（部）。刘庄全村劳动力600多人，绝大部分都在从事林、牧、工、禽、建筑、服务业，从事种植业的仅有41人。全村1800亩地，5天即可浇一遍水；双抢时节，1400亩麦田，3天即可以全部收割归仓。粮食亩产800公斤以上，皮棉亩产100公斤以上，每个农业劳动力年创产值14000多元，农业生产进入了现代化的新阶段。刘庄的发展说明：农村发展工业不仅不会冲击农业，反而会更加巩固农业的基础地位；发展商业不仅不会扰乱秩序，反而会更加搞活农村经济，增加农民收入。

启示之四：坚定不移地走发展大农业之路

农业是国民经济的基础，更是小康村建设的基础。全省要达到小康水平，农产品的产量和质量都需要上一个新台阶。河南省是一个农业大省，必须着眼于建设有河南特色的大农业，树立大农业观念，在粮食总产量稳步增长的前提下，调整农业生产结构和产品结构，发展优质高效农业，实现科技兴农，提高农业劳动生产率，提高农业比较效益，决不能以农业萎缩为代价搞农村工业化。河南省率先实现小康的村,一般走的都是一条发展大农业,以农为本,农工互补的良性循环之路。南街村结合本村实际,深化农业改革,在自愿的基础上,逐步把2300亩土地收归集体统一经营,在此基础上扩大对农业的投入,实现耕播打收机械化,浇水喷灌自动化,农田管理专业化,达到了旱涝保收,稳产高产。目前,全省各地都在因地制宜,积极利用自身的各种资源优势和地理优势,寻找突破口,已初步形成土地、丘陵地区以采掘加工和林业为主的经济带,平原地区以种养加工为主的农业带,近城地区大力发展运输、商业、饮食服务业等第三产业。只要方法对头,加大投入,就能促进农业的进一步发展。

启示之五:坚持集体经济的主体地位

邓小平同志多次指出,社会主义有两个重要的方面:一是以公有制为主体;二是不搞两极分化。公有制为主体的多种所有制并存是社会主义的原则,共同富裕是社会主义的本质和目的,河南各地总结历史经验教训,既不搞单一的公有制,又注意引导农民有钱出钱、有力出力,大力发展集体经济,推动小康村建设,取得了明显成效。地处郑州市北郊的宋砦村,原是一个人均年收入不足800元的落后小村,1988年,新领导班子上任后,把基层党建与发展集体经济结合起来,艰苦创业,发奋图强,创办了农工商贸易公司,结束了没有村办实体的历史。集体企业像滚雪球一样越滚越大,产值连年翻番。目前,该公司已经发展成为一个拥有22个子公司、3000多名从业人员、从事10多个行业生产的大型村办股份合作制的经济实体——郑州亨达企业集团。1993年,该企业产值突破1亿元,实现利税1014万元,村民人均纯收入达4000元,村容村貌、交通通信、电力水利、住宅生活样样改观。"太行明珠"林州市定角村、"乡村都市"新乡县朱街村、"凉鞋之乡"温县市东梁所村、"毛皮之都"孟县桑坡村、"愚公之家"焦作市西关村、"中州明星"新乡县中街村、"中原新秀"临颖县南街村等,几乎无一例外的都是靠"集体龙头"跃出地平线、奔上小康路的。集体经济不仅圆了中国农民几千年来未圆的食饱衣暖梦,而且避免了两极分化,促进了共同富裕;不仅建起了小康村,保证了农民安居乐业,而且巩固了社会主义制度,体现了社会主义的优越性。

启示之六:因地制宜,扬长避短

实事求是,一切从实际出发,是马克思主义的精髓,也是邓小平建设有中国特色社会主义理论的精髓。根据本地实际,利用自身优势,因地制宜地选准增加农民收入的切实可行的途径,走一条具有本地特色的发展新路子,才能较好较快地实现小康,达到共同致富。否则,脱离本地实际,搞"一刀切",片面追求形式，欲速则不达。从河南省的小康村来看，可以说是各有千秋。有宜工则工发展起来的，也有宜农则农发展起来的；有宜种则种发展起来的，也有宜养则养发展起来的；有单一行业冒进的，也有农工商并举的；有个体经营的，也有规模经营的。

启示之七：尊重知识，尊重人才，提高农民科技文化素质

在农民奔小康的道路上，无论选择的实现方式怎么样，都必须在农民整体素质提高的前提下才能如愿以偿。在小康村的成功要素中，尊重知识、尊重人才，几乎是通用的秘诀。小康村通过引进、培养、选拔等渠道聚集了各类人才。为了"借梯上楼、借脑生财"，引进人才不惜重金相聘，"攀高亲，四处联姻"，并使人才引得来，留得住，用得好。孟县城伯乡武桥村，为了使乡镇企业在市场经济中能站稳脚跟，高薪从外地聘请专家、教授开发新产品，使产品生产一代、储存一代、开发一代，产品质量和市场竞争能力不断提高，经济效益成倍增长。"百年大计，教育为本。"新乡县小冀镇中街村，投资150多万元兴建两座标准化的教学大楼，并配备了现代化教学设备，适龄儿童入学率达到100%，实现了九年制义务教育。发展教育，重用人才，使"第一生产力"在小康村建设中得以充分发挥威力，促进了农村跳跃式的发展。

启示之八：深入开展精神文明建设

正确处理两个文明建设的关系，"两手抓，两手都要硬"，是保证和发展农村经济建设不可缺少的内容。加强农村精神文明建设，不断提高农民思想道德和科学文化素质，是推动农民奔小康的强大动力。"物质变精神，精神变物质"，两个文明可以相互促进，相辅相成，不可分割。河南小康村建设的实践证明，农民奔小康，必须抓好精神文明建设。它们的成功经验是，以经济发展带动精神文明建设，将精神文明建设视为小康发展的内在要求。从对农民思想教育到提高农民的科技、文化素质，从农村文化建设到文明家庭，从计划生育到综合治理，只要有利于农村精神文明建设的事情就一定要抓好。为了提高农民群众的道德水平，各小康村都开展了"学雷锋、讲贡献、比贡献"活动，开展评选"优秀党员"、"优秀团员"、"好妯娌"、"好公婆"活动，引导农民讲文明、讲信誉，助人为乐，为小康村的建设创造了良好的人际关系和社会秩序。为了发展和繁荣农村文化、丰富农民群众的文化生活，用社会主义文化占领农村阵地，小康村普遍成立了电影队、文艺宣传队，积极订阅报纸、杂志，成立"党员之家"、"兵青妇之家"，满足和提高村民的文化生活需要。为了全面坚持两个文明一起抓，小康村把政治、经济、文化等各项指标统一起来，要求全面达标，促进了两个文明建设双丰收。

小康村在某些地方由千年的梦想变成现实，这仅仅只是迈出了第一步。全省实现小康的任务还是相当艰巨的，还有相当长的路要走。建立一批小康村还不够，我们还需要小康乡、小康县。几千年的小康之梦既已变成现实，我们完全有理由相信，在即将到来的21世纪，河南亿万父老乡亲将会用自己勤劳的双手培育出更多、更鲜艳的小康之花，重振中原雄风，再造中原辉煌。

（课题组成员：郭军、赵传海、宋荣海、苏明吾、崔朝栋、李晓峰

原载于《学习论坛》，1996年4月）

郑州该如何在中原崛起中发挥作用

一、郑州不同定位的回顾与分析

围绕郑州市的定位，不同时期的经济学家从不同角度切入，"仁者见仁，智者见智"。主要观点归纳如下：

1. 纺织城

新中国成立后，在国家生产力布局引导下，一座集纺织、印染、针织和毛、麻、化纤、纺织器材于一体，实力雄厚的纺织城在中原大地上崛起。进入20世纪90年代，随着市场经济在全国确立，计划经济催生出的郑州纺织工业开始步履维艰。一些学者为了重振郑州当年全国纺织名城雄风，在没有认识到郑州纺织业过期比重大症结是体制问题的情况下，提出了建设郑州服装名城的设想，这一设想很难奏效。

2. 商贸城

20世纪90年代，一些学者提出了建设郑州商贸城的设想。依据：一是郑州有优越的地理位置和便利的交通运输条件；二是商贸设施比较齐全；三是科技力量雄厚，有推进商贸业发展的技术基础。郑州商贸业的建设曾一度进展迅速，轰轰烈烈，亚细亚发起的郑州商战更是波澜壮阔，在全国引起了极大的反响。面对出人意料的形势发展，一些人满怀激情地提出大胆设想，要在20世纪90年代把郑州建成全国性商贸中心；2030年把郑州建成国际性商埠，即东方芝加哥。然而，在没有把握现代商业内涵与特征的前提下，简单地从传统商业——零售业出发，把建设商贸城理解为就是建商场，其结果只能给商贸城建设带来曲折，并由此付出沉重的代价。

3. 金融中心

借"商贸城"快速推进之势，一些学者提出了"到2000年把郑州建设成为全国重要金融中心"的构想。主要理由：商贸中心建设往往需要金融业的支撑；显然，他们没有把握建设金融中心更换需要的一些必备条件。随着时间的流逝，济南被中央确定为"一行两会"一级分支机构驻地，而郑州离全国性的金融中心这一目标却越来越远。

4. 陇海—兰新经济带的重要枢纽

就近期看，陇海—兰新经济带建设会遇到许多困难：一是跨区域绵延经济带的形成往往需要经历很长实践，美国波士顿—华盛顿、芝加哥—匹兹堡、圣地亚哥—旧金山等经济带的发展就是很好的佐证；二是区域经济带的建设需要各省、市的共同努力，单靠河南一省力量难以实现；三是在尚未形成全国统一大市场，行政分割、地方保护依旧存在的情况下，会严重地制约经济带的成长。

5. 第二条亚欧大陆桥的重要枢纽

国务院发展研究中心院主任马洪曾把第二条亚欧大陆桥的中国段比作"中华大地上的一条金腰带"。遗憾的是，第二条欧亚大陆桥是以加强中国与俄罗斯及中亚地区的合作为畅通条件的。目前，中亚地区局势动荡起伏，沿线情况差别又很大，只有实现沿桥各国的区域一体化，这条经济带才能在真正意义上发挥作用。

6. 中原城市群的核心

早在20世纪80年代末，一些学者就认识到，在河南，以郑州为中心，平均半径约100公里的区域内，客观上已经形成了一块相对隆起的高地，只要积极引导，有可能发展成为带动河南经济增长的核心经济区。遗憾的是，到2002年底，中原城市群怎么发展，郑州怎样担当起"中心"的作用，还仅仅处在"坐而论"的阶段，既没有一个统一的发展规划，也没有组建一个能协调中原城市群联合发展的机构。

7. 中原金三角的龙头

1994年，我国著名经济学家费孝通在做考察时提出了"焦作最好能和洛阳、郑州结合成中原金三角，作为亚欧大陆桥经济走廊的中心枢纽"的构想。随后，河南组织了各方面力量展开讨论，提出了以郑州为中心（或"龙头"），由许昌、新乡、开封、焦作、洛阳（市区和孟津县、偃师县）共6市28县（市）组成的大中原金三角。这与"以郑州为中心的中原城市群"只是提法不同，并无实质性区别。

8. 国家区域性中心城市

近年来，许多学者从城市化演进的规律出发，根据郑州已经具备的地理位置、自然条件以及经济、社会条件，提出了建设国家区域性中心城市的目标。为此，郑州市"十五"发展计划纲要提出了新建"郑东新区"等一系列重大举措。通过两年的强力推进，上述举措已经初见成效。

综上所述的郑州定位虽然各不相同，但总体脉络已经清晰：一是无论建设纺织城，还是商贸城和金融中心，都必须构建大市场、大流通，高效率地促使具有比较优势和符合工业化发展方向的产业部门在空间上高度集中；二是无论是构筑中原金三角的核心，还是中原城市群的龙头，无论是定位于国家区域性中心城市，还是陇海—兰新经济带或第二条亚欧大陆桥的重要枢纽，都必须遵循区域中心城市成长、发育的规律。

二、郑州发展条件和定位依据的再认识

1. 优势条件的再认识

从区位条件看，郑州最大的特点是"中"。在传统封闭的经济格局下，"地处中原"往往会形成经济中心、文化中心，甚至政治中心，但在现代经济中，结果却会发生变化。随着中国全方位开放格局的形成和西部大开发战略的实施，将有益于郑州向东南西北各个方向拓展市场，走向世界；有益于四面八方的生产要素向郑州集聚和市场、工业、商业以及企业在空间上集中。

如果以对外开放、融入世界的便捷度作为衡量标准，特别是在信息网络时代，郑州优势明显还比不上沿海。这是因为，郑州交通运输是长期以来在国家总体计划布局的导向下进行建设的，主要是为满足实体经济发展而构筑起来的以铁路、公路为主的内陆型枢纽。当今，虚拟经济高速发展，经济全球化势不可当，这就要求郑州必须迅速筑起全方位开放式的立体型运输网络和信息高速公路，只有这样，才能真正成为现代化的重要交通信息枢纽。

郑州资源丰富，这对全市通过资源开发促使经济发展非常有利，但在开放型经济中，特别是中国加入WTO后，在市场力的作用下，如果某地资源开发利用效率不高，就有可能成为其他地区可利用的资源。从这样的高度看，郑州必须加快"引进来"和"走出去"步伐，瞄准国际、国内两个市场，充分利用一切资源，只有这样，才能在21世纪的发展中赢得主动。目前，加快产业在空间上的集聚，是实现郑州崛起的当务之急。

2. 城市功能水平的再认识

改革开放以来，尤其是1992年以来，郑州市城市建设取得了很大进展，初步成为中部地区商品交易最集中、最活跃的城市之一，主要表现在：一是城市基础设施建设初见成效；二是区域经济中心地位有所加强；三是市场体系初具规模。尽管这些年来郑州市的经济社会取得长足发展，但作为中心城市的某些功能作用还相当弱，表现为：①郑州市在相关区域内（如在京—汉、陇—海大十字架空间中）的影响力，尤其是经济首位度还比较低。2001年，郑州市GDP为828.29亿元，占全省5640.11亿元的14.68%，比改革开放之初的1980年的约12.3%仅提高2.35个百分点，比1990年提高1.35个百分点。这一基础数据比例

关系与区域经济学理论中设定的一般中心城市30%左右的区域首位度要求相差甚远。如果考虑郑州20多年来市区人口的大幅增长和县域经济与市区经济增长的此消彼长,郑州的实际中心城市功能可能还要弱些。②郑州经济尚未在省内和区域内起到较强的主导作用。郑州经济中的传统产业成分很重,无论是第二产业还是第三产业,档次都不算高,未占地区产业发展的制高点。河南省代表当今产业发展新潮流的高加工度产业和规模经济性良好的骨干企业(如家电、石化、机械、食品深加工等)多不在郑州;高新技术产业在郑州只初现端倪,不仅比不上西安、武汉,甚至比不上长沙、合肥等省会城市。由此可见,郑州在较大程度上主导不了河南经济,代表不了河南产业发展方向,或曰河南在较大程度上并不由郑州来代表。③郑州算不上区域市场的资源配置中心,在国内经济大循环中的节点作用还不明显,对周边城市和地区,尤其在中原城市群中的辐射带动作用还相当有限,极化作用也相当不明显。也就是说,周边城市在发展过程中并不倚重于郑州。

3. 现代商贸业的再认识

目前,由信息技术催生的电子商务正在引发一场"流通革命",导致商贸业的经营方式、管理方式等发生了深刻变化。概括起来,现代商贸业呈现出以下九大特征:一是从进入商贸业的要素禀赋看,由以往有型、刚性形态要素为主转向更多的五星、柔性要素(如无形商品、无形资产),且信息成为最活跃的要素;二是从商贸业经营的时空看,市场信息流速加快,同质商品之间的价差变小,流通业务呈现全球化趋势;三是从商贸业的组织结构看,受网络经济正反馈和边际收益递增性影响,商贸企业正向集团化、巨形化发展;四是从商贸业的经营方式看,表现为开放性、直接性和专业性,已由"三流合业"转向"三流分离"和"三流分业",电子商务成为最有潜力的形式;五是从商贸业的技术结构看,呈现出装备技术高度化,POS系统、电子订货系统等信息技术被广泛应用;六是从商业业态看,形成了以第三方物流为纽带的社会化物流配送体系和超市等多样化的商品经营业态;七是从商业产业链条看,生产与流通日益融合,边界日趋模糊,纵向一体化和横向一体化趋势明显;八是从商贸业流通渠道看,基本模式由"线"(生产者—中间商—消费者)到面变化,由群体销售向个人定向销售转变;九是从商贸业管理看,管理迈向科学化、信息化、法制化,规则实现国际化、标准化。

比照上述九大特征,郑州商贸业存在以下突出问题:经营业态单一,经营方式粗放,传统零售商业、批发业仍占主导地位;商场上河南产品仅占10%左右,商业对当地产业的拉动力不强;装备技术落后,信息化、网络化水平低;现代物流业正处于初级阶段,物流社会化、组织化程度低,建设现代商贸城任重道远。

4. 对区域性中心城市成长规模的再认识

区域性中心城市发育和成长的过程，实质上是生产要素由向城市聚集为主转向扩散为主，也是聚集由量变引起质变，产生极化效应，进而发展为扩散效应的过程。具体为：在城市发育初期，表现为以聚集为主，使中心城市获得较高能量。当聚集到一定程度，城市规模效益逐渐消失，土地价格开始上涨，扩散功能将处于主要地位，为避免过分聚集导致的不经济，追求更高的边际收益，中心城市最终将通过直接、合作等多种扩散途径，采用周边扩散、等级式扩散、跳跃式扩散、点轴式扩散等方式，实现产业、资金、技术、人才、信息等经济要素向周边地区溢出。

目前，郑州人均 GDP 只是周边省辖市的 1.5~2.5 倍，在这一经济发展水平差距不大的准"均质"发展区域内，既难以有力地吸纳周边地区的发展资源，迅速成长成为一个发展极，更不可能对周边地区产生较强的"扩散效应"。只有在较短时间内解决上述问题，才能有效地把郑州建成为国家区域性中心城市。

5. 对未来发展环境的再认识

考察郑州市从一般省会城市向强有力的中心城市转变，应当从较大的空间范围和较长的时间序列中比较和定位，应对未来发展环境进行再认识。

第一，科学技术将出现突破性进展，并在很大程度上改变现有的经济形态和社会生活方式。高新技术和信息技术的广泛应用，将使科学技术不折不扣地成为推动经济发展和社会进步的第一动力，产业结构的技术层次不断提升将成为一种正常的经济过程，即使在经济不够发达的国家和地区，信息化带动工业化也将成为一种新的主导经济形态。

第二，世界经济一体化的格局进一步加强，预计中国加入 WTO 后头 5 年，其进出口总额有可能翻一番。不出 20 年时间，中国将成为世界上最有影响力的贸易大国之一。

第三，中国的社会主义市场经济体制得到完善，并与世界经济体系基本对接，法制和理性成为社会发展的平衡器。

第四，随着社会的进步和年青一代的崛起，先进的社会价值观与文化取向将成为关系到国家和地区前进的直接而重要的因素。

第五，可持续发展不再仅仅是一种时尚，而是作为一种真实的发展观和客观标准主导社会。在可持续发展的观念和标准主导下，单纯追求产出的 GDP 可能会退出历史舞台。

第六，国内区域经济格局出现了新变化。珠江三角、长江三角、环渤海 3 大经济圈迅速崛起，已成为带动全国经济发展的"火车头"；西部大开发作为国家大战略，对全国生产力布局重心西移正显现出越来越重要的作用。受东西双重挤压的中部地区，原有的省会城市或区域经济中心正发生分化，优质生产要素特别是人才向沿海和中心城市聚集的态势会进一步趋强，区域经济内部各城市和地区之间的竞争会进一步加强。

归纳起来，城市发展的环境是动态变化的，随着经济的发展和社会的进步，区域产业结构和城市功能都会发生质的改变和多重叠加。在这样的态势下，中心城市的产业调整、创新和置换成为正常的现象，中心城市与工业中心、商业中心未必是等同词，那种离开了城市现有产业存量基础就找不到城市发展着力点的说法无论在理论上还是在实践中都难以成立，特别在信息化时代更是如此。

三、建设大郑州的定位与内涵

其一，180~200平方公里、中心城区人口达230~250万人（或实际达300万人）、城市化率达45%以上，都无法与2000年武汉市的城区规模和约60%城市化率相比。其二，经济规模小。2001年，郑州的GDP除了高于西安外，仅相当于相邻省会城市石家庄的76.3%、济南的77.68%和武汉的61.44%；人均GDP仅为济南的69.18%、武汉的72.92%；工业总产值只是石家庄的74.35%、济南的81.35%和武汉的62.7%。其三，投资规模小，郑州固定资产投资总额仅为178.79亿元，而石家庄、济南、西安甚至长沙都超过了250亿元，武汉更高达485.5亿元。其四，财政、金融规模小。郑州财政预算内收入为51.98亿元，低于西安和济南，只相当于武汉的60.33%；城乡居民年底储蓄余额为692.78亿元，而石家庄、西安和武汉三市均已超过800亿元。其五，就业规模小。郑州在岗职工人数为86.75万人，低于石家庄、西安和武汉。其六，科技实力小。郑州尽管集中了河南省大部分高校的科研力量，但全市的硕士点还不及武汉市的博士点多，2001年毕业的硕士生人数还不及武汉大学一所高校毕业的博士生多。此外，郑州北站号称是亚洲最大的中转编组站，全年实现客运总量还不及武汉的一半。

从上述指标不难看出，"小"是郑州面临的最大困难。因为郑州"小"，导致城市功能"弱"（聚集功能和辐射功能弱）；由于"弱"，反过来又制约着城市由小变大，由弱变强。所以，当务之急是把郑州做大做强，只有建设大郑州，才能有未来郑州的大发展，才能带动河南在中原崛起。

1. 传统城市定位理论的缺陷

传统城市定位理论基于城市组织经济学，主要缺陷之一：理论假设条件是城市内外环境不确定性很低，城市自身的产业结构及组织结构处于稳定状态，组织环境和城市的单元之间差异性小，单元变化节奏基本相似同步，进而形成在一个可以持久的、有吸引力的发展前景的环境中有利可图的准确定位，这就是定位理论追求的均衡状态。但在实际生活中,特别是在现代城市外部环境、科学技术及产品更新快的情况下,其假设条件发生了变化。所以,在运用城市定位理论对郑州进行定位时,必须考虑这些变化,否则,很可能在城市建设中发生方向性的偏差和错误。缺陷之二:由于大部分城市都采用类似的分析方法,追求的是几乎相同的目标定位,结果造成各个城市产业严重同构、重复建设盛行,甚至千城一面。缺陷之三:传统定位理论往往以邻近竞争对手城市为参照,构思发展战略,很难塑造有崭新思维的"创新型城市"。

2. 建设大郑州的城市定位

关于郑州城市定位,可以从以下三个方面着手:

第一,从社会再生产的起点出发,构造"工业性城市";沿着生产—交换—分配—消费—生产链条,建设大郑州。如果按照传统城市定位理论,注重研究城市原有主导产业,自然资源以及相关的外部因素,而对城市内部的因素分析,仍仅局限于针对"定位"而展开的协调安排,甚至忽略知识经济时代的影响,就自然而然地又会把郑州定位于"纺织城"、"服装城"等。试想,如果英国曼彻斯特仍按照纺织业来定位,美国的圣何塞仍然追求杏子栽培与加工,犹他市、华盛顿市顽固地坚持原来的城市定位,上述城市很难跳出现状,分别成为出色的经贸中心、硅谷和仿生学集聚的高科技领地。工业是城市的脊梁,一方面,在"信息爆炸"的时代,在没有把握未来变化全部信息时,苛求从某一工业行业出发对郑州进行准确的城市定位,显然不切实际;另一方面,如果不主动地顺应工业演进规律,大力发展特色工业,以信息化带动工业化,建设大郑州就会缺乏物质基础。这就是为什么目前郑州不能简单地定位于"工业性城市",而要加快工业发展,走新型工业化道路,打造先进制造基地的原因所在。

第二,从社会再生产的末端行业出发,构造现代"商贸城"、"金融城"。其理论依据是:在市场经济体制下,流通服务业已从社会再生产的末端行业转变为先导行业,大流通决定大生产,小流通决定小生产。赞同这一观点的学者认为,郑州具有"中、通、丰、古"等区域优势和比较优势,发展现代商贸金融中心条件优越。有的学者甚至把中国香港和上海作为郑州发展的榜样,以此来证明可以先发展商贸金融服务业,再带动加工制造业发展。殊不知,香港处在世界经济交汇"中心",上海是中国的经济中心,依托的都是国际航运的黄金水道、发达便捷的空中通道和信息高速公路;郑州只是内陆人口大省的政治中心、经济中心,依托的主要是国内京广、陇海两条铁路大动脉。位居中部虽然十分有利于发展为实体经济服务的传统商贸业和物流业,但随着以电子商务、网络交易为代表的现代流通方式的兴起,陆路交通枢纽的优势将大打折扣;随着超市、连锁经营、集中配送等多种业态的兴起,郑州传统零售批发业将面临巨大冲击;大量投资形成的商贸设施将面临着急需改造提升而再一次支付巨大沉没成本。事实上，现代商贸业是大流通、大商贸在时空上的大集合，是顺应市场—技术—资金—资源—产品—市场这一市场经济大循环规律的产物。所以，建设现代商贸中心并非易事，除了需要强大的经济实力、高度信息化与现代化的基础设施，高素质的专业人才队伍、高度化的产业结构、完善的市场体系、繁荣的商贸金融活动作支撑外，更需要有经济圈、城市带等广阔的经济高地作为基础和背景。建设金融中心除上述条件外，还需拥有高度集中的金融机构和优越的国家政策支持。由此可见，在支持条件尚不具备、周边地区经济实力不够强、居民消费水平不高的情况下建设大郑州，还不如遵循中心城市发展规律，以此来推进现代流通业发展和现代服务业的发展。这就是为什么目前郑州不能单一定位于"商贸金融城市"，又要加快商贸城建设，构建现代服务业中心的原因所在。

　　第三，从区域性中心城市成长的一般规律出发，把郑州定位于中原城市群经济隆起带的龙头。主要理由为：其一，在河南中部，客观上已经形成了围绕郑州的大城市群落和经济隆起带状相对高地。该区域仅占河南国土面积的35.18%，却聚集了全省半数以上的省辖市、43%的建制镇、40.15%的人口、90%的高等院校和科研力量的主要优质生产要素，创造了占全省52.86%的GDP。该区域虽然具备了一定的聚集功能和扩散功能，但仍缺乏一个具有强带动力的超大城市，这需要把中心城市郑州做大做强，发挥"龙头"效应，带动整体水平的进一步提高。其二，城市是人类社会的一种空间形式，其规模、功能及结构布局都是由当前所处的经济、文化、历史、地理、政治等诸多条件决定的，良好的自然环境和自然条件是中心城市形成和发展的基本条件，其中优越的区位条件更为重要，是中心城市形成和发展的基础。郑州地处中原腹地，是河南省政治中心、经济中心、文化中心，同时也是石家庄以南、西安以东、济南以西、武汉以北的方圆近600公里区域内最大的城市，具有吸纳各种要素，聚集产业、人口，形成大市场、扩展大城市的优越条件。从理论上讲，只要顺势而为，认真做好各项工作，郑州完全有可能发展成为极化功能和扩散功能强的超大型中心城市。其三，大工业在空间上的集中与内外贸易的发达，是中心城市形成的两个基本条件，所以，把郑州定位于中原城市群经济隆起带的龙头，做大做强郑州，实质上是以建设现代服务业中心（或现代商贸中心）、先进制造业和高新技术产业基地为基础的，是两者的有机结合和统一。其四，长江三角、珠江三角、环渤海三大经济圈，已经成为带动全国经济发展的"火车头"，唯有陇海—兰新经济带（第一条欧亚大陆桥中国段）缺乏一个辐射力强的如上海、广州、北京与天津那样的超大城市作为带动经济圈（带）发展的龙头。郑州在地理位置上具有承东启西、贯通南北的重要作用，强化其在中原城市群经济带的龙头地位，不仅是实现河南在中原崛起的需要，还是使郑州发展成为一个更高层次增长极（陇海—兰新经济带和第二条亚欧大陆桥的重要枢纽），通过东西方向的交通干线辐射西部的需要。所以，把郑州定位于中原城市群经济隆起带的龙头，是遵循城市成长经济发展规律的客观选择，是以建设发达的产业为核心的明智选择，是强调区域合作，以实现国家区域性中心城市为目标，统百家郑州定位优点于一体的合理定位。

3. 建设大郑州的内涵

把郑州定位于中原城市群经济带的龙头，实质上揭示了建设大郑州的内涵，即建设大郑州的内在运作机理是以要素集聚为依托，实现经济社会活动的结构优化。其目的和作用是为了在更大的空间范围内，更好地实现集约发展，提升经济社会发展的质量。所以，建设大郑州不仅仅是城市规模、经济规模、产业规模、人口规模的扩大和城市面貌的更新，更展现为动态的经济、社会、资源、环境综合发展，及其由此引发的人们居住形态、从业形态，乃至思想观念和整个生活方式的根本性变化。概括起来，其内涵是：既要全面推进，更要重点突破；既是行政区划，更是经济区域；既重视中心市区建设，也兼顾中心卫星城市发展；既强调物质财富，也强调人文精神；既讲究规模，更追求质量；既讲数量，更追求结构；既是一座消费型城市，也是一座生产型城市；既抓经济建设，也抓文化建设和政治建设；既扎扎实实地做大做强郑州，也致力于区域经济合作和拉动中原城市群经济隆起带整体水平的跃升。

（郭军、董烨燃，原载于《郑州日报》，2004 年 2 月 20 日）

中原经济区建设重要理论问题研究

这两年,地处中原的河南又有几件令人高兴的事儿。一是以战略性支撑产业为立基、重组、整合,构建了180多个产业集聚区,尽管还是初步的、粗放的,但河南经济的底蕴与骨架,中原地区现代产业组织的新形态已然树立起来,给了人们一个径直观察中国内陆腹地经济社会的实在点面;二是河南的高层领导者进一步明晰了河南经济发展的定位与模式,延续、深化了从20世纪90年代中后期以来河南高层作出的立足农业,走一条工业化、城镇化、农业现代化协调科学发展路子的具有战略性意义的决策与抉择;三是现任省委、省政府主要领导亲自组织、亲自参加了从理论上、实践上、政策上开展的"中原"、"中原崛起"、"河南振兴"的"前世"、"今生"与未来的高规格、全系统、长时间的大研讨,一举提出了"中原经济区"的构想,并一跃上升到国家层面,纳入国家战略规划运作。无疑,这都是具有里程碑意义的,不仅是学者,恐怕每一个河南人都会为之高兴振奋的。

河南这个地方,虽然曾经是人类祖先栖居、繁衍生息之地,并成为中华民族的摇篮,孕育了几千年华夏文明,以至于成为历代王朝的国都盛地,然而进入现代以来,却给人的印象似乎一直都不好,与整个历史辉煌相悖。说到底,就是一个字"穷"。因为穷,从古至今,嫌贫爱富,富为贵,穷为贱,因为"穷",谁也不愿意搭理你的人,谁也不愿意掺和你的事。"穷"的根源在哪里?在于河南是一个农业区域、农业大省,而且还是一个人口大省。也许正是前人看好了河南这个地方的易居性,也许河南有着得天独厚的人类生育的强势性,愈是农区经济水平低,却愈是人口生育水平高,形成"愈穷愈生,愈生愈穷"的歪理。经济与人口的历史的"一低一高",直到进入20世纪末,才被颠倒过来,并且为了改变这一现状,河南省提出了"一高一低"的经济社会发展模式,列为立省战略之首。一个没有争论的事实是,河南经济社会发展一直到进入21世纪又过了10年,"农业、农村、农民"还占据着绝对多数,人口也在全国占据着绝对多数(按传统城镇化指标反映)。也是因为"农"字号省情,从中央到各省区,从国家领导到一般地方官员,从学界到老百姓,给河南的定调几乎矢志不渝:搞好农业,生产好粮食,保证好国家粮仓。河南作为农业省份要种好粮食,要保障国家粮食安全，但河南农业也要搞基本建设，也要产业化、工业化、现代化，那么，发展农业的钱从哪里来呢？仅靠农业积累来发展农业肯定是不行的，但是多少年来，河南农业恰恰是因为缺少投资而一直徘徊不前（尽管有 2011 年的粮食"八连增"、"九连贯"）。河南农业缺钱，一是财政对农业投资有限；二是没有强有力的工业的支持。河南工业一直是一个"短腿"，特别是战略性支撑产业和战略性新兴产业缺失，造成工业的积累非常有限，不仅影响了整个河南经济社会以及工业自身的再生产需求，而且，也就很难形成对农业的"反哺"性。也是因为农业、工业不发达，城镇化自然就远远地滞后于其他省区，因此，从这一视角看，河南城镇化率低于全国十几个百分点就显得很正常。也是因为工业、城镇、农业的现代化发展落后，经济总量大，经济效益小，"一大一小"使得整个国民经济和社会发展很难被"外人"看好，而河南在省外人的眼里就一直被认为依然是"很穷"的"穷地方"，在国外，除了来看过河南博物院的人开始认知河南、关注河南之外，"河南"一直都是无人知晓的地方。

今天，谁都知道种粮食不挣钱，但不种粮食又没有一点儿钱。如何实现既能够保障农业和粮食生产稳固增长，又能够从财力、物力上形成对农业和粮食生产的更大投入，全面提升农业和粮食生产的现代化水平，成为历届河南省委、省政府高层决策者们的着重研究和探索的使命性课题。20 世纪末，河南省委、省政府主要领导，经过认真研究，特别是几年实践调研，提出了河南经济的基本定位和运行主线，即河南要走一条工业化、城镇化、农业现代化的路子，得到了来豫视察的国家领导人的赞许、肯定。这个发展思路包括：对河南经济的基本评价，工业化、城镇化、农业现代化的关系，"三化"发展对中原崛起的作用等。发展思路的提出使得河南经济社会运行路径、方略进一步得以明晰，中原崛起的目标、任务进一步得以规划。

问题在于面对河南经济社会现实，单凭自己能否就可以达成目标和预期，特别是由于人口多、底子薄、基础差、整体经济比较落后，加之思想观念、体制、机制等因素，河南人真正想走出一条"三化"协调发展的路子并非易事，必须有"上层"的、外部的推动和支持，也是在这一背景下，2009 年末，河南省委的主要领导提出了要深入研讨"中原"、"中原崛起"以及"中原城市群"等问题。2010 年，新年伊始，省委、省政府即组织了主要领导亲自负责、省直机关及高校和科研院所专家组成的专题研究小组，就"中原"、"中原崛起"等展开全面的、系统的、深层的研讨，历经 4 个月，包括省委、省政府主要领导一起参与、研讨、修正，最终形成了"中原经济区建设研究报告"和"中原经济区建设纲要"。这一工作表现出几大内容特征：一是全面、系统、深入研讨了"什么是中原"，为什么要实现"中原崛起"和历届省委、省政府的相关决策与抉择；二是全面、系统、深入研讨了"中原崛起"的理论支撑和实践策略,提出了把"中原崛起"置于更高层面,实施国家战略运作的思路;三是全面、系统、深入研讨了河南与中部、河南与东西部、河南与"长三角"和"珠三角"、河南与"武汉城市圈"、河南与海西经济区和皖江经济带的优劣趋向,谋划了建设中原经济区、发展河南的大动作;四是围绕"大动作"开展了"大运作",包括请国内一流"大家"论证,请国家人大、政府、政协等领导指导、支持等,发动省内外、国内外、港澳台地区主流媒体的有声有色的炒作,省委、省政府主要领导"走出去"、"请进来",与国家主管部门人士汇报、沟通,与各界名流的交流、互动等。在河南经济社会发展的历史上这种"大运作"是罕见的。心诚则灵,精诚所至。2011年9月28日,国务院签发颁布了《关于支持河南省加快建设中原经济区的指导意见》(以下简称《指导意见》)。

《指导意见》的出台,不仅使中原经济区上升到国家战略发展层面,这一过程及其结果,还对河南也包括对全国各类主体功能区、各类经济区建设与发展创下了几个第一:第一个从酝酿到提出,再到批准仅仅用了一年多的时间;第一个以一个省际空间范围形成在历经30年改革后大背景下的国家级重点支持的"经济区";第一个被称为建设一个不以牺牲农业和粮食、生态和环境为代价,实现工业化、城镇化、农业现代化"三化"协调科学发展的全国性示范区;第一个提出了"先行先试"、"人地挂钩"的重磅型、大力度区域发展的新的政策和精神。这无疑在中国经济社会发展中,特别是把河南与全国、中原与中华的现代化进程连接中,为实现中原兴、中华兴提供了又一理论的、实践的、政策的支撑。多么令人激动,又多么使人鼓舞!河南人在2011年9月28日国务院《指导意见》的签发颁布那一刻起,再一次神气地扬起了脸。这还真应验了河南的一句土话"时间不长,整得不勤"。

《指导意见》是一个标志,标志着党中央、国务院对河南省委、省政府工作的高度认可,标志着河南省整个中原崛起在今天有了一个实在的支撑,标志着中原崛起、河南振兴从虚进入了实,从理念转向了实践,而且这一行动是有意识、有策略、有步骤、有运作、有评价的,这是最了不起的。

正如国务院《指导意见》强调的,积极探索不以牺牲农业和粮食、生态和环境为代价的"三化"协调发展的路子,是中原经济区建设的核心任务,并以期成为全国"三化"协调发展的示范区。国家所以要把中原经济区打造成为一个示范区,是因为"工业化、城镇化、农业现代化"的提出,首先是河南人围绕河南经济社会所探索出来的一条符合河南实际的,并且被实践证明非常有效的路子。人们都说,河南是中国的一个缩影,显然这对整个中部和全国来说,都是具有重大影响和带动意义的。"三化"协调发展问题自20世纪90年代被提出以来,河南人不仅始终立基农业经济的发展和提升，走了一条不以牺牲农业和粮食为代价，同时又着力拉长工业"短腿"，积极促进城镇化发展，使河南经济社会从欠发达地区开始转变和迈向发展中地区。"三化"是河南人的一个创造，这话并不夸张。今天，当我们被列入国家战略发展区域，积极推进中原经济区的建设的时候，"三化"协调发展则必然一方面成为构筑和夯实这一伟大目标的最基本的内容抓手；另一方面也有可能创造和铺垫出一部具有中国特色的社会主义新的发展经济学。

"三化"是一个有机体。"三化"的前提是"农业现代化"。农业现代化是一个过程，一个以农业产业结构演化升级的过程，一个以现代生物工程和高新技术为动能的、不断推进农业产业高级化的过程，一个以农民的收入不断增加、农业劳动素质不断提升的过程。农业现代化既有"农业机械化、水利灌溉化"的承传，更有"优良品种、集约多产、精细加工、高附加值"的创新；既能满足现代工业对农业原料、材料的需求，更能保障人们生活消费水平的供给；既要孕育和培养一代复合型农业劳动大军，更要带动和促进社会主义新农村与小康社会的建设。

城镇化是一种表象、一种特质、一种标志，反映着一定国家、一定地区、一定阶段的发展及其水平。看一国或一个地区经济社会发展，看什么？主要就是看城镇化、看城镇经济现代化的时点变化状况。"城镇"，是一个区域空间概念，"城镇化"依然表现为一个区域经济社会演化的过程，是区域经济社会发展的综合反映。城镇的形成与发展，既是现代社会化大生产的产物，也是商品交换、商品经济发展的结果。所以说，城也好、镇也好，关键在于城镇化的市力、市气、市能等，也就是说，"城镇化"的内核是一个"市"字，有没有基础承载力去托起这个市，有没有基本的人气去轰动这个市，有没有积极的发展动力和潜力去建设、创新这个市，直接决定了"城镇化"及其速度。"城镇化"属于人类经济社会活动的内容的一个中观层面表现，它与工业化紧密联系。一定的城镇空间必然拥有一定的工业部门，而一定的工业部门又都必然依托一定的城镇空间为载体。城镇的发展，一方面，为工业化及其现代产业组织提供平台；另一方面，则又依托工业发展，组织和促进服务业的崛起。很难设想，一个没有工业、没有较高的能够融入城镇化的素质的人群，一个没有地缘优势、没有较高的经济辐射力、影响力的地方，能够实现"城镇化"。这几年有专家呼吁不要搞"城镇化"大跃进，实际上还只看到了问题的表面，严重的问题却是在这一盲目"城镇化"的过程中"城市贫民"的出现。也是因为这样，人们把"城镇化"发展前面加上了两个字，即"新型"。所谓"新型城镇化"的新型，一是在于规避过去单纯片面追求城镇自身的建设与发展，而是要把城镇化发展与统筹城乡发展，务实地处理好农业、农村、农民问题衔接一体，破解城乡的二元结构；二是在于谋求实现城镇化、工业化、农业现代化在一个区域空间的互动发展、协调发展。

工业化，反映的是工业化进程中现代产业组织的创新，现代产业工艺的改善，现代产业技术的提升，现代产业工人素质及其效率的攀高，现代产业的生态环保系统的建立与对人类危害的减少等。工业化既反映着第二产业的演化进程，也制约着第一产业和第三产业的发展。尤其在一个农业产业比重较大的省份，既要大力发展现代农业，更要探寻自己工业化的路子，因为农业积累慢而低，不抓工业是万万不行的。问题在于，不可硬性地、人为的与别的地区比较三次产业之间的比例。中央给河南的定位是粮食和农业，所以河南人实际上背负着双重压力，即：一是要保障国家粮食安全；二是与此同时还要做工业化的文章。而在目前国家大区域战略重心定位不变的条件下，河南的工业化进程，主要还是依靠河南人自己的智慧和力量。

"三化"是一种模式，也是一种关系及准则，即中国国民经济运行中处理相应关系的一个定盘星。"三化"的实质是坚持农业是基础，工业是主导，注重城镇经济的引领带动作用，循着国民经济运行的合比例性，实现经济社会又好又快发展。"合比例性"随着计划经济的终结已经被人们所淡忘了，但马克思再生产原理以及所揭示的农轻重之间、两大部类之间、积累与消费之间、价值与使用价值之间的关系必须合比例发展的理论并没有过时。这么多年以来，出现的"通胀"、"通缩"、"经济过热"、"国民经济失衡"，包括企盼的"拐点"、避免"硬着陆"，其实从根本上说，都是国民经济没有合比例发展所导致的。政府宏观调控也好，发挥市场机制自身调节作用也好，"两只手"的功能意义，其实都在于谋求国民经济运行的合比例发展。所以说，国民经济运行一定要首先梳理出相应的关系，并认真研究出这些关系的一般规律，提出处理这些关系的一般原则。新中国成立60多年来，从毛泽东的《论十大关系》，到江泽民的论"十二大关系"，再到以胡锦涛为总书记的党中央领导集体，强调的科学发展观中作为基本方法的"统筹兼顾"，都在告诫我们：一定要重视国民经济运行中的相应关系，也只有处理好了这些关系，国民经济的运行才会实现我们的战略预期。"三化"是在梳理了河南经济社会实际的基础上，对河南经济社会中的基本问题、基本关系的一个总体概况和战略抉择，抑或说是当前河南人首先要理顺和明确的重要经济活动内容和重要经济社会关系。尤其在现阶段，一定要把"三化"协调科学发展变成为河南人推进河南经济、建设中原经济区、实现中原崛起的一种思想和理念，一种模式和举措，一种组织和协调，一种追求和标志。

基于此，我们河南经济研究中心，除了为之欢呼雀跃，更要响应省委、省政府的号召，与全省人民一道落足于"关键在做"。怎么做？我们组织了一支十余人的博士团队，经过认真酝酿，反复推敲，撰写了《中原经济区建设重要理论问题研究》这本书，以此使自己能够融入到中原经济区的大建设之中。何谓重要理论问题？当然应是围绕国家对中原经济区建设的战略定位、战略重心、战略任务相关的问题，抑或说我们认为在建设中原经济区过程中应该重视的重大问题，包括如何在现阶段发挥城镇化引领作用及其协调好与工业化、农业现代化发展的关系等。具体又是从工业化、城镇化、农业现代化各自发展与"三化"协调；区位优势与物流、商务服务业发展；中原经济区建设中的资本运作与金融中心构筑；文化产业与文化软实力提升；产学研联盟，以及对中原经济区建设的指标评价、预警等。当然，学界只能是发挥自己的优势，从理论上提出并进行阐释。也是这样，本书定位于重要问题，立足在理论研讨上，希望能为建设中原经济区做一点小小的贡献。

我们的研究还是初步的、肤浅的，我们还将继续深入地研究下去，我们愿意与全省人民一道，全身心投入到建设中原经济区的大工程、大运作之中，满怀信心、满怀激情地迎接中原崛起、河南振兴的美好明天。

（原为《中原经济区建设重要理论问题研究》一书所作的序，
经济管理出版社，2011年12月）

对新型城镇化引领的几点思考

河南省九次党代会强调中原经济区建设要走以新型城镇化引领"三化"协调科学发展的路子,既体现了省委、省政府对探索"三化"协调科学发展的深度认知与实践把握,也反映了中原崛起、河南振兴历史进程中的阶段性特点与规律。现阶段,我们应注重新型城镇化对工业化、农业现代化的引领机制和功能的研究,以在"三化"协调科学发展中积极发挥新型城镇化的引领作用。

一、新型是定位,城镇化是主线,引领是机制

新型是定位,城镇化的发展一定要树立现代的、特色的、持续的理念,一定要有经济功能、社会新风、百姓宜居、文化品格和发展潜力,一定要表现出扬长避短、趋利避害的特点,一定要从规划目标到具体方式路径,突出和强调"新型"。

城镇化是主线,即始终围绕城镇现代化而努力。城镇现代化是一个过程,这个过程应着重于两个节点:一是城镇的建设与发展必须体现出现代城镇气息;二是城镇的建设与发展必须以大、中城市为先导,实现大、中、小各类城镇并举。在河南,既要突出以郑州为中心的中原城市群的建设与发展,也要积极主动地推进县、镇甚至中心村等小型、微型城镇的建设与发展。

引领是机制,即如何引领实现城镇建设与发展。一是依靠市场引领。实施新型城镇化引领,首要的就是尊重和坚持市场化建设与发展,按规律办事,实现和真正推进城镇的现代化。二是依靠行政引领。如统筹城镇化布局、人口迁徙、并村建居、劳动与社会保障等,政府的适度干预和推动是必要的。三是依靠产业引领、市场引领、政府引领,实际上也就是产业与资本的引领。城镇化的重要任务就是引领产业入城、入镇,在产业化发展中带动城镇化发展。

二、新型城镇化引领首先要做大城镇经济

新型城镇化引领,首先是城镇经济的引领。其次是指在谋求新的发展城镇经

济的方式的背景下，形成工业化、农业现代化发展的良好的空间平台、环境条件以及可持续动力。

城镇化应是城镇经济的现代化，城镇经济也就是以城镇空间为载体的产业经济。产业经济运行规律揭示，人类总是从农业产业化不断进入工业产业化，并随着农业与工业的互动发展，推动着城镇化的进程。但城镇化不是被动的，城镇化日益显示出对社会的调节作用。在今天，我们筑巢引凤、承接产业转移，建构产业集聚区；我们南下北上"请进来"、"走出去"，实施"大招商"、"大引资"；我们编规划、调结构，建设区域性中心城市（镇）；我们努力从传统农业大省向新型工业大省转变、跨越以及建设中原经济区、在国家层面的战略规划和运作，都表现出了新型城镇化的引领作用，也只有通过新型城镇化引领，才能有效地协调好城镇化、工业化、农业现代化的关系，才能真正探索出一条不以牺牲农业和粮食、生态和环境为代价，"三化"协调科学发展的路子，才能为国人开拓出一个生动的"三化"协调发展的示范区。

三、新型城镇化引领需培养高层次运作人才

新型城镇化引领，就是城镇化建设与发展的目标设计、规划运作以及规制与规范，要立足于"三化"协调科学发展。

第一，新型城镇化的引领表现在两个层面：一是大、中城镇化发展；二是小型、微型城镇化发展。一般来说，由于经济技术水平较高、地理区位优势明显、历史人文积淀厚重等，往往以大中城市的现代化发展为"龙头"，突出大中城市的区域中心地位辐射带动作用。中原城市群即基于郑州及其相应城市而连接起来的河南省大中城市经济的一个集群式发展模式，意在通过这些"群"、"城"寻求新的河南发展路径。从这一视角看，中原经济区建设中的城镇化，应首先是指中原城市群相应大中城市的发展。资源配置、政策倾向也都必然应多多倾斜到这些城市。

小型、微型城镇化建设与发展，同样是整个城镇化的重要组成内容。这些小型、微型城镇各具特色和优势，与大中城市有着千丝万缕的联系，犹如众星捧月，引领着相应的一个个区域经济社会的发展。

第二，新型城镇化引领凸显在新的经济理念、新的经济组织、新的经济手段、新的经济方式、新的经济评判等诸方面，这就在客观上要求必须拥有高层次、高素质的新型城镇化的设计、规划、运作人才。为实现中原经济区建设以新型城镇化引领"三化"协调科学发展的目标，应采取措施，特别是加强中原经济区建设急需的领导干部人才队伍培育和建设，如选调一批研究生、大学生进行专

门培养,在进一步学习市域、县域经济理论知识的基础上,到省内外尤其是到沿海开放地区挂职锻炼提高,以充实到市县领导班子;强化市县领导干部专家型、经营型、管理型要求;为市县领导干部配备高级专家助手;村镇、市县领导的任用实施基层选拔与省级委派相结合等。

"十年树木,百年树人",中原经济区建设与发展的关键在人,实施新型城镇化引领的关键也在人,在于决策、经营、管理者能不能做到科学的引领,能不能有一支善谋略、善运作、善创新的人才队伍,为此,必须坚持人才特别是高素质领导干部人才的培养和使用,真正形成以新型城镇化引领中原经济区建设与发展的、强有力的领导干部人才支撑系统。

(原载于《河南日报》,2011年12月14日)

为什么要实施新型城镇化引领
——关于中原经济区建设与发展的理论研讨之一

河南省党的第九次代表大会进一步强调中原经济区建设要以新型城镇化引领"三化"协调科学发展的路子,既体现了省委、省政府高层决策对探索和实现"三化"协调科学发展的深度认知与实践把握,也揭示了新型城镇化引领在中原崛起、河南振兴的历史进程中的时代特点与规律使然。"城镇"是一个区域空间概念,"城镇化"表现为一个区域空间演化的过程,是区域经济社会发展的综合反映。城镇化与工业化、农业现代化紧密联系在一起,一方面,工业化、农业现代化,奠定着城镇化的物质基础,支撑着城镇化的不断进取,并且从形式到内容上积极的从旧有状态迈向新型境地;另一方面,工业化、农业现代化又总是依托城镇化创造的平台、环境、条件发展跨越,即城镇化对工业化、农业现代化的发展,也从来都不是被动的、消极的。随着理论与实践探讨的深入,人们越发认识到城镇化的引领、城镇化所传递的各类信息,对工业化、农业现代化的积极的、主动的、创造性的影响作用,以至于形成了一种调节工业化、城镇化、农业现代化"三化"协调科学发展的重要手段,抑或说,在现阶段,尤应注重新型城镇化对工业化、农业现代化和整个国民经济社会发展的引领功能和机制,发挥新型城镇化在"三化"协调科学发展过程中的引领作用。

一、新型城镇化引领的相关理论综述

新型城镇化引领的理论,无论是在国内还是国外,都没有形成直接的、深入的研究,但我们又必须面对这一来自实践的、颇具理论研究价值的课题。一方面,要从已有城镇化理论研究成果中感知、发现这一实践的理论支撑性;另一方面,又要拉近实践研究,进行理论的抽象和提升。需要指出的是,如果说我们今天提出新型城镇化及其引领概念,是要更看好城镇化发展对立足"三农"、破解中国城乡二元结构的实践价值和历史意义,那么,国内外城镇化理论研究的成果和几乎所有表述的内涵与外延,也在事实上佐证着今天的新型城镇化引领思维的必然性和科学性。

(一) 国外城镇化研究

国外城镇化研究注重理论思维与现时实践的吻合性。综观国外城镇化的研究，从 1867 年西班牙工程师 Serda·A 出版《城镇化基本理论》，到今天众多学者的各类各个视角观点，本质上可以概括为一句话：城镇化是一个由乡村向城市演变的过程，即包括乡村居民点的建设等物质表象和居民的文化生活方式向城镇化转型并稳定的过程。

"城镇化"的概念至 20 世纪已被全世界范围内的绝大多数学者所接受，并且这种理论对各国政府高层决策和实践运作的指导性——意识观念的引领性，使得包括发达国家、发展中国家在内的所有国家和地区都不断地把城镇化从一个阶段、一种表象，推进到另一个阶段、另一种表象，刷新着城镇化的理念、城镇化的体系、城镇化的动能，这也正是世界城镇化理论研究的科学价值所在。而每一位学者的思维观点所寓意和期望的，也恰是我们今天在实践演化发展中所看到的。恩格斯提出的"消除工农差别、城乡差别的主要途径是消除旧的分工体系，实现'城乡融合'"理论；舒尔兹、丹尼森、乔根森、托达罗等人的破除"重工抑农"政策，规避比例失调以及结构失衡问题，注重"城乡发展"理论；杜能强调的以城镇为中心，由里向外，围绕农业土地利用方式呈同心圆圈层结构发展的"农业区位"理论；埃比尼泽·霍华德、岸根卓郎等提出"用城乡一体的新社会结构形态来取代城乡对立的旧社会结构形态"、建设城乡融合的"农工一体复合社会系统"、趋向"田园城市"的理论；缪尔达尔利用"扩散效应"、"回流效应"解析一国经济发展，提出由于"地理上的二元结构所出现的城乡差别需要政府制定相应政策刺激和帮助落后地区加快发展"的"地理上的二元结构"理论；缪尔达尔还从"地理上的二元结构"理论出发，进一步指出：由于经济的发展所带来的商品、资本、人才、技术等要素的自由流动，往往会使先进的地区更先进、落后的地区更落后，因此，必须由政府制定相应的政策刺激和帮助落后地区加快发展……可以看出，几乎所有的理论指向都是以消除城乡差别、破解城乡二元结构、实现城乡融合为定位预期的，这已经成为世界城镇化发展史的一条主线，成为各国推进城镇化发展、实施新型城镇化引领的出发点和落足点。

就此，我们还可以从学者对城镇化发展的实践研究和总结，来进一步认识新型城镇化引领的内在特质和基本价值。如加拿大学者麦基（McGee，T.G.）（1989 年）在对亚洲一些国家进行长期研究后提出了 Desakota 概念，即建立在区域综合发展基础上的城市化，其实质是城乡之间的统筹协调和一体化发展；麦克·道格拉斯（Mike Douglass）通过对泰国东北部的研究，提出采取城乡一体化的方式，建立城乡联系的区域网络系统，可以促进区域城乡经济共同增长；斯卡利特·爱泼斯坦（Tscarlett Epstein）和戴维·杰泽夫（David Jezeph）从第三世界国家的发展背景入手，提出了包括乡村增长区域、乡村增长中心和城市中心的三维城乡合作模型；毕雪纳·南达·巴拉查亚（Bhishna Nanda Bajracharya）提出通过发展小城镇，加强小城镇与乡村的联系来促进乡村的发展。

世界各国的城镇化发展过程，可以概括为政府引领型、市场引领型、政策引领型、自由放任型等。政府引领型以日本为代表。日本为了推进城镇化，特别是为了解决城乡差别问题，主要采取政府加大城镇基础设施建设投资；调整产业发展重心，支持发展农村工业；打破市、县、乡、村行政区划，引导乡与村、村与村集聚，实施乡村城镇化为主干的城镇化发展路径。市场引领型以美国为代表。美国城镇化发展基本上放开由市场主导，从而形成了各具特色和功能的城镇架构，而这种市场调节下的城镇化架构所形成的是边缘区小城镇、郊区小城镇、农村社区小城镇的一个城镇化网络系统。政策引领型的以德国为代表。德国以产业政策引导城镇化建设，整体上坚持以中小城镇发展为主体，虽然这些城镇规模不大，但由于各类产业实体支撑，其城镇基础设施完善，城镇功能明确，经济发达活跃。自由放任型实际上是政策、市场结合型的，如韩国。韩国的"新农村运动"，实际上也就是"新型农村社区运动"，主旨在于唤醒农民"自强自立"精神，引领农民自己改变自己的生产与生活条件，建设自己的城市化的新型农村社区。

（二）国内城镇化研究

与国外学者相比，国内城镇化理论研究更注重现实性、操作性、规范性。近年，国内学者以定性分析与定量分析相结合，对中国城镇化发展进行了持续的探讨研究。就研讨内容看，包括城镇化发展实质意义研究，如城镇化发展要立意农村城镇化，通过农村城镇化发展，对打破城乡二元社会经济结构，缩小城乡差别，促进城市化和工业化协调发展，在更大范围内实现土地、劳动力、资本等生产要素的优化配置，有着不可估量的意义（辜胜阻、成德宁，2000）。城镇化发展道路研究有"多元道路论"（辜胜阻、李永周，2000）、"小城镇主导论"（陈美球，2003）、"城市群发展论"（肖万春，2003）、"中心城镇论"（姜太碧，2002）等。但无论怎样的论说，其基本的共识都是中国的城镇化发展应走集约、节约型道路，坚持城乡统筹发展。

随着统筹城乡发展战略思路的提出，许多学者还强调，中国的城镇化道路，应该是乡村城镇化与城乡一体化并存同步的双轨制，即"就地城镇化"。所谓"就地城镇化"，就是农村人口不向大中城市迁移，而是以中小城镇为依托，通过发展生产和增加收入，发展社会事业，提高自身素质，改变生活方式，使农村人过上和城市人一样的生活。城镇化发展动力研究,如有学者总结的政府动力型,即政府主导城镇化发展的制度与政策调节型(辜胜阻、李正友,1998);农村内在需求动力型(褚萍,2005)等。一些学者还从城乡融合视域,设计了城乡一体化发展的评价指标体系,如城乡经济融合度、城乡人口融合度、城乡空间融合度、城乡文化生活融合度、城乡生态环境融合度等5个方面、35个分指标体系(杨荣南,2007);也有人提出了新的城镇化评价指标,包括综合生产要素利用、经济竞争力等(祝保梁,2011)。

一些学者在探讨中国城镇化发展问题时,还结合国外城镇化的趋势、经验、教训进行了研究,如庹度、李涛(2004)分析了国外城镇化的中间化发展趋势,认为城镇化的中间化已成为目前发达国家城镇化发展的一个基本趋势。所谓城镇化的中间化,是指在城镇化的进程中,人口和产业向处于中间层次的城镇集中的过程。它包含两个基本方向:一是郊区化,即大城市的人口和产业向郊区转移,造就一批具有较强经济实力的中等规模城镇;二是农村和小城镇的人口和生产要素继续向更大规模的城镇主要是中等规模的城镇和大城市的郊区转移,这是城镇化的传统演变方向。城镇化中间化也暴露出一些新的管理问题,一是使得过去相对较为稳定的区域管理体制不断陷入矛盾和困境中;二是较难实施整体区域规划,如通勤交通距离和时间的增加会造成交通拥挤和严重的大气污染;三是土地的过分开发很难得到有效的控制。基于以上问题所得到的启示是,必须走中国特色的城镇化中间化道路,改变城镇化的"单向运动",借鉴发达国家的城镇化"双向运动",而这种"双向运动"的结果就是城乡一体化。

杨特、包佳丽(2010)分析了国外城镇化发展战略的成败及启示,认为20世纪上半叶,美国城市快速发展的同时,城市中心出现了交通拥挤、环境恶化、住房紧缺等问题,由此产生了美国城镇化进程中典型的"郊区化"现象,但过度郊区化又引发了经济、社会和环境等一系列问题。于是,20世纪80年代末90年代初,在社区发展和城市规划界兴起了一个新运动——"新都市主义"(New Urbanism)。基于市郊不断蔓延、社区日趋瓦解,新城市主义主张借鉴第二次世界大战前美国小城镇和城镇规划优秀传统,塑造具有城镇生活氛围、紧凑的社区,取代郊区蔓延的发展模式。与美欧等老牌发达国家相比,日本的城镇化具有很多值得借鉴的地方,主要体现在四个方面:一是大力开展多层次、多类型的城市规划;二是积极发展农村教育,有效促进农村剩余劳动力向城镇转移;三是通过卫星城和町村合并计划,促进日本中小城市协调发展。日本坚持小城镇建设与大中城市发展相衔接,形成以中心城市为依托、中小城市为网络、小城镇星罗棋布的城市化体系。拉美国家的超前城镇化带来"城市病"、"贫民窟"等一系列经济社会问题。从20世纪30年代开始,伴随着工业化的步伐,拉美国家搭上了城镇化的"高速列车",城镇化水平与西方发达国家接近。但拉美的工业化进程和经济发展严重滞后于城镇化,因此城市规模虽大,但发展质量普遍不高。一方面,大城市过度发展引发了拉美"城市病",即地区间发展的不平衡,同时也带来大量资源、环境及社会问题,形成诸如城市空气质量恶化、水源被污染、交通堵塞、住宅拥挤、贫民区无序扩张、犯罪率上升等一系列"城市病";另一方面,工业化大幅落后于城镇化导致贫民窟泛滥。

二、新型城镇化引领的客观规定性

城镇化是一个城镇发展演化的过程,这个过程总是把城镇化从一个旧的时点形态推进到一个新的时点形态,所以说,城镇化集中地、全面地、系统地把人类经济社会文明的进步和辉煌展示出来。

(一)人类经济社会活动及其发展的"三化"特征

人类经济社会活动及其发展真正进入现代是以工业革命为标志的。伴随着工业革命,社会劳动生产率得以大幅提高,无论是在工业领域本身,还是包括农业在内,社会分工日趋精细,协作更加严密,人们追求以通过工业化、城镇化、农业现代化实现预期目标的愿望越来越强烈、越来越明晰,从而工业化、城镇化、农业现代化成为人类经济社会及其发展的基本的内容特征。

工业化所创造的工业文明,一方面使得农业的现代化成为可能;另一方面又为城镇的建设和发展提供了物质基础,并且随着工业化、农业现代化进程的加速,更多的人开始进入城镇,享受到城镇的新的生活与文明。与此同时,人们又会为了追求更高、更好的城镇生活与文明,以城镇为平台,努力寻求在城镇经济运行中建设和发展更高、更好的工业化和农业现代化,这种工业化、城镇化、农业现代化的内在逻辑联系,生成了"三化"协调的互动性和客观规定性。

工业化、城镇化、农业现代化作为经济社会发展的三条主线,既有着各自的演进路径和运行规律,又相互依托、相互制约,共同构成现代化建设的推动力量。在"三化"当中,工业化创造供给、城镇化创造需求、农业现代化提供支撑和保障。三者相互影响、相辅相成,存在自我循环演进又良性互动的关系,是一个完整的系统工程。其中,城镇化要走在前面,引领工业化和农业现代化,促进"三化"协调发展。因为工业化和农业现代化发展都需要有不断拓展的空间,而这种空间只有通过城镇化的发展来解决。

(二)从"三化"协调发展看新型城镇化引领关系

进入现代,人们强化了以农业为基础、工业为主导的生产力运动的客观规定性,但自始至终却也并没有忽略因农业与工业的发展带来的城镇的发展、因城镇的发展又带来的农业与工业发展的彼此之间的互动性。在城镇化进程中,适应农业现代化与工业化进程需求而产生的服务业,不仅使商品交换迈入现代,而且成为激活和增强城镇生命力与生机的重要的因素。所以说,农业与工业的发展,支撑了城镇的崛起,而城镇的发展,又必然为农业与工业的提升造就积极的经济生态系统与环境平台条件,并且形成了一定阶段经济社会文明与繁荣的基本内容特征。

新型城镇化引领"三化"协调科学发展,也就是要发挥城镇化对农业现代化、工业现代化的引导带领作用。新型城镇化引领,其中新型是定位,即城镇的建设与发展,相比纵向和横向,从时空上已经演变进入了一个新的景象。城镇化是主线。但从河南省的实际情况出发,现阶段乃至相当长的时期内,讲新型城镇化引领,应是以农村城镇化为抓手,沿着农村就地城镇化,带动全社会城镇化水平跃升的发展模式。引领是机制。引领的内涵,一是对人们确立新型城镇化引领的意识观念的引领;二是对工业化、农业现代化及整个区域经济社会发展的引领。城镇化的内核本质是城镇经济的现代化,城镇经济也就是以城镇空间为承载体的产业经济。所以说,新型城镇化引领,重要的就是通过产业理论、产业组织、产业结构、产业政策,对城镇产业,包括农业、工业、商贸、服务等产业的调节引导。不难看出,城镇化的问题也就是城镇的工业化、农业现代化发展问题,城镇化率高,事实上反映的是城镇的工业化、农业现代化水平程度高。现代化是一个时点概念,城镇化依靠农业现代化、工业化实现城镇现代化,而城镇经济的组织结构、政策如何,即能否形成科学的对各类产业发展的引领至关重要。

(三)从中国经济社会发展看新型城镇化引领作用

城镇化发展不仅是人类经济社会文明程度的标志,更是一个国家和一个地区一个时期内经济社会实力水平的反映。新型城镇化的引领作用,体现在能够为新型工业化、新型农业现代化提供重要支撑、保障和服务,体现在能够扩大内需、增加投资和有效支撑经济社会发展,即一方面,能够带动基础设施、公共服务设施建设,产生大规模的生产性投资需求;另一方面,能够加速农村人口向城镇转移,有效扩大城镇消费群体,提高农村居民收入,改善消费条件,提高居民消费能力,释放出巨大的生活性消费需求,促进经济社会发展。凡是城镇化水平较高的区域，代表当代文明的中高端生产要素和生活要素集聚程度就高，驱动区域创新发展的动力、对全球和全国流动资本的引力就大。同时，城镇化率越高，第三产业的比重和发展水平就越高。2010年，河南的城镇化率比全国平均水平低10.9个百分点；同期河南第三产业占生产总值的比重比全国平均水平低14.4个百分点，主要原因就是城镇化率低导致第三产业比重低。

实施城镇化引领，并不只是我们今天才提出、才应用的，新中国成立60多年的历史，甚至可以说是一部依靠城镇化引领农业和工业发展的历史。当新中国成立伊始，我们的经济工作便从农村转向城市，特别是"一五"时期，计划安排的156项工程基本上全部布局在大中城市，从而形成了以城市建设为中心、以城镇化发展引领农业和工业的我国国家经济社会运行新体系。改革开放以后，我们提出了恢复和振兴国民经济的一系列政策措施，但无论是发展乡镇企业，还是激活国有企业，包括发展民营经济，几乎所有的立足点都是依城市经济社会变革引领和推进的，20世纪90年代以来，更是直接提出"中心城市带动"战略，实施城市的集群式发展模式，调整结构，转变方式，加速城镇化进程，以城镇化第三产业的发展促成一、二产业的发展等，都突出反映了城镇化引领的客观现实性。60多年来，作为政治、经济和人民精神文化生活中心的城镇，在国民经济和社会发展中的地位日益突出，成为整个国民经济和社会快速发展的"火车头"。统计显示，2007年，中国地级及以上城市（不包括市辖县）GDP占全国的比重为63%。中国社会科学院的研究报告显示，长三角、珠三角、京津地区这三大城市密集区累计实际利用外资额占全国的60%以上，2008年上半年，三大城市密集区共完成进出口额9359.16亿美元，占全国进出口额的75.9%。城镇化引领的作用可见一斑。毋庸置疑，中国已经进入了城镇化加速发展时期，城镇化率到2011年末已突破50%。国情条件决定了我们不可能完全按照西方国家的路子走，也不可能完全等着农业现代化和工业现代化了再进入城镇化，"三化"应该可以是同步的，并且应该是以城镇化引领来实现"三化"协调科学发展的。从这一意义说，新型城镇化引领是中国特色社会主义道路的一个重要的内容特征。

(四) 从河南省省情特点看实施新型城镇化引领意义

区域经济的发展，按照区域经济学的理论，就是要科学规划，发挥优势，扬长避短，趋利避害。河南省委、省政府审时度势，强调要充分发挥新型城镇化的引领作用、新型工业化的主导作用、新型农业现代化的基础作用，以推进"三化"的协调发展，加快经济增长方式的转变，实现中原经济区建设的宏伟蓝图。新型城镇化的引领，既是对工业化、农业现代化的引导带领，也是对"三化"发展相互关系的协调衔接。从现实省情特点出发，之所以强调实施新型城镇化的引领作用，还在于应该看到河南省城镇化发展不仅低于全国城镇化水平，同时也远远滞后于河南省的工业化进程。2010年，河南省工业化水平为51.8%，非农从业人员比重为55.1%，而城镇化水平仅为38.8%，与工业化水平的差距达到13个百分点。很显然，过低的城镇化水平不仅限制了河南省现代服务业的发展，影响到经济结构的优化调整，还会拉大城乡收入差距，造成城乡矛盾加剧。按照刘易斯二元经济理论，农业和非农劳动边际报酬的差异会促使农村剩余劳动力向城市的非农部门转移，通过工业反哺农业，城市带动农村，逐步消除城乡二元经济结构。但河南省农村人口基数庞大、总量增长速度快，而现有城市的经济辐射带动和人口承载力有限，在相当长的时期内将难以改观，即便是大中小城市都得到充分发展，也无法从根本解决农村人口的城市化问题。因此，现阶段，一方面，要坚持新型城镇化引领的指导思想；另一方面，应立足于农村，着力于加速新型农村社区建设，实施乡村的城镇化发展的基本方略，以期在新型城镇化引领中实现"三化"协调科学发展。

三、新型城镇化引领的现时着力点与评价指标

人们越来越深刻地认识到，新型城镇化新就新在把农村涵盖进来，形成新的城镇化理念、新的城镇化体系、新的城镇化功能，以期在新的城镇化建设和发展引领中实现城乡统筹，破解城乡二元结构。从原有的城镇化使农业劳动者"离土离乡"，到今天的农业劳动者既可以"离土离乡"也可以"不离土不离乡"，是一个历史性转折，它标志着我国的城镇化运作真正进入到了一个新的境界。也是这样，河南省委书记卢展工同志综合中原经济区建设、新型城镇化发展、谋求经济的稳中求进多背景因素强调指出，最大的内需潜力在新型城镇化，最大的内需市场在农村。坚持新型城镇化引领，推进新型农村社区建设，既能够促进农村扩大投资、增加消费，又能够促进农村公共服务水平提升，成为经济社会发展的一个新的重要增长点。因此，现阶段新型城镇化引领应该立足于农村，着力于加速农业经济市场化、农村社区城镇化、农民现代自主劳动化进程3个方面。

（一）新型城镇化引领的着力内涵

1. 农业经济市场化

中国是社会主义市场经济，农业经济的发展必须坚持市场化取向。当前，随着国家对粮食购销、农产品流通和农村土地流转等领域的放开，农村经济的市场体系已经基本形成。按照新型城镇化引领的内在要求，农村经济市场化改革，一方面，要适应信息经济、网络经济的大势，加强农村经济中信息网络的建设，完

善农产品的价格形成机制和流通机制，帮助农民充分利用市场信息进行生产经营决策，提高农业经济效益；另一方面，要健全和完善农业生产要素市场，特别是农村金融市场、劳动力市场和农村土地流转市场，有序引导农民向城镇和规划聚居区集中，逐步减少农户数量，缓解人地矛盾，实现农业分散经营向规模化经营的转变，提高农业的经济效率和现代化程度。

2. 农村社区城镇化

建设新型农村社区，实现农村社区城镇化，是统筹城乡发展的结合点、推进城乡一体化的切入点、促进农村发展的增长点。通过新型农村社区建设，引导农村人口向规划社区集聚，可以腾出多余的集体建设用地，为开展土地整理、实施土地规模化经营奠定基础。农村人口的集中居住也为现代服务业的发展创造了条件，为人与人之间的交流和沟通提供了便利，促进了知识积累和技术创新，农民的就业渠道得以扩宽，生存要素得以提升，生活状态才可能得到彻底改变。同时，将新型农村社区纳入城镇化体系，有助于充分发挥农村基础设施和公共服务体系的功能，提高公共资源配置效率，解决农村居民的住房、就医、社会保障和子女入学等问题，促进城市与乡村的双向流动，使得城市居民和农村居民享有同等权利，逐步消除两者的身份差异。

3. 农民现代自主劳动化

农业现代化的关键是农民劳动现代化。农民劳动现代化表现在农业劳动者素质不断提高基础上的自由创业、自主劳动以及与"城里人"一样的统筹劳动、平等劳动。农业劳动者要在城镇化过程中，不仅要把自己锻炼成为一代新型产业劳动者，而且要磨砺成为一代理性社会劳动者。农民现代自主劳动化，既是社会化大生产的客观要求，也是新型城镇化引领的一个重要的着力点。现阶段，就是要在大力推进新型农村社区建设过程中，积极营造农业劳动者自由、自主创业，自主选择就业，自我教育消费、提升素质，让农业劳动者从低收入阶层进入高收入阶层的制度、体制环境，政策措施环境，达成农工融合、城乡融合的田园式的、新型的城镇化景象。

（二）新型城镇化引领的着力预期

1. 破解城乡二元经济困局

新中国成立后，受当时特殊历史情况的影响，中国长期实行优先发展工业特别是重工业的政策，抽农补工，以城补乡，造成城乡差距不断扩大，形成典型的城乡二元经济结构。如何打破城乡二元经济困局已经成为中国现代化进程整体推进中不得不解决的问题。标准的二元经济理论认为，工业化伴随着城市化，随着农村剩余劳动力向城市转移，工业反哺农业，二元经济结构将逐步消除。中国二元经济在沿着这一路径的演化过程中却受到社会制度和人口基数过大等多方面因素的制约,从而出现比较顽固的二元经济结构刚性,不仅对中国的工业化进程造成严重的障碍,也对社会稳定形成一定压力。

新型城镇化引领为破解城乡二元经济困局提供一种切实可行的新思路。首先,新型城镇化为经济增长提供了新的动力,为农村剩余劳动力提供了更大的就业空间。新型城镇化建设从基础设施建设、公共服务体系构建和消费品市场扩张等多个方面都可以拉动内需,刺激经济增长,而且城镇化过程中人口的集聚和城镇人口规模的扩大为现代服务业的发展提供了土壤,也为农村剩余劳动力提供了必要的就业机会,这是实现农村剩余劳动力向城市转移,打破二元经济困局的前提条件。其次,新型城镇化引领中,县域城镇承接承载作用的增强和新型农村社区战略基点作用的发挥为人口的集聚集中提供了空间上的支持。最后,新型城镇化引领下的城乡一体化格局中,城乡居民在享受教育、医疗、就业、社会保障等基本公共服务供给上趋于均等化,农民进城的就业、户籍、住房、社会保障、子女入学等问题也将逐步解决,从而解决了二元结构问题中最重要的人的二元化问题。

2. 推动经济社会技术创新

经济社会技术创新活动一般都是在城镇开展和完成的。技术的创新源于知识的积累和爆发,知识是人与人之间沟通与交流的结晶,具有显著的规模收益递增效应。城镇中大量集聚的人口为知识的传播和思想的碰撞提供了契机,也为技术创新提供了空间。新型城镇化引领,强调集聚经济效应,发展产业集聚区,这不仅会促使各类产业部门在激烈的市场竞争中要进行经营管理创新,更要开展技术创新、技术传播、技术推广,而新型城镇化的建设则为之提供了基本的、广阔的平台。

(三) 新型城镇化引领的一般评价指标体系

新型城镇化引领是手段和目标、过程和结果的统一,既关注农村经济市场化、农村社区城镇化和农民现代自主劳动化等具体手段,又强调中心城市辐射、县域城镇承接和新型农村社区建设等中间过程,更重视现代农业发展、城乡二元经济结构消除和经济发展方式转变等最终目标。

与新型城市化引领的本质和内涵相一致,对新型城镇化引领的评价也应该是过程评价和结果评价的统一。不能只关注结果而忽略过程,因为新型城镇化引领最终效果的呈现可能需要较长时间,缺乏过程评价,则难以动态把握新型城镇化引领的发展过程,难以及时对一些不合理的做法予以调整和纠正。也不能只关注过程而忽略结果,因为新型城镇化引领是复杂的系统工程,过程中政策手段与最终结果之间不存在必然的因果关系，而且过于关注一些短期的数据指标，可能会导致"短视行为"出现，影响长期利益的实现。实际评价工作中，可以以结果评价为主体，明确新型城镇化引领的实施效果，以过程评价为补充，结合辅助指标及时掌握新型城镇化引领过程的动态变化。对于结果评价，使用与城镇化引领实施效果直接相关的核心指标体系；对于过程评价，使用受新型城镇化建设影响较大且与引领效果有较强联系的辅助指标体系。

新型城镇化的引领作用及其引领效果的评价，一般可以通过经济集约化程度、农业现代化程度、城乡一体化程度和环境友好程度4个方面来考察。经济集约化程度反映着城镇化过程经济增长方式的转变；农业现代化和城乡一体化程度反映着城镇化建设及其引领"三化"协调科学发展的转变；环境友好程度反映着通过城镇化发展引领带动经济社会活动中人们的生态环境条件的转变。

1. 经济集约化程度

新型城镇化追求的是经济的集约化程度，或称为集约型的经济增长，即生产要素利用效率的提高。根据这一思路，一般选择人均产值、地均产值和万元GDP综合能耗作为核心指标衡量和评价。人均产值为地区生产总值与人口数量之比，反映地区的经济发展水平；地均产值为二、三产业产值与建设用地之比，反映土地要素的利用效率；万元GDP综合能耗为折算为标准煤后的原油、原煤和电力总消耗量与地区生产总值之比，反映地区的能源使用效率。

新型城镇化建设过程中，人口、资源向城市或新型农村社区集聚，为现代服务业的发展提供条件，为知识传播和技术创新提供土壤，进而会带动经济增长方式由粗放向集约转变。选择第三产业增加值比重、高新技术产业增加值比重和获批专利数量作为评价经济集约化程度的辅助指标，第三产业和高新技术产业增加值比重反映产业结构的优化升级情况，获批专利数量可视为自主创新能力的度量。将三者作为辅助指标，是因为经济集约发展并不必然意味着服务业或高新技术产业的优势地位，不能要求粮食主产区大力发展高新技术产业，也不能期望以资源加工业为主的工业发达地区服务业一定处于全省领先水平，但从动态变化的角度来看，3个指标与新型城市化建设的推进速度存在着比较密切的关系。

2. 农业现代化程度

新型农业现代化是以粮食优质高产为前提，以绿色生态安全、集约化、标准化、组织化、产业化程度高为主要标志，基础设施、机械装备、服务体系、科学技术和农民素质支撑有力的农业现代化。对农业现代化程度的评价不仅要关注农业生产效率，还要考虑农民的生活水平和农业企业的发展情况，核心指标包括主要农作物单产、农民人均纯收入、地均农业人口数量和农业企业比重。土地是农业生产最重要的生产要素，农作物单产反映土地的使用效率；农民人均纯收入反映整个农村经济的发展情况；地均农业人口数量反映农业经营的规模化程度，地均农业人口越多，农业生产中劳动要素的使用效率越低，农业经营规模越小；农业企业比重是农业企业产值占地区生产总值的比重，反映农业经济的市场化程度。

现代农业发展需要大量资金的支持，需要宽阔的就业空间将农民从土地上解放出来，需要活跃的土地市场交易实现农业经济规模化，新型城镇化引领"三化"协调的现实着力点正在于此。可选择农业贷款额、农村土地交易活跃度、外出务工人员比例和地均农机动力作为评价农业现代化程度的辅助指标：农业贷款额反映农业发展的资金支持情况；活跃的土地市场是实现农业经营规模化的前提条件，用通过土地市场转让经营权的土地占农村土地总量的比重度量农村土地市场活跃度；外出务工人员比重为农村劳动力中外出务工人员比重，反映农民对土地的依赖程度；地均农机动力也是衡量农业现代化水平的重要指标，将其视为辅助指标，是因为现阶段对于河南省大多数地区，农业机械化耕种已经非常普遍，农户购买农用机械主要是为了耕作方便，以节约更多的劳动时间从事其他行业工作，挣取更多的劳动收入。

3. 城乡一体化程度

新型城镇化引领的着力预期是破解城乡二元经济困局，实现城乡一体化。城乡一体化不仅体现在居民收入水平和生活水平上，更重要的是政策上平等、国民待遇上一致，保证农村居民和城镇居民享受相同的经济发展成果。选择城乡基尼系数、城乡每千人拥有医务人员和床位数之比、城乡小学生人均教学仪器设备值之比和城乡每千人互联网用户之比作为主要指标度量城乡一体化程度。基尼系数反映城乡收入差距，基尼系数越高，城乡收入差距越大。医疗和教育是与人们生活最为密切相关的两种社会服务，用城乡每千人拥有医务人员和床位数之比和城乡小学生人均教学仪器设备值之比分别反映城镇和农村居民在享受医疗和教育服务方面的公平度。网络为居民生活带来了极大便利，用城乡每千人互联网用户之比反映城镇和农村居民在享受互联网服务方面的差异，这也反映了生活方式的差别和生活质量的差距。

城乡二元经济结构是目前中国经济发展面临的主要难题之一，河南省作为人口和农业大省，二元经济问题尤为严重。在新型城镇化建设过程中，政府希望通过加大支农资金投入，加快各类基础设施建设，加强村庄整改力度，来打破二元经济困局，逐步实现城乡一体化。

选择村庄整改率、财政支农资金比重和标准化公路通村率作为衡量城乡一体化程度动态变化的辅助指标：村庄整改率为已搬迁至新型农村社区的村庄占全部村庄的比重，反映地方政府对农村村庄的规划和整改力度；财政支农资金比重为财政支出中支农支出所占比例，反映地方政府的资金支持力度；标准化公路通村率为已通公路村庄占全部村庄的比重，新型农村社区建设越落后，村庄越分散，公路通村率就越低。

4. 生态环境友好程度

经济发展最终落脚于人民生活水平的提高，优美的生活环境是高质量生活的重要保证。新型城市化引领的经济社会发展过程中，要求树立绿色、低碳、可持续发展理念，"友好"地对待环境，保持"发展"的城市系统与"稳定"的环境系统之间的平衡，实现人与自然的和谐共处。选择空气质量指数和城市绿地覆盖率两个与人民生活最为密切相关的环境指标作为评价环境友好程度的核心指标。要使空气质量保持在理想水平，需要努力控制二氧化硫等工业废气排放，加快城市生态化改造步伐。选择化学需氧量排放和二氧化硫排放作为辅助指标，两者是流量指标，决定居民生活环境的动态变化，空气质量指数和城市绿地覆盖率两个核心指标反映了生活环境的实际水平。

实践是检验真理的唯一标准。河南省以中原经济区建设为背景预期，拉近"三农"及其城乡二元经济结构，发展"新型农村社区"的"逆城镇化"实践，无论是在理论研究还是在决策政策方面，都有着极高的、战略性的意义。如果说，过去也有过设想和推动"乡村都市化"，或者是开展"新农村建设"，那么，这一次在中原经济区建设中发展起来的"新型农村社区"，则是从一开始（包括意识思想观念、规划设计建设等）就直接与新型城镇化紧密联系在一起，把"新型农村社区"建设和新型城镇化发展结合运营的。所谓的"新型"，新就新在以推进城镇化发展为目标，变城镇化的发展"就城市论城市"为"城乡融合"，寻求一体化发展，变传统的"大中城市带动"思维为实施"大中城市带动"与切入"新型农村社区"建设、实施农村城镇化发展相结合，变传统城镇化自上而下的运动方式为自下而上的运动方式，变传统的依靠政府和社会为主体的城镇化发展为发动和依靠农民作主体，自己来规划、建设，走向现代城镇化的生产与生活环境。新型农村社区，虽然现在仅仅只是刚刚开始，且面临着许多困难和问题，如产业支撑、资金筹措、空间布局、组织架构、人文素质等，但表现出来的"稳中快进"的良好势头总是令人乐观的。现时的关键，是怎样加快把现代城市社区在新型农村社区真真实实的复制到位，让乡里人、村里人同城里人的生活一样，健全社会保障、文教卫生、公共服务。同时，又能够在新型农村社区找到新型农业现代化发展的新的增长极，也许当代农村城镇化，进而新型城镇化、新型农业现代化即将从新型农村社区走开来。

(课题主持人：郭军；课题执笔人：郭军、王艳萍、叶光、程利英
原载于《河南经济报》，2012 年 10 月 17 日理论版)

怎么实施工业化主导和新型工业化发展
——关于中原经济区建设与发展的理论研讨之二

综观世界各国的发展史，回顾中国60多年的实践历程，人们越来越深刻地认识到工业化的主导、城镇化的引领、农业现代化的基础地位及其实现"三化"协调发展，已经成为中国经济社会发展的主线和基本的路径选择。如果说，占世界人口22%的中国工业化进程折射了世界从近代到现代的演化历程，那么，占中国人口12.4%的中原经济区工业化发展，则可看成是中国工业化进程的未来缩影。中原经济区是中部崛起的重要基地，是继长三角、珠三角、京津冀之后，第4个在国家层面设立的重点开发区域。在中原经济区跻身国内高成长性区域行列的过程中，在中原经济区大力推动"三化"协调发展的过程中，如何确立并保障工业化的主导性地位？政府部门又应如何转变认识、有所作为，从而探索出一条适合于中原经济区区情的新型工业化道路？我们的研究即围绕于此展开。

一、工业化主导地位与作用概论

工业化是国民经济中工业生产活动取得主导地位的过程，即工业部门快速扩张、工业产值和劳动人口在国民经济中的比重持续提升，经济结构、经济发展方式急剧转变的过程。经济发展史表明，工业化是从以自然经济为基础的农业国转向现代化国家的必由之路。

（一）工业化主导是人类经济社会的实践和理论总结，具有客观必然性

世界各国经济发展的过程其实就是工业化的过程，大抵从18世纪开始，工业化就一直是世界经济发展的主题，主导着世界各国的现代化之路。18世纪30年代，英国爆发产业革命，其工业化过程首先从纺织工业开始，随后其他轻工业部门也逐渐从工场手工业向机器大工业过渡。在轻工业部门的带动下，重工业迅猛发展，蒸汽机的广泛应用大力支持了冶金等重工业部门的崛起，随之交通运输业也发生了深远的变化。第二次世界大战以后，经济全球化的大趋势，在发展中国家也纷纷掀起工业化浪潮。20世纪60~70年代，以东亚、拉美、南欧等一批

落后国家和地区步入现代工业社会为转折点，长期以来只属于资本主义发达国家的工业化进程开始向全球扩展。其中，最具代表性的是亚洲"四小龙"的工业化道路，新加坡、中国香港、中国台湾和韩国这 4 个国家和地区通过对自有资源潜力和科技潜力的充分发掘，逐渐建立起完善的国家工业体系。自 18 世纪的英国工业革命至今，世界上已有 60 多个国家（地区）陆续从传统农业社会向工业社会转变，逐步以工业文明取代农耕文明，实现了早期的工业化。工业化已成为衡量各国现代化程度和综合竞争力的重要标志。

发展经济学家刘易斯明确指出，工业部门是经济发展的主导，决定经济成长的关键是工业部门自身的扩张过程，而农业生产率的提高是工业化的前提条件。继刘易斯之后，现代发展经济学家进一步提出了以工业化的主导地位为基本前提和实现条件的各式工业化发展战略，包括大推进战略、平衡增长战略、增长极战略、非均衡增长战略以及出口导向战略和进口替代战略等，也正是这些构想和实践，影响着人们在推进工业化进程中促成了经济、社会、政治、文化诸方面从传统社会进入到现代社会。工业化主导是人类经济社会的实践和理论总结，这既是对发达国家工业化经验的历史回顾，也是对全球工业化发展演进之共同规律的科学判断。

（二）工业化主导是发展中国家所面临的基本问题

当今时代，发展中国家以东亚、拉美国家（地区）为代表，早已相继完成了工业化进程，部分国家（如韩国）成为经合组织新成员，跨入了发达或准发达国家行列。紧随新兴工业化国家（地区）的崛起，印度、巴西等一批新兴市场国家（New Emerging Market）经过改革调整和实施开放政策，也步入了经济发展的快车道。无论是以印度、阿根廷为代表的资本品进口替代型工业化战略，还是以巴西、智利为代表的制成品出口导向型工业化战略，都使得工业经济的活力得以激发，并为当地经济社会的全面发展奠定了坚实的基础。

然而，与之形成鲜明对比的却是，目前占发展中国家很大比重的大多数最不发达国家，则因落后体制的束缚、沉重的人口负担以及战乱纷扰依然徘徊于工业化的"边缘化"困境。莫桑比克的人均 GDP 至今仍停留在第二次世界大战后发展初期的 180 美元，埃塞俄比亚的人均 GDP 直到 1998 年才超过 100 美元。发展中国家经济落后问题的实质，是一个工业化发展问题。所以，发展经济学家始终在呼吁，"工业化是发展中国家所面临的基本问题"，"实现工业化是落后国家发展的唯一途径"。他们强调，发展中国家的政府必须承担起实现工业化的更大的责任，这是因为发展中国家普遍存在着市场化不足的问题，需要国家采取有效措施推动工业化。

(三)工业化主导并不排斥城镇化引领作用

坚持工业化的主导地位,并不意味着将工业化主导狭隘地理解为工业部门的单一发展。在由传统农业社会向现代工业社会转变的过程,工业的发展绝不是孤立进行的,而总是与城镇化和农业现代化相辅相成的。工业化主导地位的充分发挥离不开城镇化的引领,因为城镇是工业和生产性服务业发展的空间载体,是工业品的流通中心、工业生产的服务与管理中心、工业发展的人力资源开发利用中心、对外交流中心和工业技术创新中心,城镇的空间规模和经济容量大小直接决定着工业在城镇的发展规模和速度,以及其他工业化要素的集聚规模和效应。同时,城镇化进程的加快、城镇功能的完善、城镇辐射能力的增强、城镇集聚效应的发挥,都会不断地把工业化推向新的发展阶段。

(四)工业化主导并不影响农业现代化的基础地位

西方发达国家在工业化之前大都经历过一场农业革命,而一些发展中国家的工业化却是在农业没有取得突破性进展的情况下进行的,结果出现了城镇繁荣与乡村贫困并存、城乡差距悬殊、地区发展极不平衡的现象,最终使得工业化难以为继。在新中国成立初期,中国的工业化就采取了靠牺牲农业来发展的重工轻农政策,生产要素最大化地配置于工业部门,以农业为工业资金的主要积累途径,压低农产品价格以保证工业的低成本扩张。然而事与愿违,基础越来越薄弱的农业没有成为经济增长的强大推动力和源泉,工业化在没有稳定的农业作为基础的条件下也被迫放慢了速度。

实践证明,工业化的过程不仅表现为农业部门的收缩和工业部门的扩张,还表现为农业部门自身的可持续发展,以及在这个过程中,逐步建立起兼具经济效益和生态效益的现代高效农业经济体系,不断提高农业综合生产能力,增加农产品有效供给,改善农民收入的工业化所不可替代的这种基础性地位和作用。

二、工业化主导的基本特征

自18世纪中期第一次产业革命以来,无论是发达国家还是发展中国家,工业化进程始终伴随着先进技术的发明与运用,代表着社会生产力发展的实力水平,昭示着所有国家物质资料生产道路、模式的演变方向。

(一)工业化是国家或地区经济社会发展实力水平的根本标志

当发达国家或地区已经进入或正在向后工业化发展阶段迈进之时,发展中国家或欠发达地区正处于工业化的早期乃至前期阶段。正是工业化发展的不同进程，直接导致了国家间、地区间在经济总量、产业结构高度和人均收入水平等方面的巨大差异。

工业化水平是衡量一国（地区）经济发展水平和国民富裕程度的根本标志。工业化作为现代经济发展最强大的推动力量，决定着国民经济和国防、科技现代化的发展速度。工业化是推进信息化、市场化、国际化、现代化的物质基础，是经济高速增长的发动机，是技术创新的主导，更是国际竞争力的重要表现。所以，资深经济领导人陈云在《经济形势与经验教训》一文中就曾指出："一个国家的工业发展水平，直接决定着这个国家的技术水平和经济发展水平，也集中体现着这个国家的综合实力。"

（二）工业化是国家或地区物质资料生产道路、模式的根本选择

发达国家的工业化进程大体经历了机械化、电气化、自动化、信息化4个阶段：一是始于18世纪中期的大机器工业阶段，蒸汽机和纺织机的发明带动了钢铁、机械、煤炭、造船、铁路、纺织等产业发展，奠定了大机器工业体系的基础；二是始于19世纪后半期的产业结构升级及快速演进阶段，电力的发明使第二产业内部又分化出电力、汽车、飞机、冶金、化学、石油等工业部门并迅速发展，从而使产业规模迅速扩大，产业结构迅猛升级；三是始于20世纪40年代的自动化工业发展阶段，原子能、电子计算机、空间技术等的广泛应用，促进了社会生产从电气化进入到自动化的新时代，各种高加工度、高附加值的产业快速发展，产业结构进一步升级，形成以高新技术为先导、基础产业和制造业为支撑、现代服务业全面发展的产业格局；四是当前正在全球迅速普及的、由自动化迈向信息化的产业发展阶段。在这一阶段，生产系统由大批量、标准化生产的刚性结构转变为小批量、多元化的柔性结构，产业结构发展到后高度化阶段，也称空心化阶段。可见，正是工业化进程，加速了经济发展方式从传统手工业向机器大工业、自动化和智能化转变，产业组织形式也从传统家庭手工业作坊向现代企业转变。工业化的实践过程还表明，工业化一方面在促进着工业部门自身的结构升级、技术进步和组织变迁；另一方面还以其先进的工业生产技术和生产方式，向其他生产部门波及、渗透、带动，影响着全社会各产业部门物质资料生产道路、模式的根本性变革。

（三）工业化是城镇化、农业现代化发展的根本支撑

世界城市人口在工业革命开始之前，增长极为缓慢。1800年，城市人口占世界总人口的比重仅为3%，工业革命后，城市人口占世界总人口的比重以每50

年翻番的速度增长。1850 年，该比重为 6.4%，1900 年为 13.6%，1950 年为 28.2%，到 2000 年，城市人口占世界总人口的比重已达 60%。这说明，工业化所提供的远高于传统农业和手工业的劳动生产率和积极的就业机会，使城镇对农村的吸引力大大提升，促使农业剩余劳动力向城镇大规模转移，成为城镇化建设的主体。如果没有工业化的持续推进，城镇化就会失去依托，缺乏后劲，已经城镇化的人口就有可能重新流回农村、流向农业，重新拉低农业劳动生产率和农业经济效益，拖延农业现代化的步伐。工业化实质上是由传统的农业经济向现代工业经济转化的过程，反映了自然经济向商品经济转化的必然。正是工业化的发展带动了农业经济的内部分工，强化了农业生产的专业化程度，促进了农业规模经营，提高了农业生产效率和农业经济效益，加速了农业现代化的进程。工业化将传统农业带入一个更大的循环系统，从而使农业从传统走向现代。

三、工业化主导与新型工业化发展及其评价

工业化主导是一种思想，是一种战略，即谋求工业的发展在整个国民经济发展中居于优先地位、以工业化发展为主导、带动国民经济的现代化水平不断提高。新型工业化，相对过去的工业化而言，就是以信息化为动力，追求和实现工业经济的科技含量高，经济效益好，资源消耗低，环境污染少，人力资源优势得到充分发挥。

（一）工业化主导与新型工业化的理论认识

工业化亦称工业化道路，"工业化道路"这一概念是毛泽东在《正确处理人民内部矛盾的问题》一文中提出的，主要指工业化进程中农业、轻工业、重工业三大经济部门的发展关系。当时认为，农、轻、重结构是国民经济结构的主体和基础，因此这三者的关系基本上可以说明中国工业化的发展道路问题（赵晓雷，2010）。接着毛泽东又于 1956 年在《论十大关系》一文中鲜明清晰地提出了"以农业为基础，以工业为主导"的著名论述。至此，共和国 60 多年的发展历程，从最早的切入农轻重结构关系定位、确立走重工业化优先发展思想，到放弃重工业化优先发展转而走轻工业优先发展的路子，再回到重工业化道路上来，以及从西方发达国家工业化演变过程，到一些发展中国家工业化发展带动和崛起的实践，可以看出，工业化道路也就是国民经济社会发展的道路，是关于国家经济社会发展模式、目标、措施、动力的基本选择。

新型工业化是在党的十六大提出来的，此前一般讲工业化，包括工业化起源、工业化理论、工业化组织、工业化路径、农村（区）工业化、工业化与经济

增长等。许多专家、学者认为，新型工业化是相对于传统工业化而言的，意味着对传统工业化的扬弃，对西方工业化的中国本土化借鉴。

新型工业化的提出有着客观的现实的背景。一是传统的工业化发展，强调重化工业优先增长，推行赶超战略，结果导致片面追求高速度、经济的粗放型增长；二是传统的工业化发展，只讲工业化主导，人为割裂工业化与城镇化、农业现代化发展关系，造成工农之间、城乡之间长期二元经济社会结构不得其解；三是传统的工业化发展，注重工业资本的有机构成，忽略工业发展与社会就业的矛盾，形成产业资本与劳动关系恶化，使经济问题转化为社会问题；四是传统的工业化发展，固化了经济发展的理念和方式，出现了环境污染、生态失衡，贸易条件变坏；等等。新型工业化的新的内容特征主要表现在：新型工业化是以新的生产关系为基础，即注意到中国多元产权结构的变化，实施更加开放的市场经济体制条件下的工业化的发展；是以信息化为动力、全面实现与高新技术和先进实用技术科研领域的融合、开发、应用为主题的工业化的发展；是以可持续发展战略思想为指导，不以牺牲生态和环境为代价的工业化的发展；是以最充分的开发利用中国丰富的人力资源优势为基本力量的工业化的发展；等等。也就是说，新兴工业化发展，最重要的是将高新技术和先进适用技术改造同传统产业的提升结合起来，充分发挥信息化在工业化过程中的"倍增器"、"催化器"作用，不断提高国家或地区的工业竞争力。

影响一个国家或地区新型工业化发展的因素，从理论上看，包括发展观念、产业政策、区位优势、资源禀赋、金融环境、市场条件等；从实践上看，包括原有的工业基础、原有的技术基础和创新能力、原有的工业结构、原有的人力资源素质以及经济的、社会的、政治的、文化的历史积淀等。发展经济学家认为，工业化发展取决于3个要件，即"激励结构"、"发展能力"、"制度安排"。工业化在国家和地区之间的发展差异，实际上就是由这3个要件差别影响形成的。也就是说，新型工业化除了应建设和制定出相应的、良好的、工业化发展的环境条件、产业政策等激励机制外，重要的就是加大人力资本投资、物力资本投资、财力资本投资、技术资本投资，特别是从制度层面注意处理好工业化发展同资源约束、生态环境等之间的关系。新型工业化发展的切入点，也是落足点，在于主导产业的选择，战略性支撑产业的确立，战略性新兴产业的培育。

(二) 工业化主导和新型工业化的评价指标

1. 反映工业发展实力水平的评价指标

工业部门的实力体现在规模扩张、结构升级、技术进步和利润创造等方面。工业规模扩张能力方面的评价指标一般包括：工业增加值增长率和工业增加值占

GDP 比重的增长率、工业部门间结构升级转换。由以轻工业、资源劳动密集型工业、低附加值工业占主体比重逐渐向以重化工业、资本技术密集型工业、高附加值工业占主体比重的方向过渡，即工业结构的重工业化、高加工度化和高技术化。其评价指标一般包括：高技术产业增加值占 GDP 的比重、装备工业增加值占 GDP 的比重、信息产业增加值占 GDP 的比重、重工业增加值占 GDP 的比重、霍夫曼系数（重工业增加值/轻工业增加值）、产业高加工度系数（资源加工业增加值/采掘业增加值）等。工业部门技术进步评价指标一般包括：工业全要素生产率的增长率（产出增长率超出要素投入增长率的部分，常被用作科技进步的测评指标）、研究与开发（R&D）经费占工业增加值的比重（反映科技活动经费的投入水平）、研究与开发人员占工业劳动者的比重（反映科技活动人力的投入水平）、每万人拥有的专利申请授权量（反映工业科技活动的产出水平）、新产品产值占工业 GDP 的比重（反映工业科技产出的市场绩效）、工业企业微电子控制设备占生产经营用设备原价的比重（反映企业中信息化装备的普及率）。工业部门利润创造能力评价指标一般包括：总资产贡献率（反映全部资产的获利能力）、成本费用利润率（反映成本及费用的控制能力）、全员劳动生产率（反映人力资源的利用效率）、工业增加值率（反映降低中间消耗的能力）、产品销售率（反映产销衔接状况）、总资产周转率（反映营运能力）等。

2. 反映工业可持续发展能力的评价指标

衡量工业可持续发展能力的指标包括：①资源集约使用方面：万元工业 GDP 能耗、万元工业 GDP 水耗、电力消耗弹性系数（万元工业 GDP 的电力消耗量）、单位面积工业用地的产值。②控制排污及环境治理方面：万元工业 GDP 的三废排放量、万元工业 GDP 的碳排放强度（万元工业 GDP 的 CO_2 排放量）、工业固体废弃物综合利用率、工业废水治理达标率、城市空气质量指数、"三废"综合利用产品产值占工业 GDP 的比重（反映对废气、废水、废渣的重新利用能力）、工业污染治理投资占工业 GDP 的比重。

3. 反映工业对其他部门"链"接带动能力的评价指标

在国民经济体系中，装备制造业、信息产业以及其他高技术化工业部门，不仅自身具有较高的技术含量，而且可作为产业链上的核心增值环节，利用产业链环上各产业、行业、企业、产品之间的相互联系，对其他经济部门发挥"链"接带动效应和技术溢出效应等正外部性影响，推动传统产业高技术化，牵引国民经济各部门朝着高附加值方向发展，朝着技术密集的层次跃进。工业的"链"接带动效应一般采用直接消耗系数和影响力系数作为评价指标。其中，国民经济各部门对工业的直接消耗系数是用某产业生产经营中所直接消耗的工业货物的价值量除以该产业的总投入，它是两部门间直接存在的投入产出关系的数量表现。工业的影响力系数是指某工业部门增加一个单位最终产品时,对国民经济各部门所产生的生产需求波及程度。

4. 反映工业化对农村城镇化、农业产业化起支撑作用的指标

工业化对农村城镇化与农业产业化的支撑作用可使用以下指标进行评价:农村剩余劳动力向城镇的转移速度(城镇新增人口扣除自然增长部分后的剩余量)、城镇登记失业率(逆向指标,反映人力资源的利用率)、工—农业比较劳动生产率、农业机械化生产普及率、单位面积耕地的产量增长率。

5. 反映工业化与经济、社会发展关系的评价指标

工业化与经济、社会发展关系指标有:人均 GDP、城乡居民恩格尔系数(用食品支出占消费总支出的比例来反映经济发展、收入增加对生活消费的影响程度)、城乡居民人均纯收入、劳动者平均受教育年限、主要工业品显示性比较优势指数(反映工业品的国际市场竞争力)、产业国际竞争力指数、市场化指数、国家经济自由度指数等。

四、实施新型工业化主导与新型工业化发展的路径探讨

从工业化到新型工业化,从工业化主导到新型工业化主导,既是世界工业化发展的客观趋势,也是中国走自己的道路、建设中国特色社会主义的现实要求。中国的工业化发展,不仅极大地促进了城镇化、农业现代化的发展,奠定了国民经济和社会发展的坚实基础,而且,积累了宝贵的经验教训,为我们进入新型工业化建设,探讨相应理论和实践的路径选择,无疑是非常有益的。

(一)发达国家实施工业化主导的路径借鉴

1. 以主导产业群作为工业化进程的牵引者

由于发展的背景和路径不同,各国所选择的投资重点和优先发展的工业部门也不同。英美两国作为世界"内生型"工业化国家,除了继续推进由发展劳动密集型产业转向发展资本、技术密集型产业之外,正在加速主导产业的集群化发展,整个工业化进程中的主导产业群从棉纺织业、轻工业、重工业、交通运输业向其他产业部门逐步演进。德日政府则直接投资重工业,并从产业政策上引导产业按照棉纺织业、轻工业、重工业的顺序发展。

尽管各国工业化过程中政府和市场的影响力不同,但各国都是以主导产业群作为工业化进程的牵引者,并由此带动其他产业发展。英国的工业革命以纺织工业为先导,此后带动煤炭、钢铁、机械工业的发展;美国以机械制造业为先导,先后带动起钢铁、汽车、建筑、飞机及电子工业的发展。日本也在 20 世纪 70~

90年代，先后经历了以电力、钢铁为主导，以钢铁、造船、石油、化工为主导和以汽车、家电为主导的3个阶段。重视主导产业选择与发展，以及随着科技进步而不断发生的主导产业的良性更替，已经成为工业化过程的主要内容和工业化演变的催化剂。

2. 新兴现代工业部门促成了后进国家的赶超型工业化

如果说工业是国民经济发展的发动机，那么，以知识创造、发明创新为基础的新兴现代产业则是国民经济发展的"火车头"。电气工业是第二次工业革命的核心内容和主要标志。以维尔纳·西门子和艾米尔·拉特瑙等为代表的德国企业家抓住电灯和电话等电气工业普及的契机，率先开始大规模发展电气工业，也正是这些新兴产业使德国在第二次工业革命中成为真正意义上的先进国家。德国利用在这一领域中的领导权，改善了工业领域动力能源分布不均的状况，使得在第一次工业革命中因缺乏煤矿资源而落后的该国中南部地区，充分利用当地丰富的水力资源发电解决自身的动力源，实现了地区性的工业化。正是铁路和电气工业的迅猛发展帮助德国这个新兴工业化国家一跃成为世界工业先锋国家。德国赶超型工业化的成功经验表明，后进国家不能在先行工业国家后面亦步亦趋，而应通过做出具有前瞻性的产业选择，积极发展新科技创新基础上的新兴产业，从而迅速缩短与先进国家的差距。

3. 技术进步始终是工业化的第一推动力

技术进步是国家和地区内生经济增长的引擎，是工业化发生和深化的驱动力。例如，纺织业的技术进步让英国率先开始了工业化，蒸汽机的发明加速了英国重工业化进程。美国通过技术和机器设备引进以及规模化生产技术发明，成功复制并深化了英国的工业化。当新的技术出现，后发展国家工业化的"一个暂时的机会窗口就打开了"，而"较早地进入系统是赶超过程的决定性因素"。1879年，英国人托马斯提出用掺入石灰的办法解决冶炼过程含磷铁矿石的脱磷问题，使得德国广泛利用其丰富的磷铁矿有了可能，德国钢铁业迅即将这一专利引入。新工艺的采用对德国钢铁工业产生了明显的效果：德国每座高炉的生铁产量提高了3倍，工人劳动生产率提高2.3倍以上。到1913年，德国已成为世界上第二大金属生产国和最大的金属出口国。

4. 坚持市场化取向推进工业化发展

从亚当·斯密提出自由竞争和自由贸易思想到李嘉图的比较优势理论，"自由放任"思想，始终是英国经济政策之圭臬。英国自16世纪开始的一系列政治和社会变革几乎都是围绕着建立一个适度的市场经济体制而展开的。英国工业化进程中的政府作用，既有通过产业政策引导经济活动行为，更有促使经济当事人按照市场法则获取既得利益的同时，自觉朝着有利于国家工业化的方向发展。美国的工业化实际上是英国工业化模式在北美地区的延伸,其工业化过程也是市场不断发育、市场功能不断强化的过程。由汉密尔顿提倡的"自由企业和有限政府",是影响美国工业化持续演进的动力所在。即使是政府主导色彩较浓的德日等国,政府也都是在尊重市场功能的基础上实施第二层次调节,包括强调发展先导产业,政府也基本上不直接参与项目安排。加拿大在调整纺织、采掘等衰退行业,加速汽车和IT等先导产业发展的过程中,也仅仅是实施了税收优惠政策。

5. 适当的政府干预是实施工业化主导的有力保障

德日两国采取的是不完全市场经济型工业化战略,在创建通向市场经济的意识、观念、制度基础上,政府强力直接干预经济。在一定时空条件下,政府不可避免地充当了工业化的代理人,而且实践还证明,政府干预是启动和推进工业化发展的有力保障。

明治维新以后,日本首创了政府制定与实施产业政策的先河。日本政府在对社会经济和国内物产状况实地考察和研究的基础上,发布了包括轻工业、重工业、各种矿业、商业以及金融等各产业在内的兴业改革方案。同时,日本依赖于"官民协调体制"共同合作确定主导产业,建立起能够引导和带动相关产业的骨干龙头企业。

在德国,受李斯特的"国家保护主义"理论影响。德国通过政府的适度干预,形成了保护产业、统一市场、投资科技的有效组织形式,为市场主体迅速聚集和开发资源赢得了宝贵机遇。德国对英国、比利时等国工业品进口采取的高关税政策,扶持工业化进程中卡特尔的形成和发展,已成为经济学教科书中的经典案例。

(二)中国实施工业化主导的历史评述

新中国成立以来,由于国际环境、经济结构、理论认识和苏联工业化模式的影响,中国走上了一条独特的工业化道路。根据中国工业化主导下的经济发展轨迹,可将工业化进程划分为以下3个阶段:

1. 以单一公有制为基础的重工业优先发展阶段(1949~1978年)

以重工业主导的中国工业化进程,起始于1953~1957年的第一个五年计划,围绕苏联专家指导的以重工业为主体的156项重点工程建设,几乎倾其所有人力、物力、财力,甚至把农业剩余作为积累发展重工业。1978年前,在国民经济基本建设投资总额中,重工业投资所占比重始终高于36%,在"二五"时期甚至高达54%,而轻工业投资比重则在3.9%~6.4%徘徊。在新中国成立后的30年中,轻、重工业二者增长速度之比为19.8:90。重工业产值共增长了47.5倍,而轻工业产值只增长了12.7倍,结果形成了"重工业太重、轻工业太轻、农业落后"的畸形产业结构。

这一时期，由于受到意识观念、高度封闭、贸易保护体制、内向型进口替代工业化战略影响，1953~1978 年，全要素生产率对产出增长的累计贡献份额为-7.31%。虽然规模增长速度居世界前列，但经济效率却居世界平均水平线之下。

2. 以改革开放为契机的轻工业快速发展阶段（1979~1998 年）

改革开放之初，为解决消费品不足和经济结构严重失调的问题，中国开始调整实行了多年的计划经济和重工业主导的工业化模式。在消费导向型工业化战略指导下，中国自 1980 年起，为了刺激轻工业的发展，实行了"六个优先"的产业政策，即原材料、燃料、电力供应优先；挖潜、革新、改造的措施优先；基本建设投资优先；银行贷款优先；外汇和引进技术优先；交通运输优先，促成了以纺织工业为代表的轻工业快速发展。尤其是 1979~1981 年，轻工业的增长速度分别为 11%、18.9%和 14.3%，明显高于同期重工业 8.0%、1.9%和-4.5%的增长速度。但这一时期延续和加深了资源型、粗放型的经济增长模式。1981~1992 年，平均投资增长率为 23.4%，远高于该阶段平均经济增长率。各地产业结构也严重趋同，到 20 世纪 90 年代初，中国东、中、西部地区之间的工业结构相似率在 93.4%~97.9%。许多工业消费品的生产能力开始严重过剩，中国由短缺经济转变为相对过剩经济，制约工业增长的因素从供应能力转变为有效需求，轻工业不成为工业发展的重点，这种状况严重阻碍了工业化的进程。

3. 以国际竞争力为导向的重新重工业化阶段（1999~2012 年）

爆发于 20 世纪末的东南亚金融危机，使中国工业结构轻型化弊端逐渐暴露。占中国工业部门很大比重、主要生产轻型消费品的劳动密集型企业，大都依靠降低成本、压低价格取胜，缺乏核心技术和持续的市场竞争力。因此，国家不得不一再地提高出口退税率，以帮助这些企业应对激烈的国际竞争。传统消费品工业的改造升级势在必行，而这一改造升级进程又促使设备投资大量增加，能源、交通、原材料等领域的瓶颈问题凸显。

基于这一形势，中国政府也调整了经济方略，即自觉不自觉地实施了重新重工业化。1999 年，中国的重工业增长速度超过了轻工业 1 个百分点，也就是从这一年开始，工业结构再次发生转折性变化，无论是在产值、投资、利润增长方面，还是在比重方面，重工业都超过了轻工业，而且差距越来越大，出现了重新重工业化的趋势，重工业比重从 1999 年的 50.8%猛升至 2010 年的 71.4%，甚至超过 1960 年的最高纪录（66.6%）。

4. 远未走完的中国工业化道路

当前，中国已进入增长最快、改革力度最大、开放度最高的加速工业化时期，但实现工业化仍然是中国现代化进程中艰巨的历史性任务，工业化仍然是未来相当长时期内经济发展的主题。中国还要继续推动工业化方式由资源和资本驱动型向技术驱动型的转变，推动工业化路径由规模扩张型向效率提高型的转变，推动工业化方式由传统工业化向现代新型工业化的转变，推动工业化途径由二元工业化向一元工业化的转变，推动工业化原则从比较优势向竞争优势的转变。

(三) 中原经济区实施工业化主导和新型工业化发展的思路探讨

中原经济区的建设，即如何坚持工业化主导，加快新型工业化发展，受制于多方面因素的影响，包括思想观念、体制机制、运作方式等。

1. 坚持工业企业实体经济优先发展的基本原则

在经济全球化和信息革命的大背景下，尤其是全球金融危机爆发以来，主要发达国家开始重新审视工业的价值，坚持向工业实体经济倾斜，走上了再工业化之路。美国制订了"国家出口计划"，在救市和财政刺激方案中加大对工业的援助力度。法国在"新产业政策"中明确将工业置于国家发展的核心位置。英国的"制造业新战略"和日本的"制造基础白皮书"，均提出制造业竞争策略。

高度发达的后工业化国家尚需重振工业，力量依然薄弱的河南工业更须大力扶持。2010年，河南工业增加值总量达9901.5亿元，在全国各省市中排名第五，工业总资产贡献率22.4%，在全国各省市中排名第二。从工业经济的总量和效益来看，河南工业实力雄厚，盈利潜力大，主导地位稳固。但从增长的质量和可持续性来看，河南工业仍存在着不少问题。2010年，河南工业优等品率仅有39.8%，比全国平均水平70.8%低了近一半；大中型工业企业发明专利授权量为2186件，仅占全国工业企业发明专利总授权量的1.9%；新产品产值1709.3亿元，占全国工业新产品产值的2.3%；工业品出口额121.9亿美元，占全国工业品出口总额的0.7%，这一组数据与河南工业占全国工业总增加值6.0%的工业大省地位显然不符。可见，河南资源主导型、粗放增长型工业经济特征还比较明显，工业对原料部门的依赖度仍然很高，对中间产品的利用能力不强，产品加工链条短，产业结构仍须继续优化，工业改革的任务依然艰巨。

大企业、大集团，是现代工业经济发展的支柱。2010年，河南主营业务收入超百亿元的工业企业仅有30家，这与河南工业增加值总量排名全国第五的经济规模并不相称。2010年，河南1.96万家规模以上工业企业的全员劳动生产率为20.66万元/人·年，8.44万家规模以下工业企业的全员劳动生产率为4.34万元/人·年，后者约为前者的1/5。当前，缺乏具有核心竞争力的大型企业集团，以及低效率小规模工业企业的大量存在，是导致河南工业产品成本竞争力不足、市场难以扩张与保全的根本原因，并已严重影响到工业化主导地位的充分发挥。

2. 坚持工业化主导下经济结构调整的基本方略

经济结构的调整，重要的是主导产业和战略性支撑产业的选择，要在继续做大做强高新技术产业的基础上，拉近河南产业发展实际，将食品饮料、纺织服装、新材料、石油化工和煤化工、机械制造以及汽车及零配件制造业等作为战略支撑产业加以重点支持，使战略支撑产业成为引领河南经济发展的主航标。

经济结构的调整，还要注意工业化进程中现代产业组织的调整和变革，向先进的产业组织结构要工业化发展效应，在工业化发展中提升河南的整体经济运行水平。与发达国家利用跨国公司提升工业化的路径不同，河南目前尚不具备大量孕育跨国公司的现实条件，河南的工业化还是应主要依靠已经建立起来的 180 个产业集聚区树立起河南的新型工业化形象。产业集聚区的建设，反映了河南省应用现代产业组织调整产业结构，提升河南经济的顶层谋略，也是河南推进新型工业化发展的科学抉择。现在的关键是如何务实的推动和发挥产业集聚区的内外部规模效应和链环功能，真正地实现以战略性支撑产业为主体，在大力引进、应用、发展高新技术、先进适用技术的基点上，分工协作，互助共赢，形成集聚区产业的高级化发展，成为河南工业化的"脊梁"。

大力发展服务业，也是工业化发展的要求。2010 年，河南工业与生产性服务业增加值之比为 1∶0.21，在全国，该项比值已达 1∶0.61，伴随着河南工业化进程由中前期向中后期阶段的加速演进，服务业对于工农业发展的瓶颈制约呈现放大趋势，所以应重视利用外资进入带来的示范效应，扩大服务业门类，提升服务业的多样化和层次化水平。

3. 坚持发挥市场和政府"两只手"的基本作用

随着中国市场化改革的深化，市场这只"看不见的手"对资源配置的基础性作用，将在更大的范围和更大的程度上得以发挥。1997 年，河南的市场化指数在全国各省市中排名第 26 位，2009 年，这一排名提升到第 16 位。十几年间，河南全力推进市场化改革已初见成效，市场机制的基础性作用已经彰显。但是，在河南工业化道路上，如果仅仅依靠市场这只"看不见的手"肯定是不够的。美国著名的战略专家迈克尔·波特曾指出："国家是企业最基本的竞争优势。"政府作为一只"看得见的手"，能够通过积极的干预，如制度、政策等经济社会杠杆，集中配置资源，引导产业结构的合理化发展，培育战略性新兴产业，助推工业部门的跨越式发展。因此，河南实施工业化主导不仅需要在更大程度上发挥市场配置资源的基础性作用，更需要政府在构建国家创新系统、制定发展战略、弥补市场失败、促进经济可持续发展等方面发挥积极作用。

（课题主持人：郭军；课题执笔人：郭军、伦蕊、张驰
原载于《河南经济报》，2012 年 10 月 19 日理论版）

什么是新型农业现代化
——关于中原经济区建设与发展的理论研讨之三

河南省委、省政府高层决策者果敢地提出的新型工业化、新型城镇化、新型农业现代化"三新"的理论思维和实践举措,不仅深化了历届省委、省政府对中原崛起、河南振兴的思路探索,而且按照科学发展观,综合国内外、省内外因素,创立的一个重要的科研成果,为丰富国民经济学、区域经济学、产业经济学、发展经济学的理论,建设具有中国特色、中原特色的社会主义经济和社会新体制具有重大的、历史的意义。新型农业现代化新就新在以稳定和完善农业家庭联产承包责任制为基础,不断提高农业的集约化、标准化、组织化、产业化程度(卢展工,2012)。新型农业现代化是一个全新的视域,传统农业现代化是如何演化进入新型农业现代化的,怎样才能够在稳定和完善家庭联产承包责任制的基础上推进新型农业现代化,新型农业现代化的建设与发展的主体内容和评价指标等,都需要我们去做进一步的研究探讨。

一、中国农业现代化正在跃入新阶段、新形态

农业现代化在不同阶段有着不同的阶段性特征,而每一个阶段性特征又总是与相应的该阶段经济社会发展特征紧密联系在一起。中国农业现代化的发展大致经历了前30年的计划经济和近30年的市场经济两个阶段,从而表现出不同的新的发展形态。

(一)从生产关系变革看中国农业现代化发展

从新中国成立初期到改革开放前,中国农业现代化在原有计划经济体制下,伴随着社会主义生产关系的变革和相应农业经济制度的调整,形成了这一阶段的内容特征。从新民主主义到社会主义的生产关系变革,特别是废除封建主义土地制度,为推进新中国农业现代化发展提供了基础性前提。亦如党和政府在当时强调的,土地问题不解决,经济落后的国家不能增加生产力,不能解决农民的生活痛苦,不能改良土地,就不能谈及农业现代化问题。正是通过1949~1952年的土

地制度、土地所有权方式的转变，大大激发了农民的生产积极性，新中国的农业生产得到迅速恢复。

封建土地制度的废除改变了农村的土地所有权制度，但以私有制为基础的小农经济结构并没有改变，农业生产力依然受到束缚。在这种情况下，再一次调整社会主义生产关系，即实施从个体劳动经济向集体劳动经济的过渡，同时考虑到当时的国家工业基础薄弱，农业机械化水平低，制定了农业现代化"先搞合作社，后搞机械化"的发展方略。到1956年底，农业合作化运动尽管也造成了这样那样的问题，但在整体上还是促进了当时农村生产力的发展，尤其是大搞农田水利基础设施建设，为日后实施农业机械化奠定了基础。

在个体农业经济的社会主义改造完成之后，毛泽东在1959年提出农业的根本出路在于机械化。他根据这一阶段的实际国情特点，要求在机械化水平不够时，实行半机械化、农具改良，以及提倡大力开展农业技术革新。根据这一指导思想，国家除了加大对农业的各类各种投资，还通过产业政策的调整，引导、支持农业现代化。如1961~1962年，国家每年拿出20万吨钢材制造小农具。1960~1964年，农机系统共推广各种半机械化农具2000多万件。在发展农村动力机械方面，重视大马力动力机械与手扶拖拉机和小功率排灌机械、农副产品加工机械结合推广应用。同时，大力发展化肥设备及化肥生产，到1964年，累计生产10套年产2.5万吨合成氨设备；研制了年产5万吨合成氨和8万吨尿素（以后实际年产6万吨合成氨和11万吨尿素）的成套设备，于1966年安装投产（戚义明，2009）。然而，1966年"文化大革命"开始，"左"的思潮波及农村，"宁要社会主义的草，不要资本主义的苗"的谬论使得刚刚起步的农业现代化又停滞了下来。

中共十一届三中全会的召开，扭转了"文化大革命"中国家经济社会发展的被动局面，实施了"以经济建设为中心，改革开放"的战略指导思想，农业现代化又一次摆上高层决策议程。邓小平对农业和农业现代化的发展提出了"两个飞跃"的构想：第一个飞跃，是废除人民公社，实行以家庭联产承包为主的责任制。第二个飞跃，是发展适度规模经营，发展集体经济。这一构想指明了新时期发展农业现代化的基本路径。

废除人民公社，实行农业家庭联产承包责任制，实际上是中国社会主义生产关系的又一次变革。这一变革使土地的所有权和经营权、使用权相分离，将原来"大包干"、高度集中的单一所有制结构和生产经营体制，变革为以家庭经营为基础、统分结合的双层经营体制。农业家庭联产承包责任制的实施，一改长期遗留的传统意识观念，农民虽然没有土地的所有权，但是真正拥有了土地的使用权，农业生产力进一步得到解放，不仅很快改变了农业经济发展的困难局面，而且最大的意义还在于成功地解决了农民的"温饱"问题。

随着农业经济实践发展,国家不断充实、完善家庭联产承包责任制,积极引导土地经营权合理流转,允许农民按照自愿、有偿原则依法土地流转,以发展各种形式的适度规模经济。20世纪80年代后期,山东首次出现了"公司+农户"式的农业产业化经营,这种新型的农业经营模式成为引导农民进入市场的有效途径。之后各种类型的规模经营模式相继出现,极大地提升了农业的产业化水平。在追求"在广泛运用农业机械、化肥、农模等工业技术成果的基础上,依靠生物工程、信息技术等高新技术,使中国农业科技和生产力实现质的飞跃"。结合中国在农业机械化、生物工程、信息技术、先进实用技术推广等方面的不断进取,农业经济的集约化、规模化、产业化发展日益助推着农业现代化迈向新的形态的层面。

(二)从生产力演化看农业现代化发展

从计划经济到市场经济,从传统农业到现代农业的阶段性升级,既是生产关系的变革,也是生产力发展的内在要求。马克思主义认为,生产力决定生产关系,生产关系反作用于生产力。生产力的最显著特征就是科学和技术的进步,农业现代化作为生产关系变革的载体,其发展演变过程也就是科学和技术进步、农业生产力发展的过程。

新中国成立初期,毛泽东提出"农业的根本在于机械化",并强调了实现农业机械化、水利化、化学化和电气化的目标。进入改革开放后,伴随着发达国家生物工程、信息技术的发展,邓小平指出"农业现代化不单单是机械化,还包括应用和发展科学技术","农业问题的出路,最终要由生物工程来解决,要靠尖端技术"。此后,中国采取一系列措施,鼓励和支持农业科研和教学单位与农业生产相结合注重农业科技自主创新能力的培育开发,加快农业科技成果转化应用,提高农业科技贡献率。

中国农业现代化的发展历程,从农业生产力的标志认识出发,可以归结为几个阶段:第一个阶段,即20世纪50~60年代,这是农业现代化建设的初期,农业现代化的内容追求主要概括为4个方面,包括农业机械化、农业水利化、农业化肥化、农业电气化。这"四化"基本上是苏联模式的搬套,很明显,侧重点是切入农业技术和具体生产方式调整,强调了农业生产及其过程的现代化。第二个阶段,即70~80年代,这是进入改革开放的初始时期。在"实践是检验真理的唯一标准"和"一个中心、两个基本点"思想指导下,开始突破计划经济束缚,引入市场经济机制,研讨农业现代化深层问题,提出了农业基础设施建设现代化、农业生产技术现代化、农业经济经营管理现代化的内容指向。这一阶段在总结了上一阶段的经验教训基础上，进一步梳理了思路，强调农业现代化要实现生产和经营管理科学相结合，注重向科学的经营管理要效益。第三个阶段，即1990~2010年，这是构建社会主义市场经济体制的酝酿尝试时期。这一阶段强调的是农业经济的市场化取向、农业生产经营的产业化运行等，包括农业基础设施建设现代化、农业科学技术应用现代化、农业产业组织架构现代化、农业经营管理现代化、农业经济生态环境现代化等。第四个阶段，即2010年以来，这是再次强调要更加深化改革、全面开放时期。这一阶段随着人们认识观念的不断转变，农业现代化的建设与发展已经大大超出原有思维和范畴，越来越多的人把农业现代化同完善社会主义制度问题、破解"三农"问题、改变城乡二元结构问题、推进工业化和城镇化建设问题、加快整个国民经济和社会现代化发展问题连接起来，寻求着新时期、新形势、新条件环境下的新型农业现代化发展模式和路径。

（三）从"三化"关系协调看农业现代化发展

综观世界各国农业的发展，有不少国家在推进工业化、城镇化的进程中，都曾因忽视农业发展而动摇整个国家发展和稳定的大局。农业作为第一产业，首先为工业化和城镇化的发展"输血"积累资金，完成原始积累。当工业化、城镇化发展到一定阶段后，又会"反哺"农业，为农业增长提供资本积累，推进农业现代化（长子中，2011）。也就是说，农业现代化为工业化和城镇化提供物质保障，而农业现代化同时也需要工业化与城镇化的带动，"三化"之间应是一个动态平衡系统。在中国长期处于工农、城乡发展失衡状态下，实现工农互助和城乡互利，特别是逐步加大工业反哺农业、城乡一体化发展的力度，应是新型农业现代化的一个显著的内容特征。

改革开放以来，按照邓小平"工业支援农业，促进农业现代化，是工业的重大任务，工业区、工业城市要带动附近农村，帮助农村发展小型工业，搞好农业生产，并且把这一点纳入自己的计划"的思想，中国积极调整产业结构、投资结构、财政预算结构和信贷结构等，从政策层面倾斜和支持农业现代化发展。进入21世纪，政府更是加大对农业的支持力度，先后提出了"两个趋向"、"解决城乡二元结构体制"、"实行'多予少取放活'的方针"、"建设社会主义新农村"、"促进城乡一体化发展的制度"等一系列措施，充分发挥工业化的主导作用和城镇化的引领作用，自觉不自觉地为"三化"协调发展做了前期铺垫。

二、世界发达国家农业现代化日益深化的新阶段、新形态

世界发达国家先后在20世纪70年代实现了农业现代化，发达国家农业发展的路程基本上反映了农业发展的规律要求，从而为研究中国新型农业现代化，提供了很多可资借鉴的理论思路和宝贵经验。

（一）美国的农业现代化

美国被称为是世界上农业现代化建设与发展最好、最成功的国家，美国始终把推进农业现代化作为国家经济增长的一种手段和动力。美国的农业现代化可以大致概括为两个阶段：一个是19世纪中期以前的"马力机械化"阶段，另一个是19世纪末叶以来的"生物（生化）技术效应"阶段。前一个阶段表明美国农业从原始农业进入简单分工合作农业，又从简单分工合作农业进入产业化组织农业阶段，亦有人称为从劳动密集型农业进入技术密集型农业阶段，即农业现代化表现为随着耕地、播种、收获等过程机械设施的应用，逐渐形成了一个以"马力机械化"为主体的农业生产经营新体系。机械技术的开发和应用，成就了19世纪以前美国国家农业现代化。进入19世纪末叶，尤其是20世纪以来，美国一方面继续深化农业机械技术；另一方面积极引导新时期的农业趋向生物（生化）技术发展，特别是本土农作物，全面应用和推广玉米杂交技术这项被视为20世纪应用生物学方面的最重大成果，使得整个美国农业经济从内涵到外延、从生产过程到商业流通、产业组织等都发生了巨大变化，促成了美国从传统农业现代化迈进到新型农业现代化。美国新型农业现代化还表现在卫星定位遥感技术在农业经济中的深入应用，这也是美国新型农业现代化的一个重要标志。除了技术推导力之外，政府的宏观调节作用是不可磨灭的。考察美国农业现代化，既要着眼农业现代化自身，更要跳出就农业现代化论农业现代化的局限，要看到美国政府为了不断推进农业现代化所做的大量的、卓有成效的"外围"工作。这些工作具体包括围绕农业现代化建立健全和完善政府机构及其功能，制定、调整和完善农业经济制度、产业政策，引导支持农业科研院所、高校、民间组织的产学研一体化运作和建设各级各类各种农业经济科研开发平台、应用实验室，加大农业投资、扶持农业经济资源开发利用，鼓励社会各业开展相应农业劳动力的教育培训和农业劳动力的自我教育消费等。

美国农业现代化的生产组织形式是建立在土地集聚基础上的家庭农场。美国的家庭农场规模大、机械化水平高，基础设施完备，包括整地、施肥、收获全部实现了机械化。同时，由于美国国土面积广大，各州际之间的气候条件差别

大，所以，美国农业组织的专业化程度很高，农产品的生产、加工、运输、交换以及其他农作物、畜牧业养殖等，都走向了空间区域集聚化和具体各种专业化公司。整个产业链、环、节、点都运行有序，农业经济价值充分实现，农民收入稳固增加。

(二) 日本的农业现代化

日本的农业现代化在于充分发挥了工业大国的生物化学技术和机械制造技术上的优势，以引进为主，研究应用先进农业技术，特别是生物技术，发展精细农业生产，提高农业生产率（景丽、苏永涛、王爱玲，2008）。与美国的土地辽阔、可耕地多、土质肥沃不同，日本是一个岛国，山地多、耕地少、土地贫瘠，资源匮乏，因此，日本的农业现代化走了一条特殊的路子。日本农业现代化起步于第二次世界大战结束以后，面对领土几乎减少一半、大量流落海外人口遣返归国、工业生产仅为战前水平的1/4、国内食品紧缺等情况，1946年，日本以"工业恢复计划"发展化肥工业为主体，以期恢复农业生产。到20世纪40年代末，日本采取了两项措施振兴农业：一是从生产关系层面实施了土地改革；二是从产业组织方面建立了农业合作社联合会，从而有了日本农业现代化的基点。到60年代末，日本已经跨入世界工业化大国，也正是工业和科技的影响带动，日本农业现代化发展迅速，从最初的"多劳多肥农业"，到"多投活劳动农业"，到"劳动集约型"农业，到以生物技术、精细农业为引擎的"技术密集型"农业，成功地实现了由传统农业向现代农业的转变，从而使其土地生产率居于世界前列。

(三) 韩国的农业现代化

韩国的农业现代化发展主要得益于以"脱贫、自立、实现农业现代化"为目标的韩国政府发动的韩国"新村运动"。韩国"新村运动"，改善了农业生产基础条件和农村环境，加快了韩国农业现代化的进程。韩国农业现代化模式的特点：一是以城乡二元经济结构为基础和起点，以增加农业投入渠道为切入点。韩国政府通过工业反哺农业，城市支援农村和资金适度倾向等多种渠道，不断增加农业投入。二是加强对农村公共产品供给，加强农业基础设施和生态环境建设，大大降低了农民生产成本和风险，提高了投入产出率。三是政府保护政策，政府制定了财政补贴等政策，建立了农业风险保护机制，有效地控制了农业的生产和社会风险（景丽、苏永涛、王爱玲，2008）。

三、新型农业现代化的制度规范与内容特征

新型农业现代化是以家庭联产承包责任制为基础,以粮食优质高产为前提,以绿色生态安全、集约化、标准化、组织化、产业化程度高为主要标志,以基础设施、机械装备、服务体系、科学技术和农民素质为有力支撑,以新型工业化、新型城镇化、新型农业现代化"三化"协调发展为内容特征的农业现代化。因此,我们应该全面认识和深入研讨新型农业现代化的内涵与外延。

(一) 巩固、稳定、创新农业家庭联产承包责任制

中共十一届三中全会以后,国家首先着手农村生产关系的变革,实施农业家庭联产承包责任制,不仅极大地调动了农民的积极性,释放了农业生产力,而且在维护集体所有制经济性质不变前提下,改变了土地经营方式,提升了土地利用效率。中国的粮食生产连年攀高,不仅保障了国内粮食的需求,同时积极参与了国际粮食的交换,这充分说明我们的农业经营方式、我们的农业运行体制是顺应农业生产力规律的。但是,随着时间的推移,一些人认为,家庭联产承包责任制的小生产方式与社会化大生产,与规模化、集约化经营存在着某种悖论。诚然,社会化大生产及其机械化、高科技化要求有着一定的与之相适应的土地经营规模,但是,如果把规模的大小仅仅定位在土地面积方面,也是一种主观武断。因为规模是外在的,关键的还是要看资本有机构成和经营集约化程度。这是由于农业和工业各自有着自己的特点,工业的内部劳动分工精细,劳动计量准确,工业化过程中,工厂化可以取代家庭工厂手工业。农业的劳动是自然过程和人的劳动过程的统一,因此,农业内部分工相比工业就不是那么精细,内部联系及其劳动也难以准确计量,所以采用家庭经营方式是符合农业经济规律的。从西方发达国家农业现代化历程看,家庭经营并没有随着生产力的进步出现而功能退却,也没有出现生存危机;相反,农业生产力的不断进步,又恰恰为家庭经营注入了新的活力,增强了经营的能力,商品化、现代化程度不断提高。这说明,家庭经营绝不仅仅是与自然经济的小生产相联系的传统经营方式,也绝非必然排斥技术进步和社会化生产。同时,还要看到,家庭经营这种方式也是与中国现实生产力的多层次、低水平性质相适应的,也是这样,党和国家一再强调要巩固和稳定家庭联产承包责任制,并寻求在这一基本制度基础上推进农业现代化。

我们要在巩固和稳定家庭联产承包责任制基础上加快农业现代化进程,这是一个原则,不能动摇。但是必须注意到在家庭联产承包责任制贯彻过程中,因为农村土地所有权虽然归农民集体所有,却实际上农民只是拥有土地的使用权,而

不能行使相应的处置权、收益权,这种集体名义下土地产权主体的模糊性,对于土地流转、土地集聚,对于农业现代化,包括农村城镇化的建设的制约性,也是需要思考的。所以,我们既要看到以土地承包关系为内核的农业家庭联产承包责任制度的正效应一面,也要看到客观上还存在的这种制度对新型农业现代化建设与发展的非适应性一面。新型农业现代化就是要面对家庭联产承包责任制的家庭与个体劳动经济性质这种差异,寻找一个合理的、科学的结合点,既要稳定家庭联产承包责任制,又要探讨在这一制度基础上围绕农业现代化建设与发展进行制度的完善和创新。这是在当前需要深入研究的新课题。

(二) 坚持科学发展观指导,实现可持续发展

新型农业现代化,就是要以科学发展观为指导,树立以人为本的基本观念,统筹兼顾,把新型农业现代化的建设与发展纳入科学发展的轨道,使农业现代化与人口、资源、环境、经济、社会的可持续发展,与消除城乡差别、工农差别、二元结构,与农业劳动者的德、智、体、美以及技术、技能素质提升,紧密结合起来。所以说,新型农业现代化反映着农业生产方式和经营方式的根本性变革,体现着人们生产与生活的新的世界观、价值观、发展观。

新型农业现代化,说到底是农民即农业劳动者及其劳动的现代化,农业劳动者是新型农业现代化的主体和决定性因素。如果说科技是第一生产力,那么,第一生产力里面的第一要素就是劳动力。解放生产力就是解放劳动力,发展生产力就是发展劳动力。为什么要推进农业现代化?就是要让劳动者从传统生产劳动的压抑和束缚中走出来,进入一个现代生产劳动条件之中,自由地、全面地发挥自己的智力和体力,积极地、主动地、创造性地劳动。因此,新型农业现代化不仅包括了现代农业技术、现代农业经营的变化,更包括了现代农业劳动者的变化。西方在推进新型农业现代化过程中,始终把劳动力、劳动就业、劳动生态等作为政府制定经济社会政策的基石,这也是新型农业现代化区别与传统农业现代化的重要标志。

(三) 以新型城镇化引领

河南省委书记卢展工指出:"新型城镇化新就新在把农村涵盖进来,形成新的城镇化概念,新的城镇化体系,新的城镇化规划布局。"这一论述,不仅鲜明地解析了新型城镇化关于"新型"的基本认识,而且深化了城镇化在新时期的新的内容和走势,告诫人们在当前乃至相当长的时期里,中国、河南省城镇化的发展重心将更多地要"把农村涵盖进来",要把城镇化建设同破解"三农"及其城乡二元结构问题联系起来,走一条符合中国国情、河南省省情实际和特点的新型

城镇化的路子。

长期以来，城镇化与农业现代化始终被人为地割裂成两个范畴，即便是谈到两者的联系，其坐标也一直被定位于"以城带乡"、"赶农进城"的传统理念上，造成城镇化和农业现代化总是各吹各的调，这种从理念到政策再到实践过程所存在的偏颇，正是工农差别、城乡差别依旧和"三农"及其"二元经济结构"难破的一个重要的症结。2011年底中国的城镇化率已经超过50%，按照国家统计局的计算口径，农村人口至少还有7亿之众。中国现在每年城镇化率大约递增1%，意味着从现在起，每年都会有相当规模的农村人口进入大中城市，而目前绝大多数城市的综合承载率、就业吸纳程度，是根本无法接受和消化的。加之工业化水平条件的约束，继续走大中城市化道路，让大量农民涌入大中城市显然已不现实，也不利于消除工农差别、城乡差别、消除现存的二元经济社会结构。这就在客观上要求城镇化的概念及其运作模式回到现实中来，进行新型城镇化的运作。从过去的城镇化到新型城镇化，观念、内容、重心的变化，特别是走农村城镇化的新的道路，事实上又扩大了农业现代化的范畴，即在新型城镇化引领下，农业现代化进程中自然而然地要把农业发展、农村社区、农民教育的现代化协同起来，纳入新型农业现代化建设的范畴。

（四）以新型工业化支撑

中国河南省持续的发力于拉长工业短腿，提升工业化水平，意欲从农业大国转向工业大国，从农业大省转向工业大省，就是期望在工业化进程中带动、提升农业现代化。过去的、传统的农业现代化是什么？就是指缺乏工业化给力，长期停留在原始生产要素和技术状态，生产效率极低的农业状态。而当工业发展了、工业化水平提升了，才有可能给农业生产和经营提供先进的农机设施，提供高级的农业消费资料，并且会影响、形成以工业化理念和公司化经营方式进行农业的生产经营管理，使农业经济趋向集约化、标准化，组织化，产业化运行的新形态。

在任何社会经济中，农业和工业之间总是保持着一种密切的相互依存关系（张培刚，1984）。但是，长期以来甚至在今天，一些人还是把工业现代化与农业现代化截然断开，认为工业化主要讲的是工业在国民收入和劳动就业中的份额不断上升的过程，工业化就是使农业向非农业转移、持续减少农业比重。这些认识不仅忽视了农业发展对工业化的影响作用，更主要的是忽视了工业化过程中农业生产本身的变动，即工业现代化与农业现代化的内在客观联系。由于对工业化的片面认识，以及在这种认识基础上制定的工业化战略的实施，使发展中国家的农业经济长期停滞，经济增长受到严重制约，工业化因此也没有实现。并且由于长期实行的希望通过农业剩余的转移推动工业化发展的政策，还使得几乎所有发展中国家和地区的二元结构更加突出，城乡发展、地区发展、收入分配等差距日益扩大，经济问题转化成社会问题。发达国家实践表明，农业现代化的内在价值主要在于它本身就是工业化的一个重要内容，只有农业和其他部门一样现代化了，农业份额的下降才具有实际意义，二元经济结构才能消失（赵晓雷，2010）。所以，农业现代化一定要纳入工业化发展背景下，在工业化发展过程中走向新型农业现代化。

（五）发展科技农业、生态农业

舒尔茨认为，传统农业就是技术停滞不前，由于技术停滞，农民世世代代应用同样的生产要素、生产技术，加之辛勤的生产，却依然处于饥饿之中。因此，必须在农业中不断引入新的技术，把农业劳动者从繁重的体力劳动中解放出来，变低收益劳动为高收益劳动。发展经济学的理论告诉我们，农业的发展、农业现代化的实现，突出的是技术作为、技术带动、技术进步，只有依靠技术力量，才能以最小投入取得最大产出，或者说农业现代化的要义就是在追求既定收益前提下，投入的要素成本比以前越来越少。

河南省农业生产已经进入机械化时代，农业劳动条件、农业综合生产能力呈持续增长趋势。河南省农业机械管理局数据显示，2012年全省夏收投入收割机15万台，收割面积达78.8万亩，机收率达97.6%，收割期为18天，比往年同期缩短7天；耕、播收综合机械化水平为71.8%（全国2011年同期的这一数据是54%，国家"十二五"规划目标是60%）。同时，河南省还积极探索农机农艺相结合的新技术体系，推广应用工厂育苗、机械移栽及良种良法相结合、深耕深松、精量播种、化肥深施、秸秆还田、保护性耕作等增产增效技术，不仅实现了农业劳动过程的机械化，还极大地规范和提高了农业经济的标准化、规模化、组织化、高效化作业水平。

生物技术的研发和应用也已成为河南省夏粮总产实现"十连冠"的重要支撑。从省级层面看，在全国推广面积最大的优质强筋小麦新品种"郑麦366"再次突破千万亩，贡献了2亿多斤优质商品麦。从市级层面看，焦作市把生物技术的研发应用与推进新型农业现代化紧密连接在一起，积聚农业生物技术专家，建设农业生物技术研发实验室，培育出的豫麦25、豫麦41、豫麦49、豫麦58、豫麦65、平安6号、平安7号等省审和国审品种，已成为黄淮海地区小麦生产的主导品种。生物技术的研发应用，不仅改变和优化了农产品的品种结构，增加了产量，而且，更提高了农业土地资源的利用效率和农民的农业劳动的收入效益，已经成为地方政府和农业劳动者加快推进新型农业现代化的强大动力。

(六) 市场对农业资源配置起基础性作用

市场经济就是市场机制调节的经济。市场机制包括市场供求关系、市场价格波动、市场竞争状态、市场资本运动等，只要是市场经济，这些机制就会对经济运行作用影响。改革开放前，中国经济社会活动一切始于计划，一切终于计划，一切由计划安排；改革开放以来，特别是随着社会主义市场经济的运行，我们的生产、交换、分配、消费各个环节统统由市场机制来调节，几乎所有物质资源的配置，都由市场机制来调节。这就是说，农业现代化进入了一个市场经济运行的大的背景条件和体制环境，因此，要转变观念，要按市场机制、市场法则办事，既要注重市场化对农业经济运行中的劳动力、土地、技术、资本等生产要素的调节引导，更要按照价值规律讲求农业投入产出的效益比较，和工业经济的现代化发展一样，追求以最小的投入获取最大的收益，维护、保证农业经济的利益最大化。为此，新型农业现代化的建设与发展，首先要学习市场经济知识，学会按市场法则办事、按市场法则评价，把现代化农业发展同现代市场化建设结合起来，走出一条农业现代化的市场化建设与发展的路子，在市场经济运行中，推进新型农业现代化。

(七) 实施新产业组织架构运行

新型农业现代化的又一个着力点就是提高农业组织化程度，通过培育各种类型的经营组织，实现农户与市场的有效对接，从而带动农业的产业化发展。一是培植主导产业和扶持龙头企业，通过"公司+农户"的市场化经营模式，实现产、销一体化经营，真正形成"风险共担，利益均沾"的利益分配机制。如一些地方把调整农业结构的行政行为重心下移，形成"政府—企业—专业户—农户"的新体制经营模式，通过"龙头"企业、专业市场、中介组织，把分散的农户经营与统一的大市场衔接起来，通过按市场需求组织农产品生产，兴办加工和运销业，把农产品生产同市场需求衔接起来，进而把农业和农村经济纳入了市场化轨道，为农业现代化引入了市场机制。二是发展农业专业合作社，构建"合作组织+农户"的农业经济利益联合体。目前，许多市、县、乡、村成立的各级各类专业化合作组织，在乡村与城市之间，在生产与销售之间，在新技术、新成果、新方式、新渠道的研发实验与农民需求的沟通、认识、推广应用之间架桥铺路，特别是在引导农业生产和经营管理的产业化、市场化、科学化、现代化发展方面，起到了积极的作用，成为新型农业现代化建设的重要的组织保证力量。

四、新型农业现代化的评价标准与指标体系

农业现代化的发展可以概括为两种模式,即劳动集约型和资本集约型(或称技术集约型),反映着农业现代化的出发点和立足点。因此,所有国家的农业现代化建设和发展无不是以面上抓工业化,促技术进步,点上抓农业产业集聚与集约,抓农业劳动力素质提升,激活农业生产力的主体,调集农业劳动力的内生力量,推进农业现代化。

(一)新型农业现代化的评价标准

农业现代化的发展及其评价的一般标准,是随着人们的实践、认识、再实践、再认识逐步形成的。最早的标准主要是以土地单产量来评价,慢慢地提高到从有没有较高的机械耕作率、有没有较高的水利喷灌率、有没有较高的劳动生产率、有没有较高的土地产出率、有没有较高的农产品商品率、有没有较高的农民收入增长率等方面来评价。再往后,如把农业现代化和农村环境条件建设、农村城镇化发展联系融合起来,把农业现代化和人口、资源、环境、经济、社会可持续发展联系融合起来,把农业现代化和工业现代化、新型城镇化联系融合起来,开展综合评价。现在提出的农业现代化要实现标准化、集约化、组织化、产业化也是一种认识评价。农业现代化的评价可以是综合的,也可以是单项的,可以是一个时期的纵向评价,也可以是一个时期的横向评价,主要根据需要有所侧重不同。

如前所述,新型农业现代化就是在农业经济发展过程中,巩固、稳定、完善家庭联产承包责任制,吸纳新型工业化最新成果,利用新型城镇化最新条件,不断提高农业的集约化、标准化、组织化、产业化程度。因此,新型农业现代化的评价标准最重要的就是看农业经济发展坚持党和国家基本制度与经济政策状况,满足国内外农产品市场需求状况,促进新型工业化、新型城镇化、新型农业现代化"三化"协调科学发展状况,做到不以牺牲农业和粮食、生态和环境为代价状况等方面。

(二)新型农业现代化的评价指标

新型农业现代化的评价,目前,既有政府视角的,也有学者视角的。其中,农业部农村经济研究中心把农业现代化的指标体系分为农业外部条件、农业内部条件和农业生产效果3个方面10项具体指标:社会人均国内生产总值、农村人均纯收入、农业就业占社会就业比重、科技进步贡献率、农业机械化率、从业人

员初中以上比重、农业平均创造国内生产总值、农业平均生产农产品数量、每公顷耕地创造国内生产总值、森林覆盖率。而学者们大都是在对农业现代化的内涵和特征的认识基础上提出的评价指标体系,如刘巽浩和任天志(1995)从物质装备投入、科学技术应用、经营管理水平及资源环境退化4个方面对农业现代化发展进程进行测度。郑新和等人(1997)从农业投入和农业产出的角度出发,选取了11项主指标、32项群体指标对农业现代化进程进行测度。郑有贵(2000)提出"社会经济结构类、生产条件类和效果类"三大类8个指标进行评价。程智强和程序(2003)从农业现代化水平和农业现代化质量两个方面来建立农业现代化评价指标体系。蒋和平和黄德林(2006)建立了4项准则指标(包括农业投入水平、农业产出水平、农村社会发展水平和农业可持续发展)和15项个体指标的评价农业现代化的指标体系。孙中艮等人(2009)从农业投入水平、农业产出水平、农业科技水平、农村劳动力素质水平和农业可持续发展水平5个方面出发,建立了评价农业现代化水平的指标体系。谭爱华等人(2011)从农业经济现代化、农业社会现代化和农业生态现代化3个目标入手,建立了包含若干个衡量各个目标的指标评价体系。王国敏和周庆元(2012)建立了包括农业生产条件、农业综合产出水平、农村社会发展水平和农业资源环境条件4个一级指标和若干个二级指标评价体系。

最新的评价标准是"农业现代化评价指标体系构建研究"课题组(2012)提出的。其从农业现代化的基本特征及中国特色农业现代化道路的思路出发,建立了6个一级指标,即农业产出效益、农业科技进步、农业设施装备、农业产业经营、农业生态环境和农业支持保障。其中,第1个指标"农业产出效益"反映了农业现代化的根本目的;第2~5个指标则体现了符合中国农业现代化本质要求的路径指标;第6个指标"农业支持保障"体现了实现农业现代化所必然要求的支持保障内容,以工业性指标为主。为了保证指标体系建立的全面性,这6个一级指标下又分别建立了若干项二级指标,包括农业产出效益涵盖的:土地产出率、粮食亩产水平和农民人均纯收入;农业科技进步涵盖的:农业科技进步贡献率、持专业证书农业劳动力比重、新型农业信息服务覆盖率、乡镇或区域性农业公共服务体系健全率;农业设施装备涵盖的:设施农业面积比重、高标准农田比重、农田水利现代化水平、农业综合机械化水平;农业产业经营涵盖的:农户参加农民专业合作经济组织比重、农业适度经营规模比重、农产品加工产值与农业总产值之比;农业生态环境涵盖的:国家级认定的有机无公害绿色食品基地面积占耕地和水面的比重、农业废弃物综合利用比重;农业支持保障涵盖的:财政支农增幅与一般预算支出增幅的比重、每万元农林牧渔增加值农业保险保费收入。

五、结语

新型农业现代化,是以现代科技为基本内容特征,实现农业生产方式,农业经营方式的根本转变,不断提高农业经济资源利用程度的过程。农业的发展从而实现传统农业向现代农业的转变,既是社会生产关系的变革,也是社会生产力的提升。任何一次农业现代化的跃升,都是相应经济社会意识、观念、制度、体制、机制的跃升,所以,新型农业现代化首先是要树立科学发展观、价值观,按照客观规律办事。新型农业现代化强调坚持巩固、稳定、完善农业家庭联产承包责任制,这既要求在农业现代化过程中,巩固、稳定、完善这一经营方式,又要顺应市场经济环境,挖掘农民土地使用者而非所有者的产权效应潜能,调动农民的积极性、主动性、创造性。这就需要一方面依据党和国家政策、原则办事;另一方面还要寻找一个与市场经济兼容的结合点,不影响新型农业现代化的进程。这是一个研究课题,也是一项现实任务。

(课题主持人:郭军;课题执笔人:郭军、朱文灿、郭玉晓
原载于《河南经济报》,2012年10月26日理论版)

解决城中村问题要有战略意识

据媒体报道，未来几年，郑州市三环以内的119个城中村将逐渐消失，一场城中村改造的浩大工程将迅速展开。如何改造城中村？一种观点是拆迁改造，融入都市。笔者的看法稍有不同，谨述如下。

一、尊重规律，切不可简单融入都市

"城中村"，原本应是城市附近的村庄，亦称城郊农村，随着城市的规模扩张，这些村庄便括入"城中"。如果追溯历史，城市的起源主要是商品的交换，或产业特别是工业的兴起，亦有某些区位优势或独特情况，如交通、政治、军事等需要而成就起来的城市。也就是说，真正的城市，起初并没有城中村的概念，即使在20世纪80年代前后，也只是有"城乡结合部"的提法，之后，"城乡结合部"即"城外村"演化成了"城中村"。20多年来，"城中村"事实上成为一个"烫手的山芋"，成为城市化发展的一种阻力、政府的一块心头病。直到今天，一开展扫黄打黑，一追查重案要犯，几十、几百甚至数以千计的警察总是先把城中村围起来。而这几年，随着城市建设与发展，城中村拆迁改造，特别是为了多得政府补偿，出现的"城中村"里的私搭滥建，不时传出坍塌、死人的噩耗，这说明"城中村"在"村"进到"城"之后，给城市带来了许许多多的难言之隐。显然，我们在着手改造城中村、走向大都市的时候，恐怕不可以简单地把城中村"融入"城市而了之。

大多数农民总是要变为市民的，这是经济社会发展的大趋势。问题在于如何变，经过怎样一个过程变，以及如何自然地、和谐地融入城市。毋庸置疑，现在为数不少的城里人，其实原先也都是农民，但却已逐渐地超脱出了农民的印记，成为城市阶级的一分子，和谐相处于城市。分析一下，这些"城里人"要么是在战争与和平中，当兵留到了城市；要么是读书，有了一定的学识，安置到了城市；要么是进城经商，几经城市化磨砺，生活在了城市；要么是产业发展，被招进城里，成为一代产业劳动者，随产业身份根植于城市；要么是在小城镇或乡村拼搏，拥有了一定的实力积累，"开"进了城市……这说明城里人或者叫"市民"，是经历了一定经济、社会、政治陶冶，一定的阶段转化过程而生成的，绝非直接的一下子由"农民"就变成了"市民"。这些年"村委会"变"办事处"的成建制转化，事实上也已证明是需要再思考的，至少可以说并不很理想，现在又提直接"融入"，显然是应该慎重再慎重的。

二、战略抉择，认真研讨基本路径

"城中村"在中国属于一种特殊现象，加之厚重封建底蕴下一味追求城市框架扩张，这将是一个无限的过程——旧的城中村"解决"了，新的城中村又出现了。因此，必须寻求长远性、根本性方略，以求战略性地解决问题。笔者以为，研讨并解决城中村问题似乎应该循着一个逻辑导向：融入市场—融入产业—融入城市，有序实现农民变市民的预期。具体说来，首先，不要改变目前农民的身份，让其接受"城中村"现实，自己寻求自身发展的突破，从而迫使其进入市场，顺应市场，增强市场生存能力，促成城中村人新的劳动分工与社会化协作：擅长经商者进入流通领域；喜欢运输者从事运输业；有较强产业经济能力者，走向工业或服务业；留恋农业、愿意种植者，到农村去开辟新的天地；等等。这叫融入市场和融入产业。其次，强化产业实践经历。农民转道工业、服务业等，一方面在于形成农民收入和持续增收的产业支撑，更重要的一方面是通过融入产业，接受产业运行过程的有组织性和集体团队利益性的深层影响，即思想与行为上得以规整，改善素质，增进修养，以产业劳动者及其素养，实现与现代城市化要求及其发展的对接。特别是在产业洗礼中，改变他们的封建意识和小农习气，使之走向有组织、有纪律、有道德、讲法制、讲文明的一代"新新人类"，没有这一转变过程，是不能融入城市的，甚至不仅不可能真正融入，还有可能继续成为影响城市良好秩序与社会和谐的羁绊。

城中村问题的解决，在本质上是要解决多年来中国存在的"小生产像汪洋大海"，即如何推进小生产及村落经济向大生产及城市经济的转化和跨越的问题，要急，但又急不得。尤其是要认真研讨出这一转化和跨越的基本路径。农民，包括城中村的农民，不经历一个市场化、产业化的过程，而直接地行政性融入城市，变为市民，是有碍于人类经济社会发展规律的。尽管他们已经生活在城市中间，尽管也已受到了城市气息的感染，但理论上、实践上，他们依然与城市格格不入，如出现的一些城中村的人利用地缘条件欺行霸市、强买强卖，在新社区开发中争抢项目、围毁工程，不问身份、性质，把房屋租赁给制伪造假者，甚至为不法分子活动提供场所等。所以说，简单地拆了旧房，住进新房，是不能解决城中村问题的。中央提出统筹城乡，也包括统筹城中村的问题在内。社会主义新农村建设,既是指地处乡间的农村建设,也应包括城中村、城外村、城郊村的农村建设的问题,一定要立意从长计议,战略抉择。

三、超脱旧套,务实处理城中村问题

"城中村"问题的解决,要义不外乎三点:一是转变观念,超脱原有旧的思维模式和运作套路,趋向创新性、务实性;二是立意规划,从长远性、总体性、根本性的战略高度,对待并提出解决问题的基本路数;三是充分发挥社会主义制度和市场机制作用,科学组织和协调城中村问题。

1. 加强规划,着眼战略统筹

"城中村"问题,也是一个区域经济发展的问题,必须强调规划。城中村规划要与区域城市化规划、经济社会规划、产业发展规划,与经济、社会、政治体制,与改革开放,紧密结合起来。像郑州市这样的省会城市,城中村问题应该纳入省政府规划,统筹考虑。所谓规划,就是超脱就事论事,着眼10年、15年、20年的郑州发展定位,战略性解决郑州城中村问题。

2. 转变观念,寻求市场运作

城中村问题的解决,最终主要的还是应由市场来解决。所谓"由市场来解决",就是让农民进入市场,按市场法则引导农民既可以高价卖了城中房、地,到郊区或更远的地方低价买地重置,也可以凭借现有资源条件,进入市场,进入产业,寻求新形势下、新身份的构筑。政府只是制订规划,出台政策,维护公平,营造环境,甚至也无需像有人提出的与开发商一道搞共建,千万别再从城中村脱身、返回头又失身于开发商,天天陷入具体事务,干政府不敢干、干不好、干不了的事情,要学温州"政府一毛不拔,事业兴旺发达",一切交由市场,从开发、谈判、补偿等各细微环节,统统让城中村人与开发商直接接洽,政府关心着把该收的税收上来就是了。

3. 重在人本,超脱就村说村

城中村的问题不是"城中村"消失不消失的问题,事实上"城中村"也消失不了,消失的只是些旧房子,而旧房基上又盖起了新房子,地方还是那些地方,人还是那一群人,消失得了吗?因此,城中村问题及其解决要坚持人本主义。人没有变,城中村的问题就很难真正解决。城市化对城中村的要求是要使这些人发生变化,由农民变成现代市民,能够在城市里与大家和谐相处,文明礼貌。这一视角及其逻辑揭示出:城中村问题的解决,不要就城中村论城中村,而要立意人本,考虑和解决城中村人能不能适应城市化的问题,是助跑城市化发展,还是阻滞城市化发展的问题。城中村人在原地方,从旧居搬进新房,城中村不仅依然存

在，而且城中村的问题、城中村人与城市发展表现出的某些不和谐也依然存在。

4. 鼓励引导城中村人转向更大发展空间

城中村问题及其解决，一定要尊重劳动分工和社会变迁规律，让城中村的人自主、自立、自决、自由地处理自己的事情。正如俗话说的，"萝卜白菜，各有所爱"。城中村的人有能力者，应凭借其收益和城里人一样实行货币购房，兴产置业，而愿意农耕或是寻求更大空间发展者，政府则应积极鼓励和支持移民，把原来的城中村在城里的迁移补贴金补贴给这些移民。甚至增大补贴力度，吸引大量移民出城，并且把此作为解决城中村问题的一个大原则、大目标、大方向，出台相应制度和政策。分化出的这部分城中村人，按照城市化发展规划，一般应转移到百公里之外，或让有些城中村人投亲靠友到一些县、镇、村去落户。

5. 再辟农区，变重"拆"、"改"，为重"迁"、"造"

要重新内化、定位、理解城中村"拆迁改造"的意义，动员城中村人迁徙到离大城市较远的空置地带建设新农区。思索近些年我们费尽周折解决城中村问题却往往事倍功半的症结。其中，对"拆迁改造"的理解，特别是重"拆"、"改"，轻"迁"、"造"，不能不说是一个结点。城市，我们一些人更喜欢说现代城市，其实，无论是城市也好，还是现代城市也好，"城"是城郭，"市"是市民，即城市是有一定素养层次的人聚集的地方（作者并不认为城中村人的素质都是低下的，也不否定城中村人给城市带来的积极的一面）。因此，城市之本是人，只注重旧房换新房、平房变楼房、小房成大房，恰恰是本末倒置了。城中村问题及其解决的基础和核心是人，是人与新环境、新要求的相适应性。现在的新楼墙面乱涂乱画，新路面乱吐乱扔，新修草坪翻掉种上菜……许多不好的现象表明在相当长的时期里，这种不适应性将会长期存在。所以，仅仅注重"拆"、"改"是不够的，要研究"迁"、"造"的问题，最好不要再返回原地，包括目前郑州市"关虎屯回迁"、"燕庄回迁"等改造思路，是应该再三思考的。"曼哈顿"也好，"国贸中心"也好，如其中伴随城中村及其城中村人居在其间，将来的问题是不难预料和可想而知的。

（原载于《中国改革报》，2007年3月22日第5版）

应该大声为福源叫好

——访河南经济论坛常务理事郭军副教授

"应该大声为福源叫好,在许多人觉得国有企业改革无所作为、陷入困境之时,福源的捆绑股份制以产权改革为突破口,为国有企业的改革走出了一条路子。"作为首先发现并积极鼓吹福源捆绑股份制的经济理论界人士,河南省经济论坛常务理事、河南财经学院副教授郭军毫不掩饰他对福源的赞赏。

郭军副教授介绍,中国的产权理论和变革意识从1992年真正提出到写进党的十四大文件,一直都还是理论家的事儿。福源的可贵之处在于,它在实践中探索出了一个捆绑股份制。这在中国,特别是在国有企业的改革中尚属罕见,也使经济学家兴奋不已。

为了强调经济学家的欣喜,郭军副教授转述了中国产权经济学派创始人、《改革》杂志社常务副主编唐丰义教授的感慨:"我这几年所想的,福源做出来了,我在酝酿着搞的,福源也做出来了,真是不可思议!"

郭军副教授认为,尽管福源的捆绑股份制还有很多不成熟的东西,需要进一步完善,但它的方向和路子是对的,它对以建立现代企业制度为目标的国有企业改革具有许多可以借鉴的意义。

第一,福源提出"产权是个纲,纲举目张",是一个新鲜而清晰的思路。国有企业的改革改了十几年,从推行承包责任制到两权分离,放权让利,落实自主权,一直都在喊要增强企业活力和效益,但企业活力和效益却一直是每况愈下。郭军副教授认为,过去的改革只见物,不见人,当人们喊着改革是解放生产力的同时,却没有真正意识到生产力的首要因素——劳动者,没有意识到发挥劳动者的积极性,没有真正意识到在产权改革上做文章。

福源的捆绑股份制,就是在明晰产权的基础上,把存量资产分解到了分公司和职工个人头上,使公有财产确实为大家所公有。为了避免出现原有的"公对公,一场空"现象,每个职工必须拿2000元带资上岗。还有贷款股,以家里的冰箱、彩电、房子作抵押。如果经营不好,就全没了。这就使公有财产落到了实处,使私有财产承担了风险。公与私之间,国家、企业、个人之间,形成了一种解不开、拆不断的利益胶合,使公私融通,各得其所。

在股份制前面加"捆绑"二字，很有中国特色。它既有股份制的成分，又立足于中国现实，更有意义的是保持了公有制的主体地位，仅此一点就很值得研究。至于说国有资产是否流失，郭军认为，产权分解量化不会产生流失。而维持旧体制，让人产生惰性，让人偷拿，使整个企业死气沉沉，那才叫潜性流失。

第二，在产权变革的基础上，福源在寻求建立一种平等的劳动关系，在努力实现一种社会主义的竞争劳动。

郭军副教授在中国体制改革中最先提出了"劳动关系"及其变革的观念，并得到了学术界和政府部门的认可。他认为，福源在劳动关系上的改革契合了社会主义经济体制改革的必然走向。福源敲锣打鼓，从组织、人事、劳动部门把职工档案拉回封存，取消厂内干部、工人的身份符号，把原有的干部、工人统统变成企业员工，实行竞选、聘任，这种做法是少有的，同时也把劳动者和企业一起真正推入了市场，这就为建立企业内部平等的劳动关系提供了环境和条件。如果企业职工的身份界限不取消，还是"进了国企门，就是国家人"、"党是妈、厂是家，没钱找妈要，没东西从厂里拿"，职工就摆脱不了对国家的依附和对"吃大锅饭"的留恋，就不可能有劳动者的积极性、主动性和创造性。

第三，福源坚持内部组织体制改革，走向规范化管理，为探索建立中国现代国有企业率先迈出了一步。他们把各分公司变成独立法人实体，独立经营，独立核算，总公司只设置少量的部室进行宏观协调和业务监督。这很类似于西方公司的事业部制。林振衡说这叫"共产党人也能坐收渔人之利"。郭军对许多国有企业的不景气感到忧虑。他说，在中国这块土地上，如果不寻找一条国有企业的发展之路，什么公有制，什么社会主义中国，就真得成为空想了。福源从国家利益出发，走了一个巩固、壮大、发展国有经济的路子，虽然可能有点土味，但它是一种中国味。土生土长，可能酝酿着一种特色。未必能到处照搬，但总能给人一种震撼和启示吧。

（记者王方杰，原载于《中国青年报》，1995年1月7日第1版）

"河南经济论坛 95·4 系列活动周"观点综述

由河南经济论坛理事会和河南财经学院共同主办的"河南经济论坛 95·4 系列活动周"于 1995 年 4 月 17~23 日在河南财经学院举行。资深学者和著名专家宋涛、于光远、杜润生、朱厚泽、吴敬琏、何建章、卫兴华、肖灼基、钱伯海、谷书堂、李成勋、骆友生等专程从北京等地赶来参加并就国有企业、农业、金融市场、流通体制以及郑州商贸城建设等问题进行了研讨。现将其综述如下:

一、关于国有企业改革

宋涛: 国有企业改革必须坚持国有经济是主导,公有经济是主体。"三资"企业、私营经济发展得很快,而国有经济发展得很慢,这种现象不能长期存在。

卫兴华: 国有企业的改革,不是要把国有企业改掉,也不是说它是一个包袱,要把它甩掉,更不是变卖或是被"三资"企业、私营企业并掉。

国有企业改革,当前应注意抓好几点:一是企业改革必须能够提高企业效益,给企业带来好处;二是实施民主管理,强化主人翁责任感,调动劳动者投身企业改革与企业发展的积极性;三是加强企业领导班子建设,提高经营者素质;四是抓好企业管理科学。

何建章: 我们对搞好国有企业应坚定信心,因为任何悲观失望都是不应有的和不必要的。10 多年的国有企业改革,我们已积累了不少的经验。我们的国有企业,有许多已经在改革中发展壮大,效益可观,如首钢、邯钢等。因此,我们一定要搞好国有企业,并且一定能搞好国有企业。

二、关于农业发展问题

于光远: "农业是国民经济的基础",是历史的客观的必然性。自有人类以来,农业就是社会经济的基础。

杜润生: 农业是工业发展的基础,工业也是农业的基础,工业发展起来了,农业也好办了。

李成勋：农业社会效益大而自身效益小，而工业则是社会效益和自身效益都大，迅速实现工业化，才有可能把农业搞好。

朱厚泽：城乡差距要从经济发展的量和质的变化两个方面对比分析。造成差距的原因在于自然条件不同、人文发展不同、历史原因不同、开放程度不同、改革深度不同。

杜润生：消灭城乡差别，可分三步走：第一步，以农补工；第二步，工农自养，平等交换；第三步，以工补农。现在还不能要求工业回补农业，要努力走好第二步。

朱厚泽：东部农村经济结构和社会结构均发生重大变化，出现了分工、分业、分层、分化（不是指两极分化）、组合，与此相适应，管理模式要做出相应的变化。

于光远：河南农村经济的发展方向应是农村工业化、农村城市化。要发展"大十字农业"，即农、林、牧、副、渔业组成的"一"字形大农业，加上农业服务业、农产品加工业及市场农业（在农业发展中充分考虑市场机制作用）。

李成勋：河南要充分利用资源丰富、交通便利、工业基础好等优势，大力发展工业，改变河南农业大省而经济落后的状况。离开工业抓农业，河南农业上不去。河南不能只停留在农业社会，不能只局限于农业经济，要迅速实现工业化，建成工业大省，才有可能把农业搞好，才有可能使河南真正富起来。

三、关于证券市场

肖灼基：中国证券市场是一个年轻而有实力的市场，但目前证券市场发展中尚有几个问题值得研究：

第一，政府规定上市公司数量，规模问题。发行股票、公司上市本是一种企业行为，市场行为，而现在却表现为一种政府行为，由政府规定上市公司的数量和规模，即用计划经济的办法来对待市场经济的问题，这是证券市场许多问题产生的主要原因。

第二，金融体制改革滞后，尤其是基金市场比较小，缺乏基金支持，使得整个证券市场发展困难重重。

第三，证券市场面临投资和改制双重任务，企业偏重于投资，政府偏重于改制，由于政府和企业的目的不同，往往造成很多矛盾。

第四，证券市场运作的人才不足，人员素质不高。

四、关于郑州商贸城建设问题

吴敬琏: 发展商贸,实质在于发展市场。因此,就要按照比较利益的原则来找出本地优势。由于郑州市具有交通便利的地理优势,发展商贸的战略是正确的。但有几个问题要研究:

第一,要重点发展商品流通。商品流通是基础,只有在发达的商品流通的基础上,才可能发展其他第三产业,如金融、保险、期货等。

第二,发展商品流通,首先应发展批发贸易,要在地方政府的组织协调下,真正形成商品的集散中心。批发贸易发展了,可以增强商业中心城市的吸引力和辐射力,这个作用是零售商业不能替代的。

第三,不仅要重视有形市场的建设,而且要重视发展无形市场,不能把目光仅盯住几个大型商场。目前,郑州市的大型零售商场似有增多的趋势。"郑州商战"全国闻名,由于竞争,会促使价格下降和服务质量提高,消费者可以得到好处,但是过度竞争也会造成资源浪费,不利于整个社会经济效益的提高。商业的竞争首先在于价格的竞争,一个精明的消费者会在比较中做出选择,一般不会到那些"大型的、豪华的"商场去购物,因为豪华的设施以及为招徕顾客的各种服务都会最终摊入成本,"羊毛出在羊身上"。

第四,关于期货市场。没有发达的现货市场,就没有真正意义的期货市场。在当前,粮食价格没有完全放开,加之市场秩序和管理规则等方面还存在一些问题,期货市场作用的发挥受到限制,当然,有必要对此进行积极谨慎的探索。但如果带动商贸城的建设,可能是不正确的。

(原载于《河南日报》,1995年6月9日第7版)

后　记

这两年突然想着把自己发表的一些文稿整理成一个集子，一是梳理一下这一辈子都做了些什么，二是想和大家继续交流，虽然都很肤浅，但毕竟是自己的学识感言，马上就60岁的人了，也没有不好意思了，总觉得一些认识也许并未过时。

我从事的是应用经济研究。虽然我一直认为基础理论研究是非常重要的，但是应用研究，尤其是对于中国这个发展中国家来说，似乎更重要，一切研究都应具有现实性、应用性和序效性。因为在我看来，由于对理论的"拿来"、"盲从"而使得我们吃了很多亏，走了很多弯路，包括对马克思主义理论、科学社会主义理论、苏联社会主义理论、西方经济学理论、市场经济理论等研究存在的非切合中国国情实际所带来的非预期性影响。尽管我们总是高喊着"坚持把马克思主义同中国实际相结合"，但我们却还是"看近了共产主义，高估了社会主义，轻视了资本主义，忽略了封建主义"。一直到社会主义初级阶段理论的问世，对中国社会主义做出一个历史定位，才把中国社会主义拉回到了本然。尽管我们总是高喊着"坚持实践是检验真理的唯一标准"，但我们却还是在批判旧体制运行中被排斥的市场机制作用的同时，又在新体制运行中一味否定计划调节的手段功能。并且，一方面怒训着用马克思经济学的一套是"教条"、是"本本"，另一方面又虔诚地、绝对地强调要用西方经济学指导中国经济。2012年，是中共提出建立社会主义市场经济体制20年，又逢中共十八大的召开，各类各级理论大家都在试图以自己的理论来影响中央，以便辅佐出一个具有积极理论基础的"顶层设计"。我认为，什么样的理论都要落地为生，都要踏足在中国这片红土地，都要回到走中国特色社会主义道路，都要有利于完善中国特色社会主义制度，都要契合于中国特色社会主义理论体系。一言以蔽之，都要具有现实的、实践的应用性为好。最近，我看了一篇关于诺贝尔物理学奖得主丁肇中的文章，说在1976年12月10日，在诺贝尔奖颁奖大厅，丁肇中意气风发的演讲里有一段话，即"中国有句古语，'劳心者治人，劳力者治于人'，这种落后的思想对发展中国家的青年有很大的害处。由于这种思想，很多发展中国家的青年倾向于理论研究，而避免实验工作。我希望我这次得奖能唤起发展中国家学生的兴趣，注意实验工作的重要性"。丁先生这里当然主要指的是理、工、农、医自然科学的研究，但我想，社会科学的研究同样也应该有"实验"意识,应该避免空洞的理论说教,应该对实践产生应用性、有效性。所以,当代中国经济学人恐怕首先应该具有自觉开展应用经济研究的思想观念和能力水平,也只有这样,才能做到所谓的将潜在的生产力转化为现实的生产力的可能。我是从20世纪80年代参加北京"经济学活动周"开始研究应用经济的,虽然之前我在大学读书期间就热衷于政治经济学和企业经济运行机制方面的学习研究,但是真正下决心走上经济学教学研究之路,真的应该归功于在北京"经济学活动周"期间聆听于光远、刘国光等经济大家的演讲,并受益于这些大家的著书立说。20世纪90年代初,我所在的河南财经学院领导说,"给你一个平台,看你的啦,你自己要做学问,还要把学校科研搞上去",我被任命为学校的科研处副处长,并开始与原来在北京学习期间认识的一些大家联系,请他们给我出主意、想办法。在他们的直接指导下,我们发起成立了"河南经济论坛",于光远、刘国光、宋涛、卫兴华、杜润生、厉以宁、吴敬琏、王珏、何建章、周叔莲、董辅礽、胡代光、肖灼基、张卓元、李京文、樊纲、李成勋等先后莅临论坛,就国家经济形势、经济体制改革、河南经济问题发表了许多真知灼见,地方主流媒体称"京城专家频频走热中原",河南省的党政领导也前往论坛或会见专家,或意见交流。正是在这些大家的直接教益熏陶下,我开始真正的习作研究,但我还是定位在应用经济研究上,我觉得只有服务于地方经济社会一线才可能有所作为。

"北京经济学活动周"使我树立了经济研究的志向,而于20世纪90年代末,我担任了22个月的《经济经纬》——河南财经学院学报的常务副主编(主编由主管校长兼任)和编辑部主任,这使我在学研能力的提升方面获益匪浅。《经济经纬》是一本双月刊,在我任职期间,十期文稿的内容我不敢说都看了,但是看过80%一点儿也不夸张。从选题到主旨思想,从结构到逻辑体系,从文笔到术语规范,以及从编校到印制,我真是学到了很多,悟到了很多。记得有一次,张卓元先生对我说,"编辑是学者的学者,做一个编辑可能比当一位学者更难"。这不禁使我感到编辑一份杂志的压力和荣耀,更深深地喜欢上了编辑部工作,梦想着从一名经济刊物的编辑走向一位经济研究的学者,以至于在1999年上级要我重返科研处任处长时,我却依恋着编辑部而不愿意离开。有了做编辑的经历和感悟,我更加向往着在经济研究方面有所进取和成就。

其实我也不是不喜欢或是不愿意进行理论研究。比如,1990年我把我几年间一直琢磨的一个问题写成论文,名为《经济体制改革的主线是劳动关系》,参加国家劳动部在湖北十堰召开的劳动体制改革研讨会,并做了自由发言,却几乎没有引起人们注意。回来后,把论文改了一下寄往《中国劳动科学》杂志社,编辑回信说不便采用,我觉得被人往头顶浇了一盆滚水。1992年,我发起召开

"中国社会主义劳动关系理论研讨会",中国人民大学的赵履宽先生委托杨体仁教授代其参会,浙江大学的姚先国、河南省社会科学院的巫继学、中国社会科学院的钱津、《光明日报》的孙明泉,以及全国20多所高校、企业单位的理论研究工作者一起进行了两天的研讨,并在《光明日报》上发表了会议综述。这次会议及其综述,应该说是我国改革开放以来第一次、第一个关于劳动关系的理论研讨活动和研究成果,可是,也没有引起人们过多的注意。随后,我参加了中国人民大学的一个关于劳动科学方面的高级研修班,结业时我的论文题目为"论重新构造中国社会主义劳动关系",导师评价极高,并被收录为研修班论文集的首篇(中国劳动科学出版社正式出版),但也只是被指导教师认可。1993年,我又发起召开了"中国社会主义劳动力(者)主体地位理论研讨会",全国各地30余家高校、科研单位或企业的专家、学者参加会议,宋晓梧同志等高层、名家也出席了会议并发表演讲,但也仅仅就是一个会议而已。此后,我把我的两次会议交流论文整理发表在有关杂志,在被中国人民大学资料中心全文转载的同时,被国家经济体制改革委员会摘编录入《中国经济文库》,算是有了一点儿效应。自此,我基本转向了地方性的、应用性经济研究。

  应用经济研究,也就是运用经济学的理论揭示、阐释、表达出经济实践活动的规律性,并能形成经济路径、经济政策的解析与支撑。但是,应用经济的研究也是非常不容易的,常说的理论和实践是"两张皮",可能就是讲的这个意思。首先,应用经济研究必须扣住现实经济中的重点、难点、热点、焦点问题进行研究,即要服务于中央或地方经济社会高层决策、战略部署、中心任务的需要。其次,应用经济研究必须把握高层领导的思维与思路脉络,否则就会形成无效劳动,"给决策者提供参考"就是一句空话。最后,应用经济研究必须适应于党政机关的官方术语、文风套路,即一定要处理好学院语言和官方语言的关系,一定要处理好教科书理论和当政者理论的关系,一定要处理好经济理论和经济实践密切结合的关系。再好的理论,没有根底,缺乏实践基础,都是毫无意义的。理论既应当"顶天",更应当"立地",要转化为实践价值,要能够促进人类经济社会的进步。一位省委书记说得好,"理论理论,就是认理认论"。"理论研究一是应坚持历史唯物主义和辩证唯物主义;二是应坚持解放思想、实事求是、与时俱进;三是应坚持从实践中来、到实践中去,实践是检验真理的标准。"这也许就是理论与实践相结合的临界点,是科学开展应用经济理论研究的真谛。

  这些年我的感受很深,特别是在和地方党政机关的同志一起研究问题的过程中,深刻感到不入圈、不入流、不对接。一方面敬佩我们机关的同志一个晚上或是几个钟头就能拿出上万字、几万字的领导讲话或是工作报告、材料来,另一方面又为现在的文风、官风感到不可思议。由于盲目追求领导的"口感"和领导比较熟悉的那些字眼、语句、风格，大多数材料也就是原来的一些文稿在结构上再调整、再重组、再应用，用网言叫"忽悠"领导，或称领导"被忽悠"。难怪大家一听领导讲话就打瞌睡，因为"不用听，还是那几套"，"变化的就几个数字"。正是因为这样，中央和地方高层思想在很多时候、很多方面难以贯彻下来，许多战略运作和目标设计难以达到预期目的。尤其是因为上层的思想和决策缺乏真正的理论支持，缺乏有力的、理性的说服力，缺乏与中层、与基层的真实的沟通，造成了党的中、高级领导与执行层面以及群众之间的纵向系统的哑铃型结构，这恰是形成整个社会"两头热、中间凉"被动状态的一个结。换一句话说，我们现在的地方党政机关的同志也在搞理论研究，但我总感觉这个"理论"和词源里面的"理论"并不是一回事儿，这个"长篇"与中央那个"长篇"并不是一回事儿（坦率地说，我比较喜欢看中共代表大会报告，其理论、内涵、文字、气势、均给人以震撼，给人以启迪，我认为那才是应用理论研究的典范）。而且，理论研究的评价标准也不一样。地方党政机关有党政机关的标准，高校、科研单位从事理论研究的有自己的标准。实际上，高校、科研院所专门从事理论研究、应用研究的成果，很少能够真正进入高层决策过程，因为两个主体研究的"理论"及其目的追求，甚至可能在一开始就是大相径庭的。坦率地说，地方党政机关的理论研究，多是人云亦云地为领导讲话搞一个半生不熟的诠释，也正是由于这样，这些所谓"理论"的东西，必然导致领导思想、上层决策被"绑架"、被搁置。上边领导十分着急，中间阶层又不能很好感悟理解，大概经济发展就是这样被拖拉不前的（为此，一位省委书记甚至提出了干部必须要"学明白、想明白、说明白、做明白"，要求在工作中必须坚持"四个明白"）。

光阴似箭，岁月如梭，眨眼间几十年就这么过去了。回忆自己从事理论研究及其从事行政工作的经历，真像是在昨天。而令我感慨不已的是，我一直负责学校的学科建设工作，它被称为学校最重要的、处于"龙头"地位的工作，它关乎着学校学位及整个学科的建设与发展，关乎着学校的优势与特色、品牌与形象、影响与荣誉，关乎着学校的社会竞争力，它给我留下了太多的思考、太多的遗憾。学科建设在本质上是由包括学科方向、学科队伍、学科平台、学科环境之学科文化在内的一个支撑体系所形成的高校建设发展水平层次的实力展示，"硬通货"是教师一定时期内在其学科研究领域所发表的学术成果和影响。没有成果，没有高层次和大反响的成果，没有教育行政部门或政府部门规定的相应成果，学位点申报、重点学科申报、基地或实验室申报，都是不可能的。我们是一所发展中的高校，处于由教学型向教学研究型过渡的、爬坡的阶段，为了促进和积累学科建设发展需要的成果，我经常与众多博士在一起，交流研讨，因为我们的大多数成果实际上主要是博士研究出来的。学科建设全靠博士的支持才得以顺利运营，我的工作就是创造良好的环境和氛围，以鼓励博士投身学术研究，多出学术成果。

但是，受社会不正之风影响，这些年真正踏踏实实做学问的人似乎越来越少，除了一部分人为了评定职称，凑合应付地弄些"职称性成果"外，甚至连一些年轻博士都不愿意动脑子、费心力，即使"职称性成果"也不搞了。再者，即使做研究，也主要是纯理论研究、教科书式研究，绝大多数人不愿意做应用理论研究，不愿意联系地方实际开展研究。每次我到一些机关或企业单位，人家一说搞个什么研究，我都争着抢着想拉过来，并给人家说我们怎么怎么有力量、有实力，可一旦领受了任务，我就犯起愁来了，为什么呀，没有几个人乐意干，教授也好，博士也好，大家都愿意从理论到理论的研究，却不愿意从理论到应用的研究，这可能已经成为包括京沪等"985"、"211"名校在内的我国各高校、带有普遍性的一个令人非常困惑的业态。

也许是性格与兴趣使然，加之身负科研处处长的压力，相比之下，我还是能够坐得下来，愿意研讨点问题，我并没有受社会影响而消沉与消极，我一如既往地进行着自己的应用研究，尽管我的一些研究和成果，充其量可能就是对地方经济运行起一点儿"旁敲侧击"的作用。

我的研究有自己的理论思维，有自己的认识论和价值观。我坚持以马克思的科学社会主义理论为基础，以有利于巩固和完善社会主义生产关系为前提，切入现实区域经济、产业经济、劳动经济等方面开展研究。在区域经济方面，我比较注意研究区域经济规划与建设，注意研究我所在的中部地区经济、河南省经济，以及中原崛起、河南省振兴、中原经济区的建设与发展等。在产业经济方面，我比较注意研究产业结构和产业组织，以及产业支撑条件下的城镇化、农业现代化发展问题、国企改革与现代企业制度建设问题。在劳动经济方面，我坚持研究劳动关系问题。我一直强调应从经济学视域探讨劳动关系，要从完善社会主义生产关系的认识高度、从社会主义经济理论的丰富与发展高度、从社会主义现代企业经济竞争力高度，研究劳动关系问题，而不是对劳动关系进行"一边倒"的研究，多进行劳动法律关系研究，或是存在把劳动关系当作一般劳动管理的误区。

我一直立基于应用性经济问题的研究，一直希望为当局做点儿有益的事情，我并没有寄希望于研究的任何成果都能够被关注、被应用，我愿意一直地努力着。之所以整理出版部分文稿，也是想就大家过去注意的、没有注意的问题谈自己的一些思想，再次与大家交流，以便我不再担任行政职务以后，可以有更多的时间做更深入的研究。

郭 军

2012 年 11 月 3 日